Histoire de la ville de Bruxelles.

Alexandre Henne, Alphonse Wauters

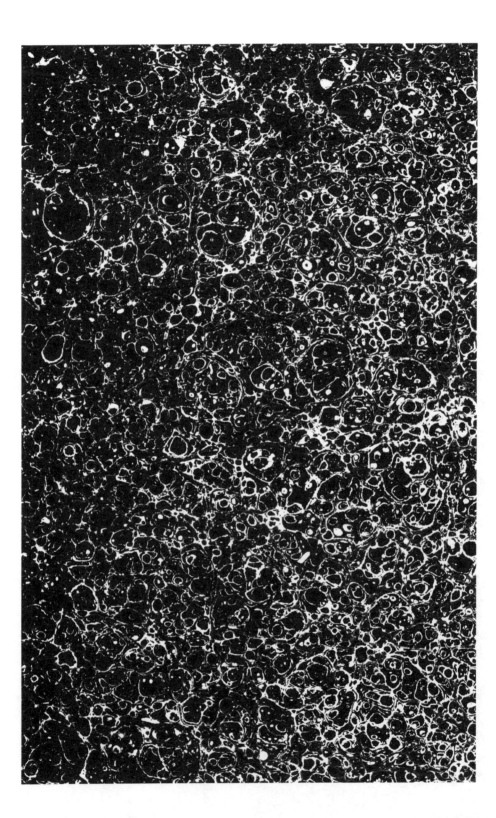

12 gr. 7. R.

10270 fl. 15.

HISTOIRE

DE LA

VILLE DE BRUXELLES.

Les formalités exigées par la loi pour assurer la propriété ont été remplies.

Imprimerie de F. Parent,

MONTAGNE DE SION, 17.

HISTOIRE

DE LA

VILLE DE BRUXELLES

Par Alexandre Henne

ET

Alphonse Wauters,

ARCHIVISTE DE LA VILLE.

OUVRAGE COURONNÉ PAR LA COMMISSION ROYALE D'HISTOIRE.

DÉDIÉ A S. A. LE PRINCE DE LIGNE.

TOME PREMIER.

Bruxelles,

LIBRAIRIE ENCYCLOPÉDIQUE DE PERICHON,

RUE DE LA MONTAGNE, 29.

1845.

PRÉFACE.

Nous ne croyons pas nécessaire d'insister sur l'utilité des monographies historiques : posséder pour les villes importantes des annales particulières qui nous en retracent les commencements, les progrès ou la décadence; connaître l'origine des institutions et des monuments, tableaux toujours vrais et vivants des mœurs de chaque époque, n'est-ce pas là un besoin, une nécessité même pour tous les pays, et surtout pour la Belgique dont les communes ont pendant si longtemps joué les principaux rôles dans ce drame qu'on appelle histoire?

Que de journées fameuses dans l'existence de Gand, de Bruges, de Liége, de Louvain et de tant d'autres cités? Que de souvenirs palpitants d'intérêt dans le passé de plusieurs villes presque oubliées aujourd'hui? C'est à cette source si féconde qu'il faut puiser pour écrire l'histoire de notre pays; car nous ne pouvons le dissimuler, tous les efforts seront inutiles, tant que des recherches consciencieuses et éclairées n'auront pas produit de bonnes histoires particulières de chacune de nos villes. Et en effet, pour présenter des faits généraux, pour en expliquer les causes et les conséquences, n'est-ce pas sur des monographies que l'historien doit s'appuyer? S'il a le malheur de consulter des récits inexacts, s'il lui arrive d'y ajouter aveuglément foi, à combien d'erreurs ne se trouvera-t-il pas exposé? Or, dans presque tous les ouvrages historiques que nous possédons, les institutions ont perdu leur caractère primitif parce qu'elles y ont été jugées avec cet esprit de partialité et d'amour-propre inséparable malheureusement de la manière de penser de chaque siècle. N'ont-ils pas, par exemple, commis une faute grossière tous ces auteurs qui, dans le conseil de Cortenberg, institué par le duc Jean II en 1312, ont vu l'origine du conseil de Brabant, alors que loin de tenir son autorité du prince, ce tribunal n'était au contraire institué que pour contre-balancer sa puissance? Des faits sans doute peu probables aujourd'hui, mais pourtant incontestables, n'ont-ils pas été rejetés par des hommes d'un grand mérite? N'est-on pas étonné de voir le P. Diercxens nier que la Senne ait été navigable? négation d'autant plus surprenante que les longs démêlés entre les villes brabançonnes et la ville de Malines au sujet de la navigation sur cette rivière et la Dyle, occupent une large place dans les annales de la cité dont ce savant a écrit l'histoire ecclésiastique.

Bruxelles peut-être n'offre pas pour le moyen âge autant d'intérêt que les grandes cités de la Flandre et du pays de Liége; on n'y rencontre pas de ces hommes supérieurs qui commandent à leur siècle, et laissent dans l'esprit des peuples des traces ineffaçables. Ses annales, à cette époque, paraissent veuves de ces luttes gigantesques contre les rois de France et les ducs de Bourgogne; mais aussi lorsque Gand, Bruges, Ypres et Louvain voient à la fin du xve siècle leur splendeur disparue et leur existence presque compromise, Bruxelles grandit en importance et, malgré le contact continuel des nations étrangères qui se transmirent la domination de la Belgique, sa population se montre toujours jalouse d'indépendance et conserve son caractère altier et intraitable.

Le Brabant est un des pays dont l'ancienne organisation politique offre le plus de détails curieux. Que d'intérêt, en effet, dans l'histoire de ses grandes libertés; de sa Joyeuse-Entrée, ce pacte constitutionnel, enfant du xive siècle; de sa cour de justice, pouvoir émanant du prince, mais pourtant entouré de garanties; de ses états où siégeaient les prélats, les nobles et les bourgeois, tantôt jaloux de leurs priviléges respectifs et de leur influence mutuelle, tantôt unis et forts d'une pensée commune.

Pour étudier cette organisation, où la féodalité et l'égalité agissaient souvent de concert, est-il une meilleure école que les fastes de Bruxelles, si susceptible pour ses priviléges, et qui, depuis six siècles, dans aucune circonstance, n'a cessé de les revendiquer? N'est-ce pas Bruxelles qui a bravé le duc d'Albe, qui a défié les bandes espagnoles mutinées en 1576, et qui, pendant cinq longues années, a lutté victorieusement contre les efforts du duc de Parme? Et plus tard, quand la nation entière était plongée dans une sorte d'atonie générale, quand la jalousie de nos voisins et l'insouciance de nos gouvernants, quand tout en un mot conspirait contre notre beau pays, ne sont-ce pas les métiers de Bruxelles, ses vieux *Mendekens*, dont nous devrions être fiers, loin de les tourner en ridicule, qui sans relâche ont insisté sur la nécessité de relever le commerce? Et qu'est devenu celui qui se mit à leur tête et déploya le plus d'énergie? Martyr de son dévouement, il a payé de sa tête son noble courage et son zèle à défendre les libertés et les droits de ses concitoyens.

Aussi pouvons-nous être fiers de notre capitale. Ce n'est pas nous, Bruxellois, qu'on accusera jamais d'avoir déserté la cause commune, ou d'avoir, pour des intérêts particuliers, porté la dissension dans notre patrie, car nous répondrions que de tout temps Bruxelles se montra médiatrice empressée près de nos princes en faveur de toutes ses voisines. Louvain, Gand et Liége n'auront pas oublié qu'en mainte et mainte circonstance, nos magistrats élevèrent la voix pour les défendre contre le ressentiment d'un souverain irrité.

Beaucoup d'auteurs ont avant nous écrit l'histoire ou fait la description de Bruxelles; mais après avoir lu et comparé leurs écrits, après avoir discuté leurs assertions et soumis à l'examen d'une critique minutieuse et sévère les renseignements historiques, politiques ou commerciaux, dont les uns se sont montrés avares et que les autres ont prodigués sans discernement comme sans choix, une conclusion s'est présentée à notre esprit, et nous y sommes arrivés à regret : c'est que soit manuscrit, soit imprimé, il n'existe sur notre capitale aucun ouvrage digne de faire autorité et de servir de guide aux historiens. Le travail de Gramaye semblerait devoir être excepté ; mais il est si abrégé qu'on ne pourrait lui donner une importance réelle. Cet écrivain ne consacre en effet qu'une ou deux lignes à la plupart des institutions et des édifices ; sa *Bruxella* en outre est tellement remplie de fautes typographiques, que ce n'est qu'avec une extrême méfiance qu'on ose en invoquer grand nombre de passages. La *Bruxella septenaria* de Dupuis (*Puteanus*) est sans doute remarquable aussi sous plus d'un rapport ; mais ce que dit de bon ce verbeux auteur se réduit à fort peu de chose. Toujours préoccupé de trouver partout le nombre sept, il n'attache qu'une importance secondaire aux dates ; il confond parfois les époques, et sacrifie ses devoirs de critique et d'historien au vain plaisir d'accumuler les jeux de mots et les calembours.

Quant à ceux qui depuis se sont livrés au même travail, ils n'ont guère fait que remanier les matériaux employés par Gramaye. A la fin du siècle dernier, l'abbé Mann fit imprimer sous son nom une chronique manuscrite de Bruxelles par le chanoine Foppens, et y joignit une description succincte de la ville et de ses monuments. Tous les historiens qui plus tard ont écrit sur cette matière, ont servilement copié l'abbé Mann ; croyant sans doute que cet auteur était au-dessus de toute critique, et qu'il était impossible de faire mieux que lui, ils ont, avec leur modèle, répété les erreurs les plus grossières.

Pour nous, notre premier devoir comme notre premier besoin a été de repousser des guides en qui nous ne pouvions plus avoir entière confiance. Désireux d'arriver à la vérité sur tous les points, et décidés à ne reculer devant aucun effort, ni devant aucun sacrifice de temps, nous n'avons adopté que des autorités faisant foi, nous n'avons eu recours qu'à des documents authentiques. Autant que possible, nous avons rectifié sur les originaux les diplômes imprimés, et, comme le lecteur s'en apercevra, bien nous a pris d'être défiants. Aucun obstacle ne nous a rebutés : dépôts précieux de nos archives, archives de l'état, archives communales, archives de Sainte-Gudule et de quelques autres églises, archives des hospices, tout nous a passé par les mains. Pour tâcher de faire mieux que nos prédécesseurs, et offrir des résultats plus satisfaisants que les leurs, nous nous sommes fréquemment appuyés sur *d'importants manuscrits* de la bibliothèque royale, manuscrits qui, nous devons l'avouer, nous ont paru vierges encore de toute investigation.

Ce travail, qui à chacun de nous en particulier a coûté cinq longues années de peines et de constance, nous l'offrons avec confiance et de bonne foi au public, qui ne manque jamais d'accueillir favorablement une œuvre consciencieuse et impartiale. En nous associant, nous avons fait le sacrifice de toute question d'amour-propre et d'intérêt au bien et à la valeur de notre livre. L'histoire de la ville de Bruxelles avait été mise au concours par M. le prince de Ligne en 1858, et chacun, de notre côté, nous avions marché vers le but que le défaut de temps a fait manquer à l'un, tandis que l'autre plus heureux a vu couronner ses efforts. Nous l'avons compris : publier séparément le fruit de nos laborieuses recherches, ce n'était pas réaliser en entier la pensée que chacun de nous s'était proposée, celle d'être utile à son pays. Nous avons donc réuni nos travaux, et nous nous en applaudissons chaque jour. Nous espérons que notre livre, entièrement refondu, deviendra meilleur et plus complet, car de la discussion des faits, de la critique des autorités, de l'appréciation et de la fusion des matériaux, il a dû nécessairement jaillir des étincelles et des lumières précieuses.

Cet ouvrage est divisé en trois parties : après l'histoire pour laquelle nous avons adopté l'ordre chronologique, tout en y jetant de temps en temps quelques aperçus sur les coutumes et le caractère des différentes époques, nous avons consacré une place spéciale aux institutions et aux usages de la localité. Nous avons réuni dans cette partie les détails si compliqués des administrations, des corporations et des associations puissantes qui furent si longtemps la base de nos libertés, et ces faits particuliers qui mieux qu'aucune définition peignent et les temps et les mœurs.

Vient ensuite une description de la ville où chaque monument, chaque hôtel, chaque rue, chaque place, chaque quartier a trouvé, autant que possible, une explication de son origine et de son importance ; tous ces renseignements sont basés, non sur des suppositions, mais sur des faits et des actes appuyés de notes justificatives.

Enfin pour complément de notre œuvre, il nous a paru nécessaire de donner des notices biographiques sur les hommes célèbres qui ont vu le jour à Bruxelles. C'est assurément pour notre ville un souvenir et un titre incontestable au respect et à la considération qu'elle mérite. On y verra que, sous tous les rapports, la capitale n'a aucune espèce de gloire à envier aux autres cités de la Belgique ; qu'elle peut, avec une fierté bien légitime, lever sa tête parée d'une auréole glorieuse d'illustrations de toute nature ; qu'elle peut montrer ses nombreux enfants figurant avec honneur et souvent en première ligne parmi les législateurs, les guerriers, les savants, les artistes, les industriels et les bienfaiteurs de l'humanité.

A cette œuvre de persévérance, d'opiniâtreté, de patriotisme, de dévouement même, nous avons consacré bien des jours, ou plutôt bien des veilles, car nous ne sommes pas de ceux à qui la fortune laisse tout loisir pour leurs travaux de prédilection. Plus d'une fois nous nous sommes arrêtés haletants et presque découragés ; mais une pensée pieuse et forte nous a soutenus au milieu de notre labeur. Il nous a semblé que, dans les circonstances actuelles, il y avait pour nous, enfants de Bruxelles, devoir filial et obligation de consacrer nos efforts à la défense de cette noble mère, aujourd'hui surtout que d'autres cités voient d'un œil jaloux ses prérogatives et accueillent avec un sentiment de dépit qu'elles ne prennent même plus la peine de déguiser, toute mesure avantageuse à la capitale. Puissent-elles se rappeler que Bruxelles réclame justice et non faveur, elle qui, dans toutes les circonstances difficiles, n'a pas hésité à prodiguer son sang et son or pour les intérêts généraux et pour la gloire du pays, et puissions-nous être parvenus à les convaincre (notre but alors serait atteint et nous serions fiers de ce résultat) que ce n'a pas été sans dévouement, sans luttes glorieuses et sans sacrifices que Bruxelles est arrivée à conquérir et à mériter ses priviléges de capitale.

Nous ne terminerons pas cette préface sans remercier les personnes dont l'active complaisance a allégé le fardeau dont nous nous étions chargés; c'est avec plaisir que nous nous empressons de donner ici un témoignage public et sincère de notre gratitude à MM. Gachard, archiviste général du royaume; Wouters, archiviste adjoint; Goethaels, bibliothé-caire de la ville; l'abbé Marckx, archiviste de Sainte-Gudule, et G. J. A. Segers. Tous ces messieurs ont mis le plus louable empressement à nous ouvrir les trésors précieux qu'ils possèdent, soit comme dépôts confiés à leurs soins, soit comme propriétés particulières.

Il nous reste un dernier devoir à remplir, devoir bien doux à notre cœur, ou plutôt dette de reconnaissance que nous ne payerons sans doute jamais, mais dont nous tenons à parler, la première fois que nous élevons la voix en public. Par un noble usage de la fortune que le ciel lui a départie, M. le prince de Ligne a acquis des droits incontestables à la gratitude de nos écrivains. Et en effet, la position fâcheuse faite à la littérature belge eût sans doute empêché longtemps encore d'entre-prendre une histoire aussi longue et aussi difficile que l'est celle de la ville de Bruxelles. Or, si cette histoire offre quelque intérêt, si nos magistrats, si le public, si le gouvernement même y trouvent d'utiles

enseignements, c'est évidemment au prince qu'il faut en savoir gré;
si d'autres un jour nous suivent dans la carrière dont nous avons ouvert
le chemin, qu'ils se rappellent que c'est à son patriotisme éclairé et à ses
encouragements qu'ils devront de connaître mieux ce qu'il nous importe
à tous de ne plus laisser tomber dans un honteux et criminel oubli.

PRINCE, quelle que soit la fortune réservée à notre ouvrage, nous le
confessons hautement, c'est grâce à vous et à vous seul que nous avons
entrepris de faire un livre qui fût utile; si nous avons réussi, c'est à vous
qu'en appartient l'honneur! Vous vous êtes montré digne de votre célèbre
aïeul! Les Bruxellois garderont le souvenir de ce que votre cœur généreux vous a inspiré en faveur de leur ville; les amis des lettres y ver-
ront une preuve de la protection qu'ils peuvent attendre de vous; et les
jeunes Belges, avides ainsi que nous le sommes de contribuer à développer le goût des idées véritablement nationales, ne désespéreront plus
de l'avenir, PRINCE, certains qu'ils sont d'être soutenus et de vos sympa-
thies et de votre munificence.

PLAN DE LA VILLE DE ST. GÉRY ET DE SES ALENTOURS.

IV. SVÁČNA.

PRUZELLE.

LA CROIX DU VIVIER.

PLAN DE L'ILE DE St GÉRY ET DE SES ALENTOURS,
XIe SIECLE.

Laeken

St Géry

Corumbergh

Vieux Parc

Schaerbeek

Cockelberghe
Molenbeke

Ophem

St Josse-ten-Noode

BRUXELLES

Den Hoogen Kauter

Curegehem

Anderlecht

Eggevoort

Etterbeek

St Gilles

Chapelle d'Ixelles

Paepsem

Overlies

LES
ENVIRONS DE BRUXELLES.

HISTOIRE

DE LA

VILLE DE BRUXELLES.

PREMIÈRE PARTIE.

ANNALES.

CHAPITRE PREMIER.

Depuis les temps les plus reculés jusqu'à la fin du règne de Godefroid III.

Il en est des grandes villes comme des grands hommes, on ne s'en occupe qu'au moment où leur importance et leur célébrité fixent l'attention; aussi leur origine reste-t-elle le plus souvent enveloppée de mystères et de ténèbres, contre lesquels viennent échouer les recherches les plus minutieuses. Qui sait où naquit Homère? On ignora longtemps le lieu qui vit naître Colomb. Enfant du prestige qui entoure le génie, et de l'admiration pour tout ce qui est grand, l'enthousiasme fascine les yeux et aveugle la raison; l'amour du merveilleux, inné dans le cœur humain si accessible aux mensonges de la fable, dénature la réalité et attribue aux illustrations, quelles qu'elles soient d'ailleurs, une naissance entourée ou précédée de signes et de phénomènes précurseurs de leur célébrité.

Les ténèbres qui environnent les commencements de l'histoire de Bruxelles sont d'autant plus épaisses que les rives de la Senne étaient la partie la plus déserte et la plus sauvage du pays des anciens Belges. Ce canton, longtemps obscur et dédaigné, faisait partie du territoire des Nerviens qui s'étaient concentrés aux environs de Bavai, de Cambrai et d'Audenarde. Cette nation vaillante, fière, belliqueuse, était considérée comme la plus redoutable de la Belgique. Elle s'attribuait avec orgueil une origine germanique [1], et, dans son amour de l'indépendance, méprisait les autres tribus de sa race dont les mœurs s'étaient adoucies par le commerce et les arts. Bien que les Nerviens possédassent des villes, assemblages de maisons de bois et d'argile, défendues par des haies et des fossés [2], la civilisation, à l'époque de la conquête de César, n'avait encore fait chez eux que d'imperceptibles progrès. La culture du froment, la chasse, la pêche, l'élève des bestiaux, fournissaient largement à leurs besoins. Ils couvraient leurs membres robustes de tissus de laine, de lin ou de chanvre. Un chef suprême, dont la principale fonction était de commander au jour du combat, partageait le pouvoir avec un sénat nombreux [3].

Un tel peuple ne pouvait se soumettre de plein gré au joug de Rome; les Nerviens se coalisèrent avec les Atrébates et les Vermandures [4], et, après avoir conduit leurs familles et leurs troupeaux dans des lieux défendus par des bois et des marais [5], ils marchèrent fièrement aux Romains. La fortune et le génie de César, que leur indomptable courage contre-balança un instant, l'emportèrent, et la nation nervienne, anéantie à Presles (56 ans av. J.-C.), ne se releva jamais de ce désastre. Cette grande calamité ne put néanmoins étouffer sa passion pour l'indépendance. Trois ans après on vit les Nerviens et les Aduatiques s'unir à Ambiorix,

---

[1] TACITE, *de Situ et moribus Germanorum*, cap. 28.

[2] A cette époque remontent : NIVELLES, où l'on a retrouvé un pavé à plus de vingt pieds au-dessous du sol, preuve d'une grande antiquité (ROULEZ, *Mémoire sur les Campagnes de César en Belgique*) ; les localités appelées BRAINE, nom tout celtique que paraît avoir porté la Senne; YSQUE, dont le nom était commun à deux villes de l'Angleterre fondées par les Bretons (Ysque des Silures, *Isca Silurum*, aujourd'hui Carléon, et Ysque des Damnones, *Isca Damnoniorum* ou Exeter); LINNIAC ou LENNICK, etc.

[3] CÆSAR, *Bell. Gall.*, lib. II, c. 28. — TITE-LIVE, *Epitom.*, c. 4. — PLUTARQUE, *in Cœs.*, p. 718.

[4] Peuples de l'Artois et du Vermandois.

[5] Quo propter paludes aditus non esset. CÆSAR, L. II, c. 16. — Les écrivains de l'antiquité ne désignent pas ces lieux d'une manière précise, mais nulle localité de la Nervie ne convenait mieux pour servir de refuge à une nombreuse population que les hauteurs de Bruxelles, Evere, Saventhem et Campenhout, couvertes de trois côtés par de grands cours d'eau, et au sud par une forêt impénétrable. Voyez MARCHAL, *Introduction au Guide dans Bruxelles*, par Collin de Plancy, p. 16 et 17.

chef des Éburons, et assiéger Quintus Cicéron dans son camp d'Assche. Mais César accourut à la tête de 7,000 hommes et délivra son lieutenant [1]. Au commencement de l'année suivante il fit au cœur du pays une invasion qui força les débris des Nerviens à demander la paix.

Il fallut des siècles pour réparer les malheurs qu'avaient entraînés avec elles ces terribles invasions. La Nervie, devenue cité romaine, vit Bavai, sa capitale, s'orner de splendides monuments; sept voies pavées la mirent en communication directe avec les contrées voisines [2]. L'affaiblissement de l'empire au troisième siècle de l'ère chrétienne ouvrit les Gaules aux barbares de la Germanie, qui s'y ruèrent avec la fureur d'un torrent longtemps contenu. Au quatrième siècle, la tribu des Francs-Saliens s'établit dans la Taxandrie ou Campine, et dans quelques cantons plus méridionaux. Les chefs de cette tribu fixèrent, paraît-il, leur résidence ou quartier général dans un lieu entouré par les forêts de Soigne, de Moorseloo, de Heverlé. C'est Dispargum ou Duysbourg, entre Tervueren et Ysque, près d'une hauteur appelée la colline de l'Inauguration, *Huldenberg* [3]. Clodion partit de là pour marcher sur Tournay, qui fut la capitale des Francs-Saliens jusqu'au règne de Clovis.

---

[1] César campa sur les hauteurs appelées depuis *le camp*, *castra*. C'est aujourd'hui Castre près d'Enghien. V. le *Mém.* cité de M. ROULEZ.

[2] Une de ces voies se dirigeant vers le nord suivait le sommet du plateau entre la Senne et la Dendre, passait à Castre, à Assche et, par Malines, allait à Hoogstraeten (Haute-Rue) et à Gorcum dans la Batavie. Jusqu'à Assche elle existe encore, mais plus loin sa direction n'est indiquée que par la tradition. Une autre voie, désignée dans une charte de l'an 1227 sous le nom de *Chemin Royal* (juxta Stratam regiam quæ ducit versus Strumbecam. *Opera Diplom.*, t II, p. 991) et dans des plans sous la dénomination de *Chemin des Romains* (Voy. WAUTHIER, *Carte topographique de Bruxelles et de ses Environs*, 1810), allait, paraît-il, rejoindre par Dilighem et Vilvorde une voie qui existe encore entre Tirlemont et Tongres. Au sud-ouest on ne voyait que de grands bois dont la forêt de Soigne était le principal. On n'a trouvé jusqu'ici des antiquités romaines qu'à Elewyt, près Vilvorde (VAN GESTEL, *Hist. Archiep. Mechlin.*, t. I, p. 95), à Assche (*Id.*, t. II, p. 150), à Afflighem, au milieu d'un bois où des fouilles ont fait découvrir des urnes et des médailles en 1656 (PHALESII *Chron. Monast. Haffligem*, fᵒ 229. Mss. de la bibl. de Bourg.), à Saventhem, dans une tombe de 55 pieds de hauteur et 58 de circuit. Ici il y avait un cercueil en pierres bleues contenant des vases en terre cuite, des verreries, un anneau, une urne, des monnaies de Néron, Antonin, Faustine, etc. (Mss. de la bibliothèque de Bourgogne, contenant des annotations sur les antiquités de divers villages des environs de Bruxelles, etc., par DE VADDERE.)

[3] On a longtemps disserté sur la situation de Dispargum. Une seule localité,

Il résulta de la conquête franque un changement total dans l'état du
pays, la condition des personnes, les mœurs et les coutumes. Les grands
propriétaires ou fidèles du roi, les hommes libres ou francs propriétaires, les Gallo-Romains, les colons ou cultivateurs libres, mais vivant
sur le champ d'autrui, issus pour la plupart de barbares appelés Lètes,
fixés par les empereurs en Belgique pour la repeupler, les serfs domestiques et ceux attachés à la glèbe, étaient régis par leurs lois nationales et
des coutumes particulières. Les terres dites *terres saliques*, distribuées
lors de l'invasion, étaient transmissibles aux mâles seuls : *alleu,* quand
elles étaient possédées en toute liberté; et *bénéfice,* lorsque c'était un
don du souverain, don ordinairement octroyé à titre précaire.

Le pays fut divisé en comtés d'étendue variable. Le comte était à la
fois administrateur, juge et commandant militaire. Sept échevins, choisis
parmi les notables, jugeaient en sa présence, mais sans sa participation,
les crimes et les délits. Les amendes remplaçaient les peines corporelles ;
le combat singulier, les épreuves du feu et de l'eau, l'attestation sur
serment de témoins, suppléaient aux preuves écrites.

La partie de la cité des Nerviens qui s'étendait de l'Escaut à la Dyle
et de la Haine au Ruppel devint le comté ou *pagus* de Brabant, mot
formé de *brac,* inculte, stérile, en jachère, et *bant,* pays, frontière [1].
La grande étendue du Brabant le fit plus tard subdiviser en quatre petits
comtés [2], à propos desquels on a longuement écrit, sans être parvenu
à éclairer le sujet. Un point incontestable toutefois, c'est que la vallée de
la Senne a formé un district séparé, appelé plus tard le comté de
Bruxelles.

La population romane, c'est-à-dire celle née du mélange des Belges

---

croyons-nous, pourrait disputer à Duysbourg, près Bruxelles, le droit de s'honorer
d'avoir été la première résidence de Clodion, c'est Duysbourg, près Dusseldorf.

[1] BOLLANDUS, *de Pipino duce,* apud Ghesquière, Acta SS. Belgii, tome II, p. 340.
Des annalistes, jaloux de combler les lacunes que présentent notre histoire , font
dériver ce nom de Salvius Brabon, guerrier romain qui tua le géant Antigone dont
la tyrannie désolait les bords de l'Escaut , épousa la nièce de César, Germana ,
appelée depuis Zuana , et transmit à ses descendants le pays qui porta son nom.
GUICCIARDIN, *Description des Pays-Bas*, édit. 1659, p. 91. Dans le *Luyster van
Braband,* 1e deel, bl. 8, on lit que Pepin de Landen descendait en ligne directe
de ce Brabon.

[2] In Brackbanto comitatus quatuor. Acte de partage de la Lotharingie en 870.
BUTKENS, *Trophées du Brabant,* t. I, pr., p. 7.

et des Latins, ayant été refoulée vers le sud et remplacée par des populations germaniques, les noms des localités furent presque partout empruntés à l'idiome des nouveaux conquérants, et, comme il arrive généralement dans l'enfance des sociétés, les terminaisons les plus fréquentes furent tirées des accidents du terrain, de la nature du sol ou de la présence d'un édifice [1].

Les localités appartenant au domaine et formant des *villa* où le prince venait parfois résider, durent nécessairement prendre plus d'extension que les autres, favorisées qu'elles étaient par d'essentiels avantages. De nombreux serfs, sous la direction d'un maire, s'y livraient à tous les travaux de l'industrie agricole ; les grains, les denrées, les bestiaux, les étoffes, produits de ces grandes exploitations, formant la principale ressource du souverain [2], il était de son intérêt de les développer et de les favoriser de tout son pouvoir. Dans les *villa* comprenant un grand nombre d'artisans, il y avait à leur tête un *Ambtman* ou Amman, c'est-à-dire un homme de métier directeur. Nous avons tout lieu de croire que c'est à un établissement de ce genre que Bruxelles dut ses premiers progrès. On y voit en effet, depuis les temps les plus reculés, un château domanial [3] et un officier appelé Amman.

Les chronographes du moyen âge ont inventé bien des fables pour entourer le berceau de la ville de Bruxelles d'une auréole poétique. L'un des rois de Tongres, disent-ils, Leo Torgotius, après avoir vaincu quelques peuples tributaires, qui s'étaient coalisés contre lui, bâtit dans la contrée des Réthianes deux forteresses, l'une sur la hauteur dite Coudenberg, ou Mont-Froid, à l'endroit où fut depuis le palais des ducs de Brabant, l'autre dans une île de la Senne, sur l'emplacement occupé dans la suite par l'église Saint-Géry. La tour de Saint-Nicolas fut élevée entre ces deux forteresses pour servir de point d'observation [4]. De pareilles fables ne méritent pas l'honneur d'une réfutation.

---

[1] Telles sont : *berg,* hauteur ; *loo,* hauteur boisée ; *veld,* champ ; *rode,* champ essarté ; *bosch* et *hout,* bois ; *brock,* prairie marécageuse ; *laer,* pré ou pâture ; *donck,* lieu endigué ; *heyde,* bruyère ; *beck,* ruisseau ; *sale* ou *sele,* manoir ou, littéralement, habitation salique ; *heim,* demeure ; *hof,* manse, cour ou ferme, etc.

[2] Voyez le célèbre capitulaire de Charlemagne, intitulé *de Villis.*

[3] Voyez plus loin.

[4] *Luyster van Braband,* 1ᵉ decl, bl. 1. — Conf. mss. 17157 de la bibliothèque de Bourgogne.

Le nom de Bruxelles est écrit de différentes manières dans les anciennes chroniques et les diplômes du moyen âge : on trouve tour à
tour Brosella [1], Bruocsella [2], Bruohsella [3], Brucsella [4], Brucsel-
læ [5], Brussela [6], Brussella [7], Brusselia [8], Brusela [9], Bruxella [10],
Borsella [11], Brusella [12], Brucella [13], Bruessella [14]. Les formes les
plus usitées dans les temps postérieurs sont en latin *Bruxella*, et son
dérivé *Bruxellensis;* en flamand *Brusele,* puis *Brussel;* en français
Brouselle, et aujourd'hui *Bruxelles,* qu'on doit prononcer comme
s'il y avait deux *s* au lieu de l'*x*. La formation de ce nom est facile
à expliquer. *Bruc, Brus* ou *Broek* signifie marais, *sele,* habitation, ou,
dans un sens plus restreint, manoir, par conséquent le *manoir du
marais,* étymologie naturelle que corroborent l'existence d'un château
domanial et la situation de la partie basse de la ville [15]. Mais cette
explication était trop simple, et les étymologistes ont tourné le nom

---

[1] Balderici *Chron. camerasense et a trebatense.* — *Vita Sancti Vindiciani* in
Acta Sanctorum, mense Martio, t. II, die xi, p. 75. — Ghesquière, *Acta Sanct.
Belgii,* t. III, p. 330 ; t. IV, p. 32 ; t. V, p. 523 et 524.

[2] Diploma anni 966. Miræi, *Notitia eccles. belg.,* ch. 26.

[3] Dipl., a. 976 apud Miræum, *Donat. belg.,* l. I, c. 14.

[4] Dipl., a. 1107. Butkens, *Trophées de Brabant,* t. I, pr., p. 30.

[5] Dipl., a. 1047, ap. Miræi *Oper. Diplom.,* t. I, p. 97, et Butkens, *Trophées
de Brabant,* t. I, pr., p. 25. — L'original aux *Arch. de Ste.-Gudule.*

[6] Hagiologus, in *Vitâ B. Idæ,* apud Gramaye. Bruxella, p. 1.

[7] Hugues de Florisies, dans Butkens, l. c. p. 5. Dipl. a. 1086, 1143, 1179,
1220, 1227, ap. eumd., p. 29, 38, 48, 67, 71.

[8] Th. Cantipratani, *Bonum universale de Apibus,* Duaci, in-8°, 1627.

[9] Dipl. a. 1062 apud Butkens, l. c. p. 27.

[10] *Vita B. Gudilæ,* apud Acta Sanctorum, et Butkens, l. c. p. 24 et alibi.
Bruxella se trouve dans tous les diplômes à partir de la fin du xiie siècle ; les exceptions sont rares.

[11] Dipl. a. 1073. Butkens, l. c. p. 27. — L'original aux *Arch. de Sainte-
Gudule.*

[12] Dipl. a. 1143 ap. eumdem, p. 38.

[13] Dipl. a. 1151 apud eumd., p. 40.

[14] *Ibid.,* l. c.

[15] Ob paludibus, dit Divæus, *Rerum Brabant.* Lib. I, c. 5, p. 20. — Alii a paludibus, quorum magna in vicino copia, a lacu sive voragine in sylva Zoniæ. Gramaye, l. c. Puteanus rejette cette opinion : Qui a Palude, dit-il, quasi Broecsel, aut
aliunde derivant, ostendere ingenium maluerunt, quam nihil dicere. Puis il ajoute
un calembour impardonnable : Amœnius certe a Pallade, quam a Palude. *Bruxella
Septenaria,* p. 23.

de la capitale de toutes les manières pour en tirer un sens quelconque, sens qui n'est généralement pas le sens commun. Quelques-uns ont découvert que *broeyen* signifie couver, donc *broeysel*, c'est le nid des cygnes [1]; suivant d'autres, ce nom dérive de *bruch* ou *brug*, pont, et *Senna*, c'est-à-dire pont sur Senne [2]; ou de *burch*, château, et *celle*, résidence [3]; ou de *brug* et *cella*, habitation près du pont [4]; ou de *brensel*, demeure de Brennus, chef des Sénones; ou de *hy-russel*, c'est-à-dire près l'habitation des Russes [5]; ou de *ruysel*, lieu murmurant; ou de *ruys-hol*, antre murmurant, à cause des nombreuses sources qui suintent de la côte [6]. Il en est même qui font dériver le mot Bruxelles de broussailles! Puteanus prétend que la ville a commencé par un pont (*brug*) et un château (*sele*) construits par les Normands [7], mais elle existait antérieurement aux invasions de ces peuples. Enfin, dans deux brochures brillantes d'érudition et d'esprit, M. Spinnael s'est efforcé de prouver que Bruxelles fut la résidence centrale des Bructères, et que son nom s'est transformé successivement de *Bructersele*, en *Bructsele*, *Brucsele*, *Bruxelle* [8]. Cette opinion, déjà victorieusement combattue [9], ne nous paraît pas soutenable.

La première fois qu'il est fait mention de Bruxelles, c'est à l'époque où le christianisme, favorisé par le zèle du roi Dagobert et par l'exemple donné par la famille de Pepin de Landen, commençait à pénétrer dans les régions que bornent la Meuse et l'Escaut, époque de légendes qui voit les derniers efforts du paganisme contre les progrès de la religion nou-

---

[1] *Luyster van Braband*, l. c. — Chronique, mss. de FOPPENS.

[2] HENSCHENIUS *in Diatribâ de tribus Dagobertis*, p. 36.

[3] VAN VAERNEWYCK, l. IV, c. 65, f° 135, édit. 1574.

[4] WASTELAIN, *Description de la Gaule-Belgique*.

[5] Cette opinion a été empruntée par Gramaye à un poëme écrit par l'écolâtre René sur les commencements de la ville (*Reynerus Scholarcha in Poëmate de Initio Urbis*), poëme qui, probablement, n'existe plus. V. ce qu'a dit sur René de Wael ou de Bruxelles, qui doit avoir vécu au milieu du xve siècle, M. le baron de Reiffenberg (*Bulletins de l'Académie de Bruxelles*, t. VIII, p. 362, et *Nouveaux Mémoires de l'Académie*, t. XIV).

[6] GRAMAYE, l. c.

[7] Le même.

[8] *Notice hist. sur l'origine et l'étymologie des noms de Bruxelles et Brabant*, par P. SPINNAEL. Bruxelles. 1841. — *Justifications et éclaircissements à l'appui de la Notice historique sur l'origine de Bruxelles et de Brabant*, par le même, même date.

[9] *Analyse critique* de ces brochures, par M. Raoul (*Revue Belge*, 1842).

velle. Alors s'élèvent les premiers monastères à Mons, à Maubeuge, à Nivelles; alors sainte Alène que vénère Forêt, périt victime du fanatisme de son père (670 environ); sainte Gudule mène au château de Ham (près Alost) une vie pieuse et solitaire; sa sœur, sainte Rainilde, est martyrisée à Saintes; sainte Berlande propage la foi à Meerbeke, dont elle devient la patronne. Saint Vindicien, évêque de Cambrai et d'Arras, étant venu à Bruxelles, disent les chroniques, pour des affaires de son diocèse, y mourut d'une fièvre lente le 11 mars 706 (705 ancien style) [1], après trente et un ans d'épiscopat. On peut supposer que Bruxelles réunissait dès lors une agglomération assez nombreuse d'individus, et cette supposition s'explique par la présence du saint évêque, présence qui, comme on l'a judicieusement fait observer, ne devait pas être provoquée par des intérêts secondaires [2]. Ne fallait-il pas d'ailleurs que cette ville fût déjà assez grande pour qu'il y trouvât un logement convenable pour lui et sa suite. Les restes de saint Vindicien furent transférés à Mont-Saint-Éloy, monastère près d'Arras. Son successeur, Emebert ou Amebert, qui était, à ce qu'on prétend, frère de sainte Gudule, mourut aussi en Brabant, à Ham, près Alost, après un épiscopat de peu de durée [3].

De nombreux martyres attestent la lenteur des progrès de la religion nouvelle, qui ne fut définitivement établie que sous le règne de Charlemagne. Ce prince résidait d'ordinaire aux environs de Liége et d'Aix-la-Chapelle et, plus d'une fois, on n'en peut douter, il dut passer par Bruxelles où la tradition a conservé son souvenir. Ainsi on prétend qu'il fit consacrer les églises de Laeken et d'Uccle, et qu'il avait en ce dernier endroit une habitation appelée depuis Karl-loe ou Carloo [4]. Il vint à

---

[1] Cum ægrotaret sanctus Vindicianus apud Brosellam, diocæsis sui territorium, etc. *Chronic. Balder.*, L. I, c. 28, p. 55, édit. 1615. Quelques auteurs ont placé en Artois le Bruxelles dont il est parlé ici, nous en ignorons les motifs. On varie sur la date de la mort de saint Vindicien; les uns la placent en 695 (HARÆI, *Chronic. Ducum Brab.*, t. I, p. 26); d'autres en 712 (*Acta SS.*, t. II, Martis, die xi, p. 75); nous avons suivi le sentiment de GHESQUIÈRE (*Acta SS. Belgii*, t. V, p. 504 et 523).

[2] Ob quædam magni momenti negotia. GHESQUIÈRE, t. V, p. 523.

[3] *Chron. Balderici*, L. I, c. 16. — GHESQUIÈRE, t. V. — Conf. LEGLAY, édit. de Balderic, note, p. 413.

[4] A. THYMO, dans son *Historia Diplom. Brabant.*, partie 2, titre 1, ch. 16, intitulé : Quo Karolus magnus terram suæ nativitatis inter Scaldim et Rhenum honoravit, dit : Ut non solum prædictam ecclesiam Aquensem, verum etiam quam

Uccle, dit-on, en 803, avec le pape Léon III et l'évêque de Liége Gerbald, en se rendant de Kiersy-Sur-Oise à Aix-la-Chapelle [1]; mais cette opinion a trouvé des contradicteurs et ne doit être admise qu'avec réserve [2]. A son fils Louis-le-Débonnaire, on attribue la fondation de l'église de Saint-Jacques-sur-Coudenberg [3], assertion entièrement dénuée de preuves.

Pendant la seconde moitié du IXe siècle, les Normands ravagèrent à plusieurs reprises les rives de la Meuse et de l'Escaut; ils fixèrent même le centre de leurs opérations dans le lieu, célèbre depuis, appelé Louvain. La victoire remportée sur eux, en 895, par le roi Arnoul, délivra le Brabant de leurs ravages. Un tableau et des inscriptions dans l'église de Laeken rappellent qu'en cet endroit les chrétiens défirent une armée de barbares, et que leur chef ayant péri, ses sœurs vinrent l'y ensevelir et y élevèrent l'église de Notre-Dame [4].

plures alias in eadem sua patria fecit rex Karolus per præfatum sanctum papam Leonium dedicari, videlicet beati Martini de Viseto supra Mosam, sancti Salvatoris in Hackendover prope Thenismontem, sanctæ Mariæ in Laken prope Bruxellam et beati Petri t' Uccle etiam prope Bruxellam, ubi rex ipse curtim babuit in loco qui ab ipso Kariloe adhuc appellatur.

Le 20 juin 1348 les nobles Jean Vandenhove, Gilles Vanden Steene, Gérard Van Nekersgate et Gilles Conraets, ont déclaré par-devant notaire qu'ils avaient entendu parler par leurs parents de la consécration de l'église d'Uccle par le pape Léon, à la même époque où furent bénies celles de Nivelles et d'Aix (*dat de gulde delle heet*, ajoute l'acte); des indulgences données par le pontife à cette occasion, les mêmes que possédait la basilique de Jérusalem, et de la venue de Charles et du pape à Kaerloe et Kaerlevoert (le Gué de Charles, aujourd'hui Caelevoet) avant que l'empereur allât combattre les infidèles. Mss. de la Bibl. de Bourgogne.

[1] MANN, *Histoire de Bruxelles*, t. I, p. 9. — MUTZAERT, *Christelycke Historie,* etc.

[2] Le père LONGUEVAL, *Histoire de l'Église gallicane*, t. V, p. 100.

[3] Tempore Gregorii tertii erat religio istius loci B. Jacobi Frigidi Montis, fundata videlicet circa annum DCCCXXX per Ludovicum ducem Brabantiæ regem et imperatorem filium Caroli Magni. Vetus Codex apud SANDERUM, *Chorogr. Sacra Brabant.*, t. II, p. 10.

[4] On a dit à tort que ce chef était Hugues, fils naturel du roi Lothaire II (SANDERUS, *Chorogr. Sacra Brabant.*, t. III, p. 261), ou du roi Louis de Germanie, mort dans un combat où les Normands laissèrent cinq mille des leurs sur le champ de bataille. Ce dernier combat se livra à Thuin-sur-la-Sambre ou à Thun-sur-l'Escaut, et Hugues fut enseveli dans l'abbaye de Laurisheim en Bavière. Il ne faut donc pas confondre ces deux événements. Selon Sanderus lui-même, la tradition parlait de Huns et ne connaissait pas le nom du général vainqueur. Les

Dans l'Austrasie, qui prit à cette époque le nom de Lotharingie, le pouvoir royal affaibli par la mort des descendants de l'empereur Lothaire, fils de Louis-le-Débonnaire, par les luttes entre leurs parents avides d'occuper exclusivement ce bel héritage, par l'absence continuelle des souverains et par la turbulence des grands, fit place à l'autorité des ducs de la famille de René surnommé René-au-Long-Col, possesseurs de vastes domaines dans le Hainaut, le Brabant et la Hesbaye. Gislebert, fils de René, épousa la sœur de l'empereur Othon-le-Grand, Gerberge, qui obtint, à titre de dot, de grands biens dans le Masgau (territoire de Maestricht), dans la Hesbaye et le Brabant. C'est alors, paraît-il, que d'anciens domaines de la couronne, et entre autres Bruxelles, une partie de la forêt de Soigne, Duysbourg, Ysche, et probablement tout ce qui dans le comté appartenait au fisc, devint la propriété de Gerberge et de ses descendants. Ils en jouirent toujours comme d'alleux, sans être assujettis à en faire hommage à qui que ce fût [1].

Située sur une colline salubre, abondante en sources, côtoyée par une rivière navigable, point de transit entre les deux principales villes de la Flandre, Bruges et Gand, et Louvain, Liége, Aix-la-Chapelle ; placée pour ainsi dire sur la limite où se confondaient les idiomes roman et teutonique, Bruxelles devait promptement attirer sur elle l'attention des princes ainsi que celle du commerce. L'espoir du gain y amena sans doute de bonne heure des marchands, et peu à peu l'on vit s'élever des maisons qui formèrent bientôt une rue ou chaussée s'étendant depuis le pont placé à l'extrémité de la dernière des îles formées par la Senne (le pont du Marché-aux-Poissons), jusqu'au sommet de la colline appelée, de temps immémorial, le mont Saint-Michel [2]. Sur cette colline se trouvait déjà au

inscriptions qu'on voit dans l'église sont d'une date plus récente et ont été totalement modifiées.

[1] Voyez DE VADDERE, *Traité de l'Origine des ducs et du duché de Brabant,* avec notes de Paquot, t. I, p. 190.

[2] In loco qui dicebatur Mons Sti.-Michaelis. *Chronic. Anonymi* apud Matthæum. *Veteris ævi Analecta,* t. I, p. 32. — *Vita B. Gudilæ.* — Michiels berg. *Die Excellente Chronike.*

> Dene was te Brusele, als men siet
> Dat Sinte Michiels Borch hiet
> Dat nu heet Sinte Goedelen Kerke
> Daer sette hi paepen en de clerken.

Brabantsche Yeesten, IIIe boek. v. 215.

xe siècle la chapelle principale de la bourgade, ainsi qu'il conste d'un diplôme de l'empereur Othon Ier daté de 966. On voit dans ce diplôme qu'un prêtre nommé Regenwald avait donné à l'abbaye de Nivelles un héritage situé à *Bruocselle* sur la *rivière Braine* [1], avec sept manses ou fermes, l'église mère, *ecclesiam matriciam*, un bois et des prés [2]. Il est incontestable que cette *Bruocsella* indique Bruxelles, puisqu'à la ligne précédente on parle d'une terre située dans le Brabant, à Ippingohaim ou Eppeghem. Quant à l'église mère, c'est, à n'en pas douter, la première église de Saint-Michel dont la fondation a été erronément attribuée à Lambert Ier, ou à son fils Baldéric, et qui se trouvait au coin de la plaine de Sainte-Gudule et de la rue du Treurenberg, où on la voyait encore au siècle dernier [3]. Saint-Géry, que les historiens de Bruxelles ont considérée comme étant la plus ancienne église de cette ville, n'était, même après sa reconstruction, qu'un petit édifice [4], et servait de chapelle au château. On est également parti de données inexactes pour dire que le berceau de Bruxelles fut l'île de la Senne dans laquelle se trouvait le manoir du comte; mais a-t-on remarqué que cette île était presque entièrement occupée par ce château? Les premiers habitants de la bourgade, quelque barbares qu'ils pussent être, auraient-ils d'ailleurs été s'établir sur les bords d'une rivière dont les fréquentes inondations ne trouvaient pas d'obstacle à leurs ravages? Dans toutes les localités que longent des cours d'eaux, ne voit-on pas les églises, centres communs de toutes agglomérations d'habitations, construites sur les éminences qu'offre le terrain? Bien convaincus de ces vérités, quand le fait de l'établissement de l'église principale sur le mont Saint-Michel ne le prouverait pas de reste, nous croirions devoir soutenir encore que ce fut sur cette colline que s'élevèrent les premières habitations de Bruxelles.

Quant au château, plusieurs dénominations ont conservé le souvenir

---

[1] Ce nom de *Brania* donné à la Senne expliquerait comment il se trouve près de cette rivière tant de Braine : Braine-le-Comte, Braine-le-Château, Wautbier-Braine, Braine-l'Alleud, Merbes-Braine.

[2] Mir. æus, *Notit. eccl. belg.*, ch. 26.

[3] Cette idée n'est pas nouvelle : elle a déjà été avancée il y a deux siècles par le doyen Wazet, auteur d'*Annales manuscrites de l'Église de Sainte-Gudule*; après avoir dit que Saint-Géry n'était pas la paroisse primitive, il ajoute : Sed verisimiliter ea fuit, ubi sacellum S. Michaelis in domo fabriciorum, exinde prope ædificata nova, post translationem in eo loco, in quo est, a Balderico donato.

[4] Ecclesiola. Dipl., a. 1047, apud Butkens, pr., p. 25.

de son existence. Il s'élevait, paraît-il, sur l'emplacement du couvent et de l'église des Riches-Claires, autrefois héritage appelé *le Vieux-Château*[1]. Près de là, au sud-est, étaient *le pont des Juifs*, depuis Haut-Pont ou pont des Riches-Claires[2], dont le premier nom lui venait des enfants d'Israël, suite obligée de toutes les cours d'alors, et qui s'étaient établis dans le voisinage du château ; *la Montagne des Lapins* ou *la Garenne*[3], et, à l'endroit coupé, de nos jours, par la rue de Six-Jetons, le Parc, appelé quelques siècles plus tard *le Vieux-Parc*[4]. De l'autre côté on voyait, entourée d'une place, la chapelle de Saint-Géry, dont les uns attribuent sans preuve la fondation à Pepin de Landen, et que d'autres font remonter à l'an 948, et l'impasse appelée depuis *Borg-wal* ou *Borgval*, c'est-à-dire le retranchement du château[5] ; dans cette impasse se trouvaient le moulin à huile domanial[6], et, un peu plus loin, quatre moulins

---

[1] Domistadium situm in loco dicto Oudenborgh prope Wiketum Leonis. Acte de vente en 1358 de l'héritage où fut plus tard fondé le couvent de Nazareth ou des Hiéronymites, cédé au XVIe siècle aux Riches-Claires. Voy. quelques notes de De Vadder, tirées des archives de ce couvent; Mss. de la bibliothèque de Bourgogne.—Huys gheeten d'Oudeborch gelegen naest de stove gheheeten de croone in d'een zyde en een straetken gaende ter Zennen weert. *Livre Censal* de 1499. La rue des Sœurs-Noires s'appelait jadis rue du Vieux-Château : in de Verwers strate op den hoeck van de selve Verwers strate by d'Oudeborchstrate gelyck men gheet te Leeus Wykette weerts. Acte de l'an 1527. *Cartulaire de l'hôpital Saint-Pierre* aux *Archives des Hospices*.

[2] Bi Sinte-Gorix op die Jodenbrugge, daer men van Jan Priems te Sinte-Gorix weert gaet. *Livre Censal du domaine au Quartier de Bruxelles*, de l'an 1392, *Archives du Royaume.* — Neven de Juedenbrugge ende nu geheeten de Verwersbrugge. *Archives de Sainte-Gudule*, 1485. Nous reparlerons de ce pont dans la troisième partie.

[3] Ante portam Leonis supra Connynbergh. 1304, 1307, 1323. *Arch. de Sainte-Gudule* aux Arch. du Royaume. La Porte du Lion fermait jadis la rue des Sœurs-Noires.

[4] In veteri parco, vulgariter dicto in den Ouden peerc. Lettre échevinale de 1309. — Suivant un acte de 1350, l'Oude pret était situé au lieu dit *Ten Cruyskene*, aujourd'hui la rue d'Anderlecht, avant d'arriver à la petite chapelle de Notre-Dame-au-Rouge.—Ailleurs on lit : in vico de Raemstraete ante locum dictum de Oude Perret. L. E. de 1355. *Arch. de Sainte-Gudule.* Domistadium cum domo in vico d'Oude Raemse juxta locum dictum den ouden pricke inter..... Veniens retro usque ad Zennam ibidem currentem. L. E. de 1432. *Cartulaire de l'hospice Terarken.* Cette dernière citation, selon une note du cartulaire, s'applique à la rue des Chats, près le Vieux Marché; le Vieux-Parc s'étendait donc assez loin vers le sud.

[5] Borchwal, L. E. de 1254, *Archives de Sainte-Gudule.*

[6] Dans le *Livre Censal du domaine* de l'an 1321, il est appelé Molendinum olei super hergarts hof. Ce dernier nom ne serait-il pas une contraction de her Gerarts

à eau, autres propriétés du domaine, appelées le Moulin à Braie, le Moulin Antérieur, le Moulin Postérieur et le *Ruyssche-Molen,* tous quatre groupés à l'extrémité du Borgval. Un cinquième moulin, placé en amont du château, près du lieu où est aujourd'hui l'église de Bon-Secours, prenait de sa situation le nom de Moulin Supérieur (*Over-Molen*) [1].

Gislebert ayant péri dans sa tentative de rébellion contre Othon-le-Grand, Louis d'Outremer épousa sa veuve Gerberge (939), espérant ainsi recouvrer la Lotharingie enlevée à la France par Henri l'Oiseleur. Mais ses projets échouèrent et le douaire de Gerberge devint le sujet de sanglantes querelles. René II, comte de Hainaut, qui s'en était emparé, fut dépouillé de son comté et exilé (959) par Brunon, duc de Lotharingie. Gerberge cependant ne paraît pas avoir joui longtemps des biens en possession desquels elle était rentrée, et il est probable qu'elle en fut dépouillée par les successeurs de Brunon lors des mésintelligences qui éclatèrent entre la France et l'Empire. Nous voyons en effet que Charles, fils cadet de cette princesse et frère de Lothaire, profita des troubles qui éclatèrent en Belgique après la mort d'Othon-le-Grand (7 mai 975), pour venir, les armes à la main, réclamer le douaire de sa mère [2]. Uni à René et à Lambert, fils de René II, il tint longtemps tête à Othon II, qui, pressé de sortir des embarras de son nouveau règne et craignant les entreprises de la France, investit Charles du duché de Basse-Lotharingie, et rendit à René et à Lambert l'héritage de leur père (977) [3].

Othon II, qui s'était rendu en Belgique pour apaiser ces troubles [4], signa à *Brusela,* nom sous lequel on croit reconnaître la ville dont nous écrivons l'histoire, plusieurs diplômes datés de 974 et 976, et ordonnant la restitution à l'abbaye de Saint-Bavon des biens qui lui avaient été enlevés [5].

hof, le château ou jardin de sir Gérard? Dans un acte de l'an 1490, on voit ce lieu s'étendre jusqu'au quai des Poissonniers ou Visschers Sinne, près de la pêcherie ducale. L. E., *Archives de Sainte-Gudule.* En 1321 ce moulin payait 70 sous de cens, moitié à la Chandeleur et moitié à la Saint-Jean.

[1] La troisième partie renfermera plus de détails à ce sujet.

[2] *Chron. Cameracense* BALDERICI. — SIGEBERTI *Chron.*

[3] Ducatus Lotharingiæ datur Karolo fratri Lotharii regis Francorum, multis insuper conducto beneficiis, ut et ipse ab insolentiis desistat, et fratris sui Lotharii motibus obsistat. SIGEBERTUS ad ann. 977. — *Chron.* BALDERICI.

[4] SIGEBERTUS.

[5] SAINT-GENOIS, *Monuments essentiellement utiles aux provinces de Flandre,* etc., t. II, p. CCCCLXIV.

Charles de France fixa sa résidence ordinaire à Bruxelles, où l'on prétend qu'il naquit [1]; la situation de cette ville, au milieu de grands bois et
de marais, offrait un asile sûr à un prince, bataillant sans cesse contre
ses voisins et contre l'empereur lui-même [2]. On doit supposer que Bruxelles
avait déjà acquis alors de l'étendue et de la consistance; quelque idée
qu'on se forme de la cour des princes de cette époque toute barbare
encore, elle ne pouvait être établie dans une bourgade qui n'eût offert
aucune ressource.

Voulant sans doute augmenter l'importance de la chapelle de son
château, en même temps que celle de sa résidence, le duc Charles y
fit transporter, le 6 juillet 978 [3], le corps de sainte Gudule, morte
à Ham le 8 janvier 712. Les reliques de cette sainte avaient éprouvé
bien des vicissitudes : déposées d'abord à Moortsele, elles furent, lors
de l'invasion des Normands, emportées à Chiévremont, près de Liége.
Après le départ des barbares, elles furent rapportées à Moortsele; mais
vers 957 ou 940, un seigneur des environs, que les chroniques nomment
Wenemar, s'empara des biens du monastère de Moortsele, que
Charlemagne, dit-on, avait doté de toutes les terres de ce village. Ce fut
Ermanfroid ou Ermanfrede, fils de Wenemar, qui donna à Charles les
restes de sainte Gudule; mais, malgré les instances de ce prince, il refusa
constamment de rendre les biens du monastère.

[1] Bruxellam nativitate, habitatione et regia sua ornasse. GRAMAYE, *in Nivellâ.*

[2] Dux Carolus tenuit principale domicilium in palatio proavorum suorum, sito
tunc intra duo brachia Zennæ prope ecclesiam S. Gaugerici quæ tunc erat capella
ducis. A. THYMO, partie 2, titre 16, c. 2, t. II, f° 71. — Cartulaire aux *Archives de
Sainte-Gudule.* — Les *Brabantsche Yeesten*, t. I, p. 395, disent :

> Karle oec in sinen daghen
> Die hertoghe was van Lothrike
> Ende die sterf zoo jammerlike
> Dede te Brusele maken binnen
> Tusschen twee armen van der Sinnen
> Sine woninge alsoe men weet,
> Dat nu t'Sinte Gurycx heet
> Dat was sine capelle die hi dede maken.

[3] D'après un bréviaire de l'église de Sainte-Gudule cité par GHESQUIÈRE, *Acta
SS. Belgii*, t. V, p. 669, cette translation des restes de sainte Gudule était fêtée le
6 juillet. On n'est pas d'accord sur l'année de cet événement. BAILLET *(Topographie
des Saints,* art. *Bruxelles)* le place en 976; BARONIUS et HARÆUS, en 978; d'autres,
deux ou trois années plus tard. Les anciennes légendes sont muettes sur ce point.

Ces reliques étant arrivées à Bruxelles, on rapporte que comme on se disposait à ouvrir le cercueil pour constater leur authenticité, d'épaisses ténèbres se répandirent dans l'église. Ce prodige, commun dans un temps où tout était prodige, frappa les assistants de terreur. Charles et sa suite passèrent trois jours dans le jeûne et la prière, puis, se rendant de nouveau à Saint-Géry, ils ouvrirent la châsse, sans qu'il se passât rien de merveilleux; après avoir vu les reliques, ils la refermèrent et y apposèrent le sceau ducal. Le duc fit don à la sainte d'une partie du village de Molenbeek, de six familles, c'est-à-dire de six censes avec leurs serfs, et de riches ornements [1].

Le duc Charles, que les biographes de sainte Gudule louent avec tant de complaisance, est représenté par d'autres comme un homme inepte et lourd, qui fut plutôt le voleur que le tuteur des églises, et qui dissipa les biens de l'évêché de Cambrai [2]. On sait le peu de succès de sa tentative pour monter sur le trône de France, vacant par la mort prématurée de son neveu Louis V, et usurpé par Hugues Capet. Après une longue captivité à Orléans, il mourut en 1001 à Maestricht, où l'on a retrouvé la pierre qui recouvrait son tombeau.

Il ne reste guère de traces du règne de son fils Othon (1001-1005) qui mourut sans postérité. Il accorda aux habitants d'Over-Yssche, entre Bruxelles et Wavre, le privilége de vendre leurs grains au marché de la première de ces villes sans être assujettis au droit de louche, redevance perçue en nature sur chaque setier de blé [3].

Après Othon, la dignité ducale fut conférée à Godefroid d'Ardenne, dit d'Eenham, et le patrimoine de Gerberge fut partagé entre les comtes de Louvain et de Namur, qui avaient épousé Gerberge et Ermengarde, filles de Charles de France. Devenu puissant par la réunion sous ses lois de tout le pays entre la Dendre et le Démer, Lambert s'engagea dans des guerres continuelles contre l'empereur, le duc de la Basse-Lotharingie et l'évêque de Liége. Sa vie agitée se termina à la bataille de Florennes

---

[1] *Vita S. Gudilæ* ab Huberto scripta, c. 10, apud Ghesquière, *Acta SS. Belgii*, t. V, p. 714; Vita secunda, c. 9 et 10, apud eund., p. 729 et seq.—Conf. Puteanus, *Bruxella Septen.*, p. 26. — Hareus, *Annales Ducum Brabant.*, t. I, p. 155.

[2] *Chron. Balderici*, L. I, c. 100, p. 172. — Ghesquière, l. c. p. 678.

[3] Othonis ducis exstat diploma in Ischa Superiori quo datur dictis incolis immunitas in oppido Bruxellensi a cochleâ frumentari in venditione frumentorum suorum. *Annales mss. B. Gudilæ*, titre 2, c. 4.

en 1015. C'est lui qui fit bâtir ou plutôt restaurer la chapelle de Saint-Géry, comme le prouve un ancien tableau qui y fut longtemps conservé, et qui le représentait à genoux devant la chapelle, revêtu de son armure, ayant près de lui son bouclier portant un écu de gueules au milieu d'un champ d'argent. Au bas était cette inscription : *Le comte Lambert, fondateur de cette église;* et plus bas : *Ceci était écrit sur le vieux pilier de la croix abattu en* 1565 [1]. La chapelle fut entièrement reconstruite au XVIᵉ siècle et il ne resta rien du monument élevé par le premier des comtes de Louvain. Au temps de Lambert, vivait saint Guidon, qui fut sacristain à Laeken et mourut à Anderlecht en 1012. Sa vie, racontée par un contemporain, présente quelques détails pleins d'intérêt. On y voit qu'un marchand du château de *Bruxelles* [2] per-

---

[1] Les annales manuscrites de Sainte-Gudule, parlant de l'existence de Saint-Géry au xᵉ siècle, disent : Sed antum dicta capella extiterit dubitatur, cum id certissimis monumentis constat, dictam capellam ædificatam esse, a Lamberto comite qui fuit post Carolum et habuit Gerbergam Caroli filiam pro uxore, sicùt id constat ex tabella quæ pendet in ecclesia S. Gaugerici, depicta et dictus Lambertus genuflectens ante dictam capellam depictus est totus armatus et cum paludamento militari et ut apparet ad vivum depictus, sicut et ipsa capella, et infra scriptum est magnis litteris : Lambertus comes fundator hujus ecclesiæ, quod ipsum significat dictum principem et ibi ad vivum depictum et ipsam Capellam quoque ibi depictam secundum veram rerum effigiem, etc., et infra scribitur minoribus litteris in dicta tabella : dit word geschreven op den ouden Kruyspilaer ende is den zelfden pilaer afgebroken ann. XVᶜLXIII, etc. *Annales B. Gudilæ,* titre 1, c. 3. Ce tableau est aujourd'hui à l'hôtel de ville de Louvain; M. Piot (*Histoire de Louvain,* p. 43) l'a vu et a cru qu'il concernait l'église Saint-Pierre; mais son opinion n'est pas soutenable en présence de la seconde inscription. En 1563 la construction de cet édifice était achevée, au lieu qu'à Saint-Géry on abattit alors le vieux transept ou croisillon et on le remplaça par un autre, dont la première pierre fut posée au commencement de l'année 1564. C'est sans doute de cette inscription que parlait Le Mire lorsqu'il dit : Idem Lambertus templum S. Gaugerici Bruxellæ ædificavit ut ex veteri inscriptione reperta dedici. *Chron. Belg.*

> Zyn zoene was Lâbreght stawelaert
> Grave vâ Lovene dat hy wert
> En by stichte de. . . . . . .
> . . . .
> En sinte Guelix stichte hy mede

Chronycke vâ alle den hertoghen in Brabant.
Mss. aux *Arch. du Royaume.*

[2] Mercator de Bruxella vicino castello. *Vita S. Guidonis,* apud Acta Sanctorum, t. IV, septemb., p. 42.

suada au saint de faire le négoce. Le texte du légendaire est remarquable
en ce qu'il prouve à la fois et qu'il y avait déjà une population bourgeoise
à Bruxelles, et que cette localité n'avait pas encore acquis les priviléges
et les droits des villes: s'il en eût été autrement, il l'aurait qualifiée
d'*Oppidum.*

Après Lambert Ier, régnèrent successivement Henri Ier son fils, appelé
dans quelques généalogies *le comte de Bruxelles,* et quelquefois *le
Vieux* [1]; Othon, mort après un règne très-court, et enfin Lambert II,
appelé aussi Baldéric, à qui Bruxelles dut ses fortifications, son chapitre
de chanoines et peut-être aussi ses premiers échevins [2]. Héritier de
l'esprit violent et belliqueux de ses ancêtres, ce prince imita leurs
brigandages et leurs révoltes. L'église de Nivelles, dont les vastes possessions excitaient sa convoitise et qu'il aurait dû protéger, lui qui en
était l'avoué ou protecteur, eut surtout à souffrir de ses exactions, et
plus d'une fois les guerriers de Louvain et de Bruxelles furent appelés
sous la bannière de leur comte pour combattre l'empereur et ceux de ses
sujets qui lui restaient fidèles. Vainement les évêques essayèrent-ils de
donner quelques moments de repos au pays en établissant la *paix de
Dieu;* la guerre était un besoin du temps.

Tandis que les grands propriétaires élevaient dans leurs domaines de
formidables manoirs, les comtes se créaient de puissantes forteresses en
entourant de murs les plus importantes bourgades de leurs états. C'est
à l'année 1040 [3] qu'on fait remonter la construction de la première
enceinte de Bruxelles, construction qui commença sans doute alors et
qui dut demander beaucoup de temps. La plus grande étendue de la
nouvelle cité était, en longueur, depuis la porte de Sainte-Catherine
jusqu'à celle de Coudenberg, de 1550 mètres, et en largeur, du *War-
moesbroek* à la porte d'Overmolen, de 650 mètres, proportions considérables, eu égard à l'état des villes voisines à la même époque et au peu
d'extension de la culture dans les campagnes. On peut, croyons-nous,

---

[1] Gerberga vero, alia filia Caroli fratris Lotharingiæ, peperit Henricum seniorem
de Bruxella. Lambertus duxit uxorem Gerbergam, filiam Caroli, postea matrem
Henrici de Bruxella. *Chronicon sive hist. geneal.* BALDUINI AVENNENSIS in-fol.,
1693.

[2] Voyez sur les comtes de la famille de Louvain la dissertation du curé ERNST,
intitulée: *Mémoires sur les Comtes de Louvain jusqu'à Godefroid-le-Barbu,* publiée
par M. E. Lavalleye. Liége, Redouté, 1837, in-8° de 40 p.

[3] Vieux fragment de poésie flamande dans GRAMAYE, Bruxella, p. 1.

tirer de ce fait un argument décisif pour prouver que déjà au xie siècle Bruxelles était peuplée et florissante. Toutefois il n'est pas prouvé que la maçonnerie du mur soit du même temps. C'est, en effet, un ouvrage admirable, trop régulier et trop imposant pour dater de cette époque; mais l'emploi exclusif du plein cintre ne permet pas de le rejeter en deçà des premières années du xiiie siècle. Cette construction, dont quelques parties défient encore, après huit siècles d'existence, les injures du temps, et dont le développement total dépasse 4000 mètres, consistait en de larges fossés et en un mur de grosses pierres, espèce de silex, superposées dans leur forme brute et jointes par un ciment d'une dureté extraordinaire. Au-dessus des pierres règne dans tous les débris encore existants une construction peu élevée, en briques, addition de temps plus rapprochés de nous. La muraille était épaisse de 84 centimètres, et, y compris les arcades cintrées qui la renforçaient à l'intérieur, de 2 mètres 21 centimètres, soit 7 pieds [1]. D'espace en espace s'élevaient des tours, et sept portes facilitaient la communication avec le dehors. On les appelait : porte de Sainte-Gudule, depuis Treurenborch (*château des pleurs*), parce qu'au xvie siècle elle devint une prison d'état; porte de Froid-Mont ou de Coudenberg; porte de Pierre ou Steen-Porte, ancienne prison criminelle; porte de Saint-Jacques, ou du Moulin-Supérieur, *Overmolen*, près l'église actuelle de Bon-Secours; portes de Sainte-Catherine, de Laeken et de Malines. Chacune d'elles était défendue par un bâtiment massif, crénelé, percé d'une porte et de petites ouvertures.

L'enceinte s'appuyait à la Senne en aval du pont de la rue de l'Évêque, se dirigeait à l'est par le Fossé-aux-Loups, pour enclore Sainte-Gudule, coupait la rue dite Treurenberg, allait en ligne droite au sommet de la hauteur jusque près de la place Royale, où elle formait un coude entourant le château des ducs de Brabant, le manoir des châtelains, l'abbaye de Coudenberg, puis redescendait la hauteur en deçà de la rue de Ruysbroeck qu'elle coupait dans la direction de la Steen-Porte, suivait la rue des Alexiens, celle des Bogards, traversait à Bon-Secours le chemin d'Anderlecht, franchissait ensuite la Senne au moyen d'un pont encore existant, et, englobant l'ancien château à Saint-Géry, tournait autour de l'île de ce nom, longeait la rivière, et venait enfin

[1] *Collection des anciennes portes de Bruxelles*, p. 10.

la rejoindre près du pont de la rue de l'Évêque. Plusieurs parties de cette construction subsistent encore et un grand nombre de rues indiquent facilement la direction des fossés. Un regard jeté sur un bon plan de la ville en dira plus au lecteur que ne pourrait le faire une longue description [1].

Pour donner plus d'importance à son séjour favori, le comte Lambert enrichit la principale église de Bruxelles. Un nouvel édifice consacré à l'archange saint Michel s'éleva sur la colline qui portait son nom; il y fit transférer, le 16 novembre 1047, avec la plus grande pompe, le corps de sainte Gudule, qu'il avait trouvé n'être pas gardé avec assez de soin dans l'église de Saint-Géry [2]. Quand le cortége fut arrivé, l'évêque Gérard, en présence du comte, de sa femme, d'un grand nombre de dignitaires ecclésiastiques, de nobles, d'habitants, bénit la nouvelle église qui depuis prit le nom d'église de SS. Michel et Gudule. Lambert donna à la sainte l'église et toutes ses dépendances, ainsi que quelques terres. Il y institua douze clercs, frères ou chanoines, en leur accordant l'exemption de péages et d'autres immunités [3]. Plus tard le nombre des chanoines fut porté à quatorze; les dignitaires étaient le prévôt, supprimé au xiie siècle, le doyen, l'écolâtre, le chantre et le trésorier [4]. L'administration des sacrements continua dans le principe à être réservée à un prêtre délégué par l'évêque.

Une singulière tradition se rattache à la translation des reliques de sainte Gudule. Au moment où le clergé et les notables passaient au pont du Miroir (rue des Pierres), les femmes des environs, irritées contre les maîtres de la fabrique de Sainte-Gudule, qui avaient pris à leur service les ouvriers travaillant à Saint-Géry, arrachèrent les roseaux qui croissaient dans la Senne, se jetèrent sur le cortége, et les notables de

---

[1] Voyez la troisième partie.

[2] Quod in ecclesiola S. Gaugerici negligenter positum inveni. Dipl. cité plus bas.

[3] Diplôme du comte Baldéric, daté de Bruxelles, en 1047. L'original aux *Archives de Sainte-Gudule.* — *Opera Diplom.*, t. I, p. 597. — Butkens, *Trophées de Brabant*, t. 1, preuves, p. 25. Comme cet acte fut rendu sous le pontificat du pape Léon IX, et que ce pontife fut élu seulement en 1049, on a conçu des doutes sur son authenticité; il est probable qu'il aura été rédigé quelque temps après la cérémonie et que l'erreur provient d'un moment d'inattention.

[4] Voyez, dans la troisième partie, le chapitre consacré à la collégiale.

la ville eurent grand'peine à rétablir l'ordre. Depuis, un usage bizarre, encore en vigueur au siècle dernier, conserva le souvenir de cet incident. Tous les ans, le 11 août, jour de la fête de Saint-Géry, on arborait sur les maisons un roseau ou une branche d'arbre soutenant des culottes, en mémoire de ce que les femmes avaient virilement défendu les droits de leur *paroisse* [1].

L'impuissance de l'autorité suprême, les ravages des Normands et des Hongrois, les guerres féodales, avaient rendu intolérable la position des hommes libres, restés sans protecteur au milieu de l'anarchie. Plus malheureux que les serfs, à qui leurs maîtres devaient aide et protection, les petits propriétaires se virent en butte aux brigandages de tous les seigneurs indistinctement. La plupart furent contraints à faire hommage de leurs terres à ceux de leurs oppresseurs dont la domination leur pesait le plus lourdement. De là naquit la féodalité, la subordination forcée des faibles aux forts. Mais dans les endroits les plus populeux et surtout dans les villes protégées par des murailles, dans celles où la cour d'un évêque, d'un duc, d'un comte, donnait quelque activité au commerce, il se forma insensiblement une agglomération de propriétaires indépendants, de marchands, dont le nombre s'accrut avec la prospérité de la cité. Fiers de leur naissance sans tâche, ils conservèrent avec orgueil le nom de bien nés, de riches, de valeureux (*wel geboorne, geboortege lieden, goede lieden, divites, fortiores*). Par la force même des choses, les fonctions d'échevins ou de magistrats de la ville leur furent réservées, et l'échevinage étant dans le principe donné à titre viager, sauf le cas de félonie, il se conserva dans quelques familles les plus influentes de la commune; par des modifications insensibles et que le manque de documents ne permet pas de préciser, la classe supérieure de la bourgeoisie se fractionna en autant de lignages ou familles qu'il y avait d'échevins. C'étaient des associations qui imitaient la famille comme l'adoption imite la nature. Les membres contractaient l'obligation de se défendre mutuellement et de s'entr'aider. En cas de contestation, l'échevin du lignage était leur juge naturel, comme le corps échevinal devenait l'arbitre obligé de deux membres de différents lignages. On conçoit que ces institutions durent à leur naissance être excessivement fortes et puissantes; les liens du sang,

---

[1] GOETVIEL, *Wondere geschiedenissen voorgevallen in deze stad Brussel ten tyde van de fransche republick.* Mss. de la bibliothèque de Bourgogne.

ARMOIRIES DES FAMILLES PATRICIENNES

Steinweg.

Ser Huyglis.

Couderberg.

Swevrts.

Ser Roelofs.

Steenus.

Rodenbeck.

l'égalité des richesses, la simplicité des mœurs maintenaient la paix entre les patriciens; plus tard cet état de choses changea totalement. Tandis que les uns entreprenaient d'heureuses spéculations commerciales, accumulaient des richesses, achetaient des terres et des seigneuries, d'autres étaient réduits pour vivre à servir leurs parents, à remplir quelque emploi de bas étage, ou à solliciter une prébende dans un hôpital. La prospérité de l'industrie amena le luxe; le luxe enfanta la corruption et la discorde. Des familles entières quittèrent un lignage pour un autre, d'autres se partagèrent, et plusieurs d'entre elles entrèrent dans la classe des artisans. Il y eut alors une grande immixtion de sang étranger dans celui des anciens patriciens, et il devint difficile, pour ne pas dire impossible, de démêler la composition primitive des lignages et la filiation de leurs principales branches [1].

Tous les écrivains qui ont parlé des lignages de Bruxelles y ont vu des familles naturelles issues d'autant de seigneurs qui vers 950 possédaient des biens et des serfs dans le territoire de la ville [2]. Il est évident que ces institutions ne peuvent être nées d'un fait purement local, puisqu'il se trouvait un nombre semblable de familles patriciennes dans beaucoup de villes belges et allemandes.

Voici les noms et les armoiries des lignages de Bruxelles [3] :

S'Leeuws-Geslachte ou le lignage du lion, portant de gueules au lion rampant d'argent, palé et lampassé d'azur.

S'Weerts-Geslachte ou le lignage de l'hôte (*hospitis*), portant émanché d'argent et de gueules [4].

S'Hughe-Kints geslachte, ou le lignage des fils de Hugues, dit aussi des Cluting, portant d'azur aux trois lis d'argent.

---

[1] La règle générale a toujours été que pour être admis dans ces associations, il fallait ne pas exercer une profession mécanique et pouvoir citer parmi ses aïeux paternels ou maternels une personne ayant fait partie de la magistrature locale.

[2] Foppens, *Chronique manuscrite de Bruxelles*, à l'année 712. — L'abbé Mann, t. I, p. 10 ; etc.

[3] Les noms tels que nous les donnons ici sont tirés du plus ancien diplôme qui indique les lignages, l'acte du duc Jean II. qui leur rend l'administration de la ville Dipl. de l'an 1306, dans le *Luyster*, Iᵉ deel, bl. 66. Pour les armoiries, voyez Puteanus. p. 11.

[4] Nous parlerons dans le chapitre suivant de la substitution de ces armoiries à d'autres plus anciennes, au xiiiᵉ siècle.

Ser-Roelofs geslachte, ou lignage de sire Rodolphe, portant de gueules à neuf billettes d'or.

Die van Coudenbergh ou ceux de Froid-Mont, portant de gueules à trois tours d'argent aux portes d'azur.

Die Uten-Steenweghe, ceux de la Chaussée, portant de gueules à cinq coquilles d'argent.

Et *die van Rodenbeke* ou ceux du Ruisseau Rouge, portant d'argent à la bande ondée de gueules.

Chacune de ces associations avait, selon l'opinion commune, un hôtel servant de lieu de réunion ou de refuge en cas d'attaque. On les appelait *pierres* (*steen, lapis*), parce qu'elles étaient solidement construites, tandis qu'autour d'elles des masures de bois et d'argile abritaient les cultivateurs et les artisans [1]. Ces maisons ayant été plus tard partagées en un grand nombre de lots, ou destinées à d'autres usages, on n'a pas conservé un souvenir bien exact de leur situation, et l'on ignore complétement de quel lignage chacune d'elles dépendait. C'étaient : la *Cantesteen* ou Pierre du Coin, au bas de la hauteur dite Coudenberg, à l'angle des rues nommées depuis de la Madelaine et de l'Empereur, sur le côté méridional d'une petite place qui a conservé son nom, malencontreusement traduit par celui de Carrières [2]; la *Machiaen-Steen* ou *Maximiliaen-Steen,* Pierre de Maximilien, au coin du Marché-aux-Herbes et de la rue de la Colline [3]; la *S'Hughenoy-Steen* ou *Serhuygskintsteen,* Pierre des Enfants de sir Hugues, près du Grand Marché [4]; le *Valkenborg*

---

[1] PUTEANUS, *Bruxella septenaria,* p. 57.

[2] Ad lapidem angularem in acclivi montis frigidi. GRAMAYE, *Bruxella,* p. 2. — In vico den steenweg infra mansionem dictam t' Cantersteen, 1472. *Arch. de Sainte-Gudule.*

[3] In de Hovel-strate in de middel van de Mathyaen-Steene, 1383. *Arch. de Sainte-Gudule,* aux Arch. du Royaume. In cono vici collis dicta Maximiaen-Steen. Mss. 17157 de la Biblioth. de Bourgogne —Selon GRAMAYE et le *Luyster,* elle était située rue de la Montagne. Le 29 janvier 1443 (1444), le magistrat fit une ordonnance concernant cette maison, dont la démolition était urgente, mais sur laquelle une grande quantité de cens étaient constitués. *Boeck met den Haire. Arch. de la Ville.*

[4] *S'Hughenoy-Steen juxta forum,* 1349 et 1358. *Arch. de Sainte-Gudule.* — Dans un acte de l'an 1350, par lequel Jean de Payhuse donne au chanoine Mathias de Meerte la quatrième part d'un douzième de cette demeure, elle est placée au coin de la rue dite *Huevel stracte,* rue de la Colline. *Arch. de Sainte-Gudule,* aux Arch. du Royaume. Il paraît qu'il y a ici erreur et qu'elle était située entre la Maison du Roi et l'église de Saint-Nicolas. Dans un acte de 1405 la *Ser-*

ou Château du Faucon, au Marché-aux-Tripes, qu'on appelait alors le Ruisseau-aux-Souliers [1]; la *Southuys* ou Maison du Sel, nommée quelquefois aussi *la Mesure du Sel* ou *la Mesure d'Or du Sel,* et située près d'une ruelle dite rue au Sel, et de la Maison de Cockelberghe, tenue en fief du duc de Brabant [2]; la *Payhuys* ou *Paeyhuys,* ou Maison de la Paix, appelée sans doute ainsi parce qu'elle était le lieu de réunion habituel des premiers magistrats (elle occupait, parait-il, le coin de la place Saint-Nicolas et du Marché-aux-Poulets [3]; elle existait encore en 1576); la *Platte Steen* ou Pierre Plate, dans la rue qui porte son nom, à l'endroit où elle fait un coude, près de la Senne [4].

On attribue au comte de Louvain, Henri III, un acte daté du 2 février 1094 (1095 N.-S.), par lequel il est interdit aux enfants naturels des hommes *bien-nés* de Bruxelles de comparaître à l'élection des magistrats ou aux assemblées du conseil de la ville, ce droit étant exclusivement réservé aux fils légitimes, qui devaient porter des robes armoriées, semblables à celles que portaient leurs ancêtres [5]. Nous ne pouvons nous prononcer sur l'authenticité d'une charte dont il ne reste plus qu'un fragment, mais nous la croyons dou-

huychskintsteen est placée en face d'une maison dite *Groenendaele* (*Cartul. de Coudenberg,* aux *Archives du Royaume*); or celle-ci était située rue au Beurre.

[1] Hoffstad achter de borreput geheeten Valckenborg, gelegen op die *Schoenbeke,* L. É. 1559. *Arch. de Sainte-Gudule.* — Gramaye, etc.

[2] In opposito chori Sancti Nicholaï dictam t'Southuys. Mss. nᵒ 17157. — Gramaye. — Luyster, etc. Tegen over sinter Claes naest t'Soutvat.... op ten hoeck geheeten de Zoutstrate. Cart. de Coudenberg aux *Arch. du Royaume.* Acte de 1463. — Steen van Cockelberge by sinter Claes tegen over den choor, in den Zoutstraete neven de goeden geheeten t'Gulden Zoutvat. Livre des fiefs dit *Spechtboeck. Arch. du Royaume.*

[3] T'Payhuys retro ecclesiam B. Nicholaï. *Selecta pro sæculo 1300,* ad. ann. 1397, et alibi.

[4] Cette place lui est positivement assignée par une lettre échevinale de l'an 1495. *Archives de Sainte-Gudule.* A cette époque elle était convertie en étuve.

[5] Item dat voortans de natuerclyke kinderen, te weten soenen van onsen ghebuerteghe lieden niet meer en sullen compareren ten keuse oft stadtsrade, maer wel hunne soenen die van gheechten bedde syn ende dat met alsulcken wapenrocke als hunne voirderen tot hier toe ghedraeghen hebben. *Arch. de Sainte-Gudule,* citées dans De Vadder, *de origine et excidio Carthusiæ Parthenicæ Bruxell.* Mss., Biblioth. de Bourgogne.

teuse, parce que cet acte est écrit en flamand et admet des armoiries héréditaires à une époque aussi reculée.

L'administration municipale de Bruxelles était, on le voit, des plus simples. Elle ne consistait qu'en sept échevins gouvernant de concert avec l'amman, officier du duc. Il est probable que ces magistrats formaient primitivement le tribunal du comte de Bruxelles, dont la juridiction bornée de plus en plus par les empiétements des seigneurs, devint locale de territoriale qu'elle était ; il serait difficile de préciser à quelle époque s'opéra ce changement, mais on peut supposer qu'il eut lieu dans la première moitié du XIe siècle. Nous n'avons rencontré dans aucun acte antérieur à l'an 1135 des témoins qui fussent qualifiés d'échevins de Bruxelles ; il est évident pourtant qu'il y en avait longtemps auparavant, et que nous posséderions plus de données à cet égard, si les diplômes de ces temps n'étaient pas si rares. Voici les noms de ceux que nous avons trouvés dans des actes antérieurs à l'an 1229, date de la *ceure* bruxelloise : en 1135, Baudouin, Erluin, Everard, Werner[1] ; en 1138, Goswin Clibinc, Franc Connus, Egeric, Arnoul de Wideschat, Goswin, Meinard, Baudouin [2] ; en 1204, Henri dit du cimetière de Saint-Géry (*de atrio Sancti-Gaugerici*), Marcilius, Georges, Escelin.[3] ; en 1207, Hugues, Henri dit le Lion, Franco [4] ; en 1225, Henri l'Hôte (*Hospes*) ou de Weert [5] ; en 1226, Henri Burse, Everwin Nicholaï [6].

La tradition place en 1020 un fait que son importance ne nous permet pas de passer sous silence, quelque apocryphe qu'il nous paraisse. Un des magistrats de Bruxelles, appelé Herkenbald, était retenu au lit par une maladie mortelle, lorsqu'il eut connaissance d'un viol commis par un de ses neveux, dont l'influence était grande dans la ville. Il ordonna à l'instant sa mort ; l'officier chargé de l'exécution, conseilla au jeune homme de se cacher et de laisser l'indignation du vieillard se calmer. Cinq jours s'étant écoulés, le coupable se hasarda d'approcher du lit de son oncle, qu'il espérait trouver apaisé, mais Herkenbald le saisit par la chevelure et

---

[1] *Opera Diplom.*, t. IV, p. 513.

[2] *Ibid.*, t. I, p. 177.

[3] *Ibid.*, t. IV, p. 716.

[4] *Cartul. de la Cambre*, fº 432. Cet Henri n'est pas qualifié échevin, nous le donnons ici parce que c'est la plus ancienne mention du nom de De Weert ou S'Weerts.

[5] *Ibid.*, fº 305.

[6] *Ibid.*, fº 347.

lui plongea son épée dans le sein, faisant taire ainsi les affections de
famille devant le devoir d'un juge intègre. Ce trait de sévère justice, qui
rappelle le stoïcisme des anciens Romains, était représenté sur un tableau
que Roger Vanderweyde peignit au xv° siècle pour le magistrat, et qui a
disparu on ne sait quand ni comment [1].

Une des prérogatives des villes ou franchises était le droit d'avoir un
sceau. Celui de Bruxelles existait dès l'an 1135 et représentait saint
Michel, patron de la principale église, vêtu d'une robe, les ailes
déployées et la tête entourée d'une auréole. La légende porte : *Sigillum
sancti Michaëlis* [2].

Les successeurs de Lambert II, sans être pacifiques, n'eurent pas l'occasion
de se signaler comme lui dans les combats. Toutefois leur influence ne
cessa de grandir, en même temps que leur opulence et les richesses de
leur pays. Le seul événement remarquable du règne de Henri II est l'incendie de Sainte-Gudule en 1072 [3]. Pour réparer sans doute les dégâts
causés par ce désastre, l'évêque Lietbert accorda à l'église exemption de l'autorité épiscopale et du droit de personat, à condition de payer
une redevance annuelle de 12 sous, monnaie de Bruxelles [4]. Cette
concession permettait au chapitre de nommer le prêtre qui administrait
les sacrements, et de percevoir les offrandes faites à l'autel.

Henri III, fils et successeur de Henri II, est le premier qui réunit ses
états sous une dénomination générale : il s'intitula *comte et avoué de la
patrie brabançonne* [5]. Lambert II et sa femme Ode avaient séjourné

---

[1] On trouve la longue inscription placée sur ce tableau dans *El felicissimo
Viage del principe don Phelipo*, liv. III, f° 92 v., et SWEERTS, *Monumenta sepul-
cralia Brabant.*, p. 309.

« A la maison de ville il y a une histoire peinte en quatre pièces diverses, d'un
Archambaud, duc de Brabant, qui, estant au lit malade, estrangla de ses mains
son propre neveu qui avait violé une fille. » Le P. BERGERON, *Itinéraire germano-
belgique.* (Extrait donné par M. Gachard dans la *Revue de Bruxelles*, mai 1839.)

[2] Sceau attaché à une convention entre les églises de Sainte-Gudule et de la
Chapelle. *Arch. de Sainte-Gudule.* Nous consacrerons dans notre seconde partie un
article spécial aux variations du sceau de la ville.

[3] Templum Bruxellæ concrematum est a. 1072. A THYMO, partie 2, tit. 4, c. 5,
t. II, f° 83.

[4] Charte originale de l'an 1073, aux *Arch. de Sainte-Gudule*. Les auteurs qui
ont publié cette charte ont par erreur réduit à 2 sous le chiffre de la redevance.
Quelques-uns aussi lui donnent la date erronée de 1023.

[5] Charte de la fondation de l'abbaye d'Affighem, en 1086.

d'ordinaire dans le palais de l'île de Saint-Géry [1]; mais leurs descendants l'abandonnèrent et se fixèrent sur la hauteur de Coudenberg où ils bâtirent une forteresse que les anciens actes désignent sous les noms de château, manoir, etc. [2]. Tout porte à croire que cette construction est due à Henri II ou à Henri III, puisque dès les premières années de Godefroid Ier, qui monta sur le trône en 1095, il existait sur la même hauteur un autre château dont les maîtres étaient châtelains héréditaires de Bruxelles, et une congrégation de prêtres, qui servaient de chapelains aux comtes. Bâti sur l'emplacement qu'occupent aujourd'hui le café de l'Amitié, l'hôtel de Belle-Vue et quelques terrains voisins, le château des comtes s'élevait fièrement au sommet de la colline. C'était une construction massive, garnie de tourelles, couronnée de créneaux, éclairée par d'étroites fenêtres, refuge plutôt que lieu de plaisance, forteresse plutôt que palais.

Le changement qui s'était opéré dans l'échevinage, devenu local au lieu d'être territorial, se manifesta également dans les autres offices administratifs ou judiciaires. Les comtes étant devenus pour la plupart de petits princes indépendants, déléguèrent leurs anciennes fonctions à ceux qui occupaient à leur cour des dignités palatines, ou qui surveillaient l'exploitation de leurs domaines. Le sénéchal, qui dans le principe était simplement investi de la surveillance de leur table, devint le juge suprême du pays; le gouvernement civil des cités et des bourgades fut confié à l'amman ou maïeur qui précédemment était à la tête de leurs métairies; tandis que le châtelain, lieutenant du comte, et son remplaçant en cas d'absence, voyait ses anciennes fonctions se restreindre au commandement militaire.

Ainsi naquit l'office de sénéchal de Bruxelles [3] qui fut bientôt supprimé, de même que les autres emplois de ce genre existants dans les domaines de la maison de Louvain. Le sénéchal de Louvain resta seul

---

[1] Traxeruntque Lambertus seu Baldericus et Oda sua conjux moram Bruxellæ, in curia circa flumen prope capellam S. Gaugerici. A. THYMO.

[2] Factum est a. 1121 apud Brussellam super castellum. *Selecta pro sæculo* 1000. Domum inter domicilium domini ducis et castrum castellani in loco qui dicitur Borchdal. L. E. de 1259. *Arch. de Sainte-Gudule.* Domistadium situm in Borgedal quod dicitur Crauwelsbemdeken juxta Manerium ducis. *ibid.*

[3] Dans divers diplômes de Godefroid Ier, duc de Lotharingie et comte de Louvain, il est plusieurs fois fait mention du sénéchal de Bruxelles, du sénéchal d'Yssche, du sénéchal de Louvain.

subsister, et cette dignité devint héréditaire dans la famille de Rotselaer. Elle ne tarda toutefois pas à se convertir en une charge purement honorifique; on voit en effet, dès le xiiie siècle, les ducs de Brabant avoir constamment un autre sénéchal (*dapifer, senescallus*) appelé plus tard drossard (*drossate*). Les ammans ou maïeurs des principales villes héritèrent, à ce qu'il paraît, d'une partie des attributions des anciens sénéchaux, ils étaient, pour les différentes fractions du territoire, ce que le drossard, officier suprême de justice, était pour le Brabant. Ainsi, l'amman de Bruxelles avait juridiction sur tout ce qui formait autrefois le comté du même nom, et ce qu'on appela depuis ammanie ou quartier de Bruxelles. Seulement son autorité ne s'étendait pas sur les domaines des seigneurs hauts-justiciers tels que l'étaient alors les sires de Grimberghe et que le furent, depuis le xiiie siècle, les barons de Gaesbeek.

La châtellenie de Bruxelles, héréditaire dès son origine, était une des plus importantes du pays. Au châtelain, vicomte ou burggraeve, appartenaient la défense du palais et de la ville, le commandement des habitants. C'était lui qui, en cas de guerre nationale, faisait sonner le tocsin pendant quarante jours, et une heure par jour; les déchargeurs de charbon remplissaient l'office de sonneurs, et, à ce titre, ils étaient exempts de toute autre charge locale; le châtelain leur payait en outre des frais de bouche [1]. Dans les marches et les batailles, il gardait la bannière de la ville et l'accompagnait avec ses vassaux; au xve siècle, il devait avoir avec lui douze glaives [2] et, pour ses préparatifs, il recevait de la commune 200 couronnes. Enfin, depuis les temps les plus reculés, il percevait un pot sur chaque brassin de bière locale et sur chaque tonne de bière étrangère, un droit d'abatage s'élevant à une demi-livre de viande par bête à cornes, couple de porcs ou quatre brebis, et une taxe de deux livres dites *payement* sur chaque boulanger.

Les châtelains tiraient en outre un grand lustre de leurs propres richesses. Ils descendaient d'une famille qui portait le nom de la ville et dont les branches diverses possédaient, au xie et au xiie siècle, de vastes domaines sur les rives de la Senne, à Anderlecht, Leeuw-Saint-Pierre,

---

[1] Plus tard ce fut la ville qui fit sonner le tocsin, et, en reconnaissance des anciens droits du châtelain, elle lui payait, en cas de guerre, une redevance d'une livre vieux gros tournois, pendant chacun des quarante jours d'alarme.

[2] Un glaive était une escouade composée ordinairement de cinq combattants, hommes d'armes, archers et coutilliers.

Lacken, Ixelles, etc. Ils avaient une cour féodale à laquelle ressortissaient un grand nombre de fiefs, une cour censale qui jugeait leurs sujets pour tous cas, sauf ceux entraînant la peine de mort. Lorsqu'un de ceux-ci commettait un crime, il était livré au souverain et, s'il obtenait sa grâce par composition, la moitié de la somme revenait au châtelain. Les sujets de la châtellenie étaient en outre libres de tonlieux par tout le Brabant et exempts de l'obligation de faire moudre leurs grains aux moulins banaux du souverain. Dans ses domaines le châtelain levait les aides accordées au prince et les répartissait.

Une partie de la ville, quelques rues aux environs de la Chapelle, les rues d'Or, de l'Escalier, du Val-des-Roses, des Chapeliers, des Harengs, ont été construites sur des fonds appartenants au vicomte, et un grand nombre de maisons lui payaient un cens d'un ou de plusieurs deniers [1]. Près du château des comtes, s'élevait son manoir seigneurial [2], au milieu d'un terrain qu'il possédait en alleu, et où l'on pouvait exercer toute espèce de métier, sans être reçu dans les corporations de la commune. C'était un lieu d'asile où nul autre que l'officier du châtelain ne pouvait opérer d'arrestations ; aussi les banqueroutiers et les gens perdus de dettes y cherchaient-ils leur refuge [3]. Cet endroit, appelé *Borgendael* ou Vallée du château, fut considérablement restreint au XIIIe siècle par suite des ventes de terrain faites aux ducs et aux religieux de Coudenberg. Au XIVe siècle, le manoir même fut abandonné, et le 8 juin 1776 la franchise fut abolie.

Unis par les liens du sang aux principales familles du Brabant, les châtelains exercèrent une grande influence au XIIe siècle, alors qu'ils s'intitulaient châtelains *par la grâce de Dieu* [4]. Malheureusement le récit des événements qui ont agité le pays à cette époque n'est pas venu jusqu'à nous, et le souvenir des barons des premiers princes

---

[1] Les détails qui précèdent sont en grande partie tirés d'un *livre censal de la châtellenie,* rédigé en l'an 1484. Mss. de la Bibl. de Bourgogne.

[2] Domum inter domicilium domini ducis et castrum castellani, in loco qui dicitur Borchdal, L. E. de 1259. *Arch. de Sainte-Gudule.*

[3] Avis de la chambre des comptes de Brabant, touchant l'immunité du Borghendael, et concluant à ce que ceux de Bruxelles n'y exercent point leur juridiction, 12 avril 1666. *Arch. du Royaume.*

[4] Godefridum Dei gratiâ Bruxellensem castellanum. *Opera Diplom.*, t. I, p. 693.

de la famille de Louvain ne nous apparaît qu'environné de ténèbres [1].

L'église de Saint-Jacques-sur-Coudenberg, destinée d'abord à servir

[1] Liste des châtelains dressée d'après des documents authentiques; de père en fils.

Franco I (1099 environ à 1131).

Franco II, dit le Jeune (1134 à 1173).

Godefroid (1179-1212).

Léon I (1215-1253).

Léon II (1253-1278).

Mathilde, morte en 1298, et son mari Henri, sire de Marbais, mort en 1280.

Gérard, sire de Marbais.

Roger de Leefdael, par achat, vers l'an 1318, mort en 1333.

Jean de Leefdael.

Louis, frère du précédent.

Jean, sire de Petershem, neveu des précédents.

Jean, sire de Bouchout, par achat, en 1362, mort en 1391.

Daniel de Bouchout, sire d'Humbeek, son parent.

Daniel II de Bouchout, mort en 1432.

Jeanne, morte vers 1447, et Jean, sire de Wesemale, son mari.

Conrad Vandermeeren, par achat, en 1443.

Daniel III de Bouchout, neveu de Daniel II, par retrait lignagier, en 1444, tué à Montléry, en 1466.

Marguerite de Bouchout, morte en 1472, et Everard de la Marck, sire d'Arenberg, possesseur au nom de ses enfants.

Daniel IV de Bouchout, sire de Boulaer, par occupation momentanée de 1483 à 1489.

Robert de la Marck, fils de Marguerite de Bouchout, sire d'Arenberg, mort en 1541.

Jean de Redelghem, dit Hannaert, par achat en 1537, moyennant 1200 florins d'or. (*Bulletins de la Commission royale d'Histoire*, t. II, p. 269.)

Charles Hannaert, dit d'Yedeghem (1545 à 1578 environ).

Marie Hannaert et Jacques de Hennin ou Boussu, baron d'Auxy, marquis de la Vere (1580 à 1592 environ).

Maximilien de Hennin, comte de Boussu, marquis de la Vere, baron de Liedekerke, mort en 1625.

Nicolas Damant, chancelier de Brabant, par achat, en 1606, mort en 1616.

Anne Damant, morte en 1633, et Henri de Varick, mort en 1641.

Nicolas de Varick, mort en 1656.

Nicolas-Frédéric de Varick.

Philippe-François, son frère.

Philippe-Adrien, créé baron de Saint-Lambert-Libersart en 1717, mort en 1734.

Philippe-François-Joseph, descendant de Nicolas de Varick, mort en 1760.

Charles-Philippe, mort en 1763.

Philippe-Roger, comte de Sart, baron de Bonlez.

M. Verseyden de Varick est aujourd'hui vicomte titulaire.

d'oratoire aux chapelains de la cour, doit être contemporaine de l'institution des châtelains [1]. Des traditions attribuent à Godefroid Ier le don fait à cette église d'une parcelle de la Sainte-Croix [2] et l'établissement de neuf prêtres qui devaient chanter les heures canoniques. Cette fondation, ajoute-t-on, fut l'accomplissement d'un vœu que ce prince avait fait au fort d'une tempête qui l'assaillit alors qu'il se rendait en pèlerinage à Saint-Jacques de Compostelle [3].

Une ferveur indicible régnait à cette époque dans toutes les classes de la société. Une foule de personnes des deux sexes, de toute condition, de tout âge, cherchaient dans le cloître un refuge contre les malheurs du temps. Chez d'autres, le récit des avanies auxquelles étaient exposés les pèlerins qui se rendaient au tombeau du Christ, avait excité un zèle ardent pour la foi chrétienne; et, à la voix de Pierre l'Ermite, on vit l'Europe entière marcher à la délivrance du saint-sépulcre. La Belgique prit une large part à cette expédition mémorable, et ce fut un de ses enfants, Godefroid de Bouillon, duc de la Basse-Lotharingie, qui fonda le royaume de Jérusalem. Gontran de Bruxelles, Godefroid et Henri d'Assche, conduisirent en Palestine les croisés du Brabant [4]. Les historiens des croisades racontent de ce dernier plusieurs brillants faits-d'armes. Lui et le comte Herman inventèrent une machine de guerre qui portait 20 cavaliers sur le mur de la place assiégée [5]. Il mourut après le siége d'Antioche, à Turbessel, avec la réputation d'un chef vaillant et habile[6].

La tradition rapporte que les guerriers bruxellois échappés au cimeterre des Sarrazins, aux maladies et aux privations de tout genre, reparurent subitement dans leur ville natale le 19 janvier 1101. Grande

---

[1] Le plus ancien acte qui parle de Coudenberg est de l'an 1107. Il y est fait mention de Onulphus sacerdos de Caldenberch. BUTKENS, t. I, pr., p. 38.—Le même auteur dit dans son texte, p. 95, que l'évêque Gualter exempta cette église de toute juridiction. Nous croyons que le savant auteur des *Trophées* a confondu ici les monastères de Coudenberg et de Cortenberg (voyez le diplôme de Gualter en faveur de Cortenberg dans les *Opera Dipl.*, t. I, p. 519); la chronique manuscrite et les cartulaires du premier de ces établissements ne font aucune mention de ce document, si important pour lui.

[2] En l'année 1130, selon GRAMAYE, p. 6.

[3] *Vetus codex apud Histor. Abbatiæ sancti Petri vulgo Coudenberch.*; Mss. de la Bibl. de Bourg., ch. 5.

[4] A. THYMO, l. c. c. 7.—MEYER, *Flandr. Annal.*, l. IV, p. 57.—ALBERT D'AIX.

[5] MATHIEU PARIS, *Hist. Angliæ,* ad a. 1097.

[6] GUILLAUME DE TYR, l. VII, c. 1.

fut la joie de leurs femmes qui se croyaient veuves; elles leur laissèrent
à peine le temps d'achever le repas de bienvenue et les portèrent dans
le lit conjugal [1]. Le souvenir de cet heureux retour s'est perpétué dans
quelques vieilles familles. Lors de l'anniversaire de cet événement,
appelé la *Veillée des Dames* (*Vrouwkens-Avond*), celles-ci sont maîtresses au logis et les cloches des églises sonnent en leur honneur.
Jusqu'en 1781 le conseil de Brabant conserva l'habitude de prendre
vacance l'après-dîner de ce jour [2].

Le comte Henri III, qui avait épousé Gertrude fille de Robert le Frison [3],
ne put prendre part à la première croisade : il fut tué dans une joûte
à Tournay en 1095. Comme il ne laissait pas de postérité, ses états
passèrent à son frère Godefroid Ier, dit le Barbu, parce que, selon nos
chroniqueurs, il avait juré de ne pas se raser avant d'avoir repris possession du duché de Lotharingie. La puissance à laquelle il éleva la
maison de Louvain, lui valut aussi le surnom de Grand. On lit dans les
chroniques que ce prince alla en Palestine, qu'il fut fait prisonnier et
délivré par des Brabançons déguisés en marchands. C'est là un de ces
contes inventés à plaisir [4].

Après la mort de l'empereur Henri IV, son fils Henri V, qui lui avait
arraché la couronne, punit l'attachement du comte Henri de Limbourg
à la fortune de son père en le privant de la charge de duc de la Basse-
Lotharingie, qu'il donna au comte Godefroid de Louvain (1106). Par la
réunion à ses domaines héréditaires des possessions attachées à son nouveau titre [5], ce prince réunit sous ses lois toute la partie centrale de
la Belgique, entre la Flandre, le Hainaut et l'évêché de Liége; mais il
ne jouit pas sans contestation de son pouvoir, et il eut souvent, ainsi que

---

[1] Voyez PUTEANUS, p. 113 et 114.

[2] MANN, Mss. de la Biblioth. de Bourgogne, t. II, p. 120.

[3] Secundam filiam (Roberti frisonis) duxit in uxorem comes Bruxellæ. *Chron.*
de BAUDOUIN D'AVESNES.

[4] En 1099, Godefroid approuva la donation de l'église de Frasne à l'abbaye
d'Afflighem. *Opera Diplom.*, t. I, p. 671. Il ne pouvait donc être en Palestine,
comme le dit A. Thymo, partie III, titre VII, c. 57 et seq.; dans le t. II de l'é-
dition de Ph. Mouskes, par M. le baron de Reiffenberg.

[5] Ces possessions comprenaient entre autres la ville et le marquisat d'Anvers,
la haute avouerie des abbayes du duché, des villes de Maestricht, Aix la-Chapelle,
Nimègue, etc., la suzeraineté d'un grand nombre de fiefs de premier ordre. Les
ducs de Lotharingie avaient en outre la garde des grands chemins, le droit d'y lever
un péage, et celui de frapper de la monnaie d'or, etc. DE VADDER, l. c. t. II, p. 343.

ses successeurs, à combattre les prétentions des comtes de Limbourg, la jalousie des princes voisins et l'humeur turbulente de ses vassaux.

Il est à regretter qu'on ait conservé si peu de traces du gouvernement de Godefroid Ier, mort en 1139, après avoir régné 55 ans sur le duché et 44 ans sur ses comtés héréditaires. On n'a de lui qu'une charte datée de l'an 1157 et fixant les droits perçus par le duc et les meuniers sur les blés et la drèche qu'on apportait à moudre aux cinq moulins de Bruxelles; chacune de ces usines était tenue à donner annuellement au souverain un setier de vin, quatre chapons et quatre pains, exigibles à la Noël, 12 deniers payables à la même époque, et 12 autres à Pâques. Cette charte se termine par une clause remarquable, statuant, pour le cas où les meuniers viendraient à être vexés par le duc ou son officier, qu'ils ne pouvaient être astreints qu'à remplir leurs obligations [1].

L'histoire ecclésiastique est plus riche en documents, et c'est à elle qu'il faut recourir pour montrer les progrès de la population, de l'agriculture, du commerce, de l'industrie. Au xie siècle il n'y avait dans le comté de Bruxelles d'autres congrégations religieuses que les chapitres de clercs ou chanoines de Sainte-Gudule à Bruxelles, de Saint-Pierre à Anderlecht, et de Meerbeck; les règnes de Henri III et de Godefroid Ier virent naître l'abbaye d'Afflighem, de l'ordre de Saint-Benoît (1083), et les congrégations de religieuses du même ordre, de Forêt (1096), de Cortenberg (1095 environ) et de Grand-Bigard (1126). Quelques communautés formées d'abord sous la règle des chanoines de Saint-Augustin, vers 1095 à Jette, et, vers 1110 à Grimberghe, adoptèrent peu de temps après les statuts de saint Norbert, fondateur de l'ordre des Prémontrés : Jette, en 1139, Grimberghe, en 1152. Tous ces établissements eurent de bienfaisants résultats pour les campagnes avoisinant Bruxelles : si plus tard la richesse et l'oisiveté introduisirent des abus dans les cloîtres, à cette époque de mœurs sauvages les monastères servirent de frein à la tyrannie féodale. La tranquillité de ces retraites permit aux moines de se livrer aux études; la somptuosité des bâtiments claustraux donna aux arts et à l'industrie un nouvel élan; l'expérience des communautés amena de nombreuses améliorations dans le sort de leurs sujets et la culture des terres; partout on les vit bâtir de grandes

---

[1] Præterea, omnes molendinorum si a duce vel a potente ministro ejus commoveantur, fidelitatem facturi sunt et super hoc nullatenus agravandi. A. THYMO, partie IV, titre I, c. 8.—*Brabantsche Yeesten*, t. I, Codex diplom., p. 607.

fermes, changer les vaines pâtures en belles prairies, dessécher les marais, défricher les bois, fertiliser les bruyères ; et, ce qui eut d'immenses résultats, les serfs donnés aux églises devinrent des hommes libres, soumis, il est vrai, à un cens, mais non à un cens arbitraire.

Dans la ville même, l'augmentation du nombre des églises et chapelles, ainsi que la fondation de plusieurs établissements de charité, indique également un accroissement considérable. Il semble que le chapitre de Sainte-Gudule ait vu ces nouvelles institutions avec déplaisir ; du moins le pape Pascal II, en lui confirmant ses immunités et ses biens, défendit-il de porter atteinte à ses droits en faveur de nouvelles églises [1].

A cette époque appartiennent la maison d'hospitalité pour les pauvres, établie vers l'an 1125, par une dame nommée Richilde, sous l'invocation de la Vierge et des douze apôtres, dotée en 1127 par l'évêque Burchard, organisée ensuite, à la demande des habitants, par Fulbert, prêtre de Sainte-Gudule [2]; la chapelle de Saint-Nicolas [3]; l'hôpital du même nom, destiné à recevoir les pauvres et les infirmes, et doté en 1129, par l'évêque Burchard, des revenus de l'autel de Wesembeek [4]; l'église de Saint-Jean-Baptiste, dite vulgairement *au Marais,* consacrée, suivant l'opinion commune, le 15 octobre 1131, en l'honneur de la Vierge, des SS. Pierre, Paul, Étienne, Médard et Gildard, par le pape Innocent II, en présence de l'archevêque de Rouen et des évêques d'Ostie, Albano, Verdun, Châlons et Arras [5]; l'église

---

[1] Bref de l'an 1113 adressé au doyen Albert et aux chanoines, aux *Arch. de Sainte-Gudule,* malheureusement fort endommagé, à l'endroit où sont énumérés les biens du chapitre. « Interdicimus, y est-il dit. ut in obtentu novarum ecclesiarum ecclesiæ vestræ aliquid sui juris possessio subtrahetur. »

[2] Charte du duc Godefroid approuvant les donations faites à cet hôpital, aujourd'hui hospice de Sainte-Gertrude, au pied du grand escalier de l'église de Sainte-Gudule, datée de 1138. *Opera Diplom.,* t. I, p. 177.

[3] La première mention de cet oratoire, aujourd'hui succursale de Sainte-Gudule, est de l'an 1152 ; mais il existait déjà antérieurement.

[4] Diplôme de l'an 1129. *Opera Diplom.,* t. I, p. 683. Cette fondation occupait le terrain entre les rues au Lait, du Cerfeuil et du Cabas.

[5] *Vidimus* de l'évêque de Cambrai, en date du 22 novembre 1497. *Opera Diplom.,* t. I, p. 94. Il paraît, par bien des raisons, que ce diplôme n'est pas authentique : d'abord le pape était le 13 octobre 1131 à Compiègne, et en partit pour se rendre à un concile qui s'ouvrit à Reims le 19; il ne donne pas le nom de la ville, il ne mentionne pas l'empereur régnant et date du règne de Louis-le-Vieux, roi de France, etc. Voyez DESMET, *Histoire de la religion chrétienne en*

de Notre-Dame de la Chapelle, dont le duc Godefroid posa la première pierre et qu'il donna en 1154, avec un alleu adjacent, à l'abbaye du Saint-Sépulcre à Cambrai, en lui accordant exemption de toute juridiction cléricale et laïque [1]. Cette abbaye acquit un grand nombre de propriétés aux environs et des dîmes dans quelques villages entre Bruxelles et Hal. En qualité de grand propriétaire allodial, elle percevait dans le quartier dit depuis de la Chapelle (*ter Capellen*), au dehors de la Steenporte, des tonlieux ou redevances sur les boulangers et les brasseurs [2]. Elle envoyait à Bruxelles quelques religieux sous la conduite d'un prévôt. Enfin, à une assez grande distance de la chapelle de la Vierge, à l'endroit où la paroisse de Bruxelles confinait au lieu dit *Obbrussel,* alors dépendant de Forêt, deux demoiselles ouvrirent un asile aux malheureux atteints de la lèpre, maladie terrible que les croisés apportèrent de la Syrie dans nos contrées. Un oratoire dédié à saint Pierre s'y éleva, et le chapitre permit d'y enterrer les lépreux [3].

La tradition a conservé des traces du passage à Bruxelles du pape Innocent II, chassé de Rome par son compétiteur Anaclet. On dit entre autres qu'il fut logé dans la maison ornée de quatre tourelles, située jadis au bas de l'église de Sainte-Gudule, et communiquant avec le cimetière par un pont en bois qui traversait la rue des Vents, et qui fut détruit en 1705 [4]. On raconte aussi que lui et son cortége, le duc et sa cour furent traités deux jours de suite par le magistrat à la Halle-au-

Brabant, traduction de M. Tiron, p. 59. Quant à l'hôpital Saint-Jean, sa fondation paraît postérieure à celle de l'église. Voyez plus loin, ch. 2.

[1] Diplôme daté d'Issa ou Yssche, le 20 décembre 1154, et confirmations de cette fondation par Godefroid Ier en 1138, et par Godefroid II en 1141. *Opera Diplom.,* t. I. p. 688; t. IV, p. 199, et t. I, p. 691.

[2] Acte du châtelain Godefroid (sans date, mais de l'an 1200 environ) par lequel il renonce à ses prétentions à ce tonlieu dans l'alleu de Notre-Dame. *Historia de Capella,* Mss. de la Bibl. de Bourgogne.

[3] Dans une bulle du pape Alexandre III, de l'an 1174, il est fait mention de l'oratoire de Saint-Pierre : « Prætér leprosos quibus extra oppidum secundum tenorem exinde factam, cimeterium cum oratorio a vobis indultum est. » *Opera Diplom.,* t. II, p. 1179.

[4] Hospitio Innocentium receptum fuisse tradunt in ædibus angularibus quæ scholas templi nostri S. Gudilæ ascendentibus sunt ad sinistrum, ex quibus per pontem sublicium pro pontifice tunc erectum est accessus ad cimeterium. At ille pons destructus est anno 1705, dum novi gradus ecclesiæ huic sunt appositi. Note manuscrite communiquée par M. l'abbé Marckx, archiviste de Sainte-Gudule.

Pain (*Broothuys*), alors (ajoute-t-on à tort) hôtel de ville, et qu'il en résulta une dépense de 52 livres tournois [1].

Le règne de Godefroid II fut de peu de durée, et ce prince vécut à peine le temps nécessaire pour soumettre quelques vassaux qui lui contestaient l'autorité ducale (1159-1142). Son héritier, qui portait le même nom que lui, étant encore très-jeune, la régence fut confiée à la duchesse Lutgarde [2]. Profitant de la minorité de leur suzerain, plusieurs seigneurs lui refusèrent obéissance et défendirent leur indépendance les armes à la main : les plus puissants barons du pays, Walter Berthout, avoué de Malines, ville appartenant alors à l'évêché de Liége, et son frère Gérard, seigneur de Grimberghe, luttèrent longtemps contre Godefroid III, et il fallut, pour les soumettre, assiéger et livrer aux flammes la redoutable citadelle de Grimberghe (1er octobre 1159) [3].

[1] FOPPENS, ad. ann. 1131.

[2] Le jeune âge du jeune Godefroid est bien établi dans le mémoire de M. Desmet. *Examen critique des anciens monuments sur lesquels les historiens ont fondé le récit de la guerre de Grimberge* (Nouveaux Mémoires de l'Acad. de Bruxelles, t. XV). La meilleure preuve qu'il en donne est l'inscription des fonts baptismaux de Saint-Germain à Tirlemont, conservés aujourd'hui au musée d'antiquités à Bruxelles; elle porte : « L'an 1149 de l'incarnation, sous l'épiscopat de Henri II (de Liége), et le gouvernement du marquis Godefroid, âgé de 7 ans. » Celui-ci était donc né en 1142.

[3] *Auctuarium Afflig.*, ad a. 1159. — « Eo anno, dit Godefroid III dans une charte en faveur de Forêt, sans date, quo Grimbergense castrum cepi, incendioque delevi. BUTKENS, t. I, preuves, p. 41.

La plupart de nos écrivains ont adopté comme exacts les détails donnés sur cet événement par un poëme flamand qui lui est postérieur d'un siècle et demi au moins; les *Brabantsche yeesten* l'ont rapporté à peu près de la même manière et DE DYNTER l'a raconté en prose latine. Le savant BUTKENS, dans son bel ouvrage sur le Brabant, a montré combien il y avait d'erreurs dans ce récit, combien le chroniqueur a fait preuve d'ignorance dans la généalogie même des Berthout; toutefois, il a été trop loin en réduisant cette guerre à une querelle de courte durée terminée en 1159. Quant à nous, nous reconnaissons l'existence de longs démêlés entre le duc et les seigneurs de Grimberghe, mais nous croyons devoir reléguer au rang des fables cette bataille de Ransbeke, dans laquelle le jeune Godefroid aurait, dit-on, été amené à l'armée et suspendu dans son berceau à un chêne, afin d'exciter l'ardeur de ses sujets. On a cité, comme une preuve décisive de la réalité de cette lutte, un règlement des bourgmestre, échevins et conseillers de Bruxelles, accordant au métier des fabricants de piques et de harnais le droit d'imposer une taxe de 6 vieux écus à ceux qui voudraient entrer dans cette corporation, afin de l'indemniser des pertes souffertes par elle à Ransbeke (Acte de 1179, cité comme existant dans le *Boeck met den Haire*, par Rombaut, *Bruxelles illustrée*, t. II; Desroches;

Plusieurs diplômes du même temps prouvent encore combien était grande l'anarchie qui dévorait le pays. On y voit que les seigneurs s'emparaient à main armée des possessions des monastères [1], qu'ils pillaient les corporations religieuses, qu'ils incendiaient leurs granges et leurs récoltes, qu'ils emmenaient en captivité leurs sujets [2]. C'était peu quand ils se bornaient à leur interdire le défrichement de leurs forêts [3] ou l'usage de leurs pâtures et de leurs eaux [4].

Qu'on juge d'après cela des souffrances des peuples; si les établissements que défendaient la religion, la crainte de la vengeance divine, n'étaient pas respectés, qu'était-ce donc des propriétés des manants, des malheureux auxquels on accordait à peine la qualité d'hommes. Mais la bourgeoisie alors n'avait pas d'historiens; les moines se bornaient à parler des désastres qui les frappaient, et l'on ne peut établir que par comparaison les souffrances des premiers.

Desmet, mémoire cité, p. 17). Cet acte ne se trouve ni dans le *Boeck met den Haire*, ni dans aucun autre registre de l'hôtel de ville. D'ailleurs y avait-il au xiie siècle, à Bruxelles, des bourgmestres et des conseillers? Comptait-on alors par vieux écus? Disons aussi que la plupart des noms des nobles mentionnés dans le poëme et particulièrement les noms des quatre prétendus régents, ne se retrouvent dans aucun diplôme du même temps. Et puis, on voit figurer comme alliées aux Grimberghe, des familles avec lesquelles ces seigneurs eurent d'étroites liaisons, à la fin du xiiie siècle, date probable de la composition de l'ouvrage flamand, dont on comprend dès lors le but. Selon les Brabantsche Yeesten, il n'y eut pas de combat, parce que les Berthout n'osèrent entrer en lice avec les barons réunis autour du berceau de leur jeune souverain. Mais cette chronique rimée, source d'ailleurs si respectable, commet ici la grande erreur de placer la prise de Grimberghe dans la première année de Godefroid; elle n'eut lieu, suivant les contemporains, qu'en 1159, c'est-à-dire quand ce prince avait 18 ans et la force nécessaire pour porter une armure. On voit que toutes les circonstances de cette guerre sont de pures inventions et qu'aucune d'elles ne résiste à la critique. Si l'on nous opposait le témoignage de De Dynter, A. Thymo, De Clerck, nous dirions, une fois pour toutes, que nous croyons ces auteurs quand ils citent des actes, ou quand ils racontent des faits de leur temps, mais autrement point, et surtout quand il s'agit d'une époque reculée.

[1] Voyez, dans un diplôme de l'an 1145, les menaces du duc Godefroid contre le châtelain de Grimberghe, Walter, qui avait usurpé la terre de Bolenbeke appartenant à l'abbaye de Forêt. *Opera Dipl.*, t. III, p. 45. — En 1175, Henri d'Assche rendit à l'abbaye d'Afflighem la dîme de la ferme de Culreth. Butkens, t. I, preuves, p. 41.

[2] Dipl. de l'an 1151, en faveur de l'abbaye d'Afflighem. *Selecta pro sæculo 1000*, Mss. de la Bibl. de Bourg.

[3] Dipl. de Thierry d'Alost, de l'an 1164. *Opera Dipl.*, t. 1, p. 106.

[4] Dipl. de l'an 1172, dans les *Selecta* cités plus haut.

Les brigandages étaient dans leur plus grande intensité, quand la châsse de Wavre, renfermant quelques reliques de la Vierge, fut apportée à Bruxelles pour y être recouverte d'or et d'argent, et momentanément déposée dans l'église de Saint-Nicolas. Son séjour, pendant le printemps de 1152, fut signalé, dit-on, par de nombreux miracles qui attirèrent dans cette ville un grand nombre de fidèles, dont les offrandes furent distribuées par tiers aux pauvres, à la fabrique de l'église et aux religieux d'Afflighem, possesseurs du prieuré de Wavre. Ceux-ci étant venus en cortége à Bruxelles, au milieu d'un concours immense de spectateurs [1], pour reprendre la châsse, il se passa à Saint-Nicolas une scène que le chroniqueur, peut-être par le fait de son éditeur Miræus, passe sous silence. Le prieur de Wavre s'opposa à ce qu'ils reprissent la châsse, et lorsqu'ils voulurent l'enlever elle était devenue si pesante qu'aucune force humaine ne put la soulever [2]. Il est probable que les Bruxellois cherchèrent à conserver ces reliques dont la présence était une source de richesses pour leur ville. Ce qui confirme encore cette supposition, c'est que, l'année suivante, ils firent amende honorable d'un outrage dont ils s'étaient rendus coupables envers les moines. Ils reçurent avec honneur la statue de la Vierge vénérée à Wavre, et la renvoyèrent au bout de quelque temps [3]. Vers la Saint-Jean de l'an 1152, ajoute le continuateur de Sigebert, les guerres privées qui ensanglantaient le pays et les séditions qui le troublaient, cessèrent subitement : on vit partout les ennemis se réconcilier sans exiger de compositions pécuniaires ou d'autres satisfactions [4].

Ce fut pendant cette période de paix que l'on commença à reconstruire l'église principale de Bruxelles, ainsi que l'indique le chronogramme suivant, placé sur la première pierre du beau temple de SS. Michel et Gudule : *SoLeMnI BonIfaCII dIe*. Il conste de là que cette pierre fut posée le jour de Saint-Boniface, 5 juin 1155 [5]. Il ne paraît pas toutefois que

---

[1] Il y avait, dit le continuateur de Sigebert, plus de 30,000 assistants et jamais on n'avait vu une si belle cérémonie, même à la cour de l'empereur ou à celle du pape. *Auctuarium Afflig.*, ad a. 1152. *Chronicon S. Bavonis abbatum* apud Desmet, Corpus Chronic. Flandr., t. I, p. 588, etc.

[2] GILLEMANS, *Novale Sanctorum*, Mss., apud Wichmans, Brabantia Mariana, p. 565.

[3] *Auctuarium*, ad a. 1153.

[4] Bella multa, quæ jam instigante diabolo, concitata fuerant et seditiones sopitæ quieverunt, etc. Id , l. c.

[5] ROMBOUT, t. Ier, p. 411. On ne doit pas tenir compte du *D* dans ce chrono-

les travaux aient marché avec rapidité, car le pourtour du chœur de Sainte-Gudule peut seul remonter à cette époque. La seconde femme du duc Godefroid III, Imaine de Los, donna à l'église un vitrail orné de ses armes et de celles de son mari [1].

Après avoir rétabli la tranquillité dans ses états et terminé la vieille querelle qui séparait les maisons de Louvain et de Limbourg, le duc Godefroid s'engagea dans une longue et sanglante guerre contre le comte de Hainaut. L'un des plus curieux épisodes de cette lutte est la bataille de Carnières. Un tournoi devait avoir lieu dans le château de Trasegnies; mais le duc de Lotharingie, voulant surprendre le comte, y conduisit une armée. Son rival, averti de ce dessein, rassembla des forces considérables qui mirent en déroute les Brabançons et en tuèrent 2,000 [2]. Un grand nombre de Bruxellois restèrent probablement sur le champ de bataille, car tous les bourgeois avaient été appelés à suivre leur souverain dans cette expédition [3].

Les prébendes de Sainte-Gudule étaient, à cette époque, données en grande partie à des personnes incapables de remplir leurs fonctions ou presque toujours absentes. Le pape Alexandre III s'éleva contre cet abus et diminua leur part de revenus, au profit de ceux qui montraient plus de zèle [4]. Le même pontife confirma d'ailleurs les priviléges, les immunités des chanoines, et leur assura la possession de leurs biens. Au nombre de leurs propriétés il cite : l'église de Sainte-Gudule, le cimetière et les lieux adjacents ; les chapelles de Saint-Jacques sur Coudenberg, de Saint-Nicolas au marché inférieur, de Saint-Géry sur la Senne; les trois hôpitaux situés dans l'enceinte de la ville, les petites dîmes de la

---

gramme, pas plus que dans celui indiquant la date de la fondation de la ville de Bois le-Duc, en 1184 :

GodefrIdUs dUX de sILVa feCIt oppIdUM.

[1] Bruxellæ in choro vitream curavit fenestram cum insignibus ducum Lotharingiæ et Brabantiæ. Erat Godefridi tertii secunda uxor. MANTELIUS, *Historia Lossensis,* p. 120.

[2] D'OULTREMAN, *Histoire de Valenciennes.*

[3] A. 1171. Item op dit jaer worden alle de poorteren van Brussel gevoert ten tournoye te Trasenys. *Chronique manuscrite de Rouge-Cloître.*

[4] Bref du pape Alexandre III, adressé à l'élu de Cambrai Nicolas et à l'abbé d'Afflighem, du 9 avril de l'année 1174 (et non 1164). *Archives de Sainte-Gudule.* — *Opera Dipl.,* t. IV, p. 24.

paroisse avec des prés, jardins, fermes, terres cultivées et terres incultes, l'église de Saint-Jean-Baptiste avec des dimes et des terres à Molenbeck, l'église de Meldbroeck ou Melsbroeck, etc [1].

[1] Bulle du 9 avril 1174. Original aux *Archives de Sainte-Gudule.* — *Opera Dipl.* t. II, p. 1179.

CHAPITRE II.

Henri Ier. — Jean II. (1170—1312.)

Le fils aîné de Godefroid III, nommé Henri, fut de bonne heure appelé à gouverner le Brabant conjointement avec son père [1]. Il semble que celui-ci voulut de cette manière assurer à sa race la succession au titre de duc de la Basse-Lotharingie, ardemment convoité par les princes voisins. A ce titre Henri joignit celui de duc de Brabant [2], que conservèrent ses successeurs.

Ce prince n'a malheureusement pas eu d'historien et ses actions ne nous sont connues que par le récit d'écrivains contemporains, il est vrai, mais de nation ennemie, et dès lors suspects de partialité. Néanmoins à travers cette partialité même perce quelquefois l'admiration, et les actes de l'administration du duc Henri Ier, qui nous sont parvenus, le placent sans contredit au rang des plus illustres princes du pays. Pendant les soixante-cinq années qu'il régna, comme collègue de son père et comme seul souverain, le Brabant acquit une importance nouvelle. Si toutes les guerres entreprises par ce duc ne furent pas également heureuses, si plus d'une fois ses états furent en proie aux ravages de ses ennemis, l'affaiblissement de sa puissance ne fut jamais que momentané. Actif et courageux, il se releva toujours plus fort, soutenu qu'il était par ses peuples, auxquels il concéda de nombreux priviléges, et dont il soigna toujours les intérêts commerciaux. Sous son règne le Brabant s'enrichit d'une nouvelle province, acquisition d'autant plus précieuse qu'elle ne coûta ni larmes ni sang. Continuant l'œuvre commencée

---

[1] Il régnait déjà en 1172, comme le prouve le passage suivant d'un diplôme : « Actum.... 1172, regnante glorioso imperatore Frederico, duce Lovaniæ Gode-» frido et Henrico filio ejusdem inclyto. *Opera Diplom.*, t. 1, p. 709.

[2] De Vaddere, *Traité de l'Origine des ducs et duché de Brabant.*

dans les dernières années de son père, il peupla les plaines incultes et presque désertes de l'ancienne Taxandrie (la Campine), y fonda des villes, où des priviléges attirèrent bientôt de nombreux habitants, et y propagea activement l'agriculture et l'industrie [1]. Cette œuvre de civilisation ne lui fit pas négliger ses anciennes bourgeoisies de Louvain, de Bruxelles et d'Anvers, qui lui durent les principaux éléments de leur prospérité.

Une étroite amitié liait Henri avec le comte de Flandre, Philippe d'Alsace, dont il épousa la nièce Mathilde, fille de Mathieu de Flandre, comte de Boulogne. Godefroid III donna en dot aux jeunes mariés, Bruxelles, son château, ses hommes, ses autres dépendances, de plus, Vilvorde, Uccle, Ruysbroeck, Leeuw et tout ce qu'il possédait entre la Senne et la Flandre [2]. L'acte de donation porte, que dans le cas où Henri viendrait à mourir sans postérité, la princesse, ou après elle son père, s'il vit encore, retiendrait ces domaines jusqu'à remboursement des 1,500 livres, données au duc par Philippe d'Alsace. Vingt-trois seigneurs brabançons, tous les échevins, le *præco* ou amman, et quelques bourgeois de Bruxelles, assistèrent aux négociations de cette alliance, négociations qui furent commencées à Anvers et terminées dans la capitale actuelle de la Belgique. Par un acte encore inédit, Godefroid déclara à Louvain, en présence de ses grands vassaux et des échevins de la ville, que si son fils consommait son mariage avec Mathilde, il lui donnerait les comtés de Bruxelles et d'Aerschot; il annonça de plus qu'il allait envoyer à Philippe d'Alsace deux de ses fidèles, Gérard de Grimberghe et Arnoul de Bigard, pour lui notifier ses bonnes intentions [3].

Quelques années après, le comte de Flandre s'étant brouillé avec son ancien pupille, Philippe Auguste, Henri soutint avec empressement la cause de son oncle. En 1181 il alla à la tête de 50 chevaliers et d'autant de sergents, se joindre à l'armée flamande; l'année suivante, après l'Épiphanie, il marcha une seconde fois au secours de son parent avec 40 chevaliers, 40 sergents et 10 arbalétriers [4]. L'arbalète étant l'arme

---

[1] Dans un diplôme de l'an 1212 Henri Ier énumère lui-même ces nouvelles colonies : « Oppida, dit-il, quæ de novo faceremus.:.... Oosterwyck, Arendonc, Herenthals, Turnhout, Hoochstraten. » Butkens, t. I, preuves, p. 62.

[2] Butkens, l. c. p. 43. d'après les archives de Sainte-Gudule; il faut ajouter dans son texte : « Leuvam cum hominiis et omnibus pertinentiis. » Voyez *Opera Diplom.*

[3] *Selecta pro Sæculo* 1000 ; d'après les archives de Sainte-Gudule.

[4] Jacques de Guyse, *Annales du Hainaut*, livre XVIII, c. 9 et 10.

favorite des bourgeois, il y a lieu de supposer que ces arbalétriers furent fournis par Bruxelles, dont Henri était seigneur, et l'on peut conclure de là qu'à cette époque cette ville avait déjà une société de tireurs, société qui donna naissance à la grande gilde ou serment des tireurs de l'arbalète [1].

Nous n'entrerons pas dans le détail des luttes du Brabant et du Hainaut. Au milieu de ces guerres qui montrèrent dans toute leur force la profonde antipathie des races, l'importance des villes s'accroissait incessamment. Nous avons vu qu'en 1179 les échevins et quelques bourgeois de Bruxelles étaient intervenus au mariage de Henri Ier; en 1194, quatre ans après la mort de Godefroid III, les bourgeois de cette ville, ainsi que ceux d'Anvers, Louvain, Nivelles, Gembloux, Tirlemont, Tervueren et Jodoigne, garantirent de concert avec les nobles du Brabant, le maintien de la paix conclue entre le duc et Baudouin, comte de Hainaut, qui venait de succéder au comté de Flandre. Il fut stipulé entre autres clauses, que si l'un des princes contractants enfreignait le traité et se refusait à réparer ses torts endéans les quarante jours, ses vassaux et ses villes se retireraient de son service et ne lui donneraient aucune aide aussi longtemps qu'il ne se serait pas amendé. « Et si, ajoute le duc, » je veux les forcer, ils pourront se réunir contre moi pour leur » défense [2]. »

Ces paroles sont extrêmement remarquables; elles prouvent qu'à l'exemple de la Flandre et du pays de Liége, le Brabant s'était ouvert une nouvelle ère, ère de gloire et de liberté. Entre la noblesse et la population serve apparaissait une classe laborieuse, riche des produits de son travail, courageuse parce qu'elle avait dans les veines le sang de peuples renommés par leur vaillance, et dans l'âme une horreur invincible pour l'oppression. Appréciant promptement son importance, les princes ne négligèrent rien pour se l'attacher. De là, ces priviléges accordés aux cités, qui fournissaient, au besoin, de larges subventions et où le tocsin armait en un moment des milliers de bras.

L'histoire civile est toujours muette sur les progrès de nos communes; pour connaître cette époque il faut interroger l'histoire ecclésiastique, les cartulaires des abbayes, des églises, des fondations pieuses. Là, nous

---

[1] *De gulde van der schutterien van den Voetbogen ofte de groote gulde.*

[2] Cette paix fut conclue le 20 août 1194 entre Lembeke et Hal. Martene, *Thesaurus Anecdot.*, t. I, p. 656.

voyons Henri Ier, dans les commencements de son règne, développer à
Bruxelles les institutions religieuses et en établir de nouvelles. C'est à
lui que l'hôpital Saint-Jean paraît devoir son existence [1] ; c'est en effet
de cette époque que date l'ordre des hospitaliers du saint Esprit, institué
par le comte Guy de Montpellier pour servir les malades [2]. Or, l'hôpital
Saint-Jean s'appelait primitivement hôpital du Saint-Esprit [3], et ne prit
que vers l'an 1200 son nom actuel. Henri le dota libéralement et
l'évêque de Cambrai lui donna, en 1211, un règlement dont les dispositions sont fort curieuses. En 1190, Henri concéda les dîmes de
Duysbourg à son chapelain Gérard pour les prêtres de l'église de Saint-
Jacques-sur-Coudenberg, et lui abandonna cette église avec toutes ses
dépendances [4]. Gérard y fonda une communauté qui adopta la règle de
saint-Augustin et qui se plaça sous la direction d'un prévôt [5].

Une dame nommée Gisla, vivant sous la règle de saint Benoît, conçut
à cette époque le projet de fonder près de Bruxelles une abbaye de
l'ordre de Citeaux, pour y mener une vie plus austère. Ce projet rencontra une vive et longue opposition de la part des clercs ou chanoines
de la ville, qui la menacèrent même d'excommunication. Effrayée, mais
persistant dans sa résolution, Gisla courut se réfugier au monastère de
Villers, alors dans tout son éclat, et se plaignit au vestiaire Wiger, de la
conduite des chanoines. Wiger, dit la chronique, lui couvrit la tête du
capuchon d'un religieux nommé Godefroid, mort en odeur de sain-
teté [6], et Gisla, placée de la sorte sous une protection puissante, obtint
du duc le lieu appelé *Penebeke,* solitude entourée de bois, où fut
construit le monastère dit *la Chambre de Notre-Dame* et vulgairement
appelé *la Cambre* [7].

Pour mettre fin aux différends qui s'élevaient sans cesse entre le

---

[1] In hospitali B. Joannis Baptistæ quod in Bruxella illustris viri Henrici ducis
munificentia et devotione fundatum et de fidelium elemosyna est ædificatum. Dipl.
Joannis episcopi a. 1211. *Opera Dipl.,* t. IV, p. 716. Un manuscrit de la bibl. de
Bourg. rapporte la fondation de l'hôpital à l'an 1186, mais sans en donner de preuves.

[2] FLEURY, *Histoire Ecclésiastique,* t. XVI, p. 170.

[3] Ad opus pauperum hospitalis B. Johannis quod antea S. Spiritus dicebatur.
Opera Diplom., t. IV, p. 716.

[4] *Ibid.,* t. IV, p. 216.

[5] Diplôme de l'évêque de Cambrai Godefroid (sans date). *Ibid.,* p. 218.

[6] *Chronicon Villariense,* apud Sanderum, Chorog. Sacra Brab., t. I, p. 563.

[7] Diplôme de 1201. *Opera Diplom.,* t. IV, p. 223.

chapitre et les prêtres des églises secondaires, le duc détermina la redevance annuelle que celles-ci devaient aux chanoines ; son diplôme, curieux
en ce qu'il nous apprend l'importance proportionnelle de chaque quartier de Bruxelles, renferme une exemption en faveur de Coudenberg,
possession d'une communauté particulière. Il taxe :

Saint-Pierre aux lépreux à vingt-neuf deniers,

Notre-Dame à deux sous,

Saint-Jean à douze sous,

Saint-Nicolas à huit livres,

Saint-Géry à quatre livres,

Et Sainte-Catherine à cinq sous [1].

Ce qui forme un total de 13 livres, 8 sous et 9 deniers, environ mille
francs de notre monnaie [2]. Quelques années après, l'église de Notre-Dame
ou de la Chapelle, fut, à cause de son éloignement de la collégiale et
du grand nombre d'habitants qui peuplaient ses alentours, érigée en
paroisse. Elle obtint le droit d'avoir un baptistère et un cimetière, et la
redevance qu'elle payait à Sainte-Gudule fut portée de 2 sous à 15 livres [3].
C'était la troisième paroisse, en comprenant Saint-Jean à Molenbeek,
dont la circonscription s'étendait sur la partie de l'échevinage de Bruxelles,
située au delà de la Senne.

Henri Iᵉʳ, qui s'était déjà rendu en Palestine en 1189, partit encore
pour la Terre Sainte en 1197, afin d'y combattre, selon ses expressions,
les Sarrasins visibles et invisibles [4] ; mais les nouvelles qu'il reçut d'Europe
le rappelèrent d'Orient au moment où, placé à la tête des croisés, il venait
de remporter une brillante victoire sur les musulmans (23 octobre 1197) [5]. La mort de l'empereur Henri VI, qui laissait pour héritier
un enfant au berceau, avait divisé l'Allemagne en deux partis : l'un
demandait pour souverain Frédéric de Souabe, frère de Henri VI, l'autre,
appuyé par le pape et par les princes de la basse Allemagne, voulait couronner Othon de Saxe. Après avoir longtemps soutenu Othon, Henri se

---

[1] Voyez DESMET, *Histoire de la Religion chrétienne en Brabant*, traduction de
M. Tiron.

[2] Diplôme de Henri Iᵉʳ en date de 1201. *Opera Diplom.*, t. I, p. 400.

[3] Décision arbitrale du mois de décembre 1210. *Archives de la Chapelle.* —
Opera Diplom., t. II, p. 986.

[4] Ut Saracenos tam visibiles quam invisibiles possim superare. BUTKENS, l. c.
p. 49.

[5] *Recueil des Historiens de France*, t. XVIII, p. 549 et 615.

rallia à son compétiteur et conclut avec lui un traité dans lequel l'adhésion des vassaux et des villes du Brabant fut encore exigée [1]. La ville de Bois-le-Duc ayant été prise et pillée en 1201 par les comtes de Hollande et de Gueldre, les trois principales cités du Brabant se chargèrent chacune du rétablissement d'une porte de cette ville. Bruxelles bâtit à ses frais celle de Sainte-Croix, appelée ainsi d'une chapelle voisine et située jadis rue d'Orten [2].

Cependant la mort inopinée de Philippe de Souabe avait laissé l'empire à Othon. Ce prince s'étant brouillé avec le pape et le parti guelfe qui l'avaient soutenu d'abord, le roi de Naples, Frédéric II, fils de Henri VI, revendiqua la couronne qu'avait portée son père. La basse Lotharingie devint encore le théâtre de la guerre sanglante qui éclata aussitôt entre Philippe-Auguste, roi de France, allié de Frédéric II, et le comte de Flandre et de Hainaut, Ferrand de Portugal, et le roi d'Angleterre, partisans d'Othon. Une querelle particulière du duc Henri avec l'évêque de Liége y jeta un nouveau tison de discordes. En 1212 le Brabançon entra en vainqueur dans la capitale de l'évêché et la livra au pillage. L'antique cité de Saint-Lambert ne fut préservée d'une ruine complète que par les efforts du châtelain de Bruxelles, dont un des fils y était chanoine [3]. Pour se venger de ce désastre, l'évêque se lia étroitement avec tous les princes du pays, tandis que de son côté Henri resserrait les liens qui l'unissaient à la France par son mariage avec Marie, fille de Philippe Auguste et veuve du comte de Namur.

En 1215 le duc se porta vers Gand pour seconder l'invasion du roi de France en Flandre; mais à peine son puissant allié eut-il quitté sa nouvelle conquête, qu'elle lui échappa par une insurrection générale. Le Brabançon se vit alors dans la position la plus critique, menacé par l'évêque de Liége et par le comte de Flandre, qui, le 10 octobre, devaient envahir simultanément ses états. Une attaque des Français ayant attiré d'un autre côté les forces de Ferrand, Henri rassembla ses troupes à la hâte et marcha rapidement vers la Meuse; la terrible journée de Steppes (13 octobre) lui enleva la meilleure partie de son armée et, pour comble de malheur, les Flamands envahirent par l'ouest

---

[1] Accord conclu en 1207. BUTKENS, l. c. p. 59.

[2] DYNTER, t. II, p. 457. — WICHMANS, *Brabantia Mariana*, t. II, p. 569. — GRAMAYE, *Taxandria*, c. 2.

[3] CHAPEAUVILLE, *Gesta Pontif. Leodiens.* t. II, p. 209.

ses états, tandis que l'évêque de Liége en dévastait la partie orientale. Ferrand, le comte de Boulogne Renaud de Dammartin, Guillaume de Salisbury, fils naturel de Jean Sans-Terre roi d'Angleterre, et Florent, comte de Hollande, vinrent à la tête de forces considérables, planter leurs bannières sous les murs de Bruxelles. Après quelques combats sanglants [1] le duc s'engagea à rendre satisfaction à l'évêque de Liége, et promit de soutenir l'empereur Othon. Il donna en otages ses deux fils : Henri, qui lui succéda depuis, et Godefroid, le premier des seigneurs de Gaesbeek [2]. Forcé d'entrer dans la coalition contre la France, il accompagna ses nouveaux alliés à la bataille de Bouvines, où l'on eut occasion d'admirer la bravoure de ses fantassins, qui, au nombre de 700, soutinrent seuls le choc de l'armée française, tinrent bon jusqu'à la fin et méritèrent l'éloge qu'en fit un témoin oculaire d'être *les plus roides aux combats et les plus adonnés aux armes de toutes les nations* [3]. Othon et ses partisans ayant été complétement vaincus et le comte de Flandre fait prisonnier, la ligue fut dissoute (27 juillet 1214), et Henri Ier fit bientôt la paix avec le pape, le roi de France et Frédéric II.

Nos chroniques locales ne donnent aucune particularité sur le siége de Bruxelles ; une seule y rattache la tradition suivante : Sur le bord de la Senne, du côté du nord, au lieu dit *de Bruyt* (la Fiancée), se trouvaient jadis sept auberges où les habitants allaient d'ordinaire célébrer leurs noces par des festins et des danses. Les Flamands ayant été prévenus qu'un repas de noces devait avoir lieu dans une de ces auberges, appelée la maison des Chats (*het Cattenhuys*), s'embusquèrent au nombre de trois cents, dans un bois près de la chapelle de Saint-Laurent. Les mariés et leurs convives arrivent en effet sans défiance, mais à peine sont-ils à table qu'ils voient l'auberge entourée d'ennemis. L'époux et ses amis se barricadent et repoussent courageusement les assaillants. Mais la lutte était trop inégale et les Bruxellois eussent infailliblement succombé, si quelques-uns d'entre eux n'étaient parvenus à gagner la ville,

---

[1] Hoc loco majore aliquanto obsidentium strage pugnatum et quum dies aliquot vim hostium fortiter sustinuisset Henricus..... BARLANDUS, *Rerum Gestarum a Brabantiæ ducibus historiæ.* Lovanii, 1566, f° 14 v.

[2] Voyez MEYER, *Rerum Flandric.*, L. VIII, p. 78 et 79. — *Brabantsche Yeesten*, livre IV, c. VII, p. 377. — BUTKENS, t. I, p. 180 et suiv. — GILLES D'ORVAL dans Chapeauville, t. II, p. 216 à 229. — *Chronique de* BAUDOUIN DE NINOVE, dans le *Corpus Chronic. Flandr.* Édit. Desmet, t. II, p. 719.

[3] GUILLAUME-LE-BRETON dans Butkens, t. I, p. 183.

pour y chercher du secours. Les habitants prennent les armes et les
Flamands surpris à leur tour sont taillés en pièces. Cet exploit, ajoute-t-on,
valut à la ville la création du grand serment ou gilde des arbalétriers,
qui fut primitivement composé des habitants qui s'étaient particulièrement distingués dans cette affaire [1]. Cette assertion ressemble à toutes
celles que renferment les traditions ; l'époque de l'institution du grand
serment, que les historiens de Bruxelles ont placée en 1213, est encore
ignorée, mais il est positif que cette société existait antérieurement à
cette date [2]. Du reste les détails donnés par cette tradition ne sont pas
plus exacts. On dit, par exemple, que la maison des Chats devint depuis
le chœur de la chapelle des Espagnols, aux dominicains, et qu'on y vit
jusqu'au bombardement, des sculptures en pierre représentant des chats
de trois à quatre pieds de hauteur. Des erreurs aussi matérielles se réfu-
tent d'elles-mêmes.

Pendant les vingt dernières années de la vie et du règne de Henri le
Guerroyeur, la tranquillité du Brabant ne fut que rarement troublée, bien
que ce prince ne fût jamais en paix avec ses voisins. En 1226, il soutint
ouvertement le Faux Baudouin, qui réclamait le comté de Flandre [3] ; selon
quelques auteurs, il entra aussi dans une ligue formée par les grands
seigneurs français pour dépouiller de la régence la reine Blanche, mère de
Louis IX. Vers le même temps, ajoutent-ils, à la suite de démêlés qui avaient
éclaté entre l'archevêque de Cologne et le prince brabançon, Henri, fils aîné
du duc, s'empara de la forteresse de Randerode dans le pays de Juliers. Le
lignage patricien de Sweerts monta le premier à l'assaut et planta sa
bannière sur les murs de la place conquise. En mémoire de ce fait
d'armes il changea d'écusson : il portait d'abord de gueules à l'aigle
d'argent aux ailes éployées ; depuis il adopta les insignes de Randerode :
un écusson émanché d'argent et de gueules [4]. En 1234, le même prince

[1] Mss. 11641 et 13473 de la bibl. de Bourg.

[2] Voyez la troisième partie de cet ouvrage à l'article concernant la chapelle de
Saint-Laurent. Consultez aussi un article de M. A. WAUTERS intitulé : Les Serments
de Bruxelles, leur origine, leur organisation et leurs règlements (*Revue de
Bruxelles*, avril 1841, p. 32).

[3] *Recueil des Historiens de France*, t. XVIII, p. 636.

[4] Les armes primitives de Sweerts, qui étaient encore portées par des membres
de cette famille vers 1250, se trouvaient sur le plus ancien vitrail de l'église de
Sainte-Gudule, dans le chœur. *Chronique du Brabant*, mss. 18001, à la bibl. de
Bourg. Cette chronique donne à tort à la prise de Randerode la date de l'an 1231 ;

prit le commandement des croisés réunis contre les Stadingers, sectaires chrétiens des environs de Brême, et les défit entièrement.

L'église de Sainte-Gudule eut une large part aux bienfaits du duc Henri. De concert avec le pape Innocent III et l'archevêque de Rheims, Guillaume de Joinville, il y établit un meilleur ordre dans le service divin et dans la répartition des revenus [1]. Il institua un second chapitre de dix chanoines, appelés depuis *les petits chanoines,* et le dota des dîmes de La Hulpe et d'un alleu à Dieghem [2]. Par un diplôme de 1225, il permit à tous ses sujets, sans distinction, de disposer, en pleine liberté, de leurs biens en faveur de cette église [3] à laquelle lui-même céda plusieurs dîmes et quelques terres [4]. En outre il en activa la reconstruction ; ce fut lui qui fit élever le magnifique chœur de la collégiale, avec ses massives colonnes, sa galerie, ses fenêtres découpées et sa voûte imposante.

Les dernières années du règne de Henri sont surtout remarquables par le grand nombre de chartes qu'il octroya aux villes du Brabant. Les villes et bourgades libres étaient alors divisées en deux espèces bien différentes. Les unes, et tels sont en général restés les villages, n'obtinrent d'autres privilèges que le droit d'avoir des juges ou échevins particuliers ; d'être libérés, sauf en quelques cas extraordinaires, de tailles, de corvées et d'autres exactions arbitraires ; de posséder un marché franc par semaine ; de fournir au souverain un service militaire modéré [5] ; l'exemption de tonlieux dans tout le duché était aussi un privilège ordinaire. Les autres, et telles devinrent les cités populeuses, après être restées quelque temps dans le même état que les précédentes, exigèrent des immu-

---

c'est erronément aussi qu'elle attribue la guerre aux opinions hérétiques des habitants.

[1] Bref du pape Innocent III aux abbés de Saint-Pierre et de Saint-Bavon à Gand, et d'Afflighem, donné à la demande du duc en 1216. A. THYMO, partie II, titre IV, c. 8. — *Annales mss. Sanctæ Gudilæ,* titre XVIII, c. 1. — Statuts de Guillaume et du duc, datés du mois d'octobre 1220. *Archives de Sainte-Gudule.* — *Opera Diplom.,* t. II. p. 989 et t. IV, p. 590. — A. THYMO, l. c. c. 21. — SANDERUS, *Chorographia Sacra Brabantiæ,* t. III, p. 255.

[2] Diplôme du mois d'août 1226. *Archives de Sainte-Gudule.* — *Opera Diplom.,* t. I, p. 200. — A. THYMO, l. c. c. 36.

[3] Diplôme de l'année 1225. *Archives de Sainte-Gudule.* — A. THYMO, l. c., c. 33. — SANDERUS, l. c.

[4] Voyez la troisième partie, art. Sainte-Gudule.

[5] Voyez la charte de liberté accordée à Vilvorde en 1192. BUTKENS, t. I, preuves, p. 46.

nités plus larges. La position de ces localités, déjà importantes par elles-mêmes, à la tête du tiers état, et la nécessité de recourir à elles pour obtenir des subsides, leur assurèrent de bonne heure une grande influence et donnèrent à leurs priviléges primitifs une extension nouvelle. Leur population, accrue par les progrès de la prospérité générale, présentait deux éléments bien distincts, qui devaient encore se scinder davantage à mesure que leurs forces et leurs richesses s'égaliseraient; à côté des anciens hommes libres, de ceux possédant quelque métairie, quelque revenu, fiers de leur indépendance, orgueilleux de leur naissance sans tache, dédaigneux de tout travail des mains, venait se réunir une multitude réfugiée dans les villes pour échapper à l'esclavage féodal, ou désireuse de vivre en sécurité après avoir obtenu l'affranchissement. Ces anciens serfs, qui avaient traîné une vie misérable en cultivant la terre pour des maîtres avides et qui trouvaient dans l'enceinte communale des moyens d'existence honorables, restèrent d'abord dans la dépendance absolue des bourgeois les plus riches, qu'ils considérèrent longtemps comme leurs supérieurs naturels. Mais bientôt et à mesure que leur travail les enrichit, il naquit chez eux un vif désir de partager la puissance de cette aristocratie bourgeoise, résumée dans les familles patriciennes. De là des luttes sanglantes, sur lesquelles nos annales ont gardé le plus profond silence, silence bien regrettable, car l'histoire de ces luttes offrirait sans doute de salutaires enseignements.

A Bruxelles et dans toutes les principales villes du Brabant, les patriciens ou *bien nés* étaient au premier rang de la bourgeoisie. Partagés en sept lignages, qui avaient de droit chacun son représentant dans le conseil dirigeant la cité, ils dominaient à la fois par l'éclat de leur race que n'avait pas souillée la tache de la servitude; par leurs richesses, car à eux appartenait le sol presque entier de la ville, ainsi que nombre d'alleux aux environs; par leur courage, parce qu'habitués au maniement des armes, élevés dans l'horreur de la lâcheté, protégés par d'impénétrables armures, combattre était pour eux un plaisir, non un devoir. Divisés souvent entre eux par des intérêts de famille, ils étaient unis par orgueil contre leurs inférieurs. La *Gilde* de la draperie née à une époque inconnue, formait une classe intermédiaire entre les lignages et les métiers. Dans cette corporation étaient également admis, et les patriciens qui voulaient se livrer à la fabrication et au commerce en grand, occupations auxquelles on n'a attaché que dans des temps postérieurs des idées de dérogeance, et les plébéiens, qui étaient à même de payer un droit d'entrée assez fort et ne restaient plus artisans ou détaillants.

L'importation de la laine d'Angleterre ou d'Irlande, et en général de toutes les matières nécessaires à la préparation des étoffes; l'envoi de draps ou d'autres tissus en France, en Allemagne, en Lombardie, etc.; l'armement de vaisseaux, le change des monnaies et d'autres opérations de ce genre, étaient facultatives aux frères de la gilde et ne les faisaient déroger en rien à leurs titres et droits nobiliaires. La direction suprême de ce corps, appelé ordinairement la *gilde* de la draperie, ou simplement la *gilde* (*lakengulde*, *gulde*, *gulda*), était confiée à deux doyens (*decani guldæ*, *guldekens*) et à huit personnes qu'on appelait simplement *les huit de la gilde* (*octo guldæ*, *de acht van de gulde*). Tous les métiers qui s'occupaient de la préparation des draps, tels que les tisserands, les foulons, les teinturiers, les apprêteurs ou tondeurs de draps, les blanchisseurs, etc., étaient sous la surveillance de ce tribunal [1]. Enfin, au troisième rang venaient les métiers (*officia*, *ambachten*), dans lesquels se rangeaient les artisans et les débitants de denrées. Leur organisation, détruite au siècle dernier, amèrement critiquée alors parce qu'elle gênait les progrès de l'industrie, et vivement regrettée aujourd'hui qu'on a senti les funestes suites de la concurrence illimitée, n'est plus assez généralement connue pour que nous puissions nous dispenser de l'indiquer. Chaque métier avait: ses chefs appelés primitivement jurés (*jurati*, *gesworene*), et depuis doyens (*decani*, *deken*), élus par le magistrat, sur une double liste de candidats présentée par la corporation; son saint patron; sa chapelle ou du moins son autel, dans l'un ou l'autre édifice religieux de la ville; sa caisse de secours pour les malades ou infirmes du corps; sa bannière portée dans les cérémonies publiques; sa maison ou sa salle de réunion; son coffre à privilèges; son valet ou huissier. Pour être admis à exercer une profession mécanique, il fallait, pendant un terme fixé, avoir appris l'état dans une ville, et prouver son habileté. Après avoir fait constater son aptitude, d'apprenti l'adepte devenait valet ou ouvrier, et maître quand il s'établissait et travaillait pour son compte.

Les métiers devant jouer un grand rôle dans cette histoire, nous avons

---

[1] La première mention de la gilde bruxelloise est de l'année 1281, mais cette institution est évidemment antérieure à cette époque.

cru qu'on n'en verrait pas sans intérêt la liste groupée suivant la nature de leurs travaux :

Marchands de denrées et de boissons : boulangers (*brootmaeckers*), bouchers et abatteurs (*beenhouwers en slagers*), marchands de poissons salés et de poissons de rivière (*visschers en groen-visschers*), marchands de légumes (*brouckoisen*), fruitiers (*fruyteniers*), graissiers (*vettewariers*), brasseurs (*brouwers ofte brieders*), marchands d'hydromel (*medeblanderen*), marchands de vin (*wyn-taverniers*), auxquels on peut ajouter les meuniers (*molders*).

Artisans travaillant la pierre, le bois, etc. : charpentiers (*timmerlieden*), tourneurs (*drayers*), ébénistes (*schrynwerckers*), tonneliers (*cuypers*), charrons (*raedemaeckers*), tailleurs de pierre (*steenhouwers*), maçons (*metsers*), couvreurs en tuiles (*ticheldeckers*), en ardoises (*schailliedeckers*) et en chaume (*stroydeckers*), badigeonneurs (*pleckers*), scieurs (*zagers*), vanniers (*mannemaeckers*), peintres (*schilders*), vitriers (*gelaesemaeckers*), plombiers (*tengieters*).

Fabricants en métaux : orfèvres travaillant l'or et l'argent (*goudtende silver-smeden*), forgerons (*smeden*), couteliers (*mesmaeckers*), serruriers (*slootmaeckers*), batteurs d'or (*goutslagers*), faiseurs de tuiles ou pannes (*pannemaeckers*), éperonniers (*spoormaeckers*), de harnais (*harnasmaeckers*), etc.

Artisans travaillant le cuir : tanneurs (*vetters ofte huydevetters*), selliers (*sadelmaeckers*), gantiers (*handtschoenmaeckers*), ceinturonniers (*riemmaeckers*), cordonniers (*schoenmaeckers*), cordonniers en vieux ou savetiers (*oude-schoenmaeckers*).

Artisans travaillant à la manipulation ou à la vente des étoffes de laine ou de lin : tisserands (*wevers*), foulons (*volders*), teinturiers (*verwers*), tondeurs de drap (*drooghscheerders*), apprêteurs (*aendoenders*), blanchisseurs (*blyckers*), drapiers (*laeckenmaeckers*), tailleurs (*cleermaeckers*), fripiers (*oude-cleercoopers*), pelletiers (*peltiers*), passementiers (*passementmaeckers*).

Métiers divers : merciers ou petits commerçants (*cremers of te meerslieden*, en latin *mercatores*), bateliers (*schippers*), barbiers (*barbiers*).

De tous ces métiers, les plus importants étaient ceux des tisserands et des foulons. Bruxelles, où la draperie était, au xiii° siècle, dans l'état le plus florissant, envoyait beaucoup d'étoffes aux grandes foires de Champagne et de Brie, d'où elles se répandaient dans le reste de la France et jusque dans l'Italie [1]. Dans le règlement somptuaire de la cour du Dauphiné, il est alloué à la princesse une somme de 100 florins d'or pour des vêtements en drap de Bruxelles, tandis que ses demoiselles de compagnie recevaient des draps de Louvain pour une valeur de 72 1/2 florins [2]. Plus tard, nos ancêtres excellèrent à teindre les draps en rouge écarlate [3]. Au XIIIe siècle, Bruxelles avait déjà sa halle aux draps; elle appartenait au souverain, et était située entre la halle au pain et la halle à la viande [4]. Les ouvriers employés à la fabrication des draps peuplèrent le quartier de la porte d'Overmolen, où l'on trouvait la rue des Foulons [5]; et, resserrés bientôt dans les limites de la ville, les foulons en franchirent les murs et s'établirent du côté d'Anderlecht. Là s'éleva un hôpital fondé par eux et détruit avant la fin du XIIIe siècle [6]; là furent établis les rames ou chassis servant à sécher les draps [7]; là enfin une prairie conserva le nom de Pré-des-Foulons [8]. Les tisserands se répandirent dans les mêmes quartiers, mais plus dans la direction de l'église de la Chapelle.

Quelques autres métiers instituèrent une confrérie sous le patronage de saint Éloy, dans le but charitable de fournir des moyens d'existence à leurs membres malades ou infirmes. D'après un acte réglementaire de l'an 1562, elle fut formée très-anciennement par les forgerons, les orfèvres, les selliers, les peintres, les regrattiers, les couteliers, les boulangers, qui en conservèrent toujours la direction, sans que jamais le magistrat s'en soit mêlé. Chaque membre payait une cotisation hebdomadaire et recevait des secours en cas de maladie ou d'accident. Treize personnes,

---

[1] Voyez WARNKOENIG, *Histoire de Flandre*, traduction de Gheldorf, t. II, p. 503.

[2] LE MAYEUR, *la Gloire Belgique*, t. I, p. 410.

[3] DE REIFFENBERG, *du Commerce de la Belgique, aux* XVe *et* XVIe *siècles*, p. 21.

[4] Voyez *Messager des Sciences historiques*, année 1842, p. 3.

[5] *Volrestrate*. Acte de 1303. *Cartulaire de Coudenberg.* Aujourd'hui rue du Lombard.

[6] Juxta domum quæ fuit quondam hospitale fullonum. Acte de 1297. Sur le pli : « By volders gasthuys t'Overmolen. »—Ultra ambos pontes, prope Volres'gasthuus. Acte de 1343. *Archives de Sainte-Gudule.*

[7] Ramæ, extensoria, Ramen, en vieux français *liches*. Les premières qu'il y eut à Bruxelles étaient contre le pré aux Foulons et formaient avec celui-ci et un grand nombre de maisons, un fief tenu du souverain. *Registres des fiefs* aux *Archives du Royaume.*

[8] Volders bempt, buyten de Overmolen poort. Acte de 1561. *Archives de Sainte-Gudule.* Aujourd'hui le Vieux-Marché et les rues aboutissantes.

trois proviseurs et dix directeurs, tous choisis par les métiers, étaient chargés de distribuer des aumônes tous les dimanches et de parcourir les paroisses aux quatre grandes fêtes de l'année, ainsi qu'à la saint Martin, pour porter aux malades une double ration. A la saint Martin, chaque pauvre de la corporation recevait en outre un *wailpot* de bière, un pain et un peu de vin. La confrérie héritait du lit de tout malade qui décédait, exerçant ainsi en quelque sorte le droit de main-morte sur ses subordonnés [1].

Bien que déjà fortes et influentes, ces deux dernières classes, les frères de la *gilde* et les artisans, n'avaient encore obtenu aucune part à l'administration supérieure de la cité. L'autorité suprême était confiée par le souverain à l'amman, représentant l'ancien directeur de la villa domaniale. Cet officier présidait aux assemblées des échevins, aux jugements, aux exécutions; il surveillait l'observation des ordonnances, recevait le serment des officiers de la ville et des bourgeois, en même temps qu'il procédait aux arrestations, instruisait contre les criminels et les délinquants, etc. Il était aidé dans ses fonctions par un clerc ou greffier dit *du sang (de clerck van den bloede)*, parce qu'il siégeait dans les affaires criminelles, et par des valets ou sergents à pied et à cheval [2].

La juridiction échevinale s'étendait au criminel sur tous les villages de l'ancien comté ou, comme on disait alors, de l'ammanie; il faut en excepter cependant les villages où les seigneurs avaient droit de haute justice, tels que Grimberghe, Gaesbeck, etc., ainsi que ceux dont les habitants avaient obtenu le droit d'avoir un tribunal particulier (Vilvorde, Overyssche, Tervueren, Duysbourg, Assche, Merchtem, etc.) Au civil, cette juridiction ne comprenait que Bruxelles et encore était-elle nulle quand le terrain contesté était un fief ou une terre tenue à cens. Tout contrat d'aliénation, d'engagère ou d'hypothèque d'une terre étant dans *le droit de la ville*, devait être passé devant deux échevins, qui y apposaient leur sceau et lui donnaient par là une autorité irréfragable [3]. Aux

---

[1] Règlement en date du 5 février, samedi après la purification de Notre-Dame, 1562 (1565, n. s.) publié dans: *Corte Aenwysinghe Van den Oorspronck ende gerechtigheden des Broederschap van S. Eloy*, etc. Tot Brussel, by G. Stryckwant, 1699. Cette brochure exagère évidemment l'antiquité de cette fondation en la reportant à l'an 1000.

[2] Voir la deuxième partie. art Amman.

[3] Voyez pour cette prérogative des échevins du Brabant la consultation faite à

magistrats ressortissaient en outre la voirie et la police, abstraction faite toutefois des droits du receveur ducal.

Nous n'avons trouvé aucune indication sur le lieu où les échevins tenaient leurs séances au xiiie siècle. Tout ce que nous savons d'une manière certaine, c'est que les actes étaient passés, tantôt dans une église, tantôt dans une halle, tantôt dans un cimetière[1]; les prisons de la ville étaient la porte dite *Steenpoorte*, où, après information, on incarcérait les prévenus, et la *Vrunte* ou *Vroente*, où ils étaient enfermés par prévention[2]. Les exécutions avaient lieu au grand marché, situé au centre de la ville, puis les corps des suppliciés étaient exposés au *Galgenberg*, la montagne de la potence ou vieille justice (*de oude justicie*), un peu au-delà de l'église actuelle des Minimes[3].

L'absence totale de documents sur l'ancien état de la ville ne nous permet pas de préciser le moment où elle obtint ses premières libertés; on peut néanmoins assurer qu'elles sont antérieures à l'an 1229, puis-

Paris en 1321 pour décider comment sont valables les contrats faits avec les Lombards. A Thymo, partie III, titre 3, c. 21.

[1] Voici quelques passages d'actes du xiiie siècle qui nous ont paru assez curieux : Actum apud sanctam Gudilam Bruxell. ann. 1218. *Selecta pro Sœculo* 1200. Actum ann. Domini 1242 feria 6 ante nativitatem Domini in cimæterio B. Gudilæ Bruxell. *Cartul. de la Cambre*, f⁰ 316. Ego in propria persona in atrio ecclesiæ Sti-Nicolai Bruxell. Donation de la dîme novale de Sempst, faite à la Cambre par Gérard d'Aa sire de Grimberghe en 1296. *Ibid.*, f⁰ 301. Actum est ann. 1217 apud Bruxellam super atrium B. Nicolaï. *Ibid.*, f⁰ 147. Actum ann. Domini 1252 apud Bruxellam ante domum ipsius Fresuendis supra stratam. *Ibid.*, f⁰ 159 v. Actum apud Uccle in atrio sub vinea post missam ann. Domini 1237. *Ibid.*, f⁰ 161 v. Actum in Frigido Monte, in cimiterio. Acte de 1245, *Cartul. de l'Hôpital de Sainte-Gertrude*.

[2] Il paraît y avoir eu très-anciennement une *Vrunte* à l'endroit appelé aujourd'hui Impasse du Canal de Louvain, car cet endroit s'appelait autrefois la rue de la Vroente : *Op de Vischmarct* (le Marché aux Herbes actuel)... *op te horine van de Vroentstrate*; on l'appelait aussi dans le même temps rue de la Vieille Vrunte : *In Vico d'Oudevroentstraete juxta forum piscium*. Plus tard il prit le nom de *Bonten Os*, le Bœuf Bigarré, à cause d'une brasserie de ce nom qui y était située: *Brouwerye geheeten den bonten Os gestaen op den hoeck van de Vroenstrate... ende S. Pauwels*. Acte de 1677 dans le *Livre Censal de* 1681.

[3] Patibulum Bruxellense, 1343. *Cartul. de Saint Pierre aux lépreux.*—Den Scalenbergh in de Blaesstrate. *Livre Censal de* 1346. — S'Gaelgenberg retro novam fontem. *Arch. de Sainte-Gudule*, 1344. — Omtrent de Coudenbergsche vesten alwaer plach staen eene galge. *Pestboeck* de l'an 1668 aux *Archives de la Ville*. Plus tard on pendit les cadavres des suppliciés à Forêt.

qu'à cette époque elle avait déjà des jurés. Ces magistrats, que l'on a considérés à tort comme de simples conseillers [1], partageaient les attributions des échevins, et intervenaient aux jugements criminels, ainsi qu'aux ordonnances de police. Les meurtriers ne pouvaient obtenir de trève sans leur consentement, et leur présence était obligatoire en cas de changements à la *ceure* ou loi criminelle [2]. Seulement l'ancien tribunal conserva le droit exclusif de présider aux actes concernant la propriété. C'est à la même époque qu'il faut faire remonter la construction de la tour de l'église de Saint-Nicolas, où la ville fit placer des cloches pour sonner le tocsin en cas d'alarme, pour avertir les ouvriers des heures de travail, pour annoncer l'ouverture des halles, des marchés, etc. Tour carrée et massive, le beffroi de Bruxelles recéla longtemps une partie des archives communales, dont le reste était gardé à Sainte-Gudule.

C'est de 1229 que date la plus ancienne loi écrite de Bruxelles que nous connaissions. Cette *ceure* ou *core* fut donnée aux bourgeois par le duc Henri et son fils aîné, de l'avis de leurs hommes ou vassaux, et rendue obligatoire pour tous les habitants. Tout bourgeois ou fils de bourgeois âgé de 15 ans au moins, était tenu d'en jurer l'observation dès qu'il en était requis, sous peine d'une amende de dix livres (art. 18 et 17). Les peines pécuniaires prononcées en vertu de la core étaient exigibles endéans les quinze jours; l'amman avait pouvoir d'en poursuivre le payement en saisissant les biens ou la personne du condamné (art. 23). Celui qui avait enfreint les dispositions de ce code devait donner deux cautions qui promettaient de payer pour lui au bout des quinze jours (art. 13); mais pour ne pas assurer l'impunité aux plus riches, les chevaliers et les échevins n'étaient pas reçus comme cautions (art. 25). Ceux qui ne voulaient ou ne pouvaient payer étaient chassés du pays jusqu'à ce qu'ils eussent satisfait à la loi (art. 21 et *passim*).

La loi des Francs Saliens, ce monument de l'ancienne législation germanique, permettait aux coupables de se racheter des plus grands crimes par des compositions pécuniaires, graduées selon l'importance de la victime et la nature du délit. Les coutumes adoptées par la bourgeoisie vou-

---

[1] Nous ne pouvons non plus admettre l'idée que les jurés aient été dans le conseil communal les représentants des métiers. Nous voyons plutôt en eux des patriciens ou des frères de la *gilde* nommés pour représenter le corps entier de la bourgeoisie, par opposition aux échevins, mandataires spéciaux des lignages.

[2] Voyez les articles 1, 10, 16, 15 et 42 de la *Core*.

laient au contraire que les individus convaincus de meurtre, de viol,
d'incendie, de rapt, d'infraction à la paix, fussent punis de mort et de
confiscation, à moins qu'ils n'eussent femmes ou enfants. En cas de mutilation on appliquait au coupable la loi du talion, sauf le cas de grâce
(art. 1). Des compositions, variant de 20 sous à 20 livres, étaient exigées
pour menaces d'incendie (10 livres, art. 2), pour blessures à la tête
(20 livres), pour blessures faciles à guérir (5 livres, art. 5), pour coups
sur la mâchoire, avec extraction de dents ou effusion de sang, pour
coup de poing ou coup de pied (5 livres, art. 4), pour coup donné avec
un pot (10 livres, art. 5); celui qui tirait son adversaire par les cheveux,
ou lui jetait de la boue, devait payer trois livres (art. 4); une femme qui
frappait un homme était condamnée à une amende de 20 schellings, ou
portait certaines pierres marquées d'une paroisse dans une autre (art. 6).

Le principal but de l'établissement de la *core* était de maintenir la paix
entre les membres de la bourgeoisie; aussi de nombreuses dispositions
fixent-elles le mode adopté pour réconcilier les parties. Toute personne
qui en avait blessé une autre était tenue de lui demander une trève et la
fixation d'un jour pour s'entendre et se réconcilier; de son côté, le blessé
devait accéder à cette demande et pardonner si on lui offrait satisfaction
suffisante. En cas de contestation, la partie qui refusait de se soumettre
à la décision des échevins et des jurés perdait ses droits et était en outre
expulsée de Bruxelles et des terres ducales jusqu'à complète soumission
(art 15). Dans tout combat, quelque violent qu'il fût, ceux qui ne l'avaient
pas provoqué (*d'onschuldege*) jouissaient d'une trève d'un jour et d'une
nuit. Ce délai pouvait être renouvelé et même prolongé pendant 14 jours,
à la première réquisition d'un échevin ou d'un juré (art. 16). La trève
étant accordée, toute menace entre les parties était punie d'une amende
de 10 livres (art. 52). Celui qui violait la trève, tuait ou blessait son
ennemi, encourait la peine de mort. Si c'était l'assaillant qui succombait,
l'homicide était libéré de toute punition en payant 4 deniers (art. 51).
Enfin, prévoyant le cas où une des parties, pour ne pas devoir accorder
de trève, s'absenterait sans constituer un fondé de pouvoirs, la *core* décidait qu'il y avait trève à partir du troisième jour après son départ
(art. 27).

La plus grande responsabilité était imposée aux propriétaires ou
tenants maisons, afin de fermer tout asile aux coupables. Ainsi, de fortes
amendes étaient comminées contre ceux qui recevraient sous leur toit un

individu banni en conformité de la *core* (cinq livres, art. 15) ou l'étranger qui aurait pris le bien d'un bourgeois (trois livres, art. 20). Si un infracteur de trêve se présentait quelque part, le maître de la maison devait l'inviter à partir, et, en cas de refus, prendre les voisins à témoin de sa conduite. Lui donner asile, c'était partager le crime et encourir la même punition que le coupable (art. 50). L'hôte répondait encore, alors qu'il se trouvait chez lui, du trait d'arc ou d'arbalète parti de sa demeure, à moins qu'il ne désignât le coupable ; s'il était absent, tous les gens de la maison étaient arrêtés. Celui qui tirait sur une personne sans la blesser était condamné à payer dix livres pour chaque trait ; s'il la blessait, il était tenu pour homicide (art. 55).

D'autre part, de nombreuses garanties étaient données aux bourgeois pour la sûreté de leurs personnes et de leurs propriétés. Tout habitant qui était attaqué dans sa propre maison pouvait impunément tuer l'agresseur, sauf recours au duc pour la conclusion d'un accord avec les parents ou les amis du mort (art. 7) ; toute agression de cette nature était punie d'une amende de dix livres, et la moitié de cette somme était imposée à celui qui privait un bourgeois de la jouissance de son bien (art. 11). Entrer sans la permission du propriétaire dans une vigne ou dans une pêcherie, constituait un délit qui entraînait la peine d'une amende de vingt schellings.

Les articles relatifs à la police défendaient de porter des armes cachées, de vendre le vin dans de fausses mesures ou d'en débiter de mauvaise qualité. Lorsqu'un magistrat ordonnait de fouiller quelqu'un, il n'était pas permis de s'y opposer (art. 8, 9, 10). Enfin, il était interdit d'abandonner un bien à une église ou à un couvent, sans l'avoir préalablement taxé ; l'héritier du donateur pouvait, en payant la taxe dans l'année, reprendre le bien ; s'il n'usait pas de cette faculté, le bien devait être vendu, et l'église ou la maison religieuse retirait du prix d'achat la somme qui lui avait été assignée (art. 41).

Tout recours à la force brutale pour obtenir justice était punissable. Le blessé devait se plaindre au juge (ou amman), et, en cas de déni de justice, aux échevins, ou bien à un échevin et à un juré (art. 14). L'accusé avait trois jours pour se justifier (art 22), et le même délai était donné à l'amman pour instruire la cause. A défaut de preuves, le plaignant prêtait serment sur l'Évangile, mais seul (art. 27), clause remarquable, en ce qu'elle excluait les *co-jureurs*. Enfin, toute récrimination contre un jugement prononcé était punie d'une amende de 20 schellings (art. 24).

Cette loi criminelle, dont les dispositions ont tant d'intérêt pour la connaissance des mœurs du xiiie siècle, fut accordée et scellée le 9 juin 1229, 14 nuits ou 15 jours avant la Saint-Jean [1]. Les dispositions finales (art. 42) sont les plus remarquables sous le rapport historique. Il y est statué que si un vassal ou *homme improbe* (de condition inférieure), de l'un ou l'autre métier, venait à injurier, au sujet de cette loi, une *personne honnête* (notable), et qu'il reçût de cette dernière un coup sur la mâchoire, il n'aurait aucun droit de porter plainte de ce chef. Ensuite il est stipulé que, lorsqu'ils en auront reconnu la nécessité et la convenance, le duc, ses vassaux, les échevins et les jurés pourront, de commun accord, ajouter de nouvelles dispositions à la *ceure*. Enfin, il est dit que la ville a adopté ce code pour le terme de trois années, à condition que le souverain et les siens ne lui feront aucune violence, et que tout sera jugé et traité par jugement et par sentence échevinale [2].

La clause qui borne à trois années la durée de la *ceure*, clause qui ne se retrouve pas dans le texte flamand, fut probablement renouvelée par la suite, puisque cette loi a toujours été considérée comme la base de la législation locale. La promesse de ne les traiter que par jugement fut ratifiée cinq années plus tard, dans une charte octroyée aux bourgeois de Bruxelles, à leur demande, « et dans leur intérêt (considérant, art. 3 et 5). » Par cette charte datée du 30 mars, deuxième férie avant le dimanche des Rameaux, 1235 (1254, V.-S.), le duc arrête que, chaque année, dans les huit jours avant la Saint-Jean-Baptiste, les échevins et les jurés sortant de fonctions éliront sept nouveaux échevins et treize

---

[1] Elle se trouve en flamand dans la plupart des cartulaires de la ville et dans le *Luyster van Braband*, l. c. bl. 37. Le texte latin se trouve après l'autre dans le registre intitulé : *de Stad Coren van Bruesele* (manuscrit du xive siècle), et imprimé dans Marshall, *Bibliothèque des Antiquités belgiques*.

[2] Si vero occasione istius electionis aliquis vassallus vel improbus de quoquo officio alicui honeste persone turpiter colloquitur, si percussionem maxille reciperit pro nichilo reputabitur. Sciendum preterea quod si dux cum hominibus suis et scabinis et juratis potest invenire quod utile et burgo et burgensibus id poterunt addere huic electioni ut pax et electio firmiter subsistat. Sciendum etiam quod hanc electionem eligit sibi oppidum Bruxellense per consensum nostrum per annos tres observare sub ea conditione quod secundum eam regetur et ultra eam nullam patietur a nobis nec a nostris violentiam sed omnia fient et tractabuntur per judicium et sententiam scabinorum, hoc eis libere consensimus.

nouveaux jurés (considérant et art. 1). Les candidats dont le prince refusera d'homologuer l'élection seront remplacés par d'autres élus de la même manière (art. 2) [1]. L'art. 4 porte que les échevins payeront leur part dans les charges publiques d'après la valeur de leurs biens, et que, quand le duc les requerra pour une expédition, ils le suivront à leurs frais [2].

Ces dispositions libérales sont extrêmement remarquables pour une époque où l'esclavage et la barbarie dominaient encore dans presque toutes les contrées de l'Europe, où les recours à la violence étaient encore si communs. Dans la même année 1255, on vit un noble de premier rang, Guillaume, issu de la race des Berthout, devenu, par mariage, seigneur de la belle terre d'Assche, demander pardon de ses vexations aux religieux d'Afflighem. Le spectacle d'un chevalier, puissant par le grand nombre de ses parents, par l'illustration de ses aïeux et par l'étendue de ses domaines, allant pieds nus, tête nue, couvert seulement d'une chemise et d'un haut-de-chausses, s'agenouiller devant des moines [3], devait frapper ces tyrans féodaux, qui ne connaissaient d'autre loi que la force, et qui trop souvent ne voyaient dans un monastère qu'une mine à exploiter, un gîte toujours ouvert à eux, à leur famille et à leur suite. Des rois détrônés par l'influence du saint-siége, des populations entières attaquées et détruites sur un ordre de Rome, exemples terribles mais nécessaires alors, étaient là du reste pour leur prouver qu'il y avait un pouvoir contre lequel leurs glaives ne pouvaient que s'émousser.

Le duc Henri Ier mourut à Cologne le 5 septembre 1255, après avoir assisté au mariage de Frédéric II et d'Isabeau d'Angleterre, lais-

---

[1] Ut de anno in annum semper infra octo dies ante festum Beati Johannis Baptistæ, quolibet anno novos eligant Scabinos et tredecim Juratos, de quibus hæc subnotata forma de cætero in antea observabitur. Videlicet : Quod illi tredecim Jurati et septem Scabini singulis annis ante festum Beati Johannis Baptistæ infra dies memoratos sub periculo juramenti nobis et oppido præstiti sincerâ conscientiâ novos eligent Scabinos et Juratos et illos nobis præsentabunt instituendos et ponendos. Ita tamen quod si aliquis præsentatorum nobis non placuerit, alium eligere et nobis præsentare tenebuntur, quoadusque plenum numerum habeant Scabinorum.

[2] *Luyster van Brabant*, l. c. bl. 43. — *Diplom. Belg.*, t. I, p. 420. — A THYMO.

[3] Diplôme du 5 avril, in Cœna Domini 1234 (1235 N.-S.). — *Opera Diplom.*, t. II, p. 852.

sant la réputation d'un prince vaillant et habile. Quelques jours après sa mort, son fils aîné déclara à la ville d'Anvers que l'avoué d'Arras, seigneur de Béthune et de Termonde, et Arnould d'Audenarde, avaient annoncé leur arrivée à Lessines avec l'argent dû aux Bruxellois par les habitants de Saint-Quentin; il promit de relâcher les otages donnés par ceux-ci aussitôt que l'argent serait arrivé à Bruxelles [1]. Cet événement, sur lequel nous n'avons aucun autre renseignement, montre que les Bruxellois étaient devenus assez puissants pour ne pas se laisser impunément léser dans leurs intérêts ni dans leur honneur.

Déjà célèbre par ses faits d'armes, au nombre desquels on doit placer la prise de Randerode et la défaite des Stadingers, Henri II monta sur le trône à un âge très-avancé [2] et il l'occupa environ douze années. Le point saillant de son caractère était une ardente piété, en harmonie avec les idées du siècle. Digne de ses nobles aïeux, il gouverna le Brabant avec modération, et lui donna de sages lois. Il prouva à la fois sa magnanimité et sa puissance en refusant l'empire que lui offrait un parti nombreux et en procurant la pourpre à deux de ses parents, Henri de Thuringe et Guillaume de Hollande, qu'il soutint contre l'empereur Frédéric II et son fils Conrad.

On a peu de données sur l'administration de ce prince. Il soutint au sujet de la terre de Daelhem, située au delà de la Meuse, entre Maestricht et Liége, de longues guerres contre l'archevêque de Cologne dont il assiégea la capitale, et acquit enfin, en 1244, cette terre par une transaction dont l'exécution fut garantie par les communes de Louvain, BRUXELLES, Anvers, Tirlemont, Léau et Bois-le-Duc, assemblées dans la première de ces villes [3].

Au lit de mort, Henri II réunit autour de lui ses vassaux et les *hommes religieux* de sa terre; après avoir délibéré avec eux, il déclara que dorénavant les habitants du pays seraient libres de l'exaction ou extorsion dite mainmorte, c'est-à-dire qu'à leur mort on ne pourrait plus enlever aux serfs leur avoir [4]; que les enfants naturels auraient la faculté

---

[1] Anvers, le 21 septembre, jour de Saint-Mathieu 1235.—SAINT-GENOIS, *Essai de Diplomatique pour le Brabant*, p. 6.

[2] On dit qu'il naquit à Bruxelles en 1188. Il aurait eu par conséquent 47 ans à son avénement au trône. Voyez *Messager des Sciences historiques*, année 1832.

[3] Le 15 mars, dimanche Oculi 1243 (1244 N.-S.). BUTKENS, t. I, pr., p. 86 et 87.

[4] C'est ainsi qu'on doit expliquer le droit de mainmorte.

de disposer de leurs biens ; que les baillis (ou ammans, maïeurs, etc.) devaient gouverner le pays par jugement et sentence des échevins, réservant seulement à ses successeurs et à leurs vassaux la connaissance des cas énormes, tels que meurtre, incendie, rapt, et stipulant des punitions contre ceux qui en agiraient autrement. Il déclara en outre que les dépenses du prince seraient dorénavant modérées de l'avis de *ses hommes*, et que les exactions ou aides à lever seraient fixées par *les hommes sages et religieux* ; enfin, il ordonna de prélever annuellement sur les revenus du domaine une rente de 500 livres qui serait distribuée en aumônes [1].

Cet acte est le premier dans lequel nous ayons vu mentionner la levée de l'impôt dont la répartition a besoin d'être expliquée. Les hommes de fief en étaient tout à fait exempts, mais seulement pour leurs terres féodales, parce qu'ils devaient au souverain le service militaire. Par suite de concessions diverses, la plupart des autres habitants du duché ne pouvaient être taxés que dans trois cas : 1° pour la rançon du duc, s'il était fait prisonnier, 2° quand l'ordre de chevalerie était conféré à son fils aîné, et 3° lors du mariage de sa fille aînée. En toute autre circonstance il fallait le consentement des barons ou grands vassaux, qui livraient alors au souverain leurs hommes à tailler [2], et celui des villes, qui se chargeaient d'une partie de la somme demandée. A cette époque les monastères n'étaient pas appelés à donner leur avis en pareille matière : les prêtres, les religieux et les juifs, étaient considérés comme entièrement dépendants du souverain [3]. Il en était de même des habitants de ses domaines particuliers, à l'exception de ceux qui avaient des franchises.

C'est au temps de Henri II que remonte le dernier acte d'affranchissement que nous ayons trouvé pour Bruxelles et ses environs. Arnoul,

---

[1] Cet acte est daté de Louvain, le 22 janvier, jour de Saint-Vincent 1247 (1248, N.-S.). BUTKENS, t. I, preuves, p. 89. — *Opera Diplom.*, t. I, p. 203.

[2] Dans un diplôme du duc Jean II, de l'an 1300, on lit cette expression : « Quando barones terræ Brabantiæ homines suos nobis concesserunt talliandos. » SANDERUS, *Chorog. Sacra Brab.*, t. I, p. 349.

[3] « Voort willen wi, dit la *landceure* de l'an 1292 (*Luyster van Brabant*, l. c., bl. 57), dat Moncke, Nonnen, Papen en alrehande Ordenen, Lombarde ende Joden, » wt onsen Lande ende Warande, ende onsen Rechteren, wat dat men aen hen » doen, dat t'onsen wille si. » Si l'on voit figurer des prêtres ou religieux dans des actes, ce n'est point comme représentants de leur ordre, mais comme conseillers particuliers du prince.

sire d'Aa, y fait don à l'autel de Notre-Dame de la Chapelle, d'Arnoul de Pede et de ses sœurs Ide, Marguerite et Helewide, et leur octroie toute liberté pour eux et leur postérité, avec promesse de protection, à la seule condition de payer un cens à l'église [1].

Henri II mourut dix jours après avoir fait son testament politique. Son fils, qui portait le même nom, avait à peine pris en main les rênes du duché, qu'il alla joindre l'armée de son cousin le comte de Hollande. Il assista à la prise d'Aix-la-Chapelle (1er novembre 1249), où Guillaume fut couronné roi des Romains par le légat apostolique, en présence de la plupart des princes laïques et ecclésiastiques de la Basse-Allemagne. Pendant le règne de Henri III, le Brabant jouit de la plus parfaite tranquillité, tandis que les états voisins étaient en proie aux déchirements de la guerre civile et étrangère.

Un nouveau mouvement se manifesta alors dans les villes de ce duché. En voyant grandir leur importance et leurs richesses, elles comprirent la nécessité de s'unir entre elles. L'échange de promesses de secours resserra les relations de leurs habitants et leur montra les forces qu'ils pouvaient puiser dans une étroite alliance. Ainsi les voyons-nous arrêter de commun accord des mesures contre les tisserands ou foulons qui, prévenus d'avoir troublé la tranquillité d'une commune, chercheraient un asile ailleurs. Les villes contractantes promettaient de les bannir et, après la publication de la sentence, il était défendu de les loger plus d'une nuit ou de leur donner à manger, sous peine de 20 sous d'amende pour chaque contravention au traité. Il était également défendu de les admettre dans un métier; celui qui les recevait devait être privé de sa maîtrise [2]. On doit conclure de ces dispositions que l'accroissement incessant des ouvriers employés à la fabrication des étoffes de laine, effrayait la bourgeoisie qui les avait déjà vus sans doute plus d'une fois soulevés contre elle.

L'effet de cette union se décela encore en 1259, quand les villes

---

[1] Février 1249 (1250 N. S.). *Histoire mss. de la Chapelle.*

[2] Promesse des justicier, échevins et université de la ville de Bruxelles aux échevins et bourgeois de la ville de Diest, datée du 18 juin, sixième férie après la Saint-Barnabé, 1249. *Boeck metten Cnoope*, f° 39 v. *Archives de la Ville.* — *Id.* des amman, échevins et bourgeois de Bruxelles aux écoutète, échevins et bourgeois d'Anvers, datée du 11 juin, sixième férie après l'octave de la Sainte-Trinité 1249. *Bibliothèque des Antiquités belgiques*, t. II, p. 40.

d'Anvers et de Malines se contestèrent la possession du droit d'étape du sel, du poisson et de l'avoine [1]. Henri III voulait l'assurer à Malines, qui lui avait été donnée en engagère par l'évêque de Liége (1249), mais presque toutes les villes du Brabant et celle de Ziericzée en Zélande, soutinrent que la ville d'Anvers était en possession de ce droit. Bruxelles entre autres déclara que les plus vieux (*seniores*) de ses habitants qui avaient trafiqué ou trafiquaient en sel, avaient attesté que le marché de cette denrée avait toujours été à Anvers et devait y être [2]. Il ne paraît pas qu'en présence de cette opposition Henri III ait persisté dans ses projets.

L'union produisait trop d'avantages pour qu'elle ne s'étendît pas rapidement. Le commerce étant menacé par les troubles qu'avaient fomentés en Allemagne les querelles de Frédéric II et des papes, on vit se former, à cette époque, de puissantes confédérations de princes et de villes, pour la protection des marchands et des voyageurs. Un traité d'alliance entre le duc Henri III et la ville et le pays de Cologne statua que les marchands des deux pays y circuleraient dorénavant sans entraves, et que les débiteurs seraient jugés par les échevins du lieu où ils avaient contracté leurs obligations. Cet acte important fut scellé par Henri et par les villes de Louvain et de Bruxelles, dont les députés étaient déjà, comme ils le furent encore longtemps après, les représentants ordinaires des bourgeoisies brabançonnes [3].

Sous le règne du duc Henri III deux congrès furent assemblés à Bruxelles. Dans une première réunion présidée par le légat du saint-siége Pierre, évêque d'Albano, et à laquelle assistèrent les évêques de Cambrai et de Châlons, ainsi que plusieurs princes et un grand nombre de chevaliers, furent aplanies les difficultés qui s'étaient élevées entre le roi des Romains Guillaume de Hollande et Marguerite de Constantinople, relativement à la prestation de serments qu'ils se devaient mutuellement, celle-ci pour la Flandre impériale, celui-là pour les îles de la Zélande, fief de la Flandre. On s'occupa aussi dans cette assemblée des droits des d'Avesnes

[1] On sait que les patrons des bateaux portant de ces denrées devaient, en suite de ce droit, les décharger et les exposer en vente, au lieu d'étape, avant de les conduire dans l'intérieur du pays.

[2] Déclaration des échevins de Bruxelles en date du 1er septembre 1259. A THYMO, partie II, titre 6, c. 15.

[3] A Louvain, le 13 décembre, jour de Sainte-Lucie 1251. A THYMO. — *Placcaeten van Brabant*, 1e deel, bl. 513.

et des Dampierre à la succession de Marguerite. Le 19 mai 1250, un traité fut conclu entre Guillaume et Marguerite, et plusieurs actes furent arrêtés, pour en assurer l'exécution[1]. Mais cette paix fut de courte durée; enfin, après la mort de Guillaume qui périt dans une expédition en Frise, Louis IX de France et le duc de Brabant amenèrent les partis ennemis à des voies de réconciliation. De nouvelles négociations eurent lieu à Péronne, puis à Bruxelles en 1256. Le 10, le 13, le 14 et le 21 octobre, furent échangées les ratifications des conventions arrêtées entre Marguerite d'une part, Florent, tuteur du jeune comte de Hollande, et les d'Avesnes de l'autre; ceux-ci furent déclarés héritiers du Hainaut[2].

À cette époque, où le ferment des idées levait partout dans nos provinces, les communautés religieuses se distinguaient par leur esprit d'indépendance. On en voit un exemple dans la conduite du chapitre de Sainte-Gudule à l'égard du cardinal Georges qui avait cru pouvoir, en vertu d'une délégation apostolique, disposer de ses prébendes. Les chanoines recoururent au duc, qui leur promit, par acte daté de Louvain le 5 septembre 1253, de ne pas tolérer d'usurpation sur leurs biens[3], et ils forcèrent ainsi le cardinal de révoquer sa donation[4]. Quelques années plus tard, quand le pape Alexandre IV autorisa les religieux de Coudenberg à accepter la collation d'une prébende à Sainte-Gudule, il eut soin d'ajouter qu'il fallait le consentement du duc et du chapitre[5].

Le gouvernement de Henri III paraît avoir été sage et prudent, bien que le manque d'argent l'ait porté quelquefois à des mesures injustes : en plusieurs endroits il s'empara des biens communaux ou pâtures communes, et des dîmes des terres nouvellement défrichées[6]. Mais voulant avant de mourir réparer ses usurpations et ses violences, il ordonna par son testament la restitution des dîmes novales, des eaux, bruyères et pâtures communes, à ceux qui les possédaient de droit; il voulut en outre que son argent et ses meubles servissent à payer ses dettes, et que 2,000 livres fussent annuellement prélevées sur les revenus de son domaine, pour réparer les torts qu'il pouvait avoir causés. Dans cet acte

---

[1] Voyez SAINT-GENOIS, *Monuments essentiellement utiles*, p. CCCCLXXII.

[2] Voyez SAINT-GENOIS, l. c., p. CCCCCLXXXIII et *Pairies du Hainaut*, p. CCLVI.

[3] *Brabantsche Yeesten*, t. I, Codex, n° 50, p. 653.

[4] Cologne, le 23 décembre 1253. *Ibid.*, l. c., n° 51, p. 654.

[5] *Opera Diplom.*, t. II, p. 1001.

[6] BUTKENS, t. I, p. 259.

remarquable, il déclara aussi que dorénavant tous les hommes de la terre de Brabant seraient traités par loi et sentence, et exemptés de taille, exaction et *précaire ;* enfin il arrêta quelques mesures relatives au vœu qu'il avait fait d'aller à la Terre-Sainte [1]. Il mourut le 26 février 1261 après un règne de treize années.

Malheureusement pour le pays, Henri III ne laissait que des enfants en bas âge [2]. La duchesse Aleyde de Bourgogne, qui prit en mains les rênes du gouvernement, ne tarda pas à se voir disputer le pouvoir. Henri landgrave de Thuringe, fils du duc Henri II, le lui contesta d'abord sans succès; Henri de Louvain, seigneur de Gaesbeek, et petit-fils du duc Henri Ier, ne réussit pas mieux et fut expulsé par force du pays; enfin Othon, comte de Gueldres, et Henri son fils, évêque de Liége, obtinrent une certaine part dans l'administration. Au milieu de ces conflits d'ambition, les villes ne restèrent pas inactives. En plusieurs endroits, à Bruxelles entre autres, on vit reparaître à côté des échevins les anciens jurés, qui probablement avaient été abolis sous le règne de Henri II. Rétablis une seconde fois pendant une minorité orageuse, ils ne pouvaient se maintenir après l'avénement d'un prince actif et audacieux. Aussi disparurent-ils vers le milieu du règne de Jean Ier, laissant les échevins jouir d'une puissance incontestée et d'autant mieux assise qu'il était en leur pouvoir de la rendre perpétuelle, puisqu'ils nommaient eux-mêmes leurs successeurs [3].

[1] Charte du 24 février, jour de Saint-Mathias, 1260 (1261 N. S.). Butkens, preuves, p. 99, etc.

[2] Henri, Jean, Godefroid, Marie, depuis femme du roi de France Philippe-le-Hardi. Henri et Marie étaient nés à Louvain ; Jean , depuis surnommé *le Victorieux*, et Godefroid , tige des seigneurs d'Aerschot, à Bruxelles. *Chronicon Nivellense* de la fin du xiii° siècle, à la suite du faux Childebrand, de Chifflet (in-4°, 1659), f° 133.

[3] La dernière mention des jurés de la première période date de l'an 1234. Ils reparaissent en 1261 et on les voit, de concert avec les échevins, donner un règlement à l'hôpital Saint-Nicolas en mars 1263 *(Notulen raeckende de sack broeders ende de broeders van S. Niclaes gasthuys*, etc. Mss. de la Bibl. de Bourgogne); dresser des statuts pour l'hôpital Saint-Pierre en décembre 1263 *(Cartul. de Saint-Pierre) ;* régler un différend existant entre les abbayes de Forêt et de la Cambre en 1267 *(Cartulaire de la Cambre).* Ils sont encore mentionnés dans le renouvellement de l'alliance des villes de Cologne et de Bruxelles en 1270, et ils paraissent l'être, sous le nom de *judices* ou juges, dans une promesse faite par la ville de Gand à nos magistrats en 1276 (voyez plus loin); mais dès 1282 il n'en est plus question.

Dans une assemblée tenue à Cortenberg, les villes du Brabant se promirent réciproquement aide et assistance. « Regrettant que l'audace de
quelques insensés eût autrefois excité entre elles la discorde et la haine,
et reconnaissant les suites funestes de ces dissensions, elles déclarèrent
avoir arrêté, après de nombreuses délibérations, les moyens d'entretenir
la paix, comme il convient à toutes personnes honnêtes et surtout à des
compatriotes. Elles mirent à néant, en sœurs, toutes haines et tous
dissentiments, et se jurèrent amitié et alliance. Après avoir décidé que
les querelles s'élevant entre des habitants de deux villes différentes,
seraient jugées par les échevins et jurés des deux parties, elles se garantirent le maintien de leurs droits contre tous, sauf l'autorité du duc et
de ses héritiers. Enfin, elles s'engagèrent, dans le cas où l'étendue du
duché, ou les droits du souverain seraient amoindris, à prévenir le duc
qu'il pouvait compter sur leur aide, et à protester, jusqu'à réparation,
contre ces usurpations qui devaient être considérées comme torts particuliers à toutes les villes. » Bruxelles se lia par des actes semblables avec
Louvain, Tirlemont, Anvers, Lierre, Herenthals, Sichem, Jodoigne,
Haelen, Vilvorde, Léau, Nivelles, Incourt, Aerschot, Gembloux,
Turnhout [1].

Dans les commencements de son administration, Aleyde se suscita
encore de nombreuses difficultés par les exactions qu'elle se permit. Les
monastères furent écrasés de taxes, et les juifs, que rien ne protégeait,
eussent été, sans le docteur Thomas d'Aquin, entièrement pressurés. Cet
homme éclairé, qui savait s'élever au-dessus des préjugés de son temps,
insista vivement pour que la duchesse ne vendît pas les places, parce
que ce serait, disait-il, les livrer à des hommes cupides. Il l'engagea à
faire restituer par ses officiers l'argent qu'ils auraient extorqué, ajoutant
qu'elle pouvait bien lever des *exactions* (impôts) pour le bien ou la
défense du pays, mais non pour des causes frivoles : « les princes étant
» institués par Dieu lui-même, non pour leur propre avantage, mais
» pour le bien du peuple [2]. »

---

[1] Voyez dans le *Boeck met den Haire,* f° 33, l'alliance des échevins, jurés et
communautés de Louvain et de Bruxelles, datée de Cortenberg le 24 juillet 1261, veille de l'apôtre saint Jacques. Elle est de la même teneur que l'alliance d'Anvers et de Turnhout, à Cortenberg, le 28 janvier, samedi avant la Purification de la Vierge 1261 (1262 N. S.), insérée dans les *Opera Dipl.*, t. I, p. 428.

[2] Principes terrarum sunt à Deo instituti, non quidem ut propria lucra quærant,

Des troubles sanglants qui éclatèrent à Louvain, où l'on vit deux partis se proscrire tour à tour, et une guerre civile dans le duché, ensanglantèrent les dernières années de la régence. Le jeune Henri n'ayant ni les qualités morales, ni la force physique nécessaires à un prince, la duchesse voulut faire reconnaître comme souverain son second fils Jean. Les habitants de Louvain, unis au seigneur de Wesemael, refusèrent d'entrer dans ses vues et fermèrent leurs portes au jeune prince et à sa mère. Une lutte de peu de durée amena la soumission des Louvanistes. Jean fut solennellement reconnu dans une assemblée des nobles et des députés des grandes et des petites villes, tenue à Cortenberg [1], avec l'approbation du roi des Romains, Richard [2]. Le nouveau duc entra ensuite dans Louvain et lui confirma ses priviléges par une charte que scellèrent les seigneurs de Malines, de Diest et de Wesemael, et la ville de Bruxelles [3]. Un historien louvaniste rend justice à cette dernière cité en disant qu'elle n'aurait pas fait plus pour ses propres intérêts qu'elle ne fit en cette occasion pour amener la paix [4].

Nous n'entrerons pas dans le détail des premières luttes soutenues par Jean Ier. Il nous suffira de signaler sa querelle avec l'évêque de Liége, ses campagnes contre quelques seigneurs turbulents, son intervention dans la guerre *de la Vache*. Ses mariages successifs avec Marguerite de France, morte en 1271, et Marguerite de Flandre, morte en 1284, resserrèrent les liens qui l'unissaient aux souverains, parents de ces princesses. Il fut d'ailleurs presque toujours en paix avec ses voisins et sut déployer à la fois une conduite prudente et un caractère chevaleresque. Nul prince n'aima plus les tournois, et ne sut mieux captiver les cœurs par son affabilité, sa libéralité et ses manières aimables. A ces qualités il joignait l'art du poëte, et il nous a laissé quelques vers où se peint son amour des dames. Sa sœur Marie, qui devint reine de France, avait les mêmes goûts. La poésie flamande était alors dans tout son éclat

sed ut communem populo utilitatem procurant. Voyez les conseils de saint Thomas à la duchesse, dans les *Nouvelles Arch. historiques* du baron de Reiffenberg, t. I, p. 17.

[1] On cite entre autres villes : Bruxelles, Tirlemont, Léau, Anvers, Lierre, Jodoigne et Gembloux. DIV.EUS, *Rerum Brabanticar.*, livre XI, page 121 et livre XII, p. 122.

[2] BUTKENS, t. I, preuves.

[3] Louvain, 29 juin 1267. *Brabantsche Yeesten*, t. I, Codex, n° 62, p. 664.

[4] DIV.EUS, *Rerum Lovaniens.* L. III, c. 4, p. 99.

et produisit plusieurs poëmes dans lesquels sont chantés les faits d'armes des Brabançons.

Au commencement du règne de ce prince, le pays se trouvait dans une situation florissante, et la rareté des guerres permit à la population de se développer rapidement. L'administration communale de Bruxelles renoua à cette époque quelques liaisons interrompues pendant la minorité de Jean 1er. Une rupture avait éclaté entre elle et les magistrats de Cologne, par suite de l'arrestation de marchands des deux villes qui avaient été emprisonnés et rançonnés. Ce différend fut apaisé, et l'ancienne alliance de Bruxelles et de la capitale des pays rhénans fut renouvelée et resserrée [1]. En 1274, la première de ces villes conclut encore avec Gand, un traité dirigé contre les tisserands, les foulons ou autres habitants qui, après avoir conspiré contre l'une de ces cités, chercheraient un asile dans l'autre [2].

Quelques années plus tard, les échevins, les doyens et huit de la *gilde*, ainsi que tout le conseil de la ville [3], réglèrent, du consentement des foulons, tant maîtres que valets, la manière de travailler les draps. Ce règlement ne contient qu'une seule disposition politique : elle défend au métier de s'assembler et de faire des collectes sans l'autorisation de la *gilde* et sans la présence du valet de ce dernier corps [4]. C'est la première ordonnance municipale, concernant un métier, que nous ayons trouvée.

Bruxelles était parvenue à cette époque à un tel état de prospérité, que sa population avait partout franchi les limites de son enceinte. Les alentours du *Forum* ou grand marché étaient couverts de maisons au milieu desquelles se dressaient fièrement les demeures des patriciens, orgueil-

[1] Lettre des juges, échevins, consuls (ou conseillers), et autres citoyens de Cologne aux juges, échevins, jurés et autres citoyens de Bruxelles, en date de l'octave de Pâques, avril 1270. *Brabantsche Yeesten*, l. c., n° 73, p. 665. — A THYMO, partie 3, titre I, c. 4.

[2] Lettre des justiciers et université de Gand à leurs prudents et honnêtes amis, les très-chers juges, échevins et bourgeois de Bruxelles, datée du 22 mai, 11 des calendes de juin, 3e férie avant la Trinité 1274 ; — et lettre semblable de ceux de Bruxelles, de la même teneur et du même jour. A THYMO, l. c., c. 9.

[3] Quel était ce conseil de la commune ? Ce ne pouvaient être les jurés ; dans notre opinion on doit y voir les commencements du large conseil, *Wyden-Raedt*, ou second membre ; il se composait, croyons-nous, des échevins et doyens de la *gilde* sortis de charge.

[4] Ordonnance faite au siége commun de la gilde, au mois de juin (*Bracmaent*) 1281, ou selon d'autres copies 1282. A THYMO, l. c., c. 10.

leuses de leur tour, signe distinctif de la noblesse de leurs propriétaires.
Là se trouvaient une foule d'édifices de tout genre : les maisons des
lignages, les halles au pain, aux draps, à la viande, au poisson; les
hôpitaux de Saint-Nicolas, de Saint-Jacques, de Saint-Jean, etc. La
place elle-même et les principales rues avoisinantes étaient encombrées
d'échoppes assignées par le duc à quelques métiers, moyennant une
redevance annuelle. Il n'en était pas de même des quartiers de la cour et
de Sainte-Gudule : le premier n'était animé que pendant le séjour du
duc; l'aspect solitaire du second se ressentait du caractère de ses principaux habitants. Au dehors de la première enceinte, tandis que le Marais-
aux-Bettes (*Warmoesbroeck*) [1], la Vallée des Chevaux (*Orsendael*) [2], le
lieu dit *Alboem*, Tout-Arbres[3], et celui où fut depuis le Parc, ne présentaient que des prairies, des jardins, des vergers et des vignes, à peine
coupés par des chemins bordés de rares maisons; la banlieue de la commune, vers le sud, se couvrait de nombreuses habitations, surtout à mi-
côte aux environs de l'église de la Chapelle, dans toute la longueur de
la rue Haute jusqu'à Saint-Gilles, qui était également très-peuplé. De
vastes prés où séchaient les draps et les toiles s'étendaient depuis cette
grande artère de communication jusqu'à la Senne, et avaient fait donner
à ce quartier le nom de *la Blanchisserie* (*Ter Blykerye*). Au delà de la
rivière, près du chemin d'Anderlecht, au Moulin-Supérieur (*t'Overmolen*),
à la Petite-Croix (*ten Cruyskene*), au Moulin du Pré (*ter Drieschmolen*),
où s'étaient établis les foulons, la population était compacte, et, dès cette
époque, les inondations y avaient fait creuser un fossé qui entourait ce
quartier et servait à la fois de moyen d'écoulement et de moyen de
défense [4]. Un autre courant artificiel [5] et des fortifications appelées plus
tard *les Petits* ou *les Petits Vieux Remparts* [6], protégeaient, plus loin, le

---

[1] Aujourd'hui rue Neuve, rue du Meyboom et environs.

[2] La rue de Schaerbeek. *Horse* signifie encore cheval en anglais.

[3] L'espace entre les rues de Schaerbeek et de Louvain.

[4] D'après ce que nous avons dit plus haut, en parlant des foulons, il est évident
que ce quartier a été peuplé de bonne heure. En 1321 il y avait déjà, au lieu dit
ten Cruyskene, une prise d'eau et des fortifications composées de haies et de barrières, dites *Hameyde* : « Apud Cruiskene juxta hameydam,.... De wariscapio prope
» ultimam hameydam. » *Livre Censal de* 1321. *Archives du Royaume.*

[5] Nous nous étendrons sur ce cours d'eau dans notre troisième partie.

[6] Parva fossata. Acte de 1367, aux *Archives de la Ville.* Cleyne oude Vesten.
Acte de 1491. *Cartulaire de Coudenberg.* C'est de cette époque que datent la

monastère des Dames-Blanches et le Béguinage. Tels étaient les faubourgs ; les autres dépendances de la commune : Molenbeek, Ten-Noode, Ixelles, éloignées et peu importantes, comptaient à peine quelques habitations. Pour faciliter les communications entre les parties *intra* et *extra-muros,* de nouveaux passages furent ouverts dans les fortifications ; c'est alors que furent construites les portes aux Bettes ou Herbes-Potagères (*War-moes-Poorte*) [1], de Ruysbroeck (*Ruysbroeck-Wyket*) [2], du Lion (*Sleeus-Wyket*) [3].

Un violent incendie qui détruisit, en 1276, le tiers de la ville [4], ne paraît pas avoir arrêté cet élan de prospérité toujours croissante.

Des premières années du règne de Jean Ier datent un grand nombre de diplômes relatifs aux anciens établissements religieux et aux petites corporations qui s'étaient formées dans les derniers temps ; l'origine de ces corporations est fort obscure. Depuis une trentaine d'années on avait vu s'établir en ville : en 1227 ou 1251, les Récollets, auxquels fut cédé un terrain près de l'hôpital Saint-Nicolas et de la Senne, et pour lesquels Jean Ier eut tant d'affection qu'il choisit leur église pour lieu de sépulture [5], et les Carmes (1249) qui occupèrent, par une concession ducale, un terrain voisin de la porte Saint-Jacques adossé aux murs de la ville. Les religieux de ces deux ordres prêchaient dans les églises, visitaient les malades et vivaient d'aumônes [6]. Un couvent de Dames-Blanches, appelées d'abord les religieuses de la porte Notre-Dame, fut fondé hors de la porte de Sainte-Catherine, à gauche de la chaussée conduisant à Molenbeek ; ces religieuses y acquirent des biens considérables qui formèrent une petite seigneurie ayant son maire et son banc de tenan-

---

porte à peine perdue, et la petite porte de Laeken, qui fermaient, dans leur milieu, les rues de Flandre et de Laeken.

[1] Porta dicta Waermoespoirte, 1289. *Arch. de Sainte-Gudule.* Elle était située dans la rue dite depuis Montagne-aux-Herbes-Potagères, près les bains Saint-Sauveur.

[2] Rusbroek-Wiket. *Cartul. de la Cambre,* ad. a. 1390 et passim. Elle était à l'entrée de la rue de Ruysbroek.

[3] Près de l'ancien château à St. Géry, vers le milieu de la rue des Sœurs-Noires.

[4] In t'selve jaere doen was den grooten brant te Bruessele, zoo dat t' derdendeele verbernde. *Chronique de Rouge-Cloître,* ad. a. 1276.

[5] Voyez SANDERUS, *Chorographia Sacra Brabant.,* t. III, p. 55. — GRAMAYE, *Bruxella.*

[6] SANDERUS, l. c., t. II, p. 284.—GRAMAYE, l. c , p. 7.

ciers (*laet hof*) [1]. Plus intéressantes à étudier, parce qu'elles appartiennent essentiellement à notre pays, d'autres communautés se constituèrent comme corps religieux, il est vrai, mais sous de simples vœux, ne se soumettant qu'à la règle mitigée de Saint-François. Tels étaient les *Begards* ou Bogards, les Frères Saccites, les Béguines, tous connus sous le nom de frères ou sœurs de la pénitence. Les Bogards, association de tisserands infirmes qui vivaient en commun du fruit de leur travail, se fixèrent dans les lieux habités par leurs confrères du métier. La rue des Bogards en a pris son nom. Jean Ier changea, dit-on, en 1277 leur hôpital en couvent [2]. Les Saccites ou frères au Sac [3], dont la chapelle, dédiée à Sainte-Marie-Madelaine, est aujourd'hui un oratoire public, conclurent en 1271, avec le chapitre de Sainte-Gudule, un concordat pour leur admission en ville [4]. Mais ils ne jouirent pas longtemps du bénéfice de cet acte : leur ordre fut supprimé en 1276, par le pape Grégoire X, dans le concile de Lyon ; ils obtinrent toutefois la faculté de rester dans leur couvent, sans admettre de novices. Les Béguines, communauté formée de filles qui ne s'astreignaient qu'à des vœux temporaires d'obédience et de chasteté, peuplèrent un vaste terrain situé entre la chaussée de Lacken et le monastère des Dames-Blanches [5]. Le Béguinage, appelé *de la Vigne*, et composé de plusieurs rues et de jardins, eut son église particulière et indépendante de toute paroisse [6], son moulin à eau [7], son infirmerie pour les pauvres malades [8] et sa fondation dite de *Terkisten*, dont les revenus étaient distribués aux

[1] Acte d'admission dans la paroisse de Molenbeek, en date du mois d'octobre 1238. Miræus, *Opera Diplom.*, t. IV, p. 401.—Sanderus, l. c., p. 156.

[2] Voyez un accord entre les tisserands et les religieux bogards, de l'an 1623. *Archiv. de la Ville.* — *Mémoire de M. de Valeriola sur l'admission des ordres mendiants à Bruxelles.* Mss. de la Bibl. de Bourg.

[3] *Zackbroederen* et non pas *Sokje-broeders*, frères aux-chaussons, comme on le dit d'ordinaire.

[4] *Archives de Sainte-Gudule.*

[5] Le plus ancien acte qui atteste l'existence des béguines de Bruxelles est une bulle du pape Innocent IV, de l'an 1245, les autorisant à dire les offices. Sanderus, l. c., t. III, p. 227.

[6] Par concession du chapitre et du curé de Molenbeek en avril 1252. Sanderus, l. c. — *Archives de Sainte-Gudule.*

[7] Par octroi de Jean Ier de l'année 1290. *Chronique de Van Assche*, citée dans celle de De Blaye. Mss. de la Bibl. de Bourg. Cette chronique se trompe en disant que c'était un moulin à vent.

[8] Elle fut bâtie par le duc Jean Ier en 1294. Gramaye, *Bruxella*.

pauvres sœurs de la communauté. Jean Ier, qui fit diverses concessions aux béguines, approuva, en 1271, leurs règlements [1] et, en 1275, la convention par laquelle le chapitre de Sainte-Gudule renonça, en faveur de l'abbaye de Saint-Bernard, à la juridiction qu'il exerçait sur elles [2].

Plusieurs communautés naquirent aussi dans des hôpitaux ou hospices. Ainsi, la fondation de Saint-Nicolas servait à l'entretien de quelques personnes qui y vivaient sous la direction d'un prêtre ; elles portaient un habit, un capuchon et d'autres vêtements de couleur terne, qui servaient à les distinguer des laïques. Sur les demandes pressantes de l'évêque Nicolas, la commune leur défendit tout négoce et leur enjoignit de ne plus s'absenter. Elle résolut en outre de ne pas remplacer les frères qui décéderaient, afin de pouvoir rétablir l'hospice et y recevoir, comme par le passé, les pauvres voyageurs [3]. A l'hôpital des Douze-Apôtres, qui avait pris le nom d'hôpital Notre-Dame, avait été annexé un couvent des deux sexes. Le même évêque y introduisit une règle sévère, établit la clôture et sépara complétement les frères et les sœurs [4]. L'hôpital Saint-Jean, et la léproserie de Saint-Pierre considérablement accrue, étaient également sous la direction d'une confrérie du même genre [5].

Nous ne parlerons pas des hospices fondés à cette époque (Terarken, etc.) Il y aura pour chacun d'eux un article spécial dans notre troisième partie.

Dans le même temps, presque tous les temples de la ville recevaient de notables embellissements. On travaillait toujours à Sainte-Gudule ; mais ce grand ouvrage n'avançant que fort lentement, Jean Ier ordonna d'y consacrer le produit des deux premières années de vacance des prébendes et de l'écolâtrie [6]. Le couvent de Coudenberg s'agrandissait d'un terrain allodial acquis du châtelain Léon II [7], et d'une rue condui-

---

[1] *Opera Diplom.*, t. II, p. 1006 et 1007.

[2] *Ibid.*, t. III, p. 611.

[3] Règlement en date du mois de novembre 1253, dans Miræus, *Opera Diplom.*, t. III, p. 115.

[4] Diplôme du mois de février 1255 (1256 N.-S.); dans le même, l. c., p. 610.

[5] Un acte de l'an 1316 est dressé par les : « fratres, sorores, ac tota com- » munitas leprosorum. » *Cartulaire de Saint-Pierre.*

[6] Diplôme en date du mois de septembre 1273. *Arch. de Sainte-Gudule.* — *Opera Diplom.*, t. IV, p. 256.

[7] Acte du châtelain du mois de juillet 1269. *Opera Diplom.*, t. I, p. 773.

sant au Borgendael et qui fut clôturée avec l'approbation du duc [1]. A la
Chapelle, où quelques parcelles de la Sainte-Croix attiraient depuis 1250
des milliers de pèlerins, on fondait de nombreuses chapellenies, entre
autres celles dites de Sainte-Croix et de Sainte-Marie-Madelaine, dotées,
en 1271 et 1275, par les tisserands et les blanchisseurs établis dans le
voisinage [2].

En 1283 éclata la guerre pour la succession au duché de Limbourg.
Pendant sept années les rives de la Meuse furent livrées à tous les
ravages, et, plus d'une fois, le tocsin appela vers ce fleuve toute la nation
brabançonne. La terrible bataille de Woeringen, livrée le 5 juin 1288,
décida la question en faveur du duc de Brabant, dont les droits furent
ensuite confirmés par un traité solennel. Dans cette sanglante journée,
la bannière de Bruxelles avait été portée, à cause du jeune âge du châtelain
Gérard, sire de Marbais, par l'amman Arnoul d'Yssche. Arnoul fut un des
premiers à se précipiter au milieu des ennemis, et ses guerriers déployèrent une rare valeur [3]. Le triomphe des armes nationales fut célébré
avec enthousiasme. En revenant dans sa résidence favorite, le vainqueur
fut reçu au son des cloches, par les magistrats, le clergé, les religieux
des deux sexes, les béguines, accompagnés de la croix et des bannières
paroissiales [4]. Jean, qui avait invoqué pendant le combat les Trois Rois
(dont les reliques sont conservées à Cologne), fonda en leur honneur,
à Sainte-Gudule, une chapellenie à laquelle il assigna 16 livres de cens
sur des biens situés dans l'Orsendael [5]. C'est à tort qu'on lui attribue la
fondation de l'église du Sablon et l'institution de la cavalcade appelée
l'Ommegang [6].

Jean Ier récompensa largement ses sujets de leurs efforts en sa faveur.

---

[1] Diplôme ducal, du mois de décembre 1270. *Historia B. Jacobi in Caldenberga*,
tractatus 2, de privilegiis, privileg. V.

[2] *Annales de Capellâ*, p. 11.

[3] Voyez, sur la guerre du Limbourg, le poëme contemporain de *Van Heelu*,
publié par M. Willems; — les *Brabantsche Yeesten*; — BUTKENS, t. I, pag. 297 et
suivantes, etc.

[4] VAN VELTHEM, *Spiegel Historiael*, L. III, c. 21, p. 174.

[5] Diplôme du 2 février, jour de la Purification 1289 (1290. N.-S.) — BUTKENS,
tome I, preuves, p. 121. — *Opera Diplom.*, t. IV, p. 390. — *Archives de Sainte-
Gudule.*

[6] Voyez dans la *Revue de Bruxelles*, du mois de juin 1841, un article intitulé:
l'Ommeganck et les autres Fêtes des Serments de Bruxelles, par A. WAUTERS.

En retour de leur or et de leur sang, il leur accorda divers avantages
et de précieux priviléges. Il céda aux poissonniers et aux bouchers de
Bruxelles le marché aux Poissons, situé à cette époque entre la Boucherie
et la rue de la Colline [1], et ratifia les règlements faits sur la *gilde* par les
échevins, de concert avec les doyens et *huit* de cette corporation [2]. Enfin,
par une charte de la plus haute importance, il confirma la *ceure*,
et déclara que la ville ne servirait plus de caution, et qu'il ne donnerait
à personne, au préjudice d'un autre, un métier ou un emploi quelconque.
Il promit de ne plus autoriser le retour d'un individu banni par les échevins, avant qu'il eût satisfait à ses juges, et s'engagea à ne plus établir
de péages à un mille autour de la ville sans le consentement de ses
conseillers et des échevins. Par le même acte il céda à l'administration
locale la balance publique ou *waghe*, la grue servant au déchargement
des bateaux (*de crane*) [3], et les revenus des portes et des murs, lui permettant ainsi de lever un droit d'entrée et d'affermer les dépendances des
fortifications. La disposition politique la plus remarquable de cette charte
est celle qui défend aux métiers de s'assembler en commune (*maken
commoignie onder hen*), c'est-à-dire de se confédérer ou de se former en
corporation, sans l'assentiment de l'amman et de la loi. Elle renferme
aussi quelques dispositions concernant l'administration de la justice
par l'amman, et les poursuites à exercer contre les débiteurs. Si le
débiteur ne payait pas sa dette, le créancier avait la faculté de mettre
arrêt sur ses biens par-devant l'amman et les échevins; s'il n'y avait pas
de biens, il s'adressait aux cautions, et, lorsqu'il ne voyait aucun moyen
d'obtenir le payement de sa créance, il se faisait remettre le débiteur ou
une des cautions, qu'il tenait au pain et à l'eau [4]. En vertu du jugement
d'un échevin, l'amman pouvait mettre un bourgeois en possession de

---

[1] Cette cession, faite moyennant le payement d'un cens annuel de 30 livres de
Louvain et d'un cens spécial de 20 schellings pour l'abandon du droit de vente du
poisson de rivière, est datée du 29 mai, jour de la Pentecôte 1289. MARTINEZ, *Recht-
Domaniael van Brabant*, p. 358.

[2] Diplôme du 3 septembre, samedi avant la nativité de Notre-Dame 1289.
Luyster van Brabant, l. c., bl. 49. — VAN HEELU, édition Willems, Codex,
pag. 501.

[3] La balance et la grue étaient placées au lieu appelé le Quai (*de Werf*), où fut
établi en 1603 le marché aux Poissons et où se trouve aujourd'hui une partie de
cette halle et le marché aux Poulets.

[4] Ende de gene die ene hout, sal hem geven borne ende broet. Article IX.

tout bien situé en Brabant ; les biens compris dans les franchises étaient
exceptés de cette règle générale [1].

Les Brabançons avaient accordé à leur prince un vingtième à lever
sur leurs propriétés, sauf les habitations et les possessions des chevaliers,
écuyers et descendants de chevaliers, restriction qui, libérant entièrement les seigneurs et les familles patriciennes, faisait tomber le poids de
l'impôt sur les artisans et les cultivateurs. Par une déclaration qu'on a
considérée à tort comme une joyeuse entrée, mais qui est toutefois de
la plus grande importance, Jean Ier reconnut que cette taxe lui avait
été accordée « en pur don et non de droit, » que les aides levées précédemment devaient être également considérées ainsi, et qu'il n'en serait
plus demandé de semblable sans consentement exprès de ses sujets,
ordonnant que si lui, ou un de ses successeurs, contrevenait à cette promesse, ceux-ci eussent à s'unir, à s'entr'aider, à user de toutes leurs
forces contre lui, enjoignant à ses officiers et cours de justice de les
soutenir, et demandant confirmation de cette charte à ses héritiers, aux
princes voisins et à quelques prélats [2].

C'est à Jean Ier qu'on dut l'établissement sur un meilleur pied de
la *monnaierie* ducale, composée de deux ateliers, l'un de 40 ouvriers à
Louvain, l'autre de 50 à Bruxelles [3]. C'est lui aussi qui fit rédiger, pour
les campagnes dépendantes de l'ammanie, une *ceure* ou code de lois criminelles. Ce code offre un tableau curieux de l'anarchie qui déchirait le
pays et de la férocité des mœurs : ses premières dispositions, débris évidents
de la loi salique, taxent à 100 schellings le villageois qui aura tué un
chevalier, et à 20, le meurtrier d'un valet (knape) issu de chevalier (art. 1). Ailleurs la peine de mort et la confiscation sont comminées
contre celui qui incendiera, pillera, ou lèvera un cens par force (art. 14).
Le viol et l'infraction de trève, étaient punis de supplices affreux : dans
le premier cas, la tête du coupable était séparée du tronc par une scie
de bois (art. 15); dans le second cas, il était écartelé (art. 16). Parmi
les dispositions politiques, il en est quelques-unes d'assez remarquables.

---

[1] Charte du 28 septembre, jeudi après la Saint-Mathieu 1290. *Luyster van Braband*, l. c., bl. 49. Selon Gramaye (*Bruxella*, p. 22), Jean Ier aurait encore, en
1290, accordé aux Bruxellois le droit de chasse dans la forêt de Soigne.

[2] 24 mars, mardi après Pâques Fleuries, 1292 (1293. N.-S.). Butkens, l. c.,
preuves, p. 130.

[3] Juillet 129. *Placards de Brabant*, t. I, p. 200.

La plupart tendent à assurer aux campagnards une bonne et égale justice [1].

Le vainqueur de Woeringen ne survécut pas longtemps à sa victoire ; il mourut victime de son amour effréné des tournois. S'étant rendu en 1294 aux noces du comte de Bar et d'une princesse d'Angleterre, il y fut blessé mortellement et revint mourir à Lierre, âgé seulement d'une quarantaine d'années [2]. Son corps transporté à Bruxelles fut, selon ses désirs, enterré dans l'église des Récollets, au milieu du chœur [3]. Le monument élevé à ce grand prince fut renversé pendant les troubles du xvie siècle ; rétabli par l'archiduc Albert, il fut détruit une seconde fois lors du bombardement [4]. Aucun souvenir ne rappelle plus à Bruxelles la mémoire de ce prince vaillant, hardi, généreux, ami des dames, des lettres et des tournois.

Jean Ier avait à peine fermé les yeux qu'une révolution faillit éclater en Brabant. Son fils aîné, le prince Jean, se trouvait alors en Angleterre et y célébrait son mariage avec Marguerite d'Yorck, fille du roi Édouard Ier. Profitant de son absence, Godefroid de Brabant, frère de Jean Ier, et ses nombreux partisans, qui, comme lui, étaient dévoués à la France, s'agitèrent activement pour entraîner le pays dans le parti de cette puissance. D'un autre côté la guerre recommençait sur les bords du Rhin. Mais Jean II, prévenu à temps du danger par des serviteurs fidèles, accourut aussitôt prendre possession de son héritage [5]. Sa présence imposa aux partisans de son oncle, et il prouva bientôt qu'il était digne de succéder à son illustre père. Par une marche rapide, il s'avança jusqu'au delà du Rhin et montra à la Westphalie étonnée les escadrons qui avaient conquis le Limbourg [6].

En arrivant dans ses états, Jean II avait fait arrêter sir Henri Prochiaen, en qui son père plaçait toute sa confiance, et il l'avait donné en garde au doyen de Sainte-Gudule, Jean Vanderhellen, parce que le clergé de Bruxelles réclamait le prisonnier, qui était clerc. Henri Prochiaen s'étant échappé, le duc fit arrêter et jeter en prison le doyen, qui

---

[1] *Ceure* de l'an 1292 dans le Luyster, l. c., bl. 52.
[2] Voyez *Brabantsche Yeesten*, t. I, p. 416, note de M. Willems.
[3] Van Velthem, l. c., p. 200.
[4] Sanderus. *Chorographia sacra Brabantiæ*.
[5] Van Velthem, l. c.
[6] Butkens, t. I, p. 417.

sollicita vainement l'intervention de l'évêque et de l'official. Ses biens ayant été saisis et confisqués sans jugement, Vanderhellen, dès qu'il fut relâché, se rendit chez le trésorier du chapitre, Franc Pilyser, et les donna à Guillaume Van Zellecke, maïeur et fondé de pouvoirs de l'église [1], espérant que le chapitre le soutiendrait contre ses parents, à qui ses biens avaient été remis. Vanderhellen étant mort peu de temps après, ses parents déclarèrent nul cet acte de donation fait pendant la saisie des biens. Un procès s'ensuivit entre eux et le chapitre. Les deux parties constituèrent chacune une personne pouvant gagner et perdre (machtich te winne en te verliesene), et comparurent à un jour fixé par le drossard de Brabant au cimetière de Sainte-Gudule. Il s'agissait d'abord de décider de quelle manière le chapitre devait posséder le moulin de Scarenbeke et ses dépendances : les chanoines le disant alleu, les autres terre censale, le juge recourut au *Chirckemarant* ou serment à la face d'église, par-devant les vassaux et censitaires du duc et les échevins de la ville. Sur le témoignage de Guillaume de Businghen, l'assertion des adversaires du chapitre prévalut et ils furent mis en possession des biens en litige, à charge de payer un cens. D'autres incidents furent soulevés à l'égard des biens se trouvant sous la juridiction de la ville. Le chapitre ayant attrait sa partie adverse devant le juge (ou amman) et les échevins, invoqua la charte de 1225, autorisant toute personne à donner des biens à l'église. Mais la *ceure* de 1229 lui fut victorieusement opposée, et les chanoines se virent déboutés de leur réclamation [2]. Cet échec ne les rebuta pas, et, comme la saisie avait été opérée sans jugement, il fut résolu, dans une délibération des magistrats, de donner force de loi aux lettres échevinales qui cédaient au chapitre les propriétés du doyen Vanderhellen. Après avoir été cités quatre fois pour venir reconnaître l'allodialité du moulin, Amelric Vos, son frère Gérard et Gilles Scaillie, qui l'avaient pris à cens, furent incarcérés à la Vroente, pour y rester jusqu'à ce qu'ils eussent fait une déclaration dans ce sens ; mais un ordre

---

[1] 25 novembre, mardi avant la Sainte-Catherine 1294. Second rouleau cité plus bas. Le duc annula les amendes qu'il avait imposées sur ces biens le 13 juillet, 4e férie avant la division des apôtres 1295. Butkens, l. c., pr., p. 134.

[2] Long rouleau sur parchemin formé de plusieurs pièces jointes les unes aux autres et intitulé : « Dit es d'aenwerde ende tonen dierre Vanderhellen ende haere » partien alse van dien dat gesciet es tusschen hen ende der capitelen van sente » Goedelen vor de scepenen van Brusele die te dien tide scepenen waren in de » vor s'hertoghen man ende sine late. » *Archives de Sainte-Gudule.*

du duc les fit remettre en liberté malgré les plaintes des chanoines [1].
Enfin, après quatorze années de possession par les héritiers de Vanderhellen, il y eut, vers 1509, une transaction par laquelle le chapitre, tout
en déclarant la cession des biens illégale et faite par crainte, promit de
ne pas inquiéter ses adversaires. Ceux-ci, de leur côté, s'engagèrent, dans
le cas où ils seraient attaqués, à ne pas se défendre, attendu qu'ils ne
devaient pas le faire, par suite du jugement rendu [2]. Il y eut encore
plus tard un acte du duc ordonnant la réintégration dans la Vroente
d'Amelric Vos, Gilles Scelgilren et Simon Thuninck, et défendant à
l'amman de les relâcher avant que le chapitre eût obtenu satisfaction [3].
Ces contestations, remarquables sous plus d'un rapport, expliquent
pourquoi Sainte-Gudule ne posséda guère de biens-fonds.

Au commencement de l'année 1296, le duc accorda aux Bruxellois
plusieurs priviléges. La ville se plaignait du nombre de moines mendiants
et craignait, paraît-il, d'en voir s'établir dans le couvent des Saccites; par
acte du mois de janvier 1296 (1295 V.-S.), Jean défendit d'admettre
des religieux à Bruxelles sans le consentement du duc, du magistrat et
du chapitre [4]. Par un autre acte de l'année précédente, il avait décidé
qu'en-deçà d'Everne ou Ever, Woluwe, Boendale, Uccle, Forêt, Anderlecht, Jette, la potence de Rulleberghe et les barrières [5] de Laeken,
on ne pourrait brasser ou vendre de la bière sans se soumettre aux
règlements municipaux et payer l'accise à la ville, se réservant seulement
l'accise d'Obbrussel [6]. Enfin, il réunit ce dernier village à la cité, sous les

---

[1] Rouleau en parchemin aux *Archives de Sainte-Gudule*, intitulé : « Dit es dat
» hercomen ende de proces van alle den goeden die her Vanderhellen gaf, die deken
» was in de kerke van Sinte-Gudelen, ghelyc dat de scepene lettre spreek die op
» ghemaect is ende dat ghesciede int' jaer ons here alse men schreef dusentech
» twee hondert ende vire ende neghentich des disendaechs vore seinte Kateline
» dach. »

[2] Premier rouleau précité.

[3] Diplôme du duc, en date du 28 septembre, veille de Saint-Michel 1312. Butkens, l. c., p. 143.

[4] A Thymo, l. c.. titre 2, c. 3. — *Brabantsche Yeesten*, Codex n° 81, p. 687. —
Archiv. de Sainte Gudule.

[5] Dans le texte on lit *Vekenen*. Ce mot est expliqué dans un diplôme de 1282 :
Aditibus seu introïtibus viarum obstacula, teutonice nuncupata Vekenen, appo-
nere poterunt. *Opera Diplom.*, t. II, p. 668.

[6] 13 décembre, jour de Sainte-Lucie, 1295.—A Thymo.—*Placards de Brabant*,
IIIe deel, bl. 394.

rapports administratifs, politiques et judiciaires, sans préjudice de ses droits, de ses cens, de ses moulins et de ses eaux [1]. Ce village était alors assez considérable et avait déjà quelques libertés particulières.

Bien que Godefroid de Brabant n'eût pas réussi dans ses projets, on voit, par un diplôme de la même année, qu'il avait conservé une grande influence à Bruxelles. Une contestation s'était élevée entre la *Gilde* et les béguines, qui refusaient de se soumettre aux règlements émanés de cette corporation. La *gilde*, voulant en finir avec les récalcitrantes, les invita à se soumettre, les menaçant, en cas de refus, de les faire chasser de leur demeure commune. Beaucoup de béguines n'attendirent pas l'exécution de cette menace et quittèrent le Béguinage. Alors les échevins, de concert avec Godefroid et les chefs de la *gilde*, firent publier une ordonnance qui soumettait les béguines à ces derniers, et leur enjoignait de s'y conformer, si elles voulaient rentrer dans leur cloître [2].

Jean II étant entré, ainsi que le comte de Flandre et la plupart des princes belges [3], dans la ligue formée par Édouard Ier d'Angleterre contre la France, Godefroid de Brabant abandonna sa patrie et alla à Paris, où il vécut en grande intimité avec Philippe-le-Bel [4]. Edouard descendit sur le continent avec une forte armée ; il séjourna quelque temps en Flandre, où le duc alla le saluer, et le roi, à son tour, vint à Bruxelles rendre visite à sa fille Marguerite. Reçu avec grande pompe et conduit au palais, il marqua son étonnement de voir tant de comtes parmi les vassaux de son hôte, et dit « qu'il n'avait pas cru le duc aussi puissant (1297 ou 1298) [5]. » Ayant vu échouer ses projets, le prince anglais retourna bientôt dans ses états, abandonnant la Flandre, qui fut conquise, et Godefroid de Brabant revint tout puissant gouverner sous le nom de son neveu.

Par un diplôme du 1er avril 1301, le duc ordonna, de concert avec les échevins, le renouvellement de toutes les trêves particulières dans l'après-midi du dernier jour où elles expireraient [6]. Par un autre acte du

---

[1] 14 février 1295 (1296 N.-S.). A Thymo. — *Brabantsche Yeesten*, l. c.

[2] 17 juin, jeudi après la Pentecôte, 1296. — A Thymo, l. c., c. 5. — *Boeck met den Haire*, f° 23, etc.

[3] Les comtes de Hainaut et de Luxembourg seuls adoptèrent une politique contraire.

[4] Van Velthem, L. IV, c. 2, p. 215.

[5] *Ibid.*, c. 5, p. 219.

[6] A Thymo, l. c., c. 19. — *Brabantsche Yeesten*, l. c., n° 88, p. 691.

20 mai suivant, il étendit la juridiction communale sur les hommes de la paroisse de Scarenbeke (Schaerbeek), ne se réservant en cet endroit que ses revenus et ses biens [1].

De cette époque datent plusieurs travaux importants. L'accroissement de la population ayant considérablement accru les recettes du trésor commun, les magistrats se trouvaient en état de commencer des constructions monumentales. Ils achetèrent, pour servir de maison échevinale, une maison dite le Marais, *De Meerte*, située sur le marché, à l'endroit où est à présent la vieille aile de l'Hôtel-de-Ville, au coin de la rue de l'Étoile [2]. En 1502 on éleva la belle fontaine qui fut abattue en 1565, après avoir existé 263 ans, ainsi que l'apprennent des vers flamands faits lors de sa destruction [3]. Cette œuvre gothique, que les amis de l'art doivent regretter, consistait en huit jets d'eau et huit cuves [4]; elle était placée sur la Grand'Place, près de la Halle-au-Pain. Un quai fut construit le long de la Senne vers Molenbeek, entre le pont des Bateaux et celui des Monnayeurs; le duc avait à cet effet cédé à la ville le terrain adjacent, moyennant un cens annuel de deux penning ou deniers [5]. A la même époque, l'hôpital de Saint-Jean convertit en cimetière un terrain situé sur une hauteur peu habitée, appelée *le Sablon*, le fit bénir en 1299, et, cinq années après, autorisa les arbalétriers de la ville à y bâtir une chapelle, aujourd'hui le beau temple de Notre-Dame-des-Victoires [6].

En 1501 éclata en Flandre la terrible insurrection qui y anéantit la domination de la France. La fleur de la chevalerie française, Godefroid

---

[1] Veille de la Pentecôte 1301. A Thymo, l. c. — *Brabantsche Yeesten*, l. c., n° 89. p. 692.

[2] Lettres de transport de la maison dite *Meerte*, ses appendances et dépendances, en date du 1er octobre 1300, à Guillaume dit Pipenpoy, pour la ville. Autres lettres semblables pour d'autres parties de la même maison, en date du mois d'octobre 1301, au même. Dans un acte de l'an 1353, on lit : « Domistadium... in vico » retro domum scabinorum prefati opidi dictam de meerte. » *Archives communales.*

[3] *Archives de la ville.*

[4] (Fons) in foro habens octo fonticulos cum octo bletitudines. *Petite description de Bruxelles,* en tête d'un recueil de priviléges de cette ville. Mss. de la Bibliothèque de Bourgogne.

[5] Diplôme du duc, du 2 décembre, dimanche après la Saint-André 1302. A Thymo, l. c., c. 20. — *Brabantsche Yeesten*, l. c., n° 94, p. 702.

[6] Voyez la troisième partie.

de Brabant, ainsi qu'un grand nombre de seigneurs belges, allèrent périr dans les plaines de Courtrai. Dans le même temps, des mouvements insurrectionnels éclatèrent dans le Brabant. Les Malinois, entre autres, indignés de l'assassinat d'un bourgeois, tuèrent l'écoutète ou officier du prince, et prirent les armes. En mars 1303, Jean II vint, à la tête de ses nobles et de ses bourgeoisies, investir la ville insurgée; mais un échec le contraignit à convertir le siége en blocus. Dans ces circonstances, les Bruxellois lui fournirent une somme de 2,500 livres; ils levèrent et entretinrent en outre à leurs propres frais une troupe soldée, services que le duc reconnut lui avoir été rendus de plein gré et non de droit [1]. Dans une escarmouche, les peaussiers ou pelletiers (*pelsmakers*) prirent sir Arnoul d'Eechoven, capitaine de la ville de Malines; pour les en récompenser, Jean II accorda à leur corporation le droit de porter les armoiries de ce chevalier : trois croissants d'argent dans un champ de gueules [2]. La famine ayant forcé les assiégés à se rendre, la paix fut scellée, le 30 octobre, par les villes de Louvain, BRUXELLES, Anvers, Tirlemont et Jodoigne [3].

Le duc, qui avait plusieurs griefs contre le comte de Hainaut et de Hollande, Jean d'Avesnes, résolut, en 1303, de l'attaquer, et demanda le service à ses nobles et à ses villes. Mais il trouva chez ses sujets peu de bonne volonté pour cette guerre, et n'obtint leur aide qu'après leur avoir donné des lettres de non-préjudice [4]. Sa campagne n'eut aucun résultat, et, après avoir en vain assiégé Dordrecht, il revint dans son duché.

En 1304, le roi de France accorda aux marchands des villes brabançonnes et de Bruxelles entre autres, quelques facilités pour leur négoce dans ses états, à condition toutefois qu'ils ne servissent pas d'intermédiaires pour l'envoi en France de marchandises appartenant aux Flamands ou à leurs alliés, ou pour l'envoi en Flandre d'objets provenant de son royaume [5].

Nous avons vu que l'abolition des jurés et le mode d'élection des éche-

[1] Diplôme en date du 27 mai, lundi après la Pentecôte 1303. *Luyster van Brabant*, l. c., bl. 62.

[2] AZEVEDO, *Chronyk van der stadt ende provintie van Mechelen*, ad ann. 1303.

[3] *Brabantsche Yeesten*, l. c., n° 98, p. 707.

[4] BUTKENS, t. I, p. 336. — L'acte donné en cette occasion à la ville de Bruxelles est daté du 19 septembre, 5ᵉ férie après l'exaltation de la Sainte-Croix 1303, et se trouve dans le Luyster, l. c., bl. 61.

[5] Édit du roi, daté d'Arras, le 23 juillet 1304. *Brabantsche Yeesten*, l. c., n° 106, p. 717.

vins rendaient ceux-ci entièrement maîtres de la commune et leur permettaient de se perpétuer dans leurs fonctions. Les gens de métier, qui
n'intervenaient en aucune manière dans la formation du magistrat, et
qui cependant portaient presque tout le poids des impôts, s'indignaient
de n'être comptés pour rien, eux qui formaient la grande masse de
la population. Depuis longtemps ils n'attendaient qu'une occasion
pour se soulever. Cette occasion se présenta bientôt : un ouvrier
ayant été blessé par un patricien, il s'ensuivit un tumulte qui se trans-
forma en une émeute terrible. Les cordonniers, les foulons, les teinturiers, les forgerons, les bouchers, les boulangers, les brasseurs [1], s'at-
troupent et attaquent les patriciens. Refoulés des places qu'ils occupaient,
poursuivis de rue en rue, ceux-ci se voient bientôt attaqués dans leurs
demeures, dont plusieurs sont complétement détruites. La duchesse
voulut en vain arrêter le tumulte ; son autorité fut méconnue et les
métiers triomphants établirent sur un nouveau pied l'organisation communale. Ils nommèrent d'autres échevins [2] et leur adjoignirent, comme
administrateurs, des maîtres de la commune (probablement deux) et des
jurés [3]. Victorieux dans l'enceinte qui les protégeait, les métiers avaient
encore à faire sanctionner par le souverain les droits qu'ils avaient conquis ; or, Jean II avait été profondément blessé du peu de respect qu'ils
avaient montré pour sa femme, et celle-ci étant venue le rejoindre, il ne
cacha plus ses mauvaises dispositions envers le nouveau pouvoir communal. Bientôt, en effet, il s'engagea envers les lignages à les rétablir dans
leurs anciennes prérogatives et à faire régir la ville par son officier, juge
ou amman, et par les échevins. Il déclara en outre qu'il considérait comme
sienne toute guerre ou querelle suscitée aux lignages, et qu'il n'accor-

---

[1] Scoemakere, volre, wevere, ziedere, vleeschoudere, backere, briedere. *Brabantsche Yeesten*, L. V, c. 6. t. I, p. 429.

Fabri, textores, sutores, tabernarii, lanii, atque omnis illa fax civitatis, dit Barlandus. Les actes de la réaction frappèrent surtout les foulons et les tisserands.
Cette sédition, suivant les *Brabantsche Yeesten,* éclata un peu avant la Chandeleur
de l'année 1305 (1306 N.-S.).

[2] Les échevins étaient alors Amelric Hinckaert, Amelric dit Versophien, Henri
de Arca, Rodolphe Pipenpoy, Jean Nolten, Hugues Wilthoen et Godefroid Boote;
ces deux derniers conservèrent leur emploi; mais les autres furent remplacés par
Réné Eggloy, Guillaume de Loose, Guillaume Mennen, Jean Van Molenbeke et
Gilles Coele, tous patriciens.

[3] *Commoigne Meestere, Gezworen raedt.* Charte du 12 mars citée plus bas;
Judices, scabini, rectores. De Dynter, Chron. mss., t. II, f° 1069.

derait à leurs adversaires ni paix, ni pardon, sans leur assentiment [1]. Quelques jours après il leur promit que, s'ils l'aidaient à tirer vengeance des habitants, ceux-ci n'obtiendraient ni trêve, ni merci, ni accommodement quelconque, avant de les avoir indemnisés des pertes qu'ils éprouvaient [2].

L'attitude prise par le duc consterna les bourgeois et les fit pencher vers un rapprochement. Ils déclarèrent se soumettre tous à sa décision, promettant de s'y conformer et de la faire exécuter. Il fut dressé deux actes de cette déclaration : l'un, émané des sept lignages, des maîtres de la commune, des échevins, du conseil juré, des métiers et de la commune entière, fut scellé par les comtes de Gueldre, de Luxembourg, de Juliers, de Los, de Vianden, par les sires d'Enghien, de Cuyck, de Liedekerke, de Diest, de Berlaer, de Rotselaer, de Berghes, de Wesemael, de Renné (?), de Herstal, de Malines, de Duffel, de Sombreffe, par les chevaliers Othon de Cuyck et Daniel de Bouchout, et par les villes de Louvain, Malines, Anvers, Bois-le-Duc, Tirlemont, Nivelles et Léau [3]; l'autre, destiné à témoigner en particulier du bon vouloir des gens de métier et scellé du sceau des échevins, attestait que devant ceux-ci il avait été fait une semblable promesse par les maîtres de la commune et les jurés, ainsi que par tous les métiers, savoir : les teinturiers, les brasseurs d'hydromel, les plumassiers, les brasseurs, les meuniers, les forgerons, les tailleurs, les peintres, les selliers, les fripiers, les fabricants de bas, les bateliers, les paveurs, les fabricants de ceinturons blancs, les tisserands de lin, les fruitiers, les apprêteurs de draps, les charpentiers, les merciers, les tailleurs de pierre, les tonneliers, les ébénistes, les tanneurs, les blanchisseurs, les chaudronniers, les bouchers, les poissonniers, les marchands de poisson frais, les boulangers, les gantiers, les cordonniers, les savetiers, les ceinturonniers, les tisserands et les foulons [4].

Ces négociations n'ayant amené aucun résultat, tous les patriciens sortirent de Bruxelles et se rendirent auprès du duc, qui, de Tervueren,

---

[1] Acte du 21 février, lundi après le dimanche où l'on chante *Invocavit*, 1305 (1306 N.-S.). *Luyster van Brabant*, 1° deel, bl. 63.

[2] Diplôme du 4 mars, vendredi après *Reminiscere* 1305 (1306 N.-S.). *Luyster van Brabant*, l. c., bl. 63.

[3] 12 mars, samedi après la mi carême. *Luyster*, l. c.

[4] Acte du même jour que le précédent, *Brabantsche Yeesten*, t. I, Codex, n° 112, p. 723.—Original aux *Archives du Royaume*.

s'était porté à Vilvorde. Voulant alors terminer cette lutte, qui entravait son commerce, la commune sortit en armes et s'avança, bannières déployées, jusque dans les prairies de Vilvorde, où Jean II était campé avec les hommes d'armes qu'il avait pu réunir. Sa chevalerie, à peine rangée en bataille, fut attaquée par cette multitude qui se rua sur elle avec fureur. Le cheval du duc fut tué et lui-même renversé. Mais s'étant promptement relevé, il se précipita, avec ses guerriers bardés de fer, sur cette infanterie indisciplinée, la mit en déroute, et poursuivant les fuyards l'épée dans les reins, il rentra avec eux dans Bruxelles. Soixante-dix Bruxellois avaient péri dans le combat (1er mai 1306) [1].

De terribles réactions signalèrent la victoire du parti aristocratique. Les tisserands et les foulons furent chassés de l'enceinte de la ville, et il leur fut défendu d'y passer la nuit sous peine de mort et de confiscation de biens. Plusieurs d'entre eux furent enterrés vifs, et la ville dut payer cent livres pour les frais de cette horrible exécution [2]. Le duc exigea encore de la commune 1500 livres pour les dommages causés par elle à Godefroid de Helbeke [3], 1600 pour indemniser de leurs pertes Arnoul de Wonkerzecle, Arnoul T'Serhenricx et Jean de Louvain [4], 100 pour son cheval tué dans la plaine de Vilvorde, et d'autres sommes variant de 60 à 10 livres pour les chevaux perdus dans la même occasion par Daniel de Bouchout, Guillaume de Meltbroek, Henri de Lyre ou Lierre, Jean Loose, Jean Ette et Jean de Passche [5].

L'administration générale de la ville et celle de la *gilde* en particulier furent reconstituées sur l'ancien pied. Les gens des métiers durent déposer leurs armes et reçurent défense de s'assembler en commune et de mettre des impositions ou des taxes sur leurs suppôts sans l'autorisation de l'amman et des échevins. Le duc rétablit les familles patriciennes dans les anciens droits et prérogatives dont elles jouissaient, sous son père, sous son aïeul et sous tous ses aïeux. Le même édit assura comme

---

[1] Consultez sur ces événements : les *Brabantsche Yeesten*, L. V, l. c.; *Chronicon anonymi*, p. 50; HARÆUS, t. I, p. 290; DIVÆUS, l. XIII, p. 138; DE DYNTER, l. c., etc.

[2] *De textoribus et fullonibus vivis sepultis...* Quittance donnée à Guillaume Moll au nom de la ville le 7 juin 1312. A THYMO, l. c., c. 41. — *Brabantsche Yeesten*, Codex, n° 129, p. 750.

[3] Seigneur de Beersel. Voy. *Messager des Sciences historiques*, année 1841, p. 445.

[4] Seigneur de Gaesbeek et de Herstal.

[5] Quittance citée plus haut.

auparavant, aux échevins sortants, le droit de nommer annuellement leurs successeurs, en réservant au duc l'homologation de leurs choix. La direction de l'hôpital Saint-Nicolas fut confiée aux magistrats avec injonction d'y recevoir des pauvres des lignages ; enfin, le duc déclara que, si quelque nouvelle sédition venait à éclater, l'amman devait porter aide et secours aux membres de ces familles, et que, si cet officier s'y refusait, ou se trouvait dans l'impossibilité de leur prêter main-forte, ils étaient autorisés à recourir à tous les moyens qu'ils jugeraient convenables pour rétablir l'ordre [1].

La *gilde*, qui avait été momentanément soumise, du moins en partie, à l'influence des métiers, fut réorganisée de manière à devenir un nouvel élément de puissance pour les patriciens. Jean II reconnut à la ville et à cette corporation le droit de mesurer l'hydromel et le pastel, de peser la soude, l'alun, le bois, le bois de brésil [2], la laine, les graines, le beurre, de publier des ordonnances et des arrêts, d'ordonner des saisies dans toutes contestations au sujet de la fabrication des étoffes de laine. Il les autorisa à carder, à filer, à laver et à préparer les laines, à tisser, à fouler, à teindre, à vendre et à exposer les draps sur des châssis (*raemen*). La nomination des *huit* fut confiée aux échevins, qui devaient les prendre dans les lignages et élire ensuite avec eux deux doyens de la *gilde* également patriciens. Ces doyens, de concert avec les huit et les échevins, furent chargés de régler tout ce qui concernait la draperie. Les membres de l'ancienne gilde continuèrent à faire partie de la nouvelle ; mais il fut décidé qu'à l'avenir on n'y admettrait que ceux à qui la naissance ouvrait cette corporation [3] ou qui payeraient la plus forte taxe imposée par la gilde (c'est-à-dire 50 marcs), et qui ne feraient plus partie d'un métier. Les frères de la *gilde* avaient seuls le droit de fabriquer des draps écarlates et des camelots, mais ils ne pouvaient faire aucune autre espèce d'étoffes, et chacun resta libre d'importer de la laine d'Angleterre ou d'autres pays [4].

---

[1] Sentence du duc en date du 12 juin, dimanche après la Saint-Barnabé en *Braemaent* 1306. *Luyster van Brabant*, l. c., p. 66.—A THYMO, l. c.

[2] Bien que le Brésil ne fût pas connu à cette époque, on trouve dans cet acte les mots *brasilien hout*. On pourrait en conclure que cet empire a reçu son nom du bois de cette espèce, qui se trouvait sur ses côtes.

[3] Cette clause n'impliquait pas qu'on dût être patricien, mais fils d'un frère de la gilde.

[4] Acte du même jour que le précédent. A THYMO, l. c., c. 30. — *Brabantsche Yeesten*, l. c., n° 113, p. 724. — *Archives du royaume*.

Quelques contestations s'élevèrent au sujet de l'élection faite en 1306 par les échevins ; mais le duc ferma le débat en la confirmant [1].

La seconde moitié du règne de Jean II fut plus paisible que la première ; elle fut toutefois agitée par divers événements qu'on doit attribuer à cet esprit de liberté qui travaillait alors les populations, et se manifestait principalement dans la discussion des questions religieuses. De nouvelles idées s'étaient rapidement propagées dans les masses, et particulièrement dans ces communautés de Bogards, de Lollards, de Béguines, fort peu soumises aux autorités ecclésiastiques. C'est dans le fanatisme ardent qui animait les sectaires qu'on doit trouver l'énigme de certains faits obscurs de cette époque.

En 1308 les populations se ruèrent sur les juifs et pillèrent leurs demeures. Le duc donna aux malheureux Israélites le château de Genappe pour refuge ; une multitude en fureur les y poursuivit, mais tandis qu'elle se consumait en vains efforts contre une forteresse redoutable, le duc accourut avec une troupe bien armée et mit en déroute les assiégeants [2]. Une chronique du Brabant cite parmi les plus exaltés les tisserands, les foulons et les savetiers.

Quelques années après la bataille de Courtrai, on vit reparaitre tout à coup Jean de Brabant, fils de Godefroid, Arnoul de Crainhem et d'autres guerriers tués dans cette journée. Ils expliquaient leur disparition en disant qu'échappés au carnage ils avaient fait vœu de mener pendant sept ans une vie pénitente ; Jean fut accueilli avec pompe par les Louvanistes, reconnu par ses vassaux et reçu dans le lit de sa femme ; Arnoul fit enlever son écusson placé aux Récollets à Bruxelles. Mais la vérité fut bientôt connue : on sut que les aventuriers qui s'étaient parés de ces noms illustres étaient des *Lollards* ou *louant Dieu*, et une mort cruelle, *amara mors*, punit leur audacieuse entreprise (1309) [3].

A cette époque brillait à Bruxelles une femme, nommée Bloemardine, dont l'éloquence captivait tous les cœurs et qui, vénérée à l'égal d'une sainte, reçut en don de ses disciples un siége en argent. Ce siége, auquel on attribua un pouvoir miraculeux, fut donné, après la mort de Bloemar-

---

[1] Acte du 28 juin, mardi avant la fête de tous les Apôtres 1306. *Boeck met den Haire.*

[2] DE DYNTER. — *Brabantsche Yeesten*, L. V, c. 7, p. 431. — BUTKENS.

[3] CHAPEAUVILLE, *Gesta pontif. Leodiens.*, t. II, p. 350. — DE DYNTER, Mss., t. II, f° 1069, etc.

dine, à la duchesse de Brabant [1]. Cette femme remarquable rédigea plusieurs écrits sur l'esprit de liberté et l'*amour séraphique*. Un jeune prêtre, Jean de Ruysbroeck, ordonné en 1318, s'opposa avec énergie aux nouvelles doctrines, sans pouvoir réussir à les vaincre [2]. Son opposition lui attira même l'animadversion du peuple et il fut le sujet de chansons satyriques qui étaient chantées dans les rues de Bruxelles [3]. Il est impossible de méconnaître ici la cause qui détermina le concile de Vienne (1310) à abolir les Bégards et les Béguines, sous prétexte qu'ils vivaient sans règle approuvée, qu'ils n'étaient régis par aucun lien d'obéissance envers les supérieurs ecclésiastiques, et qu'ils se permettaient de discuter sur la Sainte-Trinité [4]. Si cette bulle n'atteignit pas les Béguines des Pays-Bas, si plus tard le pape Jean XXII donna des déclarations en faveur de quelques communautés de ce genre, on en trouve le motif dans leur popularité qui y était trop grande pour qu'un arrêt de la cour de Rome pût amener leur dissolution.

Ces sentiments furent cause de l'opposition que rencontra à Bruxelles l'établissement des Dominicains. Les religieux de cet ordre, si ardent contre les hérétiques et si peu aimé en général, avaient obtenu une bulle qui leur concédait l'ancienne maison des frères Saccites. Mais le magistrat refusa de les y laisser entrer et réclama auprès de Clément V, disant qu'il avait l'intention de transformer ce couvent en hôpital pour les pauvres et les infirmes, et d'y fonder une chapellenie. Il ajoutait que, si ces biens étaient mis en vente, ils ne produiraient pas quatre cents florins d'or. Le pape eut égard à cette réclamation et, par un bref qui annulait la première bulle comme subreptice, il céda à la ville la propriété du couvent [5]. Pour terminer le différend, plusieurs assemblées eurent lieu au cloître des Dominicains, dit Val-Duchesse, à Auderghem, en présence des échevins de Louvain; mais le magistrat tint bon et les religieux durent

---

[1] *Origo monasterii Viridi-Vallis, de quibus dam viris illustribus ejusdem.* L. II, c. 5. Mss. de la Bibl. de Bourgogne.

[2] Sanderi *Chorographia sacra Brabantiæ*, t. II, p. 30 et 114. — Mastelin, *Necrologium Viridi-Vallis*, caput 6, p. 91. Ce dernier assigne pour date à cette hérésie les années 1303 à 1309.

[3] Snellaert, *Mémoire sur la poésie flamande.*

[4] Geldolphe a Ryckel, *Vita S. Beggæ*, p. 383.

[5] Bulle du 1er août 1308, jour des calendes d'avril, an IV du pontificat de Clément V. *Opera Diplom.*, t. III, p. 153. — A Thymo, l. c., c. 33. — *Archiv. de Sainte-Gudule.*

se contenter de l'autorisation d'envoyer à Bruxelles deux frères de leur ordre, en promettant qu'ils travailleraient ostensiblement et en secret à maintenir la concorde entre le chapitre de Sainte-Gudule et le peuple [1]. Le couvent des Saccites devint alors la demeure des prébendaires de l'hôpital de Saint-Nicolas, que la ville donna à cens [2].

Dans le même temps aussi les Bruxellois abandonnèrent pour la plupart les écoles du chapitre et, méprisant la juridiction de l'écolâtre, ils fondèrent d'autres établissements d'instruction, dirigés par des clercs de leur choix. Pour opérer une réconciliation, il fallut que le chapitre consentît à augmenter le nombre des écoles. Il y en eut, depuis, onze : une école supérieure et quatre inférieures pour chaque sexe, et en outre une inférieure pour les garçons, à Molenbeck. Chaque élève devait payer une rétribution de 12 sous, dont le tiers revenait aux recteurs des grandes écoles ou chefs-recteurs. La nomination des recteurs et des rectrices était réservée à ceux-ci et à l'écolâtre [3].

Les succès des familles patriciennes et le raffermissement de leur pouvoir dans les cités du Brabant, ainsi que le désarmement des métiers, donnèrent une nouvelle prépondérance à la puissance des villes ou du moins de leurs échevins. Cette révolution ne profita guère au prince qui l'avait favorisée; il vit son pouvoir presque annihilé par une aristocratie dont les membres, unis par les liens du sang et par des intérêts communs, disposaient de grands trésors et de bras nombreux.

Le duc prévoyait sa fin prochaine, quand il donna à ses sujets la charte célèbre connue sous le nom de *loi de Cortenberg*. Par cette charte, datée du 27 septembre 1512, il promet de ne plus lever d'aides, ni lui ni ses hoirs, si ce n'est lorsqu'ils seront armés chevalier, se marieront ou seront fait prisonniers; il s'engage à faire rendre à chacun bonne justice. A cet effet il institue un tribunal composé de quatorze personnes : quatre chevaliers, trois notables de Louvain, trois de Bruxelles, un d'Anvers, un

---

[1] 24 mars, veille de l'Annonciation 1310 (1311 N.-S.). — A Thymo, l. c., c. 57.

[2] Décision des échevins, en date du 1er septembre, Saint-Gilles, 1323. A Thymo, l. c., titre 3, c. 50. Les Terminaires dominicains demeuraient aux environs de Sainte-Marie-Madelaine. Au xve siècle on parle de la *Nuwestrate* (rue Neuve, aujourd'hui rue de la Bergère, voyez 3e partie), en face des Prêcheurs. *Redditus capituli B. Gudilæ*, ann. 1441.

[3] Diplôme du duc Jean III, du 23 octobre, samedi avant la fête des SS. Simon et Jude 1320. A Thymo, l. c., titre 4, c. 85.

de Bois-le-Duc, un de Tirlemont et un de Léau, qui se réunira toutes les trois semaines à Cortenberg, pour recevoir les plaintes contre les officiers du duché et y porter remède. Il autorise en outre ses sujets à lui refuser leur service s'il casse une décision de cette cour, et il enjoint à tout baron, chevalier, banneret ou autre tenant seigneurie, et à tout habitant des villes de s'y soumettre également sous peine d'être déclaré hors la loi (onwettech) et infidèle [1]. Presque tous les auteurs, par une erreur inconcevable, ont vu dans cet acte l'origine du conseil de Brabant [2], qui dérive évidemment du conseil privé des ducs, conseil qui a existé depuis les temps les plus reculés; le tribunal de Cortenberg était au contraire destiné à contre-balancer les volontés des favoris et confidents du prince, et formait en quelque sorte une députation permanente des états.

Souffrant de la gravelle, Jean II avait fait le voyage de Paris dans l'espoir d'y trouver des médecins habiles et capables de le guérir; mais il paraît que celui auquel il eut recours ne fit qu'empirer son état. Aussi, à son retour à Tervueren, son physicien ou docteur, qui avait également été celui de son père, lui déclara-t-il « qu'en restant en Brabant il » eût quelque peu prolongé ses jours, mais que maintenant on pouvait » le considérer comme mort [3]. » Cette prédiction se confirma bientôt : Jean II mourut le 17 octobre, et fut enterré dans le chœur de l'église de Sainte-Gudule, ainsi que sa femme Marguerite d'Yorck, qui le suivit au tombeau en 1518.

---

[1] Charte scellée par le duc, 58 seigneurs, 18 villes ou franchises, en date du mercredi avant la Saint-Bavon 1312. *Luyster*, l. c., bl. 69.—A Thymo.

[2] Voyez entre autres : *Tractatus de concilio Brabantiæ ejusque origine*, etc., auctore Huberto Loyens, *Mosæ Trajectino, regio in eodem Brabantiæ concilio secretario* (*Bruxellæ, Typis F. Foppens*, 1667), p. 76 et suivantes.

[3] Van Velthem, l. c.

CHAPITRE III.

Depuis la mort de Jean II, jusqu'à l'élévation d'Antoine de Bourgogne à la dignité de ruward de Brabant. — 1315-1404.

La mort de Jean II laissait le duché à un jeune prince qui n'avait encore ni la force, ni la sagesse nécessaires pour gouverner par lui-même. Les troubles qui déchiraient les pays voisins, les guerres des Français et des Flamands, la lutte de deux prétendants à l'empire, de grandes calamités, contribuèrent à rendre difficiles les commencements d'un règne qui devait jeter un vif éclat sur le Brabant. Jean III fut le portrait vivant de son illustre aïeul. On admirait en lui toutes les qualités du vainqueur de Woeringen : son audace, sa magnanimité, sa libéralité, qui, cependant, dégénéra souvent en prodigalité. Tous deux se virent recherchés par les plus puissants monarques ; tous deux eurent à combattre des ligues formidables ; tous deux enfin ont cultivé, non sans succès, la poésie flamande. Jean Ier chanta les dames ; son petit-fils fut inspiré par la passion des combats : au défi de dix-sept princes, il répondit par un chant de guerre.

A l'avénement de Jean III, le trésor ducal se trouvait dans une situation déplorable. Son père, qui avait emprunté de tous côtés, devait à sa mort 12,000 livres à des marchands de Pistoie [1], 5,100 livres tournois au comte de Hainaut [2], et des sommes considérables à des mar-

---

[1] Le comte de Flandre s'était constitué caution pour lui, le vendredi avant la Saint-Marc, 18 avril 1309. SAINT-GENOIS, *Monuments essentiellement utiles*, etc., p. DCCCCXXI.

[2] Le 10 décembre, mercredi après la Saint-Nicolas 1315, les villes de Louvain et de BRUXELLES autorisèrent le comte de Hainaut à lever, en remboursement de cette somme, 2 sous sur chaque pièce de drap envoyée par leurs habitants aux foires de Champagne et de Brie. SAINT-GENOIS, *les Pairies du Hainaut*, p. CCLXXV.

chands d'Angleterre [1]. De l'économie et une surveillance sévère auraient conservé le crédit; les fêtes somptueuses du mariage de Jean III avec la fille de Louis de France, comte d'Évreux [2], accrurent au contraire le déficit. Louis d'Évreux avait amené lui-même la jeune fiancée, comptant s'assurer une large part d'influence à la cour du jeune prince, mais il ne conserva pas longtemps la puissance qu'il avait d'abord acquise. Les trésoriers gaspillant le produit des impôts ne purent faire honneur aux engagements contractés au dehors, et pour obtenir le remboursement de leurs créances, les marchands étrangers firent partout arrêter les voyageurs et les marchands brabançons. D'un autre côté les conseillers de Jean III et les cours de justice mécontentaient le peuple par leur négligence à se conformer à la charte de Cortenberg, mettant même tout en œuvre pour l'annihiler et refusant de la laisser lire [3].

Cette conduite révolta les esprits, et les villes prirent des mesures énergiques pour protéger leurs libertés, leurs prérogatives et leur commerce. Louvain et BRUXELLES conclurent un traité semblable à celui de l'an 1261 [4], et Tirlemont, Léau, Anvers, Bois-le-Duc, Maestricht, etc., entrèrent bientôt dans leur alliance [5]. Pour rétablir les finances du souverain et rendre aux Brabançons le libre accès des contrées étrangères, les bourgeoisies offrirent de payer, jusqu'à concurrence de 40,000 livres tournois, les dettes du trésor, à condition toutefois d'en avoir la direction et de pouvoir nommer, pendant six années, les officiers de justice : ammans, maires, écoutètes. C'était annuler entièrement l'autorité du souverain et de ses conseillers; aussi les nobles s'opposèrent-ils d'abord à cette proposition. Mais les villes ayant déclaré que, sans cette concession,

---

[1] RYMER, *Fœdera*, t. II, partie III, p. 74.

[2] VAN VELTHEM, l. c., c. 3, p. 366. — Les auteurs se sont évidemment trompés en parlant de Jean III comme mineur à son avénement; c'est l'auteur des *Brabantsche Yeesten* qui les a tous induits en erreur, en ne donnant à Jean III que 12 ans lors de la mort de son père (Livre V, c. 9, t. I, p. 439). Il place à tort son mariage après les fléaux qui désolèrent la Belgique (l. c., c. 11, p. 444). Nous avons suivi Van Velthem, qui était contemporain et qui raconte les faits avec plus de fidélité. Butkens dit que Jean III mourut en 1355, âgé de 59 ans; en 1313, il en avait donc 17.

[3] VAN VELTHEM, l. c.

[4] Alliance en date du 28 juillet, samedi après la fête des SS. Jacques et Christophe 1313. *Luyster*, l. c, p. 75. — Conf. DIVÆUS, *Rer. Brabant.*, XIV, p. 143. — BUTKENS, t. I, p. 384. — HARÆUS. — A THYMO, l. c., titre 3, c. 3.

[5] Mss. n° 17355 de la Bibliothèque de Bourgogne.

elles ne payeraient rien, et le domaine étant entièrement hypothéqué, il fallut céder [1]. Deux chartes connues sous les noms de charte flamande et charte wallonne, contre-signées par les comtes d'Évreux, de Los, de Juliers, les sires de Fauquemont, de Malines, de Diest, de Wesemael et de Bréda, consacrèrent cette révolution, qui plaça le pouvoir aux mains de la partie de la nation la plus imposée dans les charges publiques. Par la charte flamande, il était stipulé, en extension des anciens droits du pays, que les premiers fonds disponibles seraient employés à délivrer les Brabançons arrêtés à l'étranger; qu'il ne serait plus battu monnaie sans le consentement des villes; que l'argent levé pour améliorer les chemins ne pourrait être employé à d'autre usage; que les maires, sous-maires ou forestiers ne seraient plus nommés à titre viager ou à terme fixe [2]. La charte wallonne, qui ne devait rester en vigueur qu'aussi longtemps que les bonnes villes, les abbayes et les autres gens du duché seraient chargés du payement des dettes, porte que le conseil du duché choisira un sénéchal, des justiciers et des rentiers [3], *les moindres et les plus profitables que l'on puisse trouver;* que les justiciers et les rentiers rendront compte de leurs recettes au conseil et aux villes, les premiers deux fois, et les seconds une fois par an [4]; qu'aucune affaire importante ne sera scellée sans le consentement des villes, et qu'outre les fonds fournis par elles, tout l'argent levé sur les lombards et les juifs, ainsi que le produit des biens domaniaux, sera consacré à l'extinction des dettes. Enfin, il est déclaré formellement que le pays ne s'engage pas pour plus de 40,000 livres tournois [5]. En vertu de ces transactions importantes, les rênes de l'administration furent remises au sire de Diest, au chevalier Daniel de Bouchout, et à quelques députés des villes. Le duc promit de ne jamais les inquiéter du fait de leur gestion, et chargea du soin de les

---

[1] Van Velthem, l. c , c. 7, p 373.

[2] Selon le droit du pays, tout officier restait en place jusqu'à forfaiture.

[3] Et non pas *routiers,* comme le porte le texte du *Luyster.*

[4] Les justiciers (ammans, maires, écoutètes) percevaient les amendes judiciaires et le produit des confiscations; les rentiers ou receveurs avaient dans leurs attributions la rentrée des fermages, des cens, des redevances.

[5] *Luyster,* l. c., bl. 76. — A Thymo, l. c., c. 5. — Dewez, *Histoire de la Belgique,* t. III, page 251, a porté la valeur actuelle de cette somme à 17,943 marcs d'argent. Quelques auteurs, Divæus et Butkens, entre autres, ont vu dans ces diplômes une joyeuse entrée; il faut supposer qu'ils n'avaient pas lu Van Velthem.

défendre, *envers et contre tous*, Louvain, Bruxelles, Anvers, Bois le-Duc, Maestricht, Nivelles, Tirlemont et Léau [1].

Poursuivant les vues ambitieuses de ses prédécesseurs, le roi de France, Louis X dit le Hutin, se préparait alors à envahir la Flandre. Déjà uni au comte de Hainaut et de Hollande, il désirait ardemment, pour fermer aux Flamands toute issue, attirer le duc de Brabant dans son alliance. Il l'invita à venir à Paris; mais, dès les premières ouvertures qu'il lui fit, Jean supposa un prétexte pour partir et revint à Bruxelles. Il y fut suivi par un « savant clerc » et par le comte de Hainaut. Le premier ayant osé avancer que le duc était obligé de soutenir son maître [2] et qu'il était son vassal [3], Jean s'écria avec colère : « Celui qui a dit cela en a menti, » et le malencontreux orateur, qui ne s'était pas muni d'un sauf-conduit, fut arrêté par ordre de Renaud de Fauquemont. Les villes ayant été consultées, quelques-unes, influencées par les intérêts de leur commerce, montrèrent peu d'éloignement pour une alliance avec la France, mais leurs vues intéressées, l'argent et les promesses que de hauts personnages prodiguèrent [4], ne purent empêcher l'opinion contraire de prévaloir. Le duc, qu'une sage politique dirigeait, ne permit même pas de lever dans ses états des hommes d'armes contre la Flandre. Attaqués sur divers points par une armée puissante, les Flamands eussent succombé si le Brabant avait fait cause commune avec leurs ennemis ; Bruxelles, dont l'accès leur resta ouvert, leur fournit abondamment des vivres et fut le refuge d'une foule de nobles qui s'y retirèrent avec leurs serviteurs. Arrêté par les pluies, par la disette et par les maladies, le roi se vit bientôt contraint de brûler ses équipages et de licencier son armée.

L'année 1315 fut des plus désastreuses pour la Belgique et les pays voisins. Depuis le mois de mai jusqu'en février 1316 il ne cessa, pour ainsi dire, de pleuvoir. Au mois d'août, époque de la moisson, il tomba, durant quatorze jours, des torrents de pluie, et les grains qu'on s'était empressé de récolter, mais qui n'avaient pu être rentrés, furent emportés

---

[1] *Luyster*, l. c., bl. 81. — A THYMO, l. c., c. 6.

[2] Le roi de France s'appuyait sur le traité de paix de 1304, par lequel le duc s'était engagé à le soutenir contre les Flamands s'ils contrevenaient aux conditions acceptées. Voyez *Ordonnances des Rois de France*, t. I, p. 619.

[3] En 1304, le duc Jean II s'était déclaré homme lige de la France pour un fief de 2,500 livres. *Brabantsche Yeesten, Codex*, n° 107, p. 719.

[4] On désigne évidemment ici le comte d'Évreux.

par les eaux [1]. Une épizootie enleva les bestiaux en même temps que la
famine produite par la perte d'une grande partie des récoltes et la mauvaise qualité de celles qu'on avait pu sauver, désolait les populations. De
mémoire d'homme, disent les contemporains, on n'avait vu pareille
détresse. A la Toussaint le muid de blé, mesure de Louvain, se vendait
déjà 5 livres; à la Saint-André il monta à 7, à la Purification à 10, à
Pâques à 12, à la Saint-Jean à 16, somme énorme pour ces temps [2];
le prix de toutes les denrées suivit la même progression. Les riches se
procuraient avec peine des aliments; les pauvres mouraient d'inanition
dans les rues et aux portes des églises; ces fléaux en engendrèrent bientôt
un plus terrible encore : la peste vint porter le dernier coup aux populations épouvantées. Le nombre de décès était si considérable que les
villes furent obligées d'établir de vastes cimetières dans des plaines ou
hors des lieux fréquentés; les morts y étaient inhumés avec précipita-
tion : on en enterrait jusqu'à soixante ou quatre-vingts dans la même fosse [3].

Louis le Hutin, qui n'avait pas renoncé à ses projets contre la Flandre,
fit de nouvelles tentatives pour s'associer le duc de Brabant, et le comte
de Hainaut vint une seconde fois le presser de se déclarer le feudataire
du roi. Il trouva cette fois Jean III assez disposé à traiter, et il parvint à
gagner quelques villes, entre autres Bruxelles, intéressée à conserver à
ses drapiers le débouché de la France. Louvain ne se prononça pas, mais
Anvers s'étant obstinément refusée à tout projet d'alliance, les négociations échouèrent. Van Velthem, qui était contemporain et qui va malheureusement nous manquer, exhale son indignation contre ceux qui
voulaient enlever au duc son indépendance : « L'or, s'écrie-t-il, leur a ôté le

[1] Van Velthem, l. c., c. 10, p. 376.

[2] Dans les *Brabantsche Yeesten* on lit que le setier ou *veertel* de seigle se vendait alors à Anvers 60 vieux gros tournois.

[3] Van Velthem, l. c., c. 21, p. 390. — *Brabantsche Yeesten*. — Divæus. — C'est
alors sans doute que furent consacrés à Bruxelles quelques cimetières éloignés de
toute église, par exemple : celui de St.-Martin (*Atrium S. Martini; S. Mertens-
kerckhof*), où sont aujourd'hui la rue dite Montagne du Parc et les bâtiments occupés par la Société Générale pour favoriser l'industrie nationale; et celui dit le
cimetière des pauvres, rue des Six-Jetons. (Een huys voor s'leeuws Wycket tegen
over het kerckhof van den armen, tegen over de Ses-Penninck straet.) Acte de
1453 aux *Archives de Sainte-Gudule*.

Le Carpentier, dans son *Histoire de Cambrai et du Cambrésis,* ouvrage rempli
de faits inexacts ou exagérés, dit que Bruxelles perdit alors 36,000 habitants.
Nous ne comprenons pas qu'on ait pu répéter de pareilles assertions.

» courage, les villes sont maintenant trop riches [1]. » Louis le Hutin ne pouvant faire entrer les Brabançons dans ses projets s'en vengea sur leur commerce; il défendit dans ses états tout négoce avec eux, parce qu'ils portaient en Flandre, dit-il, du blé, du vin et des armures achetées en France [2]. Mais sa mort, qui arriva peu de temps après, suspendit momentanément la guerre de Flandre et les relations commerciales reprirent aussitôt leur cours.

Les villes jouèrent encore un grand rôle dans les autres événements politiques de ces années. Quand l'évêque de Liége Adolphe de la Marck, chassé par ses sujets, vint en Brabant demander protection et secours, il s'adressa à Louvain et à Bruxelles, qui s'engagèrent à le soutenir, et qui négocièrent ensuite la paix de Fexhe (juin 1316) [3]. L'évêque de Liége ayant vendu Malines au comte de Hainaut [4], les Brabançons craignirent de voir ce puissant voisin s'établir dans le cœur du pays, et ils conclurent avec la cité cédée une alliance par laquelle les deux parties s'engagèrent à se défendre mutuellement [5]. Ce traité fit naître quelques différends avec le Hainaut; mais ils furent assoupis par la rétrocession de Malines à l'évêché. Pour mettre un terme aux exactions du sire de Fauquemont, qui accablait ses sujets de contributions et rançonnait durement les marchands forcés de traverser son territoire, le duc résolut, de concert avec l'évêque de Liége, d'envahir les terres de ce seigneur. Jamais plus formidable armée n'avait été vue entre le Rhin et la Meuse : chaque ville, chaque mairie avait fourni son contingent [6]. Craignant que les métiers ne tournassent contre eux les armes distribuées à cette occasion, les lignages de Bruxelles exigèrent du duc un acte qui, en maintenant une disposition de la charte de 1306, leur laissa la faculté de reprendre ces armes après la guerre [7]. Vers la fin de septembre, la ville de Sittard

---

[1] Stede syn nu al te rike. Van Velthem, l. c., c. 28, p. 398.

[2] Édit du dernier févr. 1315 (1316 N.-S.). *Ordonn. des Rois de France*, t. I, p. 619.

[3] Van Velthem, l. c., c. 26, p. 396.

[4] 9 octobre 1315.

[5] Convention entre les commune-maîtres, échevins, jurés et conseil de Malines, d'une part, le duc de Brabant, les échevins, jurés et conseil de Louvain, Bruxelles, Anvers, Bois-le-Duc, Maestricht, Tirlemont, Léau et Nivelles, de l'autre, en date du 15 octobre, lundi après la Saint-Denis 1315. *Luyster van Brabant*, l. c., bl. 83.

[6] *Brabantsche Yeesten*, l. c., c. 13 et suiv., p. 449.

[7] Acte du 8 juillet, samedi après l'octave de SS. Pierre et Paul 1318. *Luyster*, l. c., bl. 85.

fut prise et incorporée au duché [1] ; l'évêque de Liége de son côté emporta la forteresse de Haren et en fit passer la garnison au fil de l'épée. Réduit à l'extrémité, le sire de Fauquemont vint à Louvain se mettre à la merci de Jean III et consentit à y rester prisonnier jusqu'à parfait accord.

Jean III montra toujours une grande prédilection pour son palais de Bruxelles, ainsi que le prouve le nom de Jean de Coudenberg, qu'il prit en plusieurs occasions. Il l'agrandit et acheta des terres au dehors de l'enceinte, vers la porte de Sainte-Gudule, pour y former un parc [2]. En 1520 il reçut, dans sa résidence favorite, Jean, comte de Luxembourg et roi de Bohême qui lui fit hommage du marquisat d'Arlon [3], et qui revint quatre ans après exiger la part de sa mère Marguerite dans l'héritage de Jean-le-Victorieux. Cette réclamation n'était rien moins que fondée, attendu que cette princesse avait eu sa dot ; aussi Jean III la repoussa-t-il, et Roger de Leefdael, chef du conseil ducal, déclara au comte que ses prétentions étaient contraires au droit brabançon. Jean de Bohême, qui était parti en menaçant de faire valoir ses droits les armes à la main, fut néanmoins bientôt de retour à Bruxelles, où il vécut plusieurs mois dans les fêtes et dans les plaisirs. Il y tint même sur les fonts baptismaux un enfant du duc et il conclut en outre avec celui-ci un traité d'alliance ; mais cette amitié apparente fut de courte durée, et Jean ne tarda pas à voir son hôte se joindre à ses plus ardents ennemis [4].

La nécessité de recourir sans cesse aux villes pour obtenir des aides, obligea plus d'une fois Jean III à leur faire de grandes concessions. Bruxelles, dont l'influence n'était balancée que par celle de Louvain, en reçut de nombreuses. Pour reconnaître les services des bonnes gens, c'est-à-dire des patriciens de sa ville de Bruxelles, le duc leur accorda la faculté d'admettre, selon qu'ils le jugeraient convenable, les gens de métier à jouir des droits de la ville ; c'était à la fois reconnaître l'importance croissante des plébéiens et permettre aux lignages de les contenir en gagnant leurs chefs par les faveurs et les emplois [5]. Un diplôme du 18 octobre 1326, autorisa Bruxelles à établir des accises ou droits de

[1] 14 sept. jour de l'Exaltation de la Sainte-Croix 1318. Butkens, t. I, p. 150.
[2] Voyez la troisième partie.
[3] Butkens, *Trophées de Brabant*, preuves.
[4] Butkens.—De Dynter.—*Brab. Yeesten*, L. V, c. 17. p. 465 et suiv.—Divæus, etc.
[5] Charte du 8 janvier, mercredi après le treizième jour 1325 (1326 N.-S.). *Luyster*, l. c., bl. 86. — A Thymo, l. c., c. 13.

fabrication pour faire face aux dépenses de la commune, et l'exempta de
toute taxe arbitraire, sauf trois cas exceptionnels : lorsque le duc était
armé chevalier, était fait prisonnier ou mariait sa fille aînée. Ce privilége
lui fut octroyé moyennant 120,000 livres, payables en vingt années par
parties égales ; 1,000 livres devaient être annuellement mises en réserve
pour rendre à la liberté les bourgeois qui pourraient être arrêtés à l'é-
tranger pour les dettes du duc, ou pour les indemniser de la saisie de leurs
biens [1]. Un autre diplôme du même jour dota les bourgeois de Bruxelles
de priviléges qui garantissaient leur liberté personnelle. Il fut défendu
de les détenir ou de saisir leurs biens, avant qu'ils eussent été convaincus du crime dont on les accusait ; l'amman et ses valets avaient
seuls le droit de les arrêter ; ils ne pouvaient être incarcérés qu'à la
Vrunte ou à la *Steenporte*, et être exécutés qu'en plein jour. Il fut
déclaré en outre que les biens des parents ne seraient plus confisqués
par suite des crimes de leurs enfants ; que si le duc faisait mettre en
liberté un étranger arrêté pour dettes contractées envers un bourgeois,
il les payerait lui-même ; que les doyens et jurés de la draperie jugeraient toute contestation en matière de dettes et réclamations de ce genre.
Enfin, le duc Jean III s'engagea formellement à ne plus influencer les
décisions des échevins [2].

Cette même année, Bruxelles fut frappée d'un grand désastre. Un
incendie terrible éclata dans le quartier du Sablon, et dévora plus de
2,000 maisons, baraques et ateliers de tisserands [3].

Par un diplôme du 10 juin 1328, le duc arrêta que les personnes
qui quitteraient Bruxelles sans payer leurs dettes seraient citées par
l'amman à comparaître à *l'Étoile* [4] endéans 40 jours, et que les débiteurs
fugitifs ne pourraient rentrer en ville sans avoir les moyens de satisfaire
leurs créanciers. Une clause de cette charte porte aussi que les pères ne
seront plus arrêtés pour les dettes de leurs fils [5].

---

[1] Charte du 18 octobre, jour de Saint-Luc 1326. *Brabantsche Yeesten*, Codex
n° 114, p. 770. — A THYMO, l. c., c. 38. Cette concession fut souvent renouvelée.

[2] *Luyster*, l. c., bl. 87.

[3] GRAMAYE, *Bruxella*, p. 2. — *Chronique du xve siècle*, aux *Archives du royaume.*
— La chronique de Rouge-Cloître place cet événement en 1317.

[4] Maison de la Grand' Place, séparée seulement de l'hôtel de ville par la rue
qui porte son nom.

[5] *Brabantsche Yeesten*, l. c., n° 149, p. 777. — A THYMO, l. c., c. 42.

Quelques jours après, Bruxelles, Louvain et Anvers se confédérèrent de nouveau, afin de puiser dans leur union de nouvelles forces pour défendre leurs priviléges [1]. Nous ignorons les causes qui provoquèrent cette mesure. On peut supposer toutefois qu'elles se rattachaient aux embarras financiers dans lesquels se trouvait Jean III. Ce prince, qui devait entre autres de fortes sommes au comte Adolphe de Berg, demandait à ses villes de nouveaux subsides, que celles-ci refusaient de lui accorder, en se fondant sur leurs immunités. Bruxelles cependant, après avoir obtenu un acte de non-préjudice, consentit à lui venir en aide [2].

En 1551, le duc joignit le village de Lacken à la ville de Bruxelles et ordonna que ses habitants jouiraient des mêmes lois et coutumes que les bourgeois [3].

Cependant la puissance et la fierté de Jean III, fierté qui dégénérait souvent en hauteur, armaient contre lui tous ses voisins. Il avait irrité le roi de France en recevant à sa cour Robert, comte d'Artois, et en refusant de le faire sortir de ses états. Depuis quelques années une sourde inimitié régnait entre lui et l'évêque de Liége, et pour anéantir dans le duché la juridiction ecclésiastique étrangère, il avait demandé au pape la création d'un évêché à Bruxelles. Cette proposition d'une utilité incontestable ne put prévaloir sur les intérêts de quelques particuliers. L'évêque de Cambrai dont l'autorité spirituelle s'étendait sur Bruxelles, Malines, Anvers, etc., et l'évêque de Liége, auquel obéissaient Nivelles, Louvain, Tirlemont et grand nombre d'autres localités, mirent tout en œuvre pour faire avorter ce projet. Ils furent vivement appuyés à la cour de Rome, par quelques ecclésiastiques influents qui possédaient des dignités dans ces deux diocèses, et la demande du duc n'eut aucune suite [4]. Une

---

[1] 20 juin 1528 *Luyster*, l. c., bl. 91.

[2] 20 décembre, veille de Saint-Thomas 1528. *Brabantsche Yeesten*, l. c., n° 152, p. 781. — A Thymo, l. c., c. 44. — Original aux *Archives du royaume. Chartes de Brabant*, armoire 7, layette O, coté 89.

[3] 22 juillet, jour de Sainte Madelaine 1331. Sanderus, *Chorogr. sacra Brab.*, t. III, p. 272. — A Thymo, l. c , titre 5, c. 16.

[4] Miræus, *Opera Diplomat.*, t. III, p. 150. L'archidiaconé de Bruxelles formait une des six divisions du diocèse de Cambrai, et se partageait en trois décanats : Bruxelles, Alost, Pamele-lez-Audenarde. Le doyen, qu'on surnommait doyen de la chrétienté, par opposition au doyen du chapitre de Sainte Gudule ou doyen du chœur, portait aussi le nom d'official; il présidait une cour connaissant de tous les délits commis contre les lois de l'église et siégeant d'ordinaire à l'hôtel de l'évêque, situé rue d'Or (Voyez troisième partie).

même ligue réunit contre le Brabant la plupart des princes belges et quelques seigneurs de la Basse-Allemagne, ennemis constants du Brabant, dont ils enviaient les richesses[1], et le comte d'Eu, connétable de France, qui était venu, au nom de son souverain, prendre le commandement de l'armée des coalisés, entra dans le Brabant-Wallon. Jean III ayant convoqué aussitôt ses chevaliers et ses hommes des communes, accourut à Heylissem avec des troupes nombreuses et pleines d'ardeur. Après y avoir reçu et donné à plusieurs de ses chevaliers l'ordre de la chevalerie[2], il offrit *jour de bataille* à ses ennemis, qui, étonnés de son audace, acceptèrent une trêve proposée par le comte de Hainaut (11 mai 1352). Le roi de France, admirant sa vaillance, se réconcilia avec lui et accepta le rôle de médiateur.

Jean III perdit en 1352 sa femme, Marie d'Évreux, qui fut enterrée dans l'église des Récollets. Il ne se remaria pas, mais il vécut entouré de maîtresses et d'une cour somptueuse à laquelle il donnait l'exemple du luxe et de la licence. La même année, il alla assiéger dans Montjoie l'intraitable sire de Fauquemont, qui, dans un assaut, fut mortellement blessé. Cet événement entraîna la reddition de cette citadelle[3].

Jean III avait confirmé en 1352 la charte de Cortenberg et ordonné une enquête annuelle sur la gestion de tous ses officiers : drossards, baillis, ammans, écoutètes, maires[4]. En 1355 il déclara qu'à Bruxelles personne ne pourrait être réélu aux fonctions d'échevin, doyen, *huit*, clerc ou valet de la *gilde,* doyen d'un métier dépendant de ce tribunal, ou doyen des tisserands et des foulons, s'il ne s'était écoulé un intervalle de six ans depuis sa sortie de charge. Il défendit aussi de distribuer de l'argent pour obtenir un office, et ce, sous peine d'être déclaré inhabile à remplir aucun emploi[5].

Cependant un violent orage menaçait une seconde fois le pays. Plusieurs princes s'étaient détachés de la première ligue, mais le duc s'était fait un nouvel ennemi dans le comte de Flandre, en annulant[6] la vente

---

[1] *Brabantsche Yeesten,* Livre V, c. 23, p. 487. — De Dynter, etc.

[2] Lorsque le duc fut armé chevalier, la ville de Bruxelles lui paya 12,000 livres. *Brabantsche Yeesten,* Codex, n° 184, p. 820.

[3] Butkens, l. c. p. 403, ad. a. 1352. A l'occasion de cette guerre, la ville prêta au duc 6.000 livres en avance sur la somme qu'elle devait pour l'octroi des accises. *Brabantsche Yeesten,* l. c.

[4] Bruxelles, 16 août, lundi après l'Assomption. *Luyster,* l. c., bl. 95.

[5] Bruxelles 21 septembre, jour de Saint-Mathieu 1355. *Luyster,* l. c., bl. 96.

[6] En qualité d'avoué de l'église de Liége.

de Malines, que Louis de Nevers avait achetée à l'évêque de Liége, et en prenant possession de cette ville, où l'avaient appelé les habitants. Les coalisés conclurent à Valenciennes un traité d'alliance, dans la nuit du 6 janvier 1354 (1353 A.-S.), et les hérauts de presque tous les princes de la Basse-Allemagne vinrent, au même jour, porter au duc le défi de leurs maîtres. Pendant neuf mois le pays vit les armées ennemies l'entourer de toutes parts, et pourtant pendant tout ce temps les denrées n'y manquèrent jamais, preuve évidente qu'il pouvait suffire à ses besoins [1]. Les hostilités commencèrent sur les frontières de Flandre. Le duc étant parti pour aller au secours de Rolduc, au delà de la Meuse, les Flamands, au nombre de 20,000, profitèrent de son absence pour brûler le bourg d'Assche et le château d'Aa, appartenant à Thierry de Walcourt [2]; ils projetaient également l'incendie des faubourgs de Bruxelles et la destruction du village de Lennick, lorsque arrivés à Ten-Hellekene [3], ils furent attaqués à l'improviste par une division brabançonne ayant à sa tête Thierry de Walcourt, le duc de Bar, le comte de Vianden sire de Grimberghe, le comte de Salm, les seigneurs de Leefdael, de Huldenberg et de Manderscheit. Malgré leur supériorité numérique, ils furent forcés de battre en retraite, après avoir perdu 150 hommes de tués et un grand nombre de prisonniers. Selon une chronique récemment publiée, les Flamands avaient l'avantage, lorsqu'un chevalier brabançon remarquant que leurs visages n'étaient pas protégés par leurs casques allongés et appelés vulgairement *huven met kaken*, cria à ses compagnons: « Frappez- » les à la figure ! » Les Brabançons, se servant avec adresse de leurs courtes épées, suivirent cet avis et leurs adversaires, couverts bientôt du sang qui leur coulait de la figure, furent mis en déroute. Depuis lors, ajoute le narrateur, quand on voit en Flandre un homme blessé au nez, on lui dit : *Ja ghi hebt ten Hellikene ghezyn* (Oui! vous avez été à Hellekene) [4].

---

[1] *Brabantsche Yeesten*, Livre V, c. 31, t. I, p. 513.

[2] *Chronicon anonymi*, p. 64. — CHAPEAUVILLE, *Gesta Pontif. Leodiens*, t. II, p. 407.

[3] Ten Hellekine. *Brabantsche Yeesten*, L. V, c. 36, t. I, p. 522. — *Chron. Comit. Flandr.* ubi infra.—Ten Helkenen, *Chron. de Rouge-Cloître*. Nous croyons qu'on ne peut placer ce combat à Zellick, sur la route d'Alost à Bruxelles, mais plutôt au lieu dit Ten-Hellekene, près Lennick, sur le chemin allant de Bruxelles à Ninove.

[4] *Chron. Comitum Flandrensium*, dans le *Corpus Chronic. Flandr.*, t. I, p. 229. Édit. DE SMET.

Cette victoire garantit la sûreté de l'ammanie. De retour en Brabant, le duc fut joint par le roi de Navarre, le comte d'Étampes son frère, et le comte d'Alençon frère du roi de France, avec lesquels il fit une entrée magnifique à Bruxelles. Il se disposait à marcher une seconde fois sur le Limbourg, et les gens des communes étaient allés dans leurs foyers se préparer à cette nouvelle expédition, lorsque des négociations furent ouvertes. Elles furent longues et difficiles; ce ne fut que le 27 août que le roi de France fit connaître sa décision, et, pendant tout cet intervalle, le Brabant resta complétement bloqué [1].

Pour satisfaire aux obligations imposées par la paix d'Amiens, Jean III dut de nouveau recourir aux états, ou pour mieux dire aux nobles et aux villes, qui lui accordèrent une aide considérable, en y mettant toutefois à peu près les mêmes conditions qu'en 1314. Les deniers à recueillir devaient être levés par deux seigneurs, par deux Louvanistes et par deux Bruxellois, délégués à cet effet par les états. L'administration du domaine leur fut confiée, ainsi que l'emploi des deniers provenants des amendes et des confiscations prononcées en suite de l'enquête sur les officiers de justice [2]. Un règlement communal, émané des échevins et du conseil de Bruxelles, institua en 1334 deux receveurs qui devaient être nommés tous les ans à la Saint-Jean-Baptiste, et rendre leurs comptes en sortant de fonctions. Le cumul fut défendu, et les doyens et huit de la *gilde* astreints à justifier de l'emploi des deniers qu'ils percevaient [3]. Une disposition qui ne se retrouve pas dans le texte imprimé de cette ordonnance exclut *les chevaliers* des fonctions de doyen de la *gilde* [4].

Le pays était alors vivement occupé par l'enquête établie en conformité de la charte de 1332 et par la levée de l'aide. De concert avec les villes de Louvain, de BRUXELLES et de Tirlemont, le duc modifia le mode de

---

[1] *Brabantsche Yeesten*, L. V, c. 29 et suiv., p. 508. — DE DYNTER, L. V, c. 10, t. II, f° 1253. — *Chron. anonymi*, p. 65 à 69. — DIVÆUS, *Rerum Brabant.*, t. XIV, p. 153. — MEYER, *Rerum Flandric.*, t. XII, p. 157. — BUTKENS, L. IV, p. 408 et suiv.

[2] Les délégués de Bruxelles furent Walter Eggloy et Henri dit Swaef. Acte daté de Bruxelles, le 16 octobre 1334. *Luyster*, l. c., bl. 98.

[3] Charte du 5 juillet, mardi après SS. Pierre et Paul 1334. *Luyster*, l. c., bl. 97.

[4] Voert hebben wy geset dat negeen ridder nemmermeer namaels guldeken syn en sal binnen Brussel. Note marginale dans le *Root Statuyt Boeck* aux *Archives de la ville*.

l'enquête et ordonna entre autres dispositions que les délégués jugeraient dorénavant seuls et non plus avec tous ceux qui se présenteraient [1]. En 1534, il délivra à la ville de Bruxelles des lettres de non-
préjudice à l'égard des coupables qui avaient été distraits de leurs juges
naturels ou ordinaires, pour être traduits devant la commission de
l'enquête [2], et, l'année suivante, il confirma toutes les confiscations prononcées par cette commission [3].

Les prélats brabançons ayant été taxés dans l'aide à 50,000 réaux d'or,
la plupart refusèrent de payer leur quote; mais Jean III ne recula pas
devant ce refus et recourut contre eux aux mesures les plus énergiques.
Les abbés s'adressèrent alors au pape, en se plaignant des charges énormes,
des corvées et des taxes arbitraires qu'on leur imposait; le pape leur
promit sa protection et menaça des foudres spirituelles ceux qui les
opprimeraient [4]. Le comte de Hainaut qui, ainsi que son fils, intervint
fréquemment, à cette époque, dans les affaires du Brabant [5], fut pris
pour arbitre et amena les parties à une transaction qui fut signée à
Bruxelles, avec l'assentiment des nobles et des villes. Les abbayes durent
s'engager à payer 50,000 florins de Florence [6], et leurs corvées furent
réduites à 1600 par an, sauf le cas de guerre nationale [7]. Les droits de
gîte des chiens du souverain furent restreints, et les monastères furent
déclarés francs de toutes tailles, exactions, subventions, services inaccou-

---

[1] Acte du 14 octobre 1331. *Inventaire des Chartes de Brabant,* n° 13, f° 62,
aux *Archives du royaume.*

[2] Bruxelles, 13 décembre, mercredi après la Saint-Nicolas 1534. *Luyster,* l. c.,
bl. 101.

[3] 2 août 1335. *Brabantsche Yeesten,* Codex, n° 165, p. 800.

[4] Bulle du pape Benoît XII, datée du 30 juin, 2 des calendes de juillet 1335.
HEYLEN, *Mémoire sur l'époque où le clergé entra aux états de Brabant,* pag. 46,
47 et 62.

[5] Le mariage de Jeanne, fille aînée du duc, avec l'héritier du Hainaut avait été
arrêté dès la naissance de cette princesse, et, en 1331, Jean III demanda de ce
chef un subside à ses villes. Bruxelles, pour sa part, paya 312 livres 10 schellings gros tournois. *Brabantsche Yeesten,* Codex, n° 184, p. 820.

[6] Décision du comte de Hainaut, de son fils et de son frère, datée du Quesnoy, le 4 novembre, lundi après la Toussaint 1336. SAINT-GENOIS, *Pairies du Hainaut.*

[7] In expeditionis nostris et Calvacaturis publicis cum nos aut successores nos-
tros guerram apertam habere contigerit sine dolo, quæ vulgariter, *guerre
ouverte* nuncupatur. Accord daté de Bruxelles, le 24 octobre 1336. *Placcaeten
van Brabant,* t. III, p. 160 *et alibi.*

tumés et autres usages onéreux. Les villes de BRUXELLES et de Louvain scellèrent cette transaction, et le comte de Hainaut la confirma, en déclarant qu'elle ne portait aucun préjudice aux droits du duc [1]. Ainsi finit cette contestation qui, pendant deux ans, avait troublé le pays. Les charges qui pesaient sur les monastères ne furent guère allégées; mais ils étaient devenus assez riches pour les supporter. La discipline y était tout à fait tombée en désuétude et avec elle avaient décliné la considération et la vénération dont jouissaient autrefois ceux qui s'y retiraient. Bruxelles ne consentit à ratifier cette transaction qu'après que le duc eut déclaré que, si les monastères refusaient dorénavant d'acquitter leur part dans les aides, le pays ne serait pas plus imposé qu'auparavant [2].

A l'instigation de Robert d'Artois, le roi d'Angleterre s'était décidé à faire valoir ses prétentions à la couronne de France. Des négociations actives, appuyées par l'offre de subsides considérables, attirèrent dans son alliance un grand nombre de princes allemands, entre autres l'empereur Louis de Bavière, qui embrassa chaudement sa querelle. Pour décider les populations commerçantes de la Flandre et du Brabant à se prononcer en sa faveur, Édouard III défendit à ses sujets d'importer de la laine dans ces contrées, et cette mesure répandit la misère chez les artisans [3]. Au commencement de l'année 1338, Édouard III, accompagné de sa femme, vint à Anvers, et, pour les influencer, il accorda aux principales villes brabançonnes des priviléges commerciaux. Les marchands et bourgeois de Bruxelles furent autorisés à parcourir l'Angleterre, à y séjourner et à y trafiquer. Leurs marchandises ne pouvaient y être saisies que pour dettes ou contravention aux lois du pays; en cas de guerre, il leur était accordé quarante jours pour se retirer; enfin, la révocation de ce privilége devait être notifiée à la ville un an d'avance [4].

Après avoir perdu près d'un an à décider à la guerre les princes de la Basse-Allemagne, Édouard vint au mois de juin à Bruxelles, et, selon les expressions de Froissard, « toutes manières de gens passèrent au

---

[1] Au Quesnoy, 11 décembre, mercredi après la Saint-Nicolas 1336. *Inventaire des Chartes de Brabant,* n° 16, f° 62. *Archives du royaume.*

[2] Bruxelles, 28 décembre. jour des Innocents 1336. *Luyster,* l. c., bl. 102.

[3] *Chronique de Rouge-Cloître,* ad. a. 1337.

[4] Charte donnée à la ville de Bruxelles, datée d'Anvers, le 18 août de l'an XII du règne d'Édouard. *Luyster,* l. c., bl. 60; dans ce recueil, on a attribué, mais à tort, ce diplôme à Édouard Ier. Voyez A THYMO, l. c., tit. 3, c. 64; *Brabantsche Yeesten,* Codex, n° 175. p. 812.

» dehors [1]. » Il en partit bientôt pour entreprendre le siége de Cambrai, où Jean l'accompagna à la tête de 7,000 combattants, parmi lesquels on comptait 1,200 cavaliers [2]. Au nombre des guerriers qui s'étaient engagés à le suivre dans cette expédition, une liste officielle nomme : Réné Eggloy, Guillaume Pipenpoy, Walter Pipenpoy, Giselbert et Rodolphe Taye frères, Godefroid Rode, Guillaume Pipenpoy fils de Réné, Godefroid de Mons et Henri Boet, bourgeois de Bruxelles [3]. Après une campagne sans résultats, Édouard revint à Bruxelles et y fit crier une joûte dans laquelle il combattit ainsi que plusieurs princes d'Allemagne [4]. Une assemblée plus grave s'y tint ensuite. Le fameux tribun gantois Jacques Van Artevelde y parut avec les députés des villes flamandes, pour négocier leur union à la ligue [5]; quelque temps après, le duc lui-même et plusieurs grands d'Angleterre allèrent à Gand, où fut conclue, le 15 décembre, une alliance défensive et offensive, entre le Brabant et la Flandre. Un conseil commun fut institué pour juger des différends qui s'élèveraient entre les habitants des deux pays. Ce conseil, composé de dix personnes : deux conseillers du duc, deux du comte de Flandre et un échevin de chacune des cités de Louvain, Bruxelles, Anvers, Gand, Bruges et Ypres, devait se réunir trois fois par an, à Gand, à Bruxelles, ou à Alost. Cet accord fut scellé de part et d'autre par un grand nombre de seigneurs et par les principales villes [6].

Après avoir anéanti la flotte française à l'Écluse, Édouard, qui s'était rendu en Angleterre pour activer le zèle de ses barons, débarqua une seconde fois à Anvers et tint avec ses alliés une assemblée générale à Vilvorde (juillet 1340). Là fut resserrée l'alliance du Brabant et de la Flandre, alliance dans laquelle entra le Hainaut; là aussi fut décidé le siége de Tournai. Cette ville se défendit avec vigueur contre une armée de 100,000 hommes, parmi lesquels on comptait 20,000 Brabançons; d'autres disent 40,000. Dans une escarmouche périt Guillaume Pipenpoy [7],

[1] FROISSARD, Chroniques, t I, c. 59, p. 41.

[2] Ibid., l. c. — MEYER, Rerum Fland., p. 161. — Chron. Zantfliet apud MARTENE, Ampl. Coll., t. V, p. 221. — DIVÆUS, Rer. Brabant. — BUTKENS, etc.

[3] Inventaire des Chartes de Brabant, n° 2, f° 691, aux Archives du royaume.

[4] Chroniques de Flandre, publiées par SAUVAGE, c. 76, p. 148.

[5] FROISSARD. l. c , c. 44, p. 48.

[6] Luyster, l. c., bl. 109. — Brabantsche Yeesten, L. V, c. 49, p. 561. — FROISSARD, l. c.

[7] Chron. Zantfliet, l. c.

membre d'une des plus illustres familles patriciennes de Bruxelles, d'une
race qui, pendant cinq cents ans, du xiiie au xviie siècle, donna à la
ville un grand nombre d'ammans, d'échevins, de bourgmestres, de receveurs. Pendant cette expédition, un vif dissentiment s'éleva entre les
Louvanistes et les Bruxellois, qui se disputaient le poste d'honneur à
l'armée. De l'avis de ses nobles, chevaliers et sergents, après avoir
déclaré que nul, pas même lui, ne pouvait prendre d'autre position que
celle qui lui avait été assignée par le maréchal, le duc ordonna que
dorénavant les milices de Louvain se placeraient près de lui, dans les
expéditions dirigées vers Malines, Anvers, la Flandre et le Hainaut, et
que les Bruxellois occuperaient cette place, dans celles qui seraient dirigées vers l'évêché de Liége et le comté de Namur [1].

Une trêve ayant suspendu les hostilités, Édouard repartit pour l'Angleterre et Jean III revint dans ses états, où sa présence était devenue
très-nécessaire. Ces guerres nombreuses avaient exigé des aides extraordinaires et presque toutes les villes étaient obérées. A Bruxelles, un
règlement émané des échevins, des receveurs et du conseil, restreignit
les dépenses, fixa les gages et les habits à donner aux magistrats et à
leurs subordonnés. Il fut aussi décidé que les receveurs entreraient dorénavant en fonctions à la Noël [2]. L'année suivante, le duc régla ses comptes
avec le magistrat. Il conste de sa quittance que la ville lui avait payé,
en 12 années, depuis Pâques 1528 jusqu'au 15 mai 1540, plus de
100,000 livres tournois [3], somme qui équivaudrait aujourd'hui à dix
millions de francs. Ces charges considérables et l'interruption du commerce avec la France causèrent beaucoup de mécontentement. A son
retour dans le Brabant, Jean III apprit que plusieurs habitants de Bruxelles
avaient eu l'intention d'amener forcément la levée du siége de Tournai.
Il fut prouvé en effet que le roi de France avait gagné les principaux
habitants « de cette cité, dit un chroniqueur, qui a l'audace de vouloir
» être la capitale du duché, bien que Louvain en soit la première ville, »
et qu'ils avaient décidé leurs voisins à quitter le camp en désordre. Si
les princes avaient tardé encore deux jours à renoncer à leur entreprise,
les communes brabançonnes et les communes flamandes seraient retour-

[1] Binche, le 5 août 1340. *Luyster*, l. c., bl. 116. — A Thymo, l. c., c. 59.
[2] Règlement en date du 11 mai, mardi avant la Pentecôte 1339. *Luyster*, l. c., bl. 105.
[3] 15 mai 1340. A Thymo, l. c. c. 68. — *Brabantsche Yeesten*, Codex, no 184.

nées dans leurs foyers, exposant ainsi les alliés à une retraite honteuse.

Plusieurs Bruxellois furent arrêtés, d'autres quittèrent le pays. Les prisonniers ayant avoué leurs desseins, furent pour la plupart mis à mort, et de fortes amendes furent prélevées sur les biens des fugitifs[1]. Parmi les premiers se trouvait le chevalier Nicolas Zwaef, qui fut livré au duc par le comte de Namur[2]. Un chanoine de Sainte-Gudule, Franc de Coudenberg, également accusé de trahison, quitta la ville et alla vivre en solitaire dans la forêt de Soigne, avec un de ses confrères, Jean Hinckaert, et le célèbre mystique Jean de Ruysbroeck[3]. Ces trois amis fondèrent le prieuré de Groenendael, qui fut pendant longtemps une pépinière d'érudits.

Dans ces circonstances, cent quatre-vingt-cinq habitants de Bruxelles vinrent devant les échevins déclarer « qu'ils voulaient rester unis au » duc, aux magistrats et aux patriciens; que si l'un d'entre eux s'éle- » vait contre ceux-ci, ils feraient tout pour l'en empêcher, et que si » leurs efforts étaient inutiles, ils avertiraient de ses desseins les chefs » de la draperie et les échevins, qu'ils aideraient de leurs corps et de » leurs biens aussi longtemps qu'ils vivraient[4]. » Les chefs de la cité donnèrent, quelques semaines plus tard, une preuve évidente de leur aversion pour la lutte contre la France : Philippe de Valois ayant fait saisir des draps appartenant à un de leurs bourgeois, Arnoul Crayemblic, et estimés à 680 écus, la ville le pria d'en ordonner la restitution, en lui représentant « que les habitants avaient dû servir leur souverain, » mais qu'ils voyaient la guerre avec déplaisir[5]. »

Les années suivantes ne furent pas moins agitées. En 1541 le duc destitua l'amman Walter Pipenpoy, et le remplaça par Othon comte de Nassau, sire de Dillenbourg. Sur le refus de ce seigneur, il investit Josse d'Ophem de cette charge, qui fut, peu de temps après, rendue à Pipenpoy[6]. Ce qui nous dévoile surtout l'état d'irritation dans lequel la commune se trouvait alors, ce sont les ordonnances de police publiées

[1] *Chron.* CORNEL. ZANTFLIET, l. c.

[2] L'acte de remercîment du duc est daté du 25 octobre 1341. ST-GENOIS, *Monuments essentiellement utiles*, p. 971.

[3] GRAMAYE, *Bruxella*, p. 30.

[4] Lundi après la Toussaint 1340. Registre aux *Archives de la ville de Bruxelles* intitulé : *Copye Autentick van de originele privilegien der stad Brussel,* fᵒ CXLIX.

[5] Lettre datée du 31 décembre 1340. A THYMO, l. c.

[6] Liste des ammans de Bruxelles dans Puteanus.

en 1342. De sévères châtiments y sont comminés contre ceux qui contreviendront à la tranquillité publique. Il est défendu de loger un banni ou un ennemi de la bourgeoisie sous peine de mort et de confiscation. Quiconque blessera un bourgeois avec des armes aiguisées sera chassé de la ville pour un an, après avoir eu la main traversée par ces mêmes armes. Les personnes habitant la ville depuis au moins un an et un jour peuvent seules être armées; pour pouvoir porter un couteau, il faut y posséder un bien de la valeur de cent livres; pour se faire accompagner par ses *meysemelieden* [1], il faut une autorisation spéciale des chefs de la cité. Il est expressément interdit aux valets au vin [2] de porter ou couteau ou stylet. Enfin, l'accès de Bruxelles n'est ouvert aux personnes venant de l'extérieur qu'après qu'elles ont déposé leurs armes. Entre autres mesures de police, ces ordonnances défendent de se trouver dans les rues après la *dernière cloche,* de débiter de la boisson après la cloche dite *drabbe-clocke,* de jouer à l'oie, de se baigner en ville, « de mettre » une nouvelle mariée dans la chaise de noces, » d'aller aux octaves, trentaines et anniversaires [3]; cette dernière défense avait aussi pour but d'interdire les funérailles trop somptueuses. Ces mesures de précaution furent commandées peut-être par l'événement suivant, qui dut causer une grande fermentation. A la persuasion de quelques favoris, Jean III avait fait arrêter et décapiter un bourgeois nommé Gérard Planckman, de Clèves. Vivement émus de cette atteinte à leurs priviléges, les habitants lui adressèrent d'énergiques remontrances [4]. Les autres villes intervinrent, et le duc, redoutant une explosion générale, ordonna que le corps du supplicié fût rendu à ses parents ou à ses amis, pour être enterré en terre sainte; il bannit Jean Blanckaerde, le principal auteur de la condamnation de Planckman. Une récompense de cent florins de Florence fut promise à celui qui le livrerait, dans le cas où il reparaîtrait sur le territoire brabançon. Sa tour d'Aa fut abattue jusqu'aux fondements, et la ville s'empara de ses biens, pour indemniser ceux qui avaient été lésés par suite de la mort de Gérard. Enfin, le duc déclara que la condamna

---

[1] On appelait *meysemelieden* d'un seigneur ceux qui avaient droit de manger à sa table ou à ses frais, comme attachés à sa personne ou chargés de la défense de son château.

[2] Valets au vin ou débitants de vins en détail.

[3] A Thymo, l. c. c. 75.

[4] 19 novembre 1342. *Archives du royaume.*

tion de ce dernier, ayant été prononcée par d'autres que par l'amman et les échevins, était tout à fait contraire aux priviléges de la commune [1].

Pour éviter les malversations dans le maniement des biens et revenus de la ville, on prit le parti, en 1343, de les affermer annuellement au plus offrant et dernier enchérisseur, et de faire cette adjudication à la maison dite l'Étoile [2]. Les fonctions des échevins s'étant considérablement augmentées, un nouveau tribunal fut institué pour juger les rixes et les délits. Les meurtres et autres crimes punissables de mort ou de mutilation restèrent dans les attributions échevinales. Ce tribunal fut composé de dix personnes, appelées les pacificateurs jurés (*gesworene paysmaekers*) ou simplement les pacificateurs. Pour faire respecter ces nouveaux juges, le bannissement pour trois ou dix ans fut comminé contre quiconque les maltraiterait en paroles ou actions. Celui qui refusait de comparaître devant eux devait être chassé de la ville et ne pouvait y rentrer qu'en faisant acte de soumission [3]. C'est la dernière institution créée pendant la période de la domination des patriciens. Les sept échevins et leur conseil, les deux receveurs, les deux doyens et les huit de la draperie, constituaient alors, avec les dix pacificateurs, les juges de la bourgeoisie. Toutes ces places étaient conférées par les échevins patriciens; aussi la puissance des lignages était-elle alors à son apogée; mais cette puissance même devait leur être fatale. Ardemment convoité par les métiers, devenu le but d'ambitieuses menées, d'audacieuses entreprises, le pouvoir municipal était déjà miné dans sa base et les appuis qu'on lui donnait ne pouvaient que retarder la catastrophe en la rendant plus terrible.

Cette période de troubles fut suivie de quelques années paisibles pendant lesquelles Bruxelles s'enrichit de nouveaux édifices. Un des plus intimes confidents du duc était alors Guillaume de Duvenvoorde, seigneur d'Oosterhout, qui avait été longtemps le favori, le chambellan et le trésorier de Guillaume, comte de Hollande, position dans laquelle il avait acquis une immense fortune. Il acheta plusieurs héritages situés à peu de distance du palais ducal et s'y fit construire une splendide habitation.

---

[1] 24 mars, lundi après la mi-carême 1342 (1343 N.-S.). *Luyster*, l. c., bl. 118.

[2] 28 mai, mercredi après l'Ascension 1343. A Thymo, l. c., c. 77.

[3] Ordonnances du 26 mai et du 20 septembre 1343. *T'Root Statuyt-Boeck metten Taetsen*, fᵒ 15 v. et 17 (Cartulaire de la ville copié d'après les originaux). —A Thymo, c. 79.

Il fonda aussi à Bruxelles un couvent d'Urbanistes ou de Riches-Claires, qui fut bâti près de l'hôpital de Saint-Pierre-aux-Lépreux, au lieu nommé *Coudenclooster* ou Couvent-Froid, à côté du terrain sur lequel on bâtit, en 1581, la porte de Hal [1].

On doit rapporter à l'année 1348 l'origine d'une cérémonie qui joue un grand rôle dans notre histoire : celle de l'*ommegang* ou procession solennelle de la commune [2]. De temps immémorial il y avait eu à Bruxelles deux paroisses, celles de Saint-Michel et de Saint-Jean-à-Molenbeck, se partageant le territoire échevinal aux deux côtés de la Senne. Chacune de ces églises avait sa procession ou cavalcade, à laquelle assistaient le magistrat et les métiers. La procession de Saint-Michel conserva longtemps sa splendeur, et nous aurons plus d'une fois occasion d'en parler ; mais celle de Saint-Jean perdit son éclat vers le XVIe siècle. Une coutume bizarre distinguait cette dernière. Les malades de l'hôpital Saint-Jean l'accompagnaient, précédés de musiciens, et, pendant l'octave, parcouraient les rues en demandant l'aumône. On comprit enfin ce que ce spectacle avait de rebutant, et cette coutume fut abolie [3]. Ces deux processions furent complétement éclipsées par celle de la nouvelle chapelle du Sablon. Selon les légendaires, une pauvre femme d'Anvers, appelée Béatrix Soetkens, vit en songe la Vierge qui lui ordonna d'enlever une petite statue, vénérée depuis longtemps sous le nom de Notre-Dame-à-la-Branche (*Onze-Lieve-Vrouw-op-Stocxken*). Le sacristain de l'église d'Anvers, qui voulut s'opposer à l'exécution des ordres du ciel, fut frappé d'immobilité, et Béatrix, montée sur un léger esquif, parvint rapidement à Bruxelles. Elle y fut reçue par le duc, son fils Henri, le magistrat, les métiers et les arbalétriers, qui transportèrent avec pompe la statue dans la chapelle du Sablon [4].

[1] Voyez dans la troisième partie la description du musée qui occupe aujourd'hui l'emplacement de cet hôtel, et celle des boulevards (porte de Hal).

[2] *Ommegang*, de *gaen*, aller, et *omme*, par, autour; littéralement par-cours, *pro-cessio*.

[3] Ordonn. du magistrat du 19 juin 1527. *Archives de la Ville.*

En 1425, le chapitre de Sainte-Gudule avait défendu aux vieillards et aux infirmes d'accompagner les processions de cette église. *Archives de Sainte-Gudule.*

[4] WICHMANS, *Brabantia Mariana*, L. I, p. 159 et L. II, p. 290. — SANDERUS, *Chorog. Sacra Brab.*, t. II, p. 18; *Ibid.*, t. III. — VAN GESTEL, *Historia Archiep. Mechlin.*, t. II, p. 30. — GRAMAYE, *Bruxella*, p. 8. — Le souvenir de cet événement a été conservé par des traditions, des tapisseries, des sculptures et de vieux tableaux ; dans l'église du Sablon on voit encore représentée, au-dessus du portail de l'est, la nacelle qui portait Béatrix et la statue miraculeuse.

L'anniversaire de cet événement fut célébré tous les ans, le dimanche avant la Pentecôte, par une procession solennelle, qui prit, vers la fin du XIVe siècle, un développement considérable. A l'imitation de ce qui se pratiquait dans la plupart des autres villes, ce jour fut choisi pour fête communale, ce qui contribua beaucoup à rehausser la splendeur de la cérémonie. La *gilde* des arbalétriers et les autres serments institués plus tard, escortaient la procession dans laquelle figuraient en corps les magistrats et les membres de toutes les corporations, lignages, *gilde* de la draperie et métiers, ainsi que le clergé et les ordres mendiants. Les magistrats et les doyens y assistaient en robe rouge, couleur de la ville, et les métiers s'y faisaient précéder par leurs bannières dites *keersse*, espèce de lance dont l'extrémité était ornée des emblèmes du corps; enfin, on y ajouta des chars, des géants, des animaux et d'autres symboles religieux ou grotesques. C'était l'église qui supportait les frais de cette cavalcade, mais la ville lui accordait un subside [1]. Quelquefois le souverain donnait une gratification à quelques-uns des personnages figurant dans la fête : ainsi, en 1579, la duchesse Jeanne paya les costumes des enfants qui y assistaient, déguisés en diables [2]; en 1529, Marguerite d'Autriche gratifia de 4 carolus d'or les enfants qui, montés sur le cheval Bayard, avaient chanté devant elle le 9 mai, jour de la procession [3]. Pendant huit jours, à dater de la veille de la fête, les ducs avaient coutume de donner de l'argent à 13 pauvres et à une recluse [4].

Le plus ancien acte qui nous ait fourni quelques détails sur l'*ommegang*, est un accord fait entre le chapitre de Sainte-Gudule et les arbalétriers, concernant le droit de sépulture au Sablon. On y lit que les chanoines enverront des bannières, des enfants de chœur et des chapelains pour assister à la procession de Notre-Dame [5]. La cavalcade était dirigée par

---

[1] Ce subside, destiné à la fois à couvrir les frais de la cavalcade et du repas des arbalétriers, était d'abord d'une livre de gros. Ordonnance de 1359. A THYMO, l. c., titre 4, c 22.; il fut porté au double en considération des avantages que la procession procurait aux accises. Ordonnance de 1428. A THYMO, partie VI. titre 5, c. 5; en 1448 on l'éleva à 5 livres. *Perkement Boeck metten Taetsen*, aux *Archives de la ville.*

[2] *Comptes des fiefs,* aux *Archives du royaume* (1579-1580).

[3] M. ALTMEYER, *Vie de Marguerite d'Autriche.* Revue belge, t. XV, p. 65.

[4] *Comptes des ducs de Brabant,* années 1428 et suiv. *Archives du Royaume.*

[5] Accord conclu en janvier 1365 (1366 N.-S.) avec l'approbation des échevins jurés, consuls (ou conseillers) et commune de Bruxelles, ainsi que du duc et de la

les chefs des serments; partant de l'église, elle se rendait à la Grand'-Place, et revenait par la Chaussée (aujourd'hui rue de la Madelaine). D'ordinaire, quand le souverain ou un étranger de distinction se trouvait à Bruxelles, le magistrat l'invitait à venir à la maison échevinale voir passer le cortége, qui s'arrêtait sur le Grand-Marché, où un banquet était servi. Un règlement de 1448 supprima ce repas et y substitua une distribution de deux *stoep* de vin à chaque lance, qui venait saluer l'image de la Vierge. Après la rentrée de l'*ommegang*, les arbalétriers tiraient l'oiseau, qui était placé sur le clocher de l'église, puis ils choisissaient de nouveaux doyens et jurés. La plupart des métiers donnaient des festins à cette occasion; mais cette coutume fut abolie au xvᵉ siècle, à cause des frais qu'elle entraînait. A cette époque, les ornements de la cavalcade étaient déjà si nombreux que la ville dut acheter une maison dans la rue d'Or pour les y placer. Dans le même temps, le magistrat déclara que, l'après-midi à deux heures, on exécuterait sur le Marché un jeu ou mystère dont le sujet serait une des douleurs de la Vierge, « en sorte, dit l'ordonnance, que tous les sept ans on recom-» mence le récit des afflictions de la mère du Sauveur [1]. »

S'il faut en croire les chroniqueurs, le déréglement des mœurs était parvenu à son comble, quand une peste terrible vint frapper l'Europe; le Brabant seul ressentit à peine la contagion [2]. Au milieu de la stupeur générale, on vit paraître des bandes de pèlerins qui, demi-nus, portant des croix rouges sur les épaules, se flagellaient impitoyablement. Leur frénétique enthousiasme se communiqua aux masses, et les malheureux juifs, objet constant de la haine populaire, furent les victimes de ces fanatiques, qui les accusaient d'empoisonner les fontaines. Les juifs étaient en grand nombre à Bruxelles, où le duc, qui avait conçu une profonde estime pour un de leurs coreligionnaires, les couvrait de sa protection. A l'approche des flagellants, ce juif, rapporte la chronique, alla trouver son protecteur et lui dit : « Seigneur, l'apparition de ces hommes est » pour moi et pour tous ceux de la nation juive, le signe d'une pro-» chaine extermination. — Ne craignez rien, répondit Jean III, je ne

---

duchesse. *Archives des Hospices.* — *Annales Mss. S. Gudilæ,* titre XI, c. 10. — A Thymo, l. c., titre 4, c. 58.

[1] Règlement du 19 février 1447 (1448 N.-S.). *Perkement Boeck metten Taetsen* aux *Archives de la Ville.* Voyez *Revue de Bruxelles,* juin 1841, p. 52 et suivantes.

[2] Simonde de Sismondi, *Histoire des Républiques italiennes,* t. X, ch. xxxvii.

» connais homme qui vive, assez hardi pour mettre la main sur vous. »
Connaissant ces dispositions, la commune s'adressa au prince Henri,
qui lui permit de tuer les juifs, se chargeant de l'excuser auprès de son
père. Ces malheureux furent alors activement poursuivis, et il en périt,
dit-on, plus de 500. Le favori du duc, qui avait simulé une conversion,
fut accusé de profanations et brûlé vif [1]. Il semble que le ciel ait voulu
punir la conduite tenue par le prince Henri dans cette circonstance : il
fut tué dans un tournoi donné à Bruxelles, le 29 novembre (dimanche
avant la Saint-André) 1349 [2].

Jean III avait eu de Marie d'Évreux trois fils et trois filles : Jeanne,
née le 24 juin, jour de la nativité de Saint-Jean-Baptiste, 1322 ; Marguerite, qui épousa Louis de Maele, née le 15 août 1323 ; Marie,
depuis duchesse de Gueldre, née en 1325 [3] ; Jean, né en 1324 [4],
Henri, le 25 décembre 1327 [5], et Godefroid. Jean était mort depuis plusieurs années et Godefroid ne survécut que seize mois à son frère Henri [6].
Aucun de ces princes ne laissa d'enfant légitime, et en eux s'éteignit la
postérité mâle de Lambert comte de Louvain [7].

La halle aux draps que possédait alors Bruxelles, et qui était située près
de la boucherie, appartenait au prince, et depuis longtemps elle était
devenue trop petite. Les opérations communales prenant chaque jour plus
de développement, la commune résolut d'en faire construire une nouvelle. Les receveurs achetèrent à cet effet plusieurs habitations situées
derrière la maison des échevins, dans la rue allant de l'hôpital Saint-
Jean à la rue aux Pierres, en face de la prison actuelle, dite *Amigo*. Les
considérants des actes d'acquisition signés par les échevins, les receveurs

---

[1] *Chronique de* Li Muisis dans le *Corpus Chron. Flandr.*, t. II, édit. Desmet. La
Chronique manuscrite du xv* siècle*, aux *Archives du Royaume,* place en l'année 1349
l'arrivée des flagellants et le massacre des juifs.

[2] Azevédo, *Chronyk van de stad en provintie Mechelen,* ad ann. 1349.—Butkens,
Trophées de Brabant, p. 446.

[3] *Chron. de Rouge-Cloître.*

[4] Lors de la naissance de ce prince, il y eut des contestations entre le chapitre
de Sainte-Gudule et les religieux de Coudenberg, qui réclamaient une part dans les
offrandes faites par la duchesse à l'occasion de ses relevailles. Florent Berthout,
choisi pour arbitre, déclara leurs prétentions non fondées, 15 juin 1324. *Annales
mss. Sanctæ-Gudilæ,* tit. X, c. 13.

[5] *Chron. de Rouge-Cloître.*

[6] Butkens.

[7] Ils sont enterrés dans le chœur de l'église paroissiale de Tervueren.

et le conseil, sont ainsi conçus : « En considération des maux, périls et
» infortunes qui pourraient survenir à nous et à notre postérité parce que
» nous manquons de maison de commerce et spécialement de maison
» aux draps, dite vulgairement une halle ; considérant en outre la grande
» et évidente utilité et la commodité manifeste de semblables édifices,
» nous, après bonne et mûre délibération et de commun accord, avons
» acheté, etc[1]. » Les constructions existantes furent abattues et remplacées
par d'autres, dont Jean III posa la première pierre, au mois d'avril 1555[2].
La halle formait un vaste bâtiment occupant l'emplacement de l'aile du
fond de l'hôtel de ville. L'étage servait aux séances de la gilde de la
draperie et à la mise en vente des draps ; le rez-de-chaussée fut réservé
pour les ateliers des travaux de la commune, et ses différentes parties
prirent les noms de maison de la menuiserie (*timmerhuyse*), maison du
fer (*yserhuyse*), maison des chariots (*wagenhuyse*), et maison des quatre
galeries (*vierpanhuyse*) [3].

En 1347 Jean III marcha au secours de l'évêque de Liége, et, le
21 juillet, il remporta, sur les communes liégeoises, la victoire de Walef.
Une paix avantageuse en fut le résultat : deux mois après, le duc et
les députés de Louvain et de BRUXELLES conclurent à Tirlemont, avec les
délégués de Liége et de Huy, un traité par lequel ils se promirent
mutuellement aide et assistance, et s'engagèrent à protéger réciproque-

---

[1] Universis..... Scabini, receptores, consules, ceterique opidani ac tota universitas opidi Bruxellensis salutem cum noticia veritatis. Noverint universi quod nos
considerantes et diligenter animadvertentes dampna, pericula et infortunia quæ
nobis et successoribus nostris evenire possent ex eo quod caremus in opido nostro
prædicto domibus mercaturæ et specialiter domibus pannorum quæ dicuntur vulgariter een Halle; præ oculis etiam habentes magnam et evidentem utilitatem, mani-
festumque commodum talium domorum in opido nostro antedicto ; bona et matura
super hoc deliberatione præhabita, de communi et generali consilio et assensu
omnium nostrorum ad structuram et edificationem domorum præfatarum, compa-
ravimus et acquisivimus ac comparare et acquirere nobis legitime fecimus.... domistadium cum domibus superstantibus situm in opposito domui dictæ vulgariter de
Nonnaert, supra conum ibidem, inter bona quondam Gosuini dicti de Vythem dicti
Uterwildergans et bona mansionis dicte de Leeu retrorsum, erga dilectam nostram
Mariam dictam dsjoncheren...... Datum anno Domini 1353 die altera mensis julii.
La ville acheta encore plusieurs autres héritages. *Archives de la ville.*

[2] *Anecdota bruxellensia*, Mss. du XVIᵉ siècle à la Bibliothèque de Bourgogne.
— *T'Boeck der Tyden in t'Corte*, p. 171. — *Chronique mss. aux Archives du
Royaume.*—GRAMAYE, *Brux.*, p. 2.

[3] Voyez la troisième partie, article hôtel-de-ville.

ment leurs marchands[1]. Cette union et les alliances formées par Jean III
montrent combien étaient déjà fortes, à cette époque, les tendances vers
une fusion intime d'intérêts ; c'est aux villes qu'est dû tout l'honneur de
ce rapprochement : en se liant pour la défense de leurs droits, elles
avaient appris aux peuples du Brabant, de la Flandre, du Hainaut et du
pays de Liége, à se regarder comme frères.

Charles de Luxembourg, dont le frère Wenceslas était devenu gendre
de Jean III par son mariage avec Jeanne, veuve de Guillaume II de
Hainaut, étant monté sur le trône d'Allemagne, confirma toutes les concessions faites au duc par ses prédécesseurs. Il déclara en outre que nul
sujet brabançon ne pourrait, dans toute l'étendue de l'empire, être
distrait des juges de son pays et cité devant un tribunal civil ou ecclésiastique [2]. Ce privilége, connu sous le nom de *bulle d'or*, était un
puissant moyen de soustraire nos concitoyens à des condamnations
injustes. Malgré les réclamations auxquelles il donna lieu de la part des
habitants d'autres contrées, plusieurs empereurs en confirmèrent la possession au Brabant.

Jean III ne laissant pas d'héritier mâle, les villes craignirent de voir
s'élever après sa mort des contestations entre les maris de ses filles. Pour
prévenir les difficultés qui pourraient entraîner le démembrement du
pays, quarante-quatre d'entre elles firent déclarer par leurs députés,
assemblés à Louvain, qu'elles voulaient rester unies sous un même
seigneur, mais qu'il fallait donner à toutes les princesses un apanage
convenable (8 mars 1554.1555, N.-S.) [3]. Les nobles et le duc approuvèrent cette décision [4].

Jean III mourut le 5 décembre 1555, après un règne glorieux de
quarante-trois années ; il fut enterré dans l'église de l'abbaye de Villers.
C'était le quinzième de nos comtes, et le neuvième de nos ducs de la
maison de Louvain.

Issu de la maison de Luxembourg, qui, depuis Woeringen, avait gardé
rancune aux descendants de Jean-le-Victorieux, fils de ce roi de Bohême

---

[1] 21 septembre 1347. *Luyster van Brabant,* l. c., bl. 120.

[2] BUTKENS, t. I, p. 458. — DE DYNTER.

[3] *Luyster van Brabant,* l. c., bl. 123. — A THYMO. Un diplôme impérial de
l'année 1204, confirmé à plusieurs reprises, avait admis les filles à succéder au
duché à défaut de mâles. BUTKENS, p. 168, et preuves, p. 55.

[4] 17 mai 1355. Mss. de la Bibl. de Bourg., n° 17333.

qui, deux fois, avait armé contre le Brabant une coalition formidable, Wenceslas avait bien des préventions à détruire avant d'obtenir l'amour et la confiance de ses nouveaux sujets. Loin de l'essayer, il ne fit qu'accroître leur animadversion : léger, prodigue, insouciant, il laissa déchirer par l'anarchie ses villes les plus importantes; il favorisa l'existence des partis qui s'y disputaient l'autorité, et prolongea leurs luttes en leur vendant tour à tour son approbation et son appui. Humiliation au dehors, scissions au dedans, tel est le tableau qu'offre, sous son règne, le pays dont les ducs de la maison de Louvain avaient fait une puissance, et où jamais ils n'avaient toléré le désordre permanent. Jeanne, malheureusement trop tendre, et faible envers son mari, ne prit aucune part à l'exercice du pouvoir. Les qualités qu'elle déploya en plusieurs circonstances lui conservèrent pourtant l'affection des peuples; elle était doublement chère aux habitants de Bruxelles, qui l'avaient vue naître le 24 juin 1322, jour de la Saint-Jean-Baptiste [1].

Les anciens ducs avaient toujours été reconnus dans leurs états, en prêtant un serment général de maintenir les libertés de leurs sujets; avant de reconnaître Jeanne et Wenceslas, les villes dressèrent une longue série de points capitaux, dont les nouveaux souverains durent jurer l'observation. Ce sont ces dispositions qui, réunies, reçurent plus tard le nom de Joyeuse-Entrée (*Blyde-Incompste*), parce que leur acceptation était accueillie par les acclamations des députés du pays. Après avoir juré solennellement à Louvain [2] l'exécution de cette charte, Jeanne et Wenceslas se rendirent dans les principales villes pour y recevoir le serment des bourgeois, et leur promettre le maintien de leurs priviléges particuliers.

Ils avaient à peine pris les rênes du gouvernement que l'ambition du comte de Flandre, Louis de Maele, alluma la guerre. Il réclamait, au nom de sa femme, un tiers du duché, ainsi que la ville de Malines, dont Jean III ne lui avait pas payé le prix d'achat. De pareilles prétentions étaient faites pour étonner les Brabançons, et ils y répondirent en prenant les armes [3]. Les Malinois seuls, que leurs dissensions avec Anvers

---

[1] Chronique des ducs de Brabant. Seconde partie, intitulée: *Incipit secunda pars de origine nobilissimorum ducum Brabantiæ prosapiæ.* Mss. du xve siècle, Bibliothèque de Bourgogne.

[2] 3 janvier 1356 (1355 V.-S.).

[3] Voyez la chronique de Zantfliet. *Amplissima collectio,* t. V, p. 261 et suiv.

séparaient des cités brabançonnes, se rangèrent du parti des Flamands.
Les Bruxellois se chargèrent de défendre les frontières du comté d'Alost[1],
et les états votèrent une aide de 450,000 vieux écus d'or[2]. Cependant
des négociations furent entamées et les deux princes eurent une entrevue à Assche. Ils étaient même parvenus à s'entendre; du moins,
par un traité conclu le 28 juin, le comte de Hainaut et de Hollande
avait été accepté pour arbitre[3]; mais les villes jugèrent sans doute les
conditions du traité déshonorantes pour le Brabant, car aussitôt
après les hostilités commencèrent. Un chroniqueur attribue la guerre
aux Bruxellois, qui se seraient soulevés, accusant de trahison tous
ceux qui avaient pris part aux négociations, et les auraient emprisonnés[4].

Profitant de l'absence du duc, qui s'était rendu à Maestricht, Louis de
Maele, à la tête d'une forte armée, envahit le pays à l'ouest de la Senne,
tandis que le comte de Namur ravageait les environs de Nivelles et de
Jodoigne, et que les Liégeois s'emparaient de la petite ville de Landen.
Ne trouvant aucun obstacle, les Flamands parurent bientôt en vue de
Bruxelles. Ils assirent leur camp entre les villages d'Anderlecht et de
Molenbeek, près du hameau dit *Mortenbeek*[5], dans la plaine appelée
la Haute-Culture (*den Hoogen-Couter*), et plus tard *Scote* ou *Scheut*[6].

---

[1] DE DYNTER, *Chron. des ducs de Brabant*, L. VI, c. 3, t. III, f° 1596. Mss. de la
Bibliothèque de Bourgogne.—*Brabantsche Yeesten*, L. VI.

[2] A Bruxelles, le 6 juin 1356. *Luyster*, l. c., bl. 137.

[3] Cet acte, ainsi qu'un grand nombre d'autres non moins importants, sera publié
dans le codex du second volume des *Brabantsche Yeesten*, dont M. Willems,
membre de la commission royale d'histoire, prépare la publication. Ce savant phi-
lologue nous en a donné communication avec une rare obligeance.

[4] ZANTFLIET, l. c., p. 264. — Il est le seul qui parle de cette sédition. Toutefois,
il paraît avoir raison, puisque dans un acte que publiera M. Willems, il est dit que
les délégués chargés par le duc de traiter de la paix avaient été retenus.

[5] Ce nom vient, dit-on, des cadavres qui y restèrent après la bataille. TOURNEUR,
Liber fundationis Carthusiæ Dominæ nostræ de Gratia, f° 1. Mss. de la Bibliothèque de Bourgogne.

[6] Selon les uns, ce nom vient de ce qu'un archer aurait atteint ce lieu en tirant
des murs de Bruxelles; ils ajoutent qu'on conservait son arc à l'hôtel de ville;
selon les autres, il y avait en cet endroit un tir à l'arc près d'un arbre appelé
Schietboom, l'arbre du tir. *Liber fundationis*, l. c.—DE WAEL, *Historia Carthusiæ
B. Mariæ de Gratia*, t. I, p. 49, Mss. de la Bibliothèque de Bourgogne.—Dans un
acte de l'an 1401, cet endroit est appelé *locum dictum te Scote. Archives de Sainte-
Gudule.*

Louis de Maele conduisait, dit-on, 100,000 Flamands et Lillois [1]. A Bruxelles, où Jeanne était restée, il n'y avait que les milices de la commune que vinrent renforcer celles de Louvain, conduites par Bernard de Borgneval, et les hommes d'armes du comte de Berg. Ne voulant sans doute pas laisser les faubourgs de la ville et ses environs exposés aux ravages de l'ennemi, les capitaines brabançons résolurent, malgré l'infériorité de leurs forces, de l'attaquer dans ses positions. Suivant un auteur flamand, cette résolution fut le résultat d'une ruse de ses compatriotes. Ayant surpris un espion sorti de la ville, ils l'attachèrent à un tronc d'arbre, dans une tente, et allèrent se placer près de là, de manière qu'il pût les entendre sans les voir : « Notre position est mauvaise, » dirent-ils ; si les Brabançons nous attaquent, nous sommes perdus. » Partons demain matin à huit heures et emportons en Flandre notre » butin. Ici nous n'avons rien à gagner, car la ville est forte et bien » munie de défenseurs. » Un des interlocuteurs rentrant ensuite dans la tente, traita le Bruxellois d'espion, et, comme celui-ci s'en défendait, suppliant au nom du Christ qu'on ne lui fît aucun mal, les autres survinrent et, feignant une grande colère, ils s'écrièrent qu'il fallait mettre à mort cet espion qui avait surpris leurs projets. Saisi de terreur, le malheureux jura par tout ce qu'il y a de plus sacré qu'il n'avait rien entendu ; les Flamands néanmoins continuèrent à le menacer jusqu'à ce que quelques-uns, paraissant émus de compassion, intervinrent en sa faveur et obtinrent sa mise en liberté. Le Bruxellois n'eut rien de plus pressé que d'aller tout raconter à ses concitoyens, qui virent en effet, le lendemain, les Flamands lever leurs tentes et faire tous les préparatifs d'une retraite. Trompés par ce stratagème, les Brabançons s'élancèrent à leur poursuite ; mais à peine sortis de la ville, ils rencontrèrent l'ennemi rangé en bataille. Pendant le combat, un corps d'élite, caché dans un bois voisin, se jeta inopinément sur Bruxelles et s'en empara avant que la victoire fût décidée [2].

Les relations ordinaires disent que le 17 août, les Brabançons attaquèrent avec tant d'impétuosité l'armée flamande, que la victoire parut d'abord se prononcer en leur faveur. Le jeune et valeureux de Berg enfonça l'aile droite, mais au centre la supériorité numérique l'emporta. Au moment le plus décisif, le sire d'Assche, porte-étendard héréditaire du

---

[1] *Chron. Comitum Flandrensium,* dans DE SMET, *Corpus Chron. Flandr.,* t. I, p. 229.

[2] *Corpus Chron. Flandriæ,* l. c.

duché, jeta le drapeau confié à ses soins, et prit honteusement la fuite. Se croyant trahies, les milices se retirèrent en désordre, et furent chargées avec fureur par la cavalerie flamande. Beaucoup de bourgeois, qui avaient échappé au tranchant de l'épée, périrent dans la Senne et les étangs voisins. Cette journée désastreuse resta longtemps gravée dans le souvenir des Bruxellois, qui l'appelèrent le mauvais mercredi (*quaden goensdag*) [1].

A la nouvelle de cette défaite, la duchesse quitta précipitamment le palais de Coudenberg, et, montée sur un agile coursier, s'enfuit à Binche, ville de son douaire, accompagnée seulement de quelques dames et écuyers [2]. Arrivés devant la porte de Sainte-Catherine, les vainqueurs y mirent le feu et pénétrèrent bientôt dans la ville. Le comte planta l'étendard de Flandre à l'Étoile [3], puis se rendit au palais, où il s'occupa immédiatement des moyens de conserver sa conquête. Il remplaça l'amman par sir Siger de Heetvelde, nomma de nouveaux échevins, et reçut le serment de fidélité des habitants. Des ordres sévères enjoignirent à ses troupes de payer tout ce qui leur serait fourni et de respecter les personnes et les propriétés. Par un acte daté de devant Bruxelles, le 18 août, le comte promit de rendre les otages que lui avait remis la ville, aussitôt qu'il aurait reçu l'acte de soumission qu'elle s'était engagée à lui donner [4]. Il alla ensuite occuper le bourg et le château de Tervueren, où il mit garnison, et entra dans Louvain, Malines et Anvers. Nivelles, Tirlemont, Léau, lui ouvrirent également leurs portes, et, à l'exception de quelques petites villes et châteaux forts, tout le Brabant reconnut son autorité.

Dans un acte du 20 août, Louis de Maele s'intitule comte de Flandre, de Nevers et de Rethel, seigneur de Bruxelles et de Malines [5]; dans un autre, postérieur de quelques jours, il se dit seigneur de Louvain, de *Brouxelle*, d'Anvers et de Malines [6]. Enfin, à la prière des villes, il prit

---

[1] *Brabantsche Yeesten.* — DE DYNTER, L. VI, c. 4, t. III. fº 1599. — *Chronic. anonymi*, p. 78. — BUTKENS. — CHAPEAUVILLE, t. III, p. 6. — ZANTFLIET est encore ici en opposition avec les auteurs; il substitue au sire d'Assche le sire de Schoonvorst, et dit, qu'après la bataille, le duc et sa noblesse, craignant la fureur du peuple de Bruxelles, se retirèrent à Louvain.

[2] ZANTFLIET, l. c.

[3] En die Vlamyngen volchden al vectende tot Zinter Kateline poorte die verbranden zy...., en grave Lodewyc quam binnen Brusele in stac zyn banniere in de Sterre op te marct. *Chronique mss.*, Bibliothèque de Bourgogne, nº 18001.

[4] *Brab. Yeesten*, t. II, codex.

[5] A THYMO, l. c., c. 5.

[6] *Ibid.*, l. c., c. 6.

le titre de duc de Brabant [1], et les députés des six chefs-villes, réunis à
Bruxelles, annulèrent les ordonnances rendues, quelque temps avant la
guerre, pour restreindre la juridiction de l'évêque de Liége [2].

Louis de Maele ne jouit pas longtemps de sa victoire. Informé de
l'issue de la bataille de Poitiers, il était allé trouver à Paris le duc de
Normandie, régent de France [3], quand un patricien de Bruxelles lui
enleva la possession de cette ville, dont l'exemple souleva tout le Brabant
contre les Flamands. Indigné de voir sa patrie entre les mains de l'étranger, Éverard T'Serclaes résolut de la délivrer par un coup de main. Ayant
appris que la garde s'y faisait négligemment, il réunit, dans la nuit du
24 octobre, quelques hommes intrépides, pénétra dans le Warmoes-
broek, et escalada la muraille non loin de la chapelle de Saint-Laurent,
près de l'endroit où se trouvait la maison de sa famille, au fond de l'impasse dite alors *Eetengat* [4]. Il pénètre, sans être aperçu, jusqu'au Marché,
où il arrache l'étendard de Flandre, et ses compagnons se disper-
sent dans la ville en criant : « Brabant au grand-duc. » Les habitants
prennent aussitôt les armes ; voyant des ennemis surgir de toute part,
terrifiés par les clameurs de la foule, les Flamands fuient éperdus vers
la porte de Sainte-Catherine ; mais ils la trouvent gardée, et toute issue
leur étant fermée, ils se précipitent du haut des remparts, ou sont
forcés de mettre bas les armes [5].

[1] Article 5 du traité d'Ath.

[2] 14 octobre 1356. Dans la suite, les villes de Louvain et de Bruxelles donnèrent
à Wenceslas et à Jeanne une déclaration contraire à celle-là. Diplôme des ducs,
daté de Bruxelles, le 18 novembre 1356. A THYMO, l. c., c. 10.

[3] ZANTFLIET, l. c.

[4] Aujourd'hui la rue de Berlaimont.

[5] DE DYNTER, l. c., c. 6, f° 1606. — DIVÆUS, *Rer. Brabant.*, L. XV, p. 169. —
HARÆUS. — BUTKENS, l. c., p. 471. — OUDEGHERST, *Annales de Flandre*, t. II. —
Le chroniqueur Zantfliet raconte encore le fait tout autrement : il avance que les
Louvanistes rappelèrent le duc qui revint avec 1200 cavaliers, et qu'alors seulement
Bruxelles reçut son souverain légitime.

On lit dans Foppens, ad ann. 1376 : « Les Flamands firent une tentative pour
» surprendre Bruxelles, mais la populace s'étant attroupée, surtout les marmitons
» et les cabaretiers, qu'on nommait alors *spits-fieltjens,* les chassèrent honteuse-
» ment. Il y demeura environ 1500 Flamands sur le carreau. En mémoire de cet
» événement on a vu depuis longues années deux figures de marmiton avec leurs
» broches, exposées sur le toit de la porte de Flandre. » Cet auteur s'est trompé
de date en rapportant à 1376 un fait arrivé en 1356. L'abbé Mann a copié son
erreur.

Éverard T'Serclaes fut créé chevalier et jouit d'une grande influence, jusqu'au moment où un affreux assassinat vint l'enlever à sa famille et à ses concitoyens [1].

Le Brabant était perdu pour Louis de Maele : Wenceslas et Jeanne se hâtèrent d'y revenir, et pendant l'octave de la Toussaint, ils furent solennellement reçus dans les deux principales de leurs communes [2].

La guerre toutefois était loin d'être terminée ; tout le pays entre la Senne et la Dendre, ainsi que les environs de Malines, furent, pendant plusieurs mois, le théâtre de luttes sanglantes [3]. L'intervention de l'empereur, frère de Wenceslas, arrêta les hostilités du comte de Namur et de l'évêque de Liége, mais il fit acheter au Brabant sa protection et ses secours, en exigeant du duc et de la duchesse qu'ils le reconnussent pour leur héritier. Cette prétention était formellement contraire aux droits de la comtesse de Flandre et de la duchesse de Gueldre, mais les Allemands considéraient le Brabant comme un fief dévolu à l'empire par défaut de mâles. Jeanne donna des lettres de dévolution en faveur des parents de son mari [4], après avoir obtenu l'approbation des communes de Louvain, Bruxelles, Anvers, Bois-le-Duc, Tirlemont, Léau, Nivelles, Heusden, Vilvorde, Herenthals, Jodoigne et Lierre, dont

---

[1] On a trouvé au siècle dernier, en rebâtissant l'hôtel de Berghes, au bas de la rue d'Assaut. une pierre sur laquelle était l'inscription suivante :

S. P. Q. B.

Everhardo T'Serclaes Vict.

Patr. liberat.

Qui IX Kalend. nov. MCCCLVI huc noctu

Cum LXX soc. arm. urb. invas. expugn.

Vexill. primarium Gandav. e curia senat. dirupit

et

Concertant. civ. host. interruptos

val. dep. pat. lib.

P. S.

(Filiation et pièces justificatives de la maison de T'Serclaes. Bruxelles, Pauwels, 1786, in-4°). On a attaqué, avec beaucoup de raison, dans les bulletins de la Commission royale d'histoire, l'antiquité prétendue de cette pierre commémorative.

[2] De Dynter, l. c., c. 6, p. 1610.

[3] Meyer, Rerum Flandr., L. XIII, p. 182. — Chapeauville, l. c.

[4] Bruxelles, deuxième férie avant Invocavit, 20 février 1356 (1357). Butkens, t. I, p. 471 et preuves, p. 190 — De Dynter, l. c., c. 8, f° 1611.

les députés réunis à Bruxelles furent sans doute influencés par les derniers événements [1].

Pour récompenser les Bruxellois de leur valeureuse conduite, Jeanne et Wenceslas leur accordèrent, paraît-il, quelques priviléges : entre autres le droit de nommer des chefs de la commune, maîtres-des-bourgeois ou bourgmestres (*magistri civium*), ainsi que dix conseillers [2], et d'intervenir dans l'administration locale par l'intermédiaire de leurs jurés ou doyens (jurati, gesworene) [3]. Soit que l'empereur, en qualité d'héritier du duché, ait élevé des contestations à ce sujet, soit qu'ils voulussent obtenir une ample confirmation de ces immunités, les bourgeois envoyèrent à Maestricht le bourgmestre Godefroid Ruffus ou le Roux, les échevins Jean Vederman et Réné Cluting, les conseillers Jean de Zenne et Éverard Boet [4]. Ces délégués reconnurent, par-devant notaire, que l'empereur leur avait envoyé un diplôme scellé du sceau ducal de Brabant, et que, dans l'impossibilité de le retrouver, ils étaient prêts à en attester l'existence [5]. L'original de l'acte de dévolution aurait-il été déchiré dans une émeute populaire? La nouvelle organisation communale ne subsista toutefois pas longtemps. Elle fut abolie, sans qu'on en sache les motifs, après une durée de six mois, d'autres disent de deux ans [6].

Tel était l'épuisement du Brabant et l'empressement de ses princes à conclure la paix, que ceux-ci achetèrent la médiation du comte de Hainaut en lui cédant la terre de Heusden. Par le traité d'Ath, Louis

---

[1] Cinquième férie avant Invocavit, 23 février 1356 (1357). A Thymo, l. c., c. 13.

[2] *Chronicon anonymi*, p. 94.

[3] Un acte particulier à la ville, approuvant la dévolution du duché, et daté de la troisième férie avant Invocavit, 21 février 1356 (1357), porte pour suscription : *Magistri-civium, Scabini, Consules, Jurati, Consilium* (les anciens magistrats), *oppidani et tota universitas oppidi B.* A Thymo, l. c. Les *consules* sont sans doute ici les nouveaux conseillers plébéiens, les *jurati*, les jurés des métiers, le *consilium*, la réunion des anciens échevins, des chefs de la draperie, des receveurs, etc.

[4] Attestation émanée des maîtres des citoyens, échevins, conseil et autres bourgeois de la ville de Bruxelles, en date du 26 janvier 1356 (1357 N.-S.). A Thymo, l. c.

[5] Acte passé par-devant le notaire Jean de Wyck à Maestricht, le 31 février 1357, indiction dixième. *Ibid.* l. c.

[6] Comparez les récits des *Brabantsche Yeesten*; de De Dynter, l. c., c. 21; de la *Chronicon anonymi*, etc.; de *Van Brabant die excellente Cronyck* (Anvers, 1531), sur les causes de la révolution de 1360.

de Maele obtint, outre Malines, la possession d'Anvers et d'autres biens
jusqu'à concurrence d'un revenu annuel de 10,000 florins d'or, et le
droit de prendre jusqu'à sa mort le titre de duc de Brabant. Une clause
de ce traité imposa aux villes de Louvain, BRUXELLES, Nivelles et Tirlemont, l'obligation de lui fournir chacune, pendant la durée de son règne
et en cas de guerre, une bannière accompagnée de deux barons, deux
chevaliers et vingt-cinq valets ou écuyers bien armés; enfin, le commerce entre Louvain, Bruxelles, Malines et Anvers, fut rétabli sur le
même pied qu'avant la guerre [1].

Une des principales causes des revers des Brabançons avait été le
défaut de places fortifiées. La plupart des cités étaient entourées d'immenses faubourgs sans défense, que l'ennemi dévastait impunément, ou
dans lesquels il pouvait s'établir pour attaquer le corps de la place. Aussi
vit-on, immédiatement après la conclusion de la paix, presque toutes
les communes commencer des travaux qui devaient les protéger contre
toute agression. Bruxelles, entre autres, décréta la construction d'une
nouvelle enceinte, qui fut commencée dès 1357 et achevée en 1379 [2].
Partant de la Senne, à l'extrémité du Warmoesbroeck, elle gagnait
le sommet de la colline dont la ville occupe le versant occidental,
se rapprochait de la première enceinte, après avoir décrit une courbe
près de la porte de Coudenberg, poussait vers le sud en enfermant l'immense quartier de la Chapelle, se dirigeait alors à l'ouest à travers les
prairies et les jardins arrosés par la Senne, coupait le chemin d'Anderlecht à l'extrémité du quartier dit Ten-Cruyskene, le chemin de Molenbeek un peu au delà du couvent de Jéricho, le chemin de Laeken, plus
loin que le Béguinage, et revenait à son point de départ. Un grand nombre de terrains furent achetés par la ville, qui les acquit au prix moyen
d'un sou de rente par verge [3].

---

[1] Traité d'Ath conclu le 4 juin 1357. BUTKENS, t. I, p. 473.

[2] GRAMAYE, *Bruxella*, p. 1.—*Chronique du XVe siècle* aux *Archives du Royaume.*
— *Chronique de Rouge-Cloître.* — VAERNEWYCK, *Historie van Belgis*, L. IV, c. 54,
f° 155. — Cet auteur dit, mais à tort, que l'enceinte a été commencée en 1340.
Par suite d'une faute d'impression, sans doute, on lit, dans PUTEANUS, 1369 au lieu
de 1379, *Bruxella Septenaria*, p. 140.

[3] Les terrains achetés par la ville pour la construction des remparts, et dont
nous avons vu les titres, sont les suivants:

4 verges de terre au Warmoesbroeck (desuper portam dictam Coelksporte),
moyennant une rente annuelle de 4 sous.

La nouvelle enceinte consistait en un large fossé, restant à sec dans la partie supérieure de la ville, plein d'eau dans la partie infé-

48 verges et 33 verges au même lieu, moyennant 28 liv. 13 sous et 11 liv. 4 sous.

Un héritage avec maison et 11 verges, encore au Warmoesbroeck, moyennant 20 livres 4 sous 6 deniers.

5 verges à la Molenstraet ou rue du Moulin (près de la porte de Louvain).

77 verges derrière le Parc.

60 verges de jardin hors la porte de Sainte-Gudule, près la Longue-Haye (prope longum dumum).

41 verges de jardin, hors la porte de Sainte-Gudule, au chemin de Nivelles (prope viam dictam de Nyvelsche wech), moyennant 10 livres 6 sous 9 deniers.

24 verges au chemin de Nivelles.

Un héritage et 20 verges au chemin d'Etterbeek (super viam sicut itur versus Jetterbeke).

Un journal et une maison, hors de la porte de Sainte-Gudule, au Lindedriesch, ou Pré-du-Tilleul, moyennant 7 livres.

88 verges au même endroit (prope locum dictum de Lindedriesch), moyennant 19 livres 16 sous 11 deniers.

Un héritage au Lindedriesch, appartenant à Élisabeth T'Serbuyghs, moyennant 20 livres 16 sous.

Un bien appartenant à Béatrix Cluting, fille du chevalier Franc, et situé hors de la porte de Coudenberg, moyennant 66 livres 5 sous 4 deniers.

Un héritage et une maison, hors de la porte de Coudenberg, moyennant 40 sous.

Un journal, 39 verges, au lieu dit *de Delle,* à Coudenberg.

3 journaux et demi et 15 verges, en face du Nouveau-Bois (in opposito nemoris dicti de Nouwebosch), moyennant 21 livres 7 sous 9 deniers.

Un demi-bonnier en face du Nouveau-Bois.

Un journal et 18 verges de terre, près l'Elsbeke, moyennant 9 livres 8 sous 10 deniers.

6 journaux et 37 verges de jardins et prés, au lieu *ter Elsbeke* (retro Molendinum de Obbruxella), vendus par le couvent de Saint-Pierre-aux-Lépreux, moyennant 100 livres 8 sous 4 deniers.

53 verges et une maison à Obbrussel (Saint-Gilles) (propre locum dictum de Nouwestraete), moyennant 25 livres 6 sous 1 denier.

Un journal 3 verges et une maison, au même endroit, moyennant 32 livres.

82 verges de jardin à Obbrussel, moyennant 21 livres 5 sous.

2 verges et un jardin encore en cet endroit.

48 verges à Obbrussel, près le Slypmolen ou moulin à aiguiser.

85 verges à la Blanchisserie, près de la rue Colyns Straetken, vers l'extrémité de la rue actuelle des Tanneurs.

70 verges, au lieu dit *Ten Cruyskene* ou rue d'Anderlecht (in opposito furni dicti Coereel-Oven), moyennant 6 livres.

43 verges de prés, près la Senne de Ransfort, moyennant 4 livres 6 sous.

Un journal 90 verges de prés, au lieu dit Ten Cruyskene, près la Senne de Ransfort, moyennant 25 livres 12 sous 4 deniers.

rieure, et en un mur, percé de sept portes et muni de tourelles [1]. Les portes étaient appelées de Cologne, de Sainte-Gudule, de Coudenberg, d'Obbrussel, de Cruyskene, de Flandre et de Laeken [2]; plus tard les premières changèrent de noms et adoptèrent ceux de portes de Schaerbeek, de Louvain, de Namur, de Hal et d'Anderlecht, parce qu'elles conduisaient à ces localités. Parmi les tours, deux étaient remarquables : la Grosse-Tour, entre les portes de Namur et de Hal, et la Tour-Bleue, entre celles de Louvain et de Namur. Deux écluses, la

Un journal et 76 verges de terres et prés à Cruyskene, moyennant 10 livres 8 sous 11 deniers.

53 verges de pré au Drieschmolen, derrière le Treeft, et un journal 78 verges de prés à Overmolen, près des terres de l'infirmerie du Béguinage, moyennant 20 livres.

3 journaux 70 verges et demie de prés au lieu dit *ten Treeft*, 3 bonniers 56 verges de terres (contiguæ viam qua itur versus Molenbeke), un journal 74 verges de terres, contiguës au même chemin, 66 verges de terres et 37 autres verges de terres adjacentes; un journal 60 verges et demie de terres, près la Senne, au Marais (supra Zennam in palude) ; 3 journaux et 77 verges contiguës, le tout acheté à l'infirmerie du Béguinage, moyennant une rente de 186 livres 6 sous 2 deniers.

60 verges à la chaussée de Flandre (supra vicum dictum Steenwech) moyennant 9 livres.

21 verges de prés, près lé Béguinage, 34 de terres appartenant au curé de Molenbeek, et encore 12 de prés.

85 verges de prés, près le pont Philipsbrugghe (situé rue de Flandre), et 57 autres près le jardin légumier du Béguinage (prope ortum dictæ curtis Beghinarum nuncupatum vulgariter Coelhof), appartenant à l'infirmerie du Béguinage et vendues 15 livres 14 sous 2 deniers de rente.

Voici la teneur des lettres d'acquisition, datées presque toutes de la veille de la nativité de Saint-Jean-Baptiste 1360 : « Universis præsentes litteras inspecturis Scabini, consilium, cæterique oppidani universi oppidi Bruxellensis salutem cum notitia veritatis. Noverint universi quod nos ad perpetuam dicti oppidi urgentem necessitatem, ejusdemque munitionem firmiorem, assumpserimus et acquisivimus erga, etc. » Il est ordinairement stipulé que la livre de rente est rachetable moyennant 5 deniers d'or, dits *écus*, monnaie d'Anvers. Ces renseignements proviennent des archives de la ville, de celles de Sainte-Gudule, des hospices, et d'un cartulaire de la Cambre (manuscrit de la Bibliothèque de Bourgogne).

[1] Celles-ci étaient au nombre de 74 (Gramaye) et non pas de 177 (Puteanus).

[2] Pour distinguer quelques-unes de ces portes de celles de l'ancienne enceinte, qui s'appelaient de même, on ajoutait le mot *nova, ultima,* ou d'autres dénominations semblables : Prope ultimam portam Scarebeke juxta fossam, 1360. *Cartul. de Coudenberg.* Extra portam extremam Frigidimontis, 1380. *Comptes de fief* aux *Archives du Royaume.* Infra novam portam B. Gudilæ supra conum ibidem juxta nova fossata. *Archives de Sainte-Gudule,* 1367, etc.

grande et la petite, retenaient à l'entrée de la ville les deux principaux bras de la Senne, et une troisième était placée à la sortie de la rivière, à côté de la porte de Lacken. L'ancienne enceinte était encore intacte, mais on commença bientôt à en louer par parties les murs et les fossés.

Les nouveaux remparts occasionnèrent d'immenses dépenses pour achat de terrains, acquisition de matériaux, salaire d'ouvriers. Afin d'y subvenir, les échevins et les conseillers ordonnèrent la levée de deux quatre-vingtièmes sur tout objet vendu en ville, payables l'un par le vendeur, l'autre par l'acheteur [1]. Ensuite, de concert avec les receveurs et les chefs de la gilde, ils réduisirent ou fixèrent avec plus de précision le salaire des magistrats communaux et de leurs subordonnés. Ils décidèrent aussi que les receveurs rendraient publiquement leurs comptes, tous les mois, à la maison dite de Meerte [2].

Depuis que le duché était passé dans des mains inhabiles, le parti populaire s'était ranimé; l'agitation, qui régnait dans plusieurs villes et surtout à Louvain, gagna bientôt Bruxelles. Les métiers tinrent de secrètes assemblées où il fut résolu d'attaquer de nouveau les patriciens et de modifier l'administration [3]. Ils étaient décidés à prendre les armes, le lendemain de la Sainte-Marie-Madelaine, 23 juillet 1360, quand des employés de la ville découvrirent leur projet, confié à trop de monde pour pouvoir rester secret. Ceux-ci allèrent aussitôt, au milieu de la nuit, éveiller les échevins et les patriciens qui se réunirent en armes devant la maison de ville [4], tandis que les mécontents couraient se ranger sous leurs bannières. Dans un conseil, où les magistrats avaient appelé le sire de Vorselaer, chevalier prudent et expérimenté, il fut convenu de s'enquérir d'abord des chefs de l'insurrection et d'appeler devant les échevins la puissante corporation des bouchers. Mais ceux-ci répondirent qu'ils viendraient quand il en serait temps [5], et l'envoyé du

[1] Ordonnance datée du 2 octobre, jour de Saint-Bavon 1359. A THYMO, l. c., c. 20.

[2] Règlement de l'an 1359, *Ibid.*, c. 22.

[3] Il est inexact de dire, comme font tous les historiens, que les métiers voulaient abolir tout à fait le pouvoir des patriciens, après avoir obtenu de ceux-ci le partage de l'autorité. Il est évident que le peuple voulait seulement une part dans l'administration, comme en 1306 et en 1357.

[4] In basso foro, ante domum villæ. DE DYNTER.

[5] Qui (macellarii) nuntio ad ipsos misso tale dederunt responsum, quod ad ipsos venirent dum tempus esset. DE DYNTER.

conseil, effrayé de leur attitude menaçante, se retira en toute hâte.

Cependant l'insurrection n'était pas générale et se bornait, paraît-il, aux bouchers et aux nombreux tisserands qui peuplaient le quartier de la Chapelle. Ce furent ceux-ci qui commencèrent la lutte en attaquant la Steenporte. A cette nouvelle, les patriciens montent à cheval, et pour prévenir la jonction des deux corporations, courent attaquer les bouchers. L'escadron des enfants de sire Hugues, qui formait l'avant-garde, les rencontre au Marché-aux-Tripes [1], et une lutte terrible s'engage aussitôt. Armés de larges coutelas, les bouchers combattent avec vaillance, mais leurs ennemis ont pour eux l'avantage des armes et l'habitude de les manier. Ils tombent en grand nombre sous le glaive, et sont enfin refoulés dans leur quartier où les vainqueurs les poursuivent et s'emparent de leurs armes.

Pendant ce temps les tisserands et les foulons continuaient avec fureur l'attaque de la Steenporte. Des monceaux de paille et des tonneaux de goudron portaient l'incendie sur les flancs de cette redoutable tour dont la multitude s'efforçait d'enfoncer les portes et d'escalader les lucarnes. Deux prêtres vinrent, au nom du magistrat, l'engager à rentrer dans le devoir, mais ils ne furent pas écoutés [2]. Les patriciens alors, d'après les conseils du sire de Vorselaer, se divisent en quatre corps : le plus considérable reste à la maison communale pour repousser les attaques que pourraient tenter les métiers et pour disperser les rassemblements ; le second va renforcer la garde de la Steenporte, tandis que le troisième sort de l'ancienne enceinte par le guichet des Bogards [3], pour aller mettre le feu à la rue du Chassis [4]. Le quatrième corps se rend par le guichet de Ruysbroeck [5] au Sablon, avec ordre de sonner de la trompette dès qu'il apercevra les flammes s'élever sur les bords de

---

[1] Achter beide die beckeryen.... op die Pensmerct. *Brabantsche Yeesten.* Penstrate. DE DYNTER. Forum intestinorum. HARÆUS. Op die Scoenbeke, tusschen twee beckeryen. *Chronique,* mss. n° 18001. — Le Scoenbeke, c'est le Marché-aux-Tripes d'aujourd'hui.

[2] *Brabantsche Yeesten.* — *Van Brabant die excellente kronyck.*

[3] Wincketum Bogardorum. DE DYNTER. Overmolen-Wiket. *Chron.,* mss., n° 18001.

[4] Raem-Strate. DE DYNTER. Ce n'est pas l'impasse actuelle de ce nom, mais la rue des Chats, conduisant aujourd'hui au Vieux-Marché. Voyez dans la troisième partie la description de ce quartier qui a totalement changé de face après l'incendie dont il est ici question.

[5] Rue de Ruysbroeck.

la Senne. Les défenseurs de la Steenporte repoussaient avec peine les assauts réitérés qui leur étaient livrés, lorsque tout à coup les assaillants voient le feu dévorer leurs habitations et entendent le clairon annoncer l'approche de nouveaux ennemis. Ils hésitent, s'arrêtent, et au moment où leur courage faiblit, ils sont attaqués de trois côtés par un adversaire d'autant plus implacable qu'il a été plus menacé. Les malheureux que la fuite ne put soustraire à la vengeance des patriciens furent livrés à d'atroces supplices. Tous ceux qui étaient soupçonnés d'avoir participé à cette émeute furent bannis [1].

Les patriciens s'occupèrent aussitôt des moyens de contenir leurs nombreux ennemis. Un nouveau règlement remit en vigueur les principales dispositions de celui de 1342 et en prescrivit de nouvelles. Il fut défendu aux bannis de rester plus de huit jours dans une église de la franchise de Bruxelles, sous peine de prolongation de bannissement, pour autant d'années qu'ils y resteraient de jours au delà du terme fixé. Une amende de cinq schellings fut comminée contre quiconque leur porterait de la nourriture; mais ils pouvaient obtenir un sauf-conduit pour quitter le pays. Tout individu qui serait trouvé porteur de couteaux, poinçons, etc., devait avoir la main percée par la même arme ou payer dix schellings. Une année de bannissement punissait toute blessure faite avec un couteau. Nul ne pouvait porter l'épée ou d'autres armes, sans l'autorisation de l'amman ou des échevins. Le ribaut ou valet qui blasphémait ou jouait dans l'ancienne enceinte, avait l'oreille traversée par un anneau attaché au poteau du marché; défense était faite de loger un ribaud dans un hôpital, sous peine d'une amende de 40 schellings [2].

Cette ordonnance fut bientôt suivie d'un autre règlement, conçu dans le même esprit. Insulter un échevin ou un receveur, blesser quelqu'un avec des armes cachées dans ses manches ou dans ses bas, étaient des crimes contre lesquels la nouvelle ordonnance comminait, dans le dernier cas, le bannissement perpétuel, dans le premier cas, un bannissement d'un an, outre un pèlerinage à Saint-Jacques de Compostelle et une amende de cent moutons; attaquer un juré pour les affaires de son métier, tenir

[1] DE DYNTER, l. c., c. 21, fo 1698.—*Brabantsche Yeesten.*—*Chronicon anonymi*, p. 94 et 95. — *Van Brabant die excellente kronyck.* — HARÆUS, t. I, p. 338. — DIVÆUS, *Rerum Brabant.*, L. XV, p. 175. — PUTEANUS, *Bruxella Septenaria*, p. 46.
[2] A THYMO, l. c., c. 44.

des réunions ou donner des repas à Saint-Corneille-sur-la-Chaussée [1]
ou à Saint-Josse-ten-Noode [2], étaient des délits punis d'une amende de dix
schellings. Il fut aussi spécialement interdit aux tisserands, aux foulons et
aux bouchers, de porter des couteaux aiguisés ou des armes, sous peine
d'une amende d'une livre pour chaque infraction. Un grand nombre
d'autres articles concernaient la tenue des marchés, l'hygiène publique
et la police [3].

L'année 1362 fut marquée par plusieurs incidents. L'amman Philippe
de Tudekem ayant fait couper la main à un bourgeois qui avait blessé
un de ses sergents, les échevins refusèrent de reconnaître cet officier
comme représentant du duc. Ils cédèrent cependant après avoir obtenu
la promesse que les droits de la bourgeoisie seraient maintenus [4], et
l'année suivante, Tudekem fut remplacé par Thierry de Hectvelde. Peu
de temps après, Wenceslas et Jeanne demandèrent une aide considérable
pour payer leurs dettes, en s'engageant envers leurs bonnes gens, barons,
chevaliers, villes et franchises, à ne plus en réclamer, sauf dans les cas
exceptionnels de captivité, de mariage ou d'admission dans la chevalerie.
Cette aide leur fut accordée et Bruxelles reçut quittance de sa quote
part [5]. A cette occasion BRUXELLES et les autres villes renouvelèrent
l'alliance contractée en 1261 [6].

De nouveaux troubles à Louvain ayant eu pour dénoûment le bannissement des chefs populaires, les patriciens de Bruxelles, à la demande
des magistrats louvanistes, firent publier, entre la Pentecôte et la Saint-
Jean 1564, la sentence d'exil de Coutrel et de quarante-quatre de ses
partisans. Au mois de juin de la même année, ils bannirent de leur
côté Jacques de Meyere, et cent et un autres bouchers bruxellois, ainsi que
seize compagnons bouchers de Ninove [7]. Les massacres de la Sainte-Marie-
Madelaine et les proscriptions qui la suivirent pouvaient bien affaiblir

[1] L'hôpital de Saint-Corneille, rue de Flandre.

[2] La chapelle de Saint-Josse-Ten-Noode, nouvellement fondée sur le chemin de
Louvain.

[3] A THYMO, c. 46.

[4] Tervueren, le 20 juin 1362. *Luyster*, l. c., bl. 139.

[5] Bruxelles, le 6 novembre 1362, *Ibid*, bl. 137. — A THYMO, l. c., c. 31.

[6] Louvain, 1er novembre, jour de la Toussaint 1362. *Ceuren van Brussel*, f° 84,
aux *Archives de la ville*. — PIOT, *Alliance des Communes dans le duché de Brabant. (Messager des Sciences historiques,* ann. 1841, p. 465.)

[7] A THYMO, l. c., c. 56.

momentanément les métiers, mais ils ne firent qu'ajourner une révolution devenue inévitable. Aussi les praticiens craignirent-ils de pousser
au désespoir un parti qui réparait promptement ses pertes et rentrait si
vite dans la lice.

Après avoir frappé les plus intraitables de leurs ennemis, ils cherchèrent
à se réconcilier avec les autres. A cet effet, les échevins, les receveurs, les
doyens et les huit de la gilde, et tous les membres des lignages, convinrent
avec les jurés et les gens des métiers qu'un oubli général mettrait fin aux
troubles occasionnés par les querelles, les exécutions judiciaires et les débats de toute nature. Quatre patriciens et deux ou quatre membres de
chaque métier furent chargés de s'enquérir, près de ceux de leur ordre,
des violences, menaces ou attaques à main armée, dont ils auraient été
victimes. Quiconque ne se conformerait pas aux sentences prononcées à
la suite de cette enquête, devait être déclaré inhabile à jouir des priviléges, franchises et libertés de la commune, et privé de l'office dont il
était revêtu ou du droit d'exercer son métier, jusqu'à pleine et entière
soumission. Le serment d'observer ces dispositions fut imposé à tous les
magistrats [1]. On essaya en même temps de remédier aux désordres qui
s'étaient glissés dans la gilde et « qui faisaient tort à la renommée de la
ville [2]. » Voulant sans doute ôter à leurs adversaires tout sujet de réclamation, les magistrats avisèrent ensuite aux moyens de maintenir l'ordre
dans les finances. La ville qui auparavant était accablée de charges et de
rentes viagères, pouvait alors se féliciter d'être dans un état florissant,
« grâce au fidèle entretien de ses biens. » Pour rester dans cette voie,
il fut ordonné qu'à l'expiration du terme fixé pour la mise à l'enchère
des accises, personne ne serait plus admis à hausser et que l'adjudication
serait remise à l'année suivante [3]. Il fut interdit aux échevins, receveurs,
doyens et huit, valets jurés de la ville, de se rendre adjudicataires des
accises ou de cautionner les adjudicataires, dont l'élection à la magistrature devait, le cas échéant, être déclarée nulle [4]. Presque toutes les rentes
viagères ayant été insensiblement remboursées, il fut décidé qu'il n'en
serait plus créé, à moins que ce ne fût pour une guerre décidée par le
pays entier, pour une aide destinée à la rançon, au mariage ou à l'admis-

[1] 19 juin. 1368 *Luyster*, l. c., bl. 140. — A THYMO, l. c., c. 45. — [2] V. p. 160.
[3] Ordonnance des échevins, receveurs, jurés, conseil et bourgeois de Bruxelles,
du 29 mai 1369. *Statuyt Boeck*, fol. 32.
[4] Ordonnance du 8 septembre 1369. *Ibid.* — A THYMO, l. c., c. 47.

sion du souverain dans la chevalerie, ou pour réparer les désastres que
le feu pourrait occasionner à la ville [1]. Un demi-siècle de prospérité non
interrompue (1570-1420) fut le résultat de cette sage administration.

Le cours des événements politiques ne nous a pas permis de nous
arrêter sur des faits d'importance secondaire, tels que l'arrivée à
Bruxelles du roi de Chypre, qui y vint, en 1566, solliciter des secours
contre les Turcs [2], la décapitation sur le marché du sire d'Adegem [3], et
l'écroulement de la tour de Saint-Nicolas ou beffroi (1567), à la suite
d'un furieux ouragan. Il en est un surtout qui est fameux dans nos
annales, mais sur lequel malheureusement nous ne possédons que des
documents récusables où même les relations varient. La seule pièce qui
soit officielle est signée par des ecclésiastiques, juges et partie dans
l'affaire, dont le moins âgé a 60 ans. Nous devons donc nous borner à
rapporter cet horrible incident d'après la tradition et d'après ces mêmes
documents, bien qu'ils soient empreints d'un aveugle fanatisme qui fut
sans doute exploité par de basses passions. En 1369, un juif d'Enghien,
nommé Jonathas, aigri par la conversion de quelques-uns de ses coreligionnaires, conçut, dit-on, le projet d'outrager les chrétiens dans ce
qu'ils ont de plus sacré. Il gagna un habitant de Bruxelles nommé Jean
de Louvain, qui avait abandonné le culte hébraïque, et lui persuada de
voler quelques hosties en lui promettant soixante moutons d'or [4]. Vers la
fête de Saint-Bavon, Jean de Louvain pénétra dans la chapelle, aujour-
d'hui église paroissiale de Sainte-Catherine, et y déroba une grande hostie
et quinze petites. Jonathas assembla aussitôt ses amis et livra ces hosties
à leur dérision et à leurs outrages. Quelque temps après, ce fanatique fut
trouvé poignardé dans son jardin. Effrayée de cette catastrophe et croyant
y voir une punition du ciel, sa veuve porta les hosties aux juifs de Bruxelles,
qui habitaient le quartier où leur souvenir s'est conservé dans le nom
d'escaliers des Juifs [5]. Ceux-ci, réunis le jour de Pâques, 12 avril 1570,

---

[1] Ordonnance des échevins, receveurs, jurés des métiers et bourgeois, du
16 décembre 1386. A Thymo, l. c., tit. 5, c. 12.

[2] *Vetus Chronicon Belg.*, apud Matthæum, *Veteris Ævi Analecta*, T. I, p. 50.

[3] *Boeck der tyden int' Corte*, p. 174. — *Vetus Chronicon Belg.*, l. c.

[4] Le mouton d'or valait, suivant quelques-uns, 8 florins 6 deniers argent de
change. Jean de Louvain aurait, par conséquent, reçu 481 florins 6 sous, ou environ 1000 francs.

[5] Les plus anciens documents, savoir : l'enquête faite en 1402 et le récit de
Thierry Loer, frère chartreux de Cologne (*Præstantissima quædam ex innumeris*

voulurent éprouver leur caractère sacré. Aveuglés par la fureur et proférant mille blasphèmes, ils les jettent sur une table, les percent de leurs poignards; mais ils reculent épouvantés en voyant des gouttes de sang jaillir du pain consacré. Redoutant les suites de cette affaire, ils résolurent d'envoyer les hosties dans une autre ville [1], et chargèrent de ce soin une femme juive de naissance, nommée Catherine, qui avait été récemment baptisée. Frappée du prodige opéré par les hosties, ou déterminée peut-être par d'autres motifs, Catherine alla trouver le curé de la Chapelle, Pierre Van den Eede, et lui remit le dépôt confié à ses soins, en lui faisant un récit circonstancié des faits parvenus à sa connaissance. Le curé communiqua cette révélation à Michel de Backer, vice-pléban de Sainte-Gudule, à Jean d'Yssche, chanoine et écolâtre de la même église, et à Jean de Woluwe, l'un des recteurs de Saint-Nicolas. Ils interrogèrent de nouveau Catherine, qu'ils enfermèrent dans l'église de Sainte-Gudule [2] et informèrent le duc de cet événement. Wenceslas convoqua aussitôt son conseil, dans lequel quelques chanoines furent appelés, et le résultat de leurs délibérations fut l'arrestation de tous les juifs qu'une prompte fuite ne put soustraire à la persécution. Ils furent enfermés à la Steenporte, puis interrogés, torturés, et condamnés à mort. La veille de l'Ascension, 22 mai 1370, après avoir été promenés dans la ville sur une charrette et tenaillés à diverses reprises, entre autres sur le Grand-Marché et devant la chapelle de Sainte-Catherine, ils furent brûlés vifs, suivant l'opinion commune, sur la place dite *Wollendries* ou Pré-aux-Laines, entre les portes de Namur et de Hal [3].

---

miracula quæ Bruxellis.... Circa venerabilem Eucharistiam hactenus multis ab annis ad Christi gloriam fiunt, collecta et edita per R. P. THEODORICUM LOERIUM DE STRATIS. Coloniæ Agrippinæ, ann. 1532, typis Gennepæi, in-8°), ne parlent pas de Jonathas ni de Jean de Louvain; mais ils disent que les juifs étaient plusieurs lors du vol des hosties. Pour le reste du récit, ils nous ont servi de guides.

[1] Les récits modernes disent à Cologne.

[2] M. Marckx, archiviste de Sainte Gudule, croit qu'elle fut détenue dans la chapelle Saint-Jean, aujourd'hui baptistère.

[3] Une tradition erronée, qui compte encore des partisans, prétend que le supplice des juifs eut lieu sur l'emplacement qu'occupe aujourd'hui le jardin de l'hôtel d'Aremberg, et qu'en commémoration de cet événement on y planta un arbre d'un port singulier et qui a été déraciné depuis peu. Il faudrait plusieurs pages pour donner le titre de tous les ouvrages qui parlent des hosties miraculeuses et qui se copient pour la plupart. M. Carmoly, qui a été pendant quelques années grand-rabbin à Bruxelles, est le seul qui ait traité cette affaire dans un

On n'est pas d'accord sur le nombre des juifs mis à mort, les uns disent trois, les autres cinq et sept. Ce qu'il y a de certain c'est qu'ils furent chassés du Brabant, et que leurs biens confisqués rapportèrent au duc 1415 $\frac{1}{2}$ moutons d'or [1]. Catherine fut relâchée quelque temps après.

Une contestation fort vive s'éleva alors au sein du clergé de Bruxelles. Le chapitre de Sainte-Gudule réclama les hosties ensanglantées, tandis que le curé de la Chapelle, chez qui elles avaient été portées, prétendit les garder et se vit soutenu par ses nombreux paroissiens. Les chanoines étant venus le sommer de les leur remettre, les habitants du quartier accoururent en foule pour s'y opposer, et Pierre Van den Eede, déposant les clefs du tabernacle de son église sur le maître-autel, laissa le chapitre discuter avec la multitude. Quelque temps après cependant il fut convenu que neuf des hosties seraient solennellement portées à Sainte-Gudule, et que les autres resteraient à la Chapelle. Mécontents encore de ce partage, les chanoines s'adressèrent à l'évêque de Cambrai, Robert de Genève, qui chargea, le 4 juin 1370, le doyen de chrétienté à Bruxelles, d'enjoindre au curé et aux paroissiens de la Chapelle de remettre toutes les hosties au chapitre. Mais cet ordre ne fut pas exécuté; du moins, en 1402, l'église de la Chapelle n'était pas encore dessaisie de la part qui lui avait été faite [2].

A la même époque, quand l'évêque Pierre d'Ailly ordonna une enquête sur la réalité du miracle, les hosties ensanglantées étaient déjà portées dans la procession annuelle qui, le jour de la Fête-Dieu, sort en l'honneur du Saint-Sacrement. Nous verrons plus loin à quelle occasion Marguerite d'Autriche institua une procession spéciale, le dimanche après la fête de sa patronne (20 juillet), et quand commen-

sens opposé à l'opinion commune. V. le tome I de la *Revue orientale*. On conçoit qu'en l'absence de l'acte de condamnation, il soit difficile de se prononcer.

[1] Soit 7065 florins de Brabant ou 14,000 francs. Receptum a Judæis in Brabantia commorantibus hoc anno, de eorum annuali censu, et etiam de bonis eorumdem postquam combusti fuerunt circa Ascensionem Domini 1370 et diffamati fuerunt de Sacramento puncto et furtive accepto ex capella Beatæ Catharinæ apud Brux. in quantum eadem bona pervenerunt ad meum Receptum, etc. Computatio Godefridi de Turri Receptoris Brabantiæ..... anno 1369 usque ad 1370..... *Archives de la Cour des Comptes* aux *Archives du royaume.*—CAFMEYER, *Vénérable histoire du Très-Saint-Sacrement de Miracles,* traduite en français, par G. D. B. Bruxelles, George de Backer, 1720, in-8°.

[2] Voyez l'enquête faite en 1402.

cèrent ces jubilés si splendides, dont le dernier a été célébré en 1820 [1].

En 1370 la ville paya à Wenceslas 5,000 moutons d'or pour des priviléges que la quittance de cette somme n'indique pas [2].

Pressé de mettre un terme aux brigandages qui désolaient le commerce, brigandages que favorisait le duc de Juliers, Wenceslas déclara la guerre à ce prince. Une nombreuse armée, dans laquelle on comptait beaucoup de chevaliers français et liégeois, se réunit sous l'étendard au Lion d'or [3], et le 21 août, elle rencontra l'ennemi dans les plaines de Bastweiler, près de Gelenkirchen. Un contemporain attribue la perte de cette journée aux Bruxellois, « qui, dit-il, autour du duc, » estoient sur les champs montés les aucuns à cheval et leurs varlets » derrière eulx qui portoyent flacons et bouteilles de vin troussées à » leurs selles, et aussi parmi ce fourage et pastez de saumon, de truites » et d'anguilles enveloppés de belles petites tovailles (serviettes) et em- » peschoient là durement ces gens la place de leurs chevaulx, tant qu'on » ne se pouvoyt ayder de' nul costé [4]. » On prétend que c'est à cette occasion qu'ils reçurent le surnom de *mangeurs de poulets* (*kiekeeters*). Cependant plusieurs de nos concitoyens déployèrent dans cette journée une grande valeur. L'un d'entre eux, sir Jean de Relegem ou Redelgem, commença la bataille; un autre, Jean de Diedegem, fit prisonnier le duc de Juliers; un troisième, sir Gérard Rolibuc rencontra au milieu de la mêlée Eustache Vandenbogarde, chevalier du pays de Juliers, avec lequel il avait eu, la veille, une dispute, et tous deux s'attaquèrent avec tant de fureur qu'ils s'entre-tuèrent [5].

[1] C. Desmet, *Histoire de la religion catholique en Brabant*, p. 137.—Le dernier continuateur des *Brabantsche Yeesten* dit aussi à l'année 1423, qu'on portait ces hosties dans cette procession, et en parlant des juifs condamnés, il dit qu'on les brûla tous *vieux et jeunes*.

[2] 30 octobre 1370. *Luyster*, bl. 145. — A Thymo, l. c., c. 51.

[3] Les principaux Bruxellois qui firent partie de cette expédition furent : Jean de Bouchout, châtelain, Henri de Duffel, Robert d'Assche, Siger d'Oostkerque, Henri de Quaedrebbe, Arnoul de Selleke, l'amman Jean de Redelgem, Jean Vandermeeren de Saventhem, Siger de Heetvelde, Walter et Giselbert Pipenpoy, Jean et Guillaume de Meldert, Jean de Hellebeke, Jean de Beer ou l'Ours, Nicolas et Franc Swaef, Guillaume d'Aa, Gérard Vander Elst, Edmond de Roovere, Gérard et Florent Rolibuc, Jean d'Ophem, Jean Van Hamme, Walter de Beerthem, Daniel Vandertommen, Henri de Bouchout, Robert de Berlaer, Walter de Lathem, Gilles de Leeuw, Henri Vandermeeren et Pierre Pascharis. Butkens, t. I, p. 490.

[4] Froissard, t. IV, c. 91, p. 228.

[5] *Brabantsche Yeesten.*

D'autres relations accusent Wenceslas d'avoir attaqué avec sa cavalerie, sans attendre les archers et les arbalétriers qui devaient former sa
première ligne [1]. Il eut d'abord l'avantage, et le duc de Juliers fut pris,
mais l'arrivée inattendue du duc de Gueldre changea la face du combat.
Wenceslas fut fait prisonnier et ses troupes furent mises en déroute. Les
Brabançons eurent sept mille hommes de tués, parmi lesquels on comptait
sept cents nobles [2], et deux mille prisonniers [3]. La joie des vainqueurs
fut altérée par la perte du duc de Gueldre, Renaud, qui mourut, trois
jours après la bataille, des suites d'une blessure. Wenceslas resta en prison
onze mois et ne dut sa délivrance qu'aux préparatifs menaçants de son
frère, l'empereur Charles IV. Mis en liberté au mois de juin 1372, il se
rendit aussitôt en Brabant où son autorité était sérieusement menacée [4].

Le peuple avait témoigné la plus grande indignation contre les chevaliers qui avaient survécu à la captivité de leur prince ; il les accusait de
lâcheté et de trahison [5], et il s'en était suivi de profonds dissentiments.
D'un autre côté les communes avaient profité de l'absence du duc pour
étendre leur puissance. On avait vu se réunir à Bruxelles, de leur
propre mouvement, les députés de quarante-quatre cités et franchises
qui d'ordinaire ne prenaient pas toutes part aux délibérations des
états. Dans cette assemblée, l'observation de la charte flamande et
de la charte wallonne fut énergiquement réclamée, et les députés se
promirent mutuellement aide et assistance [6]. Forcé de recourir à ses
sujets pour le payement de sa rançon, ainsi que de celle de ses chevaliers et de ses alliés liégeois, namurois et français, Wenceslas, dès son
retour, convoqua les états ; les nobles et les villes, réunis à Cortenberg, lui accordèrent un subside extraordinaire de 900,000 moutons [7]. Les monastères, qui furent taxés au neuvième de cette somme,

---

[1] *Chronicon C.* ZANTFLIET, l. c., p. 297.

[2] Entre autres, les chevaliers bruxellois Franc Swaef, Walter Pipenpoy, Gérard
Rolibuc, Jean de Redelgem. BUTKENS, l. c., p. 489.

[3] ZANTFLIET, l. c.

[4] Pendant la captivité de Wenceslas, Jeanne fit dire tous les jours des prières
publiques pour la délivrance de son mari. *Comptes des fiefs,* 1368-1388.

[5] *Brabantsche Yeesten.*

[6] Bruxelles, le 18 février 1371 (1372). *Luyster,* l. c., bl. 144.—A THYMO, l. c.,
c. 54.

[7] Représentant, selon GHESQUIÈRE, 3,926,000 florins de Brabant, ou environ
7,000,000 de francs.

ayant refusé de payer leur part, il en résulta de longs débats. Sur la foi d'un vieux manuscrit, Divæus [1] prétend que chacune des 100,000 familles du pays fut taxée à deux moutons et un quart.

Pour obtenir le consentement de l'assemblée, il fallut que Wenceslas publiât un décret comminant de sévères punitions contre ceux qui ne se soumettraient pas aux décisions du conseil de Cortenberg. Il déclara que, si lui-même commettait quelque infraction à cette charte, ses sujets seraient, par ce fait seul, relevés de leur serment de fidélité, et il s'engagea à ne se faire jamais dispenser de son exécution par le pape, l'empereur ou le roi de France [2]. Les enquêtes étant encore un moyen de se procurer de l'argent, parce qu'elles forçaient à des restitutions les administrateurs concussionnaires ou dilapidateurs, il en fut ordonné une sur la gestion des officiers publics, depuis 1551 jusqu'à la Saint-Jean 1372. Trois commissions extraordinaires furent créées à cet effet; elles se composaient de dix enquêteurs, *besueckers* : deux nobles et huit bourgeois; de onze justiciers et taxateurs, *jugeerders oft taxeerders* : trois nobles et huit bourgeois, et de six receveurs, *rentmeesteren* : deux nobles, deux Louvanistes, deux Bruxellois. Ces derniers devaient percevoir les amendes prélevées sur les coupables et les employer à éteindre les dettes du duc; ils étaient astreints à rendre compte de leur gestion [3]. Le duc s'engagea à ne plus gracier aucun de ceux que condamneraient ces tribunaux, et à faire exécuter leurs décisions [4]. Peu de temps après, parut un édit fixant les émoluments du conseil de Cortenberg, dont les membres jusqu'alors avaient exercé gratuitement leurs fonctions. Aux termes de ce règlement, cinquante-deux livres furent prélevées annuellement sur les revenus généraux, pour payer les quatre chevaliers, les deux clercs et les deux valets; les villes réglèrent l'indemnité à accorder par elles à leurs députés [5].

Toutes ces mesures ne purent calmer le mécontentement qui était devenu général et la guerre civile ne tarda pas à éclater. Wenceslas ayant voulu faire percevoir l'aide par ses receveurs, rencontra une vive oppo-

[1] *Rer. Brabant.*, L. XV, p. 184.
[2] 17 septembre, jour de Saint-Lambert 1372. *Luyster*, l. c., bl. 146.
[3] Les commissaires de Bruxelles étaient : Hugues Van Coudenberghe et Bernard Vanderspout, enquêteurs; Nicolas Swaef et Barthélemy Seraerts, justiciers; Jean Vandenhane dit Vilayn et Jean Fraeybaert (ou Belle-Barbe), receveurs.
[4] *Luyster*, l. c., bl. 156.
[5] Bruxelles, 13 avril 1373. *Ibid.*, bl. 163.

sition de la part des villes, et ce dissentiment s'envenima bientôt au
point que les députés de Louvain ne vinrent plus aux assemblées nationales qu'escortés par une troupe d'archers [1]. Irritée d'un ordre récent
de Wenceslas qui, modifiant son organisation municipale, tendait à y
détruire complétement l'influence des métiers, cette ville refusa de payer
sa quote-part dans la grande aide. Craignant un mouvement à Bruxelles,
le duc et la duchesse sortirent de cette ville, à la fin de 1573, et se retirèrent au château de Genappe, où ils rassemblèrent des troupes qui ravagèrent les environs de Nivelles. La lutte, sans aucun doute, eût été violente et les conséquences en eussent été funestes pour le pays; mais
l'intervention de Jean d'Arckel, évêque de Liége, prévint d'incalculables
malheurs. Sous ses auspices, des négociations furent ouvertes à Braine-
l'Alleud, où il vint accompagné de députés du chapitre de Saint-Lambert,
des communes de Liége et de Huy. Le conseil ducal, le conseil de Cortenberg, les nobles, Louvain, Bruxelles, Tirlemont, y envoyèrent chacun de
leur côté leurs mandataires [2]. Les deux parties se firent mutuellement des
concessions : les villes consentirent à faire acte de soumission en venant
au-devant de leur souverain implorer leur pardon, et à annuler l'union
de 1572 en ce qu'elle pouvait avoir d'attentatoire aux prérogatives
du prince. Elles accordèrent en outre un nouveau subside de 40,000
moutons dont 15,000 payables par les monastères. D'autre part, la perception des deux aides fut confiée à des commissaires nationaux. La
paix arrêtée le 30 avril 1574, fut scellée par le duc et la duchesse, les
médiateurs, les sires d'Agimont et de Rotselaer, les conseillers du duché
et vingt-trois villes et franchises [3]. Deux membres du conseil de Cortenberg, deux nobles, deux bourgeois de Louvain, deux de Bruxelles,
un de Bois-le-Duc et un de Tirlemont furent nommés receveurs; on
leur alloua pour indemnité le quatre-vingtième de la recette [4].

   Toutes les difficultés étaient loin d'être aplanies. Les monastères qui
avaient été, en cette circonstance, taxés sans leur consentement, refusèrent

----

[1] DIVÆUS, *Rerum Lovan.*, L. III, c. 26.

[2] Les députés de la ville à Braine furent : les chevaliers Éverard T'Serclaes,
Jean de Leeuw et Nicolas Swaef; les échevins Henri Hertewyck, Siger de Woluwe,
et Jacques Timmerman; Gilles de Loose, Engelbert Van der Noot et Nicolas de
Saint-Géry. BUTKENS, T. I, p. 495.

[3] *Luyster*, bl. 164. — A THYMO, c. 63. — DE DYNTER, l. c., c. 40, fol. 1790. —
DIVÆUS, *Rer. Brabant.*, L. XV, p. 186. — BUTKENS.

[4] Tervueren, 4 juillet 1374. *Luyster*, bl. 171. — A THYMO, c. 65.

de payer et recoururent à la cour de Rome. Par les ordres de Grégoire XI, l'évêque de Liége et le cardinal de Nîmes annulèrent l'imposition, et, comme on n'en tint pas compte, ils jetèrent l'interdit sur le Brabant. Alors un traité signé à Liége maintint l'annulation des taxes, et les sommes perçues en sus de la première aide furent restituées aux monastères; à ce prix la sentence d'excommunication fut levée [1]. C'est à cette époque qu'il faut rapporter l'introduction des prélats, ou chefs des monastères, dans les États qui n'étaient formés antérieurement que des nobles et des villes, ainsi que le prouve évidemment l'acte de non-préjudice accordé en 1362, à l'occasion de la demande d'une grande aide. Mais, à la fin du règne de Wenceslas et sous le gouvernement de Jeanne, les chefs des principales abbayes d'hommes furent appelés à ces assemblées nationales, où, à titre de prêtres, ils occupèrent le premier rang. C'est alors aussi que ces assemblées prirent le nom d'États, et se formèrent en trois ordres : les prélats, les nobles, les représentants des villes [2].

Pour affermir sa puissance et s'assurer un refuge moins isolé que la forteresse de Genappe, Wenceslas fit commencer, en 1375, le château de Vilvorde, qui fut bâti entre l'église paroissiale de cette ville et la Senne, au lieu où est aujourd'hui la maison de correction. Ce manoir formidable, construit à peu près sur le même plan que la Bastille de Paris, devait contenir les indomptables cités de Louvain et de Bruxelles [3].

Après la paix de Braine, le duc et la duchesse vinrent tenir leur cour à Bruxelles et y déployèrent beaucoup de magnificence dans des tournois et des fêtes [4]. L'empereur Charles IV et son fils Wenceslas, roi des Romains, se rendant en France, y firent le 30 novembre, jour de Saint-André 1377, une entrée triomphale, et la commune leur offrit de superbes ouvrages d'orfévrerie [5].

Pendant les années qui suivirent, Bruxelles jouit d'une certaine tranquillité dont on profita pour raviver l'industrie drapière, pour réorganiser

---

[1] 21 février 1377. DE DYNTER, l. c., L. V, c. 16, t II, f° 1333.

[2] Voyez AD. HEYLEN, *Commentarius de origine tertii status*, édité par M. De RAM : mémoires couronnés de l'Académie, t. XV, p. 24. En 1383 le clergé paya sans opposition 33,000 écus.

[3] GRAMAYE, *Bruxella*, p. 26.

[4] DE DYNTER. l. c., L. VI, c. 42, t. III, f° 1802.

[5] *Chron. anonymi*, p. 101. — Un tournoi fut donné à cette occasion, et le duc et la duchesse payèrent 4 moutons d'or à des mimes et histrions, qu'ils avaient fait venir pour égayer l'empereur. *Comptes des fiefs.*

les lignages et prendre diverses autres mesures d'intérêt général [1]. Les
malheurs d'une cité voisine donnèrent à Bruxelles une nouvelle importance. Louvain, depuis tant de siècles la première ville du duché,
était redevenue la proie des plus affreuses divisions. Les patriciens, dépouillés encore une fois de leur omnipotence par les métiers, avaient fui
ou s'étaient retirés dans les châteaux environnants, d'où ils ne cessaient
de ravager le territoire de la ville insurgée. A leurs vengeances les métiers
répondirent par de terribles représailles : dix-sept membres des lignages,
précipités des fenêtres de l'hôtel-de-ville et massacrés, servirent d'holo-
causte au bourgmestre Walter Vanderleyden, assassiné à Bruxelles, par
ordre de sir Jean de Calster (novembre 1579). Wenceslas, qui était à Paris,
revint en toute hâte et assembla des troupes, menaçant de sa colère la
ville mutinée. Craignant de voir les troubles se propager, il fit désarmer
les métiers de Bruxelles et ordonna qu'on lui apportât les clefs de la
ville [2]. Cependant, après de longues négociations et grâce aux efforts du
magistrat de Bruxelles [3], la paix fut conclue à Ter-Banc, dans une
assemblée des États (mai 1580).

Les partis étaient trop irrités pour que cette paix fût de longue durée.
Le 25 décembre 1580, Pierre Herenmaes, Pierre de Voshem et le
maïeur Jean de Montenaeken, furent délégués à Bruxelles pour démentir
le bruit qui attribuait aux Louvanistes l'intention d'y venir soulever le
peuple [4]. Déjà l'aigreur la plus vive se manifestait entre les habitants de
cette malheureuse ville, et bientôt les hostilités se rallumèrent. Un ferment de révolte agitait alors toutes nos communes : Gand, la puissante
cité, se trouvait en guerre contre son comte Louis de Mâle, et Bruxelles,
ainsi que Liége, manifestait hautement sa sympathie pour les insurgés;
au dire des bourgeois de ces villes, la cause des Gantois était la meilleure et ils ne combattaient que pour leurs priviléges et leurs vieilles
lois [5]. Les villes du Brabant, du Hainaut et du pays de Liége envoyèrent
même des députés à l'assemblée d'Harlebeke, afin d'obtenir une paix

---

[1] Voyez le chapitre suivant.

[2] Dux cum Bruxellenses ac Lovanienses secreto quædam agere comperisset,
ademptis plebi armis, claves etiam portarum ad se deferri jussit. DIVÆUS, *Rerum
Lovaniens.*

[3] Ubi fido Bruxellensium opere effectum ut pax Lovaniensis concluderetur. *Ib.*

[4] DIVÆUS, l. c., L. IV, p. 31.

[5] MEYER, *Rerum Flandr.* L. XIII, p. 202.

honorable; mais cette démarche n'eut pas le succès qu'elles en attendaient, et les princes, entre autres Albert de Bavière et Wenceslas, défendirent à leurs sujets, sous peine de mort, toutes relations avec les insurgés.
Réduits à la dernière extrémité, ne trouvant plus de grains dans la
Flandre dévastée, les Gantois résolurent d'aller solliciter eux-mêmes
les secours de leurs amis. Pendant le carême de 1382 (1381 A.-S.),
ils arrivèrent au nombre de douze mille sous les murs de Bruxelles; les
patriciens firent aussitôt fermer les portes et garder les murailles; mais
ils ne purent empêcher qu'on leur donnât des vivres pour trois semaines.
Après avoir été bien accueillis à Louvain, les Flamands se rendirent à
Liége d'où ils amenèrent six cents chariots de grains. A leur retour,
Ackerman et deux autres de leurs chefs furent députés à Jeanne, qui,
touchée de leur détresse, essaya vainement d'apaiser le farouche Louis
de Macle [1]. La désastreuse journée de Roosebecke ayant abattu le parti
des communes, Wenceslas profita de l'effet qu'elle avait produit pour
attaquer Louvain, qui se soumit le 27 janvier 1383.

En 1383, selon quelques chroniques, un second enlèvement d'hosties eut lieu à Bruxelles dans l'église de Sainte-Gudule, par un nommé
Clément [2]. Nous n'avons trouvé aucun détail sur cet événement.

Le duc et la duchesse avaient passé à Bruxelles l'hiver de 1382 et
l'été de 1383. En proie à une maladie de langueur, Wenceslas cherchait
à oublier, dans les plaisirs, les maux et les revers qui avaient marqué
sa funeste administration : les tournois, les parties de chasse ou de balle,
dans lesquels ce prince « gentil, noble, joli, fresque, sage, dameret et
» amoureux [3], » faisait briller son adresse [4], ne purent calmer son mal.
Les médecins lui conseillèrent de se rendre à Luxembourg, pour y res-

---

[1] FROISSARD. — MEYER. — CHAPEAUVILLE, etc.

[2] Item doen men Schreef MCCCLXXXIII..... waren te Bruesele joden die cyborien
gestolen metten heyligen Sacramenten. In 'tselve jaer was Clement gheberrent
die de ciborien stol. *Chron. du xve siècle* aux *Archives du royaume*. Item in 'tselve
jaer (1384) waeren de ciborien te Bruessele te Sinter Goedelen gestolen metten
heyligen Sacramenten. *Chronique de Rouge-Cloitre*.

[3] FROISSARD, L. II, c. 215.

[4] Hinc Bruxellam dux reversus, quum aliquamdiu spectaculis, equorum certa-
minibus, venatu et pila, qua optime lusisse traditur, aliis lusibus se recreasset.
BARLANDI *Chronic.*, c. 65.—On trouve dans les *Comptes des Fiefs* maintes sommes
payées à des histrions venus à Bruxelles pour distraire le duc, à des marchands
qui lui amenaient des chevaux de race, des chiens dressés, qui lui fournissaient
de belles armures, etc.

pirer l'air natal; mais à peine y était-il arrivé qu'il mourut (7 décembre 1385). Son corps fut enseveli dans l'église de l'abbaye d'Orval.

En prenant en main les rênes du gouvernement, Jeanne trouva le pays dans une situation déplorable ; des guerres désastreuses, de sanglantes révolutions, avaient singulièrement affaibli la confiance de la nation dans ses forces, et ce n'était pas la veuve de Wenceslas qui pouvait remédier à ce mal et arrêter les progrès de l'anarchie. Elle avait cependant un jugement sain joint à un cœur excellent. On ne doit pas oublier que ce fut elle qui prépara la réunion des provinces belgiques sous un seul souverain, en aplanissant tous les obstacles au mariage des enfants de son neveu, Philippe-le-Hardi, devenu comte de Flandre, avec ceux d'Albert de Bavière, régent des comtés de Hainaut, de Hollande et de Zélande. Par cette alliance, conclue à Cambrai en 1584, tombèrent les projets de Richard, roi d'Angleterre, projets qui auraient peut-être entraîné de fâcheuses collisions [1]. Jeanne se montra grande encore quand elle implora le duc de Bourgogne en faveur des Gantois, trop fiers pour plier le genou devant leur souverain. Cette noble action, qui ferait oublier bien des fautes, mit fin à une longue querelle dont le Brabant avait souvent ressenti les effets.

La duchesse qui, en 1385, avait obtenu de ses sujets une aide de 80,000 écus [2], leur accorda, quelques mois plus tard, une charte des plus importantes : elle promit qu'aucune prise d'armes n'aurait lieu dorénavant sans le consentement des villes ; qu'elle réunirait quatre fois par an, et, chaque fois, pour huit jours, les barons et seigneurs, afin qu'ils prissent connaissance des affaires qu'elle ou les villes pourraient avoir, et que les pays d'Outre-Meuse, confiés à des hommes sûrs, resteraient indissolublement unis au Brabant [3]. Il n'est fait dans cet acte aucune mention des prélats, dont sans doute l'intervention n'était requise que pour le vote de subsides.

L'ambition du duc de Gueldre suscita de nouveaux embarras à Jeanne. Son héraut se présenta au palais de Coudenberg et fut introduit dans la chambre qu'elle n'avait pas quittée depuis un an. En entendant cette déclaration de guerre la princesse s'écria : « Il est temps que je

---

[1] *Histoire de Bourgogne*, par un religieux bénédictin, t. III, p. 78.

[2] Vote du 11 juin 1385. *Comptes des aides* aux *Archives du royaume*.

[3] Louvain, 12 janvier 1385 (1386). A THYMO, l. c., titre 4, c. 9. Cette charte est scellée par 22 seigneurs et 20 villes.

» sorte! » Elle convoqua aussitôt les États et appela son peuple aux armes. Les premiers efforts des Brabançons furent dirigés contre la ville de Grave, qui avait été livrée au Gueldrois. La veille de Saint-Michel, 28 septembre 1386, les Bruxellois, sous la conduite du châtelain Jean sire de Bouchout, d'Éverard T'Serclaes, de Nicolas Swaef et de Thierry de Heetvelde, allèrent joindre l'armée que la duchesse conduisit jusqu'à Bois-le-Duc; elle aurait même marché plus loin si ses conseillers ne l'en avaient détournée. Grave fut investie, mais les attaques furent mollement dirigées. Irritées de leur inaction, les communes se plaignirent vivement de leurs chefs, surtout du sénéchal sire de Witthem et du sire de Bouchout. Enfin, un jour qu'un fort vent d'ouest s'était élevé, le bruxellois Daniel Spoermaker s'écria : « Que les seigneurs » attaquent la ville par l'assaut et l'incendie, et les habitants dans le » désordre nous la livreront eux-mêmes ! » Aussitôt toutes les communes se rangent en bataille et s'ébranlent pour monter à l'assaut. Indigné de ce qu'on a douté de son courage, Bouchout court se placer au premier rang. Tandis que les milices des autres villes balaient les remparts avec leurs canons et leurs arbalètes, les Bruxellois se jettent sur la Hampoorte avec tant d'impétuosité qu'ils emportent le boulevard protégeant les fossés, et donnent à peine à ses défenseurs, qu'ils assaillent rudement à coups de lance et d'épée, le temps de se sauver par un petit pont, le seul qui soit resté baissé. Craignant que les vainqueurs ne s'en servent pour pénétrer dans la ville, les assiégés veulent le lever; le bruxellois Jean Storm s'y cramponne et le retient si fermement que c'est avec la plus grande peine que deux hommes, d'une force peu ordinaire, Reyntjen Vanderheyden et Schoenaert, parviennent à le repousser. Les assaillants alors essaient d'incendier le pont; mais l'eau qu'on jette de la place empêche le feu de s'allumer. Pendant ce temps, Thierry de Heetvelde escalade les remparts et met l'ennemi en fuite; malheureusement sa troupe ne peut le suivre, et les assiégés revenant en nombre le précipitent dans le fossé. C'en était fait de l'intrépide guerrier, si ses compagnons ne s'étaient dévoués pour le sauver [1]. Enfin, les parents et les amis du jeune sire de Héverlé, qui vient d'être blessé, renoncent à l'attaque pour l'aller voir, et les Bruxellois se retirent épuisés de fatigue. Si un autre corps avait continué l'assaut, nul doute que les assiégés égale-

---

[1] DIVÆUS. — PONTANUS, *Historiæ Gelriæ* L. VIII, p. 323.

ment affaiblis et blessés pour la plupart, n'eussent succombé. Voyant la ville réduite aux abois, le duc de Gueldre se hâta de conclure une trève, et l'armée brabançonne fut licenciée. Les milices de Bruxelles revinrent dans leurs foyers, la veille de SS. Simon et Jude, 27 octobre, réconciliées avec leurs chefs et surtout avec Bouchout et Heetvelde qui, dans la dernière attaque, s'étaient fait remarquer par leur bravoure [1].

Un événement qui pouvait avoir les suites les plus funestes pour le pays entier, vint tout à coup troubler la tranquillité dont jouissait la ville. Depuis quelques années, toute la contrée qu'on appela depuis pays de Gaesbeek, ne formait plus qu'une seule baronnie. Sweer ou Sweder d'Apcoude, sire de Putten et de Stryen, avait hérité de sa mère, Jeanne de Hornes, le manoir féodal de Gaesbeek et tous les domaines circonvoisins qui, depuis le commencement du xiii° siècle, avaient été possédés par une branche de la famille des ducs; puis il avait cédé à son frère Guillaume, sire de Wyck-te-Duerstede, les biens qu'il avait en Hollande, en échange des domaines de la famille d'Aa, patrimoine de Marie de Walcourt, femme de Guillaume [2]. Par là, il était devenu possesseur de toute la contrée, qui, des portes de Bruxelles s'étend jusque près de Ninove : contrée riche et fertile, ayant plus de cinq lieues dans sa plus grande largeur, et pouvant armer trois mille hommes [3]. Il y avait partout la haute justice et les droits les plus étendus; cent quatre-vingt-dix-sept fiefs, parmi lesquels on comptait quarante-six pleins fiefs, relevaient de son manoir [4]. Tant de puissance ne satisfit pas l'ambitieux baron, et il traita avec la duchesse de l'achat de quelques villages dépendants de la mairie de Rhode.

Informés de ses démarches, les échevins craignirent de voir s'étendre jusqu'aux pieds de leurs murs une baronnie redoutable, que de nouvelles concessions pourraient accroître encore. Ils protestèrent contre tout nouveau démembrement de l'ammanie, qui, selon eux, devait rester unie à la ville. Éverard T'Serclaes, alors premier échevin pour la cinquième fois [5], porta à la duchesse les réclamations du conseil de la com-

---

[1] DE DYNTER, l. c., c. 53, f° 1909. — *Chronicon anonymi*, p. 109.

[2] L'échange entre Sweer et Guillaume eut lieu le 27 juin, mardi après la Saint-Jean-Baptiste 1381.

[3] GRAMAYE, *Bruxella*, p. 33.

[4] *Livres des fiefs de Brabant*, passim.

[5] Il avait été premier échevin en 1363, 1372, 1377 et 1382. En 1380, il avait

munc et parvint à faire échouer les projets d'envahissement du sire de
Gaesbeck. Sweder d'Apcoude et sa femme Anne de Linange en furent
vivement irrités, et le premier se trouvant un jour à table avec sa famille
et ses amis, jura de tirer vengeance de l'auteur de cet affront. Quelques-
uns de ses serviteurs, entre autres Guillaume de Clèves [1], son fils naturel,
et le chevalier Amelius ou Melis Uytten Enge, bailli de la terre de
Gaesbeck, recueillirent ce serment et se promirent de l'accomplir. Prévenus que des affaires avaient appelé T'Serclaes à Lennick, ils allèrent
l'attendre à son retour, le 26 mars 1388, jour du jeudi saint. Surpris à
l'improviste, renversé de dessus sa mule et percé de coups, le héros et le
libérateur de Bruxelles vit s'acharner sur lui la rage des meurtriers qui
le laissèrent pour mort, après lui avoir coupé la langue et le pied droit.
Sweder était si redouté qu'aucun de ses vassaux n'osa porter secours au
blessé; heureusement le doyen de chrétienté à Hal, Jean de Stalle,
vint à passer avec son clerc Jean Coremans. Ce digne prêtre ayant
aperçu le chevalier gisant au milieu d'une mare de sang, le plaça sur
son chariot et le ramena ainsi à Bruxelles, entre trois et quatre heures
de l'après-midi.

A la vue de ce corps sanglant, l'indignation et la fureur s'emparent de
tous les esprits. La fatale nouvelle se transmet de bouche en bouche et
le peuple accourt au marché, avide de vengeance. Informée de l'irritation
des bourgeois, la duchesse alla visiter T'Serclaes, qui avait été transporté
dans la maison dite l'Étoile, mais les mutilations dont il avait été victime ne lui permirent pas de donner des détails sur le crime ni sur les
meurtriers [2]. Jeanne promit au peuple de faire justice des coupables;
mais des promesses ne pouvaient le calmer, il voulait une prompte punition. A l'instant une armée se forme : à cinq heures, elle sort de la ville
sous le commandement de l'amman Nicolas d'Ursene [3]; arrivée le même
soir au village de Vlesembeck, elle déploie le lendemain de grand matin
la bannière de Saint-Michel sur les hauteurs qui couronnent Gaesbeck.

acquis de Jean, sire de Wesemael, le château et la seigneurie de Cruyckenbourg,
appartenant aujourd'hui aux comtes de ce nom, et s'étendant sous Ternath, Wambeke et Lombeke-Sainte-Catherine. Il possédait encore d'autres fiefs moins importants.

[1] Guillaume de Clèves était alors très-jeune, dit l'auteur des *Brabantsche
Yeesten.*

[2] *Brabantsche Yeesten.*

[3] *Cronyck van Brabant*, mss. de la bibliothèque de Bourgogne, n° 10247.

Déjà le baron, ainsi que les assassins, avait fui, laissant dans la forteresse Anne de Linange avec trois chefs dévoués, Jean de Lombeke, Jean de Hellebeke et Jean Storm. Bien garnie d'hommes d'armes et de vivres, la place pouvait résister longtemps ; aussi les Bruxellois se bornèrent-ils à la bloquer, dévastant les terres du baron, confisquant ses revenus seigneuriaux et destituant ses officiers, *hauts et bas*. A la demande de la commune, la duchesse envoya à l'armée le sénéchal Jean sire de Witthem avec l'étendard ducal [1], et la ville invita toutes les communes brabançonnes à seconder ses efforts. A l'exception de Bois-le-Duc, qui avait assez de surveiller la frontière toujours menacée par le duc de Gueldre, toutes répondirent à cet appel [2]. Quelques barons et quelques nobles vinrent également se joindre aux milices bruxelloises. Malgré l'arrivée de ces renforts, le siége n'avançait pas, et les assaillants voyaient leurs flèches et leurs bombardes impuissantes contre les énormes murs du manoir féodal. D'un autre côté, on apprit que Sweder et ses parents réunissaient des hommes d'armes près de Diest, et se disposaient à secourir la place [3]. Les assiégeants résolurent alors de demander des mineurs aux Liégeois afin de l'attaquer par la mine et la sape. Inquiétés sur les suites de cette guerre d'autant plus pernicieuse que la trêve conclue avec la Gueldre allait expirer, la duchesse et son conseil mirent tout en œuvre pour amener les parties à un accommodement. Grâce à leurs efforts, il fut permis à Anne de Linange et à ses gens de sortir sains et saufs du château qui fut abandonné aux bourgeois. La baronne se retira à Braine-le-Château, en Hainaut, et les communes se séparèrent, le 50 avril, après que la hache et la pioche eurent abattu les tours orgueilleuses et les murs crénelés de Gaesbeek. Éverard T'Serclaes était mort des suites de ses blessures, le 9 du même mois [4] et avait été enterré à Ternath ; le 4, un de

---

[1] 27 mars. DIVÆUS, *Rer. Lovan.* L. IV, p. 54.

[2] Les Louvanistes arrivèrent au siége le 29, sous le commandement de Jean de Calster, Walter de Quaedebrugge, Louis Pinnock, Godefroid de Lymmingen. *Ibid.*, l. c. Le 17 avril on promena à Louvain la *Cromme Cruys*, afin d'amener la reddition de la place. Le 25, les magistrats de cette ville écrivirent à leurs concitoyens qu'ils ne devaient pas revenir avant que le château fût jeté bas. *Chronique mss. de Louvain*, bibl. de Bourgogne.

[3] DIVÆUS.

[4] DE DYNTER, t. III. f°s. 1940-1951, L. VI, c. 57.—BUTKENS, t. I, p. 509.—*Chron. anonymi*, p. 113. — A THYMO, l. c., c. 14. — *Brabantsche Yeesten.* — DIVÆUS, l. c. — *Messager des Arts et des Sciences,* ann. 1855, p. 267, etc.

ses neveux, Jean, fils de Jean, appelé à le remplacer dans le conseil communal, avait prêté serment sous les murs du château du meurtrier [1].

L'année suivante, Sweder et sa femme furent remis en possession de leurs biens, après avoir déclaré, tant en leur nom qu'en celui de leurs descendants, amis et alliés, et avec l'approbation des principaux de ceux-ci, qu'ils étaient réconciliés avec la duchesse, les barons, chevaliers, valets (ou écuyers), bonnes villes, franchises et tout le pays du Brabant. Ils avaient promis de ne rien réclamer pour les dommages qu'ils avaient éprouvés et de ne jamais inquiéter ceux de leurs sujets ou tenanciers qui avaient pris parti contre eux [2]. Peu de temps après, le baron voulut relever son manoir, mais les députés des villes, assemblés à Louvain, le lui défendirent formellement (avril 1589) [3]. Quelques années plus tard, Jean de Hellebeke, un des défenseurs de Gaesbeek, fut déclaré ennemi de la ville et déchu du droit de bourgeoisie, comme le seraient dorénavant, dit la sentence, tous ceux qui se rangeraient du côté des ennemis de la commune [4].

Dès que cette affaire eut été étouffée, une expédition fut dirigée contre la Gueldre. Le pays se leva en masse, et les Bruxellois partirent, le 26 juin, sous le commandement des chevaliers Jean de Leeuw, Nicolas de Saint-Géry et Thierry Loose. Mais le succès ne répondit pas à l'enthousiasme des Brabançons, et le roi de France, Charles VI, par les conseils du duc de Bourgogne, résolut d'intervenir dans leur querelle. Il pénétra dans le pays de Juliers à la tête d'une armée formidable, et força l'intraitable ennemi de la duchesse à conclure une paix qui malheureusement ne dura guère.

Le mauvais esprit qui avait présidé à l'administration de Wenceslas planait encore sur le Brabant. Gouverné par des conseillers inhabiles ou indignes de la confiance de Jeanne, ce noble duché, qui avait bravé les efforts de tant de princes, était alors en proie à la plus déplorable anarchie. Les villes étaient déchirées par des haines de famille, et les campagnes ravagées par quelques seigneurs turbulents. On vit, en 1390, les

---

[1] Juravit ante castrum de Gazebeke anno prædicto 4 aprilis. Liste mss. des magistrats de Bruxelles. Voyez les *Brabantsche Yeesten.*

[2] 6 mars 1388 (1389 N.-S.). A THYMO, l. c.

[3] DIVÆUS, l. c., p. 35.

[4] Ordonnance du 2 juin 1391. *Boeck met den Haire,* aux *Archives de la ville,* f° 84.

seigneurs de Jauche, de Heynsberg et de Louverval, incendier et piller
la bourgade d'Yssche [1]. Sous prétexte qu'il ne recevait plus une rente de
vingt-cinq aimes de vin du Rhin, assignée à un de ses aïeux par Jean Ier,
Michel de Ligne, sire d'Estambruges et de Thumaide, vint, en 1596,
à la tête de quelques-uns de ses alliés et de ses vassaux, piller Goyck.
Il poussa même jusqu'aux portes de Bruxelles, mais la commune en
armes sortit aussitôt et le força à une prompte retraite [2]. Un traité
ménagé par le comte d'Ostrevant, Guillaume de Bavière, condamna
Michel de Ligne à rester six semaines prisonnier à Genappe, et à prendre
ensuite l'écharpe et le bourdon dans l'église de Sainte-Gudule pour aller
en pèlerinage à Saint-Jacques de Compostelle. Cette dernière obligation
fut également imposée à la duchesse dans la personne de Guillaume de
Ranst et de Jean Vanderdussen. Elle se reconnut, en outre, débitrice
du sire d'Estambruges pour plusieurs sommes, entre autres pour deux
mille florins de Hollande, arrérages de la rente créée par le Victorieux [3].

On comprend, que dans cette situation, Jeanne devait chercher
l'appui des villes ; aussi Bruxelles en obtint-elle de nombreuses faveurs.
En lui donnant quittance de sa quote-part dans une aide de 200,000
florins-écus que le pays avait accordée pour la guerre de Gueldre, la
duchesse déclara que le receveur ducal devait indemniser, suivant estimation faite par deux receveurs, les habitants qui souffriraient des
hostilités [4]. Quelques jours après, les sires de Breda, de Berg-op-Zoom,
de Wesemael, de Witthem et de la Leck, déchargèrent les villes de Brabant,
et Bruxelles en particulier, de la responsabilité des pertes qu'ils auraient
essuyées dans la dernière guerre [5]. Pour récompenser, dit-elle, d'une
manière spéciale les services signalés que lui avaient rendus les habitants
de Bruxelles, la duchesse s'engagea à ne jamais aliéner aucune des six
mairies situées dans l'ammanie, Vilvorde, Campenhout, Rhode, Assche,
Merchtem et Capelle-au-Bois, ou leurs dépendances, et à les laisser
unies à la ville [6]. Les villages d'Anderlecht et de Forêt furent admis à
participer aux ceures, libertés et priviléges de la ville, avec réserve

[1] BUTKENS, l. c., p. 515. — DIVÆUS.

[2] BUTKENS, l. c.

[3] Bruxelles, 7 août 1397. *Inventaire des chartes de Brabant*, n° 2, f° 684.

[4] 14 août 1392. A THYMO, l. c., c. 17.

[5] 20 août 1392. *Boeck met den Haire*, f° 82.

[6] 31 août 1392. A THYMO, l. c , c. 19.

toutefois des lois qui régissaient les biens, et des droits seigneuriaux du chapitre d'Anderlecht et du seigneur de Walcourt, dans le premier de ces villages ; de l'abbaye de Forêt, et de Réné Eggloy dans le second[1]. Ces accroissements du territoire communal furent les derniers : jusqu'à la fin du xviii° siècle, il se composa de l'espace entouré de murailles et des villages de Ten-Noode, Schaerbeek, Ixelles, Saint-Gilles, Forêt, Anderlecht, Molenbeck et Laeken. En vertu de la charte de 1295, le conseil municipal avait en outre la perception des accises à Etterbeek et à Coeckelberghe.

La guerre ne tarda pas à se rallumer. En 1398, quarante mille hommes, le cinquième de la population en état de porter les armes, marchèrent sur la Gueldre[2]. La même année, les villes du Brabant et de la principauté de Liége renouvelèrent leur antique alliance, et leurs forces réunies envahirent le pays de Juliers[3]. Le Gueldrois, voyant ses états attaqués de toutes parts, s'adressa alors au nouveau chef de l'empire, Rupert, qui lui promit des secours ; mais le duc de Bourgogne, ayant ordonné de grandes levées pour soutenir les Brabançons, Renaud se hâta de recourir aux négociations. Sweder d'Apcoude, Guillaume de Craenendonck, Jean de Calster et Réné Goether, prévôt de Maestricht, acceptèrent au nom de la duchesse des conditions peu avantageuses, et la paix fut conclue à Ravenstein, le jour de Saint-Boniface 1399, anniversaire glorieux d'une glorieuse époque. Ce traité excita l'indignation du duc de Bourgogne, qui avait dépensé plus de 12,000 couronnes en préparatifs de guerre, et le prévôt n'osa jamais reparaître en sa présence. Les trois autres négociateurs ne durent leur grâce qu'à l'intercession de la duchesse[4].

Il se présenta, lors de la dernière invasion du pays de Juliers par les Brabançons, une circonstance assez singulière. Quatre des échevins étaient à l'armée, quand arriva l'époque du renouvellement du magistrat. Dans le nombre des bourgeois choisis par la duchesse pour former la nouvelle

---

[1] La charte d'union d'Anderlecht est datée du 27 mars 1393 ; l'original fut remis le 4 avril par les bonnes gens de la paroisse aux échevins de la ville qui en firent faire une traduction flamande. La charte de Forêt est du 23 avril 1394. A THYMO, l. c., c. 20.

[2] *Brabantsche Yeesten.*

[3] DE DYNTER, c. 67, f° 2024. — BUTKENS, t. I, p. 519.

[4] DE DYNTER, l. c., c. 68, f° 2025. — DIVÆUS, *Rer. Brabant.*

administration, six accompagnaient aussi l'expédition ; le dernier en rang
prêta seul le serment exigé, entre les mains de l'amman, et partit ensuite
pour aller recevoir le serment de ses collègues. La ville fut quelque temps
sans autres magistrats que les receveurs ; trois échevins revinrent ensuite
de l'armée et les autres arrivèrent à la fin de la campagne [1].

Bruxelles était alors à son apogée de gloire et de splendeur ; sa population s'augmentait avec son importance, et sa maison commune, dont la
première pierre fut posée en 1402, est encore un témoignage irrécu-
sable de la puissance de cette ville. L'esprit républicain de ses magistrats
se montrait de plus en plus ombrageux. Le sire de Hoogstraeten ayant,
sans le consentement des villes, imposé les boissons, dans la franchise
d'Herenthals, fut, ainsi que ses descendants, privé de son droit de bourgeoisie. Les magistrats insérèrent, en outre, dans la sentence une défense
expresse à leurs successeurs de jamais la lever [2]. Unie par des liens étroits
aux autres villes brabançonnes, on vit aussi à cette époque la commune
bruxelloise intervenir dans presque tous leurs différends. En 1400, ses
députés et des délégués louvanistes allèrent rétablir la tranquillité à
Tirlemont, dont les finances se trouvaient dans le plus grand désordre [3].

Depuis longtemps le duc de Bourgogne travaillait à se faire solennellement reconnaître comme héritier de Jeanne, qui avait désigné pour
lui succéder sa nièce Marguerite, femme de Philippe, fille de Marguerite
de Brabant et de Louis de Maele ; espérant que sa présence aplanirait
tous les obstacles et ferait cesser les irrésolutions, il vint à Bruxelles où
les états étaient assemblés ; mais ceux-ci, usant d'une sage circonspection,
lui répondirent qu'il ne convenait pas de prendre une décision à cet égard,
du vivant de la duchesse, et qu'après sa mort, les droits de ses héritiers seraient examinés avec justice. Il offrit en vain de rendre aux Brabançons Anvers et Malines, et de leur remettre Termonde en attendant qu'il eût repris
Grave et la terre de Cuyck ; ils refusèrent de se prononcer plus explicitement [4].
Le roi des Romains, Wenceslas, fils de Charles IV, qui envoya une ambassade à Louvain pour faire valoir ses prétentions, ne fut pas plus heureux
dans ses démarches [5]. Attribuant sans doute cette conduite à la répugnance

[1] *Brabantsche Yeesten.*

[2] A THYMO.

[3] DIVÆUS, *Annales Lovan.*, L. IV, p. 37.

[4] DE DYNTER, l. c., c. 69, f° 2041.

[5] *Ibid.*, c. 70, f° 2047.

que les états éprouvaient à voir passer le Brabant dans une maison déjà trop puissante pour la sécurité de leurs priviléges, Philippe-le-Hardi fit, en 1401, un nouveau partage de ses biens entre ses enfants. Par une disposition qui fut confirmée par Jeanne [1], l'aîné, Jean, qui avait l'expectative de la succession de la duchesse, dut la céder à son frère Antoine, comte de Réthel et châtelain de Lille [2]. En 1403, Philippe-le-Hardi voyant la fin de sa tante approcher chercha à lui faire résigner le pouvoir à Antoine. Il vint à cet effet à Bruxelles, à la mi-avril 1404. Ses démarches cette fois furent couronnées de succès, grâce au sire de Wesemael et à quelques bourgeois influents; mais il ne vit pas commencer l'administration de son fils [3]. Au sortir d'une fête somptueuse à laquelle il avait appelé tous les joueurs d'instruments du Brabant, de l'Artois et de l'Ostrevant (16 avril), il se sentit pris d'une maladie qui régnait à cette époque et qui attaquait les hommes les plus robustes. Quelques jours après, suivant son désir, il fut transporté à Hal dans une litière à bras, et mourut dans cette petite ville le 27 avril. Ses enfants ne trouvèrent pas assez d'argent pour payer les frais de ses funérailles et durent emprunter sur sa vaisselle [4].

Le mois suivant, par une donation entre vifs, Jeanne résigna le duché à sa nièce, en se réservant quelques revenus, le droit d'habiter à Coudenberg, la possession du château et du moulin de Nuwermolen (à Obbrussel ou Saint-Gilles), etc. Elle lui imposa pour condition le maintien des priviléges des prélats, des nobles et des villes [5]. Marguerite, à son tour, constitua son second fils Antoine, gouverneur des duchés de Brabant et de Limbourg, et lui en abandonna les revenus ainsi que la collation des emplois [6].

Après avoir vécu encore deux ans dans la solitude, Jeanne mourut le 1er décembre 1406, à l'âge de quatre-vingt-quatre ans; elle en avait régné cinquante. Elle fut enterrée au milieu du chœur de l'église des Carmes à

---

[1] Bruxelles, 29 septembre 1401. *Histoire de Bourgogne*, t. III, preuves, p. CCIIII.

[2] 27 septembre 1401. *Ibid.*, t. III, p. 180.

[3] DE DYNTER, c. 73, fo 2076.

[4] *Histoire de Bourgogne*, t. III, p. 199. DE DYNTER dit qu'il mourut le 26. Une chronique mss. de l'abbaye d'Afflighem (bibl. de Bourg.) prétend qu'il fut embaumé à Ruysbroeck, *ejus corpus in Ruysbroyck balzamo conditus.*

[5] Bruxelles, 7 mai 1404. BUTKENS, preuves. p. 203.

[6] 19 mai 1404. DE DYNTER, l. c., c. 74, fo 2079.

Bruxelles. Sa tombe, que surmontait une statue, fut détruite par le bombardement de 1695, et il ne reste plus de vestige du règne de cette bonne princesse, à qui il n'a manqué qu'un mari digne d'elle [1]. Dans la personne de Jeanne s'éteignit cette illustre maison de Louvain, qui, pendant trois siècles, fournit au pays une liste non interrompue de vaillants guerriers et de princes habiles.

[1] Les *Comptes des fiefs* fournissent d'éclatantes preuves de sa bienfaisance : ce sont de nombreuses aumônes faites à de vieilles femmes, à des infirmes, à des lépreux, à de pauvres religieux malades; des secours donnés à des femmes en couches, à des pèlerins que des voleurs avaient dépouillés, à des soldats captifs des Sarrasins, à des malheureux dont les habitations avaient été incendiées, etc.

CHAPITRE IV.

*Coup d'œil sur l'état des personnes, des biens, de l'administration,
de l'industrie et des mœurs à Bruxelles, pendant le xiv° siècle.*

En rapportant les événements qui signalèrent les règnes des derniers princes de la maison de Louvain, nous avons réservé quelques
particularités qui, réunies dans un cadre spécial, peindront mieux que
si elles étaient disséminées, le développement des éléments dont se
composait la commune, et l'état de la civilisation dans notre pays.
Pour Bruxelles, cette époque offre d'autant plus d'attraits que cette
ville atteignit alors à un haut degré de puissance. On aura déjà pu voir
que, de toutes les communes du Brabant, il n'en était pas une seule dont
l'influence fût plus marquante dans les conseils du souverain. La présence presque continuelle de la cour, les sanglantes discordes qui agitèrent Louvain pendant la seconde moitié du xiv° siècle, et la décadence
de cette cité, furent pour elle de grandes causes de prospérité. Les garanties de sûreté personnelle accordées à ses bourgeois accrurent son importance et augmentèrent considérablement sa population.

Imitant son beau-père, qui avait donné aux Bruxellois la charte célèbre de 1326, Wenceslas prit des mesures pour protéger la vie et les
biens des habitants de sa résidence. Ainsi, il soumit à la juridiction des
échevins l'étranger qui blesserait ou insulterait un bourgeois [1], et autorisa les habitants à se faire payer, par saisies de biens, les rentes viagères
qui leur seraient dues dans d'autres villes [2]. Il détermina les punitions
applicables aux coupables d'enlèvement ou de séquestration d'une bourgeoise mariée ou veuve ; les biens de la femme, qui suivait volontairement
le ravisseur, devaient être partagés par moitié entre son fils aîné et le

---

[1] *Ceuren van Brussel,* f° 91. — A Thymo, tit. IV, c. 50.
[2] 23 avril 1373. A Thymo, l. c., c. 61.

souverain [1]. Enfin, comme il arrivait fréquemment que des individus bannis pour meurtre ou d'autres crimes, obtenaient leur rappel par la médiation des courtisans, Wenceslas et Jeanne renoncèrent au droit de faire grâce. Ils ordonnèrent en même temps à leurs officiers de saisir les biens des condamnés qui rompaient leur ban, et autorisèrent l'amman à arrêter les officiers qui se refuseraient à l'exécution de cet ordre [2].

L'article 15 de la Joyeuse Entrée de 1356 commit aux échevins le droit d'enquête sur la conduite des officiers de justice, attribué en 1312 au conseil de Cortenberg, et deux priviléges subséquents leur en confirmèrent la possession. Une charte de 1383 enjoignit aux officiers de rendre bonne et prompte justice, déclarant que ceux d'entre eux qui, à la première réquisition d'une des villes, ne jugeraient pas les procès soumis à leur tribunal, seraient destitués et déclarés inhabiles à tout emploi. Elle chargea le premier des officiers de justice de chaque ressort [3] de faire arrêter le juge qui n'indemniserait pas les personnes lésées par ses iniquités, et confia aux échevins de la chef-ville du quartier le jugement des causes que le conseil ducal traînerait en longueur [4]. Ces dispositions furent confirmées dans la grande charte que, deux ans plus tard, Jeanne accorda au pays [5].

Le premier de ces actes auquel les barons brabançons apposèrent leurs sceaux, était principalement destiné, comme le disent ses considérants, à prévenir les injustices criantes qui se commettaient dans l'administration des diverses parties du plat-pays, dépendantes du domaine ou des seigneurs. Soumettre la conduite des baillis, maires, forestiers des villages, au contrôle des autorités des communes, c'était donner aux malheureux campagnards des protecteurs contre les velléités d'oppression des seigneurs et contre le souverain lui-même. Aussi vit-on, à cette époque, un grand nombre de cultivateurs se faire inscrire dans la bourgeoisie; ils n'étaient pas les seuls qui recherchassent cette puissante égide, et les plus grands personnages du pays sollicitaient le titre de bourgeois de Bruxelles [6].

---

[1] 19 juin 1375. A THYMO, l. c., c. 67.

[2] 29 octobre 1383. *Ibid.*, l. c., c. 88.

[3] A Bruxelles, c'était l'amman.

[4] Bruxelles, jour de la Toussaint, 1er novembre 1383. *Luyster*, l. c., bl. 186. — A THYMO, l. c.

[5] Chapitre 5, p. 140.

[6] Cette assertion est prouvée par une liste de bourgeois, qu'on dit tirée d'un vieux registre des archives de Bruxelles, et vidimée le 16 juillet 1627. Elle se

Tout individu admis dans la bourgeoisie devait prêter le serment suivant : « Je promets, certifie et jure que, de ce jour, je serai obéissant » et fidèle à notre gracieux seigneur le duc de Brabant et à sa ville de » Bruxelles, que je ne livrerai pas son pays, ses villes, ses forteresses, » ses sujets et son peuple; que j'aiderai à maintenir les ordonnances de » la ville et ses ceures, de toutes mes forces et de tous mes moyens. » Ainsi m'aident Dieu et tous ses saints [1]. » Le récipiendaire recevait ensuite une attestation ainsi conçue : « Qu'il soit connu à tous que » N....., en présence de N....., amman de Bruxelles, de N..... et N....., » échevins du lieu, a été dûment et légitimement reçu bourgeois de » Bruxelles, en prêtant le serment de fidélité requis. En témoignage de » ces choses les sceaux desdits échevins et celui de l'amman de Bruxelles » ont été apposés aux présentes. Donné le...... [2]. »

On divisait les bourgeois en deux catégories : les bourgeois résidants et les bourgeois forains. Les uns et les autres étaient tenus de payer un droit d'entrée, qui fut porté, en 1559, à deux florins de Florence et qui, augmenté successivement, monta finalement à 172 florins de Brabant [3]. Tous devaient résider en ville, eux et leur famille,

---

trouve dans les *Selecta pro sæculo* 1500, précédée d'une circulaire invitant les bourgeois à se rendre à Cortenberg pour y discuter les affaires du pays, de concert avec les députés des autres villes, et conçue en ces termes : « Lieve heeren wy bidden u vriendelyck dat ghy comen wilt tot Cortenberghe sondach naestcomende vroech voer den eetene om met u ende met den andere steden te sprekene van zaecken die aengaen den landen gemeynelyck van Brabant. » Cette liste a été publiée, mais d'une manière incomplète, dans les *Opera Diplom.* de Miræus.

[1] Ick u gelove sekere en sweere dat ick van dese dage voirtaen sal zyn goet en getrouwe onsen genedigen heere den hertoge van Braband ende stadt van Brussel, dat ick niet en sal verraden zyn lant, zyne steden, zyne sloten, zyne ondersaeten, noch zyn volck; de gebode van der stadt ende koeren der selver sal ick hulpen houden nac myn leste macht en nae myn beste wetentheit. Soe hulpe my God en alle zyne heyligen. *Zwertboeck* aux *Archives de la ville.*

[2] Notum sit universis quod dominus Johannes de Grimberghe dominus de Ascha miles, coram domino Joanne de Ophem milite ammanno Bruxellensi Ægidio dicto de Mol et Ægidio dicto de Weert, scabinis loci, factus est bene et legitime oppidanus Brux., faciens ad hoc juramentum fidelitatis prout faciendum est, consuetum in talibus. In cujus rei testimonium sigilla dictorum Scabinorum una cum Sigillo dicti ammanni Brux. præsentibus est appensum. Datum anno Domini 1582 die 11 mensis augusti. *Selecta pro Sæculo* 1500.

[3] *Luyster*, 1ᵉ decl., bl. 107. — Rapport du 20 juin 1770. *Archives du Royaume.* — V. la deuxième partie.

au moins trois fois six semaines par an, et suivre à la guerre la bannière de la commune; il n'était fait d'exception que pour ceux qui
étaient au service du duc [1]. Les bourgeois forains furent assujéttis en
outre à payer une redevance annuelle d'un florin [2]. En 1376, ils furent
imposés, d'après leur qualité [3], à 5 schellings, une ou deux livres, payables une fois, et il fut stipulé que ceux qui ne séjourneraient pas trois
fois six semaines à Bruxelles payeraient par an 2 ou 4 florins d'or de
Florence [4], et ne jouiraient plus de l'exemption de tonlieux ni du droit
de louche. Dans le proème de cette ordonnance, les magistrats disent que
les bourgeois forains ne contribuaient pas à l'accroissement des accises,
tandis qu'ils occasionnaient souvent des querelles sérieuses avec des seigneurs puissants [5].

Une grande partie de la population n'appartenait pas à la bourgeoisie.
Tous les habitants étaient toutefois, à quelque différence près, traités
de la même manière que les bourgeois. Ceux qui n'avaient pas cette
qualité n'étaient pas exempts de tonlieux, et, en cas d'arrestation, la ville
ne les réclamait pas. Pour les convaincre en justice, il ne fallait pas non
plus le témoignage de bourgeois [6].

La juridiction foncière des échevins s'accrut, en même temps que
leur juridiction personnelle, au détriment des cours féodales et de la
cour d'Uccle; ce fut au point qu'elle anéantit totalement ce tribunal [7],
et menaça les autres du même sort. Jean III avait essayé de mettre un
terme à ces empiétements, en faisant déclarer par ses nobles que toute
cession ou engagère de fiefs serait sans valeur si elle n'était faite devant
une cour féodale [8]. Mais cet acte n'arrêta guère les représentants de la
commune sous les règnes orageux de ses successeurs, et il fallut la main
énergique de Philippe-le-Bon pour sauver l'ancienne hiérarchie nobi-

---

[1] Ord. du 16 novembre 1348. A Thymo, l. c., titre 5, c. 92.

[2] 26 février 1355 (1356 N.-S.). A Thymo, titre 4, c. 4. — Conf. *Coutumes de
Bruxelles,* article 211.

[3] Deux livres pour un baron ou une femme de baron, une livre pour un chevalier ou une femme de chevalier, cinq schellings pour toute autre personne.

[4] Quatre florins quand le bourgeois forain était baron ou chevalier, femme de
baron ou de chevalier.

[5] Ord. du 3 mai 1377. *Luyster,* l. c., bl. 183. — A Thymo, l. c., c. 72.

[6] Ordonnance de 1348 précitée.

[7] Voyez l'article 38 de la Joyeuse Entrée de Philippe de Saint-Pol en 1427.

[8] 16 mars 1341 (1342). Butkens, *Supplément aux Trophées de Brabant.*

liaire. A l'époque dont nous nous occupons, mainte fois la possession des plus grandes terres du Brabant fut déterminée par sentence des magistrats de Bruxelles; ce furent eux qui donnèrent la baronnie de Gaesbeck à Sweder d'Apcoude auquel elle était disputée par ses oncles maternels [1], et la terre de Walhain à Antoine de Glymes [2]. On les vit même adjuger à des bourgeois, en payement de dettes, des terres de la plus grande importance. Ainsi, par exemple, après la mort de Gérard, sire de Vorselaer, la terre d'Hooghstraten fut vendue, pour dettes, devant eux, au chevalier Nicolas de Swaef, qui la recéda au damoisel Jean de Cuyck, moyennant 15,000 écus d'or (1580) [3]. Ainsi encore sir Charles d'Immersele fut mis en possession de la terre de Malines [4], en remboursement d'une somme de 100,000 vieux écus, que Mathilde de Gueldre avait hypothéquée sur ce domaine, le 28 juin 1581, par-devant les échevins de Bruxelles [5].

Il fut solennellement reconnu, comme loi de la cité, que les enfants devaient succéder, par parts égales, aux biens de leurs parents : principe en opposition directe avec l'organisation des cours féodales et censales, qui avantageaient celles-là l'aîné et celles-ci les enfants mâles; on stipula en outre que dans le partage seraient compris les biens de toute nature possédés par les parents [6]. Dans les temps postérieurs, les cens, les revenus de toute espèce, furent morcelés à l'infini, et celui des héritiers, qui retenait seul une terre, la grevait de rentes au profit des autres. Il existe sur cette matière une quantité de règlements qu'il serait oiseux de mentionner. Nous nous bornerons à citer, comme mesures destinées à éviter les conflits : l'obligation de faire enregistrer endéans l'année, dans le livre du clerc (ou secrétaire) de la ville, toute hypothèque prise sur un bien [7], et l'obligation imposée au vendeur d'indiquer à l'acquéreur

---

[1] Jugement du 10 octobre 1357. *Selecta pro sæculo* 1300.

[2] BUTKENS, *Suppl.*, t. I, p. 349.

[3] BUTKENS, t. II, p. 57.

[4] La terre de Malines, partie du Brabant, ne doit pas être confondue avec la seigneurie de Malines; elle comprenait la fraction du marquisat d'Anvers qui prit depuis le nom de quartier d'Arckel.

[5] Original aux *Archives du royaume*.

[6] Règlement du 28 septembre, jour de Saint-Michel 1355. CHRISTYN, *Consuetudines Bruxell.*, édit. 1689, p. 285 et suiv.—A THYMO, l. c., titre 5, c. 108. D'après une ordonnance de 1403 il paraît qu'on comprenait dans ces partages les fiefs eux-mêmes. *Ibid*, titre 5, c. 42.

[7] *Couren van Brussel*, f° 79.—Conf. ord. du 20 janvier 1417 (1418). A THYMO, partie VI, titre 2, c. 10.

les rentes constituées sur le bien, sous peine de payer une indemnité et
de faire un pèlerinage [1].

On conçoit que l'importance des fonctions municipales exposait cette
charge à de nombreuses intrigues : tantôt, à la demande du souverain,
on lui promettait de soutenir ses droits et de choisir pour les emplois
communaux des hommes à sa convenance [2]; tantôt des bourgeois
s'unissaient par promesses de mariage, assurances, conditions secrètes, etc. Ce fut en vain qu'une ordonnance de 1556 interdit sévèrement les actes de cette nature [3]; dix ans après on en retrouve de
nouveaux exemples [4].

L'élection des chefs du magistrat et de la gilde étant une des grandes
affaires de la bourgeoisie, on en régla plusieurs fois le mode. Le document le plus important de cette période est l'acte renouvelant l'organisation des lignages. Pour mettre un terme aux discordes soulevées à
chaque instant par les élections, on recourut à la voie du sort. Les dispositions principales du règlement adopté à cet effet sont des plus curieuses.
Tout descendant des familles patriciennes, marié et âgé de 28 ans,
devait se faire inscrire dans un lignage, en présence de deux échevins,
dont l'un appartenait au lignage choisi. Tous promettaient de venir,
chaque année, assister à l'assemblée tenue, 11 jours avant la Saint-Jean-
Baptiste, pour l'élection des échevins. Les plus jeunes frères entraient
dans le lignage de l'aîné. Pour être élu échevin, doyen ou receveur, il
fallait être âgé de 28 ans au moins, être marié, et assez riche pour ne pas
devoir exercer un métier. Tous les ans, le 16 juin, les échevins en charge
formaient la liste des candidats aptes à les remplacer; chacun d'eux réunissait ensuite à Bruxelles tous les membres de son lignage, qui prêtaient
le serment suivant : « Je jure par les saints et par les saints Évangiles,
» que je ne me suis lié, ni engagé, directement ni indirectement, avec
» personne, et que personne ne s'est lié ni engagé, directement ou indi-

---

[1] Ordonnance du jour de l'an 1399 (1400 N.-S.). A THYMO, partie V, titre 5,
c. 33.

[2] Promesse de Jean de Coninc et de l'échevin Jean son fils, au duc Jean III,
23 septembre 1318. *Brabantsche Yeesten,* t. I, p. 840, Codex, n° 240.

[3] Ord. de l'amman Siger de Heetvelde, des échevins, conseil et bourgeois,
mardi après la Saint-Jean-Baptiste en août 1356. *Luyster van Brabant,* l. c.,
bl. 134.

[4] Promesses mutuelles des bourgeois Labus et Henri d'Yssche, juin 1366. *Inventaire des Chartes de Brabant,* n° 1.

» rectement, avec moi; que je n'ai engagé personne à me choisir ou à
» choisir un des miens pour échevin, pour doyen de la gilde ou pour
» d'autres fonctions. Je jure sur mon âme de ne donner ma voix qu'*au*
» *meilleur, au plus sage, au plus apte et au plus attaché à notre sainte*
» *Église, au duc, à la duchesse de Brabant, à la ville de Bruxelles et*
» *aux familles patriciennes*, ne consultant, pour mon choix, que ma
» conscience et n'agissant que d'après ma conviction. Je jure aussi, sur
» mon âme, de ne me laisser influencer ni par mon intérêt particulier,
» ni par l'amitié, de ne me laisser entraîner, ni par la haine, ni par la
» colère, et de n'avoir aucune pensée de perte ou de gain pour moi ou
» pour les miens. Ainsi m'aident Dieu et ses saints. »

Quand tous les membres des lignages avaient prêté ce serment, il
était fait autant de boules de cire, toutes de même forme et de même
grandeur, qu'il y avait d'électeurs présents. Dans l'intérieur de quatre
de ces boules se trouvait une marque blanche; il y en avait une cinquième ayant une marque noire. Après que ces boules avaient été bien
mêlées, les assistants en prenaient chacun une et la tenaient ostensiblement à la main, sans pouvoir la briser avant la fin de la distribution.
Alors elles étaient ouvertes et ceux qui en avaient avec des marques
blanches se retiraient en un lieu isolé, où ils choisissaient le candidat
qu'ils jugeaient réunir les qualités voulues pour être échevin; en cas de
parité de suffrages, l'électeur, dont la boule portait une marque noire,
était appelé à prononcer. Les électeurs ne pouvaient jamais se choisir
eux-mêmes. Ces formalités étaient renouvelées trois fois, et les trois
personnes élues dans chaque lignage étaient présentées, le jour de la
Saint-Jean-Baptiste, au souverain qui choisissait parmi elles les échevins, au nombre de sept sur une liste de vingt et un candidats. Nul ne
pouvait être élu échevin ou doyen de la gilde que par le lignage dans
lequel il était inscrit. Si un échevin mourait dans le courant de l'année,
son successeur était nommé par ses collègues.

Ce règlement ayant été présenté à l'homologation du duc et de la
duchesse, ils y ajoutèrent les articles suivants : 1° le membre des
lignages qui contreviendra à ces dispositions ou les enfreindra sera
privé de toutes les prérogatives attachées à son rang; 2° le patricien
qui ne se présentera pas au jour fixé pour les élections, refusera de voter
ou de prêter le serment requis, sera considéré comme ne faisant plus
partie de son lignage; il lui sera interdit de passer dans un autre, et

il sera déclaré inhabile à toutes fonctions *comme faux et parjure* [1].

En vertu de cette ordonnance, tous les patriciens aspirant à l'échevinage ou au décanat se firent inscrire. Dans une liste de leurs noms qui nous a été conservée, on voit figurer dix chevaliers (*ridderen*), soixante-quatre personnes qualifiées de *sire* (*heer, dominus*), parce qu'elles avaient rempli les fonctions d'échevin ou de doyen de la gilde, et cent soixante et onze autres candidats à ces dignités [2]. En tenant compte des patri-

---

[1] Règlement du 19 juin 1375. *Luyster van Brabant,* l. c., bl. 175-183.

[2] Die zyn de ghene van de welgheboerne lieden die ghecoren hebben ane wat geslechten zy hen houde willen om scepen en guldekene te zine.

Erst de Clutinghe, primo heer Jan Vandenbysschopdomme Ridder, item heer Reyneer Cluting zone was Jans Cluting, item h. Reyneer Cluting gheheten de zegheleer, h. Jacob Timmerman, h. Ghysbrecht Pypenpoy, h. Bernart Vander Spout, h. Gherem Vandernoet, h. Willem Cassart gheheten plaetman, h. Henric zyn broeder, h. Reyneer van Mortenbeke, h. Gielys de Loeze, Jan Ansem, Loenys Meerte, Jan Craenhals, Willem Wouters, Jan de Pape zone was Michiels Pape, Willem Veele gheheten Rongheman, Jacob van Coekelberghe, Henric Meerte zone was Henrix Meerte, Peter Vandenbossche die men heet griffoen, Gielys Tserjacobs dien men heet Vandepoele, Vrancke zyn broeder, Jan van Huldenberghe, Jan Pynnoc, Gielys Wouters van Halle, Leonys van Wesembeke, Jan vanden Steenweghe, Joes vanden Steenweghe zyn broeder, Jacob vanden Roesen, heer Wouter zyn broeder, Henric Cassart, Reyneer Eggloy d'Oude, Amelric van Boutsvoert, Reyneer Eggloy de Jonghe, Gielys gheheten Wambeke zone was, Walter op Ringborg, Jan op Ringborgh Wouters zone.

Item t'Sleus geslechte, primo h. Claes Zvaef Ridder, h. Willem Zvaef, Jan Zvaef, h. Amelric Taye, h. Michiel Scaelge doude, h. Willem de Clievere zone was Jans Clievers, h. Jan Taye zone was Jans Tays, h. Claes van Sinte-Goerix, h. Segher van Woluwe, h. Jan de Goutsmet, Barthelmeus zyn broeder, h. Willem van Sente-Goerix zone was Willems van Sente-Goerix, h. Henric van Scavey, Godevaert van Scavey, Jan Heinckart die men heet Nacke, Godevaert zyn broeder, Jan de Hertoghe zone was Claes Hertogen, Jan van Linckenbeke, Godevaert zyn broeder, Jan de Pape zone was Jans Papen, Reyneer de Clievere, Wouter Goddyn, h. Michiel vanden Spiegele, h. Jan vanden Spiegel zyn broeder, Michiel de Cautere, Gherem zyn broeder, Gielys Scotelvoet, Henric Uselen, Henric Vanderhellen, Jan van Voelle (?), Jan de Maerscalc, Amelric de Maerscalc zyn broeder, Jan Labus zone was Henrix Labus, Jan Inghelrams, Jan vander Goeten, Jan van Buysinghen zone was Willems van Buysinghen, Michiel Scaelge de Jonghe.

Item T'Sweerts gheslechte, primo heer Jan gheheten Lantzelot van Waelhem Ridder, h. Willem van Kesterbeke, h. Jan Cluting zone was h. Jans Clutinr, h. Godevaert Nolten, h. Willem van Pede, Jan van Pede zyn broeder, h. Gielys de Pape, h. Jan Was, h. Willem Was, h. Amelric Was, ghebroederen, h. Zegher vanden Heetvelde, Jan van Beersele, Jan van Caryloe, Jan vander Heect, Alart vander Heect zyn zone, Jan de Poerter, Henric de Poertere zyn broeder, Jan van

ciens trop peu riches ou trop jeunes, des seigneurs alliés ou amis des
lignages, et de leurs clients et serviteurs, on évaluera à un millier le

Sassen Henrix zone, Jan van Sassen Willems zone was, Jan de Weert, Willem de
Weert zyn broeder, Gielys die Weert, Peter de Vrieze, Jan van Gheete Jans zone,
Amelric de Moenc ghebeten Swyds, Jan Buys Hermans Buys zone was', Reyneer
van Ruckelingen, Willem Meerte, Leonys de Crane, Claes vanden Eynde, Jan de
Crane, Gielys van Hehzem. Gielys van Ophem, Amelric Andries.

Item van uten Steenweghe, primo heer Jan van Meldert, h. Willem van Meldert
Ridderen, h. Gielys de Mol, h. Jan Esselen, h. Jan t'Serairnts, h. Barthelmeus
t'Serairnts, h. Everait t'Serairnts, h. Godevaert van Sente-Goerix, h. Godevaert
Coniers, Everait zyn broeder, Ingelbert t'Servranx, Vrancke t'Servranx zyn
broeder, Willem Halfhuys, Gielys Thoenys, Leonys Thoenys, Henric van Moelen-
beke, Jan uten Steenweghe die men heet Vandernoet, Jan Neenken zone Arnts Neen-
kens, Jan Moers, Jan t'Sergoedens Arnts t'Servranx zone was, Willem Hermans,
Gheert de Mol h. Gielys Mols zone, Gielys van Hoencourt doude, Willem t'Servranx, Jan de Neve de Jonghe, Jan van Buysinghen zone was Jans van Buysinghen.

Item t'Ser Roelofs gheslechte, primo heer Everart t'Serclaes Ridder, h. Everart
Wassaert, h. Jan Serclaes zone was Henrix t'Serclaes, h. Gherem de Hondeloeze,
h Willem Hertewyc zone was h. Henrix Hertewyc, h. Gheert de Coeninc, Willem
Hertewyc zone was Willems Hertewyc, h. Henric Hertewyc zyn broeder, Jan t'Ser-
claes h. Reyneers zone was, h. Barthelmeus zyn broeder, Roelof vanden Stalle,
Jan t'Serclaes die men heet Everarts, Vrancke Collay, Diederic de Mol, Ywain de
Mol, Jan Wassaert die men heet Cunne, Michiel Vanderkeelen, Leonys de Mol,
Wouter van Huldeberghe, Everart zyn broeder, Henric de Buys, Gielys vande
Wuwer, Claes t'Serclaes, Jan vander Plast, Willem Halfhuys Jan Crop zone was,
Jan Cassaert, Jan Tugy, Jan van Brabant, Willem van Brabant, Reynart vanden
Hove, Henric de Hertoghe zone was Wouters Hertogen, Jan Collay Jan Collays
zone, Henric Collay zyn broeder, Jan de Loeze, Segher metten Schachte, Everart
zyn broeder, Everart Wassart die men heet Cunne, Leonys van Huldenberghe zone
was Wouters van Huldenberghe.

Item van Roedenbeke, primo h. Segher vanden Heetvelde Ridder, Robbrecht
van Scoers (Schorisse) zyn broeder, h. Jan Cluting zone was h. Reyneer Clutings,
h. Henric Hertewyc zone was h. Jans Hertewycs Ridders, Robbrecht Hertewyc zyn
broeder, h. Jan Mennen, h. Gielys Mennen, h. Henric Fraeybart, h. Jan Fraeybart,
h. Gielys van Woluwe, h. Arnt van Boegharden, Jan de Wytte, Goesen Reeten,
Willem van Houthem, Gielys van Hamme, Henric Cluting Vroenteneer, Willem
Meerte, Gielys van Woluwe zone was Jacobs van Woluwe, Reyneer t'Smet van
Eversberghe.

Item van Coudenberghe. Primo heer Henric Estor Ridder, Henric Estor zyn
zone, h Henric van Stalle Ridder, h. Willem Bossaert Ridder, h. Jan Rolibuc
doude, h. Vrancke zyn broeder, h. Henric zyn broeder, h. Jan Rolibuc de Jonghe,
Jan de Hertoghe h. Goesens zone, Goesen zyn broeder, h. Diederic t'Serhuyghs
ane t'Vleeschuys, h. Ymbrecht Vandenhane, Jan Vileyn, Robyn van Stalle doude,
Jan t'Serhuyghs, Henric zyn broeder, Gheldolf zyn broeder, Ghysbrecht zyn

nombre d'hommes que cette oligarchie pouvait, en cas d'émeute, réunir pour sa défense.

Pendant cette période de grandeur pour les lignages, une action lente mais continue augmentait et fortifiait chaque jour le parti de leurs ennemis. Les différentes branches de l'industrie prenaient à Bruxelles un développement extraordinaire. Heureusement située, au centre d'un pays fertile et populeux, cette ville servait de point intermédiaire entre les florissantes cités de la Flandre, du Brabant et du Hainaut. La décadence de Louvain, d'où Wenceslas avait banni un grand nombre de tisserands, avait considérablement accru sa population ouvrière ; cependant le commerce des draps, cette source de richesses pour la Belgique, entrait alors dans une voie de transition qui n'était pas encore la ruine, mais qui la présageait. Déjà la draperie de Bruxelles perdait sa réputation, par suite, paraît-il, de la mauvaise administration et de l'inexpérience des chefs de la gilde et des méfaits des clercs, experts et valets. Pour remédier à cet état de choses, il fut défendu de laisser fouler à Bruxelles des draps provenants d'autres localités, de fabriquer ou de teindre des draps lombards, et de s'associer avec des marchands de cette nation ; enfin, il ne fut plus permis de débiter des draps ailleurs qu'à la halle, ou sans les y avoir préalablement exposés [1]. Un règlement très-étendu détermina le mode de payement des amendes de la gilde, ainsi que le salaire des chefs de cette corporation. Un des articles prescrit aux patriciens choisis pour faire partie des *huit*, et ayant été échevins, receveurs, ou doyens de la gilde, de rester en fonctions toute l'année, afin que leur expérience et leurs lumières puissent être utilisées [2]. Nonobstant ces mesures, la draperie continuant à déchoir, on nomma en 1577 deux experts (*waerderders*),

broeder, Willem zyn broeder, Diederic zyn broeder, h. Hughe van Coudenberghe, Willem van Coudenberghe zone was Willems, Hughe Scat. Jan Collay zone was Ymbrechts Collays, Ynghel Collay zyn zone, h. Peter Oemen, Reyneer van Loxem, Jan van Loxem, h. Jan vanden Payhuyse, Vrancke van Wyneghem, Jan van Wyneghem zyn zone, Godevaert Taye, Jan van Buyseghem, Henric vanden Stene, Ruelen Oemen, Jan van Coudenberghe in de Catte. Willem zyn broeder. Wouter Gheval. Jan t'Servrancx, h. Jan de Hertoghe, Jan Storm, Gielys de Hertoghe, Ghysbrecht Taye, Jan Taye zyn broeder, Henric Godenoy, Godevaert de Hertoghe, Jan vander Zennen, Jan Joes zone van Prindael, Diederic de Scoene, Robyn van Stalle de Jonghe, Reynaert vander Zennen.

Registre des *Archives de la ville,* intitulé : *Groote Boecke mette Knoopen.*

[1] Ord. en date du 14 août 1368. A Thymo.

[2] Ord. du 11 mai, jour de l'Ascension 1374. *Ibid.,* l. c., c. 68.

du tissage, pour empêcher qu'on ne vendît comme draps de Bruxelles, des produits étrangers [1]. Cette fraude était en effet très-usitée dans plusieurs villes, et entre autres à Paris où les marchands exigeaient un prix fort élevé pour ces prétendues productions de notre industrie. En 1375, le roi Charles V interdit ces spéculations [2], et prit sous sa protection les marchands et sujets brabançons [3]. Quelques années après, il renouvela son édit de 1375, ordonnant de le faire crier dans les rues de sa capitale [4], et défendit aux habitants de Moustiervillers d'imiter les draps de Bruxelles et d'en contrefaire les lisières, sous peine d'interdiction de ce métier [5]. Enfin, des lettres patentes du roi Charles VI accordèrent aux draps de BRUXELLES, de Malines et de Lierre, le monopole du marché de Provins [6].

Toutefois les guerres continuelles qui désolaient la France, alors le principal débouché des draps, et les progrès de l'industrie anglaise, portaient de trop rudes coups à la draperie pour qu'elle pût y résister; aussi voyons-nous, par une ordonnance de 1385, que la *gilde* était en pleine décadence [7]. Possédant la matière première, dont elle prohibait l'exportation, suivant les circonstances, l'Angleterre avait d'immenses avantages sur nos provinces; elle pouvait à son gré arrêter les travaux de leurs manufactures et réduire à la misère leurs nombreux ouvriers. Elles luttèrent néanmoins longtemps contre cette puissante rivale; dans la première moitié du xv° siècle, les villes des Pays-Bas ouvrirent entre elles plusieurs congrès pour aviser aux moyens de relever leur industrie; mais leurs efforts ne purent arrêter la marche des choses. Heureusement pour Bruxelles, l'introduction de nouvelles branches d'industrie lui rendit moins sensible le préjudice que devait lui causer la ruine de la draperie. Telles furent la fabrication des toiles de lin, connue en Belgique antérieurement à l'arrivée des Francs, mais si peu importante au moyen âge que les tisserands en lin étaient confondus avec les tisserands en laine [8];

---

[1] Ord. du 3 mai 1377. *Ibid.*, l. c., c. 74.

[2] Ord. datée du bois de Vincennes, le 23 novembre 1375. *Ibid.*, c. 70.

[3] Mandement en date du 1er avril 1377. *Ibid.*, c. 73.

[4] Lettres données en l'hôtel lez Saint-Paul, en février 1379 (1380 N.-S.) *Ibid.*, c. 83.

[5] *Ibid.* datées de Montargis, le 21 décembre 1379. *Ibid.*, l. c.

[6] 29 juillet 1399. *Ordonnances des Rois de France*, t. VIII, p. 332.

[7] Ord. du 26 mai 1385. A THYMO, l. c., tit. 5, c. 7.

[8] En 1421 le premier de ces métiers ne put obtenir de la gilde sa séparation du

la fabrication d'ouvrages de marqueterie ou de tapisserie[1], et enfin l'art de teindre les étoffes. Il existait déjà à Bruxelles, vers l'an 1360, un grand nombre de bourgeois teinturiers, ainsi que le prouve un acte de Wenceslas qui exigea d'eux le payement d'une somme de dix-sept cents moutons qu'ils devaient à des habitants du pays de Juliers, somme qui fut confisquée comme appartenant à des ennemis[2]. Les premiers établissements des teinturiers s'élevèrent près de la Senne et de la rue qui porte leur nom[3], au lieu nommé le Coin (den Hoec), aujourd'hui le Coin des Teinturiers[4]. Parmi les présents envoyés en 1396 au sultan Bajazet pour obtenir la délivrance de Jean de Bourgogne, fils de Philippe-le-Hardi, figuraient quatre pièces entières d'*écarlate de Bruxelles*[5].

Les tanneurs, dont le premier établissement était situé rue des Brigittines[6], s'étaient peu à peu étendus dans le quartier dit alors *la Blanchisserie,* et coupé aujourd'hui par une longue rue qui a conservé leur nom. Sous le règne de Jean III, ils étaient déjà assez riches pour prendre à cens deux moulins du domaine : l'un à Overmolen ou Bon-Secours, et l'autre à Obbrussel près de l'étang, moyennant vingt-six muids de froment pour le premier, et une rente de vingt-sept livres pour le second[7]. Auparavant les membres de ce métier devaient faire

---

second; il fut plus heureux en 1475. Registre intitulé : *Ordonnantie der Ambachten* aux *Archives de la Ville.*

[1] Le 7 avril 1450 les *Legwerckers* furent érigés en corporation distincte des tisserands ou grand métier. *Même registre.*

[2] Quittance donnée par Wenceslas et Jeanne, en date de Tervueren, le 11 avril 1372 (1373 N.-S.). A Thymo, l c., titre 4, c. 59. Cet acte mentionne 18 teinturiers.

[3] Vicus tinctorum. L. É. de 1397, aux *Archives de Sainte-Gudule.*

[4] Hoffstad gehecten Verwerie in den Hoec 1382. *Cartul. de St-Pierre.* Domistadium cum domo et tinctoria....... infra Wiketum dictum S'Leeuswiket. L. É. de 1382 et 1404, aux *Archives de Sainte-Gudule.* En 1415 les ustensiles de cette teinturerie furent évalués, par experts, à 2818 livres. *Mêmes archives.*

[5] *Histoire de Bourgogne,* par un bénédictin, t. IV, p. 152. — M. DE BARANTE, *Histoire des Ducs de Bourgogne,* édition annotée par M. GACHARD, p. 607.

[6] Domistadium cum domo dictum Vetterie in vico dicto de Bucborre, 1417. *Archives de Sainte-Gudule.*

[7] L'acte d'arrentement du moulin, situé « buten der Overmolen poerte bi den stat mure van Brucel, » est daté du 23 mars 1346 (1347 N.-S.), et mentionne 31 tanneurs. L'acte d'arrentement du second est du 9 juin 1347; les acquéreurs sont les tanneurs Giselbert Soys, Gilles Sergosens, Jean et Maese Calenvorde.—Livre censal de 1316. *Archives du Royaume.*

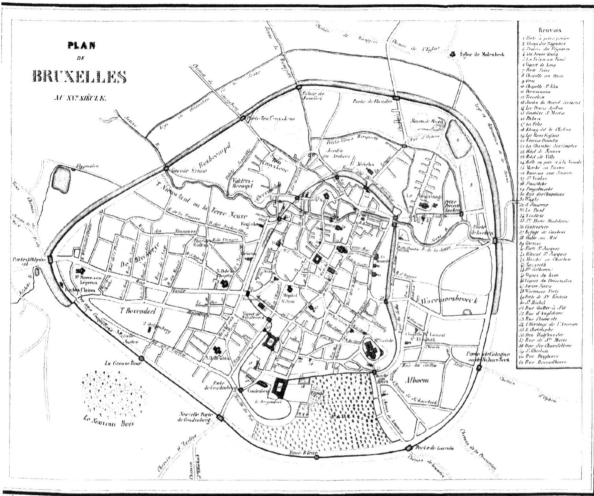

PLAN
DE
BRUXELLES
AU XVe SIÈCLE.

Le Nouveau Bois

Eglise de Molenbeek

Waermoesbroeck

Alboom

Porte de Louvain

Tour Bleau

moudre leurs écorces de chêne aux moulins du souverain; ils furent déchargés de cette obligation en promettant de payer une redevance de seize deniers par sac d'écorce [1].

Les orfévres, les forgerons et les armuriers s'établirent dans le centre de la ville, où l'on retrouve les traces de leur existence dans les noms de plusieurs rues [2]. Le père de saint Boniface, évêque de Lausanne (mort vers 1266), était orfévre et demeurait, dit la tradition, à la Cantersteen. On assure aussi que Jean III donna à la corporation des orfévres des priviléges, qui furent brûlés dans l'incendie de la maison, dite Brandenbourg, au Marché-aux-Charbons, et renouvelés, en 1400, par la duchesse Jeanne [3]. Maintes fois les villes voisines achetèrent à Bruxelles les objets précieux qu'elles se proposaient d'offrir au prince lors de son avénement [4]. Les armuriers bruxellois étaient surtout renommés pour la fabrication des cuirasses, qu'on disait être à l'épreuve des flèches. [5] Ils avaient plusieurs moulins à eau qu'ils employaient à aiguiser leurs armes; on les appelait *Slypmolen*.

A une époque où la plupart des maisons étaient entièrement en bois et où les habitations des nobles n'avaient souvent qu'une tourelle en pierre, les charpentiers devaient être fort nombreux. A la fin du xive siècle, leur corporation comptait cent membres [6]. Les nombreux bois des alentours leur fournissaient d'abondants matériaux. Les pierres se tiraient d'ordinaire des carrières de Diedeghem (Dieghem) et d'Ever [7]; il en venait aussi des coteaux d'Iette, de Berchem-Sainte-Agathe et de Melsbroeck. On cuisait la chaux et les briques dans des fours situés entre la Senne et le chemin de Laeken, en face du Béguinage [8].

[1] *Comptes du domaine au quartier de Bruxelles.*

[2] Rue d'Or, rue du Ruisseau-au-Cuivre *(Coperbeke)*, aujourd'hui rue de l'Impératrice, petite rue de l'Orfévre, contre la chapelle Sainte-Anne, rue du Ceinturon ou des Armuriers, rue des Éperonniers, etc.

[3] Rombaut, *Bruxelles illustrée*, t. II, p. 240.—Carton contenant diverses chartes accordées à la ville de Bruxelles. *Archives du Royaume.*

[4] Louvain, entre autres, le fit en 1418. *Chron. mss. de Louvain,* Bibl. de Bourg.

[5] Div.eus, *Rerum Brab.* L. XIX. — Christoval. *Viaje del Principe,* f° 89. — Guicciardin, édit. 1567, p. 58.—De Saint-Martin, *Voyage aux Pays-Bas en* 1661, p. 387. — De Reiffenberg, *Mémoire sur l'industrie et le commerce de la Belgique aux* xve *et* xvie *siècles.*

[6] Ord. du 14 février 1391 (1392 N.-S.). *Ord. der Ambachten.*

[7] Ord. du 17 juin 1384. A Thymo, titre 5, c. 2.

[8] Domibus et furnis dictis vulgariter Calcoevene prope de Lakenschepoort, 1337

Bruxelles faisait un grand commerce en denrées et en boissons de toute espèce, surtout en vins et en bière. Mais déjà on s'ingéniait à frelater le vin en y mêlant de la couperose, du vif-argent, de la calamine. De terribles punitions furent comminées contre les auteurs de cette spéculation coupable. Celui qui était convaincu de ce délit était brûlé vif sur le tonneau renfermant la liqueur [1]. Le produit des vignobles étrangers se vendait par le ministère de facteurs ou courtiers (*zamencoopers*), nommés par les échevins. On cultivait la vigne en quelques endroits favorablement situés, entre autres, sur la hauteur au-dessus de la rue des Cailles, à l'endroit où est aujourd'hui le Parc, à Ten-Noode, à Saint-Gilles, etc. [2]. On brassait à Bruxelles de la *waeghbaert*, de la *hoppe*[3], de la *coyte* ou *cuyte*, de la bière rouge (*roetbier*), de la bière noire (*zwartbier*); en outre on importait de la bière d'Irlande, de Hambourg, de l'Est ou de la mer Baltique [4].

Le centre de la ville présentait à cette époque un spectacle curieux : on y voyait des rangées de baraques, placées au milieu des places et des rues et destinées à quelques corporations qui les occupaient alternativement. Ainsi, au marché se trouvaient trente stalles pour les marchands de plomb, huit baraques de marchands de pommes, trois stalles de marchands de gruau, cinq de marchands de noix, dix baraques de marchands de figues, dix de ceinturonniers, dix-neuf de merciers, quatre de fai-

---

Domistadium cum furnis dictis de Careeloeven in opposito curtis Beghinarum, 1367. Duobus furnis dictis Calcoeven in opposito pisturæ curtis Beghinarum de Vinea, 1392. Extra exteriorem portam villæ Brux. dictam vulgariter den nuwe Lakepoerte sitis prope furnum quazellorum ibidem situm quo itur versus Laken, 1430. *Archives de Sainte-Gudule.* En 1528 il y avait déjà en ces lieux un four à chaux *(calckhoven).* *Cartulaire de Coudenberg* aux *Archives du Royaume.* Le 5 mars 1415 (1416 N.-S.), à la demande des béguines, on défendit d'ériger de nouveaux fours à briques ou à chaux, ou de rétablir ceux qui seraient détruits, dans l'espace situé entre la vieille et la petite porte de Laeken. *Perkement Boeck metten Taetsen.*

[1] Die soude men berren op t'vat metten gemaecten wine. Ord. du 17 juin 1384 A THYMO, l. c.]

[2] Voyez la troisième partie, *passim.*

[3] C'étaient des bières blanches; la première se faisait en mêlant 6 setiers de froment, 11 setiers d'avoine et 18 aimes d'eau; la seconde se composait de moins de grains et de 23 aimes d'eau. Ord. du 27 sept. 1447. *Boeck mette Rooskens,* aux *Arch. de la Ville.*

[4] Du 5 janvier 1411 (1412 N.-S.) au 25 juin suivant, on importa à Bruxelles 418 mesures *Ilerlants Biers,* 104 mesures et 398 mesures *Homborgen Biers,* 307 *tregelvat* (5 tregelvaten équivalaient à une aime) *Oestbiers. Comptes du domaine au quartier de Bruxelles.*

seurs d'aiguilles, six de gantiers, trois de marchands de serrures, aiguilles et vieux fer, trois de marchands de pots, chaudrons, etc.; quatre baraques de couteliers, trois de marchands de gauffres (*lyfcoeken*), quatre de marchands de platines, une de marchands de lits. Chaque stalle ou baraque payait au souverain un vieux gros; les marchands de pots de terre et de bettes (*waermoes*) se plaçaient aussi au marché, mais sans tirer au sort l'occupation des baraques. [1] Le principal de ces métiers, celui des merciers ou détaillants (*meersslieden, mercatores*), n'avait pas encore de statuts bien qu'il comptât environ soixante-cinq membres; cette lacune fut comblée en 1382 [2].

La place de Saint-Nicolas était une espèce de bazar en plein vent. Le cimetière, séparé du reste de la place par un ruisseau, fut cédé par le domaine à la fabrique de l'église moyennant un cens de 20 sous nouveaux [3]. En cet endroit se plaçaient les campagnards qui apportaient en ville du beurre [4], des fruits, du gibier, de la volaille, etc. Au dehors du ruisseau on voyait vingt-sept stalles de marchands de vieux habits, sept de marchands de vieilles plumes, neuf de marchands de fromage de Flandre, dix-sept de marchands de fromage de Tirlemont, vingt de cordonniers, et plusieurs emplacements destinés aux tripiers [5]. De là viennent les noms de Ruisseau-aux-Souliers (*Scoenbeek*), et de Marché-aux-Tripes (*Pynsmerct*), donnés à la rue qui va de Saint-Nicolas au marché aux Herbes.

Le milieu de ce marché, près duquel on trouvait la boucherie, la rue des Harengs où l'on vendait ce poisson, le Marché-au-Poisson, était occupé par vingt et une stalles de tanneurs et par des marchands qui, sans être du métier des poissonniers, vendaient en cuves le produit de leur pêche [6]. En 1399, on établit quatre syndics (*vinders*), chargés de surveiller la vente de la viande, du poisson et du gibier. Ils étaient choisis par les échevins, sur une double liste de candidats présentés par les bouchers et les poissonniers [7]. En traversant la rue des Éperonniers, on

---

[1] *Comptes du domaine au quartier de Bruxelles,* années 1403 et suivantes.
[2] Ord. du dernier mai 1382. Original aux *Archives du Royaume.*
[3] *Livres censaux du domaine* des années 1392 et 1399.
[4] De là le nom de rue au Beurre.
[5] *Comptes du domaine,* cités.
[6] *Ibid.*
[7] 18 décembre 1399. A THYMO, l. c., c. 32.

trouvait, au Marché-au-Fromage, quinze baraques pour des marchands de fromage de Flandre et de Tirlemont : sept pour les premiers, huit pour les seconds. Dans le *Pondelmerct*, aujourd'hui rue du Marais, se plaçaient les petits marchands de grain. Enfin, dans la rue des Foulons ou du Lombard, on vendait le vin en gros.

De temps immémorial il y eut à Bruxelles un marché franc (*vrydaghmerct*) qui se tenait chaque vendredi. Ce jour-là on pouvait, sans faire partie des métiers, exposer en vente toute espèce de denrées et de marchandises [1] ; semblable tolérance était accordée à toutes les personnes qui avaient du poisson à vendre, les mercredis, vendredis et samedis, ainsi que les jours de jeûne et pendant tout le carême [2]. Les bouchers forains, entre autres ceux de Ninove, jouissaient du même droit.

Parmi les dispositions en vigueur à cette époque, les principales sont celles qui exigent des membres des métiers la qualité de bourgeois, et qui défendent de travailler ou de vendre les dimanches et les jours de fête [3].

Les heures ordinaires de travail étaient :

A partir du lundi après les Rois, de 7 heures du matin à 5 du soir.

»	1er février	6 $\frac{1}{2}$	»	5 $\frac{1}{2}$	»
»	22	6	»	6	»
»	18 mars	5 $\frac{1}{2}$	»	6 $\frac{1}{2}$	»
»	10 avril	5	»	7	»
»	1er mai	4 $\frac{1}{2}$	»	7	»
»	1er septembre	5	»	7	»
»	21	5 $\frac{1}{2}$	»	6 $\frac{1}{2}$	»
»	15 octobre	6	»	5 $\frac{1}{2}$	»
»	29	7	»	5	»
»	jour de Saint-Martin	7 $\frac{1}{2}$	»	5	»

Le travail cessait d'ordinaire à onze heures du matin et reprenait à midi et demi ; les jours de jeûne, le repos était de deux heures [4]. Des

[1] Nous ignorons la date de l'institution de ce marché qui existait déjà à la fin du xive et au commencement du xve siècle *passim*.

[2] Ord. du 26 mars 1442. *Ordonn. der Ambachten.*

[3] Une ordonnance générale défendant la vente et le travail les dimanches et jours de fêtes fut publiée le 22 avril 1378 ; la peine était une amende d'un demi-mouton. *Archives du Royaume.*

[4] Registre des *Archives de Nivelles,* cité dans *le Messager des Arts et des Sciences,* ann. 1835, p. 172.

cloches, placées dans la tour de Saint-Nicolas, annonçaient le commencement et la fin des travaux, ainsi que l'ouverture des marchés et des halles.

Dans la dernière moitié du XIVe siècle, une quantité considérable de terrains furent enlevés à l'agriculture et convertis en jardins. Le chapitre de Sainte-Gudule, s'étant plaint au magistrat de ce qu'il ne pouvait s'en faire payer la dime, ils furent, en suite d'une convention, taxés d'après l'estimation des habitants du quartier [1]. Le hameau de Ten-Noode, situé sur le chemin de Louvain, prit un tel accroissement qu'on dut, en 1364, y établir une chapelle [2]. Nous n'avons aucun document statistique pour cette époque; mais on peut supposer que la population de la ville et de sa banlieue s'élevait alors de quarante à cinquante mille âmes.

Pendant le XIVe siècle, d'importants travaux d'utilité publique donnèrent à Bruxelles un aspect tout nouveau, et cette partie de l'administration, confiée aux receveurs, prit une grande extension. Le règne de Jean III avait vu s'élever une halle aux draps (1353); celui de Jeanne et Wenceslas fut marqué par la construction de la nouvelle enceinte (1357-1379), la reconstruction partielle du beffroi de Saint-Nicolas, qu'une violente tempête avait endommagé en 1367, l'agrandissement du marché, pendant les années 1380 et suivantes, la bâtisse de l'hôtel de ville (1401). Lorsque la commune léguait ainsi à l'avenir ces témoignages de sa puissance, le plus grand des édifices religieux, l'église de Sainte-Gudule, ne s'achevait que fort lentement.

On avait commencé depuis longtemps à paver les rues, afin de les rendre praticables pendant l'hiver et les temps de pluie. Deux bourgeois, nommés pour le terme d'une année et appelés les maîtres des chaussées (*cantsiede-meesters*), étaient spécialement chargés de la surveillance de cette partie. Pour les indemniser des grandes dépenses qu'ils avaient à supporter, on leur céda successivement le *weggelt,* droit de chemin, levé aux portes sur les marchandises en ballots entrant en ville chargées sur des chariots ou des chevaux; le produit de la grue servant à décharger les objets arrivant par la Senne, et celui de la balance, au poids de la ville,

[1] Accord en date du 6 juin 1397. A Thymo, l. c , titre 5.
[2] *Notice historique sur la commune de Saint-Josse-ten-Noode,* par M Schayes. *Messager des Sciences historiques,* année 1858, p. 435.

où on les pesait [1]; la redevance de deux florins de Florence payables
par tous ceux qui entraient dans la bourgeoisie [2]; le droit du scellage
des draps [3], enfin une rente annuelle de vingt-cinq vieux écus sur
l'accise de la rame, et une autre de 8 florins d'or payables par la *gilde*,
dont ils percevaient les revenus [4]. Les travaux marchèrent avec une
telle rapidité, que non-seulement les rues dë la ville furent pavées, mais
que des voies empierrées furent dirigées vers les villages de la banlieue [5].

Des dispositions disséminées dans les grands règlements de 1342,
1348 et 1562, et dans quelques ordonnances spéciales, prouvent que
l'on commençait également à s'occuper de l'enlèvement des boues,
des moyens de prévenir les incendies et d'arrêter les maladies conta-
gieuses, dont l'apparition était périodique, ainsi que d'autres mesures
de police et d'hygiène. Les incendies étaient assez fréquents : on en voit
éclater en 1579, au Warmoesbroeck [6]; en 1591, dans une même
semaine, au couvent de Coudenberg, dont les alentours furent dévorés par
les flammes, et dans le quartier près de l'église de Saint-Nicolas [7]. Il
avait cependant été défendu, en 1542, de couvrir de chaume les nouvelles maisons, sous peine d'un an de bannissement et d'une amende de
dix livres; en 1560, une amende d'une livre fut comminée contre
ceux qui, par négligence, laisseraient brûler la maison qu'ils occupaient
en location. La construction de nombreuses fontaines, le percement de
puits, l'acquisition de propriétés où se trouvaient des sources, attestent
l'importance qu'acquéraient les fonctions des édiles bruxellois.

L'ancienne organisation militaire des temps féodaux avait complètement été modifiée par suite du développement des bourgeoisies. A la fin
du XIVe siècle et au commencement du XVe, les troupes brabançonnes

---

[1] 18 décembre, samedi avant la Saint-Thomas apôtre 1354. A THYMO, l. c.,
tit. 3. *Boeck metten haire.*

[2] Règlement de 1339 déjà cité.

[3] Ord. du 16 avril 1365. A THYMO, l. c., titre 4, c. 40.

[4] Ord. du 14 août 1368. *Ibid.,* l. c., c. 47.

[5] Buiten den Coudenbergschen poorten aen den Steenwech die van Brussel
t'Elsele gaet te recht hand, 1406. T'Obbrussele aen den ouden Steenwech beneden
de Slypmolen, 1379. Locum dictum den Dongelberch (à Laeken) juxta vicum
ibidem den Steenwech, 1425. *Archives de Sainte-Gudule.*

[6] La duchesse Jeanne fit donner, le 14 avril, cinq moutons d'or à de pauvres
jardiniers dont les habitations avaient disparu dans ce désastre. *Comptes des fiefs
de 1378-1379* aux *Archives du Royaume.*

[7] *Chronique de Rouge-Cloître.*

marchaient au combat dans l'ordre suivant : l'avant-garde était conduite par le maréchal héréditaire sire de Wesemael, suivi des hommes de sa baronnie. Puis venait un corps plus nombreux, escortant le duc et chargé de la première attaque ou du premier assaut : ce poste honorable et périlleux était tour à tour dévolu aux Louvanistes et aux Bruxellois, selon la direction que prenait l'armée et conformément à la convention de 1340. Suivait une cavalerie nombreuse formée par les vassaux du duché, les sires de Gaesbeek, d'Assche, d'Enghien, de Rotselaer, de Hé-verlé, de Diest, de Jauche, de Walhain, de Breda, et une foule d'autres, menant avec eux leurs arrière-vassaux. Les Bruxellois, ou les Louvanistes, formaient le troisième corps ; les milices d'Anvers et du marquisat du saint-empire le quatrième, et celles de Bois-le-Duc le cinquième. Enfin, à l'arrière-garde, marchaient les seigneurs de Grimberghe avec leurs hommes de fief [1].

Le commandement en chef, quand le prince ne se le réservait pas, était souvent confié au sénéchal ou drossard. Le maréchal dirigeait la marche et assignait à chacun son poste ; il avait, en outre, la surveillance des ribauds ainsi que des autres gens attachés à l'armée, et présidait aux jugements militaires. Le maïeur de Louvain, le margrave d'Anvers, le maïeur de Bois-le-Duc, conservaient dans les camps l'autorité sur leurs administrés ; Bruxelles faisait exception à cette règle : le capitaine de ses habitants était le châtelain ; l'amman ne venait qu'en second lieu.

Les troupes réunies sous la bannière de saint Michel se composaient des contingents fournis par chaque corporation de la cité, et par six mairies des environs : Assche, Merchtem, Capelle-au-Bois, Campenhout, Vilvorde et Rhodes-Sainte-Genèse. Les habitants de Vilvorde et ceux de Bruxelles marchaient les derniers [2]. Conformément à un règlement de 1339, ces troupes devaient être accompagnées par quatre échevins, un receveur, un clerc (ou secrétaire), trois valets (ou messagers), et un valet portant la bannière communale. Ils recevaient de la ville un salaire journalier fixé à cinq florins de Florence pour les échevins et les receveurs ; à deux florins pour les secrétaires et le valet portant la bannière, qui avait droit en outre à un cheval pour la durée de la campagne, et à un florin pour les autres valets. Il y avait aussi un prêtre chargé de dire la messe, au même traitement que ces derniers, ainsi que deux trompettes et deux

[1] DE DYNTER, L. VI, c. 164, ad ann. 1418.
[2] *Boeck metten Haire.*

fifres[1]. Les corporations religieuses fournissaient vingt à trente chariots, servant à transporter les effets des chefs, les tentes, les malades, etc. [2].

Les lignages composaient la cavalerie et les métiers l'infanterie. Les premiers, issus de chevaliers ou chevaliers eux-mêmes, étaient, ainsi que leurs puissants destriers, bardés de fer. Ils combattaient avec la lance et l'épée, laissant aux hommes de pied la pique et les armes de trait. La charge du service militaire était supportée, à tour de rôle et par la voie du sort, par les membres de chaque corporation: on appelait cela *scoten en loten*, tirer et partager; toutefois les tentes, les armes et les divers objets d'équipement ne cessaient pas d'appartenir aux métiers qui en avaient fait l'acquisition. Ils employaient à ces achats le tiers des amendes infligées pour contraventions à leurs règlements. Souvent des métiers s'armaient et s'équipaient à leurs frais; alors le magistrat, pour les indemniser, élevait le droit d'entrée dans leur corps. Ce privilége fut accordé, entre autres, aux tonneliers, le 6 octobre 1574, parce que, l'année précédente, ils avaient fait de grands et dispendieux préparatifs pour servir le duc et la ville; aux graissiers, le 7 novembre 1586, en récompense des services rendus par eux dans la guerre de Gueldre; aux serruriers, le 17 février 1594; aux menuisiers, le 9 février 1399; aux marchands de poisson frais, le 12 du même mois; etc. [3] Une ordonnance du 12 septembre 1578, prescrivit d'apporter les plus grands soins dans la conservation des munitions, canons (*donderbussen*) et tentes, afin qu'on pût s'en servir au premier besoin. Elle défendit sévèrement aussi de donner ou de prêter aucun instrument de guerre [4].

Un corps particulier, dont il a déjà été fait mention dans les chapitres précédents, brilla, au xive siècle, d'une splendeur particulière. Nous voulons parler de la *grande gilde* ou *gilde des schutters*, tireurs d'arbalète. Les *schutters* étaient à la solde de la ville et devaient être toujours prêts à donner main-forte aux décisions du magistrat. S'agissait-il d'arrêter un brigand ou un meurtrier, d'assaillir le château d'un seigneur ennemi, c'était à eux qu'on s'adressait. Ils suivaient quelquefois le duc dans des expéditions peu importantes, et, dans ces circonstances, la ville les soldait; mais ils marchaient à leurs frais, lorsque le pays se levait en

[1] *Luyster,* Eerste deel., bl. 107.
[2] La liste des chariots de la ville se trouve dans le *Boeck metten Haire.*
[3] *Ord. der Ambachten.*
[4] A Thymo, l. c., tit. 4, c. 79.

masse et que le service militaire était obligatoire. Ils avaient pour capitaines un chef-doyen, un sous-doyen et quatre jurés, tous annuels.

Le lieu de réunion des arbalétriers était un jardin portant leur nom, *de Schutters Hof,* à l'extrémité de la rue Terarken. La chapelle du Sablon, qu'ils avaient fait bâtir, fut toujours l'objet de leurs soins, et l'anniversaire de la dédicace de ce beau temple était leur jour de fête. Après l'*ommegang,* cérémonie dont nous avons raconté l'origine, les confrères élisaient leurs doyens, leurs jurés et quatre maîtres d'église. Ensuite ils prenaient place autour de larges tables, et, le repas fini, ils tiraient le perroquet, placé au sommet du clocher de la chapelle du Sablon. Le vainqueur, proclamé roi aux applaudissements de la multitude, se rendait dans cette chapelle, où il recevait un joyau qu'il devait porter au chaperon d'uniforme. Quand il avait eu ce bonheur trois fois de suite, le roi était proclamé roi perpétuel, et occupait, dans les cérémonies, une place supérieure à celle du roi de l'année. Au lit de mort, les confrères qui avaient été revêtus de ces titres devaient laisser à Notre-Dame du Sablon, les joyaux qu'ils avaient gagnés, leur meilleure arbalète et leur uniforme [1].

Il est de la nature des corporations d'être plus ou moins hostiles aux sociétés qui se forment dans un but semblable au leur; aussi le grand serment arrêta-t-il autant que possible le développement de toutes les associations de tireurs. Quelques habitants ayant formé une réunion de ce genre, près de la chapelle de Saint-Laurent, fondée en 1514 [2], les arbalétriers en conçurent de l'ombrage et obtinrent de Jean III l'abolition de cette société. Les deux corps furent fondus en un seul et la chapelle devint leur propriété commune. Le 4 mai 1381, Wenceslas et Jeanne confirmèrent cet acte de leur père et défendirent d'établir en ville de nouvelles *gildes* pour tirer l'oiseau. Ces princes reconnurent aux doyens et jurés des arbalétriers le droit de juger les différends qui s'élevaient entre leurs confrères, lorsque toutefois il n'y avait pas effusion de sang [3].

En 1589, on accorda aux membres du grand serment la faculté d'entrer dans un métier, en payant seulement la moitié du droit exigé

---

[1] Ordonnance sans date dans le *Perkement Boeck metten Taetsen.*

[2] L'acte de fondation existe aux *Archives du royaume.*

[3] *Registre n° 8 des Archives de la cour des comptes,* f° 477 v. — *Perkement Boeck metten Taetsen.*

à cet effet ; mais, d'un autre côté, il leur fut interdit de sortir de la ville [1]. Dans le même temps, toutes les nouvelles sociétés qui s'étaient formées malgré l'ordonnance de 1581, furent supprimées. L'ordonnance n'excepta de cette mesure qu'une petite gilde d'arbalétriers et une gilde d'archers, qui s'étaient placées, celle-là, sous l'invocation de saint Georges, celle-ci, sous le patronage de saint Antoine. Le fossé de l'ancienne enceinte près des Bogards, depuis la maison de Henri Collay, jusqu'à la Steenporte, fut cédé aux premiers, et le magistrat leur assigna une livre de gros par an. Le droit de nommer les capitaines de ces deux serments secondaires resta à la grande *gilde*, et tous furent tenus d'assister à l'*ommegang* ainsi qu'à quelques autres processions [2].

Les serments des différentes villes adoptèrent à cette époque la coutume de s'inviter à de grandes fêtes, appelées depuis *landjuweel*, ou joyau du pays. Le plus remarquable des concours de ce genre qui eurent lieu au xive siècle, fut celui de Tournai, en 1394. Il y vint des compagnies de quarante-huit villes du Brabant, de la Flandre, du Hainaut et de la France. Les Bruxellois y remportèrent le quatrième prix d'adresse, consistant en deux coupes d'argent doré valant deux marcs et demi [3]. Il y avait aussi d'ordinaire des prix pour les villes les plus éloignées, pour les plus beaux costumes, etc.

Dans la Germanie inférieure, il n'était pas de cour qui égalât en somptuosité et en licence celle des ducs de Brabant. Jean III, qui rachetait ses défauts par des qualités aimables, par une grande bravoure et par son amour pour la poésie, laissa quinze bâtards, dont le grave et savant Butkens nous a conservé les noms et les destinées. Si Wenceslas eut plus de retenue, on ne doit pas en conclure que les mœurs de sa cour fussent meilleures. Les barons qui l'entouraient et qui formaient ses conseils, les chevaliers, les riches bourgeois, suivaient l'entraînement général. Le peuple seul, c'est-à-dire les hommes sans loisir, les artisans, restait toujours en dehors de ces déréglements et nous le verrons plus tard pousser jusqu'au rigorisme l'horreur du libertinage.

Le luxe dans les armures, dans les habits et les ameublements, suivit une progression constante, proportionnée au développement du commerce et de l'industrie. On se couvrait d'or, d'étoffes précieuses ; on tenait même

---

[1] Ord. des échevins en date du 5 mars 1388 (1389 N.-S.). *Perkement Boeck.*

[2] Ord. sans date. *Ibid.*

[3] HARÆUS, t. I, p. 364. — MEYER, *Rer. Flandr.* L. XIV, p. 214.

à honneur d'habiller à ses frais une suite nombreuse d'écuyers, de pages et d'hommes d'armes. Chevaux, harnais, tout était orné à profusion. Déjà, à cette époque, les bourgeoises avaient adopté *la faille* [1], ce vêtement si commode et dont l'usage se perd de plus en plus. Les couronnes de roses étaient des parures fort goûtées ; aussi les jardins dans lesquels on cultivait la reine des fleurs, étaient-ils nombreux à Bruxelles [2].

Les festins étaient fréquents et splendides ; c'était l'accompagnement obligé des cérémonies de toute espèce. A la maison de ville il y en avait à la Saint-Jean, lors de l'élection des échevins ; à la Saint-Michel, lors de l'audition des comptes des receveurs, et le jour de la mise à l'enchère des accises. Il y en avait encore un au moment du passage de l'*ommegang*. Chaque corps, chaque confrérie avait ses jours de réjouissance. On saisissait avec empressement toute occasion de fête ; les baptêmes, les prises d'habit, les mariages, les enterrements mêmes, tout y contribuait. Cette mode de prodigalité alla si loin qu'on sentit la nécessité d'y mettre un terme ; il fut défendu de convier d'autres personnes que les plus proches parents, de venir aux fêtes sans y être invité, et l'on restreignit le taux des dons offerts d'ordinaire aux conviés. Ce règlement ne concernait toutefois ni les seigneurs hauts justiciers, ni les dignitaires ecclésiastiques, ni les autres personnes *hors du droit de la ville* [3]. Sous le règne de Jean III, les magistrats promulguèrent des lois somptuaires défendant aux bourgeois de faire célébrer des trentaines, octaves et anniversaires, et réglant, d'après le rang du défunt, la quantité de cire à employer à ses funérailles [4].

Il y avait à Bruxelles beaucoup de tavernes, et de nombreux établissements de bains, alors appelés étuves (*stooven*, *stuphae*) [5]. Plusieurs

---

[1] Dans une donation, faite par Siger de Heetvelde à Jean van Heerlen, clerc secrétaire de la ville, on parle de *twee falien* ; dans une autre, faite par demoiselle Mathilde Vander Meynaertshoven à la fabrique de Sainte-Gudule, on mentionne *unam chlamidam dictam falie*. Lettres échevinales du 28 janvier 1391 (1392) et du 14 mai 1399 aux *Archives de Sainte-Gudule.*

[2] En 1315 (1316 N.-S.) Othon Houtmaker s'obligea à fournir tous les jours à Catherine, veuve de Gilles Loose, un chapeau de roses rouges, dans la saison de ces fleurs (durante tempore rosarum, videlicet uno die tectum seu capellum rosarum rubiarum). En 1382 cette redevance passa au chapitre de Sainte-Gudule. *Archives de Sainte-Gudule* aux *Archives du royaume.*

[3] Ord. du 18 décembre 1399. A THYMO, l. c., titre 5, c. 31.

[4] Ord. en date du 15e jour 1346 (5 janvier 1347). A THYMO, l. c., tit. 3, c. 87. *Statuyt Boeck,* etc.

[5] Stove van de Pollepele by de Putterye. *Livre Censal* de 1491 aux *Archives*

ruelles n'y étaient peuplées que de filles de mauvaise vie [1]. Aussi les plus riches patrimoines s'y dévoraient-ils rapidement ; à cette époque, les princes mouraient presque tous insolvables, et les grands laissaient leurs biens grevés de dettes énormes. La conduite licencieuse de la jeunesse excita des plaintes tellement graves qu'on dut prendre contre elle des mesures d'une excessive sévérité. Dans chacune des sept portes de la ville, on établit « une bonne et forte prison » pour y enfermer ceux qui se conduiraient mal ou dissiperaient leur fortune. Si un patricien tombait dans des excès de ce genre, ses amis devaient le dénoncer à l'échevin de son lignage, qui, de concert avec les autres échevins, le sommait de renoncer à son genre de vie. Lorsque cette réprimande restait sans effet, le coupable était enfermé dans la prison de son lignage, jusqu'à ce qu'il eût promis de s'amender. On en agissait de même à l'égard des autres habitants ; mais, pour ceux-ci, le choix de la prison était laissé aux receveurs. En outre, il fut interdit aux jeunes gens de signer des pro-

---

du royaume. Prope Arkam ad oppositum de Borrekens-stove, 1422. *Cartul. de Terarken.* Op t'Swolfsheergracht.... tegen over de stove van Grimbergen. *Livre Censal de* 1491. Domistadium et stupham prope forum Carbonum, *Cartul. de la Cambre,* 1336. Stupha dicta de Plattensteen. *Archives de Sainte-Gudule,* 1493. Hoffstat geheeten de stove in de Catten Couckaert gelegen voere ende buyten den Wickette van de Overmolen daer men ter Bogaerden weert geet, 1491. *Cartul. de Coud.* Skylen-Stove, près du moulin dit Sandersmolen ou moulin de la Barbe, 1487. *Archives des Châtelains.* Infra portam dictam de Warmoespoorte inter murum et portam oppidi B. et bona appellata de Croon quæ stupha fore consueverant, 1472. Domistadium ac domibus et stupha superstantibus orto, et suis pertinentiis sitis apud Capellam super altam plateam, 1454. Prope wiketum Leonis inter stupham nuncupatam de Stove onder t'Cruys, 1415. T'Poortken, en face de la statue de la Vierge placée au lieu où est aujourd'hui le Marché-aux-Poissons ; de Slipers Stove, au lieu appelé *De gote,* près Saint-Géry. *Archives de Sainte-Gudule.* Enfin celles qui ont donné leur nom à la rue de l'Étuve et à la ruelle de l'Étuve, en face du Béguinage.

[1] De nombreuses plaintes s'étant élevées contre le scandale que causaient les femmes publiques dans des quartiers habités par des gens honnêtes, il leur fut défendu, sous peine d'*un florin couronne de France,* d'habiter ou de tenir des maisons de débauche ailleurs qu'aux lieux suivants : à l'héritage de l'amman ou *Ammans Hoffstad* (rue des Trois-Têtes), et dans le rayon aux alentours où elles étaient tolérées ; près du Pré-aux-Laines ; à l'Hoefyser, près la Senne (rue du Contrôleur) ; rue de la Mâchoire et de l'Aiguille ; hors de la porte aux Herbes, au Fossé-aux-Loups, en face de la Vigne du Tonnelier, *t'Scupers Wyngaert,* et rue des Cailles. L'amende devait être répartie par tiers entre le duc, la ville et le cuisinier de l'amman. *Zwertboeck* aux *Archives de la ville,* f° 53.

messes ou des conventions, et d'aliéner ou de charger leurs biens avant l'âge de 28 ans. Des peines sévères étaient comminées contre ceux qui, pour les dépouiller ensuite, prêtaient de l'argent aux fils de famille [1].

De tout temps un des principaux objets de l'attention des magistrats, fut le maintien de la tranquillité publique. Le caractère altier de nos aïeux, leur orgueil de race, leurs habitudes désordonnées occasionnaient des rixes fréquentes, et chaque querelle alimentait ces vieilles haines dont nous trouvons de nombreux exemples. Sous le règne de Jean III, la commune fut troublée par une longue inimitié qui éclata entre Gérard Pipenpoy et Jean, fils de sire Guillaume Uyttensteenwege, et ne fut apaisée qu'en 1547 par l'arbitrage de Walter Pipenpoy, Gislebert Taye, Henri et Walter Vandernoot [2]. Plus tard Walter, fils de Jacques de Glymes, assassina Walter de Jodoigne, son aïeul maternel, avec lequel son père s'était brouillé au sujet de la dot de sa femme. La querelle entre les deux familles et leurs alliés dura jusqu'en 1576 ; alors Walter de Glymes et Jean, Guillaume et Walter de Jodoigne, fils de Walter, accompagnés d'un grand nombre de seigneurs, se présentèrent devant les échevins de Bruxelles, déclarant choisir pour médiateurs l'écolâtre Jean d'Yssche et Jean sire de Glymes [3]. Un acte de cette époque, dont nous n'avons trouvé qu'un fragment, nous parle encore d'une querelle semblable causée par l'amour. Deux jeunes gens de la famille Vandernoot, Georges, fils du chevalier sire Henri Vandernoot, et de Marie de Serihane, et Walter, fils du chevalier sire Guillaume Vandernoot et d'Agnès de Baesdonc, se disputaient la main d'une noble et belle demoiselle, Gudule, fille de sire Guillaume Vanderzennen, chevalier. Une haine violente anima bientôt les deux rivaux, et ils en vinrent à une rupture ouverte ; après plusieurs combats singuliers, Georges fut tué par son parent [4]. Pierre Van Huffle, chanoine de Sainte-Gudule et secrétaire de la ville, parvint à apaiser cette affaire ; mais il paraît qu'un second crime vengea plus tard le premier : du moins, dans quelques chroniques, on lit qu'un sire Walter Vandernoot fut assassiné en 1575 ou 1574, le 17 mars, jour de Sainte-Gertrude [5].

Dans les années suivantes, diverses pénalités furent décrétées contre

[1] Statut en date du 12 juin 1383. *Statuyt-Boeck.*
[2] *Selecta pro sœculo* 1300.
[3] *Selecta pro sœculo* 1300.
[4] *Archives de la ville.*
[5] *Chroniques du* xv° *siècle* aux *Archives du royaume,* ad an. 1373.—*Chronique*

ceux qui se rendraient coupables de blessures, coups, menaces ou pillages. Le coupable devait, dans le premier cas, indemniser la partie lésée d'après la taxation des pacificateurs, et, pour obtenir son pardon de la commune, faire un pèlerinage à Saint-Jacques de Compostelle; dans le second cas, le pèlerinage devait se faire à Notre-Dame de Vendôme, et ensuite à Saint-Gilles en Provence; et, dans le troisième cas, à Notre-Dame de Cambrai et à Saint-Louis de Noyon. Il fallait que l'auteur du délit partît endéans un mois et rapportât un témoignage de son obéissance[1]. En 1594, les combats dans les rues étant très-fréquents, on déclara : Que toute personne, « quelque grande, riche ou puissante qu'elle fût, » qui la première dégaînerait, ou frapperait avec un bâton, serait, ainsi que ses complices, condamnée, en sus de la peine prononcée par la *ceure*, à un pèlerinage à Milan et aurait à rapporter une attestation du magistrat de cette ville constatant la réalité du voyage. Une amende de dix *schellings* et le bannissement punissaient celui qui refusait de se conformer au jugement. Un pèlerinage à Vendôme était imposé au coupable qui dépassait d'un jour le délai fixé pour le départ; pour deux jours c'était un pèlerinage à Roquemadour, et pour trois jours c'était un pèlerinage à Saint-Jacques de Compostelle, outre une amende de cent moutons. Après ce dernier terme, le condamné était emprisonné, et n'était rendu à la liberté qu'après avoir promis de se soumettre au jugement; s'il n'avait pas d'argent pour payer l'amende, il était banni après avoir été mutilé d'une main[2]. Dans la suite, ces dispositions furent rendues encore plus sévères : la non-exécution d'un jugement doublait la peine. En cas de nouveau refus, le récalcitrant était banni, et personne, sous peine de bannissement et d'une amende de cent florins du Rhin, ne pouvait le recevoir ni le loger. Les nouveaux règlements déclaraient punissable d'un pèlerinage à Rome quiconque menacerait un plaignant, et passible de la peine de mort et de confiscation des biens, celui qui le blesserait[3].

La rigueur des magistrats s'explique par la turbulence des natures

de *Rouge-Cloître,* ad an. 1374.—Selon le *Nobiliaire des Pays-Bas,* Walter aurait été assassiné près de Sainte-Gudule. C'est de là que vient peut-être le nom de *Wilde-Wouter-Straet,* rue de Walter-le-Sauvage *(Livre Censal de* 1681 *aux Archives du royaume),* dénaturé aujourd'hui en celui de *Wild-Houd-Straet,* rue du Bois-Sauvage, ce qui ne signifie absolument rien.

[1] Ord. de l'année 1384. A Thymo, titre 5, c. 2.
[2] Ord. du 25 septembre 1394. *Ibid.*, c. 21.
[3] Ord. du 12 décembre 1401. *Ibid.*, c. 38.

farouches du moyen âge. En 1391, sir Barthélemi T'Serclaes fut assassiné
à Coudenberg [1], et, en 1401, peu de temps avant la promulgation de
ces nouveaux règlements, un des chefs de la famille de Heetvelde fut
frappé d'un coup mortel sur la Grand'Place [2]. Ce dernier événement
amena des dissensions qui durèrent plus de vingt années. Il paraît que
les Heetvelde, branche bâtarde des seigneurs de Gaesbeek de la famille de
Louvain, et possesseurs de fiefs nombreux, excitaient la jalousie des autres
patriciens. Quand Thierry ou Siger eut péri de la main de Gérard de
Coeckelberghe, on vit cinq lignages s'unir aux meurtriers [3]. Les fils de
la victime, Jean, Guillaume et Walter, accusèrent de sa mort sir
Nicolas de Swaef et son neveu Wenceslas de Hertoghe, et plus d'une
fois leurs débats ensanglantèrent les rues de Bruxelles. Instruits par
une expérience cruellement acquise, les Louvanistes joignirent leurs
efforts à ceux des échevins pour apaiser cette querelle; à leur demande,
la duchesse Jeanne et son conseil ordonnèrent que tout sujet de plaintes
fût mis en oubli, menaçant de la peine de mort, de la confiscation et
de la perte des droits de bourgeoisie, quiconque romprait la paix conclue [4]. Le pouvoir souverain était alors trop déprécié pour qu'un tel
ordre calmât ces sanglants différends; aussi se prolongèrent-ils longtemps
encore entre les Heetvelde et leurs implacables ennemis, Jean de Lombeke et les enfants Vanderstraeten. En 1418, les premiers acceptèrent la
médiation de Jean IV, mais sa sentence partiale, dictée par des considérations politiques, fut, comme nous le verrons plus loin, cassée par les
états [5].

Toutes les querelles qui n'avaient pas été ensanglantées ou qui ne
violaient pas une trêve, étaient soumises à l'arbitrage des pacificateurs.
Les deux parties, citées par ces magistrats, se rendaient, le jeudi suivant, accompagnées chacune de six ou huit amis au moins, aux Récollets,
aux Carmes, ou dans une autre église, et, si une satisfaction n'était pas

---

[1] *Chronique de Rouge-Cloître.*

[2] *Ibid*, ad ann. 1401. — *Chron. du* xve *siècle* aux *Archives du Royaume.* —
Haræus, t. I, p. 369 et 371. — Divæus, *Rerum Lovan.*, ad ann. 1403, etc.

[3] *La chronique* n° 18001 (mss. de la bibl. de Bourg.) est la seule qui donne à
la victime le nom de Siger et non pas de Thierry. Elle paraît avoir raison, car les
trois chefs du parti des Heetvelde étaient tous trois fils d'un Siger.

[4] Bruxelles, 18 janvier, jour de Saint-Pierre (dat hi gestoelt was), 1403 (1404
N.-S.). *Stad Coren van Bruesele.* Cartulaire aux *Archives de la Ville.*

[5] *Luyster van Brabant,* 2° deel., bl. 34.

donnée, une nouvelle réunion avait lieu huit jours après ; les pacificateurs prononçaient alors sommairement leur sentence [1].

Une des causes les plus fréquentes de disputes et de rixes était la
coutume des livrées, sortes de distinctions par lesquelles les seigneurs et
les bourgeois opulents affichaient leur puissance et leurs richesses, coutume qui prenait chaque jour plus de force et plus de vogue. En 1385, on
se vit obligé d'interdire pour sept années, toutes les livrées, à l'exception
de celles des valets de la ville, des lignages, des métiers, de la grande gilde
de l'arbalète et de l'arc, etc. Les prélats, les barons, les chevaliers, ne
purent plus donner des vêtements distinctifs, tels que chaperons, vestes,
justaucorps, etc., qu'aux personnes vivant dans leurs maisons et à leurs
frais [2]. Ce règlement, étendu en 1404 à tout le Brabant [3], fut renouvelé
à plusieurs reprises.

Si les mœurs de nos ancêtres offraient encore des traces de barbarie,
il faut convenir qu'ils rachetaient leur amour du luxe, leur conduite licencieuse, leurs discordes continuelles, par une bienfaisance active. De
nombreuses fondations témoignent que l'esprit de charité, si généralement répandu au xiiie siècle, était encore vivace au xive. C'est alors qu'on
vit s'élever les hospices de Saint-Laurent, de Backx, de Saint-Ghislain, de
Saint-Corneille, de Saint-Christophe, des Douze-Apôtres, de la Sainte-
Trinité, de Sainte-Élisabeth ; quelques couvents d'un ordre inférieur,
tels que les Alexiens, qui se dévouaient particulièrement au soin des
aliénés, les frères au Fossé ou Bogards, les sœurs Noires, les sœurs
Grises, congrégations dont les commencements sont peu connus. Les
tisserands, dits Bogards, prirent, en 1559, l'habit et la règle du tiers-
ordre de Saint-François, en restant toutefois sous la juridiction de la
ville, de la *gilde* et du métier des tisserands.

Les écoles, alors si négligées, étaient une cause d'incessantes contestations entre le clergé et la bourgeoisie. Jean III donna le premier règlement
sur cette matière et ce règlement fut confirmé, en 1561, par Jeanne et Wenceslas [4]. Dans la suite, les recteurs se plaignirent du recteur en chef qui,
disaient-ils, augmentait, à leur détriment, le nombre des établissements
d'instruction publique. De son côté, celui-ci se récriait contre la conduite

---

[1] *Groot Boeck mette Knoope.*
[2] Ord. de 1385. A Thymo, l. c., titre 5, c. 8.
[3] Ord. datée de Bruxelles, le 14 juin 1404. *Ibid.*, l. c., c. 48.
[4] 12 avril 1361. A Thymo, partie V, titre 4, c. 85.

de ses subordonnés qui ne reconnaissaient pas son autorité et ne lui remet-
taient pas sa part dans les rétributions payées par les élèves. Un accord conclu
entre le chapitre de Sainte-Gudule et les échevins, approuvé par le duc et
la duchesse, fixa le montant de la rétribution à payer par chaque élève
à cinq gros, dont un demi-gros devait revenir au recteur en chef pour
son droit de surveillance. Quand il trouvait un instituteur en faute,
il devait en faire son rapport au chapitre, à l'écolàtre et au magistrat qui
décidaient de concert. Les accroissements de la ville firent porter à treize
le nombre des écoles [1]. Pour éviter les contestations on fixa leurs rayons
respectifs et elles prirent alors le nom des quartiers dans lesquels elles
étaient situées. Dans le xvii siècle on les nommait écoles de la Cantersteen, de la Putterie, de la rue de la Montagne, de la rue de la
Fourche, de la rue au Lait, de Saint-Jean, de Saint-Géry, du Marché-au-
Charbon, de Sainte-Catherine, du Marais-aux-Herbes, du Béguinage,
de la Chapelle et du Sablon [2]. La plus ancienne fondation particulière
pour l'instruction est celle du secrétaire de la ville Pierre Van Huffel,
qui, en 1358, donna tous ses biens pour fonder une maison de
pauvres écoliers. Dix-neuf ans plus tard Jean T'Serclaes, frère du célèbre Éverard, et archidiacre de l'évêché de Cambrai, ajouta à ce legs
plusieurs revenus et sa maison située rue de Schaerbeek (aujour-
d'hui rue Notre-Dame-aux-Neiges) [3]. Ainsi commença la fondation des
Bons-Enfants, convertie, en 1465, en une école pour six pauvres enfants
de chœur [4].

Les chambres de rhétorique commençaient à s'organiser. La plus ancienne confrérie de ce genre établie à Bruxelles s'appelait *le Livre* et fut
créée en 1401 [5]. On vit se former, vers le même temps, *la Fleur de Blé, la
Violette, la Fleur de Lys, la Branche d'Olivier*. Les confrères s'exerçaient
à la déclamation, cultivaient la poésie et représentaient parfois sur les
places publiques des mystères ou des facéties. Ils obtinrent des magistrats
quelques subsides et quelques avantages, en retour des représentations
qu'ils donnaient à certains jours de l'année. Ces compagnies eurent

[1] 15 février 1381 (1382). *Ibid.*, l. c.
[2] Ces détails sont tirés d'un recueil de règlements sur les écoles de Bruxelles.
Mss. de la bibliothèque de Bourgogne.
[3] Diplôme du 10 octobre 1377. A THYMO, l. c., c. 55. — *Opera Diplomat*, t. I,
p. 783.
[4] *Annales mss. S. Gudilœ*, titre XI, c. 17.
[5] *Chronique de Rouge-Cloître.*

aussi leurs grands concours, mais l'époque de leur splendeur n'était pas encore venue.

L'hérésie, qui, sous le règne de Jean II, avait jeté de fortes racines dans le peuple bruxellois, avait encore, dans les premières années du xv° siècle, de nombreux partisans. Pour en arrêter les progrès, les autorités ecclésiastiques eurent recours aux monastères de chanoines réguliers, alors peuplés de religieux doctes et zélés. L'évêque de Cambrai, Pierre d'Ailly, choisit Henri Selle, prieur de Corsendonck, et Laurent Geroutz, prieur de Rouge-Cloître, pour combattre les admirateurs de Bloemardine et extirper ce qui restait de la secte des esprits libres [1]. Selle, qui s'acquitta avec ardeur de sa tâche, rencontra de vives résistances. On répandit contre lui des pamphlets, et l'on alla même, dit-on, jusqu'à l'attaquer à main armée, dans le trajet de Bruxelles à Groenendael [2]. Il devait être difficile en effet de maintenir une complète orthodoxie dans nos grandes cités, où les idées d'indépendance prenaient chaque jour plus de force, et jetaient du discrédit sur tout autre tribunal que celui de la commune. D'un autre côté, le schisme divisait l'église elle-même et lui enlevait cet ascendant moral qui, dans les siècles précédents, avait fait sa puissance et étendu son pouvoir.

[1] *Liberorum spirituum hæresis.*
[2] Sanderus, *Chorographia Sacra Brabantiæ*, t. II, p. 111.

CHAPITRE V.

Antoine de Bourgogne. — Jean IV. — Philippe de Saint-Pol. —
1404-1430.

L'avénement d'un prince de la maison de Bourgogne devait avoir pour le Brabant de graves conséquences. La dynastie qui s'éteignait en la personne de Jeanne s'était complétement identifiée avec ses sujets, accoutumée qu'elle était à leur esprit d'indépendance; imbue au contraire des idées d'absolutisme innées chez les Valois, la nouvelle race ducale suivit une marche tout à fait opposée. Aussi Antoine, prince d'un caractère fier et audacieux, fut-il presque constamment en lutte avec ses barons et ses villes; son fils, Jean IV, trop faible pour défendre ses droits avec énergie, trop attaché à ses favoris pour repousser leurs pernicieux conseils, tomba de faute en faute et de malheurs en malheurs; après sa mort, les États, devenus souverains de fait, gouvernèrent le pays sous le nom de son frère Philippe de Saint-Pol, qui ne laissa ni postérité ni souvenir.

La régence d'Antoine commença sous de tristes auspices : en 1405, le jour du vendredi-saint, un incendie, qui éclata dans la paroisse de la Chapelle, dévora la nef de cette église et 2400 maisons avec 1400 métiers à tisser la laine [1]. Ce désastre priva de tout asile plus de 15,000 personnes, et, dans l'impossibilité de le réparer, on livra à l'agriculture une grande partie du terrain que les flammes avaient ravagé [2].

---

[1] 1404. Grooten brand te Bruessel ter Capellen, doen de scaerlaekenmaekers afbranden, wel xiii° wollengetouwen en xxiv° huysen. *Petite chronique en tête de la Chronique de Potter,* mss. de la Bibl. de Bourg. — GRAMAYE, *Bruxella,* p. 2, parle de 1500 métiers brûlés. Les *Annales mss. de Capella* font monter ce chiffre à 4,000, et réduisent celui des maisons à 1400.

[2] Ce fait est constaté par une convention conclue le 12 mars 1415 (1416), entre

La même année vit une grave dispute s'élever entre le chapitre de Sainte-Gudule et le monastère de Coudenberg, dont le prévôt, Gérard Vanderstraeten, avait obtenu de l'évêque l'autorisation d'administrer le sacrement du baptême et d'enterrer les morts. A la demande du chapitre, l'official déclara cet acte subreptice et condamna le prévôt à indemniser les chanoines [1]. Le baptistère de Coudenberg fut détruit et les morts qu'on y avait inhumés furent déterrés et transportés dans le cimetière de Sainte-Gudule [2].

Quelques Bruxellois ayant occasionné du tumulte à Lierre, les échevins de cette ville vinrent, en 1405, à Bruxelles pour se plaindre de leur conduite ; mais ils trouvèrent le magistrat peu disposé à leur donner satisfaction, et les récriminations furent tellement vives que les Lierrois, partant en toute hâte, allèrent se préparer à soutenir le siége dont on les menaçait. Les choses heureusement ne furent pas poussées à cette extrémité, et l'on parvint à réconcilier les deux communes [3].

Un bourgeois de Bruxelles, Jean Vandermolen, condamné à mort pour parricide par les échevins d'Eersele, avait, avant d'être exécuté, rejeté son crime sur un autre bourgeois, nommé Haisken, que l'écoutète de Bois-le-Duc, Jean Vanderdussen, fit emprisonner. Après avoir vainement réclamé le prisonnier, la commune bruxelloise chargea l'amman Jean, sire d'Assche, d'arrêter l'écoutète comme coupable d'infraction à ses priviléges. L'amman, d'un autre côté, reçut, de la part d'Antoine, défense de poursuivre cette affaire ; mais croyant la colère du prince moins dangereuse que celle du peuple, il se conforma aux ordres des échevins. Le conseiller Simon de Frémilles, à qui il exposa son embarras, lui conseilla de se rendre à Louvain pour présenter lui-même sa justification au régent. Antoine parut d'abord admettre ses excuses, mais comme l'amman s'en retournait à Bruxelles, il fut arrêté, à mi-chemin de Louvain, et traîné au château de Genappe (1405). Cette conduite déloyale souleva à Bruxelles toute la population, et les échevins firent immédiatement arrêter, par représailles, le conseiller de Frémilles, déclarant qu'ils le retiendraient en captivité aussi longtemps que l'amman

le chapitre de Ste-Gudule et les magistrats, pour la dîme de ces terrains. A Thymo, partie VI, tit. 2, c. 5.

[1] 24 octobre, samedi après la fête de St.-Luc, 1405. *Annales mss. Sanctæ-Gudilae*, tit. XII, c. 9.

[2] *Petite chronique précitée. — Chronique de Rouge-Cloître.*

[3] Vanlom, *Beschryving der stad Lier*, p. 206.

n'aurait pas été relâché. Cet acte de vigueur produisit son effet : dès le lendemain, d'Assche, et, par contre, de Frémilles, furent mis en liberté ; mais le régent irrité fortifia Vilvorde et y concentra des troupes qui ravagèrent les campagnes de Bruxelles. Tout annonçait de déplorables événements ; les états prirent parti pour Bruxelles et pressèrent le duc d'approuver le bannissement de l'écoutète ainsi que la remise de Haisken à ses juges naturels. Jeanne, dont ils sollicitèrent l'intervention, « pria » amicalement et fortement » son petit neveu de céder, « par consi- » dération pour elle et pour les prélats, les barons, les chevaliers et les » villes. » Comprenant le danger de sa position, le fier Bourguignon fléchit et consentit à un accommodement « par considération pour sa » tante en particulier. » Jeanne l'en remercia et reçut les félicitations de ses anciens sujets. Les échevins et le conseil de la commune consentirent à aller, en cortége, à la rencontre du régent jusqu'au delà de la maison des lépreux (entre Bruxelles et Schaerbeck), pour lui demander pardon ; ils promirent en outre de lui payer 8,000 florins d'or [1].

La mort de Jeanne, qu'avait précédée dans le tombeau la duchesse de Bourgogne, mère d'Antoine, ayant laissé à ce prince le duché de Bra- bant, il fut inauguré à Louvain, le 18 décembre 1406, et le 21 à Bruxelles, où il prêta serment en ces termes :

« Je promets et jure que je conserverai et ferai conserver à la ville » de Bruxelles, bien et fidèlement, comme un bon seigneur est tenu » de le faire, tous ses droits, priviléges, chartes, ordonnances, statuts, » coutumes, usages et règlements, scellés et non scellés, comme elle les a » obtenus de mes prédécesseurs, ducs et duchesses de Brabant, et » comme elle les observe. Ainsi m'aident Dieu et tous ses saints [2]. »

Cet engagement solennel n'empêcha pas Antoine de modifier l'admi- nistration du duché, autant que le lui permettait le pouvoir précaire dont il avait hérité. Les fonctions de garde du sceau ducal n'avaient eu jusqu'alors que peu d'importance et de relief ; il créa la place de chancelier qu'il conféra à Pierre de Camdonck, ancien président du conseil de Flandre.

[1] Déclaration de Jeanne, datée de Bruxelles, le 24 mai 1406 ; acte de remercî- ment de Guillaume damoisel de Seyne, seigneur de Rhode-Ste.-Agathe, de Jean, sire de Wesemael et autres, du même jour. *Diplomata Belgica*, 1401-1410. Mss de la bibliothèque de Bourgogne. — *Inventaire des chartes de Brabant*, aux *Archives du Royaume*. — *Brabantsche Yeesten*. — *Chronicon anonymi*, p. 129. — HARÆUS, l. c., p. 372. — GRAMAYE, *Bruxella*, p. 3.

[2] DE DYNTER, l. c., c. 81.

Investi de toute la confiance du prince, Pierre de Camdonck occupa le premier rang parmi les conseillers [1]; Antoine lui donna une maison située à la Cantersteen, qu'il avait habitée avec sa femme pendant la vie de la duchesse Jeanne, et il lui confia à plusieurs reprises les rênes de l'administration, quand ses affaires particulières l'obligeaient de s'absenter du pays. Déjà en 1404, à peine nommé ruwaert, il avait chargé quelques personnes du soin de revoir les comptes des officiers; cette commission fut renouvelée en 1407 (20 février 1406 V.-S.) et reçut ordre de contrôler à l'avenir tous les documents du même genre, contrôle qu'exerçaient autrefois les conseillers du duc. Telle fut l'origine de la chambre des comptes [2]. Les receveurs du domaine présidaient un tribunal composé de personnes tenant des biens à cens du duc; cette cour, réorganisée en 1412, prit le nom de chambre de tonlieu [3]. Ces deux nouvelles institutions remplirent parfaitement le but de leur fondateur. Elles furent les gardiennes vigilantes des droits et des prérogatives du souverain, et ne tardèrent même pas à étendre leur juridiction bien au delà de ses limites.

Occupé de ses projets de réorganisation, Antoine garda d'abord des ménagements avec ses communes; ainsi, le 19 avril 1407, il promit à Bruxelles de ne jamais tolérer l'entrée en Brabant de Florent Kyfhout, Henri Borchman dit den Haen, leurs alliés et leurs complices, tous ennemis de la ville et bannis par elle [4]. Mais cette apparence d'amitié ne fut pas de longue durée.

Le roi des Romains, Rupert, réclamait alors le Brabant, comme étant dévolu à l'empire par défaut d'héritier mâle; il écrivit aux barons et aux villes que Jeanne n'avait régné que par concession de l'empereur Charles IV, et, promettant de maintenir leurs priviléges, il offrait de leur envoyer quelques-uns de ses conseillers pour agiter avec eux la question de dévolution [5]. Il réunit en même temps des troupes pour appuyer ses prétentions par les armes, et, à son instigation, le duc de Gueldre et les habitants de Maestricht refusèrent de prêter serment à Antoine,

---

[1] RAPÉDIUS DE BERG, *Mémoire sur l'introduction du droit romain dans les Pays-Bas*, p. 63.

[2] *Notice historique sur la Chambre des Comptes*, par M. GACHARD.

[3] MANN, T. I.

[4] *Groot Boeck mette Knoope.*

[5] Heydelberg, 22 décembre 1406. *Opera dipl.* III, p. 170.

qui convoqua aussitôt les États et requit leur assistance. Des explications
lui ayant été demandées parce qu'on lui prêtait, paraît-il, le projet de marcher contre les Liégeois, insurgés contre leur évêque, Jean de Bavière [1],
il refusa obstinément de déclarer l'ennemi qu'il allait combattre. Étonnés d'un mépris aussi manifeste pour les priviléges du pays, les députés
des États, à l'exception de ceux de Bois-le-Duc et d'Anvers, déclarèrent
que les villes qu'ils représentaient n'accorderaient le service demandé
que lorsqu'elles connaîtraient les intentions de leur souverain. N'ayant
pu vaincre leur résolution, Antoine voulut essayer son influence sur le
peuple. S'étant rendu à cet effet à l'hôtel de ville de Bruxelles, il fit
assembler la commune et, en présence des échevins, il lui demanda si elle
consentait à le suivre à la guerre. Toujours facile à émouvoir, la multitude s'écriait : « Oui, seigneur ! oui, seigneur [2] !» quand un des échevins,
le chevalier Nicolas de Saint-Géry, s'écria : « Que ceux qui ont accordé
» le service au duc, le suivent à leurs frais ; mais Bruxelles et Louvain
» n'accordent rien pour une guerre dont elles ne connaissent pas le
» motif. » A ces mots, l'enthousiasme se refroidit et il ne resta bientôt
plus un homme sur la place. Antoine parvint toutefois à réunir une belle
armée ; il entra sans résistance dans Maestricht, le 9 octobre 1407, et,
le 25, il reçut, près de Grave, l'hommage du duc de Gueldre [3]. Après
avoir licencié ses troupes il revint à Bruxelles, accompagné de son frère,
Jean-sans-Peur, qu'il retint quelque temps à sa cour. Rupert n'ayant
pas reçu de réponse à ses lettres, en témoigna son étonnement aux
barons et aux villes, et les avertit « que des hommes zélés pour son ser-
» vice l'engageaient à punir sévèrement leur désobéissance [4] ; » mais
cette nouvelle démarche resta également sans succès.

La première femme du duc, Jeanne de Saint-Pol, était morte le
12 août 1407, après avoir donné le jour à deux fils, Jean et Philippe,
et à une fille qui reçut le nom de Jeanne et mourut en bas âge. Cette
circonstance permit d'opérer un rapprochement entre Antoine et Wenceslas de Luxembourg ; des négociations, dirigées par le duc de Bourgogne et son chambellan Réné Pot, ayant aplani toutes les difficultés,
le duc et Jean-sans-Peur firent demander la main d'Élisabeth de Gorlitz,

---

[1] Voyez DIVÆUS, *Rer. Brabant.*
[2] Jawy here, jawy here. *Brabantsche Yeesten.*
[3] DE DYNTER, c. 84. — *Chron. anonymi*, p. 154. — DIVÆUS. — HARÆUS.
[4] Lettre datée d'Alzey, le 26 novembre 407. *Opera dipl.*, l. c.

nièce de Wenceslas. Leurs ambassadeurs furent bien accueillis et Wenceslas donna à la fiancée le duché de Luxembourg, le comté de Chiny et
l'avouerie d'Alsace, à condition de rembourser à Josse de Moravie la
somme pour laquelle ces domaines lui avaient été engagés. Neuf mois
après leur départ, les envoyés brabançons, dont l'ambassade avait coûté
plus de 15,000 couronnes, revinrent avec la princesse, qui séjourna
quelque temps à Louvain, recevant les visites des nobles et prenant le
plaisir de la chasse. Le duc et Jean-sans-Peur arrivèrent le 15 juillet à
Bruxelles, et Antoine alla chercher la princesse à Louvain.

Le mariage eut lieu le 16. Élisabeth fut conduite à l'église de Saint-
Jacques-sur-Coudenberg par le duc de Bourgogne et par le comte de
Clermont, fils du duc de Bourbon. Elle avait au cou un collier d'or garni
de 28 grosses perles, présent de Jean-sans-Peur, qui avait en outre
emprunté pour elle une couronne d'or fort riche appartenant à l'abbaye
de Saint-Denis [1]. Une vaste salle en bois, ornée à l'intérieur de draps d'or
et de tapisseries, et à l'extérieur de draps rouges et bleus, avait été
élevée à la hâte devant le palais; à l'entrée, on remarquait une syrène
jetant par une mamelle du vin de Rhin et par l'autre du vin de Beaune.
Après la bénédiction nuptiale la cour se rendit dans cette salle où un
splendide banquet était préparé; au moment où les convives se mettaient
à table, une querelle pour la préséance s'éleva entre les comtesses de
Namur et de Saint-Pol; aucune de ces deux dames ne voulant céder le pas à
l'autre, elles se retirèrent dans leurs appartements. Après le festin les princes
et leur suite se rendirent à l'hôtel de ville; la duchesse ayant pris place
à la bretèque, un brillant tournoi eut lieu sur le marché, dont le pourtour était garni d'échafauds couverts de monde, et dont toutes les maisons étaient, jusque sur les toits, encombrées de spectateurs. On y vit
joûter le comte de Clermont, qui avait pour écuyers le duc de Bourgogne et le comte de Nevers, autre frère d'Antoine; celui-ci signala son
adresse en renversant deux chevaliers [2].

Le 11 juin 1410, Élisabeth mit au jour un fils qui reçut le nom
de Guillaume. De grandes fêtes furent données à l'occasion de son bap-

---

[1] *Histoire de Bourgogne*, par un religieux bénédictin, T. III, p. 287.
[2] *Brabantsche Yeesten.* — DE DYNTER, c. 88. — *Chroniques* d'ENGUERRAND
DE MONSTRELET, L. I, c. 59. — *Chroniques des ducs de Brabant*, aux *Archives du
Royaume.* — Mss. de la bibliothèque de Bourgogne, nº 17123. — DIVÆUS, *Rer.
Brab.* — M. DE BARANTE, *Histoire des ducs de Bourgogne*, éd. ann., par M. Ga-
chard.

tème et toutes les villes s'y firent représenter par leurs députés ; il fut tenu sur les fonts par le comte de Hainaut, Guillaume de Bavière, et par son frère Jean, évêque de Liége. Cet enfant, le seul qui naquit de cette union, mourut la même année, et fut enterré à l'église des Carmes, dans le caveau où reposait la duchesse Jeanne [1].

Cependant un sourd mécontentement régnait dans le peuple, et se manifestait par plusieurs indices ; en 1409, par exemple, les métiers refusèrent d'assister à la procession de Saint-Michel, et furent, pour ce fait, condamnés à une amende de 48 florins du Rhin, payable par moitié au prince et à la commune [2].

Une vive querelle s'alluma en 1410, entre les villes de Malines et d'Anvers, qui, depuis le xiiie siècle, se disputaient l'étape du poisson, du sel et de l'avoine. Pendant le règne précédent, Anvers avait été durement traitée par les comtes de Flandre ; mais Antoine fit prévaloir avec raison les intérêts de ses sujets. Les dissensions éclatèrent pendant que ce prince était allé prendre possession du Luxembourg, et les villes de Louvain et de Bruxelles ayant vainement offert leur médiation, des préparatifs hostiles commencèrent des deux côtés. Enfin, dans une assemblée, tenue à Termonde le 2 août 1412, un accord fut conclu entre les Anversois et les Malinois ; ces derniers furent déclarés exempts du droit d'étape à Anvers et tout différend fut assoupi jusqu'à la Toussaint de l'année suivante. Mais peu de temps après, les Malinois allumèrent un nouveau brandon de discorde ; ils prétendaient lever un péage sur les bateaux qui remontaient la Dyle et la Senne, et forcer les marchands de Louvain et de Bruxelles à reconnaître leur droit d'étape [3]. Ils représentèrent au comte de Flandre que depuis longtemps ils avaient le pouvoir de tendre une chaîne au passage de la Senne à Heffen, pour qu'aucun bateau ne pût remonter la rivière sans leur consentement, et ils obtinrent l'autorisation de rétablir ce barrage. Cette conduite excita les murmures des Brabançons ; quatre nefs, chargées de sel, appartenant à des bourgeois de Bruxelles et naviguant sur la Dyle, ayant été arrêtées à Malines, deux bateaux de cette ville, avec une cargaison de draps anglais,

---

[1] *Chroniques* précitées. — Mss. n° 17123. — *Chronicon anonymi.* — Hareus. — Divæus, etc.

[2] *Livres noirs*, n° 6, aux *Archives du Royaume.*

[3] Selon une déclaration insérée dans le *Tolbock* de la ville de Malines, les Bruxellois étaient exempts à Malines du droit de transit. *Zwert boeck.*

furent saisis à Burcht près Anvers. Ce différend prenait une tournure des plus graves lorsque les deux ducs, réunis dans l'église de Saint-Pierre à Lille, le 31 octobre 1415, convinrent de lever mutuellement la saisie des bateaux. Puis, le 12 décembre suivant, par la médiation du comte de Saint-Pol, il fut définitivement arrêté que les Louvanistes et les Bruxellois continueraient à naviguer sur la Dyle et la Senne de la même manière qu'ils le faisaient un an avant la mort de Philippe-le-Hardi, et que les priviléges respectifs des différentes villes seraient examinés à Malines par un commissaire du duc de Brabant, et à Bruxelles et à Louvain par des délégués du duc de Bourgogne [1]. Cette dernière clause ne paraît pas avoir été exécutée.

Au mois de mai 1411, Antoine fit à Bruxelles plusieurs concessions qui témoignent de la bonne intelligence existant alors entre cette ville et le souverain. Le 20, il annula en sa faveur la gilde ou corporation drapière de Merchtem, qu'il avait lui-même instituée dans cette bourgade le 30 novembre 1409 [2]; le 22, il renouvela l'octroi des accises [3], et il publia un règlement concernant les trêves. Il y est stipulé, entre autres dispositions, que dorénavant il suffira de demander trêve à un seul ennemi, quel qu'il soit, sans devoir recourir au chef de la partie adverse, et que, si celle-ci se trouve hors de la ville, cette demande pourra être adressée à l'amman ou à un de ses sergents, et à deux échevins [4].

L'esprit altier d'Antoine lui aliéna bientôt de nouveau les cœurs de ses sujets; la ville de Batenbourg, en Gueldre, qui lui avait été engagée par Jean Berlaer, ayant été reprise à l'improviste par les Gueldrois, il demanda vainement aux États des troupes et de l'argent pour en faire le siége. Les députés des villes ayant été convoqués à Louvain, il crut pouvoir leur imposer par la crainte; ses hommes d'armes arrêtèrent en route les députés de Tirlemont et de Léau, et ceux de Bruxelles eussent éprouvé le même sort, s'ils ne s'étaient fait escorter d'une forte troupe d'arbalétriers. Cette conduite du duc causa une grande fermentation dans les villes, et Antoine comprit qu'il fallait remettre à d'autres temps ses projets liberticides. Les États furent assemblés à Vilvorde et il s'y plaignit amèrement de l'obstination des villes à lui refuser aide et secours;

[1] A Thymo, l. c., c. 15.
[2] Ibid., c. 8 et 12.
[3] Ibid., c. 11.
[4] Ibid , c. 10.

mais celles-ci, à leur tour, présentèrent une longue série de griefs : elles reprochèrent à leur souverain d'engager le pays dans les démêlés intérieurs de la France, démêlés qui ne le concernaient en aucune manière, et elles offrirent de démontrer la justice de leurs plaintes si l'on voulait nommer des arbitres pour écouter leurs réclamations. Cette proposition fut agréée ; le sénéchal Henri de Bergues et d'autres personnes de distinction ayant été choisies à cet effet, le duc promit de réparer ses torts et revint à Bruxelles à la mi-août 1415 [1].

Ces troubles et l'attentat commis sur les députés firent sentir la nécessité de réorganiser les arbalétriers aux gages de la commune (*erfschutters*), qui étaient chargés d'escorter au besoin les magistrats. Leur nombre fut fixé à soixante bons compagnons tireurs choisis dans la bourgeoisie, et il leur fut annuellement alloué à chacun, outre leur solde éventuelle, six aunes de drap à une demi-couronne l'aune, pour leur uniforme. Quand ils veillaient à l'hôtel de ville ou aux portes, ils recevaient dix *placques* par jour, plus le feu et la lumière ; et lorsqu'ils entraient en campagne, leur solde leur était payée quinze jours d'avance. La commune alors leur fournissait aussi quatre aunes de drap et un chaperon, ainsi que des chariots pour leurs bagages, et elle nourrissait les chevaux qu'ils devaient se procurer. Lors d'une Joyeuse Entrée, les arbalétriers avaient un chariot par dizaine ; il y avait un valet pour deux tireurs ; quant à l'entretien de leurs armes, ils s'en chargeaient eux-mêmes. La ville donnait tous les ans un manteau à Notre-Dame du Sablon et à Notre-Dame de Hal, un chaperon au duc, président d'honneur du serment, à l'amman, etc. ; cette compagnie coûtait annuellement à la commune cent quatre-vingt-dix couronnes d'or, non compris les deux livres qu'elle lui payait depuis longtemps pour son repas et l'ommegang. En la réorganisant, les échevins et les receveurs s'en réservèrent le commandement, qu'ils laissèrent cependant, sa vie durant, au chevalier Nicolas de Swaef [2]. L'uniforme de ce corps était aux couleurs de la ville : habit écarlate, avec bordures vertes et chaperon rouge. Il fut porté pour la première fois en 1412, 1413 ou 1415 [3].

---

[1] DIVÆUS, *Rer. Brab.* — HARÆUS.

[2] *Perkement Boeck metten Taetsen.*

[3] *Chronique* VAN ASSCHE, citée dans la *Chronique de* DE BLAYE. Mss. de la bibliothèque de Bourgogne, ad a. 1413. — FOPPENS, ad a. 1412. — Mss. nᵒˢ 10281, 13173.

Le 25 mai 1414, le duc Antoine octroya à Bruxelles une charte remarquable, connue sous le nom de *Privilége du Meurtre*. Les magistrats, y est-il dit, avaient remarqué que les meurtres, les incendies, les violences étaient plus fréquents à Bruxelles que dans les autres villes du duché, et, pour remédier à cet état de choses, qui ne pouvait se prolonger, quelques mesures avaient été jugées nécessaires : en conséquence la peine de mort et la confiscation des biens furent prononcées contre quiconque commettrait un meurtre dans Bruxelles ou dans sa franchise ; les contumax devaient être bannis à perpétuité et la loi du talion fut rendue applicable à tout individu qui ferait quelque blessure. Une récompense d'un florin du Rhin fut promise à celui qui, en cas de combat dans la ville, courrait à la porte la plus proche pour la faire fermer, et il fut enjoint aux bourgeois de fermer leurs portes en pareille circonstance, afin que personne ne pût se cacher. Celui qui résisterait aux officiers de justice devait être tué s'il le fallait ; enfin le duc promit de poursuivre rigoureusement ceux qui pilleraient ou incendieraient les biens des bourgeois et des autres habitants de l'ammanie [1]. De pareils règlements montrent l'état de barbarie dans lequel notre pays, ainsi que toute l'Europe, était encore plongé.

La bonne harmonie qui paraissait régner entre Antoine et les villes fut de nouveau troublée en 1414 ; ce prince ayant enfreint la promesse qu'il leur avait faite de leur rendre les sommes qu'elles lui avaient avancées, elles lui refusèrent le payement des subsides accordés par les États [2]. La querelle allait s'envenimant lorsque le duc, informé de la descente des Anglais en Normandie, appela aux armes ses nobles, et demanda des arbalétriers à ses villes, pour marcher au secours du roi de France. Ne voulant pas manquer à la bataille qui allait se livrer, il n'attendit pas la réunion de ses troupes, et, suivi seulement de quelque cavalerie, il partit de Tervueren, le 23 octobre 1415. Deux jours après il arrivait dans les plaines d'Azincourt, et, l'action étant déjà engagée, il se précipita dans les rangs ennemis où sa bouillante valeur lui fit trouver une mort glorieuse. Presque tous les chevaliers brabançons qui l'accompagnaient furent tués ou pris : on cite parmi les premiers Thierry de Heetvelde et Jean de Stalle, et parmi les seconds, Nicolas de Saint-Géry et Jean Cole de Bruxelles. Un seul noble de sa suite, le sire d'Assche, préféra la vie à l'honneur. Le corps d'Antoine, retrouvé sur le champ de

---

[1] A Thymo, l. c., c. 16.
[2] De Dynter.

bataille, fut apporté à Bruxelles et placé à Sainte-Gudule, où les États allèrent le reconnaître. Le 2 novembre, ils lui firent de pompeuses funérailles, et le lendemain il fut transporté à Tervueren et enterré dans le chœur de l'église paroissiale [1].

Antoine n'ayant pris aucune disposition pour la tutelle de ses enfants, les États se trouvèrent investis de l'autorité souveraine. Le pays était dans une situation périlleuse, et une parfaite union, une patriotique énergie pouvaient seules l'en faire sortir. Les États le comprirent et, après avoir fait apposer les scellés sur toutes les chambres du palais et de la maison du chambellan Guillaume Blondel, ils proclamèrent, dans une assemblée tenue à l'hôtel de ville, le 4 novembre 1415, leur intention de rester unis, de s'aider mutuellement à supporter les charges du duché, de maintenir leurs priviléges et de forcer à la soumission quiconque contreviendrait à ce décret. Douze abbés, cent quinze nobles et vingt-huit villes ou franchises du Brabant et du Limbourg scellèrent cette importante déclaration [2].

Une violation du territoire, commise par le comte de Hainaut et de Hollande, donna d'abord lieu à quelques difficultés. Jean, sire d'Arckel, envoyé à Bois-le-Duc au nom du souverain et de la ville de Bruxelles, fut attaqué en route par un parti hollandais et entraîné hors du pays. Les États s'étant plaints de cette arrestation et ayant réclamé la délivrance du prisonnier, le comte leur répondit (29 novembre 1415) : « que le » duc Antoine et lui s'étaient ligués contre le seigneur captif, et qu'il » avait permission de le saisir partout où il le pourrait [3]. » Les États ne voulaient pas pousser les choses plus loin, mais d'Arckel était bourgeois de Bruxelles, et cette ville prit fait et cause pour lui ; toutefois ses efforts en sa faveur n'aboutirent à aucun résultat : il resta en prison pendant dix ans, et quand il en sortit il était complètement oublié [4].

Un des premiers soins des États fut de pourvoir à l'administration du pays ; à cet effet ils instituèrent un conseil composé de deux abbés : Jean d'Afflighem et Jean de Tongerloo ; trois barons : les sires de Diest, de Wesemael et de Melin ; deux chevaliers : Henri de Héverlé et Jean de

[1] DE DYNTER.
[2] Luyster, l. c., bl. 16. — DE DYNTER, l. c., f° 2616. — Brabantsche Yeesten.
[3] 24 décembre 1415. MIERIS, Charterboeck van Holland, t. IV. p. 560. — HARÆUS, etc.
[4] DE DYNTER. — Brabantsche Yeesten.

Huldeberge ; et un député de chacune des villes de Louvain, Bruxelles [1], Anvers et Bois-le-Duc. Jean Bont, licencié en droit et en théologie, fut nommé secrétaire. Les bourgeoisies auraient voulu profiter de la minorité du duc Jean pour ajouter quelques nouvelles dispositions à la Joyeuse Entrée ; mais la noblesse s'y opposa, et il fut convenu qu'on se bornerait à faire sanctionner par le jeune prince la charte jurée par son père, et qu'il prêterait un nouveau serment lorsqu'il aurait atteint sa majorité, qui fut fixée à l'âge de 18 ans. Jean fut inauguré comme duc, à Louvain, le 15 janvier 1416, et à Bruxelles, le 16. Le 24 février suivant, il ratifia tout ce qu'avait fait le conseil dont il nomma les membres ses conseillers perpétuels [2].

Les États étaient ballottés entre deux influences contraires : le parti français ou bourguignon et le parti germanique se disputaient vivement la tutelle du jeune duc. Jean-sans-Peur, qui la réclamait en qualité d'oncle de Jean IV, leur envoya d'abord des ambassadeurs et vint ensuite lui-même sonder leurs dispositions. Les prélats et les nobles lui étaient assez favorables, mais il n'en était pas de même des villes, de Louvain surtout, qui, paraît-il, était fort opposé à ce prince [3]. Après de longs débats, le duc de Bourgogne, par un acte daté de Valenciennes le 15 novembre 1416, renonça à ses prétentions moyennant le payement de 25,000 couronnes de France, et il contracta avec les États une alliance défensive contre l'empereur [4], qui se plaignait de ce que sa parente, Élisabeth de Gorlitz, avait été exclue de la tutelle, et qui voyait avec jalousie l'influence bourguignonne grandir incessamment dans les pays entre la mer et la Meuse.

Élisabeth de Gorlitz s'était retirée d'abord à Turnhout ; mais ensuite elle vint à Bruxelles, à la demande des États, qui lui offrirent un logement dans le palais ou ailleurs, à son choix, et lui accordèrent provisoirement une dotation de 5,000 couronnes de France. Elle avait accepté tacitement ces conditions et fixé sa résidence au palais, quand arrivèrent des ambassadeurs allemands, porteurs de lettres du roi Sigismond, qui exigeait la remise du duché entre ses mains, comme fief dévolu à l'empire faute de mâles, et la constitution d'un douaire convenable en

---

[1] Le député de Bruxelles était Réné Mours.
[2] DE DYNTER, c. 131. — *Brab. Yeesten.*
[3] *Histoire de Bourgogne,* par un religieux bénédictin, t. III, p. 448.
[4] DE DYNTER, l. c, c. 155.

faveur d'Élisabeth. Voulant gagner du temps, les États prièrent les ambassadeurs de leur exposer par écrit ces réclamations ; ils s'excusèrent ensuite sur le petit nombre de députés présents à Bruxelles, et répondirent enfin par un refus formel. Les ambassadeurs virent qu'ils étaient joués, et ils partirent le 19 mars. De son côté, la duchesse s'aliéna bientôt tous les esprits par la légèreté de sa conduite. Elle renvoya de sa maison plusieurs dames brabançonnes qu'elle remplaça par des étrangères de réputation équivoque, et répondit par des plaisanteries à toutes les représentations qui lui furent faites à ce sujet. Peu après, elle quitta le palais, en refusant le chariot qu'on mettait à sa disposition, et se rendit à pied chez sa favorite Claire de Florenville, femme d'Éverard Boete. Enfin, le 16 juillet, elle partit secrètement de Bruxelles et se rendit à Hal, d'où elle écrivit que des affaires pressantes l'appelaient dans son duché de Luxembourg. Elle demanda alors, mais en vain, qu'on réglât son douaire. Pour terminer ces difficultés, une assemblée fut convoquée à Liége dans l'église de Saint-Lambert, mais elle n'amena aucun résultat : l'empereur s'obstina à refuser à Jean IV l'investiture du duché, et l'on rapporte qu'irrité de l'opposition des députés brabançons, il s'écria : « Vous voulez donc être Français ! » Ce fut alors que le traité conclu avec le duc de Bourgogne resserra les liens qui unissaient le Brabant à ses voisins du midi, union que l'empereur avait précipitée lui-même par ses prétentions exagérées [1].

Pendant que la sagesse du conseil de régence triomphait des périls dont le pays avait été menacé, le jeune duc, entouré de dangereux courtisans, cédait à l'entraînement de son âge, et sa cour devint bientôt le théâtre du luxe et de la dissipation. Toujours soucieuses de leurs intérêts, les villes s'indignèrent en apprenant que les dépenses de la cour avaient excédé, en 1416, la somme de 55,000 couronnes ; elles s'en plaignirent vivement et, du consentement des prélats et des barons, elles s'emparèrent, pour cinq années, de l'administration du domaine, sous la condition de payer au duc une rente de 16,000 couronnes (29 janvier 1417). Le sénéchal Henri de Berghes et le trésorier Guillaume d'Assche furent remplacés par le sire de Rotselaer et Guillaume Vandenberghe, et forcés de rendre leurs comptes [2]. Il fut en même temps

---

[1] Voyez la *Chronique* de DE DYNTER, c. 155, et les *Brabantsche Yeesten*, de J. DE KLERCK.

[2] DIVÆUS. — HARÆUS. — *Diplom. Belg.*, mss.

défendu au duc de signer aucune nomination sans le consentement de quatre des conseillers-tuteurs, et ceux-ci ne purent plus s'allouer d'appointements que par mandat spécial.

Jean IV toutefois ne tint guère compte de cette défense, puisqu'en 1417 il nomma Guillaume d'Assche amman de Bruxelles, sans demander l'approbation des régents; les échevins, de leur côté, ne firent aucune observation et admirent cet officier à prêter serment (11 et 12 août) [1]. Peu de temps après, Bruxelles et Anvers resserrèrent leur alliance [2], et, de concert avec les autres villes du Brabant, elles bannirent ensuite pour cinquante années Jean de Groelst, dit de Meyere, condamné par les magistrats de Louvain « à cause des torts qu'il avait causés à leurs conci- » toyens [3]; » elles punirent aussi Jean d'Aa, d'un pèlerinage à Jérusalem et d'un exil de deux années [4]. Ces mesures prouvent que les villes se tenaient sur leurs gardes et prévoyaient les événements du triste règne de Jean IV. Une bulle du pape Martin V autorisa les magistrats de Bruxelles à saisir dans les églises les coupables dont le crime serait constaté, quand l'autorité ecclésiastique se refuserait à les livrer [5].

En décembre 1417, eut lieu le mariage de Jean IV avec Jacqueline de Bavière, héritière des comtés de Hainaut, de Hollande, de Zélande, et de la seigneurie de Frise. Jamais, de l'aveu de tous les historiens, on ne vit d'union plus mal assortie : douée d'un mâle courage, Jacqueline racheta, par de nobles qualités, les fautes que lui fit commettre son esprit aventureux ; Jean IV, au contraire, se montra, par sa faiblesse, indigne de l'illustre souche dont il sortait : sans fermeté pour défendre ses droits, il montra de l'entêtement pour soutenir d'indignes favoris qui flattaient ses goûts et ses penchants afin de le mieux dominer. « Peu, dit le véri- » dique Chastelain, estoit enclin au harnois, et avec ce de féminin gou- » vernement, car en luy avoit peu de fait et peu de malice. Et pour ce, » aucuns estans entour luy, qui le véoient simple, le gouvernèrent à » leur prouffit et peu au sien, ne à ses pays [6]. »

L'oncle de Jacqueline, ce fameux évêque de Liége que l'histoire a si

---

[1] DE DYNTER, c. 142 et 143.

[2] 16 septembre 1417. A THYMO, c. 6.

[3] Ibid., c. 7.

[4] Ibid., c. 13.

[5] Bulle du 5 janvier 1418. Opera Diplom., t. I, p. 181. — A THYMO, c. 9.

[6] CHASTELAIN, Chronique du duc Philippe, ch. 55.

justement flétri du nom de Jean-sans-Pitié, profita de la haine de l'empereur contre la maison de Bourgogne pour obtenir l'investiture des états de cette princesse, dont le mariage avec Jean IV fut cassé, pour cause de parenté, par une bulle arrachée au pape Martin V, qui révoqua la dispense qu'il avait accordée au duc. Le Bavarois s'étant fait inaugurer à Dordrecht, les États de Brabant comprirent qu'il fallait se hâter, par un effort vigoureux, de dompter cet audacieux ennemi. En conséquence ils accordèrent au duc de l'argent et des troupes, en demandant qu'il attaquât immédiatement, par mer et par terre, les villes de Dordrecht et de la Brielle; mais le trésorier Guillaume Vandenberghe, dont l'avarice était extrême quand l'argent du pays devait avoir une autre destination que son propre coffre[1], fit prévaloir un avis contraire, disant que l'acquisition de navires exigerait trop de dépenses. Aussi, lorsque l'armée brabançonne marcha sur Dordrecht (juin 1418), rien n'était préparé pour assurer ses succès, et l'inertie du duc ayant dégoûté les communes d'une guerre qui leur était étrangère, il fallut honteusement négocier avec l'usurpateur.

Jean IV ayant atteint sa majorité avait été inauguré à Louvain (5 mai 1418), à Bruxelles (7 mai), à Anvers (15 mai) et à Bois-le-Duc (18 mai)[2]. Sa coupable insouciance et sa prédilection pour son trésorier lui avaient déjà aliéné tous les cœurs, et la scission qui éclata à sa cour n'était pas de nature à les lui ramener. On prétendit qu'il avait ouvertement manifesté à Jacqueline son antipathie contre le comte de Nassau, les sires de Berghes et de Hesewyck, ses plus fidèles serviteurs, et ce bruit ayant été confirmé par une députation qui avait été envoyée en Hollande par les États, ceux-ci résolurent de ne plus garder de ménagements envers l'homme qu'ils accusaient d'exercer une pernicieuse influence sur l'esprit du souverain. En conséquence, Vandenberghe, à qui l'on reprochait d'avoir tenu de malveillants propos sur les magistrats des villes et d'avoir causé les malheurs de la dernière guerre, fut banni du Brabant, condamné à un pèlerinage à Saint-Jacques en Gallice et déclaré inhabile à tout emploi[3]. Les trois principales villes s'engagèrent

---

[1] Velox in recipiendis, et tardus, imo verius tardissimus, in exponendis. DE DYNTER, c. 161.

[2] Lettre de Henri Magnus à Charles-le-Téméraire, publiée par M. GACHARD dans ses *Analectes Belgiques*, p. 340.

[3] A THYMO, c. 15. — DE DYNTER. — *Brabantsche Yeesten.*

ensuite à rester unies et à n'accorder aucune aide au duc, aussi longtemps qu'il n'aurait pas chassé son favori [1].

L'amman Guillaume d'Assche ayant refusé de publier cette condamnation, les échevins déclarèrent qu'ils ne le reconnaissaient plus en cette
qualité et ils le firent conduire à la Vroente. Ils prirent aussitôt des
mesures pour que son arrestation ne nuisît pas aux intérêts des particuliers [2], et rendirent une ordonnance portant qu'aucun échevin, receveur ou doyen de la *gilde,* ne pourrait dorénavant accepter un emploi
du prince qu'un an après sa sortie de charge, et que nul patricien ne
serait éligible à ces fonctions s'il n'avait résigné, depuis six mois, celles
qu'il pourrait tenir du souverain [3]. Un seul échevin, sir Éverard
T'Serclaes, fils du vainqueur des Flamands, refusa d'approuver la condamnation de Vandenberghe et l'arrestation de l'amman.

Après avoir conclu à Gorcum une paix déshonorante avec Jean de
Bavière, le duc vint à Malines, d'où il envoya à Bruxelles Louis de
Luxembourg, évêque de Térouane et son frère Pierre, comte de Conversan, sire d'Enghien, pour engager les échevins à révoquer les décisions qu'ils avaient prises contre ses favoris, condition à laquelle il
mettait son retour dans leur ville. Sur ces entrefaites, le sire de Berghes,
qui s'était rendu à Malines pour voir sa sœur, la dame de Sint-Martens-
Dyck, et tâcher, par son entremise, de se réconcilier avec le duc, fut arrêté au lieu dit *T'Huysken,* dans les prairies de Vilvorde, par Jean Van-
denvliet, que suivaient un grand nombre d'hommes armés. Toutefois ayant
engagé sa parole qu'il se rendrait le lendemain à Hal et qu'il n'en sortirait qu'avec l'agrément du duc, il fut relâché. Mais la nouvelle de son
arrestation étant parvenue à Bruxelles, le peuple se livra à une violente
colère et les ambassadeurs du duc, qui se trouvaient alors à l'hôtel de
ville, coururent les plus grands dangers. Etant parvenus à convaincre la
multitude de leur non-participation à cet attentat, il leur fut permis de
partir. Les magistrats délibérèrent ensuite sur la conduite à tenir à
l'égard du sire de Berghes : quelques-uns voulaient le conduire à Hal
avec une si puissante escorte que les gardes n'oseraient le laisser
entrer ; d'autres proposèrent de le consigner à la Vroente. Ce der-

---

[1] A THYMO. — DE DYNTER.

[2] Ord. du 11 octobre. — A THYMO, c. 16.

[3] 20 décembre 1418. *Luyster,* bl. 20. — A THYMO, c. 19. — Cette ordonnance
fut révoquée par le magistrat le 12 janvier 1431 (1432).

nier avis prévalut et, quelque temps après, on laissa de Berghes rentrer dans son hôtel ; mais le chagrin que lui causèrent ces événements ne tarda pas à l'enlever, et ses grands biens passèrent à son gendre le sire de Glymes.

Sur le refus du magistrat de séparer sa cause de celle des autres villes, Jean se rendit avec la duchesse dans le Hainaut où Vandenberghe périt assassiné par deux frères naturels de Jacqueline. Le sire de Rotselaer, qui hérita de la charge de trésorier et de la confiance de Jean, parvint à le réconcilier avec quelques-uns des grands du duché, mais une nouvelle crise plus violente se déclara bientôt. Rotselaer fut remplacé, et le duc, qui depuis longtemps vivait en mésintelligence avec Jacqueline, l'invita à congédier ses dames et lui imposa un entourage qui blessait sa dignité de femme et d'épouse. Guillaume d'Assche était toujours en prison et la ville se trouvait encore sans amman, lorsqu'arriva l'époque du renouvellement du magistrat (juin 1419). Le duc refusa de nommer de nouveaux échevins, et, pendant trois semaines, Bruxelles resta sans magistrats légaux. Un tel état de choses était fait pour propager le mécontentement, et déjà les échevins et le conseil avaient puni, le 13 juin, plusieurs bourgeois coupables de malversations ou de connivence avec le duc ; Éverard T'Serclaes, entre autres, fut déclaré déchu des droits de son lignage et inhabile à toute fonction municipale [1]. Quelques conseillers du souverain et les députés de Louvain, d'Anvers et de Bois-le-Duc parvinrent enfin à ménager un accommodement entre la ville et le duc. Par suite d'un traité conclu à Vilvorde, le 16 juillet, Guillaume d'Assche fut remplacé par Jean Taye d'Élewyt, et le prince nomma échevins Jean de Coudenberghe, Guillaume de Mouns, Philippe de Kesterbeke, Réné de Linckenbeke, Simon de Coudenberghe, Henri Vecle et Jean Taye de Gaesbeck. En outre, pour éviter le renouvellement de semblables difficultés, Jean IV accorda à Bruxelles une charte, décrétant qu'à l'avenir lui et ses successeurs nommeraient une *personne notable* pour remplacer l'amman lorsque celui-ci s'absenterait, refuserait de remplir ou remplirait mal ses fonctions ; si ce substitut venait à se trouver dans le même cas, il devait être remplacé à son tour par un valet juré ou sergent de l'ammanie. Ce diplôme porte aussi que dans le cas où, lors du renouvelle-

[1] A Thymo.

ment du magistrat, le duc refusera de nommer de nouveaux échevins, les échevins sortants seront autorisés et même tenus à élire leurs
successeurs [1].

Le duc ne rentra dans Bruxelles que le 17 février 1420; le 18, il
se rendit avec ses nobles à l'hôtel de ville, où, en leur présence, les
échevins condamnèrent Giselbert Pipenpoy et le chevalier Jean de
Hertoghe pour s'être répandus en invectives, lors de la conclusion
du traité de Vilvorde, contre ceux qui avaient négocié cette paix et
contre les nouveaux échevins [2].

Le 1er mai 1420, le duc promit à la ville que, pendant dix années,
il ne placerait pas sa monnaie hors de ses murs et il lui donna l'hôtel
dit d'Ostrevant, situé longue rue des Chevaliers, à condition qu'elle
l'entretiendrait et le remettrait entre ses mains quand il voudrait y faire
battre monnaie [3].

Cependant Jacqueline, qu'un nouveau traité conclu avec Jean de
Bavière avait dépouillée de la Hollande, de la Zélande et de la Frise
(21 avril 1420), continuait à être traitée par son mari avec le plus
grand dédain. Sous un vain prétexte d'économie, Éverard T'Serclaes,
devenu maître d'hôtel de la cour, refusa de servir à sa table plus de
portions qu'il n'en fallait pour elle et les dames brabançonnes de sa
suite. C'était chasser du palais les dames hollandaises qui étaient restées
près de la duchesse, et cette conduite était d'autant plus odieuse que
leur patrie était alors soumise à un prince ennemi de leur maîtresse.
Marguerite de Bourgogne, mère de Jacqueline, accourut à Bruxelles
pour engager le duc à revenir sur une mesure aussi criante; mais Jean
fut inflexible. La princesse indignée monta aussitôt à cheval et se
retira à l'auberge du Miroir, dans la rue de la Montagne; sa fille éplorée
quitta le palais et la suivit à pied, accompagnée d'un seul écuyer,
nommé Jean Razoir. Le lendemain, les deux princesses quittèrent
Bruxelles et se rendirent au Quesnoy. Cette scène causa dans la bourgeoisie une vive sensation et augmenta le mécontentement général qui
ne tarda pas à éclater. On accusait hautement le duc de sacrifier la
princesse à Laurette d'Assche, épouse d'Éverard T'Serclaes, et l'on attri-

---

[1] A Thymo, c. 17. — De Dynter.

[2] De Dynter. — *Brab. Yeesten.*

[3] A Thymo, c. 18.

buait à cette passion criminelle l'influence pernicieuse qu'exerçaient à la cour le père et le mari de cette femme [1].

Le duc ayant convoqué les États à Bruxelles, les Louvanistes engagèrent les nobles et les députés des communes à se réunir dans leur ville, et la plupart répondirent à cet appel. Dès qu'ils y furent assemblés, ils écrivirent à Jean IV pour lui reprocher la dilapidation du domaine et le prévenir qu'ils n'accorderaient plus d'aide. Ils invitèrent ensuite les députés qui s'étaient rendus à Bruxelles, à venir les rejoindre, en vertu des confédérations contractées autrefois entre les habitants du Brabant. Une chose digne d'attention, c'est que parmi les signataires de ces manifestes on voit figurer presque tous les seigneurs du pays.

Pour résister à leurs adversaires, les amis du duc formèrent alors une ligue dans laquelle entrèrent, le 24 mai 1420, Jean sire d'Assche, Jean de Grimberghe sire d'Aa et d'Hoogesteyn, ainsi que son frère Corneille, Jean et Geldolphe de Coudenberghe, le chevalier Éverard T'Serclaes, Réné Mours, Jean et Robert d'Assche, Gaspard et Melchior d'Arquennes, Jean de Weert, Jean Taye d'Élewyt, Jean Taye de Gaesbeck, Walter, Guillaume et Jean Pipenpoy, Guillaume T'Seraerts, Thierry de Loose et Jean D'Yedeghem. Costin d'Aa, fils de Jean, Henri et Guillaume Cluting et Henri de Hertoghe, adhérèrent le 21 juin à cette coalition [2].

Le 20 juin, le duc appela au palais les frères de Heetvelde, dont la querelle avec Jean de Lombeke et les frères Vanderstraeten durait toujours, et il leur annonça qu'il allait prononcer sa sentence comme arbitre reconnu par les deux parties; puis, sans tenir compte de leurs observations, il les condamna à de longs pèlerinages et à un exil momentané. Mais ces puissants patriciens se retirèrent à Louvain où ils s'agrégèrent à la bourgeoisie et où ils devaient trouver protection en qualité d'hommes de Saint-Pierre. Ils attaquèrent ensuite la décision du duc devant les États, qui la cassèrent en effet le 11 octobre 1421 [3].

Cependant les députés de Bruxelles, d'Anvers et de Bois-le-Duc, qui s'étaient assemblés dans la première de ces villes, envoyèrent des commissaires à Cortenberg avec défense de sortir de l'abbaye avant d'avoir conclu la paix. Ces commissaires ayant écrit aux membres des États réu-

---

[1] DE DYNTER, c. 174. — *Brab. Yeesten.* — *Brab. Chronic.*, mss. n° 17031.
[2] DE DYNTER, c. 177. — A. THYMO, c. 20.
[3] DE DYNTER, c. 175. — *Luyster*, l. c., bl. 34.

nis à Louvain pour les engager à la soumission, ceux-ci protestèrent de
leur bonne volonté et les prièrent de venir les rejoindre ; mais ils s'y
refusèrent disant qu'ils n'étaient pas autorisés à faire cette démarche.
Les négociations furent rompues, et les nobles et la ville de Louvain se
décidèrent à prendre un parti énergique. Par un décret du 15 août, ils
condamnèrent à l'exil les mauvais conseillers du duc, pour aussi longtemps que la Hollande, la Zélande et la Frise n'auraient pas été rendues
au souverain légitime. Cet acte fut scellé par tous les barons, par Louvain
et par plusieurs villes de second ordre [1]. Les condamnés étaient Jean de
Grimberghe sire d'Assche, Jean, son fils aîné, Jean Bont, Nicolas
Vandenwerve, Bernard Uyttenengen, Réné Mours, Jean Vanden-
huffel, Nicolas Colenson et le secrétaire Guillaume Bont, tous conseillers nommés le 27 avril 1420, le garde des sceaux Nicolas
Coleuwe, ancien secrétaire de la ville d'Anvers, et le greffier de la cour
féodale, Rutger Tcetfelen, dit Boene, ancien secrétaire de la ville de
Bruxelles [2].

Jean IV se trouvait alors à Bruxelles dont il avait renouvelé le magistrat à l'époque ordinaire ; il avait nommé échevins Jean Metten Schachte,
Jean Mennen, Jean de Froyere, Henri Cluting, Égide de Kegel, Jean de
Leeuw et Barthélemy T'Seraerts, choisis presque tous parmi ses partisans. Le 2 septembre, il conféra l'office d'amman à Jean Cluting, fils
d'Éverard, qui, rangé d'abord dans l'opposition, s'était rallié à la cour.
En entrant en fonctions, le nouvel amman promit, sur son honneur et
sur le salut de son âme, de rester fidèle à la ligue formée pour défendre
les droits du duc au service duquel il consacrerait et ses biens et sa vie ;
il déclara que les ennemis du prince seraient les siens et qu'il les pour-
suivrait à outrance sans leur accorder ni grâce ni merci. De telles
manifestations étaient faites pour exaspérer les mécontents, et,
comme s'il eût voulu combler la mesure du mal, Jean remplaça,
le 11 septembre, ses conseillers proscrits par des hommes qui devaient
les faire regretter ; dans le nouveau conseil figurait entre autres Éverard
T'Serclaes.

Voyant le duc s'obstiner dans cette mauvaise voie, l'assemblée de
Louvain recourut à un moyen extrême. Des députés furent chargés

[1] BRUXELLES, Anvers, Breda, Berg-op-Zoom, Steenberg, Aerschot, Sichem
n'adhérèrent que plus tard à cette condamnation.

[2] DE DYNTER, c. 173 et 178. — A THYMO.

d'aller témoigner à la duchesse Jacqueline la part qu'elle prenait à son infortune, et offrir la régence au frère de Jean IV, Philippe comte de Saint-Pol. Ce jeune prince, qui avait été élevé à la cour du duc de Bourgogne, répondit à cet appel, poussé sans doute par l'ambition de jouer le rôle de médiateur entre son frère et les Brabançons. Il arriva à Bruxelles dans les premiers jours du mois de septembre; mais y trouvant l'influence du duc encore trop puissante, il partit bientôt pour Louvain où Jacqueline et sa mère vinrent le rejoindre. Une réunion des nobles et des villes fut convoquée à Vilvorde, pour le 20 septembre, et le duc fut invité à s'y trouver. Au lieu de se rendre à cette invitation, Jean IV quitta secrètement Bruxelles dans la nuit du 50, accompagné de Jean d'Aa et de Costin son fils, de Gerlac de Gemart, de Robert d'Assche et de Thierry de Loose. Pour cacher sa fuite et pour lui donner le temps de se mettre hors d'atteinte, son maître d'hôtel, Éverard T'Serclaes, fit courir le bruit qu'il était indisposé et qu'il ne pouvait recevoir personne. Quelques-uns des favoris du prince étaient seuls dans la confidence, ainsi que deux ou trois domestiques qui allaient porter des aliments dans son appartement pour faire croire qu'il s'y trouvait réellement. La nuit suivante, les fugitifs passèrent la Dyle à Muysen, et arrivèrent, le 1er octobre, au château de Germel près de Hoogstraten, d'où ils se rendirent à Bois-le-Duc. Ce fut pendant son séjour dans cette ville et dans les châteaux voisins que Jean IV conclut de criminelles alliances avec l'étranger qu'il appela à attaquer son propre pays. Plusieurs projets furent mis en délibération : les uns voulaient réunir les vassaux du duc et les bourgeoisies fidèles de Bois-le-Duc et de Diest, pour marcher sur Bruxelles; les autres proposaient d'occuper la forteresse de Ravenstein d'où ils porteraient la dévastation dans le duché. Sans se prononcer pour aucun de ces partis, le duc s'assura de l'appui d'un grand nombre de seigneurs du pays d'entre Rhin et Meuse, tels que Gérard de Clèves, comte de la Marck, Frédéric, comte de Meurs et de Sarwerden, Jean de Los, sire de Heynsberg et de Leeuwenberg, père de l'évêque de Liége Jean de Heynsberg, et son fils aîné Jean, Jean de Bueren, prévôt d'Aix, Jean d'Appelteren, Scheyfaert de Mérode, sire de Heymersbach, Thierry de Wyckrode, Simon et Baudouin de Birgel, Guillaume Van Brucchuysen, Kerselys Van Palant, Arnt ou Arnoul Van der Merweyden, Werner Van Gronsvelt, Roelman Van Gysbach, Berner de Wevert dit Bulner, Wouter Van Ysendoren, Jean Vanderborch, Jean et Arnt de

Gruytere, Étienne Van Brinen, Jacques Bierwis, et plus de 215 autres nobles [1].

A la nouvelle de la fuite du duc, l'assemblée de Vilvorde vit le pays menacé d'une guerre civile, et, considérant cette fuite comme un abandon du pouvoir, elle le confia à Philippe de Saint-Pol avec le titre de Ruward. Le lendemain, 2 octobre 1420, ce prince fit son entrée à Bruxelles avec la duchesse et les États, et le 5 ils résolurent, de commun accord, d'attaquer Jean de Bavière, pour lui reprendre les possessions que le duc avait abandonnées sans le consentement de sa femme. Cette campagne, à laquelle les Bruxellois prirent part sous le commandement de Guillaume Plaetman [2], entreprise au commencement de l'hiver, fut courte et n'eut d'autre résultat que la prise de Heusden et l'incendie de Gertruidemberg.

Au retour de l'armée, les États s'assemblèrent, et dans deux réunions tenues, l'une, le 25 novembre, à Coudenberg, et l'autre, le 26, à l'hôtel de ville, quinze prélats, cinquante-huit nobles et les députés de vingt-six villes approuvèrent l'élévation du comte de Saint-Pol à la dignité de Ruward. L'acte qui contient leur résolution est remarquable en ce qu'on y voit figurer les trois ordres (*de Drye Staten*) de Brabant. Le 26, l'amman Cluting fut remplacé par Jean de Diedeghem ou Dieghem. Philippe, qui avait envoyé des députés à Jean IV pour l'engager à renoncer à ses imprudents desseins, ayant vu échouer ses instances, déclara, le 29, qu'il avait pris et prenait le gouvernement du duché à la réquisition des États et pendant l'absence de son frère. De leur côté, les États adressèrent aux nobles et aux villes un manifeste indiquant les motifs qui avaient dirigé leur conduite [3].

Jean IV, qui n'avait cessé d'entretenir des intelligences à Bruxelles où il comptait de nombreux partisans dans les lignages, écrivit à quatre échevins de cette ville qu'il savait dévoués à sa cause : Jean Metten Schachte, Henri Cluting, Gilles de Kegel et Jean de Leeuw, pour leur demander s'il n'y avait pour lui aucun risque à revenir à Bruxelles et s'ils pouvaient lui en faciliter l'entrée. Sans communiquer cette lettre à leurs collègues, ces magistrats convoquèrent à la Vroente leurs parents et leurs amis, entre autres Jean de Coudenberghe, Guillaume et Jean

---

[1] Voyez A Thymo, c. 56 et De Dynter, c. 198 et 201.

[2] Résolution du 20 juin 1422. *Boeck metten Haire.*

[3] *Registres des Chartres de la Chambre des Comptes de Brabant,* n° 1.

Cluting, Jean T'Seraerts et Walter Pipenpoy. Dans ce conciliabule, il fut résolu de répondre affirmativement au prince, et toutes les mesures furent arrêtées pour assurer le succès de sa tentative.

Informé de ces préparatifs par Walter Pipenpoy et Édouard de Hertoghe, Jean IV convoqua aussitôt ses amis et ses alliés, et, le 20 janvier 1421, il sortit de Bois-le-Duc, accompagné d'une forte troupe de cavalerie, dans laquelle on remarquait le sire et le damoisel de Heynsberg, Jean de Bueren, prévôt d'Aix-la-Chapelle, ainsi qu'un grand nombre d'autres seigneurs du pays et de l'étranger. Avançant à marches forcées, il arriva, le même jour, à Diest où il devait être joint par le comte de Meurs; mais ce seigneur ayant trouvé les portes de Maestricht fermées, n'avait pu passer la Meuse à temps pour arriver au lieu du rendez-vous. Le duc quitta Diest, le 21, à deux heures du matin, et évitant, autant que possible, les grands chemins [1], il arriva bientôt en vue de Bruxelles. Ayant passé Tervueren, il rencontra les échevins Metten Schachte, Cluting et de Leeuw, ainsi que Jean Cluting, alors gardien de la Vroente, qui venaient au-devant de lui avec plusieurs bourgeois, pendant que Gilles de Kegel prenait le commandement du poste de la porte de Louvain. Arrivé en présence du duc, Jean Cluting en reçut, ainsi qu'il avait été convenu, la verge, insigne de la dignité d'amman, et les magistrats retournèrent ensuite en ville pour y préparer la réception de Jean IV.

Ne doutant pas du succès de l'entreprise, le prince et sa suite montèrent bientôt à cheval, et ils arrivèrent devant la porte de Louvain qu'à leur grand étonnement ils trouvèrent fermée. En considérant la force des tours et des murailles qui défendaient la ville, les plus braves ne se dissimulaient pas le danger de leur position et plusieurs opinaient pour une prompte retraite; d'autres exhalaient leur colère en imprécations et accusaient déjà de trahison les patriciens venus à leur rencontre. Le sire de Heynsberg surtout témoignait une vive impatience de ce retard; on rapporte qu'une pauvre femme lui dit : « Seigneur, ne vous inquiétez » pas tant de la manière d'entrer en ville, mais lorsque vous y serez entré, » songez plutôt au moyen d'en sortir [2]. »

[1] Lettre de Philippe de Saint Pol à l'empereur Sigismond. A Thymo, l. c., c. 25.

[2]   En soeght niet sere
       Hoe ghy daer inne moegt comen. here,
       Maer sorght hoe ghi van daer moeght raken.

                                              Brab. Yeesten.

DE DYNTER. — *Chron. anonymi.*

La nouvelle de l'approche du duc à la tête d'un corps considérable de chevalerie avait produit dans Bruxelles une profonde sensation. Les trois échevins restés fidèles à la commune avaient assemblé à l'hôtel de ville le grand conseil pour délibérer sur la conduite à tenir en cette circonstance. Après une discussion des plus orageuses et qui dura une grande partie de la journée, les partisans du prince l'emportèrent, et il fut décidé qu'on lui permettrait d'entrer en ville avec ses parents et ses domestiques, et une escorte de cent vingt cavaliers, parmi lesquels ne pourraient se trouver des bannis, des contumax, des étrangers, ni des ennemis publics du pays et de la ville [1]. Les sept échevins allèrent en corps ouvrir la porte de Louvain au duc qui y attendait depuis deux heures. Jean fit entrer d'abord cent vingt cavaliers de son escorte, et donna ensuite l'ordre au restant de sa troupe d'avancer. Quelques bourgeois voulurent s'opposer à cette violation de la décision du conseil, mais l'échevin Henri Cluting s'écria : « Laissez-les entrer, laissez-les aussi entrer ! » Se voyant trahis, les bourgeois se retirèrent, et toute la cavalerie, que le duc fit passer avant lui, prit au galop le chemin du palais. Le duc y fut reçu par le comte de Saint-Pol et, après une courte conférence dans laquelle les deux frères se témoignèrent beaucoup de froideur, Philippe se retira dans son hôtel [2].

Le lendemain Jean IV se rendit à la maison communale, où étaient réunis les magistrats, leur conseil et les jurés des métiers. Par l'organe de maître Henri Schatter, il leur déclara qu'il n'était venu que pour rétablir la concorde, et il les engagea à joindre leurs efforts aux siens pour la ramener dans le pays. Le même jour, Heynsberg écrivit aux sires de Montjoie et de Wesemael, les priant de venir à Bruxelles opérer une réconciliation complète ; son messager ne trouva pas ces barons à Louvain, et les affaires ne tardèrent pas à se compliquer.

Le 23, le comte de Saint-Pol partit pour Louvain afin de rallier son parti, déconcerté par la brusque apparition du duc, à la tête de forces aussi nombreuses. Celui-ci ne se trompa pas sur le but de ce départ ; il appela au palais les échevins et leur demanda quelle conduite ils tiendraient, si son frère se présentait devant Bruxelles avec une puissante armée. Ils répondirent que leur décision dépendait de la sienne, et offrirent de lui remettre les clefs des portes ; mais il les refusa, disant qu'il se confiait en leur loyauté.

[1] Lettre citée.
[2] DE DYNTER. — G. CHASTELAIN.

Le plus grand danger n'était pas dans une attaque extérieure, mais dans le mécontentement toujours croissant de la population, qui supportait avec impatience la lourde charge du logement de tous ces gens de guerre, et s'indignait de leur arrogance et de leur avidité. Se considérant comme dans une ville conquise, ces étrangers parcouraient les rues à cheval, l'épée à la main ; dans les tavernes ils disaient hautement « qu'ils s'enrichiraient tous avant de sortir du Brabant, et qu'ils espé- » raient posséder les femmes, les filles, les biens et les maisons des » nombreux coupables que le duc allait faire exécuter. » Informé de l'impression produite par ces propos insultants, Jean IV appela près de lui ses principaux adhérents : Heynsberg, Bueren, René de Berghes, Henri le trésorier, Éverard T'Serclaes, Jean de Coudenberghe, Jean d'Yedeghem, qui venait d'être créé drossard, Jean Taye de Gaesbeek et un grand nombre d'autres [1]. Leur ayant demandé s'il pouvait compter sur eux pour résister à son frère, ils lui promirent tous de soutenir sa cause avec ardeur ; quelques-uns lui conseillèrent de s'appuyer sur les métiers, l'assurant de leur attachement à sa personne ; mais il repoussa bien loin une telle suggestion.

Dans la nuit du 27, plusieurs notables furent prévenus qu'on méditait quelque sinistre projet contre les partisans des États, dont on voulait se défaire, avant le retour du Ruward. Heynsberg et les autres barons étrangers, prétendait-on, devaient se réunir au son de la cloche de Saint-Jacques sur Coudenberg, marcher vers le *Spiegelbeek* (Marché-aux-Herbes), y planter l'étendard ducal, et s'emparer de la maison de ville et des principaux hôtels avoisinants. Si les aveux de quelques patriciens ne leur ont pas été arrachés par la torture, les partisans du duc, au nombre de 14 à 1500 cavaliers, avaient l'intention d'arrêter les chefs du parti contraire, pendant que l'amman Cluting aurait assailli le beffroi de Saint-Nicolas, fait sonner le tocsin et ameuté la populace au cri de : « A bas les péages et les accises [2] ! » Ils avaient voué à la mort les personnes les plus sages, les plus riches et les plus influentes de Bruxelles ; entre autres Jean et Walter de Heetvelde, Walter Vandernoot, Jean de Froyere, Gérard Pipenpoy, Jean de Diedeghem, Jean de Coudenberghe surnommé *Derrière la Halle*, Jean Rolibuc, Jean Mennen,

---

[1] Aveux de Coudenberghe, Hertoghe et Schokaert, dans A Thymo, l. c , c. 25.
[2] Alle tol ende accysen af. Lettre citée de Saint-Pol à l'empereur.

Barthélemi T'Seraerts, Ivain de Mol, Guillaume d'Ophem [1]. On rapporte
que l'alarme fut donnée par une servante qui, apercevant de la lumière
dans la chambre d'un homme d'armes, en avertit son maître; celui-ci
ayant vu l'étranger s'armer, courut en informer les échevins qui, après
s'être assurés de la réalité du fait, convoquèrent les bourgeois et firent
garder les portes de la ville [2]. Jusqu'à quel point ces assertions sont-elles
fondées? Il serait difficile de le dire, car les soldats prétendaient au contraire ne s'être armés qu'à la nouvelle du tumulte causé par les bourgeois [3].

Voulant prévenir une insurrection générale, Jean IV se rendit, avec
une faible escorte, au marché, où tous les habitants étaient rangés en
armes. Il alla de métier en métier, en les exhortant à se tranquilliser et
à retourner chez eux; mais ils lui répondirent qu'il devait rentrer dans
son palais, et s'y tenir en paix et en repos attendu que le peuple ne lui
voulait aucun mal. Peu satisfait de cette réponse, le prince tourna bride;
mais à mi-chemin, ayant entendu répéter que la foule s'était séparée, il
revint sur la Grand'Place. Détrompé bientôt, il voulut haranguer la multitude, qui refusa de l'entendre, et il revint à Coudenberg confus de
l'inutilité de ses démarches et prévoyant une catastrophe. La journée
du 28 se passa cependant tranquillement; mais, le 29 au matin, les
métiers se portèrent vers le palais, sans dépasser toutefois les lices
(*licias seu barrieras*), c'est-à-dire l'espace compris entre les bailles.
Arrivés là ils exigèrent qu'on leur remît le sire de Heynsberg, qui était
fort haï parce qu'il avait promis de guerroyer contre le duché, et qu'il
avait rançonné des marchands. Refuser n'était plus possible : le peuple
avait compris sa force et il voulait en user. Heynsberg se livra à l'amman
Cluting et aux échevins, qui le firent charger de chaînes et emprisonner.
Tous les étrangers, à l'exception de quelques-uns qui parvinrent à s'échapper, furent également arrêtés; le comte de Meurs, qui n'était pas entré en
ville en même temps que le duc, fut consigné dans son logement après
qu'il eut donné sa parole de n'en pas sortir; tous les autres furent
emprisonnés [4].

Dans l'après-midi arriva le comte de Saint-Pol, suivi des barons du

---

[1] Voyez les aveux d'Édouard de Hertoghe, Schokaert, T'Seraerts, etc.

[2] *Chron.* ZANTFLIET, l. c., p. 416.

[3] DE DYNTER, c. 188.

[4] *Brab. Yeesten.* — DE DYNTER, l. c., c. 189. — CHASTELAIN. — *Chron. ano-*
nymi, etc.

pays et des députés de Louvain et d'Anvers. Reçu avec pompe et avec de grandes démonstrations de joie, il approuva, en lui donnant beaucoup d'éloges, la conduite de la commune qui, par son courage et son énergie, avait, dit-il, sauvé la patrie entière [1]. Le lendemain, il se rendit au palais et y arrêta la plupart des conseillers et des serviteurs de son frère ; l'amman Cluting fut destitué une seconde fois et remplacé par Jean de Diedeghem. Une dispute s'étant élevée entre le damoisel de Montjoie et Rase de Lintre, et le bruit s'étant répandu que le premier avait été tué, ainsi que le sire de Nassau, il y eut une grande rumeur dans le peuple, qui portait un vif attachement à ces deux seigneurs. Il fallut pour le détromper et le calmer que Saint-Pol vint avec eux sur la Grand'Place, et Rase de Lintre, bien qu'il eût été lui-même blessé au bras par son adversaire, fut enfermé à la Steenporte, dans la chambre dite *de Schimmelpenninck*.

Le parti vainqueur commença bientôt le cours de ses vengeances. Le 31, les échevins Cluting et de Leeuw furent incarcérés, et leurs collègues Kegel et Metten Schachte n'échappèrent au même sort que par une prompte fuite. Les gens des métiers parcouraient les rues, fouillaient les maisons, cherchant le sire d'Assche et les autres nobles condamnés par les États. Le samedi, 1er février, la commune en armes occupait le marché, quand arriva Gérard Vandenzype, seigneur de Denterghem, l'homme de confiance et le principal agent du comte de Saint-Pol : « On va commencer, dit-il [2], » et ces mots furent le signal des supplices. Les sergents de l'amman amenèrent aussitôt Jean Cluting, leur ancien chef, et le geôlier Arnoul Vanderhoeven, qui payèrent de leur tête leur dévouement à Jean IV. Le restant de la journée et le jour suivant furent employés à de nouvelles perquisitions, et vingt-et-un patriciens furent cités à comparaître devant les États, interrogés et mis à la torture.

Le 6, les valets et les autres serviteurs des chevaliers étrangers, au nombre d'environ deux cent cinquante, furent renvoyés désarmés et presque nus. Le même jour, on fit le procès aux patriciens détenus à la Steenporte ; quatorze d'entre eux, reconnus coupables, furent condamnés, par sentence du Ruward, des barons et des représentants des trois chefs-villes, à être conduits dans différentes prisons hors de Bruxelles, sans préjudice de tout privilége contraire, pour y rester à perpétuité chargés

---

[1] De Dynter.
[2] Aldus sal men beghinnen. *Brab. Yeesten.*

de chaînes. Une récompense de cinq cents couronnes fut décrétée en faveur de tous ceux qui les arrêteraient ou les tueraient dans le cas où ils viendraient à s'échapper. Ensuite on s'occupa des contumax, et les États bannirent du Brabant les échevins fugitifs, pour cinquante années; Corneille et Costin d'Aa, Jean Pipenpoy, Gaspard et Melchior d'Arquennes, Walter Caps et Heyne de Pleckere, pour quarante ans; Jean Tayc de Gaesbeek, Robert d'Assche et Jean d'Ydeghem, également fugitifs, à perpétuité et sans espoir de grâce. Cinq cents couronnes furent promises à quiconque arrêterait ou tuerait le sire d'Assche, son fils Jean, Bernard Uyttenenge, Jean d'Aa, René Mours, et Rutger Boene. Les biens de tous les condamnés furent confisqués au profit des villes, en exceptant la partie qui revenait de droit à leurs enfants [1].

Ce jugement fut solennellement publié le 9, et, dans la nuit suivante, les quatorze patriciens condamnés le 6 furent dirigés sur les diverses prisons qui leur étaient destinées. Le chevalier Jean de Coudenberghe, Henri Cluting, Édouard de Hertoghe et Schokaert furent conduits à Louvain; les frères Jean et Guillaume Cluting à Anvers; Thierry de Loose et Jean de Weert à Vilvorde; Jean de Leeuw à Breda, dans le château du damoisel de Nassau; Guillaume d'Assche à Sichem, dans le château du sire de Diest; Guillaume de Mons à Westerloo, manoir du damoisel de Wesemael; Henri de Hertoghe à Rotselaer, chez le damoisel de ce nom; Walter Pipenpoy à Craenendonck, propriété du damoisel de Montjoie et Jean T'Scraerts à Berg-op-Zoom, dont le sire de Glymes était seigneur [2].

Cette révolution avait porté un coup mortel aux patriciens qu'elle avait entièrement désunis. Les lignages, qui avait embrassé la cause de Jean IV, voyaient leurs principaux membres fugitifs, bannis ou tués; les autres, pour triompher de leurs antagonistes, avaient dû s'appuyer sur leurs anciens ennemis, et ceux-ci, trouvant l'occasion favorable pour conquérir les droits politiques qu'ils avaient si longtemps et si vainement réclamés, exigeaient hautement de nouveaux priviléges. Cette concession ne pouvait être faite qu'au détriment de la puissante oligarchie, qui, depuis des siècles, régissait la commune; mais il était impossible de rejeter une demande faite par une population exaltée par sa victoire, et une ordonnance émanée du comte de Saint-Pol et approuvée par les échevins, les receveurs, les doyens de la gilde et le conseil, ainsi que par

---

[1] A Thymo, c. 30. — De Dynter — *Brab. Yeesten.*
[2] De Dynter, l. c, c. 191. — A Thymo, c. 24.

tous les membres des lignages, admit sans retour les métiers au partage de l'autorité communale.

Les métiers avaient immédiatement cherché à se constituer de manière à pouvoir résister à toute tentative de réaction, et, comme le nombre des corporations était trop considérable pour donner de l'unité à leurs délibérations, ils se formèrent en neuf corps, appelés *les neuf nations, de negen natien*, et placés sous l'invocation des saints les plus vénérés à Bruxelles [1]. Ainsi ils comprirent dans la *nation de Notre-Dame*, les bouchers, les marchands de poisson salé, les marchands de légumes, et les orfévres qui, d'abord fraction des forgerons, en furent séparés en 1422 [2] ; dans la *nation de Saint-Gilles* : les marchands de poisson de rivière, les merciers, les graissiers, les fruitiers, les bateliers, les plombiers ; dans la *nation de Saint-Géry* : les tailleurs, les marchands de drap ou chaussetiers, les pelletiers, les fripiers, les barbiers, les brodeurs ; dans la *nation de Saint-Jean* : les forgerons, les serruriers, les chaudronniers, les couteliers, les peintres, batteurs d'or et vitriers, les selliers, les tourneurs, les couvreurs en chaume et les plafonneurs ; dans la *nation de Saint-Jacques* : les boulangers, les meuniers, les brasseurs, les tonneliers, les ébénistes, les couvreurs en tuiles, les détaillants de vin ; dans la *nation de Saint-Pierre* : les gantiers, les tanneurs, les ceinturonniers, les cordonniers, les savetiers ; dans la *nation de Saint-Nicolas* : les armuriers, les regrattiers, le métier dit des quatre-couronnés, comprenant les tailleurs de pierre, les maçons, les sculpteurs et les ardoisiers, les charpentiers, les charrons ; dans la *nation de Saint-Laurent* : les tisserands, les foulons et les blanchisseurs ; dans la *nation de Saint-Christophe* : les tondeurs de draps, les teinturiers. Bien qu'il y ait quelque anomalie dans cet ordre, on peut toutefois remarquer que les différentes branches d'industrie y sont autant que possible réunies. Il serait fort difficile de déterminer le nombre de jurés qu'il y avait alors dans chaque métier, car on ne trouve des renseignements positifs à cet égard que pour les temps postérieurs ; mais on peut porter à une quarantaine le nombre des métiers existants en 1421, et à quatre le nombre ordinaire des jurés de chaque métier. Outre ces jurés, qui composèrent le

[1] Dans tous les ouvrages, on lit que les nations furent constituées en 1521 ; c'est une erreur résultant de l'inattention de Gramaye ou de son éditeur. Il faut lire 1421.

[2] Ord. du mois de novembre 1422. *Zwertboeck*, f° 19 v.

corps des nations, les métiers avaient encore un conseil composé des anciens jurés. Cette organisation eut, en outre, pour les métiers, l'immense avantage de rendre impossible, à l'avenir, la prépondérance de quelques corporations.

Maîtres de la ville et secondés même par un grand nombre de patriciens, les métiers pouvaient élever haut leurs prétentions; il n'en fut pourtant pas ainsi : ils voulaient partager et non accaparer l'administration de la commune. La charte qu'ils se firent délivrer créa deux chefs suprêmes de la bourgeoisie (bourgmestres, commune-maîtres, ou chefs des citoyens), tirés, l'un des lignages, l'autre des nations. Elle leur accorda encore huit représentants dans la magistrature locale : deux receveurs pour gérer les revenus de la commune de concert avec les deux receveurs patriciens, et six conseillers, *Raedtsmannen*. De cette manière, dix patriciens et neuf plébéiens formaient le conseil dirigeant de la cité; c'est ce qu'on appela depuis le premier membre, *le magistrat, les seigneurs, la loi*. L'ancien conseil qui se composait des échevins, des receveurs et des doyens de la gilde, sortis de charge, s'accrut des mêmes éléments, et prit le nom de second membre ou large-conseil, *Wyden Raedt*. Le troisième membre était formé par les jurés des nations et les *centeniers*.

Les bourgmestres, qui avaient déjà été institués et abolis à plusieurs reprises, devaient être les tuteurs, les chefs, les représentants de la ville. Ils étaient chargés de juger toutes les petites contestations pour objets d'une valeur d'une demi-livre vieux gros et moins. Il n'y eut aucune innovation apportée dans le mode de nomination des échevins et des receveurs patriciens; les premiers conservèrent l'administration de la justice civile. Il fut seulement stipulé que dorénavant ces fonctions ne seraient plus conférées qu'à des personnes habitant Bruxelles ou l'ammanie, et n'occupant aucun emploi du duc ou de quelque seigneur haut-justicier, « parce que, dit la charte, les échevins qui étaient dans ce cas, » avaient été trouvés peu profitables. » Tous les ans, les nouveaux échevins devaient présenter aux nations trois membres des lignages, parmi lesquels elles choisiraient un premier bourgmestre, et nommer ensuite les nouveaux jurés sur une liste de candidats qu'elles leur présenteraient. Le bourgmestre, les deux receveurs et les six conseillers des nations étaient élus par les échevins, le second jour après la Saint-Jean-Baptiste, sur une liste de vingt-sept plébéiens dressée par elles. Deux candidats présentés par la même nation ne pouvaient être investis d'une charge municipale, chacune d'elles devant être représentée dans le conseil de la commune. Pour toutes les affaires graves exigeant une manifestation de la volonté populaire, les bourgmestres et les conseillers convoquaient les jurés des métiers, et, après leur avoir communiqué l'opinion du magistrat, ils demandaient leurs décisions. Il leur était facultatif de convoquer les métiers quand ils le jugeaient convenable, sauf à en donner avis aux échevins.

Un autre avantage qu'obtint le parti démocratique, ce fut l'institution des centeniers, *Honderste-mannen*, et des dizeniers, *Thiende-mannen*, officiers choisis par centaines et dizaines d'habitants, pour les commander en cas d'alarme ou d'incendie. Les *voisinages* ou petits quartiers formés alors se perpétuèrent jusqu'à la réunion de la Belgique à la France, en conservant leurs limites primitives. Ces *voisinages* qui indiquent la répartition de la population étaient : les sections de la Cour, *Hoff-Wyck;* de la rue de la Madelaine, *Magdeleene-Steenwegh—w.;* de la rue d'Or, *Gulde-Straet—w.;* du Ruysbroeck, *Ruysbroeck—w.;* du Sablon, *Savel—w.;* de la Chapelle, *Capelle—w.;* de Saint-Julien, *Sint-Julianus—w.;* de Saint-Pierre, *Sint-Peeters—w.;* de la Blanchisserie, *Blyckerye—w.;* de la place des Wallons, *Walsche-Plaetse—w.;* du Puits-au-Verre, *Gelasen-Borre—w.;* du Marché-aux-Charbons, *Kolenmerckt — w.;* de Saint-Jacques, *Sint-Jacobs — w.;* d'Overmolen, *Overmolen — w.;* de Cruyskene, *Cruyskene — w.;* des Teinturiers, *Verwers—w.;* de la rue des Pierres, *Steen-Straet—w.;* du Marché-au-Lait, *Melck-Merckt—w.;* du Ruisseau-aux-Souliers, *Schoenbeek — w.;* du Puits, *Borreput — w.;* de Sainte-Catherine, *Sinte-Katelyne—w.;* de Jéricho, *Jerico—w.;* de la Chaussée de Flandre, *Vlaemsche-Steenwegh—w.;* du Béguinage, *Beggyne—w.;* de la Longue rue des Chevaliers, *Lange Ridder-Straet—w.;* du Quai, *Werff—w.;* de la rue des Bouchers, *Beenhouwers-Straete — w.;* du Fossé-de-Loup, *Wolffsgrecht—w.;* de Saint-Antoine, *Sint-Thons—w.;* du Marché-au-Bois, *Houtmerckt—w.;* de la Putterie, *Putterye—w.;* de la rue de la Montagne, *Berch-Straet—w.;* du Marché-aux-Herbes, *Gersemerckt—w.;* du Ruisseau-Étroit, *Smaelbeke—w.;* de la rue de l'Étuve, *Stoefstraet—w.;* de la Halle-au-Blé, *Corenhuys—w.;* de Saint-Laurent, *Sint-Laureys—w.;* de l'Orsendael, *Orsendael—w.;* du Marché-aux-Bêtes, *Veemerckt—w.;* de la Chaussée de Louvain, *Lovensche-Steenwegh—w.*

Afin de contrebalancer l'ancienne puissance des patriciens, tous les emplois furent, autant que possible, partagés entre les deux classes de la bourgeoisie. Il fut statué que dorénavant un des maîtres des chaussées, un des peseurs du pain, un des gardiens de l'artillerie, un des vérificateurs de la draperie, etc., seraient nommés par les métiers; ils obtinrent aussi le droit de mettre un gardien à chacune des portes de la ville, et d'y placer, en cas d'attaque, autant de capitaines que les lignages.

La grande charte de 1421 contient encore quelques dispositions générales : ainsi elle défend l'arrestation d'un bourgeois hors d'une ville franche; elle ordonne la mise en jugement ou la relaxation immédiate de l'étranger arrêté à Bruxelles; elle statue que personne ne sera banni ou puni corporellement, sans décision publique et unanime des bourgmestres, des échevins, des receveurs et des conseillers; que les bourgmestres et les échevins visiteront les prisons tous les quinze jours; qu'aucun emploi ne sera donné à des personnes se trouvant en contravention avec les lois ou avec les commandements de la religion, ou à des enfants naturels; que la nouvelle maçonnerie des portes intérieures sera enlevée, ainsi que les chaînes qui en défendaient l'accès, et qu'on ne pourra plus jamais y entraver la circulation [1].

Cette charte, un des plus remarquables monuments de notre histoire, cette charte qui fut le fondement des immunités des métiers, comme la ceure de 1229 avait été la base de la jurisprudence locale, fut immédiatement mise à exécution. Les premiers bourgmestres furent Gérard Pipenpoy et Jacques Stovaert; aux trois échevins, Jean Mennen, Jean de Froyere, Barthélemi T'Seraerts, qui n'avaient pas trahi la cause publique, avaient été adjoints le 3 février, Ivain de Mol, Walter Vandernoot, tous deux ardents antagonistes de Jean IV, Guillaume de Kesterbeke, et Jean Taye d'Élewyt; les receveurs Franc de Pape et Guillaume d'Ophem restèrent en fonctions; enfin, les premiers receveurs et conseillers plébéiens furent : Henri Daneels, dit de Watermale, Égide Daneels, teinturier, Jean de Muysen, Michel de Mabeert, Pierre Beynoot, dit de Pannemacker, Lambert de Coster, dit de Molenslager, Jean Van Ruysbroeck, dit Vandenberghe, et Pierre de Boelenbeeke.

Cette large concession avait ramené le calme dans la ville, lorsque, à la fin du mois de février, Gérard Vanderstraeten, prévôt de Coudenberg, ayant été arrêté, on trouva dans ses papiers l'acte d'union des patri-

---

[1] Privilége daté du 11 *sprokille* ou février 1420 (1421 N.-S.). *Luyster*, bl. 21. — De Dynter. — A Thymo.

ciens partisans du duc. Cette pièce, dont l'existence était inconnue au
peuple, réveilla sa colère. Les patriciens détenus dans les prisons furent
mis à la torture, pendant la semaine sainte, et une commission spéciale
fut chargée de recueillir leurs aveux et d'en faire rapport aux magistrats.
Les aveux arrachés aux prisonniers firent insurger de nouveau la commune, le 30 mars; elle resta en permanence, sur le marché, jusqu'au
5 avril, et il fallut lui jeter de nouvelles victimes : Gérard Vandenzype,
en lui recommandant la modération, lui promit que justice allait être faite.
Éverard T'Serclaes, Geldolphe de Coudenberg et Guillaume Pipenpoy,
tirés aussitôt de leurs cachots, furent décapités devant l'hôtel de ville.
Indigne rejeton d'un noble citoyen, T'Serclaes avait attiré sur sa tête la
haine du pays entier et entraîné son prince dans un abîme de malheurs.
Toutefois la mémoire de son père aurait mieux dû le défendre et, malgré
ses fautes, la clémence à son égard aurait été un devoir. Son frère Wenceslas, ainsi que beaucoup d'autres nobles, profita de la première occasion qu'il trouva pour quitter momentanément une patrie qui lui était
devenue odieuse. Le cardinal Brandon de Castillon, évêque de Plaisance
et légat apostolique, étant venu prêcher la croisade contre les Hussites,
Wenceslas conduisit une troupe nombreuse de Brabançons à l'empereur
Sigismond qui assiégeait Prague [1].

Ces événements avaient jeté une profonde défiance dans le peuple et
ses chefs même ne furent pas à l'abri des soupçons. Les échevins Jean
Mennen et Jean Taye d'Élewyt se virent compromis par quelques propos
échappés aux patriciens détenus à Louvain; le premier prouva son in-
nocence [2], mais son collègue fut destitué, le 2 avril, et remplacé par le
chevalier Jean Swaeff.

Pendant ces jours d'agitation, Jean IV, qui était parti de Bruxelles
le 6 février, y revint plusieurs fois et y fit quelques séjours de courte
durée. Le 9 mars, il y reçut son cousin le duc de Bourgogne et lui donna
le divertissement d'un tournoi [3]. Pour maintenir le calme qui avait
suivi les exécutions du 5 avril, le duc approuva la nomination de son
frère au poste de Ruward, ainsi que tous les actes qui avaient précédé
et suivi cet événement. Il promit de n'inquiéter personne du fait de ce
qui s'était passé, et consacra le droit que s'étaient arrogé ses sujets, de

[1] Mss. de la Bibl. de Bourgogne, n⁰ˢ 10281, 17125, 7045.
[2] Déclaration du 13 mai 1421. *Boeck metten Haire.*
[3] M. DE BARANTE, *Histoire des Ducs de Bourgogne.*

nommer un Ruward, si lui ou un de ses successeurs tentaient de leur
enlever leurs priviléges [1]. Le régent, de son côté, confirma le privilége
par lequel son frère avait créé la charge de lieutenant-amman [2].

Cependant la nouvelle de l'emprisonnement des chevaliers allemands
avait ému tout le pays entre la Meuse et le Rhin. Leurs parents et leurs
alliés réclamaient avec force leur mise en liberté, et l'empereur Sigismond
somma les États de Brabant de délivrer les prisonniers endéans les six mois,
menaçant, en cas de refus, de les mettre au ban de l'empire ; les électeurs, de
leur côté, firent d'actives démarches, et plusieurs ambassades vinrent successivement à Bruxelles dans le même but. Le comte de Saint-Pol répondit
aux menaces de l'empereur par une longue lettre dans laquelle il racon-
tait son avénement au pouvoir, l'arrivée à Bruxelles du duc et de ses
partisans, et le complot formé par eux pour s'emparer de la ville ; il ter-
minait en disant qu'il avait offert et qu'il offrait encore aux captifs le
recours en justice contre les auteurs de leur emprisonnement [3]. Quelque temps après, le duc de Bourgogne, l'évêque de Liége, Jean IV et
son frère, tinrent une assemblée à Malines pour délibérer sur le sort de
ces chevaliers étrangers ; mais ils se séparèrent bientôt sans avoir rien
pu conclure.

Le calme qui régnait alors à Bruxelles n'était que ce calme trompeur,
précurseur des tempétes. L'irritation des esprits était toujours extrême
et les moindres soupçons entraînaient le débordement des plus fou-
gueuses passions. Depuis quelque temps on s'était relâché de la sévérité
exercée à l'égard des patriciens retenus dans les fers, et on leur avait
même permis de recevoir et de traiter leurs amis. Cette condescendance, que
l'humanité dictait envers des ennemis politiques, fut considérée comme un
crime par ceux dont la vengeance n'était pas encore assouvie. Le bruit
se répandit à Bruxelles que les prisonniers ne cachaient pas leur espoir
d'être promptement remis en liberté ; quelques-uns d'entre eux (Hertoghe
et Schokaert) furent même accusés d'avoir dit que non-seulement ils
verraient bientôt s'ouvrir leurs cachots, mais qu'il leur serait tenu compte
de leurs souffrances. Il n'en fallait pas davantage pour faire renaître des
haines mal éteintes. La commune s'insurge une troisième fois ; les métiers

---

[1] 4 mai 1421. *Luyster,* bl. 32. — A Thymo, c. 26. — De Dynter, c. 195, etc.

[2] 30 mai 1421. A Thymo. — De Dynter.

[3] De Dynter, c. 198. — A Thymo, c. 25. — La lettre du comte est datée du
21 avril 1421.

se réunissent et exigent que les prisonniers soient ramenés à Bruxelles
et punis de mort. Vainement on leur objecte qu'ils sont condamnés à
une prison perpétuelle et qu'on ne peut aggraver leur sort; ils répon-
dent que lors du jugement de ces traîtres, on ne connaissait pas tous
leurs crimes. « On sait aujourd'hui leur complot abominable, s'écrient-
» ils ; ils ont mérité la mort. » Les nobles, les autres villes, refusent en
vain leur adhésion à ces cruelles exigences, la commune est inflexible.
Elle veut le sang des prisonniers ; elle l'aura. Elle déclare que si on ne
les lui livre immédiatement, elle fera décapiter le sire de Heynsberg et
tous les seigneurs allemands. Placés dans une alternative terrible, les
États cèdent devant la crainte d'attirer sur le pays les armes de la Germanie entière, et ils donnent l'ordre d'amener les patriciens à Bruxelles.
Le samedi 7 juin, l'échafaud se dresse de nouveau en face de l'hôtel de
ville ; pendant la matinée dix têtes et l'après-midi quatre autres tombent successivement sous le glaive du bourreau, en présence de l'amman,
des échevins et de tous les métiers sous les armes [1].

Ces terribles exécutions prouvent combien était grande l'exaspération de
la commune ; parvenus à leur but après un siècle et demi de luttes incessantes, les métiers ne voulaient pas perdre le fruit de leur victoire, et
les moindres tentatives faites pour arrêter l'élan de la révolution, étaient
immédiatement suivies d'émeutes terribles. Aussi Jean IV n'essaya-t-il
plus de résister : le 15 juillet, il approuva le grand privilége accordé
par son frère aux nations ; il ratifia toutes les sentences prononcées par
les magistrats, les jurés des métiers et les habitants, et défendit expressément de leur causer à ce sujet le moindre tort ou dommage [2]. Il confirma également le jugement rendu par les États contre ses anciens
favoris [3], et promit que Gerlac de Gemert, un de ses conseillers, qui
avait été condamné à une détention perpétuelle, ne serait jamais relâché [4].

---

[1] Voyez DE DYNTER. — *Brabantsche Yeesten.* — MONSTRELET, livre I, c. 239. —
CHASTELAIN, c. 55.—Le récit de ce dernier contient quelques faits qui ne s'accordent
pas avec ce que dit DE DYNTER, et qui ne nous paraissent guère admissibles. Il
rapporte, sans toutefois le garantir, que le duc avait engagé sa ville de Bruxelles au
sire de Heynsberg, et que les patriciens qui furent mis à mort avaient approuvé cette
cession. Il dit aussi que Jean IV et son frère assistèrent aux exécutions du 7 juin.
Ce sont là nous semble-t-il, des bruits populaires.

[2] A THYMO, c. 28. — *Luyster van Braband,* l. c., bl. 57.

[3] *Luyster,* bl. 57. — A THYMO, l. c.

[4] A THYMO.

Mais le supplice et l'exil de ses serviteurs l'avaient douloureusement affecté; il quitta Bruxelles, le cœur ulcéré, et, pendant deux ans, il ne voulut plus rentrer dans la résidence favorite de ses prédécesseurs.

Sourds aux prières et aux menaces qu'on leur adressait de toutes parts, les Bruxellois retenaient toujours dans les fers les chevaliers allemands qui avaient accompagné le duc, lorsque leurs parents recoururent à des moyens qui ont toujours été les plus efficaces. Ils envoyèrent à Bruxelles d'adroits émissaires, qui offrirent à Gérard Vandenzype et à sa femme, comme présents de noces, de magnifiques bijoux; Vandenzype, dont l'influence sur le comte de Saint-Pol était sans bornes et à qui sa popularité assurait l'assentiment de la commune, fut séduit par cet appât et prêta l'oreille aux propositions qu'on lui fit pour la délivrance des prisonniers. Il mena si adroitement les choses qu'il fit décider de remettre les Allemands en liberté, à condition qu'ils promettraient de revenir se constituer prisonniers à la Toussaint. A l'exception de quelques-uns, qui aimèrent mieux rester en prison que de souscrire à cet engagement, tous agréèrent cette convention. Le comte de Meurs, qui avait été consigné dans son logement, fut relâché, après avoir déclaré qu'il ne chercherait jamais à se venger [1]. Fidèles à leur parole, tous les chevaliers, à l'exception du sire de Heynsberg, revinrent à Bruxelles au jour indiqué; mais le calme y était plus grand que lors de leur départ, et ils n'y couraient plus de danger.

Enfin, le 9 avril 1422, Jean de Heynsberg, évêque de Liége, ses parents et ses alliés déclarèrent, ainsi que les nobles et les villes du Brabant, se soumettre à l'arbitrage des comtes de Virnembourg et de Nassau, de Jean de Schonvorst, sire de Montjoye, de Gérard Vandenzype, et de deux notables de chacune des villes de Louvain, de Bruxelles et d'Anvers. Les arbitres ordonnèrent la mise en liberté des prisonniers qui avaient accepté la première convention, et, le même jour, ces chevaliers, l'évêque de Liége et Guillaume de Los, comte de Blankenheim, renoncèrent solennellement à toutes prétentions à charge du Brabant; les chevaliers promirent d'informer l'empereur des causes de leur captivité et s'engagèrent à se reconstituer prisonniers à Bruxelles si l'un d'entre

[1] Déclaration du comte de Saint-Pol, en date du 28 juillet 1421. A THYMO, c. 29. — DE DYNTER, c. 198.

eux faisait éprouver quelque dommage au duché et refusait de le réparer [1].

Le calme avait reparu, mais toutes les difficultés étaient loin d'être aplanies. Soutenu par les Bruxellois, Philippe de Saint-Pol se refusait obstinément à abandonner les rênes du gouvernement que les États voulaient rendre à Jean IV [2], et ce ne fut qu'avec beaucoup de peine qu'ils parvinrent à réconcilier les deux frères. L'abandon de quelques domaines en France, et la cession des terres de Gaesbeek, de Duffel, de Walhain, d'Assche, et de tous les autres biens confisqués en Brabant depuis deux années, dédommagèrent le comte de la perte momentanée du pouvoir [3]; il lui fut assigné en outre, pour l'indemniser des dépenses qu'il avait faites depuis son arrivée dans le pays jusqu'au 14 mai 1421, une partie de l'aide de 175,000 couronnes que les États avaient accordée au duc [4]. Dans une ordonnance concernant la levée de cette aide, la quote-part de Bruxelles fut fixée au neuvième et, dans le cas où les prélats ne seraient pas imposés, au sixième de la somme entière [5].

Pour compléter le rétablissement de l'ordre et de la légalité, les États réunis à Louvain décrétèrent, le 12 mai 1422, une loi, connue sous le nom de *nouveau règlement*, et concernant principalement l'aliénation des domaines, la nomination et la gestion des officiers du souverain. La plupart des nobles [6] et des villes adhérèrent à cet acte, mais il rencontra dans les villes de Louvain et de Bois-le-Duc une violente opposition. Jean de la Leck, maître d'hôtel du duc, Ivain de Mol, son maître de la cuisine (*magister coquinæ*), et son secrétaire, l'historien Edmond de Dynter, se rendirent vainement dans la première de ces cités pour obtenir l'adhésion de ses magistrats; à Bois-le-Duc il y eut une émeute dans laquelle de Dynter courut les plus grands dangers [7].

[1] Actes datés des 9, 14, 16, 20 et 25 avril, et de différents jours des mois de mai et de juin 1422, dans A Thymo, c. 36.

[2] Divæus.

[3] Déclaration du duc en date du 12 octobre 1421. *Diplom. Belg.* mss. tome XIV.

[4] Acte des États du 28, et du duc du 29 octobre. De Dynter, l. c., c. 199.

[5] Février 1421 (1422). *Luyster*, l. c. bl. 34. — A Thymo, l. c, c. 34.

[6] Au nombre des membres de la noblesse signataires de cet acte se trouvent les patriciens bruxellois Nicolas et Jean Swaeff frères, les trois frères de Heetvelde, Wenceslas T'Serclaes, Guillaume Rongman, sire de Bigard, Jean Bernage, sire de Perck, Walter Eggloy, Nicolas de Saint-Géry.

[7] De Dynter, l. c., c. 202. Le nouveau règlement se trouve imprimé dans les *Placards de Brabant*, t. IV, p. 379 et suivantes.

La commune bruxelloise avait généreusement prêté les mains à une réconciliation qui devait pacifier le pays ; mais elle ne voulut pas s'exposer au danger des réactions, et, ne pouvant compter que sur ses propres forces, elle se mit en mesure de résister à toutes tentatives hostiles, de quelque part qu'elles vinssent. A cet effet elle résolut de se donner un chef expérimenté qui siégeât au conseil communal et reçût la mission spéciale de veiller, de concert avec les receveurs, à l'entretien des portes, des fortifications, des murailles, des barrières, de l'artillerie, en un mot de pourvoir à la sécurité et à la défense de la ville. Les bourgmestres, les échevins, les conseillers, les jurés et les centeniers élevèrent à ce poste le chevalier Guillaume, sire de Bigard, et reçurent son serment le 20 avril 1422. Le lendemain ils déclarèrent qu'il y aurait toujours à Bruxelles un capitaine nommé par le bourgmestre et par les conseillers plébéiens, avec l'approbation des jurés et des centeniers [1].

Une nouvelle rupture venait alors d'éclater entre Bruxelles et Malines. Jean de Groelst dit de Meyere, que nous avons vu bannir du Brabant en 1417, s'était retiré dans cette dernière ville et y avait acquis droit de bourgeoisie. Un jour qu'il s'était rendu sur le territoire de l'ammanie, il tua dans une rixe un nommé David de Rademaker, bourgeois de Bruxelles, parvint à s'échapper et se réfugia dans sa patrie d'adoption. Le magistrat ayant envoyé le lieutenant-amman avec une forte troupe d'hommes armés, pour brûler et détruire le château (*fortem mansionem*) du meurtrier, à Capelle au Bois, les Malinois firent saisir un grand nombre de Bruxellois qui se rendaient à la foire d'Anvers. Le magistrat de Bruxelles, de concert avec les États, cita celui de Malines à comparaître à une assemblée qui devait se tenir dans la première de ces villes le jour de l'Assomption 1422, et, celui-ci n'ayant point comparu, il défendit, le 15 septembre, de fournir aux Malinois des grains ou d'autres denrées sous peine de confiscation et d'une amende de 20 florins du Rhin ; il interdit en outre tout travail pour leur draperie et ordonna la saisie de leurs biens et de leurs marchandises [2]. La première de ces mesures paraît avoir été principalement commandée par la cherté des grains, puisque, dans le même temps, il fut défendu d'en exporter dans le Hainaut ou dans d'autres contrées, avant de les avoir mis en vente à Bruxelles [3], et,

---

[1] A Thymo, c. 37.

[2] De Dynter, c. 203. — *Zwertboeck* aux *Archives de la Ville*, f° 47.

[3] Ord. du 27 novembre 1422. *Zwertboeck*, f° 48.

l'année suivante, Louvain, BRUXELLES, Anvers, Bois-le-Duc et Tirlemont, prohibèrent l'envoi en Flandre et en Hainaut, de viandes, volaille, beurre, œufs, fromage, etc., en représailles de mesures analogues prises par ces deux comtés [1]. ·

L'interprétation donnée à quelques dispositions de la charte de 1421, n'ayant pas pleinement satisfait les métiers, les patriciens durent se résoudre à de nouvelles concessions. Un règlement du 2 juillet 1422 attribua tour à tour à chaque nation la présentation des candidats aux fonctions de bourgmestre et de receveurs plébéiens ; le jugement des méfaits commis envers une nation ou un métier, fut laissé à ce corps même, sauf recours au magistrat en cas de résistance ; enfin, il fut statué qu'aucun membre des métiers ne pourrait être condamné pour un crime quelconque sans l'assentiment des jurés de sa nation [2].

Quelques jours après, un autre règlement fixa l'autorité des jurés et des centeniers. Tous les membres d'un métier, même les centeniers, étaient soumis aux jurés ; il était permis aux centeniers d'assister au conseil de la commune, mais seulement lorsqu'ils y étaient appelés. En cas d'attaque ou d'incendie, les bourgeois conduits par leurs centeniers devaient se rendre au marché, s'y ranger par métier, et y rester jusqu'à ce que le magistrat leur donnât l'ordre de se retirer dans leurs sections. Les centeniers étaient chargés de placer des gardes dans l'intérieur de la ville et, en outre, de décider toutes les contestations et querelles dans leur quartier [3].

Les magistrats plébéiens assignèrent ensuite à chaque nation sa part dans la défense des portes et des murailles. La nation de Saint-Laurent eut la garde de la porte d'Obbrussel ; celle de Saint-Christophe, de la porte dite *Ten Cruyskene* ; celle de Saint-Gilles, de la porte de Flandre ; celle de Notre-Dame, de la porte de Lacken ; celle de Saint-Géry, de la porte de Cologne ; celle de Saint-Jean, de la porte de Louvain ; celle de Saint-Pierre, de la Tour-Bleue ; celle de Saint-Jacques, de la porte de Coudenberg, et celle de Saint-Nicolas, de la tour du Wollendries ou Pré-aux-Laines. Elles avaient à placer aux portes qui leur étaient confiées un portier et autant de capitaines qu'y plaçaient les lignages ; en cas de besoin, chacune d'elles devait garnir de soldats les murailles et les tours,

---

[1] Ord. du 19 juillet 1423. *Id.*, fᵒ 51.
[2] *Luyster*, bl. 39. — A THYMO, c. 40.
[3] Règl. du 9 juillet 1422. *Luyster*, bl. 40. — A THYMO, c. 41.

depuis la porte mise sous sa garde jusqu'à la suivante. Le soin et l'entretien des armes, des machines de guerre, et des munitions de la commune furent remis à une commission de dix-huit membres nommés par
les nations et choisis dans leur sein. N'ayant pas de place de portier à
donner, les nations de Saint-Pierre et de Saint-Nicolas reçurent en com-
pensation le droit de présenter tour à tour un candidat aux fonctions
de maître-des-chaussées [1].

Enfin, le 27 novembre 1422, il fut ordonné à toute personne exerçant une profession ou une industrie quelconque, d'entrer dans un
métier, en payant la moitié du droit ordinaire. On exempta seulement
de cette mesure les patriciens et les étrangers : Lombards, Osterlins
(habitants des villes anséatiques), Génois, etc. [2].

La cause des exigences du parti démocratique provenait en grande
partie, paraît-il, de ce qu'il se croyait encore une fois menacé par la
trahison. Un homme dont la dignité inspirait la confiance, le doyen
de Sainte-Gudule, Laurent de Bouchout, avait donné l'alarme ;
il avait dit à plusieurs chefs de la commune que des bourgeois avaient
eu des conférences avec les Malinois, et qu'ils tramaient la destruction
de Bruxelles, ajoutant que sa fidélité à la ville ne lui permettait pas de
garder le secret. Ses paroles ayant été répétées, le magistrat lui manda
de venir à l'hôtel de ville et lui enjoignit, en présence des jurés des
métiers, d'indiquer les coupables. Il répondit que sa qualité d'ecclésiastique l'empêchait de rien révéler qui pût avoir pour résultat une effusion
de sang ; mais que, si l'on voulait lui montrer le registre où étaient
inscrits les noms des patriciens et des magistrats, il soulignerait ceux
des personnes innocentes du complot. Par cette dénonciation indirecte,
il amena l'arrestation des échevins Jean de Saint-Géry et Guillaume de
Hersele, du receveur patricien Antoine de Brabant et de quatre autres
membres du conseil, qui furent tous emprisonnés à la Vroente ; cependant
lorsqu'il fallut donner des preuves de ses assertions, le doyen n'en put
produire aucune ; aussi les prisonniers furent-ils immédiatement relâchés
et leur dénonciateur prit leur place. A son premier tort, Laurent de
Bouchout joignit alors celui de publier deux pamphlets, l'un excitant le
peuple à la révolte, l'autre contenant de violentes accusations contre les

[1] Règl. du 22 août 1422. *Luyster,* bl. 43. — A Thymo, c. 42.
[2] *Zwertboeck,* f° 49.

sept notables qu'il avait fait arrêter. De concert avec le vice-doyen et le chapitre, le magistrat le condamna à quitter le Brabant dans les deux jours et à s'en éloigner d'une distance de trente-six lieues dans les dix jours suivants; il ne lui fut laissé que la moitié des revenus de son décanat, après qu'il eut promis fidélité au chapitre et au clergé, ainsi qu'aux bourgeois et aux habitants de Bruxelles, promesse qu'il donna le 23 mars 1423 [1].

L'année 1423 fut pour Bruxelles une ère de réconciliation. Elle consentit d'abord à se soumettre, pour terminer ses différends avec Malines, à l'arbitrage des membres du comté de Flandre et des villes de Louvain, d'Anvers, de Bois-le-Duc et de Tirlemont. Elle s'engagea, ainsi que sa partie adverse, à payer, en cas de résistance au jugement, une amende de 28,000 couronnes de France [2]. Par un autre acte, le magistrat, les jurés des métiers et les centeniers, déclarèrent, tant en leur nom qu'en celui de leurs subordonnés, qu'ils se soumettaient à l'obéissance du duc, leur souverain [3].

Les Malinois cependant n'observèrent pas fidèlement la trêve que les arbitres avaient imposée aux deux villes; le 15 juillet, ils vinrent, au nombre d'environ cinq cents, à Waelhem, et occupant toutes les avenues de ce village, ils y saisirent le maire, les échevins et d'autres personnes. pillèrent la caisse publique et emmenèrent avec eux le chevalier Henri de Colem et Jean Alaerts, qui avaient promis d'y rester jusqu'à disposition ultérieure du duc. Le comte de Saint-Pol leur écrivit, le même jour, pour leur reprocher l'indignité de leur conduite, et il les menaça de rompre avec eux s'ils ne réparaient leurs torts, en indemnisant les magistrats et les habitants de Waelhem des pertes qu'ils leur avaient fait éprouver [4]. Cet attentat ralluma la querelle; en 1424, Bruxelles renouvela la défense de fournir du grain à Malines [5], et ce ne fut qu'en 1426 que les deux villes consentirent enfin à oublier les dommages réciproques qu'elles avaient reçus, et à juger dorénavant à l'amiable toutes les contestations qui pourraient s'élever entre elles ou leurs habitants [6].

---

[1] DE DYNTER, c. 204. — *Boeck mette Knoope*, fº 149.
[2] 8 et 9 avril 1423. A THYMO, c. 44.
[3] *Ibid.*, c. 45.
[4] GYSELAER THYS, *Additions et Corrections*, etc., t. II, p. 42.
[5] *Id.*, p. 69.
[6] Accord du 4 janvier 1426 (1427). A THYMO, c. 62.

Pendant la nuit de la fête du Saint-Sacrement, en juin 1425, vers les dix heures, alors que tous les habitants étaient encore à se réjouir, le prévôt d'Aix Jean de Bueren, Jean d'Appelteren et quatorze autres chevaliers allemands qui avaient refusé de souscrire aux conditions mises à leur délivrance, parvinrent à s'échapper de leur prison et à sortir de la ville. Quand on s'aperçut de leur évasion, il y eut une grande rumeur parmi le peuple, mais les haines n'étaient plus aussi vivaces et le magistrat parvint facilement à le calmer.

Le parti démocratique était néanmoins encore tout-puissant, et, le 10 juin, parut un règlement qui compléta le partage de l'autorité entre les lignages et les métiers. Les magistrats plébéiens furent admis à concourir à l'administration de la justice, et le prononcé des jugements fut seul réservé aux échevins; délibérant en corps, quand il s'agissait des affaires de la commune, le magistrat devait se fractionner en deux chambres de justice, composée chacune d'un bourgmestre, d'échevins et de conseillers. Dans les cérémonies, le capitaine et le second bourgmestre eurent le pas sur les échevins, excepté sur les échevins qui étaient chevaliers. Il fut arrêté, en outre, que la moitié des chefs de la gilde de la draperie seraient plébéiens, et qu'il en serait de même des pacificateurs dont le nombre fut réduit à huit. La nomination de quatre des huit clercs (secrétaires) de la ville fut conférée aux nations. Par cet acte, les artisans furent admis à entrer dans la gilde, tout en continuant à faire partie de leur métier, et en payant seulement un droit d'entrée de 6 toiren [1].

Le 22, il fut défendu « à tous habitants de quelque rang qu'ils fussent de tenir des assemblées secrètes ou de faire une émeute, » sans la participation de la loi ou du moins de la majorité de ses membres [2].

Le 20 septembre, le magistrat concéda au capitaine l'hôtel d'Ostrevant, où avait été placée la monnaie, pour en jouir pendant la durée de son office, à moins que le duc n'y voulût battre monnaie [3]. Cet acte fut

___

[1] A THYMO, c. 47.

[2] Dat nyemant van nu voirtane soe wie hy zy hoge of neder gheenrehande opset, begryp of beruerte maken en sal noch voirtsetten in eeniger manieren, sonder weten, willen ende consente der burgemeesteren, scepenen ende raidsluden der stad van Bruessel ten tide synde eendrechtichlic, of der meester partien van hen van elker ziden. *Ibid.*, c. 48.

[3] *Ibid.*, c. 50.

la dernière décision révolutionnaire de la commune; les jours de la réaction approchaient.

Ayant obtenu ce qu'elle avait si longtemps désiré et voyant ses intérêts en souffrance par suite de l'éloignement de la cour, la bourgeoisie se lassait de la situation exceptionnelle dans laquelle elle se trouvait. Des négociations furent ouvertes avec Jean IV pour l'engager à revenir à Bruxelles, et il y rentra enfin le jour de Sainte-Catherine, 25 novembre 1423. Le même jour, il promit son amitié aux bourgeois, s'engagea à n'inquiéter aucun d'eux et déclara que les barons et les nobles pourraient librement entrer dans Bruxelles et en sortir, à l'exception toutefois de ceux qui avaient été bannis par le duché ou par la commune [1].

Désireux de conserver sa charge, le sire de Bigard fit à cet effet d'actives démarches auprès du duc; mais ce fut en vain qu'il prodigua l'or et les promesses, Jean IV ne pouvait maintenir une institution aussi dangereuse pour son autorité. Le 21 décembre, il le releva du serment qu'il avait prêté aux magistrats lors de sa nomination; le capitaine lui ayant fait observer qu'il ne pouvait se démettre de son emploi sans le consentement des chefs de la commune, le prince appela au palais quelques bourgeois et leur remontra l'inutilité de cet office qui n'avait plus de but, dit-il, depuis que leur souverain était revenu dans leur ville. Rapport de cet entretien ayant été fait au conseil communal, le peuple fut bientôt informé des projets du prince et il s'assembla aussitôt en armes sur le marché; mais il était lui-même partagé d'opinion : les uns voulaient le maintien du capitaine, les autres la suppression de cette charge. Les partis n'ayant pu s'entendre, l'affaire fut remise au lendemain. La journée du 24 fut décisive : les comtes de Saint-Pol et de Conversan, qui se rendirent à l'hôtel de ville pour engager les chefs de la cité à ne pas contrarier les projets du duc, les trouvèrent assez disposés à seconder ses vues; mais ils étaient arrêtés par l'opposition des métiers et par les clameurs du peuple qui encombrait la place et ses avenues. Voyant alors qu'il fallait emporter la décision, Conversan quitta l'hôtel de ville et Philippe de Saint-Pol, se plaçant à une fenêtre donnant sur le marché, s'écria : « Que tous les amis du duc et de la ville s'arment et se rangent près de » moi. » Ses partisans, prévenus sans doute, obéirent aussitôt à cet ordre, et, au même instant, on vit arriver sur la place le comte de Con-

---

[1] *Ibid.*, c. 51.

versan, amenant le duc, qu'accompagnaient le comte de Nassau, le sire de Rotselaer et une foule d'autres nobles. Le parti démocratique n'était pas en mesure de résister à ce coup de main, et il fallut bien céder. Les magistrats et les nations décidèrent que ceux qui pendant ces derniers jours avaient troublé la tranquillité de la ville, seraient arrêtés et punis. Treize personnes furent remises au duc pour qu'il en fît à sa volonté avec recommandation toutefois d'agir avec clémence; c'étaient : le mercier Jean Voet le vieux, le coutelier Guy de Ryswyck, le fourrelier André de Voerhout, Jean Vanderschueren, Walter Obert, dit au Moulin-à-Vent, le poissonnier Jean Stichelman, Jacques de Monick, dit au Petit-Cygne, le maçon Jean de Molder, le boulanger Henri Snaek, Godefroid, dit Vanderlichtewatere, le brasseur Gilles de Groot, dit au Gant, Jean dit au Petit-Écu ou le Diable, et Gilles Quaetsmet. La veille de Noël, le magistrat prononça leur condamnation, en présence du duc et de son frère.

Deux jours après, les magistrats déposèrent Guillaume de Bigard et lui retirèrent ses émoluments; le lendemain, il vint à l'hôtel de ville remettre les clefs des portes, sa nomination et l'acte de donation de l'hôtel d'Ostrevant. Ce ne fut pourtant que le 20 janvier 1424 que les jurés des métiers et les centeniers approuvèrent l'annulation de sa charge [1]. Ce fut pendant ces troubles que l'on rétablit les chaînes dans les rues afin d'en rendre l'accès plus difficile aux émeutiers [2].

Le 25 avril suivant, Gérard Vandenzype, favori du comte de Saint-Pol, revenant de Tervueren, fut assassiné à Stockel par Jean Blondeel, son ennemi mortel. Ce seigneur, qui avait joué un si terrible rôle dans les troubles de 1421, avait été créé receveur général, et devait en cette qualité pourvoir à toutes les nécessités de la cour. Le peu de soin qu'il mettait à remplir sa charge avait, dit-on, mécontenté le duc et causa sa mort; mais on peut, avec plus de raison, l'attribuer à la haine qu'il avait soulevée en prenant ardemment parti contre les favoris de ce prince. Aussi le comte de Saint-Pol conserva-t-il de ce meurtre un profond ressentiment [3].

---

[1] De Dynter, c. 206. — *Brab. Yeesten.* — A Thymo, c. 54.

[2] *Chronique* aux *Archives du Royaume* ad. a. 1423.—*Chronique de Bruxelles*, dans les *Selecta pro Sœculo* 1400 ad. a. 1423.— *T' Boeck der Tyden*, ad. a. 1422. — Mss. de la Bibl. de Bourg., n° 11641, ad. a. 1424.

[3] De Dynter, c. 208. — *Chron. anonymi.* — *Brab. Yeesten*, etc.

Tous les adversaires de Jean IV disparaissaient alors insensiblement de la scène politique. Jacqueline de Bavière, à qui le peuple avait montré tant d'affection, avait perdu dans le Brabant tous ses partisans, depuis sa fuite en Angleterre et son mariage avec le duc de Glocester. Vers le moment où Jean IV rentrait dans Bruxelles, elle reparut dans son comté de Hainaut, et y fut reçue partout en souveraine; le comte de Conversan, sire d'Enghien, et Engelbert d'Enghien, seuls, lui refusèrent obéissance; la ville de Hal fut protégée contre elle par les Bruxellois qui y envoyèrent leur amman, Gérard Pipenpoy, des tireurs à gages et une forte troupe de bourgeois [1]. L'année suivante (1425), pendant que Jean IV allait prendre possession de la Hollande restée sans souverain par la mort de Jean de Bavière, Philippe de Saint-Pol, qu'il avait nommé capitaine général du duché, réunit une armée considérable pour défendre les frontières menacées par les Hennuyers et les Anglais. Une partie des troupes campa longtemps à Schaerbeek attendant les arbalétriers de Bois-le-Duc. Ayant opéré sa jonction à Braine-l'Alleud et à Nivelles [2], avec divers autres corps, l'armée brabançonne que de Dynter porte à 60,000 hommes, et Olivier de Dixmude à 20,000, vint investir la petite ville de Braine-le-Comte, dont elle s'empara le 11 mars 1425, sans que le duc de Glocester eût fait le moindre effort pour la sauver. Ce n'est que lorsqu'il vit les Brabançons reprendre la route de leurs foyers, qu'il se présenta pour gêner leur retraite; mais l'attitude fière des milices de BRUXELLES et de Louvain, que commandait Saint-Pol lui-même, l'arrêta court, et ses Anglais reçus à coups de bombardes, de coulcuvrines et de flèches furent vigoureusement repoussés. La noblesse alors perdait entièrement son esprit guerrier et, dans toute cette campagne, les bourgeoisies lui montrèrent un profond dédain [3]. Quelque temps après (12 mai), le duc en personne partit de Bruxelles, envahit le Hainaut, et s'en rendit maître presque sans coup férir. Jacqueline remise aux mains du duc de Bourgogne, parvint à tromper la surveillance de ses gardes et alla rallumer la guerre civile en Hollande.

[1] *Ibid.*

[2] Van Lom, *Beschryving van Lier,* bl. 217.

[3] Cornel, Zantfliet *Chron.*, l. c., p. 416. — De Dynter, c. 213. — *Chron. anonymi,* p. 17. De leur côté les historiens de cour, et entre autres Monstrelet, L. 11, c. 29, et Saint-Remy, c. 134, accusent le peuple de lâcheté. Cette guerre du Hainaut occasionna de grands frais aux métiers des serruriers, des barbiers, et des marchands de légumes. *Ordonn. der Ambachten* aux *Archives de la Ville.*

Le duc ayant cédé à son cousin Philippe le Bon, l'administration de la Hollande, de la Zélande et de la Frise, les députés des villes brabançonnes refusèrent d'approuver cet acte, parce que la réunion au Brabant de Heusden et de Gertruidenberg, n'y avait pas été stipulée. Le garde des sceaux, Corneille Proper, ne voulant pas sceller le traité conclu entre les deux princes, Jean IV fit faire un autre sceau que son secrétaire, Pierre Vanderheyden [1], y apposa le 19 juillet 1425. Jean IV ne pardonna pas à Corneille Proper sa courageuse résistance à ses volontés. L'année suivante, le chancelier fut arrêté dans la forêt de Soigne, près de Groenendael, par quelques hommes armés qui, sous prétexte que le duc leur devait de l'argent, entraînèrent leur captif hors du Brabant, et après l'avoir cruellement torturé, exigèrent de lui une forte rançon. La ville de Bruxelles la paya, mais en déduction de sa taxe, car personne n'ignorait d'où le coup était parti [2].

La révolution de 1421 avait donné une puissante impulsion à l'organisation militaire de la commune. Le Grand-Serment, corporation où dominait l'élément aristocratique, avait été menacé d'une réforme complète; mais les magistrats plébéiens lui promirent solennellement le maintien de ses priviléges [3]. Toutefois une société rivale vint bientôt participer aux avantages qui avaient été jusqu'alors exclusivement réservés aux arbalétriers. L'usage de l'arc devenant de plus en plus général, la ville céda à la confrérie de Saint-Antoine un vaste emplacement situé à peu de distance de Jéricho (18 novembre 1422), et, quelques années plus tard, en 1426, elle prit à ses gages quarante archers auxquels elle assigna un subside annuel de 90 couronnes de France pour payer leur habillement, les offrandes à Saint-Antoine et à Notre-Dame de Ruysbroeck, le chaperon du capitaine et les salaires du fifre, du clerc et du valet de la compagnie. Elle leur alloua en outre une livre destinée à couvrir les frais du repas annuel et de l'ommegang, et fixa leur solde aux deux tiers de celle des arbalétriers. Les autres membres de la confrérie eurent à se pourvoir d'un chaperon d'uniforme. Il fut défendu aux bourgeois, à

---

[1] C'est évidemment le célèbre *Petrus A Thymo,* bien que de Dynter traduise ce nom flamand par *Petrus A Dumo.*

[2] De Dynter. — *Brab. Yeesten.*

[3] 25 juin 1421. *Perkement Boeck metten Taetsen.* Le 20 mai 1422, le magistrat défendit à qui que ce fût, sauf aux bourgeois ayant seigneurie, de former des associations pour le tir. *Zwertboeck.*

l'exception des seigneurs, damoisels ou patriciens, d'entrer dans d'autres compagnies d'archers [1].

L'attention de la commune se porta aussi sur l'industrie, et l'on essaya, mais en vain, de ranimer la draperie languissante. Le nombre des mendiants étant fort considérable, il fut défendu aux personnes de 15 à 60 ans, de mendier, sous peine d'un an de bannissement, et il fut enjoint aux pauvres de cet âge de s'occuper à tisser, à fouler, à filer, ou de faire d'autres métiers analogues [2]. Cette ordonnance ne parait guère avoir eu d'efficacité, puisqu'elle eut bientôt besoin d'être renouvelée, et, comme la gilde se plaignait de manquer d'ouvriers, les centeniers furent chargés de faire le relevé des pauvres valides et de leur fournir gratuitement des métiers à tisser et des outils [3].

Divers faits révèlent le préjudice que causait alors à nos provinces la concurrence anglaise. Le 19 septembre 1424, les députés des cités brabançonnes se réunirent à Bruxelles pour se concerter sur les moyens de la combattre [4], et, le 16 juillet 1427, une nouvelle assemblée eut lieu dans le même but à Malines, où l'on vit paraître des délégués de toutes les villes du Brabant, de la principauté de Liége, de Malines, d'Aix-la-Chapelle et d'Enghien [5]. Le résultat de ces conférences fut une prohibition des draps anglais, publiée à Louvain, le 25 août 1428, et renouvelée depuis, à plusieurs reprises, mais toujours inutilement [6]. La politique ressentit le contre-coup de ces épisodes de l'histoire commerciale. Le Brabant, malgré l'influence croissante de la maison de Bourgogne, qui avait à venger le meurtre de Jean sans Peur, se montra toujours aussi hostile à l'Angleterre que favorable à la France, menacée alors de la domination étrangère.

On ne peut douter que la corruption et la débauche qui trônaient dans le palais ducal n'aient été une des principales causes des troubles de 1421 ; aussi la magistrature bruxelloise, qui, en se retrempant dans la plèbe, avait pris des mœurs plus sévères, montra-t-elle, en plus d'une occasion, une rigueur salutaire. Des règlements nombreux contre

[1] *Perkement Boeck.*
[2] Règlement daté du 20 janvier 1421 (1422). *Zwertboeck.*
[3] Règlement du 14 mars 1422 (1423). *Ibid.*
[4] *Chronique Mss. de Louvain,* citée.
[5] Gyselaer-Thys, *Additions et Corrections,* t. II, p. 72.
[6] A Thymo, partie VI, tit. 3, c. 9. — M. Gachard, *Rapport du jury sur les produits de l'industrie belge présentés à l'exposition de 1835,* p. 42.

l'adultère et la prodigalité montrent l'excès du mal. Toute espèce de chant fut strictement interdite [1]; les hommes mariés vivant dans le concubinage furent déclarés inhabiles aux emplois et exclus de toute participation aux prérogatives de la bourgeoisie [2]. D'autres dispositions, pour la plupart empruntées aux anciennes ordonnances, restreignirent les dépenses des fêtes et la constitution d'hypothèques.

C'est à la susceptibilité des habitants de Bruxelles que Louvain dut de posséder l'université qui a fait sa gloire. Jean IV avait projeté de l'établir dans sa résidence, mais les magistrats l'en dissuadèrent, disant que les étudiants déshonoreraient leurs filles [3]. Ce prince semble avoir cherché, vers la fin de son règne, des consolations dans les sciences et dans les lettres, et on le vit à Bruxelles s'affilier à la chambre de rhéthorique, dite *Le Livre* [4]. C'est à cette époque que remonte l'établissement à Bruxelles, du collége des frères de Saint-Jérôme ou de la Vie commune, fondé en 1422, dans la rue de la Putterie, par Philippe de Heetvelde; il fut transféré, vers 1480, près de l'église de Saint-Géry [5].

Le droit romain commençait alors à prendre racine en Belgique et, à défaut de dispositions coutumières, on puisait à cette source. L'histoire et la médecine étaient cultivées avec plus de succès, et Jean IV avait à sa cour plusieurs célébrités, parmi lesquelles nous citerons le docteur Dithmar et l'historien Edmond de Dynter, son secrétaire. En même temps un noble essaim d'hommes de mérite, produit glorieux de l'élan imprimé aux esprits, se groupait autour du magistrat, qui, en 1427, acquit la seigneurie de Crainhem, située à Anderlecht, avec le droit de nommer trois chanoines d'Anderlecht et eut ainsi le moyen de récompenser le zèle et le mérite de ses employés. Alors s'illustrèrent par de remarquables œuvres d'art et de science, l'historien Pierre A Thymo, qui fut le premier pensionnaire de Bruxelles et qui, pendant plus de 50 ans, rendit à la ville d'importants services; l'architecte Jean de Ruysbroeck dit Vandenberghe, qui joua en 1421 un rôle politique, et dirigea successivement les travaux de l'hôtel de ville, de Sainte-

[1] 14 août 1425. *Zwertboeck.*

[2] Mai 1429. A Thymo, partie VI, titre 3, c. 13.

[3] Seggende dat die studente in hindre violeren souden der liede kindre. *Brab. Yeesten.* — M. De Reiffenberg, *Mémoire sur les deux premiers siècles de l'Université de Louvain.*

[4] De Laserna-Santander, *Mémoire sur la Bibliothèque de Bourg.*, t. 1, p. 169.

[5] Voyez la troisième partie.

Gudule, de la cour ; le grand peintre Roger Vander Weyden, que nous croyons être le même que Roger de Bruges, le meilleur élève des Van Eyck ; le docteur André de Wesele, qui jouit longtemps d'une grande réputation et qui fut l'aïeul de Vésale, et le sculpteur Jacques de Germès dit de Coperslaeger ou le Batteur de cuivre.

En revenant avec son frère d'une assemblée des États tenue à Lierre, Jean IV tomba malade, entre Vilvorde et Bruxelles, le jour des Rameaux 1427 (1426 V. S.). Ramené à Bruxelles, il y mourut le surlendemain 14 avril, dans de grands sentiments de piété ; il était âgé de vingt-quatre ans et en avait régné dix. Son corps, après avoir été embaumé, fut transporté, le 22, à Sainte-Gudule, où l'on chanta les vigiles, et déposé, le 25, à Tervueren, dans le caveau du chœur.

Après la conquête du Hainaut, le comte de Saint-Pol était parti pour Rome, où il demanda l'autorisation de se rendre à Jérusalem ; mais le pape l'ayant détourné de ce projet à cause des dangers attachés à ce pèlerinage, il revint en Brabant, où la mort de son frère lui ouvrit le chemin du trône. Le 25 mai 1427, il jura sa Joyeuse Entrée, dans une assemblée des États, tenue à Vilvorde. Il institua aussitôt après un conseil d'administration et une cour de justice, et il ordonna aux membres du conseil de suivre les avis du sire de Montjoie, dans lequel il avait une grande confiance, confiance fondée sur les services que ce seigneur avait rendus à son père Antoine ; Jean Bont, qui avait toujours rempli d'importantes fonctions, fut nommé chancelier [1].

Une aide ordinaire de 204,000 écus d'or, payable en trois ans, ayant été votée en 1427 [2], la ville de Bruxelles mit pour condition à son consentement qu'il ne serait donné à personne des assignations sur sa quote ni sur celle de l'ammanie, et que les habitants, créanciers du duc, seraient payés avant tous les autres sur ces quotes, pour autant qu'elles s'élèveraient au taux des créances. En outre, pour que le produit des taxes ne fût pas gaspillé, les magistrats décidèrent, le 11 novembre 1427, qu'ils n'accepteraient plus de traites tirées sur la ville par le duc, quel qu'en fût le montant, toute acceptation de pareilles lettres de change étant d'avance déclarée de nulle valeur [3].

---

[1] De Dynter, l. c., c. 233. — *Brab. Yeesten.* — *Chron. anonymi*, p. 181. — La Joyeuse Entrée du duc Philippe se trouve dans le *Luyster*, l. c., bl. 50.

[2] *Comptes des aides* aux *Archives du Royaume.*

[3] *Luyster*, bl. 61.

Un dissentiment sérieux dont nous ignorons les causes, mais qui paraît avoir été le résultat d'intrigues de cour, s'éleva, en 1428, entre le duc et ses principaux barons, les comtes de Conversan et de Brienne, les sires de Wesemael, de Rotselaer et de Schonvorst. Immédiatement après les Pâques, Philippe convoqua les États à Lierre et envoya deux députés aux mécontents, pour leur reprocher leur conduite; ceux-ci, tout en se justifiant, coururent, pour plus de sûreté, s'enfermer dans leurs châteaux, et rompirent ainsi ouvertement avec le prince qui en témoigna un grand courroux; mais lorsque, à la demande des États, il eut donné des explications sur cette affaire, il s'aperçut qu'il ne devait pas compter sur leur appui. En effet, loin d'épouser ses passions, la noblesse et les villes exprimèrent le désir de voir les barons disgraciés rentrer dans son conseil, et, dans une assemblée tenue à Hérenthals, six personnes de la cour furent condamnées à des peines très-graves [1].

Vers la même époque, les États votèrent une aide extraordinaire de 525,000 couronnes, destinée à racheter les domaines engagés, à acquitter des rentes hypothéquées sur le domaine et les dettes contractées par des nobles et par des villes. Cette aide devait être payée en cinq années, entre les mains de six délégués choisis par les villes, moitié dans la noblesse, moitié dans la bourgeoisie. Il fut stipulé, en outre, que chaque localité élirait ses répartiteurs, qui donneraient lecture de leur travail en public dans l'église, un jour de fête, et en délivreraient copie à tous ceux qui le demanderaient. Sept nobles et sept bourgeois furent chargés de déterminer les dettes particulières qui seraient payées [2].

Le duc ayant nommé échevin de Lierre Pierre Van Aken dit Van Paesschen, bourgeois de Bruxelles, les Lierrois refusèrent de le reconnaître en cette qualité, et ils obtinrent de Philippe, le 9 juin 1428, un décret portant que nul ne pouvait obtenir l'échevinage de leur ville s'il n'y avait droit de bourgeoisie. Mais cet acte, qui avait été contre-signé par les principaux barons, fut tacitement invalidé par les États, qui maintinrent Van Paesschen dans sa charge et envoyèrent, pour l'installer, le comte de Conversan, le chancelier, les sires de Rotselaer et de Witthem, et un secrétaire de chacune des trois principales villes. Lorsque cette députation arriva à Lierre, les habitants réunis sur le marché, se répan-

---

[1] De Dynter, l. c., c. 233. — *Chron. anonymi*, p. 182. — Divæus.

[2] A Thymo. — De Dynter, l. c., c. 232. C'est Guillaume sire de Bigard qui représenta, dans cette commission, la ville de Bruxelles.

dirent en menaces contre ses membres, et le tumulte devint si violent
que les trois secrétaires et l'échevin n'échappèrent à la mort que par
une prompte fuite. A la nouvelle de ces désordres, les chefs-villes prirent
d'énergiques mesures pour faire respecter leurs priviléges. Après avoir
resserré leur alliance (20 juin 1428), elles ordonnent l'arrestation dans
les lieux de leur ressort de tous les habitants de la ville soulevée,
exigent du duc que cette mesure soit étendue à tout le pays et maintenue
aussi longtemps que Lierre n'aura pas réparé son méfait, abattu les
tours, les fortifications, les barrières et enlevé les chaînes dont elle s'est
entourée; aussi longtemps enfin qu'elles ne lui auront pas accordé son
pardon. Elles préviennent le duc que, s'il se refuse à accéder à leur
demande, elles ne lui feront plus aucun service, et, le même jour
(22 juin), elles condamnent à différentes peines les plus fougueux adversaires de Van Paesschen. Guillaume Dries et Bouden Van Buten sont
envoyés en pèlerinage à Nicosie en Chypre, et le premier, qui était le
grand moteur des troubles, est en outre banni pour un an du Brabant.
Les six échevins, qui avaient refusé de recevoir leur collègue, sont
déclarés exclus de toute charge publique.

L'autorité souveraine était trop déchue pour que les Lierrois pussent
espérer être soutenus par le duc contre ces fières et puissantes cités;
aussi durent-ils bientôt se soumettre (7 janvier 1428, 1429, N.-S.).
La décision des chefs-villes ne se fit pas attendre. Le 2 février 1429, elles
demandèrent une reconnaissance formelle de l'éligibilité de leurs bourgeois à l'échevinage, la remise des priviléges dans lesquels ce droit pourrait être contesté, la punition des 10 ou 12 habitants les plus coupables, l'exécution de 600 pieds de vitraux peints, savoir : 200 pour
une fenêtre à Saint-Pierre à Louvain, 200 pour une fenêtre à Sainte-Gudule à Bruxelles, et 200 pour une fenêtre à Notre-Dame d'Anvers.
Elles exigèrent aussi que Pierre Van Paesschen fût autorisé à exercer son
métier sans empêchement, et, le 11 avril, la ville de Lierre déclara que
Bruxelles resterait en possession de ses priviléges, aussi longtemps que
les prétentions contraires ne seraient pas établies [1].

Bruxelles montra bientôt, dans une autre occasion, le peu de prestige
que le pouvoir ducal avait alors aux yeux de la bourgeoisie. Le favori
de Philippe, l'homme dans lequel il mettait toute sa confiance, le
damoisel de Montjoie, s'étant rendu impopulaire par sa conduite et par

---

[1] A Thymo, l. c., c. 17. — *Boeck metten Haire*, etc.

ses actes, l'amman, les bourgmestres, les échevins, les receveurs, les jurés des métiers et les centeniers, déclarèrent solennellement, le 13 juin 1429, que « pour certaines bonnes raisons à eux connues, » il fallait qu'il fût exclu du conseil du duc ou qu'autrement ils n'enverraient plus de députés aux réunions des États. Le 16, le large conseil approuva cette résolution en n'y mettant pour réserve que le cas où le salut de la patrie exigerait le maintien de ce seigneur dans ses fonctions. A la suite de cette déclaration, le conseil ducal subit des modifications, et, le 20 juin, le chancelier fut remplacé par Ghislain de Sart [1].

En 1428, un furieux ouragan dévasta plus de 200 maisons à Bruxelles [2]. L'année suivante, un tournoi magnifique, accompagné de bals, de mascarades, fit oublier ce désastre [3]. Sur ces entrefaites, on reçut la nouvelle d'une attaque tentée par des soldats bourguignons sur la tour Montorgueil près de Dinant. Le duc de Bourgogne qui assistait à ces fêtes, ainsi que l'évêque de Liége, n'ayant pas nié sa participation à cette tentative, il s'en suivit une violente querelle entre lui et le prélat, qui quitta Bruxelles très-irrité [4].

Pour donner au pays l'espérance de voir se perpétuer la famille ducale et resserrer les liens qui l'unissaient à la France, il fut projeté de marier Philippe à Yolende, fille de Louis, roi de Sicile, duc d'Anjou, et une ambassade, accompagnée d'une forte escorte, partit pour la France au mois de juillet 1430; mais en route les ambassadeurs furent secrètement avertis que le duc était très-malade. Philippe en effet venait d'être atteint d'un mal inconnu, et la fréquence des paroxysmes faisait croire à un empoisonnement. Pour dissiper les rumeurs populaires, tous les docteurs en médecine de l'université de Louvain et des autres villes furent appelés à Bruxelles; leur avis fut que le duc avait un abcès à l'estomac et que le vomissement seul pouvait le sauver. Malgré tous les efforts de la science, il mourut à Louvain le 4 août, et, quatre jours après, les ambassadeurs qui avaient été chargés de négocier son mariage, revinrent pour assister à ses funérailles. La consultation ordonnée par les États n'ayant pas dés-abusé le peuple, il fut décidé que l'autopsie du cadavre serait faite par sept médecins et chirurgiens, et le résultat de leur opération confirma,

---

[1] *Boeck metten Haire.* — A Thymo, c. 14. — De Dynter, c. 236.

[2] Mss. de la Bibl. de Bourg. nº 10247.

[3] Monstrelet, liv. II, c. 54.

[4] *Chron.* Zantfliet, l. c., p. 420.

dit-on, le premier pronostic. Après avoir été embaumés, les restes du duc furent déposés au château de Louvain.

En attendant qu'ils eussent discuté les droits respectifs des prétendants au duché, les États maintinrent provisoirement dans leurs fonctions le chancelier et le conseil ducal. Il avait aussi été décidé que l'on continuerait à battre monnaie à l'effigie du souverain décédé, et que tous les officiers conserveraient provisoirement leurs offices; mais la ville de Bruxelles, le sire de Wesemael et quelques autres seigneurs s'opposèrent à ces résolutions, et la ville fit fermer la chambre des comptes et apposer les scellés sur le lieu de ses séances.

Deux prétendants se présentaient pour recueillir ce brillant héritage : Marguerite de Bourgogne, douairière du Hainaut et tante de Philippe, était la plus proche parente de ce prince; mais le duc de Bourgogne, était le représentant de la ligne masculine et de la branche aînée de sa maison. Aussi ses ambassadeurs n'eurent-ils pas de peine à l'emporter sur cette princesse, et, abandonnant son armée en France, il se hâta de venir lui-même prendre possession de la succession de son cousin. Le nouveau souverain fut inauguré à Louvain le 5 octobre 1430. Le lendemain, il conduisit le corps de son prédécesseur à Tervueren et, deux jours après, il fit son entrée solennelle à Bruxelles [1].

----

[1] De Dynter, c. 238 et suiv. — *Brab. Yeesten.*

CHAPITRE VI.

Philippe le Bon. — Charles le Téméraire.
— 1450-1476.

La réunion dès provinces belges entre les mains du puissant duc de Bourgogne, amena un changement complet dans la situation du pays. En Brabant, en Flandre, en Hollande, le pouvoir s'était déplacé. Des concessions sans nombre, les unes acquises à prix d'argent, les autres obtenues à force ouverte, ou en récompense de services rendus, resserraient l'autorité suprême dans des bornes fort étroites. Les magistrats des principales villes voyaient, au contraire, s'étendre chaque jour le cercle de leurs attributions; ils étaient à la fois conseillers de la couronne, puisque leur consentement était exigé dans les affaires de grande importance; représentants du peuple aux États; législateurs, puisqu'il était en leur pouvoir de modifier les lois locales; juges au criminel et au civil, en première instance pour leurs concitoyens, en appel pour les habitants d'autres localités; ils étaient, au besoin, les chefs militaires de leurs concitoyens, et répartissaient sur eux les impôts. Les ressources dont ils pouvaient disposer étaient immenses, tandis que le trésor ducal ne se remplissait souvent qu'à l'aide d'expédients ruineux ou vexatoires.

Le règne de Philippe le Bon ne fut qu'une longue lutte, tantôt patente, tantôt occulte contre la puissance des communes; mais plus adroit et plus prudent que ses prédécesseurs, il sut mener à bonne fin l'entreprise qui leur avait été si fatale. Ses rapports avec la ville de Bruxelles sont curieux à observer. Dans le principe, il n'éleva contre elle aucune prétention, mais il réorganisa toutes les institutions qui pouvaient lutter avec celles de la commune. Ainsi le conseil de Brabant, tribunal suprême du duché, la cour d'Uccle, qui étendait sa juridiction sur un grand nombre

de villages et de terres [1], la chambre des tonlieux, destinée à arrêter les empiétements des particuliers sur le domaine [2], la cour féodale, reçurent de nouvelles prérogatives et une nouvelle force. En 1441, il changea de conduite, son langage devint hautain et acerbe, et, de restrictions en restrictions, il arriva, en 1461, à diminuer considérablement les immunités communales. Il suivit une marche analogue avec la plupart des autres villes, et c'est là la véritable cause de ses sanglants démêlés avec Bruges et avec Gand.

Dans sa Joyeuse Entrée, les Brabançons avaient inséré une clause portant que leur pays ne serait pas engagé dans les guerres d'Angleterre et de Liége [3]. Par une addition à cette charte, ils demandèrent encore qu'une sévère discipline fût imposée à l'armée ducale, si elle traversait le Brabant, et que le souverain indemnisât les personnes lésées par ses troupes [4].

Le 30 décembre 1430, naquit au palais de Bruxelles un jeune prince qui reçut le nom d'Antoine; il fut baptisé à l'église de Coudenberg, le 18 janvier suivant, et tenu sur les fonts par le cardinal d'Angleterre, le comte de Cilly, l'évêque de Cambrai, Marie de Bourgogne, duchesse de Gueldre, et la comtesse de Namur. Cet enfant mourut le 31 septembre 1431, et fut enterré à Sainte-Gudule [5]. Un second fils d'Isabelle de Portugal, né à Gand, étant mort aussi en bas âge, cette princesse, effrayée de la perte de ses enfants, voua le troisième, Charles, né à Châlons en 1454, au Saint Sacrement en l'église de Sainte-Gudule, où, par ordre du duc, on célébra tous les ans, le 8 novembre, une messe pour ce jeune prince [6].

Le 27 janvier 1430, le duc fit grâce aux nobles bannis en 1421, et entre autres à Jean de Grimberghe, sire d'Assche, Réné Mours, Jean d'Yedeghem, Jean Pipenpoy, Melchior d'Arquennes, Jean Cappe [7]. Le 12 juin de l'année suivante, il déclara que la ville de Bruxelles ne payerait jamais que sa part dans les aides, alors même que les autres villes feraient

[1] Édit du 11 juin 1431. *Zwertboeck.*

[2] *Ibid.* du 16 août et du 22 décembre 1437. Martinez, *Recht Domaniael van Brabant*, tome I.

[3] Voyez le *Luyster van Braband*, l. c., bl. 65.

[4] *Ibid.*, l. c., bl. 78.

[5] Meyer, *Rerum Flandr.* — Haraeus.

[6] Numéro 205 de l'*Inventaire des Archives de la Cour des Comptes.*

[7] *Livres Noirs* aux *Archives du Royaume.*

valoir leur manque de ressources [1]. En 1457 (22 octobre), les magistrats, le conseil et les jurés des métiers décidèrent que la part de la ville dans les impôts généraux, serait dorénavant payée par le trésor de la commune, et qu'on n'imposerait plus, à cette occasion, les gens des lignages et des métiers [2].

Vers la fin de l'été de 1431, arriva à Bruxelles, Nicolas Albergati, cardinal de Sainte-Croix, chargé par le pape de réconcilier la France et la Bourgogne, et de travailler à mettre fin à la guerre sanglante qui, depuis vingt années, désolait le royaume des Valois. Son arrivée fut agréable au peuple et les efforts du cardinal eurent pour résultat la paix d'Arras, conclue en 1435 entre le roi Charles VII et le duc Philippe. Un tournoi eut lieu à Bruxelles à cette occasion [3]. D'un autre côté, la mort de l'empereur Sigismond (1437) qui avait fait revivre ses prétentions sur le duché de Brabant, termina les différends avec l'Empire [4].

La duchesse Isabelle de Portugal marqua les premières années de son règne en Brabant par la fondation d'une communauté de religieuses de l'ordre de Saint-Augustin, à l'endroit nommé Orsendael, où quelques femmes vivaient déjà dans le repos du cloître; elles reçurent une nouvelle règle et adoptèrent pour patrone celle de leur protectrice, sainte Élisabeth (1432) [5]. En 1454, la duchesse fit célébrer avec pompe à Bruxelles les funérailles de son père, le roi Ferdinand, qui venait de périr dans une bataille contre les Maures [6]. L'année suivante, Philippe le Bon y tint dans l'église de Sainte-Gudule un chapitre de la Toison d'or. Il n'y eut pas de création de chevaliers, parce qu'aucun de ceux nommés en 1429, lors de l'installation de l'ordre, n'était mort.

Un fait remarquable à étudier, c'est l'énergie, la persévérance que la commune, qui se sentait menacée par le pouvoir souverain, mit alors à défendre ses droits et les immunités de ses habitants. Malheur à celui qui portait sur eux une main téméraire; ni son rang, ni sa fortune ne pouvaient le sauver du châtiment. Au besoin, une troupe d'archers ou d'arbalétriers forçait à la soumission ceux qui croyaient pouvoir la braver impunément.

[1] *Luyster*, l. c., bl. 85. — [2] *Ibid.*, bl. 106.

[3] GYSELAER-THYS, *Additions et Corrections*, l. c., p. 85.

[4] DE DYNTER.

[5] Voyez la troisième partie.

[6] C. ZANTFLIET, l. c., p. 436.

La querelle avec les Malinois avait recommencé; la chaîne de Heffen avait été tendue de nouveau, et la défense de porter du grain à Malines renouvelée. Pour arrêter ce conflit, le duc chargea quelques députés des états du Brabant et des membres de la Flandre d'examiner cette affaire, et, en attendant leur avis, il donna ordre au sire d'Uutkerke, son gouverneur à Malines, et au sénéchal de Brabant, Jean de Hornes, d'annuler toutes les mesures hostiles prises par les deux villes (14 janvier 1452). Il se rendit ensuite à Malines, et ordonna aux deux parties de produire leurs titres. Les Malinois obéirent, mais les députés de Bruxelles et d'Anvers répondirent qu'ils n'avaient pas charge de le faire, et l'enquête ne put être poursuivie. Philippe, dont le pouvoir était alors encore trop limité pour qu'il osât prendre une décision vigoureuse, demanda aux Malinois, le 16 juillet 1452, qu'ils laissassent la navigation libre jusqu'au 1ᵉʳ octobre suivant, ajoutant que si, à cette époque, le différend n'était pas terminé, il ne les empêcherait plus de barrer la rivière.

Les deux parties n'ayant rien voulu rabattre de leurs prétentions, les Malinois, à l'expiration du délai fixé par le duc, tendirent la chaîne, et les Brabançons, par représailles, interdirent toute communication avec eux (5 octobre 1452). L'exécution de cette dernière ordonnance ayant attiré sur le maire de Campenhout et sur d'autres officiers la colère de Malines qui les condamna à diverses peines, Bruxelles bannit du Brabant les deux commune-maîtres et les douze échevins de la cité ennemie, pour aussi longtemps qu'ils n'auraient pas révoqué leurs sentences et fait un pèlerinage à Rome (14 octobre) [1].

Malines, que l'ammanie entourait de tous côtés, vit le prix des grains hausser rapidement et, pour mieux empêcher toute exportation, la commune bruxelloise plaça des gardes dans les localités circonvoisines. Les Malinois ainsi bloqués ne se laissèrent toutefois pas abattre, ils équipèrent une flottille qui combattit et mit en fuite les bateaux anversois stationnés sur le Rupel; puis, le 4 décembre, quelques-uns de leurs magistrats, à la tête d'archers et de piquiers, tombèrent à l'improviste sur un détachement bruxellois, qui occupait Ruysbroeck près de Willebroeck. Ils emportèrent le village et le cimetière, mais les Bruxellois se retirèrent dans l'église, où ils se défendirent avec opiniâtreté, précipitant sur les assaillants les battants des cloches qui en écrasèrent un grand nombre.

---

[1] *Wit Correctie Boeck* aux *Archives de la Ville*.

La nuit interrompit ce combat acharné, et força les Malinois à la retraite.

Ce n'était plus une simple querelle, c'était une vraie guerre ; aussi Philippe s'en montra-t-il vivement irrité. Il annula une seconde fois toutes les mesures prises par ces fières cités et, de concert avec elles, il ordonna que la chaîne d'Heffen fût ôtée en attendant une décision prise à l'amiable (12 janvier 1452, 1453 N.-S.). Cette résolution n'empêcha pas les Bruxellois et les Anversois de maintenir l'arrêt de bannissement qu'ils avaient porté contre les magistrats de Malines. Philippe, que d'urgentes affaires appelaient en Bourgogne, et qui était fort inquiet sur les suites de ce démêlé, ordonna aux habitants des trois villes de vivre en bonne intelligence (12 mai 1453), et leur promit de prendre une décision dans les trois semaines après son retour (26 mai). En effet, en 1454, il revint suivi de 600 cavaliers, et bien déterminé à faire cesser un conflit aussi nuisible aux intérêts du pays que préjudiciable à son autorité. A sa demande, les Malinois consentirent à laisser provisoirement la rivière libre [1], et il s'en suivit quelques années de calme.

Pendant cet intervalle de paix, Bruxelles obtint un octroi pour élargir et approfondir la Senne jusqu'à Vilvorde, et pour construire sur cette rivière autant d'écluses (*spoyen* ou *sluysen*), qu'il serait nécessaire. La propriété de l'ancien lit lui fut accordée et elle fut autorisée à acheter les terrains qu'il faudrait pour l'exécution de ces travaux (Lille, 24 juillet 1454). C'est alors que fut construite à Neder-Heembeek, une écluse appelée depuis l'*écluse dans la prairie*. On fixa pour jours d'ouverture des vannes, les mardis, jeudis et samedis ; on ordonna que les bateaux qui devaient y passer s'y trouvassent le matin avant onze heures ; le maximum de leur charge fut limité à trois lasts en hiver, et à un et demi en été. La ville acheta aussi un terrain près de l'écluse, appelé *in den Ham ten Huyskene*, où l'on embarquait les pierres extraites des carrières de Dieghem, d'Evere et de Melsbroeck, etc., et convint avec Vilvorde de partager, par moitié, le droit de place (*leggeld*) qui y était perçu (10 mars 1448, 1449 N.-S.). De temps immémorial, il existait sur la Senne une autre écluse près du moulin de Weerde, situé en aval de Vilvorde, et appartenant à l'abbaye de Grimberghe ; en 1424, on avait

---

[1] Tous les faits qui précèdent, et pour lesquels nous ne donnons pas de citation particulière, sont empruntés à l'ouvrage de feu Gyselaer-Thys, archiviste honoraire de la ville de Malines, *Additions et Corrections à la Notice sur les Archives de Malines*, tome II, p. 85 et suiv.

fait un règlement pour concilier les intérêts du propriétaire et des bateliers. Plus tard, d'autres mesures furent encore prises pour obvier aux dégâts que causaient les inondations. A la suite d'une enquête faite par les jurés du métier des bateliers et par quatre délégués du prince et de la commune, il fut résolu de creuser une dérivation à l'écluse dans la prairie, d'approfondir en ville le lit de la rivière afin de faciliter aux bateaux l'approche du quai ; il fut défendu d'y jeter de la terre ou des immondices, et l'on chercha les moyens de détourner le sable que les fortes pluies entraînaient avec elles des hauteurs d'Obbrussel [1].

La ville porta aussi ses regards sur l'amélioration de ses communications avec le Hainaut, car on se plaignait depuis longtemps des grands frais qu'occasionnait le transport, par chariot ou à dos de cheval, des marchandises en destination pour ce comté. Le 19 novembre 1456, Philippe accorda au magistrat l'autorisation d'approfondir la Senne, jusqu'aux frontières du Hainaut, de redresser son lit et de retenir les eaux au moyen d'écluses, à condition que l'entretien de ces ouvrages serait à sa charge et que les bateaux qui navigueraient sur la rivière payeraient les *geleyde* ou droit d'entrée et de sortie, outre un *ongelt* ou droit de navigation, dont les trois quarts appartiendraient au trésor ducal, et le quart restant à celui de la commune ; les bourgeois seuls devaient être exempts de ce tonlieu [2]. Mais ce projet, qui fut souvent repris, ne fut jamais exécuté.

La cherté des grains fit, en 1457, prohiber toute exportation de céréales. Il fut ordonné aussi de tuer tous les chiens qui seraient trouvés la nuit dans les rues; la chasse fut interdite comme préjudiciable aux récoltes [3]; on défendit les jeux des couronnes, ceux dits des chapeaux (*hoedespel*) et les repas de centeniers, et l'on apporta des restrictions à la faculté de brasser [4]. La première de ces mesures frappant les Malinois qui ne pouvaient qu'à grands frais s'approvisionner hors du Brabant, ils envoyèrent un vaillant archer, nommé Christophe de Berlaer, à la tête de quelques hommes armés, enlever du grain au moulin de Weerde. Quelques jours après, ils le chargèrent de se rendre à Opwyck, en Flandre, avec

[1] *Perkement Boeck metten Taetsen* aux *Archives de la Ville.*
[2] *Historia aquæductus Bruxellensis,* t. I, p. 7 Mss. de la Bibl. de Bourg.
[3] Ord. du 31 août 1457. *Zwertboeck.*
[4] Ord. du 5 mai 1138. *Ibid.*

douze archers et une trentaine de volontaires, pour y chercher du blé ; mais arrivée à Merchtem, la petite troupe de Christophe fut attaquée par les habitants de cette bourgade, et les archers, abandonnés par les volontaires, furent pris, enfermés dans un châtelet voisin et conduits ensuite, garrottés, à Bruxelles, où on les incarcéra à la Steenporte. Le chef malinois en se montrant aux soupiraux de son cachot, fut remarqué par une jeune fille, nommée Marie Keysers, qui visitait quelquefois le geôlier. Ce dernier ayant permis aux captifs de venir passer quelques instants avec sa famille, Christophe et Marie eurent occasion de se voir et de s'entendre. Celle-ci, décidée à tout braver pour sauver son amant, lui procura le moyen de prendre avec de la cire l'empreinte des clefs de la prison ; par son entremise il les fit imiter à Malines et, après douze semaines de captivité, il s'enfuit avec elle, escalada les murs et la conduisit dans cette ville. Cependant l'ingrat ne se vit pas plus tôt en sûreté qu'il refusa d'épouser sa libératrice, et il ne céda qu'aux représentations des magistrats, qui lui donnèrent une forte somme d'argent et lui assurèrent une rente viagère de vingt-deux florins [1]. Ces événements faisaient vivement sentir la nécessité d'un accord final entre Malines et les villes brabançonnes ; le duc ne voyant aucun moyen de décider la question, sans blesser l'une ou l'autre des parties, prolongea successivement le terme fixé pour le prononcé de l'arbitrage jusqu'au 1er janvier 1440, au 15 juillet 1441, et au 16 août 1442 [2].

La récolte de 1438 fit disparaître la famine ; mais, dit un chroniqueur contemporain, le peuple qui s'était passé pour ainsi dire de tout, ne vit pas plus tôt renaître l'abondance qu'il se jeta sur les aliments avec une voracité sans exemple. Il en résulta une mortalité considérable, plusieurs villages restèrent presque déserts et Louvain perdit une grande partie de sa population [3]. Pour arrêter les progrès de la maladie, le magistrat de Bruxelles publia un règlement, défendant, entre autres dispositions, de jeter des immondices dans les rues, de vendre, sans autorisation, des meubles ou des effets venant de l'extérieur ou d'une habitation infectée ; les maisons où étaient mortes des personnes attaquées de la contagion, devaient rester closes pendant huit semaines [4].

---

[1] GYSELAER-THYS, l. c , p. 121.

[2] *Ibid* , p. 149 et tome III, partie I, p. 9.

[3] IMPENS, *Chronic. Bethleem.*, L. V, fᵒ 206.

[4] Règl. du 7 août 1439. *Zwertboeck*.

Pendant sa longue lutte contre Malines, Bruxelles eut à combattre bien d'autres prétentions et bien d'autres attentats à ses libertés. Il nous suffira d'en citer quelques exemples pour prouver la puissance et l'énergie de nos ancêtres.

En 1453, l'abbesse de Nivelles ayant nommé à l'échevinage de cette ville deux habitants. Colart Martinal, bourgeois de Louvain, et Baudouin de Four, bourgeois de Bruxelles, les Nivellois refusèrent de les reconnaître, à moins qu'ils ne renonçassent à leur affiliation à la bourgeoisie de ces villes, et ils obtinrent de leur dame le remplacement de ces magistrats. Par la même raison ils firent aussi annuler l'élection d'un autre bourgeois de Bruxelles, nommé Pyraet Hebbe, qui avait été nommé juré de son métier. Informées de cette affaire, les deux villes s'adressèrent aussitôt au chancelier de Brabant pour revendiquer le maintien de leurs droits, disant qu'elles n'admettraient pas une pareille prétention pour mille *philippus*. Elles obtinrent en effet un arrêt interlocutoire qui consacra leurs prérogatives de chefs-villes, et les autorisa à poursuivre Nivelles en dommages et intérêts. Cet arrêt fut prononcé au palais de Coudenberg le 14 juin 1454 [1].

L'année suivante, des bourgeois de Bruxelles ayant été arrêtés dans cette même ville, le magistrat, auquel se joignit celui de Louvain, fit prier le maïeur ou maire de Nivelles de les mettre en liberté sous caution. Celui-ci était disposé à accéder à cette demande, lorsqu'un des receveurs communaux, Henri de Willenbroeck, non-seulement déclara s'y opposer, mais refusant d'entendre lecture des lettres des deux villes. et jetant à terre les copies qui lui avaient été adressées, menaça le maire et défendit au sergent (*vorster*) d'obéir à ce magistrat. Un pareil outrage ne pouvait rester impuni : dès qu'elle en eut connaissance, Bruxelles condamna l'audacieux receveur à deux pèlerinages, l'un à Rome, et l'autre à Saint-Jacques de Compostelle, rachetables chacun pour vingt florins du Rhin au profit des deux chefs-villes insultées, à deux années de bannissement du pays, et à dix années d'exclusion de toutes fonctions publiques (26 mai 1455). Willenbroeck ne s'étant pas soumis à cette condamnation et continuant à se montrer publiquement à Nivelles, il fut sommé, le 12 juin, d'obéir dans les huit jours, sous peine de bannissement perpétuel, et, comme il n'obtempéra pas encore à cette som-

---

[1] *Luyster*, bl. 95.

mation, le 23, il lui fut ordonné de partir dans les vingt-quatre heures, sous peine de mort. Il n'est plus fait mention de ce receveur dans les actes postérieurs, et l'on doit supposer qu'il ne poussa pas plus loin la résistance [1].

Peu de temps après, Bruxelles eut un autre différend avec la même ville. Henri Mostarde, Jean de Tourna, Jean de Traisengniez, Jean le Massart, Arnt del Rue, Franc des Preis, Pierrart le Bruns, Godefroid de Poillondor et Pierrart Bouda, ayant fait déclarer par les échevins de Nivelles nommés à la Saint-Jean 1458, qu'ils n'avaient aucune franchise (ou bourgeoisie) autre que celle de cette ville, la commune bruxelloise les condamna, le 25 juin 1459, à un pèlerinage à Bâle, comme coupables d'attentat à ses droits ainsi qu'à ceux du duc et de la ville de Louvain. Il leur fut enjoint de partir dans les quarante jours, ou de payer une amende de six florins. Cet ordre fut immédiatement exécuté [2].

Le magistrat ayant chargé un bourgeois nommé Walter de Rybay, d'une missive pour le sire Jean de Bomal, ce seigneur, soit qu'il eût quelque sujet de plainte contre le messager, soit qu'il fût excité par toute autre cause, le reçut, l'injure à la bouche, et, tirant son épée, s'écria : « Otez-vous de mes yeux ! » Loin de calmer cet emportement, son frère Louis et un nommé Jean de la Motte, qui assistaient à cette scène, se jetèrent sur Walter et le blessèrent grièvement. Le sire de Bomal était aussi bourgeois de Bruxelles, mais cette qualité ne pouvait le sauver du châtiment que méritait sa conduite. Il fut condamné à trois pèlerinages : à Sainte-Catherine au Mont-Sinaï, à Nicosie dans l'île de Chypre, et à Rome, rachetables le premier pour 150, le second pour 50, et le troisième pour 15 florins du Rhin; il dut en outre payer les frais du procès et indemniser le blessé. Quant à ses deux complices, on leur imposa un pèlerinage à Nicosie, et son fils Jean, qui avait appelé à Louvain les amis de Walter, afin d'arrêter la marche de la procédure, se vit condamner à un pèlerinage à Rome (1455) [3].

Jeanne de la Leck, dame de Hesewyck, prétendant avoir été volée par un bourgeois nommé Jean Schilder, envoya ses gens pour l'arrêter, et ceux-ci ne l'ayant pas trouvé, elle fit saisir ses biens; cette saisie ayant été levée sur les réclamations des magistrats, dans un accès de colère, elle ordonna à ses officiers de poursuivre le coupable, qui fut

---

[1] *Wit Correctie Boeck* aux *Archives de la Ville.* — [2] *Ibid.* — [3] *Ibid.*

arrêté à Gestel, par l'écoutète Henri Vosken, amené au château de
Hesewyck, torturé et pendu. Comme Gestel ne ressortissait pas à la
juridiction de Hesewyck, et qu'il y avait un tribunal d'échevins dépendant du souverain, Philippe le Bon confisqua les domaines de Jeanne de
la Leck, et le magistrat de Bruxelles de son côté saisit les biens de
l'écoutète qu'il bannit à perpétuité; tous ceux qui lui avaient prêté
leur concours, les échevins, le receveur et le greffier de Hesewyck,
furent bannis du pays pour aussi longtemps que leur maîtresse n'aurait
pas donné satisfaction au duc et à la ville (26 octobre 1435). Heureusement pour Jeanne de la Leck qu'elle avait de nombreux amis à la cour;
par leur intercession elle obtint de pouvoir venir plaider sa cause à
Bruxelles, et parvint à calmer le mécontentement du duc. Elle dut toutefois lui restituer le village de Schindel, et la moitié d'un autre (l'acte
ne le nomme pas) qu'elle tenait en garantie de sommes qui lui étaient dues
par le trésor ducal et dont elle donna quittance. Quant à la ville, elle
lui pardonna à condition qu'elle ferait amende honorable et enverrait
trois de ses officiers en pèlerinage, ou donnerait 150 florins à la veuve
de Schilder. Elle dut, en outre, payer à la commune 100 ridders pour
faire exécuter un grand vitrail au frontispice de Sainte-Gudule, entre les
deux *nouvelles* tours. Le 10 janvier 1436, l'écoutète de Hesewyck ôta
publiquement du gibet le corps du supplicié, et le remit à des députés
de la ville qui le firent enterrer dans un cimetière; la potence fut
abattue et remplacée par une croix en bois. Plus tard, à la demande de
l'écoutète, les députés autorisèrent l'enlèvement de cette croix, et la
paix fut scellée entre Jeanne de la Leck et les parents de sa victime
(12 février 1436) [1].

Le magistrat d'Anvers ayant, en 1457, condamné à une amende de
150 marcs d'argent son ancien secrétaire, maître Jean Pot, qui était
devenu bourgeois de Bruxelles, le magistrat de cette ville invalida la
sentence, disant que ses subordonnés n'étaient justiciables que de son
tribunal. Les Anversois de leur côté soutinrent que la condamnation de
Pot était légale, puisqu'elle était antérieure à son admission dans la
bourgeoisie de Bruxelles, et le différend devint assez sérieux pour que
le duc, afin de l'apaiser, renonçât, le 21 juillet, à sa part dans l'amende;
et pour que la ville d'Anvers consentit, le 1er août, à annuler le juge-

[1] *Luyster*, bl. 100.

ment, en faisant réserve de ses droits [1]. Un débat de la même nature ayant encore eu lieu à l'occasion de condamnations prononcées par le magistrat d'Anvers contre quelques bourgeois de Bruxelles, demeurant dans le marquisat, les deux villes nommèrent des députés qui conclurent, le 21 juin 1457, un accord portant que les bourgeois de Bruxelles ne pourraient être soustraits à la juridiction de leurs magistrats, à l'exception du cas où ils auraient attaqué les priviléges d'Anvers ou méfait en présence de ses magistrats [2].

Suivant sa politique de temporisation, Philippe le Bon intervint, dans toutes ces affaires, non comme souverain, mais comme médiateur. Les villes alors avaient encore le langage fier et les allures indépendantes; Bruxelles, on a dû le remarquer, dans toutes les contestations dont nous venons de parler, vit prévaloir ses droits et l'on ne peut douter qu'en prononçant en sa faveur, le duc cherchait à ménager la plus puissante ville du Brabant.

En 1438, à la suite d'une émeute occasionnée par le supplice de quelques meurtriers, on défendit aux femmes de venir sur le marché lors des exécutions, sous peine de confiscation de la meilleure partie de leurs vêtements [3]. En 1441, il leur fut interdit d'aller boire dans les tavernes (ou cabarets); les femmes étrangères à la ville et les pèlerines étaient exceptées de cette mesure [4].

Le 4 mai 1438, il y eut sur le marché un magnifique tournoi, où combattirent le duc lui-même et 255 lances; on n'y avait admis que des nobles ayant quatre quartiers de noblesse. Le prix de vaillance fut donné à Simon de Lalaing [5]. Ces fêtes brillantes, dans lesquelles Philippe se plaisait à paraître et à étaler le faste de sa maison, donnèrent à Bruxelles un aspect nouveau, et contribuèrent à la rendre digne de devenir la résidence d'un des plus puissants princes de la chrétienté.

La population de Bruxelles à cette époque peut être évaluée à plus de 60,000 âmes. Un recensement de 1435 lui donne 6576 foyers, dont 670 n'étaient pas imposables. Les autres villes étaient loin d'être aussi

---

[1] *Boeck metten Cnoope,* f° 300. — [2] *Luyster*, bl. 104.

[3] 18 juillet 1438. *Zwertboeck.* — [4] 10 mai 1441. *Ibid.*

[5] OLIVIER VAN DIXMUDE, *Merkwaerdige gebeurtenissen* (chronique contemporaine publiée par Lambin, archiviste d'Ypres), p. 166. Le *Boeck der Tyden*, p. 200, place ce tournoi en l'an 1439 et porte à 226 le nombre des combattants; GRAMAYE (*Bruxella*, p. 4) donne l'an 1441.

peuplées : ainsi on ne comptait que 5440 foyers à Louvain, 5906 à Anvers, 2883 à Bois-le-Duc, 797 à Léau, 1550 à Lierre, 1601 à Tirlemont, 2046 à Diest et 1148 à Nivelles [1]. Il conste d'une bulle du pape Eugène IV que la paroisse de Sainte-Gudule avait à elle seule 8000 communiants [2]. Le quartier de la Chapelle était encore plus populeux, à en juger du moins par les désastres que causa l'incendie de 1405. On voit cependant par trois ordonnances du 2 mai 1456 que la population diminuait, que les maisons tombaient en ruine, et que la ville marchait à grands pas vers sa décadence, par suite du peu de commerce qui s'y faisait et des charges énormes qu'elle avait à supporter. La première de ces ordonnances facilita le rachat des cens qui grevaient les propriétés. La seconde autorisa le libre exercice du commerce en gros, en interdisant aux négociants la vente en détail, et les travaux manuels; ceux qui profitaient de cette faculté devaient, en cas de guerre, partager la charge du service avec les membres d'un lignage, ou d'un métier, selon leur extraction. Il fut résolu aussi de ne plus augmenter les droits de réception à la maîtrise ou à l'apprentissage dans les métiers, parce que leur élévation forçait déjà beaucoup de personnes à quitter la ville pour aller ailleurs apprendre un état. On abolit en même temps plusieurs emplois et l'on réduisit les appointements attachés à diverses places. Par la troisième ordonnance, il fut statué qu'aucun habitant de Bruxelles ne pourrait être saisi, lui ni ses biens, pour les dettes d'un pays, d'une ville ou d'une personne quelconque, à moins qu'il ne se fût personnellement constitué caution [3]. L'année suivante, les prélats et tous les ecclésiastiques furent formellement autorisés à acquérir des immeubles en ville pour y demeurer ou y loger d'autres personnes [4].

Nous ne savons jusqu'à quel point il faut admettre les plaintes que faisait entendre l'autorité communale; d'autres témoignages semblent au contraire attester le progrès. A la vérité, la draperie était menacée d'une ruine complète; en vain pour la relever rendit-on la vente des

---

[1] Voyez *Bibliothèque des Antiquités belgiques*, par Marshall et Bogaerts, 1er cahier. — De Reiffenberg, *Statist. ancienne de la Belgique*, 2e partie, p. 39. — *Brabantsche Yeesten*, édit. Willems.

[2] *Opera Diplom.*, t. IV, p. 66.

[3] *Wit Correctie Boeck.*

[4] 21 août 1137. *Ibid.* — *Boeck metten Haire.*

draps facultative à tous [1]; en vain prohiba-t-on l'exportation des laines [2]; en vain astreignit-on les marchands à ne pas vendre plus d'étoffes étrangères que de produits de la ville [3], la guerre entre la France et l'Angleterre, en interrompant les communications commerciales, et en la privant de la matière première, tua cette industrie qui, pendant des siècles, avait été une des principales sources de la richesse du pays. Mais, pour Bruxelles, cette perte était compensée par de nombreux avantages et beaucoup d'industries de second ordre étaient alors des plus florissantes.

Quant à la situation financière de la commune, des témoignages irrécusables prouvent que ses charges étaient loin de dépasser ses ressources. Si les émoluments des magistrats, des employés, des tireurs à gages, l'entretien des édifices, des fortifications, des rues, des autres propriétés communales, le payement des intérêts des rentes, les frais extraordinaires pour ambassades et pour fêtes, les aides fournies au duc, en absorbaient une grande partie, il lui en restait suffisamment encore pour entreprendre de nouveaux travaux d'embellissement et d'utilité publique. Les accises seules rapportaient plus de 15,000 livres, savoir : le vin 5000 livres, la bière 150 livres par semaine ou 7800 par an [4], l'hydromel 500, les draps mis aux rames ou séchoirs publics 500, les toiles 100, le pain 200, le drap vendu en détail 500, les peaux 200, le poisson 100, le hareng 500, le vinaigre 80, les plumes 80, les blanchisseries 90, la viande 500. Si l'on y ajoute la taxe levée aux portes, le droit de bourgeoisie, l'affermage des maisons, des caves, des terres, des moulins, des fossés et des remparts appartenant à la ville ainsi que tous les autres produits de moindre importance, on se convaincra que, pour cette époque, les revenus de Bruxelles devaient être considérables.

Philippe le Bon eut bientôt apprécié l'importance de la situation de cette ville, placée au cœur de ses provinces belgiques, entre la France et l'Allemagne. De là son œil actif et pénétrant dominait le Brabant, surveillait la Flandre, la Hollande, la Gueldre, le pays de Liége; quelques journées de marche le rapprochaient au besoin de la mer d'Angleterre

---

[1] Ord. des magistrats du 5 août 1441. *Wit Correctie Boeck.*

[2] Ord. des villes du Brabant du 24 mars 1436. *Zwertboeck.*

[3] Ord. du 22 juin 1443. *Wit Correctie Boeck.*

[4] Selon un mss. de la Bibl. de Bourg. (n° 11641), l'accise sur la bière fut en 1444 affermée pour 57,000 florins.

ou des frontières françaises. Aussi en fit-il sa résidence ordinaire, et ce fut pour Bruxelles un nouvel élément de splendeur et de prospérité. Par ses ordres, le palais des ducs de Brabant fut restauré et agrandi; mais comme sa détermination devait être profitable aux Bruxellois, il eut soin de leur imposer une grande partie des frais occasionnés par ces travaux. Le parc, qui s'était insensiblement agrandi depuis le règne de Jean III, reçut, en 1431, de considérables accroissements; à cet effet les prélats brabançons accordèrent un subside de 4000 couronnes [1] et la ville effectua de nombreux achats de terrain [2]. Le parc s'étendit alors depuis l'ancienne porte de Sainte-Gudule, jusqu'aux portes de Louvain et de Coudenberg; il fut entouré de murs et peuplé de gibier. Philippe le Bon avait chargé, en 1431, son architecte Boucquet de Latre de diriger la reconstruction du palais [3]. Quelques années après, la ville fit bâtir, à ses frais, la grande salle et dépensa pour cet objet des sommes considérables; on la vit même, pour conserver la faveur du souverain, se charger de la construction de l'hôtel du sire de Croy, situé vis-à-vis de l'église de Coudenberg [4]. La fondation du couvent des Chartreux fut encore une obligation indirectement imposée à Bruxelles pour retenir le duc dans ses murs.

On travaillait alors avec beaucoup d'activité à l'achèvement de Sainte-Gudule, à la reconstruction de la nef de la Chapelle, brûlée en 1405, à la bâtisse de Notre-Dame du Sablon, à l'agrandissement de la plupart des autres édifices religieux. Quelques quartiers s'embellissaient considérablement; les nobles, les prélats, mettaient à honneur de posséder une habitation élégante dans la capitale; le goût du luxe pénétrait dans la bourgeoisie, et la voirie recevait, par les soins des magistrats municipaux, de continuelles améliorations. En 1440, on commença la construction du grand bâtiment occupant la face orientale du marché, en même temps que l'on travaillait à l'achèvement de l'hôtel de ville.

Ce qui perpétue encore à Bruxelles le souvenir de Philippe-le-Bon, c'est la *librairie* ou bibliothèque, qu'il y fonda. Royale et magnifique entre toutes, la collection de manuscrits de la bibliothèque de Bourgogne

---

[1] Diplôme du duc du 17 octobre 1430. DE DYNTER, L. V, c. 17.

[2] Résolution de la commune en date du mois de décembre 1430. *Livres Noirs* aux *Archives du Royaume.*

[3] SCHAYES, *Mémoire sur l'architecture ogivale en Belgique*, p. 147.

[4] *Perkement Boeck metten Taetsen.*

montre avec orgueil les trésors que lui procurèrent les libéralités de celui que les nations appelaient *le grand duc d'Occident :* ces poëmes de chevalerie, ces traités de morale, ces livres de théologie, copiés à grands frais, traduits souvent par des écrivains à gages, et enluminés par les Van Eyck et les meilleurs de leurs élèves, ces trésors d'art et d'intelligence, sont aujourd'hui tout ce qui nous reste de la cour la plus brillante de cette époque.

Tout en favorisant le bien-être matériel de Bruxelles, Philippe ne perdait pas de vue les projets qu'il méditait depuis longtemps contre ses libertés. Ce fut en 1441 qu'il commença son système d'agression contre les immunités communales, système qu'il poursuivit avec fermeté et prudence, mais qui devait préparer bien des embarras à ses successeurs. Les empiétements des villes sur la juridiction féodale furent arrêtés par une ordonnance rédigée en mai 1441, dans une assemblée de ses vassaux brabançons, et renouvelée en 1446 [1]. Puis il institua près de son conseil en Brabant un procureur général chargé de faire les poursuites nécessaires sur toutes les causes relatives aux officiers du duché. Sur les représentations des États qui déclarèrent ce nouvel office contraire à leurs priviléges, il en promit l'abolition [2], mais il éluda constamment l'exécution de cette promesse.

Le 5 mars 1444, le jeune comte de Charolais, alors âgé de dix ans, posa la première pierre de la tour de l'hôtel de ville [3], sur laquelle, en 1454, fut placée la statue en cuivre de saint Michel. Le duc, qui était alors occupé à conquérir le Luxembourg, fut, à son retour à Bruxelles, reçu par son fils et d'autres jeunes gens de son âge : Jean de la Trémouille, Philippe de Croy, Guy de Brimeu, Charles de Ternant, Philippe de Crèvecœur, Philippe de Wavrin, etc., tous montés sur de petits chevaux. Avec cette brillante cavalcade marchaient les magistrats et les métiers qui conduisirent le souverain jusqu'au palais où la duchesse Isabelle lui présenta Catherine de France, fiancée au jeune comte de Charolais. Aux combats succédèrent les fêtes, et ce ne fut alors que repas, joutes, mascarades et bals [4]. En 1444, entre autres, il y eut sur la grand'place, qui était ornée d'allées d'arbres fruitiers et où l'on voyait

---

[1] *Placards de Brabant,* t. I, p. 211.
[2] 22 novembre 1445. *Boeck metten Haire.*
[3] Chronique mss. aux *Archives du Royaume.*
[4] OLIVIER DE LA MARCHE. L. I, c. 13.

une statue de femme jetant du vin par le sein, une grande joûte dont cinq joyaux d'or furent les prix [1]. Pendant le carême suivant, d'autres joûtes eurent lieu « sans toille, sans fiens ou sablon, en un lieu devant » l'hostel du prince que l'on appelle les bailles. » Les fêtes reçurent un nouvel éclat de la présence du comte de Wurtemberg et de Montbéliard qui vint visiter le duc avec une suite de 100 à 120 chevaux [2]. Le 14 juin 1445, la ville donna un grand tir à l'arc, auquel assistèrent, entre autres, les serments de Malines, qui saisirent cette occasion pour rétablir leurs liaisons avec leurs voisins [3].

Un nommé Jean Molqueman ayant été arrêté dans la forêt de Soigne par les sergents de l'ammanie, amené à Bruxelles et mis à mort, le duc considéra cet acte comme un empiètement sur ses droits. Il accusa le magistrat d'avoir acquitté plusieurs personnes mises en jugement par ses officiers pour des crimes ou des délits commis avant leur admission dans la bourgeoisie; d'employer leurs lettres de transfert à cacher de faux contrats et d'attirer à eux la connaissance de toutes les causes en matière de succession. C'est dans ce but, prétendait-il, qu'avait été dressé un nouveau règlement réduisant les frais à un chiffre insignifiant, et prolongeant d'un an à trente, le délai pendant lequel devait être fait, sous peine de nullité, l'acte d'adhéritance; c'était pour empiéter sur l'autorité souveraine que la commune n'avait aucun égard aux lettres de grâce qu'il avait accordées à des individus bannis de la ville, « laquelle chose, disait-il, nous semble » étrange et mal fondée, pourquoi désirons de voir vos priviléges, afin » que nous puissions une fois savoir comment ils (nos officiers) se doi- » vent gouverner avec vous. En outre, ajoutait-il, quand question s'est » autrefois émue entre vous à cause de vos droits à votre entendement et » nos officiers, soutenant notre hauteur et seigneurie pour aucun fait » particulier de quelques bourgeois, ou que lesdits officiers n'aient point » été de votre avis, obéissants à vos commandements, vous avez corrigé » nosdits officiers par plusieurs fois et de grosses corrections, sembla- » blement les officiers de nos vassaux et subjets, de quoy sommes assez » émerveillés *d'où vous peut venir* la correction de nos dessus dits officiers, » vu que icelle n'appartient qu'à nous ou à notre conseil en notre

---

[1] Chronique aux *Archives du Royaume.*
[2] OLIVIER DE LA MARCHE, l. c.
[3] GYSELAER-THYS, t III, partie I, p. 24.

» absence, considéré aussi qu'en cette qualité en débattant votre droit
» contre le nôtre, vous vous faites juge et partie, vu que icelle même
» autorité de justice dont vous usez vient de nous et non point de vous,
» et quand un bourgeois devient notre officier, l'affranchissement de sa
» bourgeoisie cesse pendant ce temps, et votre autorité de le corriger.
» Que plus est, sommes émerveillés des autorités que vous entreprenez
» contre nos officiers et subjets que vous allez prendre prisonniers, non-
» seulement en votre banlieue ou entre notre ammanie de Bruxelles,
» mais hors d'icelle et par tout le Brabant, sous nous ou sous les terres
» des vassaux, sous titre que les prisonniers aient dit ou fait quelque
» chose contre vous, et iceux prisonniers menez prisonniers en notre
» ville de Bruxelles et en disposez à votre plaisir, qui est chose étrange
» et contre le privilége de l'Entrée, que vous ramentenez à toutes heures.
» Car posez ores qu'il vous fût chose loisible de prendre prisonniers
» ès lieux et places dessusdits, ce que ne trouvons pas, ce le devriez
» laisser. » A cette acerbe admonition le magistrat répondit par la production des priviléges de la commune; mais on les écarta parce qu'ils
étendaient sa juridiction au détriment de celle du prince, et l'on demanda
à la députation qui était allée trouver le duc à Louvain, comment il se
faisait que le magistrat se permît de dresser des statuts sans la participation de l'amman; on l'accusa d'appeler au prononcé des jugements les
membres du lignage ou du métier de l'accusé, et d'avoir changé le mode
de nomination des magistrats plébéiens. Les vues de Philippe étaient
manifestes; mais la commune ne voulut pas risquer dans une lutte,
inégale du reste, les avantages qu'elle retirait de sa nouvelle position.
Elle paya une amende de 12,000 ridders, et se soumit à la décision que
prendraient les commissaires nommés pour examiner ses priviléges. Elle
renonça, en outre, à toute juridiction sur la forêt de Soigne, sur le droit
forestier et sur les fiefs. A ces conditions, Philippe la reçut en grâce;
par un acte, daté de Lille le 51 mars 1446 (1445 V.-S.), il lui pardonna
tout ce en quoi elle pouvait avoir méfait, et, le 10 avril suivant, le magistrat promit de se conformer aux conditions qui lui étaient imposées [1].
Déjà, quelques jours auparavant, il s'était engagé à payer, pour le duc,
à la duchesse Élisabeth de Gorlitz, une rente viagère de 1000 florins [2].

---

[1] *Luyster,* l. c., bl. 112.
[2] 20 mars 1445 (1446 N.-S.). *Perkement Boeck metten Taetsen.*

La mort de Catherine de France, décédée en 1447 et enterrée avec grande pompe dans l'église de Sainte-Gudule, répandit quelque tristesse à la cour ; mais le mariage d'une fille naturelle du duc, Marie de Bourgogne, avec le sire de Chauny [1], et un brillant tournoi dans lequel se distingua le Brugeois Adornes (1448) [2], firent oublier la perte de la fiancée du comte de Charolois.

En 1448, Bruxelles obtint du pape l'autorisation de faire dire la messe, en cas d'interdit, sur un autel portatif dans la maison de ville, en présence des clercs et des valets, mais portes closes et sans sonnerie. Le souverain pontife permit aussi, en pareil cas, l'administration des sacrements aux malades dans la ville et dans l'ammanie, et confirma aux magistrats la direction des hospices, hôpitaux, léproseries, etc [3]. Un grand nombre de règlements datent de cette époque. C'est alors que furent organisés la *Suprême Charité* et le conseil des Chefs-Tuteurs, administrations composées de quelques membres sortant du magistrat, et destinées, la première à veiller sur les hospices, hôpitaux et fondations pieuses, la seconde à surveiller les tuteurs des orphelins et à gérer gratuitement les affaires des enfants pauvres. On institua aussi un contrôleur des comptes des hôpitaux, hospices et biens des orphelins, aux gages de trois livres [4].

Un berger sexagénaire, nommé Pierre d'Assche, qui habitait Mortenbeke, avait, en 1445, planté un tilleul et deux épines dans la plaine entre Molenbeek et Anderlecht, au lieu dit Ten Schote, ou Scheut, fameux par la bataille de 1356, et, deux ou trois ans après, il plaça sur un de ces arbres une petite statue de la Vierge, que les passants se plurent à orner de fleurs, de fruits et de cierges. La ferveur religieuse qui se manifestait alors dans les esprits, enfanta bientôt des miracles pour donner à cet endroit une célébrité qu'il conserva longtemps. On prétendit que le jour de la Pentecôte 1449, une grande clarté avait environné tout à coup cette statue, et il n'en fallait pas davantage pour attirer à Scheut une affluence considérable de pieux visiteurs ; en huit jours on en compta plus de dix mille, et la multiplicité des offrandes fut telle qu'il

---

[1] OLIVIER DE LA MARCHE, L. I, c. 17.

[2] CUSTIS, cité dans le Mss. de la Bibl. de Bourg., n° 17121.

[3] *Bulles des ides d'octobre* 1448. *Zwertboeck*, f° 284.—*Ann. B. Gudilæ*, t. XIII, c. 28. — PUTEANUS, p. 99.

[4] Ord. de 1446. *Boeck metten Haire*, f° 148.

fallut plusieurs personnes pour les recevoir. Alors vint une femme, qui prétendit que la Vierge, lui apparaissant en vision, avait déclaré qu'elle voulait être honorée en ce lieu sous le nom de Notre-Dame de Grâce, et l'on ne tarda pas à y voir des aveugles recouvrer la vue, des muets recouvrer la parole, des malades de toute espèce recouvrer la santé. Entrainé par l'enthousiasme général, ou voulant en tirer parti, le magistrat de Bruxelles proposa d'élever à Scheut une chapelle dont les offrandes couvriraient les frais de construction et d'entretien. Il nomma des députés qui s'abouchèrent à cet effet dans le couvent des Carmes, avec des délégués du duc et de l'évêque. Ce dernier était d'avis que la statue miraculeuse fût transportée à Anderlecht; mais la proposition du magistrat prévalut, et les autorisations nécessaires ayant été délivrées par le duc, le prélat et le curé d'Anderlecht, on commença les travaux de cet édifice dont le comte de Charolois posa, en 1450, la première pierre. Le 16 avril, l'archevêque de Reims accorda des indulgences à ceux qui viendraient y prier; et, pendant quelque temps, la dévotion y fut si grande qu'il devint nécessaire de bâtir dans le voisinage des auberges, qui furent abattues dans la suite; la cherté des denrées qui survint et les ravages de la guerre refroidirent cette ardeur, et, d'un autre côté, l'évêque, dont l'avis n'avait pas été suivi, traîna en longueur la consécration de la chapelle [1].

Le prix du grain s'éleva, en 1450, à 12 sous le setier; la ville en acheta une grande quantité et le revendit à un tiers en moins [2].

En 1451, Nicolas de Cusa, cardinal de Saint-Pierre ès liens, arriva à Bruxelles, venant de l'Allemagne où il avait été envoyé par le pape pour rétablir la discipline monastique. Il fut reçu en grande pompe par le duc qui alla à sa rencontre à une demi-lieue hors de la porte de Louvain [3].

La même année, Philippe le Bon demanda une aide aux États qui lui accordèrent 144,000 philippus ou ridders, et 6000 pour la duchesse, le tout payable en six années; mais il dut s'engager, entre autres choses, à exempter autant que possible le Brabant du passage des gens de guerre [4].

---

[1] VOET, liber fundationis Carthusiæ Bruxellensis.—DE WAEL, Collectanea rerum gestarum et eventuum Carthusiæ Bruxellensis. Mss. de la Bibl. de Bourgogne. — SANDERUS, Chorog. sacra Brab. t II, p. 350.

[2] Mss. nos 17121 et 11641.

[3] Amplissima collectio, t. IV, p. 1222.

[4] 20 septembre 1451. Plac. de Brabant, t. II, p. 2.

Un autre acte régla la levée de la taxe et fixa à 3000 philippus la part des abbayes dans la quote annuelle de l'aide [1]. Le duc promit que le pays serait exempt de toute aide nouvelle pendant six années, à moins d'événement extraordinaire, et déclara que, pendant le même laps de temps, le drossard et le maître des garennes n'augmenteraient pas le nombre de leurs subordonnés. Il s'engagea en outre à ne pas permettre aux bannis de rentrer dans le duché, et, comme le marché hebdomadaire de Bruxelles n'était pas assez fourni, il arrêta, le 4 mars 1452 (1451 V.-S.), qu'il y aurait tous les vendredis un marché franc où les denrées et les marchandises de toute espèce pourraient être apportées [2].

Le comte de Charolais ayant atteint l'âge de 18 ans, son père résolut de lui faire accomplir ses premières armes, et, à cet effet, fit crier une joute. A la demande de la duchesse, trois jours avant la fête, le jeune prince s'essaya dans le parc contre Jacques de Lalaing, *le bon chevalier*. Le tournoi eut lieu sur la Grande Place, le premier dimanche du carême 1452; le comte rompit dix-huit lances, et remporta le prix que les dames lui remirent [3].

Bientôt après, le courage du jeune prince fut mis à de plus sérieuses épreuves. Philippe voulant établir en Flandre un impôt sur le sel, les Gantois coururent aux armes et commencèrent cette lutte terrible dans laquelle ils déployèrent une bravoure et une énergie dignes d'un meilleur sort. Plusieurs députations des états de Flandre vinrent à Bruxelles pour essayer de fléchir le duc; mais toutes leurs tentatives furent inutiles et les atrocités dictées par sa vengeance donnèrent lieu à d'horribles représailles. Touchés des malheurs de cette guerre, les Bruxellois écrivirent aux Gantois pour les exhorter à la soumission, en promettant que leurs magistrats et les états du duché feraient tous leurs efforts pour calmer le duc et l'amener à de meilleurs sentiments. Les Gantois les remercièrent et leur demandèrent la continuation de leurs bons offices; mais Philippe fut inexorable et ce ne fut que lorsqu'il eut vu 15,000 de ses sujets égorgés dans les plaines de Gavre qu'il comprit tout l'odieux de sa conduite [4].

Le 24 juillet 1455, Bruxelles prêta au duc 16,200 ridders et

[1] Même date. *Ibid.*, t. IV, p. 388.—*Luyster*, bl. 120.

[2] *Registre des Chartes de la Cour des Comptes* marqué G., coté n° 111.—*Diplom. belg.*, Mss., t. XVI.— *Boeck metten Cnoope*.

[3] OLIVIER DE LA MARCHE, t. I, c. 22.

[4] DESPARS.— MEYER.— *Chron. van Vlaenderen*.

reçut en engagère, outre plusieurs redevances qu'elle devait au domaine, le moulin à braie, les deux moulins du Borgval dits l'Antérieur et le Postérieur, le *Ruysschemolen;* le tiers du moulin dit *de Scherrewerre- molen,* dont elle avait déjà acheté les deux autres tiers, le moulin dit *Nieuwmolen* à Saint-Gilles avec toutes ses dépendances, le moulin à Ten-Noode, estimés, tous ensemble, 948 livres 3 sous 2 deniers, ou 5054 ridders d'or [1], les cens payés pour les denrées et les marchandises exposées en vente sur la Grande Place et dans les rues avoisinantes [2].

Pendant la guerre de Gavre, le magistrat défendit aux jurés des métiers de s'adresser à d'autres qu'à lui lorsqu'ils voudraient obtenir quelque faveur pour leur corporation [3]. Il divisa la ville en vingt et une sections : onze dans les anciens murs et dix dans la nouvelle enceinte, et établit dans chacune d'elles huit personnes chargées de diriger les secours en cas d'incendie et de le prévenir en cas de trouble [4]. Il fut aussi décidé que lorsqu'un des soixante confrères du grand ser- ment de l'arbalète deviendrait incapable de servir activement, il serait pourvu à son remplacement, et l'on rappela les dispositions qui leur prescrivaient d'être domiciliés en ville et leur défendaient de s'absenter sans autorisation [5].

Quelques bourgeois de Liége ayant été arrêtés illégalement par le sire de Haubourdin, bâtard du comte de Saint-Pol, pendant que le duc s'était rendu en Allemagne, Bruxelles intervint en faveur des prison- niers, et les fit non-seulement rendre à la liberté, mais encore remettre en possession des effets qui leur avaient été volés [6].

La ferveur religieuse excitée par la statue de Notre-Dame de Scheut, s'étant ravivée en 1455, on conçut le projet d'y fonder un monastère, et tous les ordres religieux se disputèrent la faveur d'obtenir la propriété de la chapelle. Le magistrat ne savait à quelle communauté donner la préférence, lorsque l'amman Jean d'Enghien, sire de Kestergat, proposa

---

[1] Expertise faite en 1453. *Archives de la Chambre des Comptes,* n° 437. — Le moulin de Ten-Noode fut immédiatement rendu au duc, qui séjourna à plusieurs reprises dans ce village ; les autres furent restitués gratuitement à son fils en 1469.

[2] *Livres Noirs* aux *Archives du Royaume.*

[3] 15 juin 1453. *Luyster,* bl. 169.

[4] Janvier 1454. *Boeck metten Haire.*

[5] 18 avril 1453. *Ibid.*

[6] C. ZANTFLIET, l. c., p. 436.

les Chartreux, et cette proposition fut appuyée par le secrétaire Adrien Dullaert qui fit remarquer que Scheut, par son éloignement de la ville, ne convenait à aucun ordre mendiant, et que si l'on y établissait les frères mineurs de l'observance, il en résulterait des querelles entre eux et les récollets. Ces considérations et l'affection que l'on savait portée aux Chartreux par le duc, décidèrent le magistrat. Dullaert, à qui l'on adjoignit le pensionnaire P. Vanderheyden (A. Thymo), Jean de Mol, Amelric Was, et plus tard l'architecte Gilles Joes, s'aboucha avec les prieurs d'Enghien, de Gand et d'Anvers, délégués par le chapitre de l'ordre, et, le 22 mars 1455, le conseil de la commune vota la fondation d'une chartreuse qui serait dotée des biens des Saccites et occupée par sept religieux, jouissant des mêmes libertés et exemptions d'accises que les autres monastères. Les travaux de construction dirigés par Joes commencèrent au mois d'avril suivant, et une députation composée du conseiller ducal Henri Magnus, de l'amman, du bourgmestre Thierry de Mol, de l'échevin Nicolas de Heetvelde, des receveurs Jean et Siger de Mol, des conseillers Jean Cambier et Godefroid de Bossere, et du secrétaire Dullaert, alla en demander la consécration à l'évêque qui ne voulut la donner qu'au prix d'une forte somme d'argent. Il en chargea l'évêque de Ross, Denis, suffragant de Liége, qui exécuta cette commission le 8 septembre, et reçut de la ville, à cette occasion, un don de vingt florins du Rhin et du vin. Comme la peste, les guerres et la cherté des denrées avaient diminué les offrandes, le conseil, malgré l'opposition des receveurs, accorda, le 27 avril 1456, à la Chartreuse, un subside de 500 florins [1], et, au mois d'août suivant, il vota encore 100 florins pour acquisition d'outils et de matériaux. Enfin, le 14 octobre de la même année, une charte scellée par la ville abandonna aux Chartreux : 1° la propriété de la maison des Saccites dans la *longue chaussée* derrière et à côté de la chapelle de Sainte-Marie-Madelaine, avec toutes ses dépendances ; 2° tous les meubles, revenus et droits appartenant à ces religieux et rapportant annuellement 4 muids de froment, 81 de seigle, 15 d'avoine, 17 livres 1 sou 6 deniers gros de Brabant ; 3° la chapelle de Scheut, ses biens, revenus, maisons, joyaux, meubles, etc. Les religieux ne pouvaient, sans l'autorisation de la commune, dépasser le nombre

---

[1] En 1456, le Chapitre des chartreux ordonna qu'annuellement il serait fait, dans toutes les maisons de l'ordre, une trentaine en mémoire de ce bienfait.

de vingt; il ne leur était permis d'acquérir des biens dans le quartier de Bruxelles que jusqu'à concurrence de 200 ridders d'or de revenu annuel, et il leur était interdit d'aliéner ou de bâtir aucun édifice important. Les religieux, de leur côté, s'engageaient à entretenir la chapelle et à y célébrer des messes, à la Pentecôte, en commémoration de la fondation de la Chartreuse, le jour de la nomination des échevins pour appeler l'aide du Saint-Esprit sur leur administration, la veille de Saint-Jean-Baptiste, pour la prospérité de la ville et le jour de Saint-Hubert pour les habitants décédés [1]. Une bulle de 1458 et un diplôme de l'évêque du 9 août 1456 sanctionnèrent ces dispositions. Le duc, son fils et surtout la duchesse accordèrent à ce nouvel établissement de nombreuses marques de leur libéralité, mais sa fondation fut l'ouvrage exclusif de la ville qui se chargea aussi d'assurer l'existence des sept derniers Saccites, et leur assigna des revenus sur les hôpitaux [2].

En 1456, le duc entra dans l'évêché d'Utrecht à la tête d'une puissante armée pour y introniser son fils naturel David. Lors du siége de Deventer, Bruxelles, à sa demande, lui envoya cinq maîtres canonniers (*donderbusmeesteren*), cinq couleuvriniers ou arquebusiers (*colovmeesteren*) et cinq valets; le duc leur alloua par mois, aux canonniers 12 florins, aux arquebusiers 9, et aux valets 6, outre la paie journalière que leur donnait la ville, et qui s'élevait pour les premiers à 10 sous, pour les seconds à 7 sous et demi, et pour les troisièmes à 5 sous [3]. Les métiers lui fournirent aussi leur contingent en hommes, et, à cette occasion, les barbiers firent de grands frais pour leurs tentes et leurs autres objets d'équipement [4]. La disette causée par les ravages de sa propre armée, obligea le duc à lever le siége de Deventer (septembre), mais la guerre ne s'en termina pas moins à son avantage [5]. Un nouvel édit, que l'indiscipline de la soldatesque rendait nécessaire, fut publié le 18 novembre de l'année suivante, et confia aux officiers du duc et des seigneurs, et à des députés des chefs-villes, le soin de les surveiller [6].

Cette campagne n'était pas terminée qu'on apprit l'arrivée inattendue

---

[1] *Boeck metten Haire.—Opera dipl.*, l. c., p. 196.

[2] *Opera dipl.* l. c., p. 154. V. les histoires des Chartreux citées plus haut.

[3] *Perkement Boeck metten Taetsen.*

[4] *Ordonn. der Ambachten.*

[5] *Chron.* ZANTFLIET, l. c., p. 493.

[6] *Placards de Brabant*, t. IV, p. 392.

du dauphin dans les états du duc de Bourgogne. Il arriva à Bruxelles vers la Saint-Martin de 1456, à huit heures du soir, avec une suite d'environ dix chevaux, et fut reçu, à la porte du palais, par la duchesse qui le conduisit dans la chambre du duc et lui rendit tous les honneurs dus à son rang. Philippe ne rentra à Bruxelles que le 15 octobre, après avoir informé Charles VII de cet événement; traitant son hôte en fils de roi, il observa sévèrement à son égard les lois de l'étiquette et lui assigna une rente de 36,000 florins. Louis vécut pendant plusieurs années dans le château de Genappe, entouré de ses fidèles et de gentilshommes bourguignons, satisfaisant dans la vaste forêt de Soigne son goût pour la chasse, et remplissant les longues veillées de l'hiver par les plaisirs de la table, le jeu et les récits graveleux. Il venait de temps à autre à Bruxelles, et y tint sur les fonts, en 1456, le fils du seigneur de Ravenstein, enfant qui fut depuis le célèbre Philippe de Clèves. Il fut aussi le parrain de la fille dont la comtesse de Charolais accoucha en cette ville, le 17 février 1457, et qui fut baptisée à Coudenberg avec l'autorisation du chapitre de Sainte-Gudule [1]; les marraines étaient la duchesse et la dame de Ravenstein. Cette enfant reçut le nom de Marie, en l'honneur de Marie d'Anjou, mère du dauphin [2], « et à porter icelluy » à fons, dit Duclercq, alloit devant, le fils du duc de Gueldres, » nepveu du duc de Bourgoingne, lequel portoit ung bacin; après » luy alloit Adolf de Clefves, nepveu aussi du duc, lequel portoit une » couppe d'or; et après alloit le comte d'Estampes, lequel portoit » ung cierge bénit. Après lesquels trois, la duchesse de Bourgoingne » portoit l'enfant, et à sa dextre estoit le dessusdict dauphin, quy » tenoit sa main sur le chief de l'enfant, en le soutenant; et y » avoit cinq cents torches ou plus. Et fust au baptemc l'évesque de » Cambray, frère bastard du duc, et l'évesque de Toul abbé de Sainct » Bertin. »

Pendant tout le temps de son séjour dans les Pays-Bas, Louis fut l'objet des plus délicates attentions et des plus grandes prévenances; en 1457, entre autres, le duc fit différer jusqu'au samedi la sortie de l'ommegang, afin qu'il pût le voir [3]. Mais la présence de ce prince eut

---

[1] *Annales mss. B. Gudilœ*, tit. XVI, c. 26.

[2] Meyer, *Rerum Fland.* — Olivier de la Marche. — Pontus Heuterus, *Rerum Burgund.* etc.

[3] Chron. mss., aux *Archives du Royaume*.

bientôt des suites funestes pour la maison de Bourgogne. De violentes
querelles, dont on ne peut douter qu'il ne fût l'instigateur, éclatèrent entre
Philippe et le comte de Charolais qui voyait avec impatience la faveur
dont jouissaient les Croy, et s'indignait de leurs liaisons avec le dauphin.
En 1457, à la suite d'une de ces altercations, le duc chassa son fils de
son oratoire, lui ordonna de sortir de ses états, et le poursuivit même,
dit-on, l'épée à la main. Isabelle courut, tout éperdue, implorer l'intervention du dauphin pour calmer la colère de son mari ; mais lorsque
celui-ci vit l'héritier de France venir lui demander le pardon de son fils,
lorsqu'il vit cette plaie mise à nu devant celui qui le dernier aurait dû
la sonder, il en éprouva une émotion telle qu'il s'échappa comme un fugitif, s'égara dans la forêt de Soigne, et faillit y périr. Un charbon-
nier le conduisit à Sept-Fontaines où il rencontra un de ses veneurs ;
il fut rejoint, le lendemain matin, par ses serviteurs qui avaient passé
la nuit dans la plus grande anxiété. Le comte, qui s'était retiré à
Termonde, rentra bientôt en grâce auprès de son père ; mais le duc
ne pardonna pas à Isabelle sa démarche inconsidérée, et il l'exila de sa
présence [1].

La duchesse, dont la conduite dans ces tristes circonstances fut des
plus remarquables, était une princesse d'une douceur angélique, aussi
ennemie de la dissipation que son mari en était avide. Malheureuse dans
son intérieur, douée d'une sincère piété, elle s'appliqua à rétablir la discipline qui était considérablement tombée dans la plupart des monastères,
et elle en fonda plusieurs où furent établies des règles plus rigides. Depuis
plusieurs années, les notables de Bruxelles s'indignaient de la conduite
des Dames-Blanches ou Victorines de Jéricho, qui étaient accusées de
vivre sans règle et sans directeur, et de ne s'imposer d'autre devoir
que celui de l'hospitalité qu'elles exerçaient fort largement. Il avait déjà
été question d'employer leurs biens à la fondation de la chartreuse de
Scheut, lorsque Jean Storm, confesseur des sœurs de Ter-Cluysen, dans
la forêt de Soigne, près de Braine-l'Alleud, s'efforça d'amener leur suppression et d'obtenir leur maison pour les religieuses de ce couvent. Mais
lorsqu'il s'adressa au magistrat, il s'aperçut que les Victorines avaient dans
le conseil communal de puissants protecteurs, et il ne parvint à réussir

[1] M. DE BARANTE. — M. le major RENARD, *Nouvelles observations historiques à
propos du quatrième volume inédit de la grande chronique de Georges Chastellain.*
Trésor national, t. III, p. 224, 225.

qu'avec l'appui de la duchesse, qui conduisit elle-même la communauté de Ter-Cluysen dans sa nouvelle demeure [1].

C'est Isabelle aussi qui attira à Bruxelles les Dominicains, qui leur acheta l'hôtel de Rummen et d'autres bâtiments, et qui obtint du pape la bulle nécessaire pour leur établissement. L'exécution de ce projet dut pourtant rencontrer de sérieuses résistances, puisqu'il s'écoula six années (1457-1463) avant qu'on pût commencer leur monastère [2]. C'est elle encore qui convertit l'ancien ermitage de Bootendael, qu'habitaient quelques récollets, en un couvent de frères mineurs de l'Étroite-Observance.

Philippe, qui depuis longtemps ne montrait aux Bruxellois qu'un front sévère, parut vouloir se rapprocher d'eux et leur donna même quelques témoignages de bienveillance. Il avait conféré à quelques-uns de ses serviteurs des offices qui de tout temps avaient été à la collation du magistrat, tels que ceux de clerc des chaussées et de la maison de la balance, de syndics ou inspecteurs des viandes et poissons, de clerc de la draperie, de receveurs de l'hôpital Saint-Jean et du Béguinage, de mesureurs de la chaux, du blé, du sel, des draps, de jaugeur des bières foraines, de peseur du pain, d'annotateur du fer, des bestiaux, de receveur de la *myn* ou minque et de l'*innegelt* (droit d'entrée sur le poisson). En outre, il avait créé de nouveaux emplois pour la vente à l'enchère des meubles et des châteaux, et pour le mesurage des *ates* ou biens immeubles. Par un acte daté de Bruges, le 25 mai 1457, il reconnut ses torts et annula toutes les mesures qu'il avait prises contrairement aux droits de la ville, en se réservant seulement la moitié des profits de la minque et de l'*innegelt* [3].

Son procureur général, cet officier dont l'institution avait été vue avec tant de déplaisir, avait cité l'amman et dix-sept personnes de la loi par-devant le grand conseil, comme coupables d'abus dans l'administration de la justice, et avait demandé qu'on les condamnât à une amende de 44,000 lions. Sur les protestations du magistrat qui prétendit n'avoir fait que se conformer aux lois et aux coutumes, Philippe, de l'avis de son conseil, les renvoya de la plainte et imposa silence à son procureur général, laissant toutefois aux parties qui se prétendaient lésées, le recours en justice [4].

---

[1] M. GOETHALS, *Lect. pour servir à l'Hist. des Sciences*, etc., en *Belgique*, t. II, p. 37.

[2] Voy. la troisième partie.

[3] *Luyster*, bl. 126.

[4] Bruges, le 25 mai 1457. *Boeck metten Haire*.

Une contestation qui s'éleva entre l'amman et le magistrat fut plus longue et plus violente. Le premier ayant refusé de faire exécuter diverses condamnations contre des malfaiteurs, le magistrat confia ce soin à un sergent de l'ammanie. L'amman, de concert avec le procureur général, se plaignit de cette mesure et prétendit que le privilége dit *du lieutenant-amman* ne pouvait avoir force de loi, attendu qu'il avait été octroyé en temps de troubles. Les parties finirent pourtant par s'accorder, et il fut statué qu'en cas d'absence de l'amman et du lieutenant-amman, ou de refus de leur part de remplir les devoirs de leur charge, le plus ancien sergent leur serait momentanément substitué ; mais la clause du privilége de 1420, qui permettait aux États de choisir un Ruward pour exercer l'autorité suprême, fut annulée [1], et c'était là sans doute où l'on avait voulu en venir.

L'extension qu'avait prise depuis un siècle la juridiction des communes était insupportable à Philippe, et tous ses efforts tendirent à en resserrer les bornes. Ainsi, par une déclaration datée de Saint-Omer le 24 mai 1461, il restreignit encore celle de la ville de Bruxelles. Cet édit régla la manière d'opérer les *beleyden* ou transports de biens, et rendit les bourgeois justiciables des magistrats du lieu où ils résidaient pour le cas où le crime aurait été commis alors qu'ils n'étaient pas encore admis dans la bourgeoisie ; il fut défendu aux magistrats de Bruxelles de punir les officiers du duc, clause importante, parce que l'augmentation du nombre des bourgeois forains avait surtout pour cause le droit de punition dont jouissait la ville sur les officiers du plat-pays, et il leur fut interdit d'opérer l'arrestation de personnes ou de biens hors de la cité et de sa banlieue, de faire aucun arrêt ou exploit dans la forêt de Soigne, et d'appeler les membres d'un lignage ou d'un métier à assister au jugement de leurs confrères [2].

Encouragé probablement par ces dispositions du prince, l'amman éleva alors de nouvelles prétentions ; il se plaignit au conseil de Brabant des empiétements de la ville sur les droits domaniaux, et un réquisitoire étayé de vingt-deux griefs fut dressé contre les magistrats, la gilde, les pacificateurs et les métiers. Appelés devant ce tribunal souverain, ces magistrats reçurent communication de cet acte d'accusation en présence des députés des villes de Louvain et d'Anvers, et le chancelier les prévint

---

[1] Édit daté de Bruxelles, le 20 janvier 1438 (1459). *Luyster*, bl. 129.

[2] *Luyster*, bl. 137.

qu'ils devraient indemniser le duc et solliciter leur pardon, à moins que la production de leurs priviléges ne constatât leurs droits. En même temps, Jean d'Enghien intrigua si bien auprès du duc, qu'il en obtint pour lui et pour son fils Louis, la jouissance de l'ammanie et de ses revenus à titre viager, avec le droit de se donner un successeur révocable à sa volonté, et de se réserver une pension de 400 florins du Rhin. En suite de cette disposition il nomma amman son neveu, Antoine Thonys, qui s'engagea à lui payer tous les ans 400 florins, et à donner un traitement de 54 couronnes *bleues* au lieutenant-amman, outre six couronnes pour ses frais d'habillement, et d'un florin de 11 sous à chaque sergent de l'ammanie. Il devait jouir du surplus des émoluments attachés à sa charge, entre autres, de sa part dans les droits de bourgeoisie, de la moitié du bœuf donné par les bouchers de la ville, de la moitié du taureau dû par ceux de Forêt, des draps fournis par la commune et par la gilde, des chaperons offerts par les arbalétriers et par les archers, et des redevances en foin payées par les abbayes de la Cambre et de Bigard. Les autres moitiés de bœuf et de taureau, ainsi que les redevances en foin des monastères d'Afflighem et de Forêt, restaient à la disposition du sire de Kestergat [1]. Ce dernier obtint encore du souverain le droit de nommer un lieutenant-amman, et désigna Henri Vander Eycken pour remplacer dans cet emploi Jacques Van Droogenbroeck.

Ces concessions illimitées indignèrent la bourgeoisie, et le conseil de Brabant lui-même ne les sanctionna qu'après beaucoup de difficultés. Les chefs-villes du duché s'unirent pour en arrêter l'exécution, dans l'intérêt même du domaine auquel elles causeraient un grand préjudice, et le conseil communal, de commun accord avec les doyens et huit de la gilde, les pacificateurs et les jurés des métiers, résolut de s'opposer de tout son pouvoir à ces usurpations, de faire toutes les recherches nécessaires pour se défendre contre les imputations de ses adversaires et de n'épargner, dans ce but, ni soins, ni peines, ni argent, ni démarches [2]. Il paraît cependant que leurs efforts furent infructueux, puisque Thonys et Vander Eycken restèrent en fonctions.

Le dauphin séjournait toujours soit à Genappe, où il lui naquit, le

___

[1] Antoine Thonys fut nommé le 10 mai 1461, et prêta serment le 16 juillet suivant; le 17, il jura d'accomplir ce qu'il avait promis à Jean d'Enghien. Voyez *Selecta pro sæculo* 1400.

[2] *Luyster*, bl. 145.

2 mai 1461, une fille qui fut nommée Anne, soit au palais de Bruxelles,
où sa présence entretenait d'incessantes dissensions entre le duc, qui protégeait les Croy, et le comte de Charolais, qui ne leur cachait pas sa
haine. Philippe, dont les facultés commençaient à s'affaiblir, loin de s'apercevoir de l'odieux manége de son hôte, continuait à lui montrer la plus
grande déférence. Un jour, Louis étant allé à la chasse avec Charles,
s'égara dans la forêt; lorsque le duc vit revenir son fils seul, il entra dans
une grande colère et lui défendit de reparaître en sa présence avant
d'avoir retrouvé le dauphin. Le comte retourna dans le bois, accompagné
de serviteurs portant des flambeaux et passa une partie de la nuit en
vaines recherches. Enfin, le dauphin reparut; il était allé jusqu'à huit
lieues de Bruxelles, et avait fini par demander à un paysan de le remettre
dans son chemin. Le duc donna à cet homme une récompense magnifique [1]. L'hospitalité généreuse qu'il accordait à ce prince avait achevé
de le brouiller avec le roi de France, qui lui envoya plusieurs fois des
ambassadeurs pour lui reprocher sa conduite, et la guerre fut même à la
veille d'éclater. Charles VII étant mort en 1461, Philippe le Bon conduisit Louis à Reims, à la tête d'une armée; mais il s'aperçut bientôt
qu'il n'avait fait que changer d'ennemi, et que le prince qu'il avait si
généreusement accueilli n'avait jamais eu qu'un but : la ruine de sa
maison.

En 1461, on vit arriver à la cour de Bruxelles l'ambassade adressée
au pape par quelques princes asiatiques et que ce pontife faisait présenter
au roi de France et au duc de Bourgogne. Il y avait des envoyés de l'empereur de Trébizonde, David Comnène, de Georges, roi de Perse, du
soudan de Mésopotamie, du duc des Géorgiens, du seigneur de la Petite-
Arménie. Conduits par le frère Louis, patriarche d'Antioche, ils venaient
réclamer des secours contre le redoutable Mahomet II, qui avait, en 1453,
planté le croissant sur les murs de Constantinople. Des ambassadeurs
du pape Pie II, de l'empereur Frédéric III, du roi de Hongrie, Mathias
Corvin, d'Alphonse, roi de Portugal, de la république de Venise et de
quelques autres princes, essayèrent aussi d'armer contre les Turcs le
puissant duc d'Occident; mais Philippe devenait vieux; ses infirmités
croissaient avec l'âge, et il était entouré d'embarras de toute espèce [2]. Au
mois de janvier 1462, il tomba grièvement malade et l'on craignit un

---

[1] M. DE BARANTE, t. II, p. 152. — [2] *Ibid.*, t. II, p. 179.

instant pour ses jours. La duchesse, qui vivait retirée à l'ermitage de
Nieppe, et son fils, alors à Saint-Quentin, accoururent aussitôt à Bruxelles,
et lui prodiguèrent les plus tendres soins. Charles, qui récemment encore
avait eu avec lui une altercation des plus violentes au sujet des Croy,
passa quatre jours au chevet de son lit sans prendre le moindre repos ;
il résista à toutes les instances du duc qui craignait de le voir succomber
à la fatigue, et ordonna que, dans toutes les villes de ses états, on fit
des processions et des prières publiques. Philippe guérit de cette maladie,
mais il resta chauve. Quelques historiens racontent que ses courtisans
poussèrent l'esprit de flatterie jusqu'à faire le sacrifice de leur chevelure ;
mais cette assertion est erronée. Si l'on vit à Bruxelles, en un seul jour,
plus de cinq cents gentilshommes se faire raser la tête, c'est que le duc,
craignant le ridicule, s'il était le seul « rais et dénué de ses cheveux,
» fit un edict que tous les nobles hommes se feroient raire leurs têtes
» comme luy. » Tout noble, qui se présentait au palais sans s'être con-
formé à cette ordonnance, était traîné, de gré ou de force, près du sire
de Hagenbach, maître d'hôtel et conseiller, qui avait été chargé de la
mettre à exécution [1].

Vers la fin de l'année 1462, le duc reçut la visite de ses deux sœurs,
les duchesses de Bourbon et de Clèves, et fit célébrer des joûtes magnifiques. Les nobles déployèrent à cette occasion un luxe inouï ; quelques-
uns se montrèrent aux bailles montés sur un grand bateau ; d'autres au
sommet d'une montagne factice ; d'autres encore étaient suivis par un
éléphant ou par d'autres animaux extraordinaires [2].

La bonne intelligence qui régnait entre le duc et son fils ne fut pas de
longue durée. Celui-ci se sentant appuyé par la noblesse de Flandre, de
Brabant, de Hollande, osa même convoquer les états généraux à Anvers,
pendant que son père les mandait à Bruges. On était parvenu pourtant à
les réconcilier lorsque, en mars 1465, Philippe étant venu de Lille à
Bruxelles, y tomba si grièvement malade, qu'on crut sa mort prochaine.

---

[1] OLIVIER DE LA MARCHE, l. 31. FOPPENS, et l'abbé MANN rapportent à cet événement l'introduction de la mode des perruques ; mais, comme l'a fort bien fait remarquer M. DE REIFFENBERG (*édition annotée de M. de Barante*, t. VI, p. 209, note 4).
il n'est pas du tout question de perruques dans cette affaire. Le premier octroi
délivré dans le pays pour la fabrication des perruques date seulement de 1622. Il
se trouve en original à la Bibl. de Bourgogne.

[2] *Chronique manuscrite* aux *Archives du Royaume*.

Le comte aussitôt hasarda un coup décisif : il remplaça les Croy dans le gouvernement de toutes les villes que son père leur avait confiées, et il parvint à se faire remettre par le duc, dont la santé s'était améliorée, l'entière administration de ses états. Mais ses ennemis ne perdirent pas courage ; le sire de Quiévrain, leur chef, stimula le zèle de ses partisans qui remplissaient le conseil ducal, et, dès le lendemain, ils obtinrent la révocation de ce décret. A cette nouvelle, le comte éclata ; il réunit ses amis, déclara qu'il tenait le sire de Croy, ses parents et ses alliés pour ennemis de sa personne et de l'État, et écrivit à toutes les bonnes villes pour exposer les causes de sa conduite. Quelques-uns de ses chevaliers ayant été signifier au sire de Quiévrain qu'il eût à quitter la cour et le service du duc, ce seigneur effrayé pria son maître de le laisser partir ; mais Philippe, entrant en fureur, saisit un épieu et descendit jusqu'à la porte du palais, criant qu'il verrait si son fils voulait assassiner ses serviteurs. Ce ne fut qu'après beaucoup de peines que la duchesse de Bourbon, les dames de la cour et le bâtard de Bourgogne parvinrent à le ramener dans son appartement. Cette scène violente parut avoir entièrement abattu le vieux duc ; il ne tarda pas à pardonner à son fils que lui reconduisirent les chevaliers de la Toison d'Or, et celui-ci, devenu tout-puissant, vit fuir ses ennemis, et se livra sans contrainte à sa haine contre Louis XI. Uni aux grands vassaux de France, il marcha contre ce prince, dont l'habile politique sut bientôt détruire cette ligue formidable. On sait la bravoure que Charles déploya au combat de Monthléry ; séparé des siens, entouré d'ennemis, il allait périr, quand un Bruxellois, Robert Cotereau, fendit la presse, lui fit un rempart de son corps et parvint à le dégager. Ce brave était le fils de Jean Cotereau, médecin de Philippe le Bon [1]. Créé chevalier sur le champ de bataille, il commença l'illustration de sa famille, qui posséda dans la suite le marquisat d'Assche, la baronnie de Jauche et plusieurs autres seigneuries brabançonnes. Le châtelain Daniel de Bouchout périt dans cette journée.

Pendant l'absence du comte de Charolais, son père convoqua à Bruxelles les États de Brabant, de Flandre, d'Artois, de Hainaut, du comté de Namur et de Malines, et les ayant réunis, le 27 avril 1465, à cinq heures de l'après-midi, dans la grande salle du palais, il leur demanda, par l'organe de son chancelier Pierre de Goux, sire de Wedergracte, de

---

[1] Voyez MEYER, *Rer. Fland.* L. XVI, p. 584.

reconnaître son fils pour son successeur et de lui prêter serment d'obéissance et de fidélité. L'abbé d'Afflighem, Goswin Herdinck, au nom des prélats, Jean d'Enghien sire de Kestergat, au nom des nobles, Henri Vandenbroeck, secrétaire de la ville de Bruxelles, au nom du tiers-état brabançon, et Mathias Groothere, pensionnaire de Gand, au nom des villes des autres provinces, répondirent qu'ils y consentaient de grand cœur, et, le 20 juin, les villes de BRUXELLES, Louvain, Anvers, Tirlemont, Nivelles, Bois-le-Duc et Léau déclarèrent solennellement qu'elles reconnaissaient le comte pour leur prince, à condition qu'à son avénement il jurât d'exécuter les dispositions de la Joyeuse Entrée. Par un acte daté du château de Mitry près de Paris, le 5 juillet, Charles promit, par provision, d'observer leurs lois et leurs priviléges [1].

Le lieutenant du drossard, Godefroid de Cuyck, ayant fait exécuter un bourgeois nommé Thomas de Wytfliet de Mierle, les magistrats se plaignirent énergiquement au duc de cette infraction à leurs priviléges et exigèrent la punition de cet attentat. Godefroid, arrêté et condamné à mort, fut décapité et son corps fut attaché à la potence du Pré-aux-Laines [2]. Ce succès de la commune ne fut obtenu qu'à prix d'argent et lui coûta 5000 couronnes de France dépensées en cadeaux faits aux courtisans [3].

Pendant la guerre de Liége les bonnes villes du Brabant essayèrent mainte fois de réconcilier leurs anciens alliés avec le duc et l'évêque, Louis de Bourbon; mais leurs démarches restèrent sans résultat et les préparatifs menaçants des Liégeois les forcèrent à une prise d'armes pour protéger la frontière du pays. Plusieurs métiers de Bruxelles, entre autres les barbiers, les meuniers, les platiniers, les serruriers, les selliers, firent dans cette circonstance de grandes dépenses pour leur équipement [4]. La victoire de Montenaken (21 octobre) et le prochain retour du vainqueur de Monthléry firent sentir aux Liégeois la nécessité de se soumettre. Dans les derniers jours du mois d'avril 1466, une députation composée d'ecclésiastiques et de notables vint à Bruxelles se prosterner aux pieds du duc et lui demander merci. Mais cette soumission forcée ne fut pas

[1] *Opera Diplom.*, t. II. p. 1518 et 1549.
[2] *Chronique du xve siècle*, aux *Archives du Royaume.*
[3] Résolution du magistrat en date du 4 janvier 1465 (1466 N.-S.). *Luyster*, bl. 149.
[4] *Ordonnantie der Ambachten*, passim.

longue ; à peine les députés étaient-ils de retour à Liége, qu'une nouvelle sédition éclata [1], et, le 2 août, le comte de Charolais partit pour aller assiéger Dinant dont il tira une terrible vengeance. Son père, qui l'avait suivi dans cette expédition, le laissa seul marcher contre Liége, et revint à Bruxelles, où il fut reçu en grande pompe, le 2 octobre, par le magistrat et par les métiers qui avaient envoyé chacun à sa rencontre cinq hommes portant des torches [2]. Le vieux duc n'y resta que peu de jours ; il en partit le 20, pour ne plus revenir [3]. Il mourut à Bruges, le 15 juin de l'année suivante, laissant la réputation d'un des plus grands, des plus valeureux et des plus heureux princes de son siècle. Les provinces de la Belgique durent à sa prudence leur réunion sous les lois d'un seul souverain, trente années de paix et la consolidation du pouvoir suprême. Malheureusement la prospérité générale ne reposait que sur des bases fragiles. La cour de Philippe ne fut qu'un théâtre d'ambitions mesquines, de débauches et de corruption ; l'argent y était le seul dieu invoqué, la vénalité des emplois et des faveurs y trônait sans partage. Aussi quand l'heure de l'infortune sonna pour la maison de Bourgogne, dans le brillant entourage qu'elle s'était créé, la défection fut la règle, la fidélité l'exception.

Si Philippe-le-Bon avait donné à Bruxelles une préférence marquée sur ses autres villes, son successeur ne paraissait pas disposé à suivre son exemple. Charles ne cachait point son antipathie aux Bruxellois, et on l'avait même entendu dire, « que son père avait augmenté outre mesure » leur richesse et leur orgueil et qu'ils ne trouveraient pas en lui un » maître si doux [4]. » Afin de détruire ces préventions qu'un acte du magistrat, qui avait sans doute en vue les deux Kestergat, attribue à des malveillants, la commune envoya à ce prince une députation nombreuse et parvint à le ramener à de meilleurs sentiments [5]. Cette réconciliation laissa toutefois beaucoup de défiances, dont Charles ressentit les effets lorsqu'il voulut se faire reconnaître duc de Brabant. A la demande

[1] *Amplissima Collectio*, t. IV. p. 1288.

[2] *Chronique du XVe siècle* aux *Archives du Royaume*.

[3] *Addition à l'histoire du roi Louis XI*, ubi infra p. 345.

[4] De Barante, t. II, p. 279. Édition annotée par M. Gachard.

[5] Résolution de la commune, en date du 15 juin 1467, ordonnant la création de 100 livres de rente, pour couvrir les frais de la réception du prince palatin et du comte, ainsi que de cette ambassade. *Boeck metten Haire*.

des Bruxellois, une assemblée des États de Brabant fut convoquée à
Louvain et mit en question ses droits sur le duché. Les villes, et Bruxelles
surtout, auraient préféré à leur puissant seigneur le comte de Nevers,
qui n'aurait pu les opprimer comme l'avait fait le duc Philippe ; mais le
dévouement de la noblesse à la maison de Bourgogne, et le défaut d'accord
les empêchèrent de se déclarer ouvertement. Après une discussion qui
dura douze jours, et dans laquelle le sire de Gaesbeek, Philippe de Hornes,
partisan de Charles, se fit remarquer par la véhémence de ses discours [1],
elles reconnurent les droits de ce prince et se bornèrent à ajouter quelques dispositions nouvelles à la Joyeuse Entrée. Le duc fut inauguré à
Louvain le 12 juillet 1467, et fit son entrée à Bruxelles, dans la
soirée du 14 août, accompagné de quatre membres de chaque métier
portant des torches. Il se montra affable et gracieux, et, entre autres
marques de munificence, il fit tenir son échansonnerie ouverte à tous
ceux qui voulurent y venir boire [2].

    Quelques jours après, une violente sédition éclata à Malines contre les
magistrats que l'on accusait d'avoir vendu à Bruxelles l'étape du sel, et
à la ville d'Anvers l'étape du poisson et de l'avoine. Les habitants se portèrent sur Heffen où ils arrêtèrent trois bateaux chargés d'avoine, en
destination pour Bruxelles ; ils les conduisirent à Malines où ils les amar-
rèrent en face de la maison dite l'Étoile, au Grand-Pont, et pillèrent
leur cargaison. Courant ensuite à Saint-Rombaud, ils sonnèrent le
tocsin, convoquèrent la commune, arrêtèrent les magistrats qu'ils traî-
nèrent à l'hôtel de ville où les jurés des métiers étaient réunis, et saccagèrent leurs maisons. Charles, à qui les nobles du Brabant offrirent aussitôt
leurs services, se rendit à Vilvorde ; mais les Malinois lui envoyèrent
bientôt une députation pour lui remettre les clefs de leur ville où il
entra le 28 août. Il leur imposa une amende de 50,000 florins, et ils
durent, en outre, indemniser les bateliers bruxellois Gilles Vleminex et
N. Hannemans, ainsi que les propriétaires des cargaisons, Mathieu Daems
de Romerswale et le brasseur Jean de Roever [3].

    Après avoir soumis Malines, le duc marcha contre les Liégeois sur
lesquels il remporta, le 28 octobre, la sanglante victoire de Brusthem.

---

[1] CHASTELLAIN, III° partie. ch. 109 et 110.—DE BARANTE.

[2] *Chronique du* XV° *siècle* aux *Archives du Royaume.—Addition à l'histoire du
roi Louis XI,* à la suite des *Mémoires de* COMINES, t. III, p. 348. Édit. 1723.

[3] GYSELAER-THYS, T. III, 2° partie, p. 10.

Il revint à Bruxelles le 24 décembre, et y passa l'hiver. Le lendemain de son arrivée, il tint table ouverte à tous venants et fit distribuer des aliments à plus de deux mille pauvres [1]. Le dimanche, 8 janvier 1468, arriva une députation des Gantois qui, après lui avoir arraché des concessions lors de son inauguration comme comte de Flandre, faisaient implorer leur pardon ; cette députation, composée des doyens des métiers, tous vêtus de noir, se rendit à la cour et fut introduite par Olivier de la Marche et le trésorier Jean Bladelin, dans la grande salle où se trouvait le duc, dans tout l'éclat de sa puissance, ayant à ses côtés l'évêque de Liége, les ambassadeurs de France, d'Angleterre, de Hongrie, de Naples, d'Aragon, de Sicile, de Chypre, de Pologne, de Danemarck, de Livonie, de Prusse, d'Autriche, de Milan, de Bretagne, et les barons de la Bourgogne et des Pays-Bas. Les Gantois se prosternèrent à ses pieds, le remercièrent de ses bontés et lui remirent leurs bannières et leurs priviléges. « Ce peuple m'honore des lèvres, dit Charles [2], » et, après les avoir menacés de terribles châtiments s'ils ne mettaient un frein à leur turbulence, il fit déchirer leurs priviléges et envoya leurs bannières à l'église de Notre-Dame de Boulogne [3].

En 1468, Charles, qui venait d'épouser en troisièmes noces Marguerite d'Yorck, se vengea d'un seul coup de ses deux plus implacables ennemis, en forçant Louis XI d'assister et de contribuer à la ruine et à l'extermination des Liégeois que ses intrigues avaient de nouveau soulevés. Le 29 novembre, le duc rentra à Bruxelles plus puissant et plus redoutable que jamais ; mais enivré d'orgueil, il ne tarda pas à se créer de nouveaux ennemis, tandis que Louis, habile à lui susciter des embarras, parvenait par ses intrigues, par son or et par ses promesses, à gagner à sa cause de nombreux partisans dans plusieurs villes belges, entre autres à Bruges et à Bruxelles [4].

Bruxelles, à cette époque, était agitée par de nombreux ferments de discorde. Les lignages s'étaient divisés en deux partis, l'un hostile et l'autre dévoué à Jean de Kestergat et à son fils Louis; de ces discussions naissaient d'incessantes contestations, des complots et des querelles; d'un autre côté, la corruption, alimentée par le luxe de la cour, était

---

[1] *Addition à l'Histoire du roi Louis XI*, l. c., p. 350.

[2] Populus hic labiis me honorat. *Ampliss. Collectio*, t. IV, p. 1346.

[3] De Barante, l. c , p. 326.

[4] Comines, L. III, c. 5.

arrivée à un tel point qu'il devint indispensable de la combattre. Ce ne fut néanmoins qu'après de longs efforts et après avoir prodigué l'or aux conseillers du duc, que le magistrat parvint à faire décréter des mesures répressives. Un édit, daté du 24 juillet 1469, commina des amendes, de 200 lions d'or [1] contre ceux qui auraient pris des engagements pour se faire nommer bourgmestre, échevin ou conseiller, de 500 lions d'or contre les échevins qui emploieraient les promesses pour obtenir la nomination de magistrats à leur gré, et de 100 lions contre l'huissier qui prêterait la main à ces manœuvres. Afin d'assurer l'exécution de ces mesures, on confia aux maîtres des pauvres le soin de décider sur la validité des élections; lorsqu'ils les jugeaient entachées de fraude, ils devaient percevoir l'amende au profit des indigents, si l'amman et les receveurs communaux ne commençaient pas les poursuites dans les six semaines. Une nouvelle condition fut imposée aux candidats à l'échevinage, dans le but d'écarter de ces fonctions les patriciens peu fortunés, jugés plus accessibles à la corruption; il fallut justifier d'un capital d'au moins 600 écus d'or ou d'un revenu de cinquante écus. On renouvela, en même temps, l'ordonnance de 1585 contre les dissipateurs et les usuriers.

Le samedi, 30 septembre 1469, une députation, composée de Philippe de Hornes, sire de Gaesbeck, maître Guillaume de Cluny, protonotaire et maître des requêtes, sir Jean de Kestergat et sir Henri Magnus, conseillers du duc en Brabant, apporta le nouvel édit à l'hôtel de ville où étaient réunis le magistrat, le large conseil, les jurés des métiers et les centeniers. Après que les commissaires eurent montré une lettre autographe du duc qui les chargeait de cette mission, Guillaume de Cluny prit la parole, et dans un long discours, auquel il donna pour texte les mots de l'Évangile : « *Omne regnum in se divisum desolabitur,* il chercha à prouver le danger des dissensions intestines, citant pour exemple les malheurs de Troie et de Liége. Il dit qu'il y avait dans les lignages des partis qui se disputaient le pouvoir et qui, pour obtenir l'appui du souverain, lui offraient tour à tour de fortes sommes tirées du trésor communal, et termina en assurant que le duc voulait maintenir à Bruxelles l'ordre et la tranquillité, et qu'il désirait y tenir sa rési-

---

[1] Le lion d'or valait, selon Ghesquière, 6 florins et 19 sous de Brabant, valeur intrinsèque.

dence habituelle, comme l'avaient fait ses prédécesseurs. Maître Guillaume ayant ensuite donné lecture de l'édit, le seigneur de Kestergat se leva et, avouant que, pour défendre sa vie et ses biens, il avait dû se former un parti, il jura que, par obéissance au duc, il était prêt à oublier ses rancunes passées. Toute concession, quelle qu'elle fût, devant être payée, Guillaume de Cluny déclara alors que le duc ayant l'intention de dégager son domaine, désirait entrer en possession des moulins que son père avait engagés à la ville, en 1455, pour la somme de 16,200 *ridders*, et il sortit aussitôt, ainsi que ses collègues, pour laisser la commune délibérer sur cet objet. La délibération ne fut pas longue, et les commissaires ayant été rappelés, le premier bourgmestre, sir Walter Vandernoot, leur annonça que la ville, reconnaissante des bonnes intentions du duc, se recommandait à sa bienveillance et lui remettait les moulins. Après que les commissaires se furent retirés, le pensionnaire Vanderheyden présenta, au nom du magistrat, une demande de 8000 florins du Rhin, destinés à indemniser les chefs de la commune des nombreux présents qu'ils avaient distribués pour obtenir cet édit.

Le lendemain soir, il y eut un grand repas à l'hôtel de Kestergat, qui était situé à l'endroit où la ville perça, vers 1500, la petite rue dite *rue Neuve du Perroquet*. Outre les commissaires qui l'avaient accompagné à l'hôtel de ville, et le suffragant de Cambrai, le prieur des Chartreux, le sire de Harchies, le chancelier de Brabant, le prévôt de la salle de Valenciennes, le maître des deniers du duc, Jean d'Enghien y avait invité les chefs des deux partis qui divisaient la commune; c'étaient, d'un côté, le premier bourgmestre W. Vandernoot, le chevalier Henri Vandermeeren, les échevins Jean Vandernoot, fils de Walter, et Jean Schat, sir Éverard T'Serclaes de Vlieringen, sir Jean Bernaige, seigneur de Perck, sir Jean Taye, seigneur de Ruysbroeck, sir Henri T'Serarnts, seigneur d'Aa, sire Antoine Thoenys, Guillaume de Heetvelde, Henri et Geldolphe Heenkenshoot; et, de l'autre, Jean, Thierry et Roland de Mol, Amelric Was et Pierre Pipenpoy. Il renouvela solennellement le serment d'oublier tout le tort qu'on lui avait fait, et ses convives, qu'il engagea fortement à l'imiter, lui répondirent par de formelles promesses de concorde.

Cependant lorsque l'édit du 24 juillet fut mis à exécution, plusieurs patriciens se virent condamnés à de fortes amendes et il en résulta, parmi leurs partisans, un vif mécontentement qui s'exhala en murmures. Afin de prévenir tout nouveau sujet de division, les trois membres décidèrent, le 18 mai 1471, que ces amendes, qui s'élevaient à 1000 florins du Rhin, seraient mises à la charge de la ville. Ils votèrent aussi une somme de 2000 florins, pour que le magistrat pût, à prix d'argent, obtenir un privilége autorisant les bouchers étrangers à la ville à y venir vendre de la viande, le vendredi et le samedi de chaque semaine. Toutes ces dépenses extraordinaires ayant obéré la caisse communale, les receveurs et les notables, réunis le 28 mai, après avoir examiné la situation financière de la ville, restreignirent les appointements de quelques employés, abolirent les repas qui avaient lieu lors de l'affermage des accises et de la reddition annuelle des comptes, et remplacèrent, par des allocations en argent, le drap que recevaient les magistrats et leurs subordonnés [1].

Pendant que les discordes qui avaient régné parmi les patriciens se manifestaient par cette réconciliation même, les métiers augmentaient leurs forces, en resserrant les liens qui unissaient les membres de leurs corporations. Comme il arrive toujours aux époques de grande prospérité de l'industrie, la concurrence s'était rapidement développée et, le nombre des maîtres s'étant accru dans une trop forte proportion, on se plaignit « de ce que les mestiers, au sçu de tout le monde, alloient en déclinant » et en croissant en nombre, en sorte que ceux qui n'avoient pas de » rentes assurées, avoient à endurer de grandes misères, lorsqu'ils tom- » boient malades [2]. » Dans le but de secourir ceux de leurs membres qu'atteignait le malheur, la plupart des corporations instituèrent des caisses de secours (armbusse). Pour en être participant il fallait, après avoir été inscrit, payer un droit d'entrée et une rétribution hebdomadaire ; ces fonds étaient administrés séparément par les jurés sortant de charge ou par deux notables de la corporation. Pour donner droit à des secours, l'inscription devait dater de trois ans ; le cordonnier, par exemple, qui avait payé un droit d'entrée de six *placques* et une rétribution hebdomadaire de six schellings *payement,* recevait, lorsqu'il tombait malade, huit *placques* par semaine ; sa femme, en pareil cas, en avait six, et s'ils étaient tous deux malades, la somme était portée à douze

---

[1] *Boeck mette Knoope.*

[2] Ord. du magistrat instituant la caisse de secours des merciers, en date du 20 décembre 1473. *Ord. der Ambachten,* bl. 114 v.

placques [1]. La plupart de ces associations se formèrent pendant les années 1467 à 1474.

Plusieurs faits témoignent des progrès que firent les lettres et les arts sous le règne de Charles. En 1474, le magistrat nomma prince de rhétorique, aux appointements de 12 *peters* de 54 *placques*, Colin Caillieu, auteur de poésies, mystères, ébattements, ballades et refrains; pour justifier son choix et la création de cet office, le magistrat dit, dans son ordonnance, que Colin avait été fort goûté dans les villes voisines où il était allé jouer, et que les cités d'Anvers, de Bruges, d'Audenaerde, etc., avaient également des poëtes à leurs gages [2]. Deux ans après, les frères de la vie commune ou de Nazareth firent paraître le premier livre imprimé à Bruxelles, le *Gnotosolitos* d'Arnoul de Geilhoven dit de Rotterdam, volume in-folio [3]. L'architecture, la peinture étaient toujours florissantes, et le goût de la musique s'étendait de plus en plus, ainsi que le prouve une bulle du pape Sixte IV, qui autorisa le chapitre de Sainte-Gudule à employer les revenus de plusieurs chapellenies de cette église à l'entretien de dix prêtres et clercs, *bons musiciens* [4].

Au commencement de 1471, Charles, qui avait déclaré la guerre à la France, ayant formé le siége d'Amiens, le magistrat prescrivit aux métiers de se tenir prêts à fournir le cinquième de leurs membres et, dans une réclamation des tailleurs de pierre, on voit qu'ils envoyèrent au camp bourguignon dix-huit hommes [5]. La veuve de Philippe le Bon étant morte, la même année, la ville députa un bourgmestre, un échevin, un conseiller, un pensionnaire, un secrétaire, avec un valet et le cuisinier de la commune, pour adresser au duc ses compliments de condoléance [6].

L'invasion du Vermandois, en 1472, imposa à Bruxelles de nouveaux sacrifices. Charles ayant demandé que tous les habitants, riches ou pauvres, possédant des fiefs ou arrière-fiefs, prissent les armes, les magistrats, pour épargner à leurs concitoyens une charge aussi lourde, travaillèrent activement à obtenir une dispense de ce service,

---

[1] Ord. du magistrat datée du 22 février 1466 (1467). *Ord. der Ambachten.*

[2] *Ibid.* du 12 décembre 1474. *Boeck metten Haire.*

[3] *Archives philologiques de M. le Baron* DE REIFFENBERG, t. I, p. 15.

[4] Bulle du 15 juillet 1475. *Opera Diplom.,* t. IV, p. 74.

[5] *Ordonn. der Ambachten.*

[6] *Boeck metten Haire.*

dispense qui fut enfin, par acte du 19 mai 1472, accordée à tous les bourgeois, à l'exception des officiers du duc et des seigneurs hauts justiciers. La ville n'obtint cette faveur que par l'intermédiaire de quelques courtisans auxquels elle prodigua l'or, et en s'engageant à fournir cinquante lances à la compagnie du sire de Gaesbeek. L'équipement de chacune de ces lances lui coûta 100 florins du Rhin; en outre, le Brabant ayant autorisé la levée de 1000 piquiers, elle eut à en fournir 100, qu'elle dut habiller, équiper et armer d'épées et de couteaux; ces frais s'élevèrent à 400 ou 500 florins du Rhin [1]. Ainsi que le remarque la chronique manuscrite de De Blaye, en 1475, on leva pour la première fois, à Bruxelles, des troupes pour le duc; auparavant on ne connaissait que le service à tour de rôle, par corporations.

Les états généraux avaient été convoqués à Bruges, en décembre 1472, puis ajournés à Bruxelles au 20 février. Le duc, sans doute pour hâter le vote des subsides qu'il voulait obtenir, arriva de Malines, le 2 mars 1475, accompagné d'un grand nombre d'hommes d'armes. Cet appareil inusité inspira beaucoup de craintes [2]; mais Charles, qui ne voulait faire qu'une démonstration de sa force, se borna à exiger la remise des clefs d'une porte. Les états généraux lui accordèrent, pour six années, deux subsides annuels, l'un de 108,000 et l'autre de 400,000 écus d'or, la plus forte aide que le pays eût jamais accordée à ses souverains; ils y mirent pour condition expresse que, pendant ces six années, ils seraient exempts de toute autre charge. Il ne faut pas demander si cette condition fut souvent violée [3].

Le dimanche 7 mars 1475, Charles assista à la visite des reliques de sainte Julienne, conservées au Sablon, et, le 27, il se rendit à Anvers. A son retour, le 1er avril, il trouva à Bruxelles les ambassadeurs de plusieurs puissances qui le complimentèrent; le 4, après avoir signé la ratification de la trêve avec la France, il vint à l'hôtel de ville, où le magistrat lui donna un somptueux banquet, et il assista aux joutes qui eurent lieu sur le marché [4].

---

[1] *Boeck metten Haire.*

[2] Dux.... intravit cum potentia et fuit receptus cum magna solemnitate et cum timore et tremore. *Ampliss. Coll.*, t. IV, p. 1356.

[3] M. GACHARD, *Les États Généraux de 1476*, dans le *Trésor national*, t. III, p. 260.

[4] *Addition à l'Histoire de Louis XI*, l. c., p. 575.

Pour subvenir aux frais immenses que nécessitaient ses guerres continuelles, le duc, en 1475, convoqua de nouveau à Bruxelles les états généraux. Leur opposition, les plaintes qu'ils firent entendre sur l'épuisement du pays, transportèrent Charles de colère : « C'est la der- » nière fois, dit-il publiquement, que je proposerai mes demandes à des » sujets, au lieu de leur faire connaître mes volontés; dorénavant je » leur montrerai que je suis leur maître et leur seigneur; j'ai le droit » de requérir leurs services et de leur demander des impôts; s'ils s'y » refusent, j'ai assez de puissance pour châtier les mutins [1]. » Pour tenir un pareil langage, il faut se croire bien fort. La bataille de Granson, livrée le 2 mars 1476, apprit à Charles le Téméraire qu'il pouvait être vaincu, et il dut, malgré ces menaces, faire un appel aux États, pour leur demander de nouvelles levées d'hommes. Il les requit aussi de lui envoyer sa fille sous bonne escorte; mais exaspérés par la conduite tyrannique de leur prince et d'autant plus irrités qu'ils le voyaient se hasarder dans les plus audacieuses tentatives, les Belges se montrèrent déterminés à secouer le joug qu'il leur avait imposé et, dans la session qui s'ouvrit à Gand, le 26 avril 1476, ses propositions rencontrèrent une forte oppo- sition. Ici apparaît, pour la première fois, le successeur du pensionnaire P. Vanderheyden, Gort ou Godefroid Roelants, qui joua un rôle impor- tant dans les événements de cette époque et qui nous a laissé une relation de cette remarquable session. Ce fut lui qui, le 27, porta la parole au nom des États; il repoussa la première des demandes du duc à cause de la misère du pays, et, quant à la seconde, il déclara que les députés voulaient consulter leurs commettants. Tous les efforts de la cour et du chancelier Hugonet, qui recourut vainement aux promesses et aux menaces, échouèrent contre cette ferme résolution, et l'assemblée fut prorogée au 24 mai.

Le 25, dans une réunion générale, Roelants, après avoir rappelé en flamand, d'abord, puis en français, les deux objets en discussion, demanda l'opinion des députés. Tous ceux venus des pays où l'on parlait la langue flamande, furent d'un seul et même avis négatif; les autres ne donnèrent qu'avec des restrictions un vote affirmatif. Le 27, les États s'étant rendus au palais pour annoncer leur détermination à la duchesse, Hugonet prit à part quelques députés et leur dit : « Que Madame, étant

_____
[1] DE BARANTE, t. II. — M. GACHARD, *Collect. de docum. inédits*, t. I, p. 249 à 270.

» avertie que la réponse seroit fort *tarable*, et tourneroit par conséquent
» au déshonneur de Monseigneur, plusieurs étrangers se trouvant dans
» la salle, souhaitoit recevoir le vote des États, non par forme de réponse,
» mais par manière d'avis. » Les députés s'y refusèrent, « disant qu'il
» ne desplut à Madame, si les estats estoient résolus de rendre responce
» en public, en la présence d'eux tous, non point par manière d'avis,
» mais par manière de formelle et conclusive réponse, car leur charge fut
» limitée en cette manière de faire. » Le chancelier, les interrompant,
leur demanda « *S'ils n'avoient point charge limitée quantefois ils devoient*
» *boire en chemin.* » Cette impertinente apostrophe ne déconcerta pas
les députés : « *Chancelier, allez, allez! répliquèrent-ils, dites ce que*
» *vous voulez, l'on vous respondra ce que l'on voudra avoir respondu.* »
Il était huit heures quand finit cette discussion ; malgré l'approche de la
nuit, les États furent admis à l'audience de la duchesse. Au moment où
Roelants se disposait à parler, le chancelier l'interpella en ces termes :
« Porterez-vous les paroles? — Oui, monseigneur, répondit-il. — Pour
» ceux qui vous ouïront, reprit le chancelier, gardez bien ce que vous
» faites; ne soyez si osé ni hardi de dire mot qu'il puisse desplaire à
» mon très-redoubté et souverain prince ; *l'on parlera bien à vos testes.* »
Ces menaces et l'importance de la matière mirent l'orateur dans une
grande perplexité ; cependant il prit courage et répondit au chancelier :
« J'ay espérance en Dieu que je ne dirai mot qu'il ne tournera en toute
» révérence et obéissance vers mon très-redoubté et souverain seigneur. »
Puis, se mettant à genoux, il exposa l'objet de sa mission, et les États se
séparèrent quelques jours après [1]. Hugonet ne se doutait pas qu'il venait
de provoquer son arrêt de mort.

Quand Charles apprit ces détails, il se répandit en menaces, nommant les gens des États des rebelles et des traîtres, et jurant de démolir
les portes et les murailles de Bruxelles [2]. Vaine colère! l'infortune réservait à ce prince de nouvelles épreuves. Il perdit, le 22 juin, la bataille
de Morat, et, le 5 janvier 1477, un dernier combat, livré sous les murs
de Nancy, lui coûta la vie. Ainsi périt, jeune encore, un prince chez qui
l'orgueil avait flétri les plus brillantes qualités ; il précipita la ruine de
sa maison dont il semblait devoir étendre la puissance.

[1] *Les États de Gand*, en 1476, par M. Gachard, *Trésor national*, t III; p. 258.
[2] De Barante, t. II, p. 527.

CHAPITRE VII.

Marie de Bourgogne et Maximilien d'Autriche. — Minorité de Philippe le Beau. — 1477-1494.

La mort de Charles le Téméraire fut le signal d'une réaction violente que suivirent vingt années de guerres civiles, de proscriptions, de ravages, période fatale à la Belgique, dont les grandes cités virent leur prospérité détruite ; période digne d'attention, pourtant, car avec elle finit le moyen âge, cessent les guerres féodales et s'élève le pouvoir souverain que l'appui de l'étranger fait sortir victorieux de la lutte. Les états généraux, assemblés à Gand, au mois de février 1477, anéantirent aussitôt toutes les créations gouvernementales du Téméraire. Par un privilége général pour tous *les pays de par deçà,* privilége restreignant considérablement l'autorité de la jeune duchesse, ils obtinrent l'abolition du parlement de Malines, qui fut remplacé par un conseil composé de juges choisis dans toutes les provinces (11 février). Les chambres des comptes provinciales furent rétablies et celle de Brabant, revenue à Bruxelles, y obtint du magistrat exemption de toute accise, service et charge extraordinaire [1]. Une députation envoyée à Louis XI, apprit de ce prince que la duchesse, qui s'était engagée à gouverner d'accord avec les états généraux, ne songeait nullement à tenir cette promesse et se laissait entièrement diriger par les conseillers de son père, Hugonet et Humbercourt. A leur retour à Gand, les députés des villes reprochèrent vivement à leur souveraine ce manque de foi, et à ses dénégations le pensionnaire de Gand ou de Bruxelles répondit en lui montrant une lettre de sa main qui confirmait tout ce qu'ils avaient avancé [2]. Cet affront san-

---

[1] Ordonn. du 11 février et du 17 mars 1476 (1477 N.-S.). — *Notice historique sur la Chambre des Comptes,* par M. GACHARD, p. 14.

[2] *Mémoires de* COMINES. L. V, c. 17.

glant était le prélude de terribles événements. L'échafaud se dresse bientôt et plusieurs hauts fonctionnaires, plusieurs bourgeois notables, y précèdent Hugonet et Humbercourt, que les prières et les larmes de leur maîtresse ne peuvent soustraire aux vengeances accumulées par leurs principes de despotisme. Tandis que l'artificieux Louis XI envahissait la Bourgogne et l'Artois, achetait à prix d'or la défection des capitaines de Charles, les principales villes du pays étaient livrées à une anarchie complète; dans le Brabant, Bruxelles, Louvain, Anvers, Bois-le-Duc, Lierre, eurent tour à tour leurs jours d'émeutes et de pillages.

L'insurrection de Bruxelles fut la plus formidable de toutes, parce que les corps de métiers étaient actifs, audacieux, unis, tandis que les patriciens avaient perdu leur prépondérance et s'affaiblissaient chaque jour par leurs divisions. Chez ceux-ci, lorsque le rôle de courtisans leur eut fait perdre les habitudes guerrières, leur eut fait mépriser le travail qui les avait enrichis, on ne vit régner qu'ambition et cupidité; chez ceux-là, au contraire, la dissipation était un vice, le luxe n'était toléré que dans les jours de fête, et les membres de chaque corporation se traitaient en frères. D'un autre côté, le prestige de vaillance, qui avait longtemps entouré la chevalerie, se dissipait tout à fait, et sur les champs de bataille, c'étaient les bataillons de piquiers qui décidaient la victoire.

L'agitation qui régnait dans toutes les provinces devenait de jour en jour plus violente. Des conventicules fréquents réunissaient les membres les plus exaltés des métiers; on y préparait la lutte, on y délibérait sur les moyens de profiter de la victoire. Le plus ardent agitateur était le centenier Pierre de Marbais, boucher et poissonnier. qui jouissait d'une grande influence, parce qu'il était *beau langagier et habille homme;* il avait, comme il l'avoua plus tard, des motifs de haine contre les patriciens et surtout contre l'ancien bourgmestre Henri Heenkenshoot, qui l'avait condamné à un pèlerinage pour un coup de poing donné à un autre bourgeois. Après lui venaient le gantier Jean Bogaert, Pierre le chapelier, qui coopéra à toutes les ordonnances des nations et à toutes leurs demandes de nouveaux priviléges, Claes ou Nicolas de Beyere, et Adrien, dit *op de Sterre* ou à l'Étoile, greffier de la gilde [1]. On peut supposer, non sans fondement, que le pensionnaire Roelants,

---

[1] La plupart de ces faits et de ceux qui vont suivre sont tirés d'un registre provenant de la cour d'appel de Gand et déposé aux *Archives du Royaume*, registre que M. Gachard a eu l'obligeance d'indiquer à nos recherches.

et beaucoup de patriciens n'étaient pas étrangers à ces complots.

Le mouvement insurrectionnel, préparé de longue main, éclata brusquement vers le commencement du mois de mars. Les métiers délibéraient dans leurs chambres; chez les bouchers et chez les brasseurs l'agitation était des plus vives; mais les tailleurs de pierre les dépassèrent tous en violence. Un de ceux-ci, Govaert ou Godefroid de Bosschere, attachant la cornette de son chapeau à un des piliers de la maison de sa corporation (*la Colline*, sur la Grand'Place), donne le signal de l'émeute [1]; le peuple accourt de tous côtés; en un instant une foule immense inonde le marché, entoure l'hôtel de ville et demande qu'on la venge de ses ennemis. Les portes massives de la maison communale résistant à ses efforts, des échelles sont apportées, et la multitude, conduite par un nommé Guillaume Vandenberghe, se précipite à l'assaut, renverse tous les obstacles, et pénètre dans la salle des délibérations où les magistrats terrifiés attendent la mort. Arnoul Hoftkin et Guillaume Kenluys se jettent sur le bourgmestre Schat; mais le centenier Marbais arrête leur bras : un assassinat ne doit pas souiller cette victoire [2]. Cependant les métiers ont amené avec eux le bourreau pour faire décapiter l'amman Louis d'Enghien et d'autres patriciens; déjà les apprêts du supplice sont faits, lorsque le sénéchal de Brabant, Henri de Hornes, sire de Perwez, remontre qu'une pareille exécution serait un crime et conseille au peuple de juger ses adversaires avant de les frapper. Cet avis est suivi et tous les magistrats sont emprisonnés [3]. Mais ce ne sont pas là les seuls ennemis que poursuive la vindicte publique; les magistrats ont soutenu des intérêts de caste, les hommes du gouvernement ont appuyé l'arbitraire, ont travaillé à l'établissement d'un système odieux, c'est contre eux que vont se tourner toutes les haines. Marbais, Bogaert et leurs adhérents, se rendent, pendant la nuit, à l'hôtel de Gaesbeek et y arrêtent Philippe de Hornes; les seigneurs de Kestergat, de Harchies et de Beersele, maître Gisbert Molenpas et d'autres nobles sont arrachés

---

[1] Registre précité. — [2] *Ibid*.

[3] Item, cheus de la ville de Brousselles eschellerte ung jour la maison de la ville et prinrete tout cheux de la loy; et avoite le bourel avecque eus tout prest pour coper le haterel à l'Amant de la ville, mès M. de Pervés quy estoile cappitaine de la dite ville de Brousselles leur pria quil ne le fesiste point morir et quil y procedaste par justice; et desquirèrent toutes les lettres qui leur pooit compéter. *Mémoires du* SIRE DE HAYNIN, t. II, p. 111.

de leurs demeures, incarcérés à l'hôtel de ville [1], mais bientôt après relâchés. Antoine Hanneron, prévôt de Saint-Donat à Bruges et commis des finances, est chargé de chaînes et envoyé au château de Vilvorde, où il restera jusqu'à l'arrivée de Maximilien [2].

A la nouvelle des troubles qui agitaient la principale cité du Brabant, Adolphe de Clèves, sire de Ravenstein, gouverneur général et lieutenant de la duchesse, se rendit en hâte à Bruxelles; mais il ne put que sanctionner les volontés d'une commune toute-puissante. Les trois membres nommèrent deux commissions : l'une, de vingt-cinq personnes, fut chargée de faire une enquête sur les magistrats et les officiers accusés d'abus de justice et de concussions; la seconde, composée de trente-quatre bourgeois, dut examiner les charges pesant sur les inculpés [3]. Dans la première figuraient le gantier Bogaert et d'autres plébéiens, la plupart ne sachant ni lire ni écrire, mais se rapportant, pour l'examen des comptes des receveurs et des livres du change de la ville, à leurs collègues, Adaen ou Adrien à l'Étoile et Jacques le Grossier (le mercier), fils du changeur de Tournai. Le travail de cette commission dura quinze jours et, lorsqu'il fut achevé, elle fut réduite à treize membres [4]. Le résumé de l'enquête n'était pas encore rédigé que les *trente-quatre* prononcèrent leur jugement. Il condamnait à la peine de mort sire Amelric Was et sire Pierre Pipenpoy, qui avaient été interrogés et torturés en présence de plusieurs délégués des nations. Leur exécution eut lieu le 15 mars [5], en présence de tous les métiers en armes; Godefroid de Bosschere tenait l'étendard de la commune [6]. D'autres furent bannis, déclarés inhabiles à toute charge publique ou frappés de fortes amendes, payables par moitié à la duchesse et à la ville. Parmi les bannis figu-

---

[1] Registre cité.

[2] PONTUS HEUTERUS, *Rerum Austriac.* L. 1.

[3] Acte au nom de la duchesse, daté du 9 juin 1477. *Roodt Privilegie Boeck.*

[4] Registre cité.

[5] Item, in 't jaer 1476, was groote onruste te Brussel, tusschen die gemeynte ende den wethouderen, ende waeren van de Heeren onthooft donderdaeghs voer halfvasten. *Chronique de Rouge-Cloitre.* Amelric Was, membre d'une famille qui depuis deux siècles était dans l'échevinage, avait été créé chevalier par Louis XI, le 17 septembre 1461. Pierre Pipenpoy était seigneur de Merchtem et le neveu de Gérard Pipenpoy, le premier des bourgmestres de Bruxelles. Lui-même avait occupé ces fonctions en 1464, comme Was en 1451, en 1456 et en 1461.

[6] Registre cité.

raient Jean d'Enghien et son fils Louis [1], le lieutenant-amman Henri Vandereycken [2], les chevaliers Walter Vandernoot, sire de Risoir, Conrad Vandermeeren, sire de Woluwe-Saint-Étienne, Roland de Mol, maître Jean Schat, Henri Heenkenshoot, Jean d'Ophem, Jean Spyskens, Jean Halfhuys, Michel de Leeuw, dit de Cantere, Jacques Vandepoele dit Poelman et Gherem ou Jérôme *in de Sleutele* ou à la Clef; ces deux derniers seuls étaient plébéiens [3].

Une scène dramatique signala le triomphe de la démocratie bruxelloise. Cette place, où les pouvoirs de toute nature ont reçu tour à tour des ovations et des outrages, cette place, où le sang des ennemis du peuple et de ses défenseurs, a tant de fois coulé, est occupée par la commune en armes. Près de la Tour, œuvre éclatante du génie de Jean de Ruysbroeck, fils d'une autre révolution, s'élève une estrade; l'étendard de la commune y est arboré et là, devant les chefs populaires, les patriciens viennent reconnaître leurs erreurs, implorer leur pardon et se soumettre aux lois nouvelles décrétées par les vainqueurs [4].

Les nations avaient chargé de la rédaction d'un projet de nouveau règlement organique, deux commissions, l'une de dix-huit et l'autre de neuf membres, parmi lesquels on remarquait le gantier Lambert Zeeghers, Robert Couter, tavernier ou cabaretier, et le pelletier Gonert ou Henri [5]. Par une décision de la commune, en date du 15 mars, les quatre receveurs et les six conseillers furent remplacés par un comité de sept patri-

---

[1] Louis d'Enghien avait d'abord été confirmé dans sa charge d'amman, par acte de Marie du 24 janvier; mais, le 4 avril, la duchesse lui donna provisoirement pour successeur Guillaume Estor; celui-ci fut nommé définitivement le 21 avril, malgré les réclamations de Louis qui s'était présenté, le 10 du même mois, à la Chambre des Comptes, pour faire valoir sa nomination antérieure. *Archives de la Chambre des Comptes,* n° 290.

[2] Vandereycken fut remplacé le 8 mars par l'écuyer Léon Vandentorre, mais la commune refusa d'obéir à ce dernier et confia ses fonctions à Nicolas de Beyere. *Boeck metten Haire.*

[3] Acte du 9 juin cité *Roodt Privilegie Boeck.*

[4] Item, in 't jaer 1476, hebben de negen natie te Brussel het Standaerts uytgesteken op de merkt. ende stonden daer over gewapender handt ende doen wierdt den peys gemaeckt tusschen die heeren ende de gemeynte ende die heeren moesten commen genade bidden voer de gemeynte onder die Standaerts. *Chronique de Rouge-Cloître.* Marbais se trouvait au marché quand les bonnes gens y vinrent « en leurs draps requérir mercy. » Registre cité.

[5] *Ibid.*

ciens choisis par les métiers, et de neuf plébéiens choisis par les lignages [1].
Désignés sous le nom de maîtres de la police (*policie-meesters, magistri
seu rectores politiæ*), les *seize* eurent la surintendance des finances, de
la voirie, des travaux publics, des fortifications. C'étaient : sire Éverard
T'Serclaes, sire Nicolas de Heetvelde, René Vandernoot, Engelbert Van
Aelst, Jean Van Cotthem, Guillaume Estor, Henri de Costere dit Van
Alsingen, Jean Mosselman, Jean Vanderheyden, Jean Van Elselaer, Jean
Vandengehuchte, Jean Van Obberghen, Jean de Pape, Jean de Keysere.
Égide Vandenputte et Jean Vandenbroecke. Ils restèrent en charge pendant trois ans (1477-1480). Une chronique contemporaine rend un
éclatant témoignage de leur bonne gestion. « Les échevins choisis dans les
lignages, dit-elle, s'étaient montrés inhabiles et incapables, et la ville était
obérée ; les *seize* choisis par la commune rétablirent ses finances ; mais
les patriciens n'eurent pas de repos qu'ils n'eussent obtenu de Maximilien
le rétablissement de leurs prérogatives [2]. » Plusieurs institutions et projets utiles sont dus à ces administrateurs. Telle fut la création d'un serment d'arquebusiers, innovation d'autant plus nécessaire que l'usage des
armes à feu devenait général. Placée sous le patronage de sainte Barbe et
de saint Christophe, cette compagnie était commandée par un connétable,
élu par les confrères, et par un lieutenant, choisi par le connétable, qu'il
remplaçait à l'expiration du trimestre. Lors de son inauguration, Marie
de Bourgogne approuva les statuts de ce corps et ordonna que les personnes admises à en faire partie payassent douze sous pour apprendre
le tir, ajoutant que si la ville voulait ériger la confrérie en serment, elle
lui donnerait un lieu pour faire l'exercice [3]. En conformité de cette dernière disposition, les magistrats abandonnèrent aux arquebusiers une
partie des anciens fossés à l'endroit où a été percée la rue de Saint-
Christophe. En outre le serment obtint une allocation annuelle de deux
livres de gros pour achat de poudre, à condition de fournir à la ville des
tireurs à gages (*erfschutters*) [4].

On projeta alors de reconstruire la halle au pain (*broodhuys*), qui
tombait en ruines et que la duchesse Marie céda à la ville le 4 juin [5].
Alors aussi, on conçut le projet de mettre Bruxelles en communication

---

[1] *Acta oppidi anni* 1472, registre qui se trouve cité dans un *Index der Resolutien rakende de stadt Brussel*, aux *Archives de la Ville*.

[2] *Chron. anonymi*, p. 220. — [3] 9 juin 1477. *Roodt Privilegie Boeck*.

[4] *Acta oppidi anni* 1472, l. c. — [5] *Roodt-Privilegie Boeck*.

directe avec le Rupel, en creusant *une nouvelle rivière*, pour éviter à la fois les nombreux détours de la Senne et le passage sur le territoire de Malines, canal qui devait avoir des accotements, écluses, ponts, etc. On voulut encore canaliser la Senne jusqu'à Hal, en vertu de l'octroi de 1456 ; les trois membres votèrent l'achat de deux moulins situés à Aa et appartenant au seigneur de Gaesbeek, et ils résolurent de faire creuser une dérivation près du moulin d'Eysingen [1]. Pour mener à bonne fin ces grandes entreprises, la paix et la tranquillité étaient indispensables, et malheureusement bien des années allaient s'écouler avant qu'elles pussent reparaître.

Bientôt l'organisation communale changea complétement de face, et l'élément démocratique domina dans toutes ses branches. Tous les pouvoirs, les droits, les libertés et les franchises des lignages furent abolis au profit des métiers. Chaque année, la veille de Saint-Jean, les jurés des métiers réunis à l'hôtel de ville nommaient quatre-vingt-une personnes, neuf de chaque nation ; celles-ci à leur tour élisaient vingt-sept électeurs, trois dans chaque nation, et ces derniers, accompagnés d'un secrétaire, s'enfermaient dans une chambre particulière où ils choisissaient quatorze candidats à l'échevinage, « habitants de la ville ou de sa franchise, faisant » partie des nations, honorables, notables, de naissance légitime, âgés » de 28 ans au moins, mariés ou veufs, amis de l'Église, du prince et de » la ville. » Dans la matinée du jour suivant, un ou deux commissaires du prince devaient venir à la maison communale et choisir sept échevins parmi les quatorze candidats ; ils restaient enfermés jusqu'à ce qu'ils eussent fait leur choix, et si, à midi, ils n'avaient pas pris une décision, les magistrats nommaient d'office les échevins. Ensuite les vingt-sept électeurs présentaient quatre bourgeois, parmi lesquels les jurés des nations choisissaient deux bourgmestres par la voie du sort ; enfin, le magistrat élisait huit pacificateurs, sur une liste de seize candidats dressée par les mêmes.

La gilde fut entièrement réorganisée et exclusivement composée de plébéiens. Il devait y avoir treize sergents de l'ammanie ; chaque nation en nommait un, les maîtres de la police deux, l'amman et le châtelain chacun un. Il fut arrêté que les jurés des métiers ne pourraient voter sur aucune affaire importante, sans avoir préalablement consulté leurs

---

[1] *Acta oppidi anni* 1472.

commettants, et le droit de s'assembler pour délibérer sur les affaires publiques, fut reconnu à tous les habitants [1].

Deux échevins, sire Jean de Heemvliet et Jean d'Ophem, avaient été incarcérés et remplacés, le 29 avril, par Jean de Bnysseghem et Gerelin T'Seraerts. Le 5 mai, par ordre de la duchesse, les autres échevins furent destitués, et Othon de Bock, Arnoul Vylain, Ywain d'Ophem, Walter de Cariloe et Daniel Meerte, furent nommés à ces fonctions; à l'époque ordinaire du renouvellement de la magistrature, d'autres élections eurent encore lieu. Un fait digne de remarque, c'est que, même au plus fort de la révolution, les échevins furent tous, à peu d'exceptions près, pris dans les lignages; on peut en conclure qu'elle avait rencontré de nombreuses adhésions, et l'on doit y voir le bon sens de la démocratie qui appréciait l'aptitude des notables à administrer la justice.

Quelques métiers profitèrent de leur ascendant pour obtenir des faveurs. Ainsi les brasseurs parvinrent à faire insérer dans le grand privilége du 4 juin, une défense d'importer en ville de la bière fabriquée au dehors du territoire communal; il y avait exception pour les bières étrangères [2]. Les bouchers, de leur côté, conduits par Marbais, forcèrent les secrétaires et les clercs de la ville à remettre au sire de Perwez la charte qui autorisait les bouchers du dehors à vendre de la viande le samedi; ce seigneur la porta au sire de Ravenstein qui l'annula [3]. Le privilége du Franc-Marché ou marché du Vendredi, qui blessait les intérêts de plusieurs métiers, fut également cassé, ainsi que la sentence rendue à Saint-Omer en 1461 [4].

L'unique moyen de remédier à la déplorable situation de la Belgique était l'union de la duchesse avec un souverain qui sût défendre les droits de sa femme, rallier autour de sa personne la noblesse et le peuple, et imprimer quelque énergie et quelque suite aux opérations militaires et à la diplomatie. Les violences des Gantois et les intrigues de l'entourage de Marie de Bourgogne retardèrent longtemps cette union tant désirée. Une ambassade solennelle étant venue, au nom du roi des Romains, négocier l'alliance de son fils et de la duchesse, le duc de Clèves osa intimer aux députés l'ordre de rester à Bruxelles; mais ceux-ci, ayant

---

[1] Grand privilége du 4 juin 1477, inédit. *Roodt Privilegie Boeck.*
[2] *Ibid.*
[3] Registre cité.
[4] *Roodt Privilegie Boeck.*

été mis au courant de ses projets, méprisèrent sa défense et se rendirent à Gand où Marie les accueillit avec la plus grande faveur.

Après avoir accepté les propositions du roi des Romains, la duchesse se rendit, vers le milieu du mois de mai, à Bruxelles et de là à Louvain, et les états généraux furent de nouveau convoqués pour prendre des mesures de défense contre les Français. Avant d'inaugurer cette princesse, les États du Brabant ajoutèrent de nombreuses additions à la Joyeuse Entrée, additions qui annulèrent entièrement les dispositions prises par son aïeul et par son père pour étendre l'autorité souveraine; la juridiction du conseil de Brabant, de la chambre des tonlieux et du tribunal de la foresterie fut restreinte; l'office de fiscal général fut aboli; la plupart des nouveaux péages furent supprimés, ceux qui avaient été augmentés furent réduits à l'ancien taux, et les ordonnances de Philippe qui avaient limité la juridiction des villes, furent cassées [1]. Marie fut inaugurée le 29 mai. Le surlendemain et pendant les quarante jours qui suivirent, le tocsin sonna dans tout le duché pour annoncer la guerre nationale [2]. Le Brabant ayant autorisé la levée de 400 *glaives*, Bruxelles consentit à en fournir 100, outre des tireurs et des piquiers [3].

Le 4 juin, la duchesse, que la bourgeoisie de Louvain avait escortée jusqu'à l'endroit dit le Champ de la bruyère de Haeren (*Haeren Heyde-velt*), fit son entrée solennelle à Bruxelles. S'étant rendue à la maison communale, après qu'on eut donné lecture de la Joyeuse Entrée, elle prêta le serment suivant : « Je promets et jure que je tiendrai bien et » fidèlement et ferai observer sans exception tous les points contenus dans » cet acte, comme un bon seigneur est tenu de le faire à son pays et à » ses sujets. Ainsi m'aident Dieu, ces saints (les reliques sur lesquelles elle jurait) et tous ses saints. » Elle promit ensuite de maintenir les libertés et les usages des monastères, nobles, villes, franchises, villages, etc., et prêta un serment particulier à la ville de Bruxelles, semblable à celui qu'avait prêté le duc Antoine. Ensuite elle reçut du magistrat la déclaration suivante : « Nous tous en commun, et chacun de nous en particu- » lier, promettons, certifions et jurons à notre redouté seigneur, le duc » de Brabant, ici présent et qui a fait le serment requis, que nous lui » serons dévoués et fidèles, que nous lui serons soumis et obéissants en » tout, que nous défendrons son autorité, son pays, sa terre et son

---

[1] *Roodt Privilegie Boeck.* — [2] *T'Boek der Tyden.* — [3] *Acta oppidi anni* 1472, l. c.

» droit contre tous , et que nous le servirons en tout comme de bonnes
» et fidèles gens sont tenus de le faire à leur seigneur. Et ainsi nous
» aident Dieu et tous ses saints. »

La commune profita de la présence de Marie à Bruxelles pour obtenir
quatre actes d'une grande importance : le premier consacra l'abolition des
lignages et la nouvelle organisation créée par les métiers, et accorda à
la ville plusieurs avantages, tels que la propriété de la Senne, de ses
affluents, de leurs pêcheries, comme elle les avait possédées, dit l'acte,
ainsi que l'abandon de celle des rues et lieux vagues. Le second
contenait 1° un pardon général pour tout ce qui s'était passé et pour les
illégalités qui avaient pu être commises dans des jugements rendus pendant les troubles, 2° une confirmation de ces jugements, et 3° une promesse de faire saisir, partout où on pourrait les trouver, et de livrer à
la commune, les bannis qui n'auraient pas quitté la ville. Le troisième
confirma le privilége du meurtre, accordé par le duc Antoine en 1414,
et le quatrième autorisa la ville à faire creuser une nouvelle rivière ou
canal vers le Rupel.

Le 9 juin , les trois membres, réunis au grand complet, remercièrent
de leurs bons offices l'amman, le lieutenant-amman, le magistrat, les
seize maîtres de la police, les commissions des *vingt-cinq*, des *trente-
quatre*, des *dix-huit* et des *neuf;* puis ils déclarèrent que nul d'entre
eux ne tolérerait des attaques contre ses confrères, au sujet des derniers événements, et que tous seraient tenus de maintenir ce qui avait
été établi. Le magistrat se rendit ensuite à la cour et soumit cette résolution à Marie qui l'approuva, de l'assentiment de son conseil. La députation demanda aussi à la duchesse de ne pas tolérer le séjour dans
Bruxelles de quelques bannis qui avaient profité, selon l'usage, de l'entrée
du souverain, pour obtenir grâce, et elle obtint un édit qui leur défendit
de passer la nuit en ville et d'y porter des armes. Le même jour, Marie de
Bourgogne ratifia la création du serment des arquebusiers [1]. Le 10, elle
se rendit de nouveau à l'hôtel de ville et y approuva l'annulation de
plusieurs actes des années 1254, 1318, 1326, 1333 et 1421, qui
étaient contraires aux nouvelles ordonnances communales. Elle partit
ensuite pour aller se faire reconnaître dans les autres provinces [2].

Vers le milieu de l'été, Maximilien d'Autriche, venant d'Allemagne ,

---

[1] *Roodt Privilegie Boeck.* — [2] *Luyster,* passim.

fit son entrée à Bruxelles au milieu d'un pompeux cortége, et suivi de
sept cents cavaliers, parmi lesquels on remarquait des électeurs, des
ducs, des comtes et de puissants barons; monté sur un fougueux coursier,
revêtu d'une armure brillante, portant un diadème orné de pierres précieuses, ce jeune prince attirait tous les regards. Il fut reçu à la porte de
Louvain par le magistrat, le clergé, les serments, les métiers, et conduit à l'hôtel des évêques de Cambrai, rue d'Or. Après un séjour de peu
de durée, il partit pour Gand, où son mariage avec l'héritière de Bourgogne fut célébré le 19 août [1].

Après avoir rétabli à Louvain la domination du parti antipopulaire,
Maximilien revint à Bruxelles, le vendredi après la Sainte-Lucie, 15 décembre 1477, et fit aussitôt relâcher les patriciens qui étaient encore
emprisonnés [2]. Cette mesure, qui lui dévoilait les intentions du prince,
blessa profondément la commune; les magistrats, les maîtres de la police,
les jurés et les centeniers se rendirent en corps au palais, et ayant été
admis à l'audience de l'archiduc, en présence des princes du sang et des
membres du grand conseil, ils lui demandèrent la confirmation des sentences qu'ils avaient prononcées et qui avaient déjà été sanctionnées par
la duchesse. Après de vagues protestations de son affection pour la ville,
Maximilien déclara qu'il avait ordonné la mise en liberté des captifs dans
le but de rétablir la concorde, et qu'il ignorait que les priviléges accordés
à la ville fussent conçus en termes aussi formels, son intention n'étant
nullement d'y porter atteinte, mais plutôt de les augmenter; assurance
banale, dont on apprécia bientôt le peu de sincérité. Les chefs de la commune se retirèrent pour conférer sur la marche qu'ils avaient à suivre;
ils pardonnèrent aux bannis à condition qu'ils observeraient les nouveaux
règlements, s'abstiendraient de toute agression au sujet de leur condamnation et seraient exclus de toute fonction communale; ils demandèrent
aussi à Maximilien de ne plus user dorénavant de son droit de souveraineté et de grâce (1er janvier 1477, 1478 N.-S.). Cette décision fut
approuvée le 5 janvier et scellée le 14 par ordre spécial [3].

Les patriciens, unis par les liens du sang à plusieurs grandes familles
du pays, avaient à la cour de puissants protecteurs, tandis que les rigides
démocrates, qui les avaient remplacés, étaient peu agréables à un prince
prodigue et léger. Aussi ne laissa-t-on échapper aucune occasion d'affai-

---

[1] HEUTERUS. — [2] *Chronique de Rouge-Cloître.* — [3] *Roodenboeck.*

blir leur pouvoir. Claes de Beyere, qui avait illégalement exercé les
fonctions de lieutenant-amman pendant les troubles, avait été destitué
par Marie de Bourgogne, et remplacé par Léon Vandentorre, le 29 mai
1477; mais il avait formé opposition à ce décret et, comme il refusait
d'abandonner sa charge, Vandentorre l'avait arrêté et cité devant le tribunal des échevins. Ses amis ayant répandu le bruit que ce procès était
intenté par esprit de parti, Vandentorre fut incarcéré à la Vroente, et
la charge de lieutenant-amman fut conférée à Antoine Vandenweerde,
qui fut nommé le 15 novembre 1478 et admis, le 29 décembre, par
le conseil de Brabant, à prêter le serment voulu. Cependant le procès
de de Beyere s'étant terminé conformément aux conclusions du procureur général du Brabant, par sa condamnation à mort et son exécution
(29 mars 1479), Vandentorre fut réintégré dans son emploi, par une
ordonnance de Maximilien datée du 18 juillet 1479, et il prêta serment,
le 2 septembre de la même année. Le lendemain, il se rendit à l'hôtel
de ville, et comme il était accusé de concubinage, il protesta que son
intention n'était nullement de se séparer de sa femme, qu'il l'avait à plusieurs reprises et toujours vainement suppliée de revenir demeurer avec
lui, et il prouva qu'il vivait décemment dans une maison achetée depuis
peu à des gens honorables. Après cette justification, il fut admis; mais
Vandenweerde s'étant présenté à son tour, le 24 décembre, porteur de
sa nomination, il fut reconnu en qualité de lieutenant-amman et conserva
sa charge sans contestation, pendant près de deux années [1].

Un autre élément de discorde amena des discussions plus sérieuses.
Pressé par les sollicitations de son entourage, l'archiduc engagea à plusieurs reprises la ville de Bruxelles à indemniser les patriciens qui
avaient été condamnés en 1477. D'un autre côté, les nations voulant
se prémunir contre ces réclamations demandaient la publication de l'acte
de rémission que lui avait accordé la duchesse; mais le magistrat, dans
le sein duquel avait déjà pénétré l'esprit contre-révolutionnaire, s'y
refusait obstinément, disant qu'ayant juré de rendre justice à chacun, ce
serait en quelque sorte blesser l'équité que de se prévaloir d'un privilége
approuvant des condamnations, tout en avouant qu'elles étaient entachées d'illégalités. Les nations insistèrent, et, pour vaincre ce refus, les
démocrates s'adressèrent à quelques membres des états généraux; le juré

[1] *Boeck metten Haire.*

des tuiliers, Henri Vandercammen, entre autres, alla trouver le comte de Saint-Pol et le chancelier de Brabant pour tâcher d'obtenir un ordre formel qui mît fin à cette opposition ; sire Henri Pipenpoy et Marbais firent également d'actives démarches dans le même but. De leur côté, les patriciens, fils des proscrits de 1477, ne restèrent pas inactifs ; ils demandèrent à être entendus avant qu'on passât outre, et une apostille favorable de Maximilien accueillit la requête qui lui fut présentée, le 7 mai, au nom de Louis et Pierre, fils de Jean d'Enghien, seigneur de Kestergat, Jean fils de Jean de Mol, Pierre et Amelric fils de feu Amelric Was, maître Jean Schat et Jean d'Ophem. En même temps, Jean Schat, Jean d'Ophem et Jean Halfhuys, recoururent au légat du saint-siége, et obtinrent de lui, le 14 juin, un acte qui les releva du serment qu'ils avaient prêté à la commune de ne jamais lui réclamer d'indemnité[1]. Un autre patricien, Henri Heenkenshoot, adressa aux États du duché des réclamations qui furent admises comme fondées en droit et appuyées auprès du duc par une requête des prélats, des nobles et des villes de Louvain et d'Anvers (13 mars 1480). Maximilien, qui était porté par instinct en faveur des patriciens, somma une dernière fois la commune de s'arranger avec eux, sous peine d'encourir sa colère, et il ordonna aux magistrats de lui envoyer les noms de ceux qui s'opposeraient à cette mesure, afin de pouvoir agir contre eux (10 mai 1479). Il défendit au chancelier de Brabant, Geldolphe Vandernoot, de sceller les lettres que lui et sa femme avaient accordées *par inadvertance ou importunité*. Cette démarche n'ayant pas eu le succès qu'il en attendait, par un acte daté de Saint-Omer, dans le mois d'août, il admit les réclamations des patriciens, et chargea un huissier du grand conseil et le bourgmestre sire Henri T'Seraerts, de lettres enjoignant au magistrat de réunir les trois membres et de leur demander une réponse par écrit. La commune refusa obstinément, et comme l'huissier ne voulait pas se retirer sans réponse, il fut fort maltraité et courut même risque de la vie. Le bourgmestre lui-même se vit en butte aux soupçons, et il fut question de le mettre à la torture. Les trois membres résolurent ensuite d'envoyer à l'archiduc une députation pour déduire leurs raisons. Le premier membre nomma l'échevin Jean Vandenvoorde ; le second, Henri Loenys le fils ; et le troi-

---

[1] Déclaration de l'évêque de Dagne, Godefroid, suffragant de Cambrai, datée de Bruxelles, le 16 octobre 1479. Registre cité.

sième, le gantier Jean Bogaert, le boucher et poissonnier Pierre Marbais, Jean Vandenyeulle, appelé aussi Jean Barbier, de la nation de Saint-Géry, le tisserand Jean Van Fayt, Henri Vandercammen, juré des tuiliers, Simon Vandorven, juré des graissiers, Pierre Vanroode, juré des armuriers, Jean le gantier, autre juré du métier des tuiliers, et Jean Vandeneynde. A peine ces députés furent-ils arrivés à la Haye qu'une instruction fut commencée contre eux; ceux des nations furent constitués prisonniers, et le chancelier de Brabant reçut l'ordre de séquestrer leurs biens. Tous comparurent, le 16 mars 1480, devant des conseillers du prince. Les deux premiers députés ayant exposé le but de leur mission, le secrétaire Jean Van Gindertaelen et l'huissier Jean de Vos qui les accompagnaient, s'élevèrent contre les délégués des nations, parmi lesquels, disaient-ils, il n'y avait qu'un seul honnête homme : à l'exception du juré Vandorven, tous les autres, principalement Marbais et Bogaert, avaient trempé dans les émeutes. L'interrogatoire commença le 18 et dura plusieurs jours. Ils furent particulièrement questionnés sur les événements de 1477; mais ce ne fut guère qu'à Marbais et Bogaert que les accusateurs s'attaquèrent, et l'on recourut plusieurs fois à la torture pour leur arracher des aveux [1]. Le registre, qui contient les résultats de cette enquête, ne nous donne pas la conclusion de cette affaire, qu'une chronique manuscrite d'Anvers raconte en termes clairs et concis : le 14 mars 1480, dit-elle, neuf hommes de la commune vont trouver Maximilien à La Haye, parce qu'on ne voulait pas donner satisfaction aux patriciens; ils sont arrêtés. Le 24 mars, deux d'entre eux sont décapités à la Haye [2]. D'après l'enquête on ne peut douter que les victimes de cette odieuse vengeance n'aient été Marbais et Bogaert.

La consternation produite par ces événements parut favorable au rétablissement des lignages. Maximilien vint à Bruxelles et, le 22 juin, il donna à la cité une loi nouvelle. Les patriciens furent réintégrés dans leurs droits et privilèges; mais les dispositions relatives à la composition du magistrat furent empruntées à différentes chartes. Ainsi la nomination du premier bourgmestre dut se faire, conformément au grand privilège de 1421; l'administration des biens de la ville resta confiée aux maîtres de la police, à qui Maximilien rendit témoignage de leur bonne gestion, tout en limitant leur nombre à six, moitié patriciens, moitié plébéiens.

[1] Registre cité. — [2] Mss. de la Bibliothèque de Bourgogne, n° 10247.

Le corps échevinal fut composé de dix membres, élus par les commissaires du souverain, la veille de Saint-Jean; les sept premiers étaient pris sur une triple liste de candidats dressée, le jour même, par les lignages, et les trois autres, ainsi que le second bourgmestre, parmi dix-huit personnes désignées par les nations. La possession d'un revenu de 50 florins au moins, fut une condition expresse de l'éligibilité à l'échevinage. L'élection des doyens et huit de la draperie, des pacificateurs, des chefs-tuteurs et des membres de la Suprême-Charité fut partagée entre les métiers et les lignages. Enfin, pour mettre un terme aux intrigues qu'occasionnait la nomination des jurés des métiers, dit le nouveau règlement, il fut arrêté qu'ils seraient nommés huit jours après la Saint-Jean-Baptiste par les deux bourgmestres et par les membres plébéiens de l'échevinage et de la draperie, sur une liste présentée par les jurés sortants de charge [1].

Les trois membres de la commune résolurent alors de mettre en oubli tous les événements passés et d'indemniser ceux qui en avaient souffert, et ils remirent au sire de Ravestein le soin d'arrêter les bases de cette réconciliation. Après avoir entendu les deux parties, auxquelles il fit jurer de se conformer à sa sentence arbitrale, et sur l'avis de l'échevin Jean de Buysegem, avis qui fut approuvé par ses collègues, sire Jean de Bernaige, Pierre de Jonge, Gérard Vandentroncke et Chrétien Willemaerts, ce seigneur porta le jugement suivant : Toutes les injures, tous les torts du passé doivent être oubliés; les nations reconnaîtront avoir agi avec violence lors des condamnations portées contre les patriciens, et ceux-ci, à leur tour, demanderont pardon des méfaits dont ils ont pu se rendre coupables envers la ville; à cette condition, ils rentreront en possession de leurs biens et revenus, et ils seront indemnisés de leurs pertes par la création de rentes communales, au denier dix-huit (ou 5 1/2 pour cent). Cet accord fut publié solennellement, à la bretèque de l'hôtel de ville, le 17 juillet, en présence du sire de Ravestein, de Jean de la Bouverie, sire de Wyères, président du grand conseil, du chancelier de Brabant Vandernoot, du trésorier et maître d'hôtel Nicolas de Gondeval, du suffragant de Cambrai, du prieur de Scheut, de tous les magistrats, membres du large conseil, jurés et centeniers. L'archiduc l'approuva le 12 mai de l'année suivante [2].

---

[1] *Luyster*, Derde deel., bl. 8. — [2] *Ibid.*, bl. 55.

C'est à cette époque que fut créé le cinquième et dernier serment, celui de Saint-Michel ou des escrimeurs. Nous n'avons trouvé aucun document sur cette mesure; mais il est indubitable que ce corps fut destiné à former une garde toute patricienne, puisque l'épée, la seule arme dont ses membres se servissent alors, était réservée aux nobles, et que sa création coincide avec la réaction opérée en faveur des lignages.

Une fois parvenus là, les patriciens ne devaient pas tarder à se voir réintégrer dans la jouissance de leurs anciens priviléges. En effet, un édit de l'archiduc, signé à la Haye, en avril 1481, vint bientôt rétablir toute l'administration communale sur le même pied qu'avant 1477. Toutes les dispositions de ce règlement sont empruntées à l'acte de réorganisation des lignages de 1375 et à la charte de 1421. Le magistrat fut de nouveau composé de deux bourgmestres, de sept échevins, de quatre receveurs et de six conseillers [1].

Au mois de mai suivant, Maximilien et Marie ordonnèrent le rétablissement du marché franc, parce que, dit l'acte, le manque de denrées se faisait sentir [2].

Peu de temps après, le débat au sujet de la licutenance de l'ammanie se ranima; le 9 juin, le duc et la duchesse, alors à Bois-le-Duc, démissionnèrent Antoine Vandenweerde et investirent de sa charge Vandentorre, à la recommandation, disaient-ils, du roi d'Angleterre. Le 16, Vandentorre prêta serment au conseil de Brabant et au magistrat; mais Vandenweerde attaqua sa nomination comme subreptice, et ayant obtenu, le 17 juillet, un arrêt favorable, il prêta serment à la chancellerie, le 20 de ce mois, et à l'hôtel de ville, le 11 août. Vandentorre s'adressa vainement à Maximilien; ce prince renvoya sa réclamation, le 29 juillet, au conseil du duché, et décida que Vandenweerde resterait en fonctions jusqu'à décision définitive [3].

Aux malheurs politiques succédèrent d'autres calamités. Après un hiver des plus rigoureux (1480), pendant lequel un grand nombre d'indigents, de pèlerins, d'enfants, de chevaux, avaient péri de froid, des pluies presque continuelles firent manquer les récoltes et occasionnèrent une famine [4] qui dura jusqu'à la Noël de 1481. Le setier de blé coûtait

[1] *Luyster*, l. c., bl. 21.
[2] Bois le duc, le 11 mai 1481. *Roodt Privilegie Boeck.*
[3] *Boeck metten Haire.*
[4] MOLINET.

environ 22 sous, la livre de beurre 2 sous 5 deniers [1]. Pour ménager les denrées, le magistrat ordonna la destruction de tous les chiens,
et soumit les habitants qui voulurent les conserver, à une taxe de 2
et 5 mites par jour. Il fit cuire beaucoup de pain pour les pauvres,
et la presse était si grande à ces distributions, que plusieurs personnes
y perdirent la vie [2].

Cette disette donna lieu à de nouveaux différends avec Malines. Bruxelles
ayant défendu d'y exporter des denrées de l'ammanie, le sous-maire du
village de Cappelle-au-Bois, Vandermost, qui avait montré beaucoup de
zèle dans l'exécution des ordonnances publiées à cet effet, fut arrêté, le
18 septembre, par le maire et le drossard de Londerzeel, village dépendant de la seigneurie de Grimberghe et appartenant au comte de Nassau.
Le lendemain, l'écoutète, les commune-maîtres, les échevins et d'autres
magistrats de Malines vinrent réclamer le prisonnier; les échevins de
Londerzeel se trouvant en trop petit nombre pour décider une affaire
aussi grave, demandèrent un délai de trois jours au bout duquel ils
livrèrent le captif, qui fut exécuté, le 20, à Malines. A cette nouvelle,
Bruxelles envoya immédiatement le lieutenant-amman avec un détachement de bourgeois pour s'emparer des officiers de Londerzeel; le maire
Jean de Groelst et son fils Christophe, qui avait coopéré à l'arrestation de
Vandermost, furent pris et enfermés à la Steenporte. Sur les plaintes du
comte de Nassau, Maximilien ordonna leur mise en liberté, mais le
magistrat refusa d'obtempérer à cet ordre, et il fallut pour qu'ils sor-
tissent de prison, que les prisonniers implorassent leur pardon, et
missent hypothèque sur leurs biens, pour donner l'assurance qu'ils com-
paraîtraient en justice, si les parents de Vandermost les attaquaient (22 décembre 1481) [3]. Un accord conclu, le 1er juin 1484, entre la ville et le
comte de Nassau, confirma, comme fondées sur les priviléges, toutes les
mesures prises contre les deux de Groelst ainsi que la sentence prononcée contre le drossard de Londerzeel, Antoine Storm, qui s'était
refusé à faire exécuter les ordonnances sur la sortie des céréales [4].

Maximilien et Marie avaient mainte fois résidé à Bruxelles où cette

---

[1] Tourneur, fo 50. Selon De Wael, t. I, p. 127, le muid de froment se vendait
une livre de gros et plus.

[2] Mss. de la Bibliothèque de Bourgogne, no 11641.

[3] *Luyster*, bl. 43.

[4] *Boeck metten Haire.*

princesse donna le jour à deux enfants : Marguerite, née le 10 janvier 1480 (1479 V.-S.) et François, né le 10 septembre 1481. Marguerite fut baptisée en grande pompe à Sainte-Gudule par le légat du pape ; le prince d'Orange, son parrain, et une foule d'autres nobles, marchaient en tête du cortége ; venaient ensuite la marraine, Marguerite d'York, veuve de Charles le Téméraire, et Anne de Bourgogne, femme du sire de Ravestein, avec l'enfant, qu'entouraient les serments, portant des torches ; la marche était fermée par les magistrats [1]. Quant à François, qui ne vécut que quatre mois, il fut baptisé, le 17 septembre, par l'évêque de Cambrai et tenu sur les fonts par le comte de Chimay représentant François, duc de Bretagne, le cardinal Ferry de Cluny, évêque de Tournai, et la princesse d'Orange. On remarqua dans le cortége le jeune archiduc Philippe et sa sœur Marguerite montés sur de petits chevaux. Dans les rues qu'il traversa, les maisons étaient ornées de tapisseries et, de six pieds en six pieds de distance, il y avait, de chaque côté, un bourgeois tenant une torche allumée [2].

Pendant les guerres qui marquèrent les premières années du règne de Maximilien, Bruxelles eut souvent à lui fournir des troupes. En 1478, les trois membres confièrent le commandement des soldats de la commune à Éverard de la Marck, seigneur d'Aremberg, qui était devenu châtelain de Bruxelles par son mariage avec Marguerite de Bouchout ; l'année suivante, son fils, à qui il venait de céder la châtellenie, reçut de la commune un don de 56 couronnes parce que, dit l'acte de consentement, le jeune capitaine prenait pour la première fois les armes pour défendre le souverain. La cavalerie, placée immédiatement sous ses ordres, était forte de 150 hommes ; l'infanterie avait pour chef l'amman Guillaume Estor. En 1479, les états de Brabant ordonnèrent la levée du quatrième homme en état de servir à pied, et du dixième cavalier. La commune eut encore d'autres sacrifices à s'imposer, car Maximilien, toujours obéré, réclamait incessamment de l'argent. En 1481, la duchesse elle-même vint à l'hôtel de ville solliciter un prêt, et, peu de temps après, Maximilien demanda les fonds nécessaires pour solder les chantres de sa chapelle ; en 1482, il lui fallut 2,000 couronnes pour payer ses dettes, ses créanciers ayant fait saisir ses serviteurs et leurs effets [3].

[1] *Wonderlyke Oorlogen van den doorluchtigen prins Maximiliaen.* Antwerpen, p. 46. — V. HARÆUS, HEUTERUS.

[2] MOLINET. — [3] *Acta oppidi anni* 1472, l. c.

Comines a dit que Bruxelles continua à prospérer sous le duc et la duchesse d'Autriche, et cette assertion, quelque extraordinaire qu'elle puisse paraître, est exacte. Le recensement de 1480 constata qu'il y avait à Bruxelles 6,855 foyers, tandis qu'il n'y en avait que 6,751 en 1472, quelques années après la mort de Philippe le Bon, et 6,576 en 1435, au commencement du règne de ce prince.

Au moment où le pays, violemment pacifié par Maximilien, reprenait quelques forces, la mort de Marie de Bourgogne (27 mars 1482) fit surgir de nouvelles difficultés. Dans une assemblée tenue à Alost, au mois de mai 1482, les députés des provinces manifestèrent leur ferme intention de négocier avec la France. Ils nommèrent à cet effet une ambassade composée de Jean d'Auffay, conseiller de l'archiduc, du pensionnaire de Bruxelles, Godefroid Roelants, et du pensionnaire des échevins des parchons de Gand, Jean de Steenworpere, et ils envoyèrent ensuite à Maximilien une liste de quarante-deux personnes, qu'ils voulaient charger du soin de défendre leurs intérêts en même temps que les siens ; sur cette liste figuraient les échevins bruxellois, sire Nicolas de Heetvelde et sire Roland de Mol, et le pensionnaire. Cette députation reçut ses pleins pouvoirs le 8 décembre, et elle poussa les négociations avec tant d'activité que la paix fut signée, à Arras, le 25 du même mois. Elle fut solennellement publiée à Bruxelles pendant l'octave de Noël, et, à cette occasion, les magistrats donnèrent à chaque centenier 24 sous pour en faire une distribution aux pauvres, et ils envoyèrent aux chartreux 14 *geltes* de vin [1]. Maximilien, à qui ce traité était imposé, ne le ratifia qu'au mois de mars de l'année suivante.

Les États s'occupaient de la tutelle des enfants de Marie de Bourgogne, lorsque l'assassinat de l'évêque de Liége (août 1482) interrompit brusquement les contestations qui s'étaient élevées à ce sujet. Tout le Brabant se leva contre Guillaume de la Marck, et cette expédition occasionna de grands frais à Bruxelles et à ses corporations ; les tuiliers, entre autres, firent beaucoup de dépenses pour leur équipement. Le meurtre du prélat ayant été vengé, les États reprirent leurs discussions sur la question de la tutelle. La plupart des provinces consentaient à la donner à Maximilien, mais le Brabant hésitait et la Flandre ne voulait pas entendre parler de ce prince. Maximilien ayant fait exposer ses droits dans une assemblée

---

[1] *Acta oppidi anni* 1481. — De Wael, l. c., f. 129.

des états de Brabant tenue à Louvain en 1485, les villes demandèrent
un délai, et leurs députés se rendirent à Malines pour se concerter sur la
décision à prendre. Le choix de cette ville, qui était fort dévouée à l'archiduc, avait sans doute été insinué par ses partisans, et il en profita pour
jeter la terreur parmi ses ennemis. Le 7 mai, il fit saisir les députés et
les envoya sous escorte au château de Vilvorde; les Louvanistes furent
relâchés, mais les Bruxellois et les Anversois furent condamnés à mort
ou au bannissement, et, le 21, le plus influent d'entre eux, le chevalier
Nicolas de Heetvelde, fut décapité. Ce patricien, riche et considéré, était
un des chefs de la commune bruxelloise lors de la révolution de 1477;
il avait été créé maître de la police et il avait occupé ces fonctions jusqu'en 1480; à cette époque, il avait été nommé receveur et, en 1482,
il avait été élu échevin. L'irritation produite par sa mort fut telle qu'on
craignit de voir les trois chefs-villes brabançonnes se joindre aux Flamands, et sans Dieu, dit une chronique contemporaine, il y aurait eu à
Bruxelles une sédition [1]. Toutefois Maximilien parvint à son but, et l'on
vit même Bruxelles lui voter des remercîments pour l'arrestation des
députés [2]; ce vote contraste trop avec la conduite que la commune
bruxelloise avait tenue et avec celle qu'elle tint plus tard, pour qu'on
puisse croire qu'il n'ait pas été obtenu par des voies extraordinaires.
Seule entre toutes les provinces, la Flandre persista à rejeter un prince
qui lui était, à plus d'une raison, devenu odieux.

Ayant entre leurs mains le prince Philippe, les Flamands étaient d'autant plus disposés à repousser énergiquement les prétentions de Maximilien, qu'ils voyaient des princes du sang et plusieurs grands vassaux épouser
leur querelle. Adolphe de Clèves, sire de Ravestein, Louis de Bruges,
sire de Gruthuse, Wolfard de Borsele, comte de Grandpré et seigneur
de la Vere, et Philippe de Bourgogne, seigneur de Beveren, se rangèrent
ouvertement de leur parti, et Maximilien, ayant convoqué à Bruxelles
un chapitre de la Toison d'or, ils refusèrent de s'y rendre, disant que
ce n'était plus lui, mais son fils qui était chef de l'ordre [3]. Une partie
de l'été de 1484 s'écoula en vaines négociations. Vers Noël, le comte

---

[1] *Liber fundationis Carthusiæ B. M. de Gratia apud Bruxellam*, apud DE WAEL,
t. I, p. 130. — TOURNEUR, f. 51. — Voyez PONTUS HEUTERUS, HARÆUS, DIVÆUS,
Rerum Lovaniens.
[2] *Acta oppidi anni 1472*, l. c.
[3] M. DE REIFFENBERG, *Histoire de l'ordre de la Toison d'or.*

de Romont, à la tête de 15 à 16,000 Flamands, entrant sur le territoire du Brabant, fit une brusque irruption jusqu'à Lecuw-saint-Pierre et
Wemmel, sans toutefois causer de grands dommages [1]. Maximilien, qui
se trouvait en ce moment à Bruxelles, put observer du haut des murailles
les mouvements de l'armée ennemie, et certes il l'aurait attaquée à la tête
de ses vassaux et de la bourgeoisie, s'il avait pu compter sur les Bruxellois.
Voulant sonder leurs dispositions, il se rendit à l'hôtel de ville pour demander assistance aux magistrats, et comme ceux-ci hésitaient, il s'écria :
« Le peuple est assemblé, qui me doit ayde et, qu'il soit vray, venez avecq
» moi et nous saurons d'eulx leur volonté. » Les échevins, dit Olivier de
la Marche, furent moult ébahis et parlèrent autrement qu'ils ne l'avaient
fait d'abord ; il ajoute que le peuple, harangué par Maximilien, lui
témoigna la bonne volonté qu'il avait de le servir. Selon d'autres documents, le prince vint demander un subside de 2,000 florins, en antici-
pation sur la prochaine aide, et parla des mesures à prendre pour garder la ville en son absence ; le prêt lui fut accordé, moitié au comptant,
moitié en prenant quelques dettes à charge de la commune. Les magistrats ayant été ensuite mandés à la cour, ils firent répondre que « pour
» cette fois ils n'iraient point. » Rendus défiants par le supplice inique
de Nicolas de Heetvelde, ils prièrent l'archiduc de faire sa demande par
écrit ou d'envoyer son chancelier, ajoutant qu'il n'était pas convenable
que le souverain vînt en personne, et qu'eux n'étaient pas habitués à aller
au palais [2]. Alors le chancelier se rendit à la maison communale accompagné du seigneur de Beersel et de sire Philippe Vilain, et engagea les
magistrats à prendre des mesures pour la réception du comte de Nassau,
qui avait été nommé capitaine du duché, et pour la défense de la ville. Ces
propositions furent agréées ; les trois membres décrétèrent la levée du
cinquième homme des métiers, et les lignages, par une résolution spon-
tanée, se décidèrent à équiper, à leurs frais, 75 cavaliers. Maximilien
ayant demandé encore une taxe du douzième de la valeur de tous les
biens, ou, si les habitants le préféraient, une cotisation personnelle et
volontaire, la ville lui accorda 20,000 florins, à condition que les pauvres,
les hôpitaux et les hospices seraient seuls exempts de la taxe [3].

---

[1] Tourneur, l. c., f° 52.

[2] Want onse heer vele te cleyn soude syn neder te commen ende sy niet costu-
melyck en syn geweest opweerts te gaen. *Acta oppidi anni* 1472, l. c.

[3] *Ibid.*

Cependant les habitants et la garnison d'Alost faisaient de fréquentes incursions dans l'ammanie et, pendant le mois de février 1485, des cavaliers flamands s'avancèrent plusieurs fois jusqu'à Scheut, en se bornant toutefois à se faire donner à boire et à manger par les chartreux [1]. Pour mettre un terme à ces courses, le comte de Nassau sortit de Bruxelles à la tête de 1,200 mercenaires suisses, et d'un corps de milices brabançonnes, formé de 2,000 fantassins et de 400 cavaliers, et il s'empara d'Alost, tandis que l'archiduc, avec la noblesse du Hainaut, combattait les Gantois. Le gardien de la chapelle de Scheut, Herman Anderlecht, ayant déclaré que la Vierge lui était apparue en lui annonçant que l'honneur de pacifier le pays était réservé aux chartreux, le prieur, à la demande du chancelier de Brabant, Charles de Groote, consentit à aller à Gand avec ses collègues de Diest et d'Anvers. Attaqués en chemin par des cavaliers gantois, ils furent traînés comme prisonniers dans la ville où ils se rendaient en ambassade. Amenés à l'hôtel de ville, ils se virent accusés de trahison par le tribun Guillaume Rym et par quelques autres chefs. Après être restés enfermés, pendant six semaines, dans une chambre de la maison communale, ils venaient d'être mis en liberté par l'intervention du prieur de la chartreuse de Gand, quand une insurrection éclata. Rym et le premier échevin furent décapités, et le nouveau magistrat conclut la paix avec l'archiduc. Les trois prieurs rentrèrent alors dans leurs monastères, qu'un visionnaire leur avait fait quitter, et Maximilien força Gand à indemniser la chartreuse de Scheut, à qui cette malencontreuse ambassade avait coûté 50 livres de Flandre ou plus de 300 florins de Rhin [2]. Les milices de Bruxelles, de Louvain et d'Anvers furent licenciées et la tranquillité fut momentanément rétablie.

Après avoir ramené son fils à Bruxelles, Maximilien visita Louvain et Anvers [3], et, au mois de juillet, il convoqua les états généraux à Bruges, pour examiner le traité conclu avec les Flamands et leur demander des subsides. L'archiduc ayant prévenu le magistrat qu'il voulait conférer un office au pensionnaire Roelants, les trois membres résolurent de nommer deux pensionnaires qui auraient chacun la moitié des émoluments attachés à cette place, et ils firent tomber leur choix sur Jean Sucker ou Suchet et maître Jean Vandenhecke, licenciés en droit et en théologie [4].

[1] Tourneur, *Libri Fundationis Carthusiæ Brux. continuatio.* — [2] De Wael, t. I, p. 133. — [3] Divæus, *Rerum Lovan.*
[4] *Acta oppidi anni* 1472.

Depuis longtemps, il avait été résolu de tenir à Bruxelles une fête de
la Toison d'or, mais le gouvernement aurait voulu que la ville accordât
aux chevaliers exemption d'accises, ce qu'elle ne paraissait nullement
disposée à faire ; cependant ses magistrats promirent d'agir de manière à les contenter. D'autres villes, Bruges et Malines entre autres,
désiraient vivement que cette cérémonie eût lieu chez elles, et elles firent
à cet effet d'actives démarches, qui restèrent sans résultat, parce que
déjà, à cette époque, Bruxelles avait des logements plus spacieux que ces
deux cités, et que l'on fit valoir en sa faveur les dépenses qu'elle avait
faites en préparatifs. Au mois d'avril 1486, Maximilien lui donna formellement la préférence, mais la fête fut remise à cause des grandes occupations de l'archiduc, et les événements qui survinrent la firent définitivement ajourner [1].

Après avoir été couronné à Aix, comme roi des Romains, Maximilien
vint à Turnhout, où les députés de Bruxelles et de quelques autres villes
lui présentèrent leurs félicitations. Il fit une entrée solennelle à Bruxelles,
dans les premiers jours du mois de juin ; toutes les rues qu'il devait
traverser, depuis la porte de Malines jusqu'au palais, étaient tendues de
« tapisseries, broquetries et aultres exquis ouvraiges. » Les carrefours
étaient ornés d'arcs de triomphe représentant des sujets bibliques ou mo-
raux. « Aucuns mestiers, pour faire leurs allumeries et monstres de nou-
» velletez, avoient retenu certains hostels revestus, les ungs de drap d'or et
» de soie, les aultres armoiez des armes et blasons de l'empereur, du roy
» et de l'archiduc son fils, et estoient ces ouvrages soutilement labourez
» a très grand coust et extrême dépense. » La corporation des peintres
se distingua particulièrement dans cette circonstance. Les rues environ-
nant la grand'place, étaient ornées de portiques fort élevés ; la façade
de l'hôtel de ville était tapissée d'étoffes rouges et « avironnée de grans
» et gros flambeaulx en très bon nombre, et que plus est, la thour d'icelle,
» jusques à l'image de saint Michel, estoit chargiet de falos ardans et
» aultres instrumens portans lumière, en cette fachon qu'il sembloit à
» veoir de long mieux estre de feu que de pierres. Toutes les maisons
» estoient couvertes de feu, de draps, de painctures et de métail. » Le
magistrat alla à la rencontre du roi et lui offrit un *palle* ou baldaquin
fort riche. Les feux de joie et les fêtes durèrent une semaine [2]. Pour

---

[1] M. DE REIFFENBERG, l. c. — [2] MOLINET.

signaler son avénement au trône, Maximilien confirma à la ville tous ses droits et libertés, et il déchargea de l'obligation du service militaire les petits fiefs de sa juridiction, d'une valeur moindre que cent écus de 48 gros de Flandre [1]. Il pardonna à tous ceux qui l'avaient offensé, et fit grâce aux bannis ainsi qu'aux détenus de la Steenporte, à l'exception des coupables de meurtre, viol, incendie ou mutinerie [2].

Peu de temps après, on apprit l'arrivée de l'empereur dans les Pays-Bas; le roi se rendit à Louvain, avec son fils Philippe, pour le recevoir, et, le 22 juillet, ils firent leur entrée à Bruxelles. Le magistrat, les chefs de la gilde, les pacificateurs, le large conseil, les serments, les métiers, tous vêtus de rouge [3], le clergé séculier et régulier, les religieuses et les béguines, allèrent à leur rencontre jusque hors de la porte de Louvain. L'empereur était *sur un chariot* aux côtés duquel se tenaient le roi et l'archiduc Philippe, alors âgé de huit ans. Ils se rendirent au palais en passant par Sainte-Gudule. Le magistrat alla, en grand cortége, offrir à Frédéric III, deux foudres de vin de Rhin, deux bœufs, une aiguière et un grand plat en argent; mais peu s'en fallut que ces fêtes ne se terminassent de la manière la plus déplorable. Le lendemain, pendant qu'un grand dîner avait réuni au palais les princes et leur cour, une querelle s'engagea entre les soldats allemands qui avaient accompagné l'empereur, et les bourgeois qui soupçonnaient, paraît-il, un complot tramé pour livrer leur ville aux deux souverains. En un instant toute la bourgeoisie fut sous les armes, et déjà beaucoup d'Allemands avaient été tués et précipités dans la Senne, quand les chefs de la commune parvinrent à interposer leur autorité. Les habitants, qui avaient heureusement perdu peu de monde, écoutèrent la voix de leurs magistrats, et les étrangers, « doubtant la force des Bruxellois, se rendirent au palais, » faisant grand murmure en leur langage. » Dans leur colère, ils défoncèrent les foudres de vin que la ville avait donnés à l'empereur, et leur colère s'éteignit dans l'ivresse [4]. Le jour suivant, l'empereur, le roi et l'archiduc, accompagnés de toute leur cour, allèrent entendre la messe à Sainte-Gudule. On remarquait dans le cortége le capitaine des gardes de Frédéric III, « tout chargiet d'orfévrerie, pareillement ses paiges,

----

[1] 7 juillet 1486. *Roodenboeck.* — [2] Louvain, 16 juillet 1486. *Ibid.*
[3] *Acta oppidi anni* 1472, l. c.
[4] *Die excellente chronyke van Brabant.* — *Liber fundationis* apud DE WAEL, l. c., f⁰ 137. — TOURNEUR, l. c., f⁰ 54-v. — HEUTERUS. — HARÆUS. — MOLINET.

» tambourins et aultres en grant nombre et tous d'une lyvrée ; luy seul
» à cheval, lorsque l'empereur, le roy et les nobles alloient à pied, se
» gaudissoit plus pompeusement que s'il euist esté fils du prince ou
» d'ung bien grand comte [1]. » Après être resté trois mois dans les Pays-
Bas dont il visita les principales villes, l'empereur retourna en Allemagne. « Voulant donner à Bruxelles un témoignage de son amitié, »
Maximilien, par un acte du 7 août, défendit aux bannis graciés de rentrer dans ses murs [2]. En outre, il lui accorda deux foires franches qui
devaient durer chacune huit à dix jours et commencer, tous les ans,
l'une après l'Ascension, l'autre le jour de Saint-Luc ; cet octroi était
accordé dans le triple but de donner plus de moyens d'écoulement aux
objets fabriqués à Bruxelles, d'y attirer les marchandises étrangères
qu'il fallait souvent aller chercher au loin, et de la pourvoir de denrées
de toute espèce [3]. Ce prince confirma aussi une concession faite par sa
femme en 1477, mais qui n'avait pu être mise à exécution ; elle sta-
tuait que les manufactures exportées de Bruxelles, telles que menuise-
ries, draps, soieries, etc., ne seraient pas assujetties à l'étape d'Anvers,
c'est-à-dire qu'on ne devrait plus les exposer en vente dans cette ville
avant de les envoyer plus loin [4].

S'enhardissant à mesure que son autorité s'affermissait, Maximilien
exigea, en 1486, des états de Brabant, un secours de 5,000 hommes ;
et, comme il s'attendait à une forte opposition, l'évêque de Liége et le
conseil ducal avaient ordre, en cas de refus, de se rendre immédiatement
à la chambre des comptes, et d'y répartir sur ses sujets brabançons le
service qu'il leur demandait ; la nombreuse cavalerie réunie sur les frontières de Flandre, devait au besoin soutenir leur autorité. Informés de
ce projet, les trois membres de Bruxelles ouvrirent des conférences avec
les députés des autres villes pour décider s'ils reconnaîtraient à la
chambre des comptes le droit de taxer le pays sans le consentement de
ses représentants. Ils approuvèrent d'avance la détermination que prendraient les États, « parce qu'eux seuls, disaient-ils, n'étaient pas en état
» de s'opposer convenablement à la volonté du roi [5]. » L'année sui-

[1] MOLINET. — [2] 7 août 1486. *Boeck metten Haire.*

[3] Janvier 1486 (1487 N.-S.). *Placards de Brabant,* t. IV, p. 145.

[4] Novembre 1486. *Roodenboeck.*

[5] Want sy dat alleene, soo verre het en behoorde, niet en soude cunnen beletten.
Acta oppidi anni 1472, l. c.

vante, comme il se disposait à quitter Bruxelles pour marcher contre les Français, Maximilien vit ses serviteurs, dont il n'avait pas payé les gages, saisis par leurs créanciers. Il envoya Philippe de Clèves et le prévôt de Maestricht solliciter la commune de se rendre caution des dettes de ses serviteurs qui s'élevaient à 20,000 florins, et elle y consentit à condition que les commis aux finances, le chancelier, les conseillers de Brabant et les maîtres de la cour des comptes, s'engageassent à indemniser la ville endéans un mois, et y restassent, ainsi que les joyaux du roi, jusqu'à son retour ou jusqu'à ce qu'elle fût relevée de ses engagements. Dans une assemblée des États, tenue la même année, Maximilien ayant demandé aux chefs-villes un prêt de 6,000 couronnes, Bruxelles lui refusa formellement sa quote-part, qui s'élevait au tiers de cette somme. Mais il n'était pas homme à se rebuter quand il s'agissait d'obtenir des subsides ; il voulut que tous les habitants pussent, sans contrainte ni menace, lui faire des dons volontaires dont chacun fixerait à son gré la quotité, et le magistrat aima mieux se résoudre à de nouveaux sacrifices que de lui fournir ce mode de spoliation ; il lui accorda 12,000 florins, en à-compte toutefois sur les aides que voteraient les États [1].

La guerre contre la France, qui s'était allumée en 1487, ne fut pas de longue durée ; mais la paix, publiée à Bruxelles le 20 septembre, à cinq heures de l'après-midi [2], fut loin de ramener le calme et la prospérité. Les soldats étrangers, que Maximilien avait fait venir, restèrent dans le pays où, ne recevant pas de solde, ils vécurent à discrétion chez les bourgeois et les paysans [3]. A Bruxelles, ils ne payaient rien de ce qu'ils achetaient, et lorsqu'on leur demandait de l'argent ils répondaient par des injures ou des menaces, disant que le temps était venu pour les Allemands de se laver dans le sang des Flamands et des Brabançons [4]. Le sort des campagnes était affreux ; les malheureux villageois étaient forcés de donner à cette soldatesque sans frein « du vin de Rhin, de la bonne » viande et du pain de froment, » alors qu'ils pouvaient à peine se procurer les plus grossiers aliments [5]. Dans les villes, on en était venu à

---

[1] *Acta oppidi anni* 1472.

[2] *Gesschiedenissen van Brussel.* Mss. de la Bibl. de Bourgogne, n° 11641.

[3] HEUTERUS. — HARÆUS.

[4] *Liber fundationis.* — DE WAEL, l. c., f° 142.

[5] IMPENS, *Chron. Bethleem.* L. VI, f° 406.

tout craindre de la part de Maximilien ; aussi suivaient-elles toutes ses démarches avec la plus grande défiance. Le bruit se répandit qu'il voulait se rendre maître de Bruxelles et la livrer au pillage ; aussitôt les habitants prirent les armes et firent garder avec soin les portes et les principales rues. Ce furent de pareilles craintes qui amenèrent son emprisonnement à Bruges et l'exécution de plusieurs de ses courtisans [1].

Cet événement fit éclater une scission dans les provinces ; les unes voulaient que le roi fût rendu à la liberté, les autres, et, en première ligne, la Flandre, prétendaient qu'il fallait avant tout s'occuper de réformes administratives. Après deux réunions sans résultat, tenues à Malines et à Gand, les États s'assemblèrent à l'hôtel de ville de Bruxelles, le 26 mars 1488, en présence des princes du sang. Il y fut donné lecture d'une requête des membres de Flandre accompagnant un projet d'union entre les provinces, qu'une commision, composée du sire de Ravestein, de son fils Philippe, des seigneurs de Beveren, de Wières, du bailli du Hainaut et de quelques autres, fut chargée d'examiner et de modifier au besoin. Cette commission s'assembla à l'hôtel de Ravestein, et une copie de son travail fut remise à chaque député. Conformément aux conclusions des membres de Flandre, il fut décidé qu'une nouvelle assemblée aurait lieu à Gand le mercredi après Pâques, et des ambassadeurs du duc de Bretagne étant venus solliciter l'intervention des États en faveur de Maximilien, il leur fut répondu que tous désiraient s'employer avec zèle à obtenir sa mise en liberté. Mais les plus grands obstacles à la paix venaient des partisans mêmes du roi qui prévoyaient sans doute que le résultat des négociations serait l'affaiblissement du pouvoir de leur maître ; Anvers et Malines se rangeaient ouvertement du parti de Maximilien contre les autres villes, tandis que les troupes royales désolaient la Flandre et que la garnison de la forteresse de Liedekerke interceptait déjà les communications entre Bruxelles et cette province [2].

---

[1] Hoc anno fuerunt Bruxellenses in magna timore quia volavit fama quod rex cum suis vellet spoliare et invadere civitatem, sed Deus suâ clementiâ præservavit eam. Unde et illo tempore cives cœperunt servare portas et vicos civitatis. Postea idem præfatus rex visus est tentare Brugas, quam ob rem ibidem captus ac tentus fuit. *Liber fundationis*, l. c. — DE WAEL, l. c.

[2] MOLINET. — HEUTERUS, L. III, c. I et seq.

L'assemblée de Gand s'ouvrit en dépit de tous les obstacles, pendant que l'archiduc Philippe convoquait les États à Malines où plusieurs provinces, entre autres le Brabant, envoyèrent également des députés. Bruxelles se fit représenter à Gand par le bourgmestre Henri de Mol, le premier échevin sire Roland de Mol, le conseiller Pierre van Obberghem, Jean de Combliel, Arnoul de Scarpere et le pensionnaire Jean Vanden hecke. Les discussions furent des plus orageuses; les États, qui voulaient à tout prix éviter la guerre civile, cherchaient encore les moyens de rendre le roi à la liberté lorsqu'ils reçurent communication du traité conclu par Maximilien avec les Brugeois. Ils approuvèrent ce traité, mais, avant de se séparer, ils formèrent une confédération pour interdire le passage des gens de guerre étrangers dans le pays, et introduisirent plusieurs réformes dans l'administration des finances et la direction des monnaies.

Le traité de Bruges était trop déshonorant pour que le roi l'observât longtemps. A peine eut-il rejoint son père, qui était arrivé à la tête de 20,000 hommes, qu'il jeta le masque; mais Gand, investi par les Impériaux, brava leurs menaces, et Philippe de Clèves, qui s'était porté garant du traité, prit le commandement des Flamands. Bientôt repoussés dans leurs attaques sur d'autres villes, harcelés par les paysans, qui ne leur faisaient pas quartier, décimés par des combats continuels, par les maladies, par la famine, les soldats de Frédéric III furent contraints de battre en retraite [1].

Maximilien, retiré à Anvers, y convoqua à plusieurs reprises les États devant lesquels il essaya de se justifier. Les Flamands refusèrent d'y envoyer des députés disant qu'ils ne se fiaient pas au sauf-conduit du roi [2], et Bruxelles, en y déléguant un de ses pensionnaires, lui ordonna de se borner à entendre les propositions du prince et à lui en faire rapport. Elle défendit, en même temps, aux officiers de l'ammanie, de lever aucune taxe sur le plat pays [3]. Les résistances qu'il rencontrait irritèrent Maximilien et, dans une assemblée solennelle, tenue dans l'église de Notre-Dame, Philippe de Clèves fut mis au ban de l'Empire. Mais déjà une grande partie du Brabant adhérait au mouvement de la Flandre; Bruxelles, Louvain, Tirlemont, Nivelles, Léau, Jodoigne, Aerschot,

[1] MOLINET.
[2] M. GACHARD, *Des anciennes assemblées nationales de la Belgique.*
[3] *Acta oppidi anni* 1472, l. c.

n'attendaient que l'occasion de se prononcer. Pour essayer d'arrêter les défections dont il se voyait menacé, Maximilien destitua l'amman Guillaume Estor, qui occupait ce poste depuis treize ans, et il le remplaça par Philippe de Witthem, fils du seigneur de Beersel, un de ses plus exaltés partisans [1]. Peu de temps après, un nommé Pierre Strote assassina à Anvers le lieutenant-amman, Antoine Vandenweerde (16 septembre), à qui Philippe de Clèves donna pour successeur Hugues de Heetvelde, patricien entièrement dévoué au parti national [2].

Bravant une condamnation illusoire, Philippe de Clèves marchait de succès en succès. Certain des dispositions des Bruxellois, qu'il avait fait sonder par son secrétaire, Olivier de Kesele, il parut tout à coup le 17 (d'autres disent le 18 ou le 19) septembre, vers les huit heures du matin, devant leur ville, où sa femme séjournait ordinairement. Les nombreux partisans que le roi avait conservés dans les classes riches et dans le clergé, essayèrent vainement de s'opposer à son admission dans la ville, et, après une vive discussion, les trois membres consentirent à le recevoir avec sa suite. Il entra par la porte de Flandre, entre une et deux heures de l'après-midi, et fut conduit en grand cortége à son hôtel. Il était précédé de hérauts, de trompettes et de clairons, entouré de 60 à 80 hallebardiers et suivi de pages; il était couvert d'une manteline de drap d'or et faisait porter devant lui sa bannière d'or à la croix de Bourgogne. Les bourgeois logèrent avec empressement les soldats français de son escorte, bien qu'ils eussent toujours haï, dit Molinet, ceux qui parlaient cette langue [3]. Les royalistes toutefois ne se découragèrent pas. Le doyen [4] et le chapitre de Sainte-Gudule répandirent le bruit que les Flamands avaient été excommuniés et que les habitants de la ville étaient également devenus passibles d'excommunication pour les avoir reçus dans les églises et avoir permis que le service divin fût célébré en leur présence. Philippe écrivit, le 21, aux chanoines, pour leur rappeler la nullité des censures qui, en effet, avaient été cassées par le pape, le

---

[1] Ord. du 7 septembre 1488. *Boeck mette Cnoope.*

[2] *Archives de la Ville.*

[3] MOLINET. — IMPENS, etc.

[4] Le doyen d'alors était Georges de Temseke, fils de Louis de Temseke, bourgmestre de Bruges, et de Marguerite de Flandre. Il fut membre du grand conseil de Malines et du conseil privé et prévôt des églises de Saint-Pierre à Cassel, de Saint-Sauveur à Haerlebeke et de Saint-Bavon à Harlem. SANDERUS, *Flandria Illustr.*, t. II, p. 68.

4 avril, et pour les inviter à ne plus semer d'alarmes [1]. De leur côté, pour intimider leurs adversaires, les ennemis du roi lancèrent de nombreux pamphlets dans lesquels ils recommandaient à la commune de bien veiller à ce que monseigneur Philippe ne fût pas trahi, parce que de lui dépendait la prospérité de la ville. Ces pamphlets accusaient les magistrats, dont une partie était restée à Bruxelles tandis que l'autre se trouvait à Anvers, de s'informer mutuellement de ce qui se passait. Ils prêtaient au roi l'intention de faire périr plus de cent habitants s'il parvenait à revenir, « mais ses efforts seront vains, ajoutaient-ils, si la » trahison ne lui vient en aide, et malheureusement il y a beaucoup de » traîtres; rassurez-vous cependant, concitoyens, Henri Swaef et beau- » coup d'autres habitants veillent pour déjouer leurs complots [2]. »

L'arrivée du chef des Flamands fut l'occasion de nombreuses mutations dans la magistrature. Le premier bourgmestre, Adrien d'Assche, dit de Grimberghe, fut remplacé comme trop favorable au roi; Guillaume Estor fut réintégré dans sa charge; les fonctions de receveurs et de conseillers furent abolies de nouveau et l'on vit reparaître les seize maîtres de la police. Le chevalier Wenceslas t'Serclaes, Jean de Buyssegem, Jean de Cotthem, Henri Estor, Jean, fils de Laurent Vandernoot, Jean Van Aelst, Herman Vandernoot, Jean Elsclaer, Jean Mosselman, Jean Vandenbroecke, Égide Vandenputte, Pierre van Obbergen, Guillaume de Cock, Jean Craenbout, Jean Vander Zennen et René de Costere, furent nommés à ces fonctions. Un fait, qui peut prouver combien cette institution était populaire, c'est que, parmi ces seize élus, cinq avaient occupé la même charge en 1477, et sept étaient parents d'autres membres de l'ancienne commission.

Cependant l'insurrection s'étendait chaque jour. Le 23, le magistrat de Louvain annonça, qu'à la demande de Philippe de Clèves, il avait publié la paix de Bruges, et ces événements jetèrent la consternation à la cour d'Anvers. Le sire de Walhain reçut l'ordre d'occuper Malines, et son frère, Corneille de Berghes, se rendit avec cent hommes d'armes à Vilvorde, que les Allemands avaient abandonnée la veille après avoir pillé plusieurs maisons et enlevé des chevaux. Le roi lui-même les suivit bientôt, avec une armée qu'une relation sans doute exagérée porte à

---

[1] Lettre datée du 21 septembre 1488. *Archives de la Cour des Comptes*, nº 104 de l'Inventaire imprimé.

[2] Pamphlet trouvé dans l'église de Saint-Nicolas le jeudi 25 septembre 1488. *Ibid.*

12,000 cavaliers. Une partie de son avant-garde s'étant avancée jusque sous les murs de Bruxelles, et ayant enlevé dans les prairies quelques troupeaux de moutons, les habitants garnirent aussitôt les remparts. Emportés par leur ardeur et sourds aux représentations des gens de guerre, quelques centaines de bourgeois coururent attaquer les ennemis qui, simulant une retraite précipitée, les attirèrent dans une embuscade. Chargés brusquement par des troupes qui s'étaient tenues cachées dans les ravins et derrière des haies, ils furent mis en déroute et tombèrent en grand nombre sous le glaive des vainqueurs; beaucoup d'autres périrent en voulant traverser la Senne. Des hommes d'armes qui avaient été envoyés pour les secourir furent forcés de rentrer en ville à l'approche d'un corps nombreux sorti de Vilvorde. La perte des Bruxellois s'éleva à 400 tués, 100 noyés et 200 prisonniers[1]; au nombre de ceux-ci se trouvait le bourgmestre sire Guillaume T'Serclaes[2]. Cet événement, arrivé le 12 octobre, jour de la dédicace de l'église de Sainte-Gudule, plongea la ville dans le deuil; mais la colère succéda bientôt à la tristesse. Philippe de Clèves appela à lui les milices de la Flandre et ses auxiliaires français. Robert d'Aremberg et deux de ses neveux arrivèrent à Bruxelles, où ils furent suivis le samedi suivant par les Flamands[3]. Les Bruxellois et leurs alliés, prenant alors l'offensive, s'emparèrent bientôt de quelques points fortifiés et entre autres de Liedekerke, sur la Dendre, position de la plus haute importance pour assurer les communications entre Bruxelles et la Flandre. Genappe, dont Philippe avait été nommé châtelain l'année précédente[4], n'opposa pas de résistance, non plus que Tervueren; Nivelles s'était prononcée, et cet exemple fut suivi par les villes de Tirlemont, Aerschot, Léau, Haelen, Jodoigne, etc.[5]. Diest, Bois-le-Duc, le Hainaut et la Flandre française gardèrent une neutralité absolue, tandis qu'Anvers, Malines et Lierre embrassèrent chaudement la cause du roi. Malines, mettant à profit les circonstances, releva la chaîne de Heffen et intercepta de nouveau la navigation de la Senne[6].

---

[1] TOURNEUR. — DE WAEL, t. I, f° 144. — MOLINET. — HEUTERUS.

[2] Il fut remplacé par le chevalier Jean de Heemvliet, et fut encore bourgmestre en 1489. Quand les troupes de Maximilien rentrèrent dans la ville, on lui substitua Adrien d'Assche.

[3] TOURNEUR.

[4] Par ordonnance du 25 novembre 1487. *Archives de la Cour des Comptes*, n° 135 de l'Inventaire imprimé.

[5] IMPENS, l. c. f° 413. — [6] *Historia aquœductus Bruxell.*, mss. T. I, f° 96.

Forcé de se rendre en Hollande pour combattre les *hoecks* qui s'étaient relevés à la voix de Bréderode, Maximilien résolut de recourir aux négociations afin d'arrêter les progrès des communes belges, et, au mois d'octobre, les États de plusieurs provinces s'assemblèrent à Malines. Ils envoyèrent à Bruxelles l'abbé d'Afflighem, Goswin Hardinck, les seigneurs de Volkenstein et d'Aymeries et le docteur Anette (*sic*) qui y trouvèrent les délégués de la Flandre et du Brabant; mais il fut impossible de s'entendre; ces derniers repoussèrent toutes les propositions qui leur furent faites et déclarèrent que, « jusqu'au dernier homme de leur pays, » ils ne souffriraient pas que le roi eût aucune autorité sur eux. » Ils demandèrent qu'il se retirât en Allemagne, promettant de lui payer 100,000 florins du Rhin s'il consentait à abandonner la tutelle de ses enfants à un conseil désigné par le pays. Se voyant dans l'impuissance de dompter ses ennemis, Maximilien partit avec son père, laissant le commandement de son armée au duc Albert de Saxe, qui conclut avec Philippe de Clèves un armistice garanti pour le Brabant, au nom de ce dernier, par le sire de Chantraine et Henri Swaef. Cet armistice ne devait durer que du 6 au 15 novembre [1].

Pour punir ses sujets rebelles de Louvain, de Bruxelles, de Gand, de Bruges, d'Ypres, etc., Maximilien annula les obligations souscrites par le chancelier sire de Champvaux, l'abbé de Saint-Bertin, les seigneurs de Molenbais et de Walhain, maître Jean d'Eynatten, prévôt de Maestricht, le receveur général Louis Quarré, l'argentier Hugues Du Mont et Hippolyte de Berthoz, membre de la chambre aux deniers, qui s'étaient rendus cautions des sommes que ces villes lui avaient prêtées. C'était un nouveau moyen qu'il avait trouvé pour payer ses dettes. Il défendit en même temps aux chefs de ses finances de payer, aussi longtemps que durerait la guerre, les rentes dues à des insurgés [2], et, pour se venger particulièrement des Bruxellois, il confirma, le 28 décembre, les prétentions de Malines au droit d'étape [3].

Comprenant que les divisions paralyseraient tous leurs efforts, les Bruxellois travaillèrent à réconcilier les partis qui s'étaient formés dans leur sein. Malgré les intrigues des partisans de Maximilien, la commune se rallia franchement à Philippe de Clèves et, le 23 janvier 1489, dans

---

[1] Molinet.

[2] Ordonn. en date du 12 novembre. *Archives de la Cour des Comptes,* n° 135.

[3] L'abbé Mann, T. I, p. 92. — Haræus. — Azevedo.

une nombreuse assemblée, le damoisel Éverard d'Aremberg, capitaine de
la ville, l'amman, sire Guillaume Estor, les échevins, le large conseil, les
jurés et les centeniers, après s'être pardonné mutuellement toute offense,
promirent qu'aussi longtemps que Philippe et ses alliés soutiendraient la
ville, ils n'entreraient pas en négociations avec le roi sans leur consentement, et ils s'engagèrent à délivrer, aux frais de la commune, les bourgeois prisonniers [1]. Le magistrat fit frapper des monnaies d'argent au nom
de l'archiduc. Le revers de ces monnaies, qui avaient encore cours au
XVIIe siècle, présentait la croix de Bourgogne, quatre lions placés entre
les bras de la croix, et dans le milieu la lettre *B*, avec cette inscription :
Invocavi Deum adjutorem meum ; de l'autre côté on voyait saint Michel
vêtu d'une tunique et tenant d'une main la croix, et de l'autre l'écusson
de Brabant-Limbourg, avec ces mots *Phs Dei grat. Dux Brab.* 1488.

La guerre éclata bientôt avec plus de violence que jamais, et le Brabant fut livré à toutes les horreurs des dissensions civiles. Jamais le débordement des passions n'avait été tel ; il n'y avait plus ni parents, ni amis,
ni voisins, il n'y avait que de furieux antagonistes ; le père s'armait contre
ses fils, les fils combattaient leur père [2]. Exalté par ses succès et par
ses revers même, chaque parti rendait pillage pour pillage, incendie pour
incendie, meurtre pour meurtre, et les bandes indisciplinées que la
France et l'Allemagne vomissaient sur nos provinces, se livrant sans
frein à toutes leurs fureurs, rendaient plus terrible encore cette guerre
d'extermination. Les marchands, qui osaient s'exposer aux risques des
voyages, voyaient leurs saufs-conduits méconnus, et les établissements
religieux même n'étaient pas respectés ; ainsi la chartreuse de Scheut
fut plusieurs fois mise à contribution par les soldats de Philippe de
Clèves [3], qui saccagèrent et brûlèrent l'abbaye de Dilighem [4]. S'appuyant
sur la Flandre et sur le pays de Liége, ayant relié leurs communications par
de nombreuses positions fortifiées, les insurgés brabançons tenaient la
campagne et forçaient les nobles du parti de Maximilien à se renfermer
dans leurs châteaux, et à se borner à des excursions plus désastreuses
pour le pays que profitables à leur prince. Sterrebeke, entre Bruxelles et

[1] *Archives de la Cour des Comptes,* n° 104.

[2] De vader was tegen t' kint ende t' kint tegen de vader. *Brab. chronyck,* mss.
n° 10247.

[3] DEWAEL.

[4] SANDERUS, *Chorog. sacra Brab.,* T. I.

Louvain, était occupée par un corps nombreux de cavaliers qu'Adrien Vilain, sire de Liedekerke, avait pris à sa solde; Philippe de Hornes, dans sa forteresse de Gaesbeek, Louis d'Enghien, dans son manoir de Kestergat, le chevalier Bernard d'Orley, dans ses châteaux de Facuwez, d'Askempont et La Folie (Écaussines-Lalaing), entretenaient des bandes armées aussi redoutables par leur soif de butin que par leur férocité. Mais de tous les barons, celui qui causait le plus de dommages aux Bruxellois était Henri de Witthem; de ses châteaux de Beersel, de Zittert et de Braine-l'Alleud, il désolait leur territoire par d'incessantes sorties. Aussi leurs premiers efforts se tournèrent-ils contre cet ennemi. Mais une attaque qu'ils tentèrent contre le château de Beersel ne fut pas heureuse; après avoir vainement canonné ses épaisses murailles et livré un furieux assaut que la garnison, commandée par Philippe de Witthem, repoussa avec courage, ils durent renoncer à cette entreprise. Irrités de cet échec, ils se ruèrent sur le magnifique hôtel que les de Witthem possédait dans la rue des Foulons, à l'endroit où se trouve aujourd'hui le mont-de-piété, le saccagèrent et le détruisirent jusques aux fondements. De leur côté, les hommes d'armes de Witthem, encouragés par ce succès, se montrèrent plus audacieux que jamais; seuls ou réunis aux bandes sorties des autres châteaux, ils se précipitaient dans les campagnes, interceptaient les convois, et ils établirent pour ainsi dire une barrière entre le Brabant et le Hainaut, barrière qui contribua sans doute à jeter tout à fait ce comté dans le parti du roi. Décidés à en finir avec ces audacieux ennemis, trois mois après le premier siège, les Bruxellois reparurent devant Beersel, accompagnés d'une formidable artillerie venue, en grande partie, de France. Cette fois, ils poussèrent l'attaque avec tant de vigueur que la place dut bientôt se rendre à discrétion. Une partie de ses défenseurs furent jetés dans les fers; les autres et avec eux le commandant, Guillaume de Ramilly, Bourguignon de naissance, furent pendus sur le marché. Les vainqueurs se tournèrent alors contre le château de Braine-l'Alleud : la garnison qui manquait de poudre en demanda aux Hennuyers, mais ceux-ci se renfermant encore dans leur stricte neutralité, refusèrent de lui en fournir; elle ne tarda pas à ouvrir ses portes, et le château fut détruit[1]. Facuwez, Bornival, Askempont et Flessies, éprouvèrent le même sort; seul le château de la Folie, dans lequel s'était

[1] MOLINET. Par plusieurs actes datés des mois de juin et août 1489, Maximilien

renfermé Polydore de Berlaer, résista à toutes les attaques. L'esprit de
vengeance et de représailles, qui rend les guerres civiles si désastreuses,
souilla presque toujours ces succès, et un grand nombre de prisonniers
furent exécutés sur la Grand'Place [1].

Profitant du départ de Philippe de Clèves, qui s'était rendu à Cambrai
pour conclure un traité avec la France, Albert de Saxe, récemment nommé
gouverneur du Brabant, réunit à Vilvorde plusieurs divisions, et, après
s'être emparé du château de Grimberghe (24 janvier 1489), il livra aux
flammes les bourgs d'Yssche et de Wavre (8 mars). Ensuite, à la tête d'un
corps considérable de cavalerie, il ravagea les environs de Bruxelles, et,
marquant sa marche par les plus odieuses dévastations, il alla brûler
Assche [2]. Telle était l'animosité des partis dans cette guerre où l'on ne
faisait ni ne demandait quartier, qu'après avoir défendu avec acharnement les retranchements qui devaient les protéger, les habitants de ces
villages se retirèrent dans leurs églises et y périrent, consumés par les
flammes, « desquels, dit Molinet, fut oys les plus piteux cris et lamen-
» tations qui jamais furent faits, car ceulx qui les ouirent n'en sceu-
» raient parler sans amertume de cœur, sans soupirer et répandre des
» larmes. » Philippe de Clèves n'avait pu s'opposer à la marche du
général allemand; mais les Bruxellois tirèrent une éclatante vengeance
des désastres qui l'avaient signalée. Ayant appris, le jour même de la
destruction d'Yssche, que la garnison de Vilvorde avait rejoint l'armée
royale et que les milices malinoises qui étaient venues la remplacer, faisaient « grande chère ensemble de boire et de manger, laissant les gens
» de la ville en nonchalloir, » ils résolurent de profiter de leur négligence. Une forte troupe, dans laquelle on remarquait quelques capitaines français, quitta Bruxelles et arriva devant Vilvorde entre trois
et quatre heures du matin. Elle n'éprouva aucune résistance et « les
» Malinois, qui reposoient leur sang doucement, furent resveillez dure-
» ment; » ceux qui échappèrent au massacre se réfugièrent dans le
château et les vainqueurs livrèrent Vilvorde au pillage et à l'incendie.
La maison communale, la boucherie, la halle aux draps, le tiers de la

---

fit de larges concessions au sire de Beersel pour l'indemniser de ses pertes. Voyez
le Château de Beersel, par M. ALPHONSE WAUTERS (*Messager des Sciences historiques*,
année 1841, p. 450).

[1] MOLINET. — HEUTERUS.

[2] TOURNEUR, f° 58 v.—Conf. MOLINET, HEUTERUS.

ville furent dévorés par les flammes ; quelques jours après, les Bruxellois rentrèrent dans leur ville traînant avec eux un grand nombre de prisonniers et un immense butin « chargiet sups l'eau, sus chariots et sus » chevaulx [1]. »

Le dimanche suivant, Philippe de Clèves arriva à Bruxelles à la tête d'une nombreuse infanterie et de 400 chevaux ; il menait avec lui 25 serpentines, 4 courtaulx, des munitions en poudre et en pierres, et 250 chariots de vivres destinés à ravitailler la ville où la famine commençait à se faire sentir. Il n'y fit qu'un court séjour, et se rendit à Louvain, où l'appelaient les habitants à qui Albert de Saxe venait d'enlever la ville d'Aerschot et plusieurs châteaux [2]. Il assiégea successivement Saint-Trond et Gembloux, mais il ne réussit dans aucune de ces entreprises dont le résultat eût été de couper les communications entre les provinces septentrionales, qui étaient restées dans le parti du roi, et le Hainaut, le Namurois et le Luxembourg qui s'étaient enfin ouvertement prononcés contre les communes. Deux autres tentatives, faites sur Hal, n'eurent pas plus de succès. Des bannis de Bruxelles s'y étant ménagé des intelligences, le 1er mai, le sire de Ravestein attaqua brusquement cette ville avec 6,000 hommes, parmi lesquels on comptait un corps de Bruxellois, commandé par le lieutenant-amman ; mais il fut repoussé et ramena à Bruxelles un grand nombre de blessés. Bientôt après cependant, il reparut devant Hal avec une armée de 10,000 soldats, Français, Flamands, Brabançons et Liégeois, commandée par plusieurs capitaines expérimentés. Le 20 juin, après qu'une furieuse canonnade eut battu en brèche les remparts, il ordonna un assaut général. Des deux côtés on se battit avec un acharnement sans égal, et peu s'en fallut que la ville fût forcée ; mais la certitude du sort qui les attendait doubla le courage de ses défenseurs, et leur valeureuse opiniâtreté triompha de la furie des assaillants. Prévenu que de nombreux secours arrivaient à la ville assiégée, le 24, le sire de Ravestein ordonna la retraite [3].

Ce fut là la dernière entreprise de Philippe de Clèves et de ses lieutenants dans le Brabant. Réduit à l'inaction par l'épuisement des villes, dont le commerce était anéanti, les ressources épuisées, l'exaltation à

---

[1] MOLINET. — DEWAEL. — TOURNEUR. — P. HEUTERUS. — *Brab. chronyck*, mss. Maximilien, pour indemniser la ville de Vilvorde, lui accorda différentes faveurs ; il l'exempta entre autres de toute sujétion à la juridiction de Bruxelles.

[2] DIVÆUS, *Rerum Lovan.* — [3] MOLINET. — HEUTERUS.

peu près éteinte et la population décimée par la peste, il se voyait en outre abandonné par la France qui, dans le traité de Francfort, avait indignement sacrifié ses alliés, tandis qu'Albert de Saxe et le prince de Chimai, renforcés par les bandes nombreuses que l'Allemagne leur fournissait, redoublaient d'activité. Genappe succomba la première, Tirlemont fut saccagé, et le Saxon vint camper à Neeryssche d'où il intercepta toute communication entre Louvain, Bruxelles et le Brabant wallon. Louvain ne tarda pas à lui ouvrir ses portes, et Bruxelles fut bientôt réduite à capituler. Avec le consentement de Philippe de Clèves, l'abbé d'Afflighem, maître Jean Hujoel, et le pensionnaire Gérard Vandenhecke[1], furent députés au duc de Saxe pour traiter de la pacification de la Flandre et du Brabant. Il les reçut fort bien, « leur fist donner les vins, » mais il leur répondit « qu'ils parlassent pour eux seulement et laissassent » les autres convenir. » La résistance n'était plus possible et il fallut subir la loi du vainqueur[2].

Les villes du quartier de Bruxelles durent reconnaître solennellement le roi pour avoué et tuteur légitime de l'archiduc, payer une amende de 200,000 florins de 40 gros de Flandre, restituer les domaines de la couronne, ainsi que les joyaux et les tapisseries abandonnés à Bruxelles au commencement de la guerre, réintégrer tous les officiers et employés dans leurs emplois, donner un libre accès en ville aux bannis, et livrer toute l'artillerie au roi pour qu'il pût l'employer à son service. Les membres de l'ordre de la Toison d'Or, ceux du conseil des finances et tous les officiers ayant bouche en cour, devaient en outre être exempts d'accises, et Bruxelles fut condamnée à indemniser le seigneur de Beersel de la destruction de son hôtel, et à fonder trois messes pour l'âme de Guillaume de Ramilly. En vertu de cet acte, qui fut approuvé par les trois membres de la ville et par le roi[3], Philippe de Clèves sortit de Bruxelles, le 25 août, accompagné de sa femme et de 500 cavaliers. Il conduisait avec lui douze chariots remplis d'objets précieux. Des commissaires de la commune l'escortèrent jusqu'à Gand, où ils lui offrirent 4000 florins du Rhin, comme témoignage de la reconnaissance des habitants pour l'assistance qu'il leur avait donnée dans la position critique où ils se trouvaient; ils se séparèrent ensuite dans les meilleurs termes[4].

---

[1] *Acta oppidi anni* 1472, l. c. — [2] MOLINET, HEUTERUS, HARÆUS, etc.
[3] *Roodt Privilegie-Boeck.*
[4] DESPARS. — MOLINET. — *Brab. chronyc,* mss.

La restitution de son artillerie, qui était restée à Bruxelles, et des lettres d'obligations qu'il avait souscrites pour une somme de 10,000 florins que lui avait prêtée la ville afin de payer la solde de ses troupes, fut une des clauses d'un traité proposé en 1492 [1].

Le jour même du départ de Philippe, le duc de Saxe, le prince de Chimay, le comte de Nassau, le seigneur de la Vere et un grand nombre d'autres nobles entrèrent à Bruxelles avec 2,000 fantassins allemands; mais la peste les en fit bientôt sortir. Après avoir changé les magistrats ils se rendirent à Cambrai où devait être ratifiée la paix avec la France [2]. Le calme toutefois était loin d'être rétabli; en Flandre, les hostilités se prolongèrent longtemps encore, et l'irritation était surtout entretenue par la conduite des troupes qui, levées au nom du roi et désignées sous le nom de gardes, mirent le plat pays à contribution et forcèrent les habitants à reprendre les armes pour réprimer leurs maraudages [3].

Un redoutable auxiliaire était venu hâter le triomphe de la cause royale. La peste exerça toute sa furie sur un pays ruiné par la guerre et désolé par la disette; elle se propagea à Bruxelles avec une rapidité telle, qu'elle y enleva en quelques mois, suivant la relation la moins exagérée, 15,000 habitants [4]; d'autres portent ce nombre à 25 [5], à 30 [6] et à 35,000 [7]. Pendant quelque temps la mortalité fut si grande qu'il périssait par jour 2 à 300 personnes, et dans les cimetières on entassait en une même fosse jusqu'à 30 et 40 cadavres.

Si ces malheurs publics démasquent l'égoïsme et la lâcheté, ils mettent aussi en relief l'humanité et le courage. Les carmes se distinguèrent par leur zèle à servir les malades, et quatorze d'entre eux perdirent la vie dans cette pieuse mission [8]. Qui ne connaît le nom de Thierry de

[1] HEUTERUS, *Rerum Austriac.* L. IV, c. 5.

[2] MOLINET. — HEUTERUS.

[3] DE WAEL, l. c., f° 190.

[4] *Geschiedenissen van Brussel*, Mss. n° 11641, f° 187.

[5] DE WAEL, l. c., f° 150.

[6] HEUTERUS, L. III, c. 18. — HARÆUS.

[7] *Addit. ad* GUICCIARDINUM. — GRAMAYE, *Bruxella*, p. 2. — SANDERUS, *Chorog. Sacra Brabant.* T. III, p. 66.

[8] 1 mort le 14 juillet, 1 le 17, 1 le 11 août, 1 le 7 septembre, 2 le 10, 1 le 13, 1 le 15, 1 le 18, 1 le 21, 1 le 24, 1 le 18 octobre et 1 le 10 janvier 1490. Mss. de la Bibl. de Bourgogne, n° 18196. Ces chiffres peuvent faire apprécier la marche du fléau.

Munster? Qui ignore avec quelle héroïque constance ce respectable religieux remplit les devoirs de la charité? Quittant le couvent de Bootendael, Thierry établit sur la grand'place une cabane où une table servait
d'autel, et après qu'il y avait administré les sacrements, on le voyait
parcourir les rues désertes, portant l'eucharistie aux infirmes et aux
malades, et répandant partout les consolations d'une religion dont il remplissait si bien les devoirs. Le sacristain, qui l'aidait d'abord, étant tombé
victime du fléau, ce saint homme, inaccessible à la crainte et bravant tous
les obstacles, attacha sa lanterne à la corde qui lui servait de ceinture
et, tenant une sonnette de la main gauche, le ciboire de la droite, il alla
seul administrer aux mourants les secours de l'Église. Les auteurs ecclésiastiques rapportent que la brasserie, dite *le Faucon,* et située près du
marché, dans laquelle il se retirait pendant les froides nuits de l'hiver,
fut exempte du fléau, et, comme il faut toujours que le miracle paraisse dans leurs récits, ils ajoutent que tous ceux qui burent de la
bière provenant du *Faucon* furent guéris ou préservés de la contagion.
Il en est aussi qui portent à 52,000 le nombre de personnes à qui
Thierry administra les sacrements; l'exagération n'est jamais nécessaire
pour faire valoir les belles actions [1]. Le fléau avait enfin cessé ses ravages et Thierry avait rendu de solennelles actions de grâces au ciel [2],
lorsque la famine, conséquence naturelle des désastres de la guerre,
ramena la désolation et la mort. Enfin la récolte abondante de 1493,
qui fit descendre le prix du seigle à 5 sous la razière, mit fin à ces
calamités [3].

Bruxelles, qui, outre sa part dans les aides, avait à solder ses contributions extraordinaires et de nombreuses rentes dont les circonstances
avaient nécessité la création, se trouva, à la suite de ces tristes événements, complétement obérée; il en était de même de presque toutes les
autres villes, où le commerce avait encore à souffrir de l'élévation déme-
surée de la valeur de l'argent; mais qu'importait à Maximilien que le
pays fût ruiné; il avait vaincu, humilié ses ennemis, et l'autorité souveraine triomphait!

---

[1] SANDERUS, l. c. — DE WAEL, etc.

[2] SANDERUS.

[3] FOPPENS, chron. mss., f° 12.

CHAPITRE VIII.

Philippe le Beau. — Charles-Quint. — 1494-1555.

Après avoir pris possession du trône impérial, auquel il avait été
appelé après la mort de son père, Maximilien revint aux Pays-Bas pour
y faire inaugurer son fils Philippe le Beau. Ce jeune prince fut reçu à
Louvain, comme duc de Brabant, le 9 septembre 1494; il ne voulut
reconnaître aucune des concessions que sa mère avait faites lors de son
avénement, et sa Joyeuse Entrée fut calquée sur celle de Charles le Téméraire. Il se passa près d'une année avant qu'il fît son entrée solennelle à
Bruxelles; il y arriva le jour de sainte Marie-Madelaine, 22 juillet 1495,
accompagné du prince de Chimay, des seigneurs de Berghes, de Molembais, de Beersel et de plusieurs autres chevaliers de l'ordre de la Toison
d'or. Le magistrat alla le recevoir hors de la porte de Malines (ou de
Schaerbeek) et, à cette occasion, les bouchers, « habitués comme bracon-
» niers, aians cors, trompes, chiens en laisse par couples, avoient
» mené ung cherf, lequel fut chassé honnestement hors la dicte porte. »
De riches tapisseries étaient tendues dans toutes les rues par lesquelles
passa le cortége, « et les carrefours d'icelles notablement aornez d'his-
» toires, jusques au nombre de trente-chinq, fondées sur les livres de
» Moyse, fort bien appropriées à la venue et réception de mondict sei-
» gneur et décorées des armes et blasons, tant de luy comme de madame
» Marguerite. » Il était neuf heures du soir quand le prince arriva au
palais [1]. Le 6 septembre, il y eut de grandes joutes dans le parc, et la ville
offrit ensuite un banquet au prince et à sa suite [2]. L'année suivante,
l'archiduc épousa à Lierre l'infante Jeanne, fille d'Isabelle, reine de Castille, et de Ferdinand, roi d'Aragon, et, le 9 janvier 1497, il amena sa

---

[1] MOLINET. — [2] *Compte de Simon Longin* aux *archives de Lille.*

femme à Bruxelles, où des fêtes magnifiques signalèrent leur entrée [1]. Il eut de cette princesse six enfants, qui tous ceignirent la couronne : Éléonore, *née à Bruxelles*, au mois de novembre 1498, le jour de Saint-André, vers deux heures de la nuit; Charles, né à Gand, le 25 février 1500; Élisabeth, *née à Bruxelles*, le 17 juillet 1502, et ·baptisée à Coudenberg; Ferdinand, né en Espagne, en 1503; Marie, *née à Bruxelles*, le 15 septembre 1505, vers dix heures du matin, et Catherine, née en Espagne en 1506. Ferdinand succéda à Charles-Quint dans l'empire d'Allemagne; Éléonore, veuve en premières noces d'Emmanuel de Portugal, épousa François Ier; Élisabeth fut mariée à Christiern II de Danemark, Marie à Louis II de Hongrie, et Catherine à Jean III de Portugal.

Sous Philippe le Beau, Bruxelles devint de fait la capitale des Pays-Bas : c'est alors que l'on vit s'y fixer définitivement le conseil de Brabant et la cour féodale qui auparavant avait toujours suivi le souverain. En 1491, un concordat fut passé à cet effet entre le premier de ces tribunaux et la commune; elle lui acheta le refuge de l'abbaye de Parcq (27 octobre 1496) [2], qui prit le nom de *la Chancellerie*, parce que le chancelier de Brabant y demeurait. L'archiduc cependant montra toujours une préférence marquée pour Malines, où il assembla souvent les états généraux, et établit, en 1504, le conseil suprême de justice, qui avait juridiction sur toutes les provinces à l'exception du Brabant, et qui jugeait en première instance les procès des officiers de la cour. Le grand conseil était une des deux fractions du conseil du souverain; l'autre, qui prit le nom de conseil privé, resta, comme précédemment, à la suite du prince. Philippe voulut aussi centraliser à Malines les chambres des comptes provinciales; mais ce projet était à peine exécuté depuis un an qu'il dut détruire son ouvrage. La chambre des comptes de Brabant fut rétablie à Bruxelles par lettres du 21 février 1497 [3].

Toute la politique de ce prince tendit à rendre le pouvoir fort, et, pour y parvenir, il voulut dominer l'intelligence et diriger la marche des idées. C'est dans ce but qu'il fonda à Malines une chambre souveraine de rhétorique, dont il donna la présidence à son chapelain Pierre Aelliers [4]. On sait qu'à

---

[1] MOLINET.   [2] *Archives de la Ville.*

[3] M. GACHARD, *Notice sur la Chambre des Comptes.*

[4] SNELLAERT, *Mémoire sur la Poésie flamande*, couronné par l'Académie de Bruxelles.

cette époque les chambres de rhétorique étaient à l'apogée de leur splendeur. Dans ce but aussi, de grandes réformes furent introduites dans les corporations religieuses ; mais, si c'étaient des hommes dévoués au pouvoir qui se montraient zélés pour le rétablissement de la discipline, il faut dire aussi que la licence avait rendu la plupart de ces réformes indispensables. C'est ainsi que Nicolas Roberti, prieur de Sept-Fontaines et l'un des confesseurs de Maximilien, donna de nouveaux statuts à l'abbaye de Forêt et à l'hôpital de Saint-Jean [1] ; Thierry de Munster fit substituer des colétans aux récollets, et les colétans eux-mêmes furent remplacés, en 1518, par des frères de l'Étroite-Observance [2]. Ce vénérable religieux eut aussi une large part à la transformation de la maison de Bethléem (rue de Laeken), qui était habitée par des sœurs grises, du tiers ordre de saint François, en un couvent de pauvres-claires (1503) [3]. L'hôpital Saint-Pierre reçut, en 1500, une nouvelle organisation, par suite de laquelle on supprima les frères, qui y soignaient les malades concurremment avec des sœurs [4] ; et, en 1503, la clôture fut imposée aux sœurs noires [5]. Mais ces mesures tardives ne pouvaient écarter l'orage qui grondait sur le catholicisme ; la foi aveugle avait fait place au scepticisme et à l'incrédulité, et l'exagération même des pratiques religieuses prouvait le peu de sincérité de ceux qui s'y livraient. Vers 1503, on brûla, à Bruxelles, un serrurier de Gand, homme fort dévot « par semblance » et fort honnête, mais ne tenant compte ni de l'église, ni de la messe, ni des sacrements. Dénoncé par son maître et appliqué à la torture, il dit, entre autres, que Jésus-Christ avait été fait homme juste, mais non pas Dieu, et, comme on lui demandait d'où lui venait cette croyance, il répondit « que son bon ange le lui avait révélé et lui parlait souvent. » Loin de l'effrayer, le supplice horrible qui l'attendait doubla son exaltation, et il s'écria qu'il n'avait rien à craindre des flammes ; il se déshabilla lui-même et monta avec courage sur le bûcher ; mais la douleur l'emporta bientôt et il périt en poussant des cris affreux. Des scènes du même genre se répétèrent dans d'autres villes [6].

En 1495, le mal de Naples, qui avait pénétré dans le Hainaut, s'éten-

---

[1] Sanderus, *Chorogr. Sacra Brabant.*, t. II, p. 84.

[2] *Annales B. Gudilæ*, titre V, c. 6. — *Opera Diplom.*, t. IV, p. 239. — Mss. de la Bibliothèque de Bourgogne, nº 17116.

[3] Voyez troisième partie. [4] Sanderus, l. c., t. II, p. 130.

[5] Gramaye, *Bruxella.* [6] Molinet.

dit dans les provinces voisines [1]. C'est pour restreindre ses ravages, paraît-il, qu'on ouvrit à « de pauvres pécheresses » des asiles, sous l'invocation de sainte Marie-Madelaine. En 1506 une fondation de ce genre fut établie à Bruxelles, dans la petite rue des Chevaliers (aujourd'hui rue des Fripiers) par Marc Steenberg, doyen de Sainte-Gudule [2].

L'archiduc avait conclu avec la France le traité de Paris, par lequel il promettait de ne pas réclamer la Bourgogne, et il s'était engagé à le faire garantir par douze de ses vassaux, les membres de Flandre et huit villes d'autres provinces, au choix du roi. Louis XII ayant, entre autres, désigné Bruxelles, Philippe le Beau invita, le 20 septembre 1498, le magistrat à lui envoyer une confirmation de la paix munie du sceau communal ; mais celui-ci hésita longtemps à se rendre garant d'un traité qu'il prévoyait ne pas devoir être longtemps observé. Une lettre de rappel que l'archiduc lui adressa, le 18 février suivant, étant également restée sans réponse, il réitéra sa demande, le 18 mai, déclarant que cet acte ne serait pas livré au roi, avant qu'il eût remis les villes d'Aire, de Hesdin et de Béthune. Ce ne fut que le 29, après avoir reçu deux nouvelles dépêches, datées du 22 et du 27, dans lesquelles le prince demandait cette confirmation en termes très-pressants, disant qu'il la lui fallait absolument pour le 2 juin, que le magistrat lui fit remettre cette pièce munie seulement du *scel aux contrats* et non du *scel aux causes*. Le 17 juin, l'archiduc chargea son chambellan, le chevalier Henri de Zwaef, de la reporter à l'hôtel de ville et d'en réclamer une autre expédition [3]. Cette conduite du magistrat bruxellois était motivée sur les démarches de Maximilien qui poussait son fils à rompre ce traité, afin, disait-il, de reconquérir la Bourgogne. Les États, convoqués par l'archiduc, avaient demandé à consulter leurs commettants, et, de retour à Bruxelles, au mois de février 1499, après une longue délibération tenue à l'hôtel de ville, ils s'étaient rendus au palais pour prier le prince d'exécuter le traité, par la considération que ses peuples n'étaient pas en état de supporter le fardeau de la guerre. Maximilien n'eut pas plus de succès quand il vint mendier une aide de 100,000 florins, en récompense des

---

[1] MOLINET.—Un extrait des registres du parlement, du 6 mars 1496, cité par A. MONTEIL dans son admirable *Histoire des Français des divers états*, dit que cette maladie prit cours en France en 1494.

[2] GRAMAYE, *Bruxella*. — *Opera Diplom.*, t. III, p. 636.

[3] *Boeck metle Knoope*.

peines qu'il s'était données, disait-il, durant la minorité de son fils [1].

Le baptême de la fille aînée de l'archiduc se fit avec beaucoup d'éclat à Sainte-Gudule. L'église fut ornée et tendue de riches tapisseries d'or et de soie, représentant les scènes de la Passion et l'histoire de Gédéon. Dans la nef, qu'entourait une magnifique galerie, « estoit un petit » parcque tout vestu de fin drap d'or et par dessus ung pavillon de » samis vert. » Dans le milieu se trouvaient les fonts et, à quelque distance, un autel avait été dressé. A la cour il y avait deux dressoirs ou buffets, un pour les nobles, un pour le peuple. Les rues, du palais à l'église, étaient ornées avec luxe; de distance en distance des chœurs d'enfants, « accoustrez comme angels et pastoureaux chantoient mélo- » dieusement. » Environ huit cents bourgeois, vêtus de rouge et ayant des torches à la main, se tenaient sur le passage du cortége, qui sortit du palais, le samedi 30 novembre vers cinq heures du soir. Vingt serviteurs de la ville, un bâton blanc à la main, ouvraient la marche, précédant 120 à 140 membres du magistrat et du conseil de la ville. Venaient ensuite le clergé des paroisses, les chanceliers de Bourgogne et de Brabant, les prélats et les seigneurs de la cour, marchant deux à deux et portant des flambeaux. Après eux on voyait des trompettes ayant « leurs instruments enveloppez sans faire manière de jouer; » les hérauts tenant leurs robes d'armes sur le bras; messire Hugues de Melun, seul au milieu de la rue, portant l'aube, le seigneur Dufay, le bassin, le comte de Nassau, la salière, et le prince de Chimay, le *chiron.* Marguerite d'York, veuve de Charles le Téméraire, portait l'enfant, ayant à sa droite le marquis de Bade, représentant l'empereur, et à sa gauche l'ambassadeur d'Espagne; derrière elle étaient le bâtard de Bourgogne, la douairière de Ravestein, Béatrix de Portugal, et un grand nombre de dames et de demoiselles. L'évêque de Cambrai baptisa l'enfant, qui reçut de l'empereur le nom d'Éléonore; son représentant, « ledict Marquis, donna ung » joiau estimé la valeur de deux mil escus; madame la grande offry un » tableau fort rice, accoustré d'ymages valissant mil escus, et madame » de Ravestein ung aultre joiau de rice value. » Le cortége suivit, à son retour, le même ordre; mais alors les trompettes sonnèrent des fanfares, et les hérauts endossèrent leurs cottes d'armes. La duchesse douairière, tenant encore l'enfant, monta dans une chaise portée par deux

[1] M. GACHARD, *Des Assemblées nationales de la Belgique.*

hommes robustes, « et, pour mémoire dudict baptiscment, furent, au
» retour, ruez et habandonnez au peuple deux sachets plains de pat-
» tars [1]. »

Le 15 mai 1500, Jeanne fit une entrée solennelle à Bruxelles avec
son fils Charles. L'année suivante, la veille de Saint-Antoine, l'archiduc
y tint un chapitre de la Toison d'or dans l'église des Carmes, qui était
ornée de tapisseries représentant l'histoire de Troie et la passion de
Jésus-Christ ; dans le chœur étaient placés les armes et les blasons des
chevaliers qui devaient assister à la cérémonie. Le premier jour, l'évêque
de Cambrai, chancelier de l'ordre, et tous les officiers, vêtus de velours
cramoisi, et suivis des chevaliers « portant chapperons à boulet, selon
» la mode de la primitive institution, » se réunirent au palais pour aller
aux vêpres, qui furent dites au couvent des Carmes. Le lendemain, ils y
assistèrent à une messe solennelle célébrée par l'évêque de Salisbury et,
après l'offrande, l'archiduc créa plusieurs chevaliers. Le troisième et dernier jour, après un grand dîner donné au palais, et « au lever duquel
» fut semé argent et criet largesse, » il fut procédé à la nomination de
trois nouveaux hérauts qui reçurent les noms de Famenne, Louvain et
Ostrevant. Dans la soirée, « Monseigneur l'archiduc, lui 4e de sa bande
» contre aultres quattre, fut armé de toutes pièces ; firent ensamble
» ung tournet à manière de danse entrelachie comme la haie, et battirent
» trez-bien l'ung l'aultre, tellement que le prévôt de Mons, fort em-
» peschie à les regarder, eult de sa chaîne trois ou quattre chaînons em-
» portez. En continuant la feste, en ladite salle de Coberghe, fut semée
» de savelon et furent illecq fais certains lices de l'ung boult à l'aultre,
» et joustes faites sur petits courtaulx dont la haulteur n'excédoit qua-
» torze palmes et de courtes lanches à rochetz. La jouste fut fière, fort
» longue et bien exécutée. Monseigneur l'archiduc y rompy plusieurs
» lanches ; ung gentilhomme nommé Rolet y gagna le prix [2]. »

Appelé en Espagne, Philippe assembla les États à Bruxelles pour leur
annoncer son voyage et il les prévint que pour qu'ils ne fussent pas en
souci de sa personne, « il y avoit postes ordonnées pour apporter de
» ses nouvelles. » Il laissa le gouvernement des Pays-Bas au comte de
Nassau, au chancelier de Maigny, à Jean de Hornes, évêque de Liége, à
Corneille de Berghes et au sire de Beersel, et confiant dans l'attache-

---

[1] MOLINET. — [2] *Ibid.* — HEUTERUS.

ment des Malinois à sa famille, il voulut que ses enfants fussent élevés chez eux. Il partit, le 4 novembre 1502, mais ce prince inconstant et volage ne resta pas longtemps dans un pays dont l'étiquette grave lui était insupportable, et, le 22 décembre 1503, il revint précipitamment à Bruxelles sans sa femme dont il souffrait avec peine les transports jaloux. Le jour des Rois, 6 janvier 1504, il fut complimenté au palais de Coudenberg, en présence de toute la cour, par Érasme, alors chanoine de Saint-Augustin à Anvers, et, après l'avoir écouté avec la plus grande attention, il fit donner au spirituel écrivain 50 pièces d'or. En 1503, Maximilien était venu à Bruxelles, et y avait été reçu en grande cérémonie; il y eut à cette occasion un tournoi qui dura six jours.

En 1504, la veille de Saint-André, on ressentit à Bruxelles plusieurs secousses de tremblement de terre qui causèrent beaucoup de dommages [1]. Le 14 janvier 1505, furent célébrées, dans l'église de Sainte-Gudule, les funérailles de la mère de l'archiduchesse, morte le 26 novembre 1504. La nef et les cinquante-trois autels de ce beau monument, alors achevé, étaient tendus de drap noir, avec des croix en damas blanc. Devant le chœur, qui était garni de velours de la même couleur, on dressa un autel couvert de drap d'or, sur lequel furent déposés les joyaux de la chapelle de l'archiduc, un morceau de *la vraie croix*, trois ou quatre *images* et quatre chandeliers portant chacun un cierge pesant une livre et demie. En face de cet autel était le cénotaphe, autour duquel brûlaient huit cents cierges; il était couvert d'un drap d'or que coupait une croix blanche, et surmonté de deux anges vêtus de damas de diverses couleurs et soutenant une couronne. Trois cents hommes, en habits de deuil, ouvraient la marche du cortége; ils étaient suivis par le clergé séculier et régulier, les magistrats, les métiers, les dignitaires et les nobles de la cour, tous *encapuchonnés* et précédés par leurs hérauts. Un palefroi, couvert d'une housse de velours noir traînant jusqu'à terre, portait sur sa selle une couronne d'or; il était conduit par un poursuivant aux armes d'Espagne et, à ses côtés, se tenaient le duc de Clèves et le prince de Chimai. Il était accompagné des rois d'armes de Galice, de Grenade, de Castille et de Léon, portant les pièces de harnachement. Venait ensuite le roi d'armes, Toison d'or, précédant l'archiduc, que sui-

[1] *Chron. de* DE BLEYE.

vaient les ambassadeurs des princes étrangers et les dames de la cour. La couronne, que portait le palefroi, fut posée sur le cénotaphe, et le clergé commença les vigiles. Le lendemain, le même cortége se rendit de nouveau à l'église pour y entendre la grand'messe, chantée par l'évêque d'Arras. Après l'offrande, un dominicain prononça l'oraison funèbre de la feue reine ; il prit pour texte ce passage : *Mater mirabilis bonorum operum memoria digna defuncta est.* Lorsque la messe fut achevée, Toison d'or cria : « Très-haute, très-excellente, très-puissante et très- » catholique ! » et un héraut répondit : « Elle est morte de très-ver- » tueuse et louable mémoire ! » Ces paroles furent répétées trois fois, et, à la dernière, Toison d'or jeta sa verge et, s'avançant vers le cénotaphe, il en enleva la couronne qu'il alla déposer sur l'autel. Après un moment de silence, il s'écria : « Vivent don Philippe et dame Jeanne, par la » grâce de Dieu, roi et reine de Castille, de Léon et de Grenade ; » se dirigeant ensuite vers le prince, il lui dit : « Sire, la coustume et usaige » impériale et roiale vœullent que ostez votre chapperon, car à roy » n'appartient plus avant le porter. » Le premier chambellan ayant enlevé le chaperon de l'archiduc, Toison d'or alla prendre une épée sur l'autel et revenant au roi : « Sire, dit-il à haute voix, ceste épée vous » appartient pour justice maintenir, vos royaulmes et subjectz deffendre. » Philippe, après s'être agenouillé, prit l'épée et la tint quelque temps levée ; aussitôt les rois et les hérauts d'armes changèrent de costumes, le cortége se remit en ordre et retourna au palais, au bruit des fanfares et aux acclamations de la foule. Après les funérailles vinrent les fêtes, et jamais il n'y en eut de plus splendides ni de plus animées [1]. Mais, au milieu de l'allégresse générale, quelques esprits sages se montraient soucieux de l'avenir : « J'aurais plutôt raison de pleurer de ce qui cause cette joie, » disait le vieux chancelier Stradio, car cet événement privera les Pays- » Bas du bonheur de posséder leurs souverains [2]. » L'avenir ne justifia que trop bien cette prédiction ; aucun pays ne peut prospérer sans une administration indépendante.

Le cinquième enfant des archiducs, Marie, née le 15 septembre 1505, fut baptisée, le 20, dans l'église du Sablon dont la nef était tendue de tapisseries représentant l'histoire de Troie ; la foule y fut si grande, que l'évêque d'Arras, qui officiait, eut sa crosse rompue en trois morceaux.

[1] MOLINET. — [2] FOPPENS.

Cette enfant eut pour parrain l'empereur et pour marraines la dame de
Ravestein et mademoiselle de Nassau [1].

Pressés de prendre possession de leurs nouveaux états, Philippe et
Jeanne quittèrent, en 1506, les Pays-Bas qu'ils ne devaient plus revoir.
Jeté en Angleterre par des vents contraires, le roi se vit arracher par
son hôte, Henri VII, plusieurs concessions. Il s'engagea, entre autres, à
marier son fils Charles à la fille de ce prince, et donna un dédit de
250,000 couronnes d'or, dont 50,000 devaient être garanties par
quinze de ses nobles et douze de ses principales villes ; cet engagement fut
souscrit, le 15 mai 1507, par les comtes de Chimai, de Nassau, d'Egmont
et de Buren, les seigneurs de Fiennes, de Berghes, de Chièvres, de
Ville, de Rœulx et de Beersel, le baron de Lalaing, Philibert, seigneur
de Veyre, Jean Sauvage, seigneur d'Escaubecq, président de Flandre,
le premier secrétaire et audiencier, Philippe Hanneton, les villes de
BRUXELLES, Anvers, Bruges, Ypres, Courtrai, Nieuport, Dordrecht,
Leyde, Amsterdam, Middelbourg, Ziericzée et Malines. Par lettres du
7 juin 1508, l'empereur, au nom de son petit-fils, promit à Bruxelles de
la « décharger, indemniser et relever » de cette caution, en cas de rupture
du traité [2]. On sait que, lors de la paix de Cambrai, ce dédit fut mis à la
charge de la France, qui ne le paya jamais.

La mort de Philippe le Beau (25 septembre 1506) replongea les Pays-
Bas dans les calamités que le règne prospère de ce prince avait fait oublier.
Ses voyages en Espagne, ses prodigalités, avaient épuisé les finances et
son lieutenant-général, le sire de Chièvres, se trouva sans argent et sans
troupes, menacé par la France, attaqué par le duc de Gueldre qui se jeta
brusquement sur le Brabant et ravagea la Campine, tandis que Robert de
la Marck venait saccager Tirlemont [3]. Dans ces tristes circonstances, les
États ne virent de salut que dans la protection de Maximilien et résolurent de lui offrir la *mambournie* du pays. Ce prince accepta, mais les
affaires de l'Empire, ses projets sur l'Italie, et l'attitude hostile de la

---

[1] MOLINET.

[2] *Roodt Privilegie Boeck.* — *Registre des Chartes de la Chambre des Comptes
de Brabant*, n° VI, f° 222.

[3] La ville de Bruxelles envoya : le 14 octobre 1506, 214 piétons à Hal (Halle) et à
Léau, sous les ordres d'Antoine Van Assche et de Jean Van Thienwinckel ; le 3 sep-
tembre 1507, 103 piétons à Weert et à Aerschot, sous le commandement de Jean
Casse, et, le 29 du même mois, 123 piétons à Louvain, sous Charles T'Serclaes.
(*Rapport de* M. GACHARD *sur les Archives de Lille*, p. 380.)

France, ne lui permettant pas de séjourner dans les états de son petit-
fils, il en confia le gouvernement à sa fille Marguerite, qui venait de perdre
son mari, le duc de Savoie, Philibert II. Cette princesse convoqua plusieurs
fois les états généraux, mais ils se montrèrent généralement peu disposés
à seconder le gouvernement dans une guerre contre la France ; Bruxelles,
dans ces circonstances, se signala par son opposition. Au mois de décembre 1513, les états de Brabant ayant consenti une aide de 9,000 florins
du Rhin, les villes de Bruxelles et de Bois-le-Duc votèrent contre cette
proposition, et la dernière parvint à faire réduire cette somme à 5,000
florins [1]. L'amman de Bruxelles, sire Roland de Mol, seigneur de Wes-
pelaer, « vaillant homme de guerre, » se distingua, en 1513, au siége de
Tournai, où il commandait les archers du sire de Ligne ; mais ayant eu
une dispute avec ce seigneur, il quitta son service [2]. La même année,
BRUXELLES, Louvain, Anvers, Bois-le-Duc, Dordrecht, Leyde, Harlem,
Delft, Amsterdam, Gouda et Malines, scellèrent le traité de paix conclu
entre Maximilien et Charles de Gueldre [3].

En novembre 1514, d'après les ordres de son père, Marguerite convoqua les états généraux à Bruxelles pour le 5 décembre suivant. Cette
assemblée, une des plus importantes qui aient eu lieu en Belgique, se
tint, le 8, dans la grande salle du palais, en présence des ducs de
Wurtemberg et de Wittenberg, et de maître Casius, envoyés de Maximilien. Le chef du grand conseil déclara que l'empereur ayant résolu de
prendre la croix et d'aller combattre les infidèles, il se proposait de
faire venir l'archiduc Charles en Allemagne, afin qu'il vit les pays qu'il
devait posséder. Il annonça aussi que ce prince avait amené les rois de
France et d'Angleterre à conclure la paix, et négocié le mariage de sa
petite-fille Isabelle avec le roi de Danemark, Christiern II. L'orateur
conclut en demandant, au nom de Maximilien, une aide de 500,000
florins, plus la solde de cinq cents hommes d'armes pour la garde de
l'archiduc et de ses pays, et enfin 50,000 florins pour la dot d'Isabelle.
Après avoir délibéré sur ces diverses demandes, les États répondirent, conformément à l'opinion émise par les députés brabançons, « qu'il valait
» mieux que l'archiduc fût reçu aux pays qui lui étaient échus depuis

[1] Van Heurne, *Historie van s'Hertogenbosch*, T. I, p. 436.

[2] Robert Macquereau. *Chronicque de la maison de Bourgoigne*, L. II, chap. 7
et 8.

[3] *Roodt Privilegie Boeck.*

» huit ans, que d'aller en Allemagne, où rien ne lui appartenait encore ;
» qu'on pourrait accorder 100,000 florins d'or à l'empereur, mais seu-
» lement après la réception de l'archiduc. » Le duc de Wurtemberg,
chargé d'informer Maximilien de cette réponse, revint, au mois de janvier 1515, porteur du consentement de ce prince à ce que son petit-
fils fût « émancipé et reçu. » Les états généraux ayant entendu la lecture
de cet acte, remercièrent l'empereur, la gouvernante et les princes d'Allemagne « de leur bonne volonté et de leurs devoirs dans cette affaire ; »
ensuite les sceaux, dont Maximilien et Marguerite faisaient usage pour
les affaires des Pays-Bas, furent rompus en présence de l'assemblée, et la
princesse fit un exposé de son administration. Les États clôturèrent cette
session en accordant à l'empereur une somme de 500,000 livres
tournois [1].

Après avoir été inauguré à Louvain comme duc de Brabant, Charles
d'Autriche fit son entrée à Bruxelles, le 28 janvier, et prêta serment, le
lendemain. Bien différent de sa tante, qui s'était fortement opposée à
ce que le conseil de Malines fût transféré à Bruxelles, ce prince témoigna
toujours beaucoup d'affection aux Bruxellois et se plut à résider dans
leur ville ; aussi sa mémoire y est-elle restée populaire, et la tradition
y a conservé le souvenir de maintes aventures, vraies ou fausses, dans
lesquelles il allie l'espièglerie à la générosité, la bonhomie à la grandeur
d'âme. Il n'avait que douze ans quand il abattit l'oiseau dans un tir
du Grand-Serment et fut proclamé roi des arbalétriers [2].

En 1515, la maladresse du bourreau faillit causer une émeute à
Bruxelles. Chargé de décapiter un nommé Arnoul de Beer, il lui porta
deux coups sans le tuer ; le peuple indigné se rua sur l'échafaud et
l'eût massacré si l'on n'était parvenu à l'arracher de ses mains. A la
faveur de ce tumulte, de Beer parvint à s'échapper et se réfugia au
couvent des Récollets, où il reçut les soins que réclamait son état. Il
se retira ensuite à Berg-op-Zoom, et y vécut encore plusieurs années,
sous le sobriquet de *Beerke-Halff-gericht*, de Beer à moitié justicié [3].

Les états généraux furent convoqués à Bruxelles, au mois de janvier
1516, pour recevoir différentes communications de l'archiduc. La nouvelle de la mort du roi d'Aragon, aïeul maternel de Charles, étant arrivée

---

[1] M. GACHARD, *Des anciennes Assemblées nationales de la Belgique.*

[2] PUTEANUS, *Bruxella septenaria.*

[3] FOPPENS.

à Bruxelles, le 2 mars, avant que la session fût close, ce prince demanda
aux députés des provinces une aide de 400,000 philippus d'or, pour
son voyage en Espagne [1]. Les funérailles de Ferdinand furent célébrées
dans l'église de Sainte-Gudule [2], et Charles, qui y fut proclamé roi de
Castille et de Léon, avertit, le 27 mars, ses conseils qu'il avait pris ce
nouveau titre [3]. Le 26 octobre de la même année, il tint, dans cette
église, avec les cérémonies accoutumées, le dix-huitième chapitre de
l'ordre de la Toison d'or; il avait d'abord désigné à cet effet l'église de
Notre-Dame à Anvers, mais la peste qui régnait dans cette ville, fit
changer ce projet [4]. Une foule de nobles du pays et de l'étranger
assistèrent à cette fête dans laquelle le jeune roi étala une grande magnificence. Son frère Ferdinand, François Ier, l'électeur de Bavière, le
marquis de Brandebourg et douze autres princes et seigneurs, furent
nommés chevaliers, en remplacement de ceux qui étaient décédés depuis
le dernier chapitre. Cette promotion fut bientôt suivie d'une autre qui créa
vingt nouveaux chevaliers, en vertu d'une bulle du pape Léon X, portant
à cinquante le nombre des membres de cet ordre limité d'abord à trente;
parmi ces derniers étaient les rois de Portugal et de Hongrie, le duc
d'Albe, des Belges, des Espagnols, des Italiens et des Allemands. Les
fêtes duraient encore quand revinrent à Bruxelles Philippe de Clèves et
les ambassadeurs, qui s'étaient rendus en France pour conclure la paix
entre les deux pays. Ils étaient suivis par les seigneurs d'Omalle, de
Humières et de Rochefort, qui, au nom de leur souverain, promirent
solennellement, le 2 novembre, dans l'église de Sainte-Gudule, d'observer
les conditions arrêtées à Noyon le 13 août.[5] La conclusion de la paix
fut accueillie avec beaucoup de joie et célébrée par des fêtes brillantes.
Il y eut, entre autres, une joute, dans laquelle un Espagnol remporta le
prix de l'épée, et le sire de Senzeille celui de la lance; deux troupes,
formées chacune de douze chevaliers, simulèrent ensuite l'attaque et la
défense d'un château qui était appelé le *Château de la Pucelle;* enfin, au
palais, dans la salle des festins, vingt hommes d'armes combattirent

---

[1] M. GACHARD, *Des anciennes Assemblées nationales de la Belgique.*

[2] M. JULES DE SAINT-GÉNOIS, *Funérailles de Ferdinand-le-Catholique* (*Revue de
Bruxelles,* septembre 1838).

[3] *Registre des Chartes de la Chambre des Comptes de Brabant,* coté n° VII.

[4] FOPPENS, l. c. — M. DE REIFFENBERG, *Histoire de l'ordre de la Toison d'or.*

[5] ROBERT MACQUEREAU, l. c., L. IV, c. 3.

montés sur des échasses [1]. Dans un congrès ouvert à Bruxelles, la même année, les députés de l'empereur et de la république de Venise adoptèrent, après de vives discussions, le traité de Noyon [2].

Avant de partir pour l'Espagne, Charles confia le gouvernement des Pays-Bas à sa tante Marguerite d'Autriche; par un décret du 25 juillet 1517, il établit près d'elle un conseil privé et un conseil spécial pour les finances. Ces conseils, dont les fonctions devaient cesser à son retour, furent réinstallés en 1520, quand il alla prendre possession de ses États d'Allemagne, et, en 1522, lors de son second voyage en Espagne [3]. Les états généraux, assemblés à Bruxelles, au mois d'octobre, reçurent communication du traité que la gouvernante avait arrêté avec le duc de Gueldre [4], et, l'année suivante, la Flandre, le Brabant et les autres provinces conclurent un traité d'alliance avec l'évêque de Liége et son frère, Robert de la Marck [5].

Le 30 juin 1519, la nouvelle de l'élévation du roi à la dignité impériale étant parvenue à Bruxelles, les magistrats décidèrent que des fêtes seraient données le 2 juillet sur la grand'place, de 8 à 11 heures du matin par les métiers, les serments et les chambres de rhétorique, et que des prix seraient distribués aux corporations qui se distingueraient par leur belle tenue. Le premier prix consistait en trois agneaux, à 20 sous chacun, et douze geltes ou pots de vin, à 4 sous le pot; le second, en trois agneaux et neuf pots; le troisième, en deux agneaux et huit pots; le quatrième, en deux agneaux et six pots; le cinquième, en un agneau et six pots; le sixième, en un agneau et quatre pots, le septième, en un agneau et trois pots. Il y avait en outre trois prix pour les plus beaux ébattements : le premier, de deux agneaux et sept pots de vin; le second, de deux agneaux et six pots; le troisième, d'un agneau et de six pots; et trois autres prix, de trois, deux et un pot de vin pour le meilleur prologue sur l'élection de Charles. Enfin, pour que la fête fût des plus brillantes, ils annoncèrent que les corporations ou les concurrents qui ne remporteraient pas de prix, recevraient néanmoins des récompenses [6]. Charles,

---

[1] *Nouvelles Archives historiques de M. le baron* DE REIFFENBERG, T. VI, p. 318.

[2] DARU, *Histoire de Venise.*

[3] DE NÉNY, *Mém. históriq. et politiq. sur les Pays-Bas autrichiens,* T. II, p. 76 et 77.

[4] M. GACHARD, *Des anciennes Assemblées nationales de la Belgique.*

[5] *Die Nieuwe Chronycke van Brabandt.* Geprint T'Antwerpen,... by Jan Mollyns, in t' jaer 1565, bl. 8.

[6] *Geel-Correctie-Boeck,* aux *Archives de la Ville.*

que nous appellerons désormais Charles-Quint, quitta l'Espagne, le 20 mai 1520 [1], et trouva à Bruxelles les états généraux assemblés, conformément à ses ordres. Il leur communiqua ce qu'il avait fait dans ses royaumes d'Espagne, et donna à la gouvernante et aux conseils des éloges sur leur gestion. Il déclara aux députés « que son cœur avoit » toujours été par deçà, » et finit en demandant une aide dont il avait fortement besoin. Le 12 juillet, les envoyés des électeurs vinrent lui offrir le trône impérial. Le 16 août suivant, il se rendit à pied à Hal, accompagné de son frère et de toute sa cour; puis il alla se faire couronner à Aix-la-Chapelle.

Un bourgeois nommé Jean de Paepe, s'étant rendu coupable d'un délit de chasse et ayant été cité à comparaître devant le conseil de Brabant, pour recevoir l'application des ordonnances sévères de 1515, le magistrat défendit au gruyer, Guillaume le Tourneur, de continuer ses poursuites. Considérant cette défense comme un empiétement manifeste sur son autorité, Marguerite manda le magistrat au palais, et, après l'avoir réprimandé, elle lui recommanda de ne plus tomber dans la même faute, sous peine d'encourir l'indignation de l'empereur (20 octobre 1519)[2]. En 1520, un secrétaire du conseil de Brabant, maître Jean de Witte, « atteint et convaincu de plusieurs excès, » entre autres du crime de faux, fut décapité sur le Sablon, et ses biens, situés près la porte d'Anderlecht, « aux endroits appelés la Petite-Croix et Cureghem, » furent confisqués au profit du domaine [3].

De retour à Bruxelles, Charles se prépara à la lutte qu'il allait engager contre François Ier. Bruxelles, en cette circonstance, fit preuve de beaucoup de zèle en armant mille hommes des métiers, qui partirent, le 51 octobre 1521, pour le siége de Tournai; après la reddition de cette place, ils rentrèrent triomphalement dans leur ville le jour de Saint-Thomas de la même année [4]. Dans les comptes de 1521, on trouve que l'empereur, pour récompenser Bruxelles de ce qu'elle avait entretenu,

[1] Il y eut, au mois de mars, à Bruxelles une procession solennelle pour qu'il arrivât heureusement. *Geel Correctie Boeck.*

[2] *Zwertboeck.*

[3] *Registres de la Chambre des Comptes de Brabant*, n° VII, f° 136 v.—*Archives de l'Audience.*

[4] Mss. de la bibliothèque de Bourgogne. Fonds Van Hulthem, n° 556. — MANN, t. I, p. 101. — Ord. du magistrat en date de cette année. *Geel. Correctie Boeck;* il y est ordonné aux Bruxellois de tenir une bonne discipline et de ne demander que des vivres.

pendant deux mois, 674 fantassins au siége de Tournai, lui accorda une somme de 2,450 florins du Rhin [1].

Au mois de juillet de cette année, on vit arriver à Bruxelles le roi de Danemark, le fameux Christiern II. L'empereur alla le recevoir dans les prairies de Vilvorde, et le magistrat et les métiers lui rendirent de grands honneurs [2]. Ce prince ne fit alors qu'un court séjour à Bruxelles, où il revint bientôt en fugitif, accompagné de sa femme Isabelle, de son fils Jean, et de ses filles, Dorothée et Christine. En 1525, il se fixa à Lierre, et, le 15 juillet 1531, il comparut, sur une citation d'huissier, devant le conseil de Brabant pour rendre témoignage dans un procès entre particuliers; il prêta serment sur sa parole de roi de dire la vérité, rien que la vérité [3]. Après avoir assuré la sécurité des Pays-Bas et communiqué aux états généraux les mesures qu'il avait prises pour l'administration du pays pendant son absence (avril 1522), Charles-Quint partit pour l'Espagne, où sa présence était devenue des plus nécessaires. Le 4 mars, il avait donné un brillant tournoi dans les bailles de la cour; à la tête de vingt-quatre chevaliers de la plus haute noblesse et tous richement costumés, il jouta avec son frère Ferdinand qui commandait une autre troupe, égalant la première en nombre et en splendeur.

Les années qui suivirent ce second départ de Charles-Quint pour l'Espagne, forment pour la Belgique une période distincte. La nation avait accueilli avec transport l'avénement du jeune empereur, elle lui avait voté des aides considérables, elle lui avait fourni des armées, mais l'énormité des sacrifices qu'on lui demandait, et la tendance despotique imprimée à l'administration, la fatiguèrent bientôt. Trop abattue pour tenter une résistance active, elle manifesta son mécontentement par des émeutes locales, qui ne pouvaient avoir, et qui n'eurent en effet, d'autre résultat que d'amener de nouveaux empiétements du pouvoir sur les libertés provinciales et communales; puis, à ces courtes convulsions succéda un calme complet, produit de l'impuissance et de la crainte. On peut d'autant moins douter que les métiers de Bruxelles n'aient eu une large part dans cette opposition aux actes de Charles-Quint et de Margue-rite d'Autriche, que leur intervention dans le gouvernement de la cité avait considérablement grandi avec l'assentiment même du souverain.

[1] M. ALTMEYER, *Marguerite d'Autriche* (*Revue belge*), T. XV, p. 40.
[2] *Geel Correctie Boeck.*
[3] M. ALTMEYER, *Isabelle d'Autriche et Christiern II* (*Trésor national*, T. I).

La guerre que Bruxelles avait soutenue contre Maximilien, l'amende énorme qui lui avait été imposée, la diminution qu'avaient éprouvée ses revenus par suite des troubles, ayant jeté le désordre dans ses finances, les nations avaient demandé, en 1490, qu'on adjoignît aux receveurs huit personnes choisies par le prince, ou, en son absence, par le chancelier de Brabant, sur une double liste de candidats, dont un tiers de patriciens, tous présentés par elles. Maximilien avait accueilli cette requête (18 août 1490) [1] et, le 8 septembre 1491, il avait nommé huit commissaires, qui eurent pour mission spéciale de chercher à rétablir l'ordre dans les finances et à se procurer des fonds sur la garantie des nations; celles-ci firent expressément stipuler que les *huit* ne pouvaient être démissionnés que du consentement des trois membres. Ils restèrent en fonctions jusque vers Noël 1493, et l'on se borna alors à nommer, comme auparavant, quatre receveurs; mais les aides incessantes demandées au Brabant ayant obéré davantage la commune, les nations réclamèrent, en 1497, de nouvelles réformes financières. Un décret signé à Bruges, le 8 mai, et publié le 29 juin, les autorisa 1° à affermer au plus offrant tous les biens et les revenus de la cité; 2° à établir une capitation variant de six sous à un demi-sou, selon la fortune des contribuables, et d'après la déclaration des centeniers et dizeniers, ou d'après celle des maîtres d'église pour les villages de la banlieue (il fut enjoint à tous les bourgeois forains de se faire inscrire dans une section); 3° à prélever deux schellings sur chaque florin de rente sur la ville, possédé par des personnes étrangères; 4° à percevoir un dixième de la valeur des biens meubles, et un soixantième des immeubles, achetés en ville par des étrangers; 5° à imposer un sou sur chaque muid de grain et un demi-sou sur chaque muid d'avoine et d'orge qui seraient exportés. Le nombre des receveurs fut porté à six, et Maximilien les choisit sur une double liste de candidats, pris, à nombre égal, dans les lignages et dans les métïers [2]. Mais ces moyens ne pouvaient guérir une plaie trop profonde. La ville, qui avait déjà obtenu un sursis de dix-huit mois pour payer les arrérages de ses rentes, dut, à l'expiration de ce délai, en demander un nouveau de quatre années, à prendre cours au 1er mai 1499; il lui fut accordé à condition de payer exactement les sommes dues au duc à différents titres, les intérêts des rentes, le vingtième des arrérages, les

---

[1] *Luyster*, l. c., bl. 51. — [2] *Ibid.*, bl. 53.

charges communales, les fondations religieuses, etc. [1]. En 1505, à la
suite de nouvelles réclamations que les trois membres avaient adressées
au comte de Nassau, nommé par l'archiduc pour gouverner en son
absence, maître Jean de Crickengys, conseiller de la chambre des comptes,
les patriciens Pierre Vandernoot et Amelric Was, les plébéiens Jacques
de Ruwe et Jean Anderlecht, furent chargés de dresser un état de la
situation de la ville, avec l'aide du clerc Jean Zegers et du contrôleur
Jean Haeckman. Il fut constaté que sa dette s'élevait à 386,000 livres
Artois, non compris des arrérages très-considérables, et que le déficit
annuel était de 12,000 livres; pour l'année suivante on prévoyait qu'il
monterait à 15,000. Des mesures énergiques étant devenues indispensables, les trois membres, sur la proposition des commissaires, arrêtèrent,
entre autres dispositions, que tous ceux qui obtiendraient de la ville un
emploi quelconque, lui payeraient le montant d'une année de leurs
appointements; le délai pour le payement des arrérages fut prorogé pour
six années et la commune obtint la faculté de ne payer que la moitié des
intérêts des rentes. Jean de Crickengys, et maître Jean Vandervorst,
membre du conseil de Brabant, que le comte de Nassau lui adjoignit,
furent nommés surintendants, les quatre autres commissaires, receveurs
(28 août 1505). Un décret daté de Cologne, le 5 novembre 1505, approuva toutes ces dispositions, et un autre décret, du 25 janvier suivant,
abolit l'office de changeur (ou caissier) de la commune, supprima un des
deux pensionnaires et des deux maîtres de l'artillerie, réduisit à six le
nombre des messagers à cheval, ôta au maître de l'artillerie, au tailleur
d'images, au faiseur d'arcs, au médecin et au cuisinier les gages fixes
dont ils jouissaient. Au bout de trois années, les surintendants et les
receveurs offrirent leur démission, trouvant sans doute trop lourde la
charge qui leur était imposée; elle leur fut accordée, à condition qu'ils
rendraient compte de leur gestion, et Marguerite invita les bourgeois à lui
présenter six personnes de chaque classe, parmi lesquelles elle choisi-
rait quatre receveurs. Les dispositions de l'octroi de 1505 furent renouvelées, à l'exception du droit de mouture, qui fut aboli dans l'intérêt de
la classe indigente (18 août 1507). Cependant les candidats désignés
par la gouvernante pour les fonctions de receveur, refusèrent d'accepter
cette charge et de prêter le serment requis, et cette princesse, pour

---

[1] Bruxelles, le 8 mai 1499. *Roodt Privilegie Bocck.*

les y contraindre, dut les menacer des risques de son indignation
(3 novembre 1507); il y en eut même un, Thierry de Heetvelde, qui
brava ses menaces, et il fallut le remplacer par Jean de Cotthèm [1].

Tant d'essais successivement tentés, la création de tant de nouvelles
ressources, n'avaient abouti qu'à de bien faibles résultats, et les dettes
de la ville augmentaient chaque jour. Pour arrêter les progrès du mal,
les nations demandèrent de pouvoir choisir elles-mêmes des commissaires
spécialement chargés de l'administration, de la rentrée et de l'emploi des
revenus. La nécessité était pressante; aussi le gouvernement les autorisa-
t-il à nommer chacune un commissaire, en se réservant l'approbation de
leurs choix et la faculté de leur adjoindre un patricien; elles durent aussi,
ainsi que les lignages, répondre de leurs commissaires respectifs. Ces dix
administrateurs obtinrent quatre années de surséance pour payer les
arrérages, et le droit de réduire au denier 18 les rentes créées au
denier 10, 12, 14; et au denier 10 les rentes viagères [2]. Peu de temps
après que Maximilien, par un édit du 12 mai 1509, eut sanctionné cette
organisation, à la suite de difficultés qui s'élevèrent entre les nations et
leurs commissaires, elles imposèrent, avec l'assentiment de la gouvernante,
diverses conditions aux magistrats qui allaient entrer en fonctions. Il
leur fut ordonné de se considérer comme officiers du prince et de la
ville, et défendu de s'allouer de l'argent, de favoriser qui que ce fût,
d'établir des monopoles, de donner des banquets, de faire des payements
en marchandises; enfin, considérant qu'elles étaient responsables de la
conduite des receveurs, elles s'arrogèrent le droit de les démissionner
(2 juillet 1509) [3].

Depuis cette époque jusqu'en 1528, l'administration communale fut
scindée en deux parties bien distinctes : les nations abandonnèrent complétement aux lignages la direction de la justice, mais elles se réservèrent
exclusivement celle des finances, de la police et des travaux publics; il
n'y eut par conséquent plus de bourgmestre, plus de conseillers, plus de
doyen ni de huit de la gilde, plus de pacificateur, choisis parmi les métiers. En 1513, le bourgmestre et les sept échevins, se trouvant surchargés d'affaires à juger, il fut résolu de porter à onze le nombre des
échevins; cette mesure fut abrogée l'année suivante, mais, de 1519 à
1528, on créa annuellement neuf échevins. Cette division donna lieu à

---

[1] *Roodt Privilegie Boeck.* — [2] *Luyster*, l. c., bl. 70. — [3] *Ibid.*, bl. 77.

plusieurs contestations entre les deux parties du magistrat, au sujet de leur juridiction respective. Ainsi, les receveurs, ou, comme on les appelait, les *Commis à la police* (*Gecommitteerde totter pollicien*), auraient voulu annuler tout à fait le second membre ; la gouvernante, saisie de ce différend, décida que ce corps serait convoqué chaque fois qu'il s'agirait de subsides ou d'un vote pécuniaire. Il conste du même acte que la nomination aux offices de la ville était contestée, et que les commis à la police prélevaient pour leur salaire une somme de 1,000 florins du Rhin, tandis que les échevins ne recevaient que leur allocation pour draps [1].

En 1512, les receveurs cessèrent tout à coup le payement des rentes, parce que, disaient-ils, ils n'avaient plus, pour le moment, de fonds à leur disposition ; ils se laissèrent aisément persuader d'abandonner leurs fonctions, et leur nombre paraissant trop considérable, un édit de l'empereur, daté de Tervueren le 22 juin, leur substitua quatre personnes à nommer par les nations à tour de rôle, et décida que deux de ces nouveaux receveurs sortiraient de charge tous les ans ; ils devaient, ainsi que leurs clercs ou commis, être nés en Brabant [2]. A peine étaient-ils en fonctions qu'ils se brouillèrent avec leurs commettants, parce qu'ils se disaient serviteurs du prince et non de la ville, prétention à laquelle ils renoncèrent dans une assemblée des nations tenue dans une des salles inférieures de l'hôtel de ville, le 23 août 1513 [3]. Le sursis pour le payement des arrérages fut prolongé à plusieurs reprises. Un décret du 22 juin 1515, en accordant un nouveau délai, arrêta que chaque nation élirait annuellement un juré qu'elle présenterait à l'admission du magistrat, et que le vote des deux premiers membres et de quatre nations formerait le consentement complet [4]. En renouvelant l'octroi de 1509, le gouvernement rétablit les neuf commis à la police, dont le nombre fut, en 1521, réduit à quatre : deux choisis par le prince sur une liste de dix-huit candidats présentés par les nations, et deux pris parmi les administrateurs dont le mandat allait expirer. Dans cet acte on voit, pour la première fois, défendre à la ville d'établir aucun impôt sans le consentement de l'autorité souveraine [5]. Au mois de décembre 1525, à la demande des nations, Marguerite porta de nouveau à neuf le nombre des receveurs, et cette organisation subsista jusqu'en 1528.

Dans le but d'augmenter les ressources de la ville, les receveurs

---

[1] Acte du 5 septembre 1510. *Luyster*, bl. 80. — [2] *Ibid.*, bl. 86.
[3] *Ibid*, bl. 89. — [4] *Ibid.*, bl. 90. — [5] *Ibid.*, bl. 108.

avaient voulu faire payer au clergé les droits sur les boissons, bien que les ecclésiastiques en eussent toujours été entièrement exempts. Semblable mesure avait déjà été prise du temps de Marie de Bourgogne, mais un diplôme de cette princesse et de son mari avait confirmé les immunités du clergé. Deux nouveaux actes, du 1er juillet et du 26 septembre 1495 [1], renouvelèrent vainement cette disposition, la commune n'en tint aucun compte et poursuivit ses prétentions. L'official de Reims, métropole de la Belgique occidentale, ayant été saisi de cette affaire, il déclara que les ecclésiastiques devaient continuer à jouir de cette exemption en contribuant toutefois dans les impôts levés pour l'entretien des ponts, chemins et fortifications, la construction de fontaines et d'égouts, tous les travaux, en un mot, destinés à améliorer la salubrité de la ville, ainsi que dans ceux destinés à payer les sommes dues au roi des Romains et à ses adhérents, et dans ceux exigés par des mesures utiles au clergé ou aux autres habitants (1511). Ce jugement, quelque équitable qu'il fût, ne satisfit aucune des deux parties; la commune plaça, comme garnisaires, des confrères des serments chez les chanoines qui refusaient de payer les droits, et le clergé en appela à la cour de Rome qui prononça successivement en sa faveur trois sentences, dont la dernière, datée du mois de mai 1515, était accompagnée d'une bulle d'excommunication [2], motivée sur l'emploi des garnisaires. Le placet du souverain étant nécessaire pour que la bulle reçût son exécution, le clergé s'adressa pour l'obtenir au conseil de Brabant. Un arrêt de cette cour souveraine décida, le 15 janvier 1516, que l'interdit serait levé et que le chapitre payerait tous les frais du procès; qu'à ces conditions, il ne serait pas tenu de payer les membres des serments qui avaient été chargés de l'exécution ordonnée par le magistrat. Pour prévenir le retour de ces difficultés, il fut statué en outre que le clergé aurait une auberge ou cave, dans laquelle il pourrait placer, pour sa consommation annuelle, 120 aimes de vin de Rhin ou 240 aimes de vin de moindre qualité, et 1200 tonnes de bière, dite *cuyte;* mais que, pour tout ce qu'il consommerait de plus, il serait soumis aux droits et accises. Une dernière clause de cet arrêt, dont l'interprétation fut réservée au souverain, porte que si le chapitre vient à abuser de cette faveur, la ville pourra la lui retirer en lui payant une indemnité [3]. Avant

---

[1] *Annales mss. B. Gudilæ,* titre XX, c. 1 et 2. — *Archives de Sainte-Gudule.*

[2] *Annales mss. B. Gudilæ,* titre XXI et XXII. — *Archives de Sainte-Gudule.*

[3] *Luyster van Brabant,* l. c., bl. 99. — Sanderus, etc.

que cette sentence eût été prononcée, le pape Léon X avait déjà levé l'excommunication, le 16 juin 1515 [1]. Des différends du même genre s'élevèrent encore entre le magistrat et d'autres corps, laïcs ou ecclésiastiques, qui prétendaient, à différents titres, jouir de l'exemption des accises. Les receveurs allèrent jusqu'à demander le payement de l'impôt aux ordres mendiants; mais, sur une plainte adressée par les dominicains au conseil de Brabant, ils reçurent, le 15 juillet 1504, l'ordre de se désister [2].

La réforme prêchée par Luther, après s'être promptement propagée en Allemagne, avait bientôt pénétré dans les Pays-Bas, et l'on vit aussitôt commencer ces procès de religion qui plongèrent le pays dans les plus grands malheurs. Le 9 février 1522, Jacques de Proost, prieur des augustins d'Anvers, condamné, par sentence de cinq docteurs en théologie, à rétracter ses hérésies, fut conduit au jubé de Sainte-Gudule et y abjura les opinions qu'il avait émises, en présence du nonce du pape, du chancelier de Brabant, de l'évêque de Ross, suffragant de Cambrai, de l'official et de plusieurs autres témoins. L'année suivante, trois autres augustins du même couvent, Henri Voes, Jean Van Essche et Lambert Thoren, furent arrêtés pour crime d'hérésie et enfermés dans le château de Vilvorde, d'où ils furent transférés à Bruxelles. Leur procès fut instruit et ils furent condamnés à être dégradés et livrés au bras séculier. Le 1er juillet, l'évêque Ross dégrada sur la grand'place Voes et Van Essche, qui furent ensuite brûlés vifs; quant à Thoren, il disparut; les uns disent qu'il abjura et se retira dans un couvent; d'autres prétendent qu'il fut exécuté dans son cachot. Tous les religieux, carmes, récollets, dominicains, assistèrent à cette horrible exécution [3]. De telles mesures ne pouvaient raffermir le catholicisme chancelant; l'intérêt qui s'attache aux proscrits de toute espèce a toujours rendu le sang des martyrs fécond en prosélytes. En effet, les nouvelles idées s'infiltrèrent dans toutes les classes; à Bruxelles, en 1554, une quinzaine d'habitants, la plupart artisans, accusés de luthéranisme, furent sommés de comparaître devant la justice, sous peine d'être condamnés par contumace [4].

D'un autre côté, le pays commençait à trouver bien lourde la grandeur de son puissant souverain, et celui-ci ne cachait plus ses projets

[1] *Annales mss. B. Gudilæ*, titre XXIII, c. 2.
[2] Mss. de la bibliothèque de Bourgogne, n° 18196.
[3] Dierckxsens, *Antverpia sacra*, T. II, pars I, p. 141.—Foppens, etc.
[4] *Geel Correctie Boeck*.

contre les libertés publiques. En 1523, il manifesta, ainsi que la gouvernante, l'intention formelle de ne plus convoquer les délégués des villes pour obtenir le vote des impôts : « Quant à changer la coustume » d'assembler les peuples des villes de Bois-le-duc et de Bruxelles » (disait-il à Marguerite dans une lettre du 16 mai), semble à Sa Majesté » que si madicte dame le pouvoit faire sans inconvéniens, que ce seroit » bien fait, moyennant qu'elle advise que la chose se conduise en temps » convenable et sans esclandre, comme elle saura bien faire. » En 1524, une grande agitation régna dans toutes les provinces; Bruxelles refusa obstinément les aides demandées, Louvain s'insurgea, les Luxembourgeois repoussèrent à main armée les collecteurs de l'impôt, tandis que les Gantois réclamaient à grands cris leurs anciens priviléges; partout éclataient des murmures sur la misère toujours croissante, sur la ruine du commerce, continuellement entravé par les guerres contre la France et les différends avec les peuples du Nord. Charles, tout occupé de ses idées de conquête, se souciait fort peu des malheurs de ses sujets, et les plaintes qui lui parvenaient, n'étaient entendues qu'avec indignation et colère. Voulant profiter de la victoire de Pavie pour envahir la France, Marguerite demanda aux états de Brabant des subsides considérables; mais elle essuya un refus dont Robert Macquereau nous indique la vraie cause : « Soyés » advertis, dit-il, que alors en Flandre et en Brabant y avoit ung groz » trouble; car les mayeurs des villes ne volloient nulz deniers délivrer » à madame la gouvernante, ne aulx comissaires, ad cause que on ne » payoit nulz gens d'armes : mais en la fin, on les constraignit de le faire » et en y eult en la ville de Gand prisonniers, et en autres villes de Bra- » bant; pourquoy convint de faire obéissance. » Enorgueilli par ses succès, s'abandonnant de plus en plus à son humeur despotique, Charles-Quint se montra vivement irrité de ce refus; il voulait qu'on attirât dans une embûche les principaux chefs de l'opposition, tels que les abbés de Parcq, de Tongerloo, de Sainte-Gertrude, et qu'on leur infligeât un châtiment qui servît d'exemple [1].

Dans ce temps, de graves contestations s'étaient élevées entre les prélats du Brabant et le gouvernement, qui revendiquait, en vertu d'une bulle du 4 juillet 1515, le droit de nommer les chefs des communautés, tandis que les prélats prétendaient au contraire

[1] M. ALTMEYER, *Marguerite d'Autriche.*

qu'elle n'avait accordé au souverain que la confirmation et non la collation des dignités électives. Les deux parties s'en étaient remises à des
arbitres (12 février 1522) [1] qui avaient prononcé en faveur du pouvoir. Ces difficultés n'étaient pas les seules qui agitassent le clergé. L'addition à la Joyeuse Entrée de Charles-Quint, publiée le 26 avril 1515,
et l'édit du 8 février 1519, avaient interdit aux ecclésiastiques d'acquérir de nouveaux biens, par testament ou par achat, sans autorisation
spéciale, et, le 19 octobre 1520, le consentement du duc de Brabant et
des villes avait été déclaré indispensable pour l'établissement de corporations de toute espèce, civiles ou religieuses, et la fondation ou la dotation
d'églises, de chapelles, d'hôpitaux, etc. [2]; enfin, en 1515, une taxe avait
été levée sur les biens acquis par le clergé depuis Charles le Téméraire [3].
Les contestations furent si vives qu'en 1527, malgré les dangers qui
menaçaient le pays, les prélats refusèrent obstinément de voter les aides,
alléguant qu'on ne leur avait pas tenu les promesses qui leur avaient
été faites. Comme ils s'exprimaient en thiois (ou flamand), Marguerite
leur fit dire par deux fois qu'ils eussent à parler en français, afin qu'elle
pût les entendre; mais ils s'y refusèrent opiniâtrément et maintinrent
leur vote négatif. Pour faire fléchir leur opposition, Marguerite ordonna
la saisie de leurs biens et elle ne la leva qu'après qu'ils se furent engagés
à se conduire à l'avenir plus décemment envers l'empereur [4].

En 1527, le Brabant étant menacé d'une invasion des Gueldrois, les
États du duché furent convoqués à Bruxelles, et la gouvernante leur
demanda une nouvelle aide de 100,000 couronnes; après de vives contestations qui durèrent jusqu'au mois de janvier 1528, ils accordèrent
100,000 carolus. Les menaces du duc de Gueldre s'étant réalisées, ils
furent rappelés, peu de temps après, pour voter la levée de 4,000 piétons et 1,000 cavaliers, ainsi que les fonds nécessaires pour leur entretien.
Bruxelles rejeta les deux propositions et Louvain celle de l'aide; de leur
côté, les abbés déclarèrent qu'ils ne voulaient y contribuer que sur le
pied « d'une certaine modération » dont ils avaient joui en quelques
circonstances. Cependant il fallait se hâter de prendre des mesures pour
repousser l'ennemi; Marguerite assembla les États de Hollande, les nobles
brabançons et les députés des villes de Bois-le-Duc et d'Anvers, comme

---

[1] *Placards de Brabant.* T. IV, p. 421. — [2] *Ibid.*, T. I.
[3] De Wael, l. c., f° 233. — [4] M. Altmeyer, l. c.

les plus exposés aux entreprises des Gueldrois, et elle en obtint les fonds nécessaires pour subvenir, pendant trois mois, au payement des troupes, à condition toutefois « qu'il plût à l'empereur de prendre à sa charge la » quote-part de Louvain et de Bruxelles, et de fournir du sien, si avant » qu'il ne sût induire, par voie amiable, ceux desdites villes à soy con- » former aux dits d'Anvers et Bois-le-Duc, et à fournir au paiement de » leur portion d'icelle dépense, ou que, à défaut de ce, les y feroit con- » traindre par exécution. » La duchesse accepta ces conditions et elle ordonna immédiatement au chancelier de Brabant de faire procéder, par la chambre des comptes, à l'assiette de la somme votée, « tout ainsi » que feriez, lui écrivit-elle, si, par acte signé des trois États de Brabant, » il vous apparust de leur consentement général, entier et uniforme. » Le chancelier et les membres de la chambre des comptes avaient juré l'observation de la Joyeuse Entrée, et ils se trouvèrent dans l'alternative de violer leurs serments ou de désobéir à la gouvernante. Pour lever leurs scrupules, elle les dégagea de leurs serments, en leur promettant de les garantir, eux et leurs héritiers, envers et contre tous, des suites de leur obéissance, et, « si besoin étoit, de leur faire avoir l'absolution de leurs » dits serments, de tels ou tels personnages à ce puissants et ayant auto- » rité. » Nonobstant cette assurance, le chancelier s'excusa de sceller un acte notoirement illégal, ne voulant pas enfreindre le serment qu'il avait prêté d'après les ordres de l'empereur. Alors Marguerite, que tout retard irritait, prit le sceau de ses mains et l'apposa elle-même au mandement qu'elle venait de rendre [1]. C'est un des premiers exemples de *compréhension*, moyen par lequel le gouvernement triomphait quelquefois de l'opposition d'un membre des États ; il était déclaré *compris* dans le vote des autres.

Marguerite saisit cette occasion pour se venger des Bruxellois, qu'elle n'avait jamais aimés. Le 7 juillet, elle écrivit à son neveu : « Considé- » rant que la mauvaise conduite de ceux de Bruxelles procède en partie » de l'authorité que ci-devant, du temps de vostre minorité, avoit esté » baillée au peuple d'icelle ville, y joint qu'ilz en ont mesuzé, j'ay de » vostre part faist nouvelle ordonnance sur la conduite de la dicte ville » et icelle faist publier au renouvellement de la loy, la veille de Saint- » Jehan dernier, et par icelle retiré l'authorité de la main du peuple [2]. »

---

[1] Lettre de Marguerite à son neveu, en date du 7 juillet. M. GACHARD, *Introduction aux documents inédits concernant les troubles de la Belgique sous Charles VI.*
[2] *Ibid.*

Cet édit, daté du 18 juin 1528, fut le prélude d'incessantes tracasseries, seul nom qu'on puisse donner à cette guerre occulte que le gouvernement fit à la commune. Le nouveau règlement rétablit l'ancienne organisation communale : le magistrat fut de nouveau composé de deux bourgmestres, un patricien et un plébéien, de sept échevins, de quatre receveurs, dont il fallait que deux restassent en fonctions à la fin de l'année, et de six conseillers; tous ces fonctionnaires, à l'exception des receveurs, composèrent le tribunal criminel et civil de la commune; les jugements en matière de biens furent seuls réservés au bourgmestre des lignages et aux échevins. La nomination du premier bourgmestre et des deux receveurs des lignages appartint au souverain, celle du second bourgmestre et des six conseillers, au premier bourgmestre et aux échevins, et celle des deux receveurs plébéiens aux patriciens. Un grand nombre de dispositions réglèrent les assemblées des nations, qui, dit le règlement, avaient toujours été tenues d'une manière indécente et contraire au bon ordre, et étaient une source de séditions. Il fut ordonné qu'après avoir successivement arrêté leur opinion sur l'affaire qui leur serait proposée, les deux premiers membres la transmettraient aux nations; que celles-ci se retireraient chacune en sa place accoutumée, y délibéreraient sans pouvoir communiquer entre elles, et que le second bourgmestre, les deux receveurs plébéiens et les six conseillers recueilleraient chacun l'opinion de la nation qu'il représentait, pour en faire rapport aux deux premiers membres, réunis dans la chambre du conseil. Les nations avaient pris l'habitude de déléguer chacune deux membres, pour délibérer en commun, sous une couronne suspendue au plafond; cette coutume fut abolie comme mauvaise et déraisonnable, et la peine de vingt années de bannissement fut comminée contre ceux qui tenteraient de la rétablir; afin d'assurer l'exécution de cet article, il fut enjoint à l'amman ou à son lieutenant, d'envoyer un homme de confiance aux réunions du troisième membre de la ville, pour examiner si tout s'y passait dans l'ordre. Il fut encore décidé que, pour former la majorité, il suffirait des deux premiers membres et de quatre nations, ou de cinq nations avec un des deux premiers membres; enfin, le nombre des personnes appelées aux délibérations extraordinaires des nations, fut considérablement restreint. Antérieurement à cet édit, quand les doyens des métiers demandaient à consulter leur arrière-conseil (*achter-raedt*), leur assemblée se composait de 7 à 800 personnes, savoir : les jurés servants, au nombre de 150 environ, quarante centeniers avec leurs dizeniers, et tous ceux qui, les années précédentes, avaient rempli les fonctions de jurés. Des réunions aussi nombreuses devaient être souvent tumultueuses et difficiles à diriger, aussi Marguerite en exclut-elle les centeniers et leurs dizeniers [1], et elle arrêta que les membres de l'arrière-conseil, choisis parmi les plus recommandables par leur âge, leur modération et leur fortune, ne pourraient dépasser le nombre des jurés en fonctions; il se trouva ainsi réduit à 500 votants. Dans ce règlement, œuvre de despotisme, sont comminées à chaque article des peines sévères : le bannissement, la destitution, les amendes arbitraires, contre quiconque contreviendra à ses dispositions [2].

Le résultat de la mutilation du grand conseil communal fut de faire voter par les trois membres deux subsides considérables, l'un de 96,000 et l'autre de 90,000 florins, spécialement destinés à la défense des frontières [3]. En 1529, l'empereur ayant encore demandé de l'argent pour son dispendieux voyage en Italie, Marguerite lui représenta que « s'il ne vouloit mettre le pays en totale ruine, desolacion et perdicion, » l'on ne pouvoit plus en tirer qu'elle avoit fait pour son service [4]. » Le 22 juin de cette année, cette princesse signa une ordonnance concernant la distribution des rentes, profits, revenus de la ville, qui, par plusieurs octrois successifs, fut longtemps encore autorisée à suspendre le remboursement des arrérages, en en payant toutefois les intérêts [5].

En 1529, une grande calamité vint fondre sur la Belgique. Une épidémie, qu'on nomma d'abord la *Suette anglaise* (*Sudor anglicus, Anglica pestis sudatoria*), parce qu'on la disait née en Angleterre, éclata à Hambourg et se propagea avec rapidité dans les Pays-Bas. Cette maladie occasionnait une transpiration abondante chez ceux qu'elle attaquait et les plongeait dans une profonde léthargie; elle enlevait en vingt-quatre heures les malades qu'on ne pouvait tirer de cette torpeur. Dès qu'on apprit à Bruxelles l'apparition de ce fléau à Anvers, toutes les communications avec cette ville furent interrompues et les portes qui y conduisaient furent fermées [6]; mais il déjoua toutes les précautions. Les historiens ne nous donnent pas le chiffre des victimes qu'il enleva à

---

[1] L'acte ne parle pas d'eux, mais le fait n'en est pas moins positif.

[2] *Luyster van Brabant,* bl. 110.

[3] *Cartulaire de la Cambre,* Mss. de la Bibl. de Bourgogne.

[4] M. ALTMEYER, l. c. — [5] *Archives du Royaume.* — [6] DE WAEL, T. II, f° 47.

Bruxelles ; nous devons les supposer nombreuses par l'épouvante qu'il répandit, ainsi que par les prières et par les cérémonies religieuses auxquelles on recourut pour apaiser le courroux du ciel. Le 1er octobre, le lieutenant-amman Van Waelhem et les magistrats ordonnèrent, pour le 3, un jeûne général et une procession solennelle, et invitèrent tous les habitants, ou du moins une personne de chaque maison, à y assister après s'être confessés et avoir communié. L'évêque de Cambrai célébra la grand'messe et porta ensuite le saint sacrement de miracle ; c'est le nom sous lequel on désigne les hosties que des juifs avaient été accusés d'avoir poignardées, et pour lesquelles, 160 ans auparavant, ces malheureux avaient été victimes du fanatisme, ou plutôt de la cupidité. Le 16 octobre et le 5 novembre, sortirent deux autres processions dans lesquelles on vit figurer les corporations religieuses des deux sexes, les confréries, les métiers, les serments, le magistrat, la chambre des comptes, le conseil de Brabant, la cour, les prélats et le clergé. A en croire le jésuite Cafmeyer, il ne serait mort que six personnes depuis le jour de la première procession, alors que dans les autres villes la mortalité était effrayante. La sortie de deux autres processions et la durée de la maladie démentent suffisamment cette assertion : ce ne fut que le 4 octobre 1530, un an après, que sortit la procession ordonnée par Marguerite en actions de grâces de la disparition du fléau [1]. Cette princesse décida que tous les ans, le dimanche après la Sainte-Marguerite (célébrée alors le 15 juillet), il y aurait une procession solennelle à laquelle un évêque serait prié d'assister [2]. Telle est l'origine de la grande kermesse de Bruxelles, qui finit par éclipser la fête de l'*Ommegang*, du moment où s'effacèrent l'ancien esprit communal et le culte de ses souvenirs. En 1530, le magistrat, à la demande de la gouvernante, avait exempté les métiers de porter à cette procession leur *kersse*, figurant à l'Ommegang ; dans la suite, pour donner plus de relief à la fête, il fut enjoint à chaque corporation de s'y faire précéder par deux lances de douze pieds de haut, ornées de peintures et surmontées d'une torche. Marguerite ne survécut guère à cette dévote institution ; elle mourut au palais de Bruxelles, le 1er novembre de la même année.

[1] Voyez le *Geel Correctie Boeck*; CAFMEYER, *Histoire du très-saint sacrement de miracle*; Mss. de la Bibl. de Bourgogne, n° 17121.

[2] MIRÆUS, *Chron. Belgic.* — FOPPENS. — C. DESMET, *Histoire de la Religion catholique en Brabant*, etc.

Charles-Quint, venant d'Allemagne, où il avait fait élire son frère
Ferdinand, roi des Romains, arriva à Bruxelles le 25 janvier 1531. Il
convoqua aussitôt les états généraux et, le 2 mars, il les assembla dans
la grande salle du palais, où il se rendit accompagné des princes de sa
famille, des membres de ses conseils et de ses gentilshommes. Jean
Carondelet, archevêque de Palerme, chef du conseil privé, exposa aux
États tout ce que l'empereur avait fait depuis 1522, et les remercia,
en son nom, des aides qu'ils-lui avaient accordées; après que l'audiencier, Laurent de Blioul, eut répondu au nom des députés, la séance
fut levée parce que l'empereur voulait demander une aide à chaque
province en particulier. A cette occasion, les États résolurent de lui
offrir une tapisserie faite à Bruxelles et représentant la bataille de Pavie,
dans « l'espoir que l'événement que rappelait la tapisserie, lui étant
» agréable et en quelque sorte personnel, il ne la donnerait pas lui-
» même, comme il avait donné d'autres présents qu'il avait reçus [1]. »

L'arrivée du duc de Strozzi, ambassadeur d'Alexandre de Médicis,
qui vint avec une suite nombreuse recevoir, au nom de son maître,
l'investiture du duché de Florence, fut l'occasion de grandes fêtes [2].
Le jour de Saint-Jacques, il y eut sur le marché de brillantes joutes;
Charles y combattit, et s'il n'y remporta pas de prix, dit la chronique,
ce fut la faute de son cheval. Everard de la Marck, comte d'Arenberg,
fut désarçonné et périt des suites de sa chute [3].

Le 5 juillet, l'empereur convoqua de nouveau les États et leur annonça son prochain départ pour l'Allemagne. Il leur remit deux projets
de loi sur lesquels il désirait avoir leur avis : l'un concernait les monnaies, l'autre les sectaires, les coutumes, les déréglements, les vagabonds
et oisifs, les banqueroutiers, les monopoles, les habillements, etc. Dans
une troisième réunion, qui eut lieu le 7 octobre, il leur fit ses adieux
et il leur fut donné lecture de la commission qui nommait gouvernante
et régente sa sœur Marie, veuve de Louis II de Hongrie [4]. Le 1er du
même mois, il avait organisé les trois conseils supérieurs du gouvernement : le conseil d'état, chargé de la direction des grandes et principales
affaires du pays, et composé de chevaliers de la Toison d'or, de membres

[1] M. GACHARD, *Des anciennes assemblées nationales de la Belgique.*

[2] FOPPENS.

[3] *Brusselsche Eertriumphen.* — *Die Nieuwe Chronycke van Brabandt.*

[4] M. GACHARD, l. c.

des autres conseils, de présidents des conseils provinciaux et d'évêques ;
le conseil privé, appelé à traiter « de la suprême hauteur et souveraine
» autorité de Sa Majesté, et choses procédant de grâces tant en civil
» qu'en criminel, qui sont par-dessus les termes, train et cours ordi-
» naire de justice, sans se mêler d'affaires qui par leur nature doivent
» appartenir aux tribunaux, » et le conseil des finances, dont le nom
indique suffisamment les attributions. Le président du conseil privé
remplissait les fonctions de grand chancelier, place qui avait été supprimée dans les Pays-Bas, depuis le premier départ de Charles-Quint pour
l'Espagne [1]. L'empereur ordonna aussi que les coutumes locales fussent
mises par écrit et soumises à l'approbation de l'autorité supérieure, mais
l'exécution de cette mesure rencontra beaucoup de difficultés. La coutume
de Bruxelles ne fut homologuée qu'en 1608.

En 1531, Charles-Quint décida la question de l'étape qui, depuis
tant d'années, divisait Malines et Bruxelles. Par sentence du 7 juin, il
donna gain de cause à la première, mais, dans des vues de conciliation,
il permit à la seconde de conduire de l'avoine, du poisson et du sel par la
Senne, sans devoir faire étape à Malines ; le sel seulement fut soumis à
un léger droit payable à Heffen [2]. Ne pouvant se résoudre à cette sujétion,
la commune bruxelloise reprit alors le projet de creuser un canal qui,
en évitant le territoire des Malinois, irait en ligne directe au Rupel, et
elle présenta à cet effet une requête à l'empereur. Sur l'avis de ses
conseils et de la chambre des comptes, il confirma, le 7 novembre, les
octrois accordés en 1436 par Philippe le Bon, et, en 1477, par Marie
de Bourgogne ; mais l'opposition des Malinois retarda de près de vingt
ans encore l'exécution de ce grand ouvrage [3].

Les receveurs ayant, sans le consentement des nations, imposé une taxe
sur le grain et sur le pain, et augmenté l'impôt sur la bière, cette mesure excita de grands murmures. Le 29 septembre, pendant la procession de Saint-
Michel, à laquelle assistaient tous les membres de la commune, les métiers
s'arrêtèrent tout à coup et ne se remirent en marche qu'après avoir reçu
l'assurance que la reine-gouvernante ferait examiner attentivement cette
affaire. Ils adressèrent une requête à l'empereur qui, après l'avoir soumise à
son conseil, manda au palais les trois membres de la commune et prononça

[1] De Nény, ouvrage cité.
[2] *Archives de l'Audience*, cart. 1379, n° 2.
[3] *Historia Aquæductus Bruxellensis*. Mss.

une sentence ambiguë, en vertu de laquelle l'impôt était maintenu avec défense de le lever, à moins de grandes nécessités et sans son autorisation ou celle de sa sœur. En même temps, il ordonna à l'amman de poursuivre ceux qui avaient troublé l'ordre [1]. Les nations se récriaient aussi contre la mauvaise administration des biens de la ville, et disaient que, malgré la présence de la cour, le produit des accises n'augmentait nullement parce qu'il y avait trop peu de receveurs. L'empereur étant parti, le 17 janvier 1552, pour l'Allemagne, la gouvernante chargea des commissaires de vérifier ces allégations; ceux-ci lui proposèrent de nommer six receveurs, deux patriciens et quatre plébéiens, en laissant au gouvernement le droit de continuer dans leurs fonctions, pour une année, deux de ces fonctionnaires dont un serait pris dans chaque classe. Leur rapport ajoutait que les lignages étaient en pleine décadence et qu'on ne pouvait y trouver vingt et un patriciens capables, pour former la liste des candidats à la magistrature; ils proposèrent en conséquence de déclarer qu'à l'avenir l'échevinage ne serait plus exclusivement réservé aux membres des lignages, mais qu'il pourrait être conféré à toute personne noble. L'adoption de ces conclusions (16 avril 1552)[2], porta un rude coup aux familles patriciennes, qui virent insensiblement l'autorité souveraine s'emparer de leur part d'influence dans l'administration de la cité.

Cependant le taux élevé du prix des grains et quelques nouveaux règlements sur la vente des céréales, faisaient beaucoup murmurer le peuple, et son mécontentement ne tarda pas à éclater. Le 5 août, vers midi, un rassemblement considérable se forma aux environs de la halle au blé; des enfants, qui jouaient en se jetant leurs bonnets, entrèrent dans la maison du Malinois Jean Morre, désigné comme accapareur, et y furent suivis par la foule qui la dévasta complétement; Jean Morre, arraché de sa demeure, fut traîné jusqu'au cloître des Récollets, accablé d'injures et de coups. Deux ou trois maisons, entre autres celle de maître Berthout, boulanger de la reine, subirent le même sort, sans que les voisins fissent aucun effort pour arrêter les pillards. Réunis à l'hôtel de ville, les magistrats envoyèrent le lieutenant-amman, Jean Van Waelhem, et ses sergents pour dissiper le rassemblement; mais ils ne purent y par-

[1] 16 octobre 1531. *Luyster van Brabant*, l. c., bl. 119.
[2] *Luyster*, l. c., bl. 125.

venir, et comme il ne faisait qu'augmenter, et qu'on craignait de voir s'y joindre les campagnards, les portes furent fermées et les serments appelés sous les armes. Marie de Hongrie, qui était sortie de la ville pour se livrer au plaisir de la chasse, son amusement favori, apprit à son retour, avec étonnement et indignation, les excès commis en son absence et le peu d'énergie déployé pour les réprimer. Elle invita vainement les magistrats à montrer plus de zèle, le désordre continua toute la nuit; quelques hommes d'armes, qu'elle avait envoyés pour savoir ce qui se passait, rencontrèrent et arrêtèrent un domestique de la cour, chargé de trois sacs dont l'origine n'était pas douteuse. Le lendemain, elle fit convoquer le large conseil, les métiers, les serments, et, à la tête de ces derniers, l'amman, sire Henri de Witthem, seigneur de Beersel, marcha contre les factieux, les dispersa et en arrêta quatorze ou quinze qui furent enfermés à l'hôtel de ville. La tranquillité paraissait rétablie, quand arriva le sire de Chavannes, maître des requêtes, et un maître d'hôtel de la gouvernante, pour requérir en son nom la remise des captifs, coupables de crime de lèse-majesté. Le magistrat consentit à cette demande, mais craignant que le peuple n'y vît un empiétement sur ses priviléges, il demanda un délai jusqu'à deux heures de l'après-midi. A cette nouvelle, la commune s'ameuta de nouveau; le maître des requêtes et le maître d'hôtel étant venus pour chercher les prisonniers, un bourgeois leur conseilla de se retirer, attendu que la multitude exigeait que le jugement des pillards restât aux chefs de la cité. Les serments et les métiers se prononcèrent dans le même sens, et il fallut bientôt renoncer à combattre l'émeute. Déjà, en effet, la maison communale avait été envahie, les détenus délivrés, et le sire de Beersel, ainsi que les bourgmestres et les échevins, avait été forcé de se dérober par la fuite à la fureur populaire.

Ces événements firent une profonde impression sur la gouvernante; elle députa vers la bourgeoisie deux chevaliers de l'ordre de la Toison d'or, les sires de Berghes et de Sempy, pour lui exprimer sa douloureuse surprise et lui promettre le redressement de ses griefs. Aux discours de ces seigneurs, les métiers répondirent en exigeant la délivrance du prisonnier détenu à la cour, et ils continuèrent à délibérer tumultueusement. A neuf heures du soir, trois membres des serments se rendirent au palais porteurs de leurs réclamations; ils demandaient la mise en liberté de ce prisonnier, et un acte ordonnant 1° une nouvelle promulgation du règlement de 1509, renouvelé en 1523 ; 2° la restitution aux receveurs des pouvoirs qui leur avaient été conférés à cette époque, et l'abolition des offices de second bourgmestre et de conseiller ; 3° la réduction du salaire du premier bourgmestre et des échevins à l'ancien taux (indemnité pour habit et deux blancs par comparution à l'hôtel de ville), avec défense de rien demander pour les affaires de justice ; 4° l'annulation des pénalités contenues dans les ordonnances de 1527 et de 1528, et 5° la mise en vigueur des anciens statuts sur la vente des grains [1]. Les délégués étaient accompagnés d'un grand nombre de bourgeois « armés et embâtonnés, » qui les suivirent jusqu'aux bailles. Admis en présence de la reine, ils la prièrent, tout en protestant du déplaisir que leur causait l'émeute, de leur faire remettre le prisonnier et de prendre leurs autres demandes en considération. Marie éclata d'abord en reproches, mais, craignant qu'un refus n'eût des suites funestes, pressée par ses ministres mêmes, elle accéda à la première demande, et, quant aux concessions exigées par la commune, elle invita les députés à en faire l'objet d'une requête écrite et à la lui adresser le lendemain. Cette décision fut accueillie avec transport, la foule se dispersa, et, pendant toute la nuit, le calme le plus complet régna dans la ville.

La question pourtant n'était que plus compliquée. Le 7, la commune prit les armes, à sept heures du matin ; les receveurs et les trois députés de la veille dressèrent une requête au nom des bourgeois, « demandant, » dit le rapport officiel de cet événement, leur couronne et autres points » que nous avons très-contraires au bien public de cette ville et à notre » hauteur et seigneurie, » et ils la portèrent à la reine, qui en envoya aussitôt une copie à l'empereur. Une longue discussion s'éleva d'abord entre cette princesse et les députés, elle prétendait ne pouvoir, de son autorité privée, prendre une décision sur ces demandes, et se bornait à promettre de les appuyer auprès de son frère ; mais les députés insistèrent si vivement qu'elle finit par céder. Cependant le bruit de cette discussion s'était répandu en ville, et le tumulte avait recommencé. Une troupe de gens sans aveu se jeta sur la maison du lieutenant-amman, et la livra au pillage et à la dévastation ; mais l'acte dépêché par la reine ayant été publié, les compagnies bourgeoises coururent sus aux pillards, et, grâce à leur prompte et énergique intervention, l'ordre fut bientôt

---

[1] *Archives du Royaume.*

rétabli. Les centeniers et les dizeniers, qui avaient repris leurs fonctions, coopérèrent activement à la répression de cette nouvelle tentative d'émeute; aussi une ordonnance du 5 septembre leur enjoignit-elle d'assister au conseil de la ville, et il fut prescrit aux dizeniers et autres bourgeois de leur prêter main-forte [1].

Le 8, les nations prirent possession de leur couronne et, le même jour, vers neuf heures du matin, l'amman et *la loi* envoyèrent annoncer à la reine qu'ils étaient d'accord pour punir les malfaiteurs, et lui demander remise des peines qu'ils pourraient encourir, si, dans l'exécution, il y avait « blessures ou navrures. » Le pensionnaire étant revenu avec l'agréation de Marie, d'actives recherches furent aussitôt faites pour l'arrestation des coupables, et trente-huit à quarante pillards furent pris; plusieurs d'entre eux furent condamnés à mort et d'autres au bannissement. En même temps le magistrat fit doubler les postes et en établit en divers endroits afin de réprimer toute tentative de désordre. Le 9, les portes furent tenues fermées et quelques-uns des condamnés furent exécutés en présence du duc de Torres, des seigneurs de Beveren, de Sempy, et de Molembais, qui avaient été envoyés par la reine à la demande des métiers. La potence resta dressée jusqu'au 4 octobre, et d'autres pillards furent pendus aux bailles [2].

A la nouvelle de ces événements, l'étonnement et la colère de l'empereur furent d'autant plus grands qu'il avait toujours montré plus d'affection à Bruxelles qu'aux autres villes des Pays-Bas. Il écrivit aussitôt au magistrat pour lui exprimer tout son mécontentement, et il déclara à sa sœur son intention formelle d'annuler toutes les concessions qui lui avaient été arrachées, et de poursuivre sévèrement la commune et principalement les métiers. Il lui conseilla de lever, autant que possible, des gens de guerre et, au besoin, d'appeler, mais avec prudence, les compagnies du feu sire de Fiennes et celles du marquis d'Aerschot, pour les faire camper autour de la ville [3]. Heureusement ces mesures furent inutiles; un sourd mécontentement régnait encore à Bruxelles et des libelles menaçants furent trouvés affichés en plusieurs endroits, mais la majorité des habitants reconnaissait la nécessité de se soumettre. Au mois de novembre, neuf députés allèrent à Binche, où la reine s'était retirée, la prier

[1] *Geel Correctie Boeck.*
[2] Voyez *Die Nieuwe Chronycke van Brabandt.*
[3] Lettre de l'empereur à la reine. *Archives du Royaume.*

de pardonner aux Bruxellois, et lui offrir un faucon blanc orné d'un chaperon d'or. Comme ils lui réitéraient les excuses des magistrats, elle les interrompit d'un ton sévère, et leur dit que lorsque la ville lui enverrait des députés autorisés à traiter de sa soumission, elle s'interposerait auprès de son frère pour l'engager à la recevoir en grâce. Une nouvelle députation, composée de trois échevins, de deux receveurs, de deux membres du large conseil et de neuf députés des nations, et à laquelle se joignit le pléban de Sainte-Gudule, Martin Cools, lui fut envoyée, le 7 décembre, à Mons, munie de pleins pouvoirs pour traiter de la réconciliation de la commune. Après avoir fait examiner les lettres de créance de ces nouveaux députés, Marie chargea de conférer avec eux, l'archevêque de Palerme, chef du conseil privé, le marquis d'Aerschot, premier chef du conseil d'état, le comte d'Hoogstraten, chef des finances, le sire de Berghes, chevalier de la Toison d'or, le chancelier de Brabant, Vandernoot, et le sire de Neufville, trésorier général des finances.

Les conférences furent longues, et ce ne fut que le 27 que les délégués de la reine et ceux de la commune purent arrêter un projet de raccommodement. Ce projet ayant été approuvé par la reine, les députés bruxellois retournèrent à Mons, et furent admis en présence de cette princesse, le 31, à dix heures du matin. S'étant agenouillés devant elle, en présence des chevaliers de la Toison d'or, des membres des conseils, du magistrat de Mons et des seigneurs de la cour, le pensionnaire donna lecture, en leur nom, d'une requête dans laquelle ils demandaient pardon de l'avoir offensée, d'être restés inactifs devant l'émeute, d'avoir exigé la délivrance des prisonniers et de lui avoir arraché un privilége. Il lui remit le décret du 7 août qui fut annulé, et promit que ces événements, qui les avaient tous fortement peinés, ne se renouvelleraient plus. Peu de jours après, le 8 janvier, la reine fit une entrée solennelle à Bruxelles, ramenant avec elle plusieurs bannis à qui elle avait fait grâce. Un des bourgmestres, deux échevins, deux conseillers, un receveur, dix-huit personnes du large conseil et douze de chaque nation, en tout cent trente-deux députés, allèrent à sa rencontre hors de la porte d'Obbrussel. Depuis cette porte jusqu'à la collégiale, les rues étaient bordées par les bourgeois, pieds nus, tête nue, vêtus de robes noires en signe de deuil, et tenant à la main des torches de cire blanche[1]. Le soir,

---

[1] *Die Nieuwe Chronycke van Brabandt.*

il y eut des feux de joie au marché et, à cette occasion, des prix, consistant en agneaux et en vin, furent donnés aux métiers et aux serments qui avaient fait les plus beaux feux [1].

Le 20 janvier, la ville scella la promesse qu'elle avait faite de reconnaître aux ducs de Brabant et à leurs gouverneurs ou lieutenants, 1° le droit de faire grâce entière aux homicides et de les autoriser à demeurer dans la ville, clause annulant les chartes accordées dans les temps antérieurs par Wenceslas et Antoine, 2° la juridiction sur les coupables d'attentat aux droits de la couronne, et 5° le droit de faire grâce aux bannis de la ville. Il fut décidé qu'une enquête déterminerait les prérogatives du gruyer, du maître des forêts et d'autres officiers de l'empereur. En outre, la ville se soumit à payer une amende de 4,000 carolus d'or et renonça à une rente annuelle de 600 écus d'or que lui devait le domaine pour capitaux avancés à Charles le Téméraire en 1472 [2].

Le gouvernement ne pardonna pas aux serments la part qu'ils avaient prise à l'insurrection. Prétendant qu'il y avait beaucoup d'abus dans leur organisation et que des confrères étaient affiliés à plus d'une compagnie, il ordonna leur dissolution, et déclara que, pendant une année, toute personne honnête, notable et reconnue admissible par les commissaires désignés *ad hoc,* pourrait être reçue dans les nouvelles *gildes* en prêtant serment au duc de Brabant et à la ville, en s'engageant à les défendre l'un et l'autre envers et contre tous, et en payant un droit d'entrée et une taxe annuelle de six sous; la rentrée des anciens membres fut soumise à un examen de leur conduite. Le choix des *frères des serments à gages* (*gesworen guldebroeders* ou *erfschutters*), qui devaient être brabançons, fut laissé au magistrat, ainsi que la nomination des chefs-doyens annuels [3]. Le 5 mai 1553 les nouveaux confrères prêtèrent serment à l'hôtel de ville, en présence du chancelier de Brabant, de deux chevaliers de l'ordre, de l'audiencier et du magistrat [4]. Vers le

---

[1] *Geel Correctie Boeck.*

[2] Déclaration originale avec sceau, aux *Archives du Royaume.* — *Relation touchant la mutinerie de Bruxelles en* 1532, *par après honorablement réparée.* Mss. de la Bibl. de Bourgogne. — Sentence de l'empereur, aux *Archives de la Cour des Comptes,* n° 110 de l'inventaire imprimé. — DEWEZ, *Histoire de la Belgique,* édit. 1828, T. V, p. 214. — ALPHONSE WAUTERS, *Épisodes de l'Histoire de Bruxelles* (*Trésor National,* T. II, p. 51).

[3] Édit du 1er avril 1552 (1553 N -S.). *Luyster,* l. c., bl. 120.

[4] *Die Nieuwe Chronycke van Brabandt,* bl. 74.

même temps, les centeniers et les dizeniers, dont l'utilité avait été reconnue, furent légalement rétablis; ils conservèrent le droit de commander les sections et de juger les différends de peu d'importance entre les habitants de leurs quartiers; mais l'accès du conseil communal leur fut interdit [1].

L'émeute de 1552 fit sentir aussi la nécessité de s'occuper du sort de la classe indigente; elle s'était augmentée en même temps que la population et s'accroissait considérablement par l'arrivée de pauvres étrangers, qui comptaient, pour leur existence, sur les aumônes de la reine et de sa cour. Le gouvernement craignait, paraît-il, que ces derniers ne répandissent les doctrines d'égalité, qui, depuis quelques années, se propageaient dans les classes inférieures de la société, surtout en Allemagne, et déjà, à plusieurs reprises, on les avait chassés de la ville. Un ordre de la gouvernante, du 6 novembre 1555, fit appliquer cette mesure à tous ceux qui n'habitaient pas Bruxelles depuis quatre années au moins [2], et, en 1555, on y fit saisir, ainsi que dans le Hainaut et dans d'autres localités, tous les mendiants valides; ils furent envoyés à Anvers pour être embarqués sur les galères impériales [3]. Cette mesure arbitraire fut renouvelée, trois ans après, sur un ordre de l'empereur, daté du 23 décembre 1558 [4]. Mais, quand la misère prend sa source dans l'organisation sociale, elle ne peut être extirpée qu'au moyen d'une réforme dans la société, et il fallait des siècles encore avant qu'on songeât à recourir à ce moyen. Un édit du 3 janvier 1559 (1558 V.-S.) reconstitua sur de nouvelles bases la Suprême Charité, et étendit les attributions et le pouvoir des chefs (overste) et des maîtres (meestere) de cette administration. Cet édit renfermait de bonnes dispositions, mais fut-il exécuté ou le fut-il longtemps? Tout porte à répondre négativement. Il défendit de demander l'aumône, ne faisant d'exception que pour les ordres mendiants, les prisonniers et les lépreux, et chargea les membres de la Suprême Charité de fournir, autant que possible, du travail aux indigents. Il fut enjoint aux pauvres qui recevaient des secours, de porter une marque extérieure, et il leur fut recommandé de se bien conduire et d'élever avec soin leurs enfants; enfin, dans chaque église paroissiale, il devait y avoir un tronc

[1] Édit du 7 avril 1552 (1553 N.-S.). *Luyster*, bl. 123.
[2] *Geel Correctie Boeck.*
[3] *Die Nieuwe Chronycke van Brabandt.*
[4] *Registre des chartes de la Chambre des Comptes de Brabant*, n° VIII, f° 294 v.

destiné à recueillir les aumônes et fermé à plusieurs clefs. Des directeurs
de fondations particulières ayant fait opposition à ce décret, l'empereur
le confirma, le 24 janvier 1542, ordonnant que tous les mendiants,
autorisés à implorer la charité publique, portassent une plaque en cuivre,
ayant pour empreinte un saint Michel et la lettre *B*, et que les maîtres
de la Charité les employassent à enlever les boues, à entretenir les fortifications, à faire mouvoir les moulins à aiguiser, à fouler la laine, etc. [1].

En 1555, Bruxelles reçut deux hôtes que l'infortune seule pouvait
réunir; le cardinal Renaud Pole, poursuivi par la colère de son maître.
Henri VIII, et ne se croyant plus en sûreté en France, depuis qu'il
avait appris que le monarque anglais faisait à François Ier des offres brillantes pour obtenir son extradition, se réfugia dans les Pays-Bas; mais
prévenu bientôt qu'Henri faisait au conseil privé les mêmes propositions
qu'il avait faites au roi de France, il crut prudent de regagner l'Italie [2].
Le dey de Tunis, Muley-Hassem, chassé de ses états par le fameux Bar-
berousse, vint également demander un asile à Charles-Quint. Il fut logé
avec ses deux fils dans l'hôtel des seigneurs de Taxis, près le Sablon, et
y fut traité magnifiquement; son hôte, dit l'historiographe de cette maison,
lui faisait servir des mets assaisonnés d'ambre gris et d'aromates précieux, lui donnait des concerts et lui fit présent de vêtements du plus
grand prix [3]. L'année suivante, on célébra au palais les noces de Dorothée, fille de Christiern II, avec le prince palatin Frédéric [4]. Cet
événement menaçait de prolonger la guerre entre les Pays-Bas et le
duc de Holstein, que la noblesse de Danemark avait appelé au
trône; mais heureusement il n'en fut rien. L'empereur et le duc
conclurent à Bruxelles, le 3 mai 1557, pour le terme de trois ans,
un traité de navigation par lequel il fut statué que les navires ne
payeraient que les anciens droits au passage du Sund. Ce traité causa
une grande joie dans nos provinces, où le seigle, qui se payait au mois
d'avril 56 florins d'or, descendit, le 14 mai, à 16 florins. Toutes les
denrées provenant du Nord éprouvèrent de pareilles réductions de prix [5].

---

[1] *Placards de Brabant*, T. III, p. 155 et suiv. — *Corte aenwyzinge van den
oorspronck ende gerechtigheden des broederschap van S. Eloy.*

[2] *Chronique de* FOPPENS.

[3] PONTIUS, *Les Marques d'honneur de la famille de Taxis.*

[4] DE WAEL, l. c., f° 81. — *Die Nieuwe Chronycke van Brabandt.*

[5] *Die Nieuwe Chronycke van Brabandt.*

Le docteur Poeck, qui, par des lettres supposées, avait brouillé les princes saxons et hessois, ayant été arrêté et conduit à Bruxelles, fut décapité et écartelé le 8 février 1557 ; les membres de ce malheureux furent exposés aux portes de la ville [1]. Le jour de Saint-Antoine, arrivèrent de la Frise en Brabant neuf enseignes commandées par Georges Schenck ; ces troupes se mutinèrent, réclamant leur solde arriérée, et commirent beaucoup de ravages dans les environs de Bruxelles, dont on fut obligé de tenir les portes fermées pendant plusieurs jours. La gouvernante ne parvint à les éloigner qu'en satisfaisant à leurs réclamations [2].

La guerre contre la France s'était rallumée, et, pour solder les troupes nombreuses que la reine avait levées, il fallut demander de nouveaux sacrifices au pays. Les états généraux ayant été assemblés à Bruxelles, le 14 juin 1556, le chancelier de Brabant leur fit, en présence de Marie, un exposé des derniers événements, et, le lendemain, les députés des provinces, assemblés séparément, reçurent la demande d'une aide de 1,200,000 florins, attendu que les fonds envoyés d'Espagne par l'empereur et s'élevant à 400,000 carolus, étaient loin de suffire aux besoins. Les députés, n'ayant voulu accorder qu'un subside de 500,000 florins, une nouvelle session s'ouvrit le 8 octobre. Après avoir mis sous leurs yeux le détail des dépenses occasionnées par la guerre, dépenses qui montaient à plus de 1,100,000 florins, le chancelier proposa d'autoriser la levée d'un petit impôt sur les bières, ainsi que de taxes sur les vins, les étoffes et le sel. Cette proposition fut accueillie avec peu de faveur et, sur la demande faite par le pensionnaire de Bruxelles, Pierre Stassart, la reine prorogea l'assemblée au 26 octobre. Mais la nouvelle réunion, qui eut lieu, en novembre, à l'hôtel de ville, ne produisit aucun résultat, et ce ne fut qu'au mois de janvier suivant, que les États votèrent enfin les 1,200,000 florins demandés [3]. C'était des villes surtout que provenait cette opposition. Le 7 avril 1557, les nations de Bruxelles ayant été convoquées pour donner leur consentement à un impôt de 20 sous par feu, à lever en déduction de l'aide dans tous les *pays de par deçà*, elles se récrièrent contre l'injustice de cet impôt qui frappait plutôt le peuple

---

[1] *Die Nieuwe Chronycke van Brabandt.* — [2] *Ibid.* — De Wael.

[3] M. Gachard, *Des anciennes assemblées nationales de la Belgique, et Lettre à MM. les Questeurs de la Chambre sur le projet d'une collection de documents concernant ces assemblées.*

que les riches. Leurs plaintes furent si vives que les receveurs proposèrent de se procurer la quote-part de la ville, s'élevant à 57,511 florins
du Rhin, au moyen d'une taxe graduée, et ce ne fut qu'après l'avoir
changée deux fois, qu'au mois de mai, ils obtinrent le consentement des
métiers [1].

Le mécontentement devenu général se manifesta bientôt d'une manière plus sérieuse. A la suite de troubles produits par la levée de la taxe,
les Gantois emprisonnèrent les magistrats qui étaient en fonctions
en 1556. Les prisonniers étant parvenus à s'échapper, et l'un d'eux,
René Van Uffel, s'étant retiré à Bruxelles, quatre députés de Gand l'y suivirent bientôt, et parvinrent à le faire jeter en prison ; mais ils réclamèrent
en vain son extradition. Le magistrat leur offrit de juger Van Uffel d'après
les coutumes du duché et, sur leur refus, le déclarant déchargé de toute
accusation, il le fit mettre en liberté, malgré l'appel interjeté par les
Gantois [2]. Informés de la colère dont l'empereur avait été transporté à
la nouvelle de la révolte de Gand, quelques Bruxellois craignirent qu'elle
ne devînt un prétexte pour restreindre les immunités nationales. On le
présumait vivement irrité aussi de l'opposition qu'avait rencontrée la
demande d'une aide de douze tonnes d'or faite, au mois de janvier, par
la reine régente ; le clergé et les nobles l'avaient accordée, à condition
que le gouvernement se procurât cette somme en imposant les marchandises exportées, mais les villes l'avaient rejetée en disant que tout le
fardeau de l'impôt retomberait sur elles. Deux nouvelles réunions restèrent sans résultat, et ce ne fut que dans une quatrième assemblée
ouverte à Bruxelles, le 15 octobre, qu'elles consentirent à voter
50,000 florins une fois donnés, en stipulant que cette somme serait em-
ployée à éteindre des rentes [3]. Pour prévenir les projets qu'on lui sup-
posait, il fut proposé, dans une réunion des états du duché tenue à
Bois-le-Duc, d'envoyer à Charles-Quint un député pour lui adresser
des compliments de condoléance sur la mort de l'impératrice [4], et de
le prier de maintenir les libertés de son pays de Brabant. Les deux
premiers membres de la ville, consultés sur cet objet, en juillet 1539,
accueillirent avec faveur cette idée, mais la majorité des nations

---

[1] *Cleyn Swert Boeck*, aux *Archives de la Ville*.
[2] M. GACHARD, *Sur les Troubles de Gand en* 1540 (*Mémoires de l'Académie*, t. X).
[3] VAN HEURNE, *Historie van s'Hertogenbosch*.
[4] Les obsèques de cette princesse eurent lieu à Sainte-Gudule, le 30 mai 1539.

la combattit à cause des grands frais que son exécution entraînerait [1].

Toutes ces préoccupations politiques n'arrêtaient nullement le cours
des fêtes, et Bruxelles était le théâtre continuel de tournois, tirs d'arc,
concours de rhétorique, etc. Le 5 mai 1538, peu de temps après qu'un
incendie eut détruit un grand nombre de maisons aux environs de
l'église de Saint-Nicolas (24 février) [2], une fête assez originale eut lieu
sur le marché ; c'était un carrousel auquel *Le Livre* avait appelé les autres
chambres de rhétorique et les corps de musique ; l'anneau était tenu par son
fou. Deux sociétés, les musiciens de l'église de Saint-Nicolas et la chambre
dite *la Fleur de blé*, attirèrent tous les regards par le luxe qu'elles
déployèrent. Elles avaient chacune un cortége de plus de cent chevaux,
et obtinrent toutes deux le prix de la plus belle entrée ; la première, dont
les membres étaient costumés en Maures, remporta en outre le prix d'a-
dresse. D'autres fêtes furent encore données à l'occasion de la trêve de
Nice publiée à Bruxelles le 5 juillet, et lorsqu'on apprit la conférence de
Charles-Quint et de François Ier à Aigues-Mortes, la réconciliation de
ces deux ennemis acharnés fut célébrée par de grandes réjouissances qui
durèrent du 27 au 29 de ce mois. Le 14 février 1539, il y eut à la
cour une petite guerre dans laquelle on se battit à la lance, à l'épée et à
l'arquebuse [3].

L'empereur, devenu non moins redoutable à l'Europe qu'à ses sujets,
arriva en Belgique en traversant la France, et fit son entrée à Bruxelles
le 29 janvier 1540. Il reçut, avec hauteur, les députés envoyés par
les Gantois, pour traiter de leur soumission, et se dirigea, le 9 février,
vers leur ville, à la tête de 5,000 fantassins allemands que lui avait
envoyés son frère, et de 800 cavaliers des bandes d'ordonnance belges.
Le 25, Ferdinand arriva à Bruxelles et, le même soir, fort avant dans la
nuit, il fut rejoint par l'empereur, à qui était arrivée en route cette
aventure fort connue, dont l'enseigne d'une auberge, à Berchem, *Karel
houdt den lanterne*, perpétue encore le souvenir. Le 27 février, Charles,
accompagné du roi des Romains et de la reine de Hongrie, partit pour
Gand, qu'il châtia avec une cruelle sévérité ; ensuite, tandis que son frère
retournait en Allemagne, il alla visiter la Hollande et la Zélande, et

[1] *Luyster van Brabant*, l. c., bl. 138.
[2] *Chronique de* Foppens.
[3] *Die nieuwe Chronycke van Brabandt.*

revint à Bruxelles le 31 août [1]. Habitués à voir leurs souverains entourés de leurs nobles vassaux et des compagnies communales d'arbalétriers et d'archers, les peuples des Pays-Bas remarquèrent avec mécontentement qu'il se faisait constamment escorter dans ses voyages par des bataillons allemands, et cette marque de défiance refroidit singulièrement le peu d'affection qu'ils lui conservaient encore [2].

Les états généraux ayant été assemblés, le 4 octobre, dans la grande salle du palais, le docteur Schorre, au nom de l'empereur, les remercia des subsides qu'ils avaient votés, et leur fit part des motifs qui l'avaient amené aux Pays-Bas. Il leur annonça ensuite la présentation prochaine de plusieurs nouveaux édits et leur recommanda de vivre en bonne intelligence, promettant qu'il leur serait toujours bon prince. Le discours de remerciement fut prononcé par le pensionnaire de Bruxelles [3]. Le 12 du même mois, les états de Brabant approuvèrent les aliénations du domaine ducal, faites depuis plusieurs années et s'élevant à 963,741 livres [4]; ils accordèrent en outre à l'empereur une aide de 1,200,000 livres, payable en six années [5]. Charles partit pour l'Allemagne au mois de janvier suivant. Le mariage du duc de Lorraine avec la veuve du duc de Milan, célébré en juin 1541, fut une nouvelle occasion de fêtes. Le 11 juillet, un brillant tournoi fut donné sur la grand'place, en présence de la gouvernante. Le lendemain, on figura dans le parc l'attaque d'une bastille en bois, haute de dix-huit pieds et défendue par le prince de Chimay; attaqués à coups de canons et d'arquebuses, les assiégés se défendirent avec habileté et sortirent avec les honneurs de la guerre. Au grand regret de la reine, cette fête guerrière coûta la vie à un vieux trompette. Enfin, le 13, il y eut une grande partie de chasse à Boondael [6].

A cette époque, le souverain levait encore à Bruxelles dix-sept petits tonlieux sur différentes denrées et marchandises, ainsi qu'un droit de place ou d'étalage, dit *Craemgelt;* ces faibles redevances, qui consistaient dans le soixantième des objets imposés, et ne rapportaient au domaine que 680 florins du Rhin, étant très-onéreuses aux habitants, les

[1] *Die nieuwe Chronycke van Brabandt.*
[2] HEUTERUS, *Rerum Austriac.* L. IX, c. 15.
[3] M. GACHARD, *Des anciennes assemblées nationales de la Belgique.*
[4] *Archives de la Chambre des Comptes,* n° 443 de l'Inventaire imprimé.
[5] VAN HEURNE, *Historie van s'Hertogenbosch.*
[6] *Die nieuwe Chronycke van Brabandt.*

nations avaient demandé, à mainte reprise, que la ville en fît l'acquisition. En 1541, elles réitérèrent cette proposition et, le 14 juin, les trois membres résolurent de prier l'empereur de céder ces droits à la ville moyennant indemnité. Leur requête fut favorablement accueillie et la vente se fit au mois de juillet suivant, au prix de 18,000 florins carolus comptant, à changer à volonté en une rente de 1,000 florins [1].

En 1542, la Belgique subitement envahie par trois armées, se trouva dans une situation des plus critiques ; dans les villes, l'esprit guerrier des bourgeois s'était fort affaibli et la plupart d'entre elles étaient travaillées par la trahison. Les Bruxellois, cependant, montrèrent assez de résolution ; ils envoyèrent 500 hommes à Lierre, que menaçaient les Gueldrois ; mais l'ennemi, changeant sa marche, passa le Rupel et se dirigea sur Louvain qu'il attaqua vainement. L'approche du danger exigea à Bruxelles des mesures de précaution extraordinaires ; le 23 juillet, tous les centeniers furent convoqués dans la petite salle de l'hôtel de ville, et chaque métier reçut l'ordre de garnir de défenseurs la partie des fortifications qui lui était assignée ; le 30, le magistrat s'adjoignit pour conseillers quelques hommes expérimentés, et une garde de hallebardiers fut donnée au premier bourgmestre. Le 1er août, il fut enjoint à tous les habitants de placer aux façades de leurs maisons des lanternes qui resteraient allumées depuis neuf heures du soir jusqu'au jour, et de tenir toujours prêtes des cuves remplies d'eau. Il y eut, le 2, une *montre* ou revue de tous les bourgeois en état de porter les armes, et il fut constaté que leur nombre s'élevait à 3,061 hommes. Trois jours après, la gouvernante revint de Malines, d'où arrivèrent aussi un grand nombre de canons de gros calibre et douze chariots de munitions de guerre. Une violente querelle, qui s'éleva tout à coup entre des soldats hollandais et wallons, mit, le 6, toute la ville en émoi ; les deux partis battirent l'alarme et se dirigèrent vers le marché. Le sire de Molembais et d'autres seigneurs étant accourus sur les lieux, les Hollandais qu'on soupçonnait, paraît-il, de perfides desseins, se retirèrent en désordre sur la place de Louvain appelée alors *Alboem*. Là, ils s'arrêtèrent et ils se disposaient à recommencer le combat, lorsque Frédéric, bâtard de Melun, grand maître de l'artillerie, fit pointer sur eux deux couleuvrines et passer quelques boulets au-dessus de leurs têtes. Cette démonstration leur imposa ; ils

---

[1] *Cleyn Swert Boeck,* aux *Archives de la Ville.* — MARTINEZ, *Recht Domaniael van Brabant,* bl. 93.

prirent la fuite, et furent poursuivis jusqu'au bois de Linthout. Le 7,
les Malinois, qui avaient accompagné la gouvernante, retournèrent chez
eux, et cette princesse se retira à Anvers [1]. Cependant l'orage qui menaçait le pays ne tarda pas à se dissiper, et les ennemis se virent repoussés
de tous côtés ; mais, comme les mêmes périls pouvaient se représenter, on
sentit la nécessité de pourvoir la ville de canons de gros calibre, de munitions de guerre et de vivres. Le 5 août, le chapitre de Sainte-Gudule et
les corps du gouvernement consentirent à participer aux impositions
votées à cet effet, et chaque section eut à procurer journellement un
certain nombre de travailleurs ; aux 264 hommes fournis par les quarante sections, les couvents en ajoutèrent 26, et les abbayes, ainsi que
les villages de la cuve, s'engagèrent à envoyer des chevaux et des charrettes. Comptant sur le zèle des citoyens, le magistrat ordonna une quête
générale, mais comme ce zèle s'était singulièrement refroidi, il taxa arbi-
trairement les habitants qui n'avaient rien donné [2] ; en outre, il créa pour
1,000 florins de rentes viagères, à rembourser au moyen d'un impôt
sur la chaux et les pierres [3].

L'année suivante, une nouvelle invasion des Français, qui s'avancèrent
jusqu'à Binche, nécessita de nouvelles mesures de défense. La reine de
Hongrie, revenue à Bruxelles, déclara solennellement, le 23 juin, qu'elle
voulait vivre et mourir avec les habitants ; elle fit venir de Malines des
canons ainsi qu'une grande quantité de munitions de guerre, et ordonna
d'abattre le sommet des portes et des tours. Tous les habitants durent
contribuer aux frais des fortifications pour lesquelles on leva un dixième
sur les maisons. Le 25 juin, un projet fut présenté aux nations pour la
démolition du couvent des Riches-Claires, dont le terrain serait converti
en rempart ; on devait donner à ces religieuses le local de l'hôpital Saint-
Jean, qui serait transféré dans la maison des Frères-au-Fossé (depuis les
Augustins), à moins qu'on ne construisît un nouvel édifice ; mais elles
n'agréèrent pas cette proposition, et répondirent que si elles consentaient
volontiers à ce qu'on transportât ailleurs les Riches-Claires, communauté
fort peu utile, elles n'entendaient nullement s'imposer les charges
immenses qui résulteraient de la construction d'un hôpital aussi vaste

---

[1] *Die nieuwe Chronycke van Brabandt.*

[2] Ord. du 31 août 1542. *Geel Correctie Boeck.*

[3] Votes du 2 et du 18 janvier 1542 (1543 N.-S.). *Varia concernant la ville de
Bruxelles*, Mss. aux *Archives de la Ville.*

que celui qu'on voulait céder[1]. Ce projet resta sans suite. Au milieu de la terreur générale, inspirée par la marche hardie et désastreuse des Français, le seigneur de Boussu et le chancelier de Brabant se rendirent, le 27 juillet 1543, à l'hôtel de ville, pour informer la commune de la prochaine arrivée de l'empereur, et l'engager à voter les subsides demandés pour l'entretien des troupes. Le Brabant vota une aide de 500,000 florins, payables en trois mois, et Charles ayant, dès son arrivée, réuni une armée formidable, eut bientôt écrasé le duc de Clèves, à qui il enleva la Gueldre. Les états généraux, convoqués à Diest, au mois de septembre, lui accordèrent une forte aide; mais telle était la pénurie du pays, qu'on ne put emprunter, au moyen de rentes, que la moitié des 400,000 florins qui formaient la quote-part du Brabant; pour se procurer l'autre moitié, il fallut recourir à des impôts extraordinaires[2]. Après sa vaine tentative sur Landrecies, Charles-Quint vint, le 24 novembre, à Bruxelles, qu'il quitta, le 2 janvier suivant, pour aller à Spire présider une diète de l'Allemagne qu'il y avait convoquée.

La campagne de 1544, funeste à la France, ayant forcé François 1er à la paix, Charles revint à Bruxelles, le 1er octobre, accompagné de sa sœur Marie, de son neveu, Maximilien, et des cardinaux de Lorraine et de Reims, et, le lendemain, le traité de Crépy y fut publié en sa présence. Les réjouissances publiques, faites à l'occasion de cet heureux événement, duraient encore quand on annonça l'arrivée de la reine de France, Éléonore, et du duc d'Orléans. La cour alla les saluer à Mons, et revint à Bruxelles, le 20, avec le duc d'Orléans. Le 22, vers les cinq heures du soir, le duc, le prince de Piémont, un grand nombre de nobles, le chapitre de Sainte-Gudule, les ordres mendiants, le magistrat, allèrent recevoir la reine à la porte d'Obbrussel; le magistrat patricien était en robes de satin cramoisi, le magistrat plébéien en robes de satin écarlate, et les secrétaires et clercs de la ville en robes rouges bordées de satin; les clercs des receveurs, les valets de la ville, ses trois procureurs et ses quatre musiciens, portaient des robes rouges, ainsi que les 246 confrères des serments et les membres des métiers, au nombre de 684, qui formaient la haie depuis la porte jusqu'au palais, tenant tous des torches ardentes à la main. La reine était dans une litière, sous un dais

---

[1] *Die nieuwe Chronycke van Brabandt.*

[2] VAN HEURNE, *Historie van s'Hertogenbosch.* — *Die nieuwe Chronycke van Brabandt.*

porté par les échevins; elle était précédée de trompettes, de massiers et de rois d'armes et accompagnée de plusieurs dames. L'empereur et Marie de Hongrie vinrent la recevoir au bas de l'escalier du palais et la conduisirent dans ses appartements. Pendant toute la durée de son séjour à Bruxelles, ce ne furent que fêtes de toute espèce, tournois, bals et banquets. Le lendemain de son arrivée, il y eut sur le grand marché une brillante joute, après laquelle le magistrat donna à la famille impériale un somptueux souper dans la grande salle de la maison communale, qui était ornée de tapisseries et de dix-huit grandes croix dorées, servant de chandeliers et portant chacune six torches. Deux tables avaient été dressées, l'une pour l'empereur, les deux reines et vingt-deux seigneurs et dames de leur cour, l'autre pour les personnes de la suite d'Éléonore. La fête fut terminée par un bal, qui se prolongea fort avant dans la nuit. Le magistrat offrit à la reine une fontaine en argent doré, de six pieds de haut; elle pesait 180 florins et en avait coûté 4,320. Flatté de cette réception, l'empereur en remercia les magistrats, et leur permit de lui demander une faveur quelconque, promettant d'avance de l'accorder, « à moins qu'elle ne fût bien grande. » Ils se contentèrent de solliciter l'ordre de chevalerie pour quelques-uns d'entre eux, et il le conféra aussitôt à Jean Vandereycken, Jean de Brecht seigneur de Dieghem, Arnoul de Heetvelde et Jean Pipenpoy. Il y eut encore des tournois, le 26, au palais, et, le 28, à Groenendael, à la suite d'une grande partie de chasse. Le 2 novembre, le comte de Feria en donna un au marché, où l'on vit combattre deux bandes chacune de vingt chevaliers costumés en Maures et armés de larges dagues; il coûta, dit-on, 10,000 couronnes d'or. La reine partit le lendemain, comblée, ainsi que ses dames, de riches présents, qui furent estimés à plus de 50,000 écus d'or; la suite nombreuse, qui l'avait accompagnée, avait été, pendant tout le temps de son séjour, défrayée par des seigneurs de la cour et de riches bourgeois [1].

Charles-Quint avait convoqué la diète de l'Empire à Worms; mais, retenu par la goutte, il ne put quitter Bruxelles que le 30 avril 1545. Il y revint le 26 août et assista, le lendemain, dans l'église de Sainte-Gudule, aux obsèques de sa belle-fille, Élisabeth de Portugal; le 26 sep-

---

[1] *Die nieuwe Chronycke van Brabandt.* — *Journal de* VANDENESSE, cité dans un mémoire de M. DE REIFFENBERG, intitulé : *Particularités inédites sur Charles-Quint et sa cour.*

tembre suivant, il fit faire, dans la même église, les funérailles du duc d'Orléans qui devait être son gendre. Cette année fut marquée par une disette qui força les pauvres à se nourrir de pain de fèves et de son ; le setier de froment coûtait, à Bruxelles, 2 florins du Rhin 16 sous [1].

Devenue une des résidences du plus puissant monarque de l'Europe et le siége de son gouvernement dans les Pays-Bas, favorisée par la présence de la reine gouvernante, de ses conseillers et des principaux membres de la noblesse belge, Bruxelles atteignit à un haut degré de splendeur. D'après un recensement fait en 1525 [2], elle comptait à cette époque 5457 maisons habitées et 407 inhabitées ; parmi celles-ci on rangeait la chambre des comptes, les hôtels de Nassau, d'Aerschot, de Ravestein et d'autres seigneurs ; il y avait 176 maisons à deux foyers et six à trois foyers. Dans ce recensement ne sont pas comprises les maisons de plaisance, alors en grand nombre, surtout aux environs des remparts, les boutiques ou caves qui ne servaient qu'à l'exposition ou au dépôt des marchandises, les bâtiments en construction, les couvents et les fondations pieuses, non plus que les habitations situées extra muros ou dans la banlieue. Le total de la population des couvents s'élevait à 185 religieux et 770 religieuses, savoir : 19 chanoines réguliers de Coudenberg, 56 récollets, 57 carmes, 15 bogards, 14 alexiens, 44 moines gris de Nazareth, parmi lesquels il y avait 25 commensaux ou étudiants, 76 sœurs de Jérico, 585 béguines, 27 sœurs hospitalières de Saint-Jean, 17 sœurs de l'hospice Saint-Pierre, 25 sœurs noires du couvent d'Africa, 57 clarisses urbanistes, 78 chanoinesses régulières de Sainte-Élisabeth, 54 pauvres claires, 54 madelonettes et 19 sœurs de Sainte-Gertrude ; enfin, il y avait encore 156 vieillards des deux sexes dans les hospices. Dans la *cuve* ou banlieue on comptait 840 habitations, savoir : à Ten-Noode 68, à Schaerbeek 118, à Ixelles 90, à Saint-Gilles 47, à Forêt 104, à Anderlecht 163, à Molenbeck 112, et à Laeken et Drootbeke 158 ; il y avait en outre 68 religieuses à Forêt, 92 à la Cambre, 8 pauvres béguines à Anderlecht, 55 chartreux à Scheut, 3 recluses à Saint-Gilles et 12 pensionnaires dans l'hospice d'Aa à Ixelles. Le total de ce recensement présente 6,684 maisons dont 6,225 étaient occupées, et une population cloîtrée de 1,514 individus ;

---

[1] *Die nieuwe Chronycke van Brabandt.*

[2] Il a été publié par MM. Marshall et Bogaerts, dans le recueil intitulé : *Bibliothèque des Antiquités belgiques.*

d'après ces indices on peut raisonnablement supposer qu'il y avait alors à Bruxelles environ 65,000 habitants.

La *montre* ou revue des hommes de 18 à 65 ans, en état de porter les armes, passée le 2 août 1542, fournit un résultat à peu près semblable, en même temps qu'elle donne une idée de la répartition de la population par sections. Elle y est répartie de la manière suivante :

PREMIER QUARTIER.

MARCHÉ-AU-DÉTAIL.

Première bannière.

Section de la cour........................... 155 hommes.
  »   du Marché-au-Détail.................. 80   »
  »   de la rue de Louvain................. 88   »
  »   de Saint-Laurent..................... 105   »

                  Total.......   426

Deuxième bannière.

Section de la rue de la Montagne............. 153 hommes.
  »   du Schoenbeke....................... 119   »
  »   de Sainte-Marie-Madeleine............. 190   »

                  Total.......   462

Troisième bannière.

Section de la rue des Boiteux................ 67 hommes.
  »   de l'Orssendael..................... 125   »
  »   du Marché-au-Bois................... 205   »

                  Total.......   397

Quatrième bannière.

Section de la rue des Chevaliers.............. 99 hommes.
  »   du Spiegelbeke...................... 128   »
  »   de la Putterie...................... 104   »
  »   de la rue des Bouchers.............. 110   »

                  Total.......   441

          Total du premier quartier....... 1726

DEUXIÈME QUARTIER.

MARCHÉ-AUX-CHEVAUX AU SABLON.

Cinquième bannière.

Section du Bovendal .... 69 hommes.
   »   du Sablon 119   »
   »   du Ruysbroeck 101   »
   »   de la Chapelle 135   »

                Total   424

Sixième bannière.

Section de la Blanchisserie .... 111 hommes.
   »   de la rue de l'Étuve 143   »
   »   de la Fontaine-au-Verre 133   »

                Total   387

Septième bannière.

Section du Smaelbeke .... 112 hommes.
   »   de Saint-Pierre aux Lépreux 151   »
   »   de Saint-Julien 183   »

                Total   446

Huitième bannière.

Section de la rue des Foulons .... 82 hommes.
   »   de la Halle-au-Blé 114   »
   »   de la place des Wallons 122   »

                Total   318

            Total du second quartier 1575

TROISIÈME QUARTIER.

LE GRAND-MARCHÉ.

Neuvième bannière.

Section du Marché-au-Charbon .... 114 hommes.
   »   de la rue des Pierres 171   »
   »   de la rue des Teinturiers 111   »

                Total   396

Report. 396

Dixième bannière.

Section de la porte de Saint-Jacques. . . . . 123 hommes.
»   d'Overmolen 129   »
»   de Cruyskene. 150   »

Total.   402

Onzième bannière.

Section de la Chaussée de Flandre. . . . . 156 hommes.
»   de Jéricho. 121   »
»   de la rue de Sainte-Catherine. 124   »

Total.   401

Douzième bannière.

Section du Béguinage. 152   »
»   du Quai. 103   »

Total.   255

Treizième bannière.

Section du Marché-au-Lait . . . . 95 hommes.
»   du Puits de Saint-Nicolas. 102   »
»   de la Fontaine Saint-Antoine. 109   »

Total.   306

Total du troisième quartier. 1760
Total général. . . . . 5061 [1].

Pour l'appréciation de ce chiffre, il faut observer qu'on n'y a probablement pas compris les membres des serments, qui étaient rangés
sous les bannières de leurs compagnies, les hommes valides de la banlieue, les bourgeois absents, et enfin tous ceux qui n'avaient pas le moyen
de s'équiper à leurs frais.

Pour juger de l'importance et de la richesse de chaque métier, on doit
consulter les ordonnances fixant le nombre de torches qu'ils devaient
fournir à l'entrée du souverain; ainsi, lors du voyage de la reine Éléonore à Bruxelles, les rues sur son passage étaient bordées par 40 bouchers, 50 marchands de poisson salé, 50 marchands de légumes,
16 orfévres, 50 merciers, 56 graissiers, 16 bateliers, 16 marchands

---

[1] *Varia concernant la ville de Bruxelles*, Mss. aux *Archives de la Ville*.

de poisson d'eau douce, 10 fruitiers, 12 plombiers, 6 tisserands, 36 tapissiers, 50 tailleurs, 16 chaussetiers, 8 pelletiers, 26 fripiers, 8 brodeurs, 10 barbiers, 10 forgerons, 8 tuiliers, 16 couteliers, 6 serruriers, 8 peintres, 12 selliers, 6 tourneurs, 4 teinturiers, 2 *verwerscarpen* (?), 8 tondeurs de draps, 4 *sloptokers* (?), 18 boulangers, 10 meuniers, 50 brasseurs, 12 ébénistes, 6 couvreurs en tuiles, 16 détaillants de vin, 6 faiseurs de bourses, 12 tanneurs, 6 ceinturonniers, 6 gantiers, 12 cordonniers, 2 savetiers, 20 armuriers, 6 regrattiers, 8 arquebusiers, 16 tailleurs de pierre et 16 menuisiers [1]. Cette énumération prouve suffisamment qu'indépendamment de ceux dont l'industrie consistait dans la vente des objets de première nécessité ou dans l'exercice des arts les plus usuels, les métiers les plus florissants étaient ceux des tapissiers, des orfévres et des armuriers, fait attesté d'ailleurs par de nombreux témoignages historiques. Quant à la draperie, elle était tombée dans une complète décadence malgré les efforts de Philippe le Beau pour la faire revivre. En 1494, il avait défendu l'importation des étoffes étrangères et, en 1497, à la demande des magistrats et des chefs de la gilde, il avait publié un règlement rempli de dispositions minutieuses ; mais ces actes ne reçurent pas plus d'exécution que l'ordonnance du 8 avril 1502 sur la vente en détail du drap, et celle du 4 mai 1503, provoquée par une démarche des apprêteurs, teinturiers, foulons, tisserands, etc., qui allèrent au palais exposer eux-mêmes leurs griefs [2]. Un octroi délivré en leur faveur, en 1531, n'eut non plus aucun résultat, et, hâtons-nous de le dire, il ne pouvait en avoir ; ce qui manquait surtout à cette industrie c'était la matière première, et les Anglais, qui nous faisaient une concurrence redoutable, avaient grand soin de garder leurs laines [3].

Sous ce règne brillant, un grand nombre de monuments nouveaux et de splendides habitations firent de Bruxelles la plus belle ville des Pays-Bas. C'est de cette époque que datent la reconstruction de l'ancienne halle au Pain ou Maison du roi (1515-1525), et de l'église de Saint-Géry, rebâtie sur un plus vaste plan (1520-1564), la construction des nouvelles *bailles* de la cour (1509-1520), de la chapelle royale, com-

---

[1] *Geel Correctie Boeck.*

[2] *Archives de la Chambre des Comptes.* Registre n° 136 de l'Inventaire imprimé.

[3] M. GACHARD, *Rapport du jury sur les produits de l'industrie belge présentés à l'Exposition de 1836.*

mencée en 1525; de la belle galerie du palais (1534), et de la
chapelle du Saint-Sacrement à Sainte-Gudule (la première pierre fut
posée en 1534). Beaucoup d'abbayes de différentes provinces s'y
firent alors aussi bâtir de beaux refuges, et les principaux seigneurs
du pays, tels que les d'Egmont, les Mansfeld, les Taxis, les Lalaing, les
Culembourg, les Boussu, les de Lannoy, achetèrent ou élevèrent des
hôtels où ils étalèrent ce luxe que la politique jalouse de leur maître les
forçait à déployer. L'hôtel de Granvelle, dont il reste encore quelques
vestiges, construit dans le style de la renaissance, alors que l'ogive pure
était adoptée pour la nouvelle église de Saint-Géry, et que la Maison du
roi était reconstruite dans un style mi-gothique, mi-renaissance, peut
être considéré comme le premier édifice d'architecture moderne bâti à
Bruxelles.

L'étude des richesses scientifiques et littéraires de l'antiquité donnait
à cette époque un nouvel élan aux esprits. Protectrice des lettres et
poëte elle-même, Marguerite fut toujours entourée de savants et de litté-
rateurs distingués; c'est alors que florissaient l'historien Molinet, les
poëtes Jean Lemaire, Remacle de Florennes et Jean Second, le sceptique
Érasme, Corneille Agrippa, emprisonné à Bruxelles, pour ses œuvres sur
la magie, et qui ne dut sa liberté qu'à l'intercession de cette princesse, les
peintres Bernard Van Orley, Franc-Floris, Michel Coxie, les architectes
Keldermans, Van Bodeghem, Van Pede, etc. D'autres célébrités telles
que Granvelle, le médecin Vésale, les jurisconsultes Viglius et Mudée,
remplacèrent auprès de Marie de Hongrie ceux de ces écrivains et de ces
artistes que la mort avait emportés. L'instruction publique se ressentit
du progrès général, et le nombre des écoles fut considérablement augmenté.
Il y avait alors à Bruxelles une école supérieure, et six autres, dans
lesquelles on enseignait le latin; treize écoles flamandes et trois écoles
wallonnes ou françaises; en outre, l'église du Sablon (1486), la communauté de Nazareth (1511), et l'église de la Chapelle (1530) avaient été
autorisées à ouvrir des écoles latines [1].

L'accroissement incessant des étrangers qu'attirait la présence de la
cour, et les rixes fréquentes qui s'élevaient entre ceux de nations
différentes, et quelquefois entre eux et les bourgeois, rendaient de plus
en plus difficile et pénible le service de la police; en 1521, par exemple,

[1] Voyez la troisième partie.

on vit des Espagnols et d'autres étrangers se battre contre des bouchers, et occasionner un grand tumulte; pour prévenir le retour de pareilles scènes, le magistrat commina une amende de 100 philippus contre quiconque prêterait main-forte aux combattants, et il fut de nouveau interdit d'aller dans les rues sans lumière, après la cloche de retraite, sous peine d'une amende d'un vieil écu. D'autres mesures de police furent également prises, et les registres de ce temps contiennent un grand nombre d'ordonnances réglant le prix des marchandises et des denrées, et le commerce des grains, qu'il était défendu d'exporter de l'ammanie avant de les avoir mis en vente à la halle au blé; défendant d'acheter pour les revendre, le grain, le foin, la paille, les légumes, la tourbe, et instituant des primes pour l'importation des objets dont la nécessité se faisait sentir; ainsi, en considération de la cherté du bois, une ordonnance du 19 octobre 1549, promit une prime de 10 sous à celui qui importerait de la tourbe; le 20 février 1555 (1554 V.-S.), le magistrat décida qu'il serait donné 1 sou par muid de chaux provenant des Écaussines, de Feluy ou d'Arquennes [1].

Le 28 février 1546 (1545 V.-S.), la régente signa un décret qui prescrivait de nouvelles règles à l'administration communale, déterminait les attributions respectives des différents membres du magistrat, désignait les places dont la collation appartenait à ce corps ou aux receveurs, et rappelait les mesures prises, en 1528, à l'égard des nations; entre autres dispositions nouvelles, ce règlement enjoint à l'amman ou à son lieutenant, d'assister à leurs assemblées [2].

Le 30 avril suivant, Charles, que la mort de François Ier laissait momentanément tranquille du côté de la France, partit pour l'Allemagne où il gagna, sur les princes protestants, la fameuse bataille de Muhlberg. Ses prisonniers, l'électeur de Saxe et le landgrave de Hesse, furent dirigés sur Bruxelles, où ils arrivèrent le 17 septembre 1548, vers une heure de l'après-midi; le premier était dans un chariot découvert, le second montait un petit cheval, et tous deux étaient escortés par de nombreux cavaliers et fantassins espagnols. L'électeur fut logé à la maison dite les Trois Fontaines, en face de la Chapelle, et le second au Bois (in 't woul), au Marché-au-Bétail. Leur impitoyable vainqueur, qui les faisait traîner

---

[1] Geel Correctie Boeck, passim.
[2] Luyster, l. c., bl. 139.

ainsi de ville en ville, fit partir, le 20, le prince saxon pour le château de Pamele, et, le même jour, il entra triomphalement à Bruxelles par la porte de Coudenberg[1]. Il y assembla les états généraux, et, le 25 octobre, dans une séance à laquelle il assista avec Marie de Hongrie, il leur fit exposer par Philippe Negri, chancelier de la Toison d'or, les affaires qui l'avaient retenu loin des Pays-Bas; il leur annonça ensuite la prochaine arrivée de son fils et demanda qu'ils ratifiassent la confédération défensive conclue par ses soins entre l'Empire et les Pays-Bas. Le pensionnaire de Bruxelles répondit au nom de l'assemblée qui autorisa l'empereur à choisir des commissaires dans les trois ordres, pour ratifier, de leur part, l'acte de confédération[2].

Le 5 décembre, arriva à Bruxelles la veuve de François 1er, Éléonore, qui venait se fixer aux Pays-Bas. La réunion de ces têtes couronnées et l'annonce de la prochaine arrivée du prince Philippe attirèrent dans cette ville une telle foule d'étrangers que le magistrat dut prescrire de nouvelles mesures de police. Il ordonna, entre autres, aux centeniers d'établir dans leurs sections des gardes de trois hommes, depuis huit heures du soir jusqu'à quatre heures du matin, et de faire placer, aux frais des sections, de six en six maisons, des lanternes qui restassent allumées de six heures à minuit[3]. L'appréhension des gens d'armes, des étrangers ou des bourgeois coupables de délits, soulevant d'incessants conflits entre l'amman et l'*alcade* ou juge de la cour, Charles-Quint, pour assurer le cours de la justice, décida que chacun de ces officiers pourrait arrêter les délinquants, quels qu'ils fussent, sauf à les remettre ensuite à l'autorité compétente[4].

Le 2 mars 1549, on ressentit deux fortes secousses de tremblement de terre; mais elles ne causèrent aucun accident[5]. Peu de jours après, Bruxelles reçut dans ses murs le prince qui devait consommer la ruine de la Belgique et de l'Espagne, le sombre Philippe II, alors âgé de 22 ans. Il vint, le 1er avril, de Wavre au château de Tervueren, où il trouva la reine Marie et, après y avoir dîné, il se rendit avec elle au *Haren-Heyde-velt*. Un spectacle magnifique l'y attendait : dans cette

[1] *Die nieuwe Chronycke van Brabandt.*
[2] M. GACHARD, *Des anciennes assemblées nationales de la Belgique.*
[3] Ord. du 7 novembre 1548. *Geel Correctie Boeck.*
[4] Édit du 27 mars 1548 (1549 N.-S.) *Ibid.*
[5] *Chron. van Brabant*, Mss. n° 10247. — FOPPENS.

vaste plaine, d'où la vue est admirable, étaient rangés en bataille deux escadrons aussi remarquables par la bonne mine des gentilshommes qui les composaient, que par la beauté de leurs coursiers et la richesse de leurs uniformes. L'un, *la bande verte*, était commandé par le prince de Piémont, l'autre, *la bande blanche*, était sous les ordres du sire de Rœulx. Chacun de ces brillants escadrons était soutenu par cinquante arquebusiers à cheval et un corps de fantassins, et dans l'intervalle s'étendaient des retranchements défendus par une nombreuse artillerie. Trois galeries, ornées avec art, avaient reçu l'élite de la noblesse, et une foule immense couvrait les abords de la plaine. Philippe ayant pris place dans une somptueuse tribune, les deux troupes se livrèrent un combat simulé. qui coûta la vie à deux soldats. Le jeune prince, vêtu de noir et monté sur un superbe andalou, se dirigea ensuite vers Bruxelles. Il était précédé par son étendard et avait à ses côtés le cardinal de Trente et le prince de Piémont; derrière lui, réunion singulière! venaient l'évêque d'Arras, Granvelle, et le duc d'Albe, ces deux hommes qui devaient tour à tour s'attirer la haine des Belges, par leur aveugle assentiment à ses vues. Le magistrat, « en costumes et bonnets de velours noir, » et les deux autres membres, en robes de drap cramoisi et nu-tête, le reçurent à l'entrée du faubourg de Louvain, et le pensionnaire le harangua à genoux. Granvelle traduisit le discours au prince et répondit en son nom; puis les chefs de la cité remontèrent à cheval et se joignirent au cortége, ainsi que 12 à 1,500 bourgeois, portant les uns des robes de soie rouge à manches pendantes « de jaune et blanc, qui estoient les livrées du prince, » et les autres des robes de drap rouge. Partout, sur son passage, les rues de Louvain, de la Montagne, de la Madeleine, de la Cour, étaient ornées avec magnificence; à chaque carrefour s'élevait un arc de triomphe; des tapisseries garnissaient les maisons, le sol était jonché de fleurs. Le chapitre de Sainte-Gudule et les ordres mendiants attendaient le prince au Treurenberg. Après l'avoir complimenté, le doyen le conduisit à l'église, où étaient exposés, sur l'autel, le sacrement de miracle et la châsse de Sainte-Gudule, et entonna le *Veni Spiritus Sanctus*. La foule était partout si compacte que le cortége eut peine à se frayer passage, et il n'arriva que fort tard au palais. Les reines de Hongrie et de France vinrent recevoir leur neveu et le conduirent dans la grande salle où se trouvait l'empereur [1].

[1] *Nieuwe Chronycke van Brabandt.* — *El felicissimo viaje del principe Don Phelipe, desde Espana a sus tierras de la baxa Alemana, con la descripcion de*

Le soir et une grande partie de la nuit, tous les quartiers de la ville resplendirent d'immenses feux de joie. Pour engager les habitants et les corporations à contribuer à l'éclat de cette fête, le magistrat avait décidé de récompenser ceux qui feraient les plus belles illuminations par les prix suivants : pour les métiers,

1er prix : 10 agneaux, 24 pots de vin.			5e prix : 2 agneaux, 8 pots de vin.			
2e »	8	»	20	»	6e » 2 » 6 »	
3e »	6	»	16	»	7e » 1 » 6 »	
4e »	4	»	12	»		

pour les sections,

1er prix : 16 agneaux, 35 pots de vin.			6e prix : 4 agneaux, 10 pots de vin.			
2e »	12	»	28	»	7e » 5 » 8 »	
3e »	8	»	18	»	8e » 2 » 6 »	
4e »	6	»	16	»	9e » 1 » 4 » .	
5e »	5	»	12	»		

Trois prix, le premier de 6 agneaux et 18 pots de vin, le second, de 4 agneaux et 12 pots, et le troisième de deux agneaux et six pots, furent destinés aux particuliers qui orneraient le mieux leurs maisons ; des récompenses furent également promises aux serments et aux chambres de rhétorique, et il fut décerné, en outre, des prix de 12 agneaux et 32 pots, 10 agneaux et 20 pots, 8 agneaux et 16 pots, 6 agneaux et 12 pots, 4 agneaux et 8 pots, aux métiers qui étaient allés, dans le meilleur ordre, à la rencontre du prince [1].

Le lendemain, le magistrat fit présent à Philippe d'une coupe en argent doré, de grande valeur, sur laquelle on lisait l'inscription suivante, qui faisait allusion à la bataille de Muhlberg : IMP. CÆS. CONSTANTINUS, PROSTRATO AD PONTEM MILVIUM TYRANNO MAXENTIO, POST GRAVEM TRECENTORUM FERÈ ANNORUM PERSECUTIONEM, AFFLICTAM CHRISTI ECCLESIAM LIBERTATI ASSERUIT [2]. Le même jour, les états de Brabant résolurent d'offrir au prince un don gratuit de 100,000 florins philippus, de la valeur de 25 sous chacun [3].

Dès les premiers jours de son arrivée à Bruxelles, Philippe dévoila

---

todos los estados de Brabante y Flandes, par J. CHRISTOVAL CALVETTE DE ESTRELLA, Anvers, 1552.

[1] Ordonnance du 11 février. *Geel Correctie Boeck.*

[2] *Die Nieuwe Chronycke van Brabandt. — El felicissimo viaje.*

[3] *Luyster van Brabant*, l. c., bl. 147.

son bigotisme. Le dimanche des Rameaux, après avoir entendu la messe à Sainte-Gudule, il accompagna la procession des chevaliers de Jérusalem, qui conduisaient un âne (*die den ezel trocken*), en commémoration de l'entrée triomphale de Jésus-Christ. Désireux de gagner les bonnes grâces de l'héritier de tant de couronnes, les courtisans se livrèrent à l'envi aux pratiques d'une dévotion outrée, et ce fut alors que s'introduisirent dans nos provinces ces cérémonies, qui, inventées par l'exaltation des peuples du Midi, n'inspirent aux esprits sages et réellement pieux, qu'indignation et dégoût. Ainsi, le jeudi saint, on vit environ cent cinquante gentilshommes espagnols et italiens, sortir en procession de l'église des Dominicains, qui était garnie de tentures funèbres, et parcourir une partie de la ville en se flagellant jusqu'au sang.

Aussitôt après le carême les fêtes recommencèrent. Le 5 mai, il y eut sur la grand'place un tournoi auquel assista l'empereur accompagné de ses sœurs et de toute sa cour. Les juges étaient le duc d'Albe, François d'Este et Renaud de Bréderode, et les tenants, les comtes de Mansfeld, d'Arenberg, de Hornes et le sire de Hubermont, qui portaient tous quatre de brillants costumes en drap d'or. Philippe s'étant fait armer à la Maison du roi, se mêla à la foule des gentilshommes, qui se présentèrent pour combattre les tenants, et gagna un riche rubis, pour la lance des dames; le prix de la plus belle entrée fut décerné au prince de Piémont, celui de l'épée au comte d'Egmont, et celui de la joute à François de Lambert, qui avait rompu trois lances. Les princes se rendirent ensuite à l'hôtel de ville où les attendait un somptueux banquet, et la fête se termina par un bal qui dura jusqu'à minuit [1]. Le 2 juin, Jules Ursino, chargé par le pape d'offrir à Philippe une épée et un bonnet, se rendit à Sainte-Gudule où il les déposa sur le maître-autel, et le nonce, évêque de Fano, après avoir célébré la messe, les donna au prince.

Quelques jours après, la cour se rendit à l'hôtel de ville pour voir passer l'ommegang, qui atteignit cette année l'apogée de sa splendeur. La marche était ouverte par les serments : les escrimeurs, qui étaient armés de piques et de hallebardes, étaient vêtus de blanc et de bleu; les arquebusiers, de blanc, les archers, de blanc, noir et rouge, les arbalétriers de Saint-Georges, de blanc et rouge, et le grand serment, de vert. Ils précédaient une troupe de jeunes gens, montés sur des chevaux

---

[1] *Die Nieuwe Chronycke van Brabandt.*

richement caparaçonnés, et représentant les ducs de Brabant jusques et y compris Charles-Quint; ces jeunes gens, qui appartenaient aux premières familles de la bourgeoisie, étaient brillamment costumés et tenaient le sceptre et la couronne; chacun d'eux avait son porte-bannière, ses hommes d'armes et ses pages. Venaient ensuite les métiers; chaque corporation avait en tête sa *keersse* portée par le plus jeune maître, et, comme dans toutes les grandes cérémonies, les jurés, en robes de drap rouge, marchaient les derniers. Puis on voyait des chars de triomphe, sur lesquels étaient représentés les principaux épisodes de la vie de Jésus-Christ et de la Vierge; un enfant déguisé en loup et monté sur un courtaud, conduisant un diable, sous la forme d'un monstrueux taureau qui jetait du feu par les cornes, entre lesquelles un autre diable était assis; l'archange saint Michel, couvert d'armes brillantes, et tenant d'une main l'épée et de l'autre la balance, dans laquelle, selon de vieilles traditions, il pèse les âmes. Suivait un char, portant la musique la plus extravagante qu'on pût voir : c'était un ours assis qui touchait un orgue, non composé de tuyaux, mais d'une vingtaine de chats, de différents âges, enfermés séparément dans des caisses où ils ne pouvaient se remuer; leurs queues, qui sortaient des cages, étaient attachées au clavier par des cordes; l'ours, en appuyant sur les touches de l'instrument, faisait lever les cordes et tirait les queues des pauvres animaux, dont les cris, variés par l'âge, formaient une harmonie tellement bizarre, qu'elle mit en défaut l'austère gravité de Philippe. Au son de cette musique d'une espèce nouvelle, dansaient, sur un autre grand char, des enfants travestis en ours, en loups, en singes, en cerfs, etc. Plus loin, c'étaient Circé et les compagnons d'Ulysse métamorphosés en bêtes, des géants, le cheval Pégase, les quatre fils Aymon, montés sur Rose [1] Bayard et chantant en flamand; un char occupé par un arbre, dont chaque rameau portait un enfant, représentant un des rois juifs, ancêtres de la Vierge; un énorme griffon, des chevaux, des chameaux et des autruches montés par des anges, un serpent vomissant du feu, et enfin seize chars de triomphe figurant les mystères de la vie de la Vierge. Les patriciens, les serviteurs de la ville et les membres du magistrat précédaient le cortége religieux, composé des trois ordres mendiants, du clergé des paroisses avec la châsse de Sainte-Gudule, de plusieurs abbés, et du curé, du diacre

[1] De *ros,* vieux mot flamand signifiant cheval.

et du sous diacre du Sablon, qui accompagnaient l'image de Notre-Dame honorée dans cette église. Sortie à huit heures du matin, cette magnifique cavalcade ne rentra qu'à midi. On exécuta ensuite à l'hôtel de ville un mystère en flamand, dont le sujet était tiré de la procession elle-même [1].

L'empereur, qui désirait ardemment assurer à son fils la possession incontestée de ses états, avait proposé aux différentes provinces de le reconnaître pour leur souverain et de lui jurer fidélité. Il leur avait aussi demandé d'approuver sa *pragmatique sanction*, qui établissait une règle uniforme pour la succession aux différentes parties des Pays-Bas. Cette dernière proposition, à laquelle le grand conseil de Malines (31 mai) et le conseil de Brabant (1er juin) avaient hautement applaudi, fut accueillie avec faveur; mais il n'en fut pas tout à fait de même de la première, car, comme le disait l'ambassadeur de France, Marillac, les États étaient mécontents « pour veoir le prince Phelippe si affectionné à sa nation d'Es-» pagne, qu'il ne peust goûter ceux de ce pays : de quoi tout ce peuple » est sy indigné, que si le père, sans y donner ordre, venoit à décéder, » il y auroit apparence qu'ils se soustrairoient de son obéissance pour » demander à seigneur l'archiduc d'Autriche, fils du roi des Romains [2]. » Cependant l'opposition n'ayant été que timide, le 5 juillet, Philippe fut inauguré à Louvain comme duc de Brabant, et jura d'observer la Joyeuse Entrée de son père; il revint ensuite à Bruxelles où il fit et reçut, le 8, les serments d'usage. A la limite de la commune, au lieu dit *les deux Tilleuls* (*ten twee Linden*), il jura sur un autel couvert de reliques, et entre les mains du chantre et pléban de Sainte-Gudule, Martin Cools, de maintenir dans leurs priviléges, droits, statuts et possessions, le chapitre de Sainte-Gudule et les autres églises de Bruxelles et de son territoire. C'est la dernière fois que cet ancien usage fut observé; les successeurs de Philippe prêtèrent ce serment dans l'église de Sainte-Gudule [3]. Ayant été conduit à l'hôtel de ville, il y préta, à la bretèque, le serment ordinaire, qu'on lui traduisit en espagnol, afin que plus tard il ne pût prétexter d'ignorance; précaution fort inutile pour un prince de sa trempe. Toutes les trompettes de la cour sonnèrent alors des fanfares, et il retourna au palais précédé du duc d'Albe qui portait devant lui une épée nue.

[1] CALVETTE DE ESTRELLA, l. c.

[2] M. GACHARD, *Des anciennes assemblées nationales de la Belgique.*

[3] *Die Nieuwe Chronycke van Brabandt.—Annales mss. S. Gudilæ;* tit. XXVII, c. 23.

L'empereur, accompagné de son fils et de la cour, se rendit ensuite dans les provinces, et, à son retour à Bruxelles, il y convoqua les états généraux, pour leur annoncer son prochain départ pour l'Allemagne. Il partit ensuite avec Philippe, le 1ᵉʳ juin de l'année suivante, au grand déplaisir des Bruxellois et surtout des Bruxelloises, dit un chroniqueur [1]. Le séjour de ces princes dans leur ville avait été en effet une suite non interrompue de fêtes, dans lesquelles la brillante noblesse qui formait leur suite, avait fait assaut de somptuosité et de magnificence. Le dernier tournoi, qui avait eu lieu au palais, le 24 février, faillit avoir une issue tragique. Philippe, qui en était l'appelant, fut renversé par don Louis Zuniga de Requesens, grand commandeur d'Alcantara, qui lui porta un coup violent à la tempe droite, et son cheval le traîna défaillant dans l'arène [2]. Le 24 mars, on avait vu revenir à Bruxelles, accompagné de vingt cavaliers mores, le dey de Tunis, Mulcy-Hassem, qui avait été précipité une seconde fois du trône sur lequel Charles-Quint l'avait rétabli en 1535. Il fut logé au refuge de Saint-Bavon, près le béguinage, et beaucoup de personnes sollicitèrent l'honneur de le voir dîner, parce qu'à la manière des Orientaux, il se tenait accroupi pendant ses repas [3].

Ce fut peu de jours après le départ de l'empereur que furent commencés les travaux du beau canal de Bruxelles à Willebroeck. Des commissaires avaient déjà été désignés par le gouvernement et par la commune pour diriger et surveiller ce grand ouvrage, et, le 24 février 1550, les trois membres avaient voté de nouveaux impôts pour l'exécuter, lorsque les Malinois formèrent encore opposition; mais, cette fois, elle fut levée par l'empereur qui, le 31 mars, en présence de la reine et des députés de Malines, permit aux Bruxellois de mettre la main à l'œuvre. Un acte daté du 30 mai et signé par la régente, confirma cette décision en leur interdisant cependant de percer la digue du Rupel et de faire entrer les eaux de la Senne dans le canal sans une autorisation spéciale. La plus grande activité fut apportée dans l'exécution de ces travaux, qui furent achevés au bout de onze années. Le premier coup de

---

[1] Daer zeer groote droefheyt in Bruessele omme was, ende principalyc onder 't vrouwenvolc, wyfs ende meyskens, die haren troost verloren. *Die Nieuwe Chronycke van Brabandt.*

[2] *Ibid. — El felicissimo viaje.* — DEWAEL, fᵒ 132.

[3] *Die Nieuwe Chronycke van Brabandt. — Brusselsche Eertriumphen.*

pelle fut donné, le 16 juin 1550, par le bourgmestre sire Jean de Locquenghien [1], et ce digne magistrat, dont les soins infatigables avaient préparé
et amené l'exécution de ce vaste projet, présida, en qualité d'amman, aux
fêtes brillantes qui signalèrent l'ouverture du canal, le 12 octobre 1561 [2].

Le 12 juillet 1551, fut célébrée une fête des plus singulières : les
fous des différentes sociétés du pays avaient été invités à se rendre à
Bruxelles pour assister à un triomphe en leur honneur, et le magistrat
avait mis plusieurs prix en argent à la disposition du peintre Jean Colyns, dit *petit oncle, oomke,* qui avait organisé cette bizarre cérémonie.
Oomke, représentant le prince des fous et traîné dans un petit chariot,
fit son entrée triomphale le mardi, avec tous les fous accourus à son
invitation. Après s'être rendu processionnellement à Sainte-Gudule, en
passant par la fontaine, dite le puits, *de putteborre,* près de Saint-Nicolas,
où étaient placées les reines de Hongrie et de Portugal, et par le Marché-
au-Bois, et après y avoir entendu la messe, le grotesque cortége retourna
à la grand'place où eut lieu la distribution des prix [3]. Cette fête n'était
pas nouvelle à Bruxelles; dans le quatorzième siècle on la célébrait
même tous les ans, et alors le prince joignait des présents aux prix
offerts par le magistrat [4].

Un revirement complet se manifestait alors dans la fortune de
Charles-Quint, qui se vit tout à coup menacé par Maurice de Saxe
et par le roi de France. Le 17 septembre, l'ambassadeur de Henri II
reçut l'ordre de quitter Bruxelles, et, le 19, le même ordre fut signifié
à tous les Français de la suite d'Éléonore. La guerre ayant été proclamée le 26 [5], on ne négligea rien pour mettre Bruxelles à l'abri
de tout danger. Le 25 décembre, le magistrat prit diverses mesures
pour l'éclairage des rues et la garde des sections pendant la nuit; le lendemain, il fut ordonné aux aubergistes de déclarer chaque jour à l'hôtel
de ville les noms des personnes qui viendraient loger chez eux, parce

[1] Sire Jean de Locquenghien, chevalier, seigneur de Coekelberghe, fut bourgmestre en 1549, 1550, 1553, receveur en 1551, 1552, échevin en 1547, 1548;
il fut créé amman en 1554, et mourut le 12 avril 1574.

[2] *Notice historique et descriptive du canal de Bruxelles au Rupel,* par M. Engels,
ingénieur des ponts et chaussées. Bruxelles, Vandooren, 1843. — *Historia Aquæductus Brux.* (Mss. de la Bibl. de Bourg.), etc.

[3] *Anecdota Bruxellensia,* Mss. du XVIe siècle, à la Bibl. de Bourgogne.

[4] *Comptes des fiefs* aux *Archives du Royaume.*

[5] *Die Nieuwe Chronycke van Brabandt.*

que, dit l'ordonnance, il y a parmi ces nouveaux venus beaucoup d'espions, de traîtres et d'hommes infectés d'opinions mauvaises. Quelques dispositions réglementaires furent aussi publiées pour les cas d'incendie, et il fut prescrit au serment de Saint-Michel de se rendre au palais au premier cri d'alarme, pour y rester de garde jusqu'à ce que le feu fût éteint [1]. Malgré toutes les précautions qu'on avait prises, l'approche du duc de Vendôme, à la tête de 10,000 fantassins et de 400 lances, jeta dans la ville la plus grande terreur; les reines Marie et Éléonore elles-mêmes la quittèrent, le 25 décembre, et se rendirent à Bruges, où les états généraux furent convoqués [2]. La gouvernante leur fit des demandes considérables et les états de Brabant, assemblés peu de temps après à Bruxelles, lui accordèrent une aide de 400,000 carolus (12 mars 1552), dont cette ville paya sa part au moyen d'un impôt sur le bétail [3]. L'année 1552 ne fut pas moins désastreuse pour le vainqueur de Muhlberg. qui se vit arracher par Maurice toute son influence en Allemagne, et enlever par le roi de France Toul, Verdun et Metz. A Bruxelles, dans la prévision d'un siége prochain, il fut enjoint aux habitants de s'approvisionner de farine et de drèche; des gardes furent placées aux portes [4], et on leva deux compagnies de piétons qui partirent pour Louvain, le 17 juillet, sous le commandement du châtelain, seigneur de Liedekerke [5]. Déjà, en 1551, quelques travaux de fortifications avaient été commencés au sud de la ville, dominée de ce côté par les hauteurs de Saint-Gilles; des ingénieurs, consultés par la reine-régente, proposèrent d'abattre entièrement le cloître de Sainte-Claire, et, le 29 juillet 1552, cette princessse écrivit au magistrat qu'il eût à fournir un autre local aux religieuses de Saint-Pierre, qui céderaient leur couvent aux clarisses. Dans l'après-midi du même jour, l'amman se rendit à Saint-Pierre et communiqua cet ordre aux religieuses; mais elles protestèrent énergiquement, en s'étayant sur les diplômes qui leur assuraient la propriété de leur habitation conventuelle [6], et ce projet fut de nouveau abandonné. Le 19 août, la reine, accompagnée des magistrats et d'un

---

[1] *Geel Correctie Boeck.*

[2] Pontus Heuterus, *Rerum Austriac.* L. xiii. c. 12.

[3] *Geel Correctie Boeck.* — *Die Nieuwe Chronycke van Brabandt.*

[4] Ord. du magistrat, du mois de juillet 1552. *Geel Correctie Boeck.*

[5] *Die Nieuwe Chronycke van Brabandt.*

[6] *Cartulaire de l'hôpital Saint-Pierre.*

ingénieur italien, alla examiner les positions du couvent de Sainte-Claire et de la porte d'Obbrussel; elle fut d'avis qu'il fallait restreindre la ville de ce côté trop vulnérable et construire un rempart, défendu par des fossés, qui irait en ligne directe de la tour du Pré-aux-Laines à l'écluse d'Anderlecht, dite *la grande écluse* [1], avis étrange qui ne fut heureusement pas suivi.

Le lundi, 28, il y eut une grande revue de tous les hommes de 20 à 60 ans en état de porter les armes. A sept heures du matin, les habitants de la banlieue arrivèrent en armes, et allèrent se ranger, ceux de Laeken, de Schaerbeck, de Ten-Noode, au marché au bétail; ceux d'Anderlecht et de Molenbeek, au grand marché, et ceux d'Ixelles, de Saint-Gilles et de Forêt, au Sablon. Réunis aux compagnies bourgeoises, ils sortirent tous ensemble par la porte de Louvain avec quatorze pièces d'artillerie de campagne, longèrent les remparts et rentrèrent par la porte de Namur. La tête de la colonne étant arrivée à la vieille porte de Coudenberg, les commandants firent demander à la reine si elle voulait les voir défiler, et elle les pria d'attendre qu'elle eût achevé de dîner; aussitôt qu'elle parut, les sections s'ébranlèrent et passèrent successivement devant elle. Elles formaient deux corps, l'un de 5,680 hommes, l'autre de 5,570, non compris les capitaines, les *conducteurs* (*vuerders*), les lieutenants, les porte-drapeaux, les fifres, ni les tambours; ils étaient armés les uns d'arquebuses ou de mousquets, les autres d'épées, de hallebardes, de piques, de haches-arquebuses. Il y avait en outre un corps de pionniers, 5 bombardiers ou canonniers, et 200 hommes armés de haches, spécialement chargés de veiller sur l'artillerie. L'amman, Guillaume Tourneur, commandait en chef, et avait sous lui six patriciens membres du magistrat et autres, et les six secrétaires. La cherté du grain occasionna, le 2 septembre, une émeute à la halle au blé, mais elle n'eut pas de suite. Trois jours après, la nouvelle étant arrivée que l'empereur se préparait à attaquer la Lorraine, la reine fit diriger de ce côté une grande quantité de munitions de guerre et de canons. Le jour de Saint-André, il y eut une procession solennelle, et, le samedi suivant, dans l'après-midi, le sacrement de miracle sortit de Sainte-Gudule, afin d'intéresser le ciel au succès des armes impériales. Lorsqu'on sut la levée du siége de Metz, tout le monde à Bruxelles crut Charles-Quint mort,

---

[1] *Die Nieuwe Chronycke van Brabandt.*

personne ne pouvait croire que, vivant, il eût renoncé à son entreprise. Pour dissiper l'inquiétude générale, il y fit, le 6 février 1555, une entrée solennelle, placé dans une litière ouverte et portée par deux mules; il se rendit au palais par Sainte-Gudule et le marché-au-bois, au milieu des acclamations de la foule. Plus obéré que jamais, il assembla aussitôt les états généraux et demanda au Brabant seul une aide de 600,000 carolus, que les États se procurèrent en imposant chaque feu à 20 sous dans les villes, et à 15 sous dans les campagnes. A Bruxelles, ainsi qu'à Louvain, Anvers et Bois-le-Duc, dix-huit commissaires de la commune, auxquels les autres chefs-villes adjoignirent chacune deux députés, firent le dénombrement des feux, et, dès le 10 juin, on y leva cette taxe, dont les ordres mendiants étaient seuls exempts [1]. A Bruxelles, en outre, les impositions sur les denrées furent augmentées, et, le 5 novembre, les trois membres consentirent à la levée d'un dixième et d'un vingtième sur les maisons et les terrains, à condition que personne ne serait exempté de cet impôt, condition qui fut approuvée par le clergé, le 16 décembre, et par le gouvernement, le 21 [2]. Dans ces circonstances, on voulut donner à l'ommegang un caractère plus guerrier et plus imposant, et, à cet effet, les magistrats décidèrent, le 26 avril, que, cette année, il y aurait des prix pour les serments qui y assisteraient en bon ordre et en équipement de guerre; chaque compagnie ne pouvait amener plus de 52 membres armés d'épées et de hallebardes; tous les autres devaient avoir des piques ou des mousquets, et les confrères furent autorisés à prier leurs amis et leurs connaissances de les accompagner. Les prix consistaient en 8, 6, 5, 4 et 3 agneaux, et en 52, 28, 24, 22 et 20 pots de vin; ils furent décernés le jour de l'ommegang, de grand matin, par les magistrats, les doyens et les jurés des serments, qui passèrent ces compagnies en revue sur le Sablon et le Pré-aux-Laines [3]. Avant cette époque, les confrères assistaient à la procession vêtus de robes et la torche à la main; depuis, ils adoptèrent de préférence l'équipement militaire, bizarrerie qui se représente dans la vie des peuples comme dans celle des particuliers : plus l'esprit guerrier s'éteint plus on affectionne les parades militaires.

Le jour de Pentecôte, vers 7 heures du soir, des soldats espagnols ayant maltraité des bateliers, il s'ensuivit une rixe dans laquelle deux

---

[1] *Die Nieuwe Chronycke van Brabandt.*
[2] *Placards de Brab.*, T. III, p. 590. — *Annal. mss. B. Gudilæ,* tit. XXVI, c. 11 et seq.
[3] Ord. du 26 avril 1555. *Geel Correctie Boeck.*

de ceux-ci furent tués. L'autorité parvint à temps à calmer l'efferves-
cence du peuple qui voulait courir sus à ces insolents étrangers; mais,
le mardi suivant, dix à douze de ces soldats ayant assailli et tué un
tapissier, les bourgeois prirent les armes. Plusieurs Espagnols furent
arrêtés et livrés à l'amman qui fut autorisé par l'empereur à les retenir
en prison. Un soldat, s'étant réfugié dans le chœur de l'église de Saint-
Nicolas, en fut arraché par la foule, et des hallebardiers espagnols étant
accourus pour réclamer le prisonnier, une lutte terrible allait s'engager
lorsque le sire de Molembais fit rentrer les mutins dans le devoir [1]. En
même temps un ordre de l'empereur et de la reine défendit sévèrement
aux officiers et soldats étrangers de quitter la ville sans payer leurs
dettes, afin de ne pas donner lieu à de nouveaux désordres [2].

Charles-Quint partit de Bruxelles le 30 août et y revint le mois suivant, après une campagne de peu de durée. Le 25 janvier 1554,
arriva dans cette ville, où il fut reçu avec grande pompe, le cardinal
Renaud Pole, légat *a latere,* qui tenta vainement d'interposer sa médiation pour faire conclure une trêve entre la France et l'Espagne. Il
accompagna les reines Marie et Éléonore et le prince de Piémont, qui
allèrent à l'hôtel de ville voir passer l'ommegang. Pendant la marche
de leur cortége une discussion pour la préséance s'éleva entre les ambassadeurs d'Angleterre et de Portugal, qui se disputèrent brutalement le
pas, et la reine de Hongrie, courroucée du scandale occasionné par
cette conduite, leur ordonna de se retirer immédiatement.

Des difficultés sérieuses agitaient en ce moment les états de Brabant.
Les nobles et les prélats avaient consenti à imposer toutes les marchandises, mais les villes réprouvèrent cet impôt désastreux pour le commerce, et, après de vaines tentatives pour vaincre leur opposition, le
gouvernement obtint 400,000 florins à lever sur le vin, la bière, la
viande et le grain (18 juin 1554). Ces impôts, affermés le 25 octobre
suivant, produisirent, dans le quartier de Bruxelles, environ 18,000 florins par an. Sur ces entrefaites, une brusque irruption des Français jeta
l'alarme dans le pays qui n'était nullement préparé à la résistance. Le
29 juin, on décréta en Brabant la levée du sixième des habitants en état
de porter les armes [3], et, le 9 juillet, il y eut à Bruxelles une revue

[1] *Die Nieuwe Chronycke van Brabandt.*
[2] Chroniques de LE PETIT.
[3] *Die Nieuwe Chronycke van Brabandt.*

générale des sections qui présentèrent un contingent de 5,260 hommes. Le 13, le magistrat arrêta diverses mesures pour la garde de la ville, où régnait beaucoup de rumeur et où se formaient des rassemblements, et, trois jours après, le bruit de l'approche de l'ennemi s'étant répandu, ordre fut donné aux sections et aux serments de se préparer au combat [1]. Les Français en effet s'avancèrent jusqu'à Binche, qu'ils prirent et pillèrent, mais ils n'osèrent attendre l'empereur qui accourait à la tête de troupes rassemblées à la hâte. A son retour à Bruxelles, le 9 octobre, Charles-Quint alla habiter une maison qu'il s'était fait bâtir à l'extrémité du parc, près de la rue de Louvain, sur l'emplacement qu'occupe aujourd'hui le palais de la Nation.

Philippe, qui avait quitté une seconde fois l'Espagne pour aller épouser la reine d'Angleterre, Marie Tudor, vint à Bruxelles, le 8 septembre 1555, accompagné d'une suite nombreuse et brillante. Le 15 et le 16 du même mois, on célébra dans l'église de Sainte-Gudule, qui avait été magnifiquement ornée, les obsèques de la veuve de Philippe le Beau, la malheureuse Jeanne, morte depuis peu en Espagne. Les trois messes furent chantées, la première par Guillaume de Houwere, évêque de Sarepta, suffragant de Tournai, la deuxième par Martin de Cuyper, évêque de Chalcédoine, suffragant de Cambrai, et la troisième par l'évêque de Cambrai, Robert de Croy, assisté de ces deux suffragants. Du palais à l'église étaient placés 874 membres des métiers et des serments, la torche en main. Dans le cortége, qui était fort beau, on voyait les écoliers de Sainte-Gudule, le clergé séculier et régulier, les magistrats suivis de 200 pauvres, en habits de deuil et portant des flambeaux, les tribunaux, les conseils du gouvernement, les bannières de tous les royaumes de l'empereur, un cheval de parade portant la couronne de Castille et conduit par le comte Maximilien de Boussu, Philippe, les yeux cachés par son chaperon et couvert d'un long manteau dont quatre seigneurs portaient la queue, parce que de fortes pluies avaient rempli les rues de boue, et les membres de la Toison d'or. Les hallebardiers de la cour formaient la haie et les archers fermaient la marche.

Le 12 octobre, les nations furent convoquées à l'effet de nommer, en vertu d'ordres supérieurs, neuf députés pour assister avec quatre membres de la loi, deux receveurs et deux membres du large conseil, à la session des

[1] *Geel Correctie Boeck.*

états généraux qui devait avoir lieu le 14, mais qui ne s'ouvrit que le 25. Elles furent informées aussi des ordres donnés à l'alcade de la cour, au maître-d'hôtel du palais, à l'amman et au magistrat, pour rechercher le montant des dettes laissées en ville par les Espagnols, et aviser aux moyens les plus convenables de les payer; mais cette mesure, commandée par le mécontentement de la bourgeoisie, ne produisit que peu de fruits [1].

Bruxelles vit s'accomplir, en 1555, un des actes les plus remarquables de l'histoire moderne. Charles-Quint, se croyant abandonné par la fortune, avait résolu de céder ses états à son fils et d'aller finir dans un cloître une vie qui, pour le malheur des peuples, avait été trop agitée. Le 22 octobre, dans l'après-midi, il réunit, dans la grande salle du palais, les chevaliers de la Toison d'or, et remit à son fils le grand collier de chef de l'ordre. Trois jours après, le 25, à trois heures de l'après-midi, les députés de toutes les provinces, munis de leurs commissions et pleins pouvoirs, furent assemblés dans la même salle; ceux de Louvain n'y vinrent qu'après protestation et réserve de leurs droits, déclarant qu'ils n'étaient pas tenus d'aller, « pour recevoir et adhériter un duc de Bra-
» bant, » mais que, selon leurs anciens priviléges, « il fallait que le duc
» vînt tout premier en la ville de Louvain et y faire le serment pour y
» être reçu. » On fit sortir de la salle tous les Espagnols, de quelque qualité qu'ils fussent, « et fut la dicte salle fort bien aornée et tapissée, et
» du côté de west (ouest), qu'est vers l'endroit des bailles, contre la
» cheminée, fut dressé ung passet ou marchepied, hault de six à sept
» degrez, bien richement tendu et sous ung dosseret (ou dais) des armes
» de Bourgoigne, qu'on appelloit le riche dosseret, furent mises trois
» belles chayeres a doz, asscavoir : celle du milieu pour l'empereur,
» celle du costel droict pour le roy, et celle du costel gauche pour la
» royne douairiere de Hongrie, et estoit le dict passet si grand qu'il arri-
» voit presque jusques aux deux aultres cheminées, et sur le même passet,
» du costel droit, estoit mis ung bancq tapissé pour les chevaliers de
» l'ordre de Thoison, et du costel gauche ung aultre semblable bancq
» pour les princes et seigneurs grandz. Et plus bas sur le dict passet
» estoient mis d'aultres bancqz pour les trois consaulx collateraulx, et
» furent parmy la dicte salle, embas du passet, en face de Leurs Mages-
» tez, dressez des bancqz non tapissez, pour les dictz estatz, qui se mirent

---

[1] *Die Nieuwe Chronycke van Brabandt.*

» tous selon leur ordre, asscavoir les estatz de Brabant, sur le premier,
» Flandres sur le second, et les aultres après chascun selon le rang qu'il
» devoit tenir [1]. » Une foule immense encombrait les avenues du palais.
Charles-Quint, monté sur une mule, quitta à quatre heures sa petite
maison du parc; accompagné de toute la cour, et s'appuyant sur l'épaule
du prince d'Orange, Guillaume le Taciturne, il entra, par la chambre des
finances, dans la salle où les États étaient réunis. Quand il eut pris place,
les députés, qui s'étaient levés à son arrivée, furent invités, par un
héraut à se rasseoir, et l'empereur leur demanda s'ils étaient munis de
procurations suffisantes. Leur réponse ayant été affirmative, Philibert de
Bruxelles, membre des conseils d'état et privé, lut un long discours, dans
lequel il exposa les intentions du souverain et les motifs qui avaient
décidé son abdication; on rapporte que l'empereur, voyant l'orateur
s'échauffer en parlant, l'invita à plusieurs reprises à se couvrir [2]. La
harangue de Philibert fut écoutée dans un religieux silence, mais l'attention redoubla, quand on vit Charles-Quint se préparer à prendre lui-
même la parole; son fils se leva et se tint debout tout près de lui pour
mieux l'entendre. En annonçant sa résolution d'abdiquer, « il montra
» une telle angoisse en son cœur, que les soupirs lui entrecoupoient les
» paroles, les larmes lui découlans des yeux, en quoi il fut accompagné
» d'aucuns. » Après avoir recommandé son fils aux États et les avoir
engagés à ne pas tolérer l'hérésie dans le pays, il se tourna vers Philippe, et l'exhorta à défendre la religion catholique et à s'occuper du
bien-être de ses peuples. Celui-ci s'étant jeté à ses pieds, il lui donna sa
bénédiction et l'investit de la souveraineté des dix-sept provinces; Philippe prit alors la parole et remercia son père, en protestant de sa ferme
volonté de remplir, avec l'aide de Dieu, tous les devoirs de sa nouvelle
position. Cette grande scène fit une profonde impression sur tous les
assistants, et, plusieurs de ces vieux capitaines, qui avaient mille fois prodigué leur vie pour l'empereur, ne purent retenir leurs larmes.

Le pensionnaire d'Anvers, Macs, exprima, dans un discours plein
d'emphase, les sentiments des États, et le roi, s'excusant sur son peu
d'habitude à parler en français, chargea Granvelle de répondre en son
nom. Après avoir dit que Philippe avait fait d'inutiles représentations à

---

[1] *La forme que usoit l'empereur en faisant la cession et résignation des Pays-
Bas au roy notre sire.* M. GACHARD, *Analectes belgiques*, p. 75 et suivantes.

[2] PAQUOT, *Mémoires littéraires*, T. III, p. 301.

son père pour l'engager à renoncer à sa résolution, et promis aux États que leur nouveau souverain séjournerait aux Pays-Bas le plus longtemps possible, et y reviendrait chaque fois que sa présence y serait nécessaire, il déclara que l'intention du prince était de maintenir la foi catholique, d'observer les coutumes et libertés des provinces et de faire rendre toujours bonne et égale justice; il finit en recommandant aux députés de rester fermement unis. La séance fut close par un discours de la reine Marie, qui annonça que, sur ses demandes réitérées, son frère et son neveu l'avaient déchargée de la régence, et remercia les États des bons offices qu'elle en avait reçus. L'empereur et sa suite se retirèrent alors dans le même ordre que celui qui avait été suivi pour leur entrée [1].

Le lendemain, vers les neuf heures, les états de Brabant, réunis dans la grande galerie du palais, reconnurent Philippe II pour souverain; les députés de Louvain n'assistèrent pas à cette cérémonie, ne voulant pas, dirent-ils, poser un précédent fâcheux [2]. Le 17 janvier 1556, dans la même salle du palais, Charles remit à son fils la monarchie d'Espagne avec toutes ses dépendances dans l'ancien et le nouveau monde, et, le 27 août suivant, il résigna l'Empire à son frère et lui en envoya le sceptre et la couronne par le prince d'Orange. Il se fit précéder en Espagne, où il voulait finir ses jours, par un ingénieur, nommé Sorbion, qui devait lui préparer un logement au monastère de Saint-Just, et par un jardinier bruxellois chargé de disposer le jardin qu'il voulait cultiver de ses mains, et dont il avait lui-même dessiné le plan [3].

---

[1] M. GACHARD, l. c. — Le même, *Des anciennes assemblées nationales de la Belgique*, etc.

[2] *Die Nieuwe Chronycke van Brabandt.*

[3] *Chronique abrégée de la ville de Bruxelles.* Mss. de la bibliothèque de Bourgogne.

CHAPITRE IX.

Règne de Philippe II, depuis son avénement au trône jusqu'à la
mort de Requesens (1555-1576).

Effrayé des terribles conséquences qu'avait eues son ambition, et ne voulant pas qu'au début de son règne, son fils se trouvât engagé dans les embarras de la guerre, Charles-Quint, avant d'abdiquer, était entré en négociations avec la France pour faire suspendre les hostilités ; mais ce ne fut que le 5 février 1556, que les ambassadeurs de Philippe et ceux de Henri II signèrent à l'abbaye de Vaucelle, près de Cambrai, une trève de cinq ans. Cet événement solennellement annoncé à Bruxelles, le 12 mars suivant, y répandit la joie la plus vive, et le magistrat distribua des prix aux serments et aux métiers qui donnèrent, à cette occasion, les meilleurs divertissements [1]. Le 25 du même mois, l'amiral Coligni vint y recevoir le serment du roi et de l'empereur ; Philippe, ayant commis l'inconvenance de recevoir l'ambassadeur français et sa suite, dans la grande salle, dont la tapisserie représentait la bataille de Pavie, le fou de Coligni, Brusquet, se mit à crier largesse et répandit sur le plancher un sac d'écus ; les assistants, hommes et femmes, et les archers de la garde mêmes, se jetèrent sur cet argent avec tant d'ardeur, que le roi dut se réfugier dans la chapelle qui était contiguë, et que les reines Marie et Éléonore furent violemment heurtées [2].

Le 17 juillet, l'archiduc Maximilien, fils de Ferdinand, arriva à Bruxelles avec sa femme Marie. Ils furent reçus à la porte de Coudenberg par le roi, le magistrat et les serments, et conduits au palais, qui, à cette occasion, avait été entièrement nettoyé et restauré. Le 2 août, le roi, les

---

[1] *Geel Correctie Boeck.*

[2] Ribier. *Relations du voyage de M. l'amiral.* — *Nouvelles archives historiques de M. De Reiffenberg.*

deux reines, Maximilien et l'archiduchesse assistèrent, de *la chambre sous la tour* de l'hôtel de ville, à un brillant tournoi qui fut donné sur la grand'place; à une fenêtre de la maison, dite *la Brouette,* se trouvait le dey de Tunis alors complétement oublié et abandonné. Il y eut ensuite à Groenendael une grande chasse dont Charles-Quint fit partie, et, bientôt après, tous les membres de cette illustre famille se séparèrent. Maximilien et sa femme retournèrent en Allemagne, et, le 8 août, l'empereur partit pour Gand porté dans une litière découverte, afin que le peuple pût le voir une dernière fois. Le 12, les reines Marie et Éléonore se rendirent également à Gand, où les états généraux étaient assemblés, et Philippe les y suivit trois jours après. Le départ de ces princes entraîna celui d'un grand nombre de nobles étrangers. Beaucoup de propriétaires durent alors habiter eux-mêmes les vastes demeures qu'ils avaient fait bâtir pour les louer, en n'en occupant toutefois que les parties les plus modestes. Pendant cette semaine, Bruxelles présenta le spectacle le plus animé et le plus triste à la fois; on ne voyait que charrettes et bateaux emportant au loin des richesses de tout genre, meubles, bijoux et espèces [1].

La session des états généraux de 1556 fut fort importante, et le mécontentement général, qui devait bientôt amener une terrible explosion, apprit à Philippe II qu'il ne continuerait pas sans difficulté l'œuvre de son père. Charles-Quint n'avait pas tellement habitué ses peuples à voter tous les subsides qui leur étaient demandés, que des propositions comme celle que Philippe leur fit, au mois de mars 1556, pussent passer d'emblée. Il avait demandé une aide de 3,000,000 de florins, à lever au moyen du centième denier de la valeur des immeubles et du cinquantième des meubles; les États représentèrent entre autres qu'il était inouï d'exiger d'eux tant d'argent pour la possession de domaines éloignés; que si le roi d'Espagne voulait continuer la guerre, il n'avait qu'à en faire supporter les frais par ses sujets espagnols, et que, quant aux Pays-Bas, il était indispensable qu'ils vissent cesser les hostilités. Rien ne put vaincre leur détermination; Philippe n'obtint qu'une partie des subsides demandés [2], et encore, malgré cette réduction, les nations de Bruxelles refusèrent d'adhérer au vote des deux premiers membres de la commune.

[1] *Die Nieuwe Chronycke van Brabandt.*
[2] M. GACHARD, l. c.

N'osant passer outre, comme cela s'était fait en d'autres temps, le duc de Savoie, qui venait d'être nommé gouverneur général et avait fait son entrée à Bruxelles le 7 octobre, envoya, le 10, à l'hôtel de ville, les seigneurs de Lalaing et de Berlaimont pour exhorter les métiers à accorder au roi la première aide qu'il demandait. Cette tentative ayant échoué, ces seigneurs les engagèrent à déléguer dix-huit députés pour présenter au gouverneur une requête dans laquelle ils exposeraient leurs griefs. Adoptant cette proposition, les nations nommèrent chacune deux commissaires, qui, accompagnés du pensionnaire, se rendirent, le 22, au palais. Le duc les accueillit avec bienveillance et promit de faire examiner attentivement leurs réclamations. Cette requête demandait, entre autres, que personne ne fût exempt de l'aide, que le gouvernement réprimât les abus de pouvoir des prélats, qui mettaient tous les impôts à charge des locataires de leurs biens, et que la levée de l'aide fût faite par des députés des trois membres de la ville; mais lorsque ces trois objets leur eurent été accordés, les nations ne s'en contentèrent pas, et, dans une réunion qui eut lieu le jour de la Toussaint, elles apportèrent de nouvelles restrictions à leur vote. Cette fois, la cour déclara leurs prétentions inadmissibles, et ce ne fut qu'après avoir été assemblées cinquante-cinq fois, et quatorze mois après que le terme fixé pour la levée de l'aide fut échu, qu'elles donnèrent enfin leur consentement, le 9 juin 1557, sous la condition que le revenu de la ville, s'élevant (en sus de la part destinée au payement des rentes) à 51,700 livres, serait exempt, jusqu'à concurrence de 6,000 livres, des deux dixièmes demandés, qui montaient à 6,500 livres. Sur cette partie du revenu communal, le souverain devait en outre toucher 20,000 livres, quote-part de la ville dans l'aide ordinaire. Ce vote reçut, le 10, l'approbation du conseil des finances [1].

Pendant ces débats, Philippe II était revenu à Bruxelles que désolaient la peste et la famine. Le premier de ces fléaux, qui alors était pour ainsi dire en permanence dans les quartiers pauvres de la cité, avait commencé à sévir en 1555; mais ce fut au mois de juin de l'année suivante qu'il causa le plus de ravages. La mortalité fut considérable, surtout dans la rue Haute, la rue de Louvain, les alentours du cimetière de Saint-Antoine et de l'église de Saint-Géry. Le 5 de ce mois, le magistrat fit

---

[1] *Cleyn Swert Boeck. — Die Nieuwe Chronycke van Brabandt.*

évacuer les tourelles des remparts pour y loger les malades, et comme elles furent bientôt insuffisantes, on construisit, entre les portes de Cologne et de Louvain, des maisons qui reçurent le nom de *Pesthuyskens ;* afin de leur procurer des secours, une quête générale fut ordonnée, et toutes les fondations pieuses furent imposées [1]. La rumeur publique accusait le receveur du nouveau canal, Pierre Vanderhaegen, d'avoir introduit la contagion dans Bruxelles ; on prétendait qu'il avait fait venir beaucoup de mauvais seigle dans lequel, disait le peuple, était « le feu de l'enfer, » et qu'il en avait fait jeter une grande quantité dans la Senne. Vanderhaegen s'étant pleinement justifié de cette absurde inculpation, le magistrat imposa silence à ses accusateurs, en promettant toutefois une récompense de 100 carolus à quiconque produirait des preuves de ces assertions (22 juillet 1556) [2].

La famine, calamité plus terrible et plus poignante, commença au mois d'août 1556, et, rendue plus cruelle par un hiver rigoureux, elle dura jusque vers le milieu de 1557. On rapporte que, pendant le carême, le prix de la rasière de seigle était de 5 florins 6 sous, et qu'au mois de juin il s'éleva à 8 florins ; un pain de 6 livres coûtait 6 sous et demi ; un œuf, un sou, et une petite portion de légumes, 6 sous. Philippe fit transformer en salle d'asile une grange du Béguinage et y nourrit plus de 500 pauvres, hommes, femmes et enfants. Ce bienfait, néanmoins, fut funeste à une grande partie de ceux qui étaient appelés à en profiter ; l'estomac de ces malheureux, déjà fait aux privations, tenait difficilement contre ce changement de régime ; à peine étaient-ils arrivés dans la grange hospitalière qu'ils tombaient malades, et l'on en emportait journellement 6, 10, 12 et même 18. Une chronique contemporaine porte à 18,000 le nombre des victimes que ces fléaux enlevèrent en une année (juillet 1556 à juillet 1557) ; au cimetière du Sablon on ouvrait sans cesse des fosses énormes, qui recevaient jusqu'à 25 cadavres à la fois. Avec l'hiver cessèrent les secours du roi ; il congédia les pauvres qu'il avait nourris et abrités, en leur donnant à chacun un réal ou trois sous et demi de Brabant. La ville étant encombrée d'une foule d'indigents étrangers, le magistrat plaça deux personnes aux portes, avec la mission spéciale de leur interdire l'accès de Bruxelles [3]. Le 5 mai, il fit

[1] *Die Nieuwe Chronycke van Brabandt.* — *Geel Correctie Boeck,* passim.
[2] *Geel Correctie Boeck.*
[3] Ordonn. du 16 mars 1556 (1557 N.-S.). *Ibid.*

distribuer du grain par petites portions aux habitants, mais les paysans qui se trouvaient en ville en grand nombre, n'ayant pu avoir part à la distribution, se jetèrent sur les bourgeois et leur enlevèrent en partie les denrées qu'ils avaient reçues. Les jours suivants, des pamphlets incendiaires furent répandus à plusieurs reprises, et, pour assurer la tranquillité publique, il fallut, le 10 mai, ordonner aux serments de fournir toutes les nuits un poste de 58 hommes à l'hôtel de ville, où les membres du magistrat restèrent tour à tour en permanence. Il fut aussi recommandé aux centeniers, aux dizeniers et à leurs subordonnés de veiller à la sécurité de leurs quartiers [1]. Ces mesures toutefois ne purent empêcher le retour des désordres. Heureusement, vers le commencement de juin, la nouvelle de l'arrivée en Hollande d'une flotte du Nord, chargée de grain, vint ranimer les populations ; la joie en fut si générale que le magistrat décida qu'une procession du sacrement de miracle sortirait en actions de grâces. Cependant les denrées se maintinrent quelque temps encore à un prix fort élevé : le 21, le grain se vendit au marché 6 florins la rasière et, le 27, il monta même à 8 florins. Enfin, le 10 juillet et les jours suivants, on vit entrer en ville de forts convois qui ramenèrent l'abondance, et en même temps il arriva d'Espagne de l'argent pour solder les troupes. Le 24, le prix de la rasière de grain descendit à 20 sous et le pain brun de deux livres se vendit un sou [2].

Malheureusement la France rompit la trêve au commencement de 1557, et bien qu'Henri II n'eût pas à s'applaudir de sa prise d'armes, cette guerre imposa aux Pays-Bas de nouvelles et bien lourdes charges. Après la bataille de Saint-Quentin (10 août 1557), plusieurs convois de prisonniers furent dirigés sur Bruxelles. Le 25 août, entre autres, il y arriva 200 fantassins qui furent enfermés dans la halle au blé ; les habitants firent preuve, dans cette circonstance, de cet esprit de charité qui les a toujours distingués, et donnèrent à ces malheureux du pain, de la bière et de l'argent. Le lendemain, les prisonniers furent séparés ; il n'en resta à Bruxelles qu'environ soixante qu'on emprisonna à *la porte noire* (l'ancienne porte de Laeken à l'entrée de la rue de ce nom), et les autres furent répartis dans diverses villes. Le 10 septembre, arrivèrent

[1] *Geel Correctie Boeck.*
[2] *Die Nieuwe Chronycke van Brabandt.* — FOPPENS.

encore 150 cavaliers, qui furent assez longtemps gardés à l'hôtel de ville, dans la salle servant de halle aux draps. Vers le même temps (6 novembre), mourut à Bruxelles, des suites d'une chute de cheval qu'il avait faite en allant reconnaître Saint-Quentin, un des meilleurs capitaines espagnols, Ferdinand de Gonzague, que Philippe avait récemment appelé d'Italie. Après avoir été embaumé au couvent des récollets, où les obsèques avaient eu lieu, son corps fut transporté à Mantoue [1]. Dans le but d'opérer un rapprochement entre les deux parties belligérantes, le cardinal Charles Caraffa, neveu du pape Paul IV, vint à Bruxelles avec un nombreux cortége, le mercredi des Quatre-Temps avant Noël 1557. Il fut reçu aux portes de la ville par le roi lui-même, qui était accompagné de quelques évêques et de sa cour, et on le conduisit à Sainte-Gudule, où il donna la bénédiction apostolique. Il se rendit ensuite à l'hôtel d'Hoogstracten, où un logement lui avait été préparé [2]. Mais tous ses efforts échouèrent, et bien que la guerre entre les deux monarques n'eût plus d'objet, ils se préparèrent à une nouvelle campagne.

Les états généraux, qui avaient été réunis sans résultat à Valenciennes, au mois de juillet, et à Bruxelles, au mois de septembre, avaient, en novembre, repris leurs délibérations dans cette dernière ville ; ils présentèrent au duc de Savoie un cahier de remontrances, dans lequel ils traçaient la marche que le pays désirait voir suivre par le gouvernement, tant pour les affaires extérieures que pour celles de l'intérieur. Le 9 janvier suivant, le roi répondit à cette requête en termes bienveillants et gracieux, mais il déclara insuffisants les subsides et le contingent de troupes qui lui étaient offerts. Après avoir discuté ses observations, les États lui firent, le 18, de nouvelles propositions qu'il accepta, bien qu'il n'en fût pas complétement satisfait [3]. Le 5 décembre, les états de Brabant avaient donné aux députés des autres provinces un magnifique banquet ; le duc de Savoie, qui y avait été invité, ne put s'y rendre, mais on y remarqua le comte de Lalaing, le comte d'Aerschot, le seigneur d'Aymeries et le président Viglius. Cette fête reçut le nom de *Kermesse du pays* [4].

Le 22 juin 1558, la nouvelle de la prise de Thionville par le duc de

---

[1] *Die Nieuwe Chronycke van Brabandt.*

[2] *Ibid.* — FOPPENS, etc.

[3] M. GACHARD, l. c.

[4] *Die Nieuwe Chronycke van Brabandt.*

Guise, étant arrivée à Bruxelles, le gouvernement ordonna aux Espagnols, qui y étaient en garnison, de rejoindre immédiatement l'armée.
Dès que cet ordre fut connu en ville, il y occasionna un grand tumulte ;
les bourgeois s'opposèrent à ce que ces soldats partissent sans avoir payé
leurs dettes, et comme ceux-ci faisaient résistance, il y en eut 6 ou 7 de
tués. L'alcade s'en plaignit vivement au roi, mais l'amman et les magistrats
se rendirent également au palais et justifièrent la conduite de la bourgeoisie. Philippe ordonna aux Espagnols de payer leurs dettes ou de
fournir des cautions, et chargea l'amman de veiller à l'exécution de cet
ordre ; mais, comme on les savait capables des plus grands excès, les
abords du marché furent défendus par des barricades formées de chariots.
les serments et les sections furent appelés aux armes et l'on prit diverses
autres mesures de précaution. Quelques jours après, il y eut une rixe
sanglante entre des soldats anglais et espagnols, et ceux-ci, bien qu'ils
fussent trois contre un, eurent quatre des leurs de tués [1].

En 1558, la mort frappa presque coup sur coup le père, la
femme et la tante du roi. Les funérailles de la reine d'Angleterre eurent
lieu à Sainte-Gudule le 15 et le 16 décembre, et celles de l'empereur
le 29 et le 30 du même mois [2]. Philippe assista aux obsèques de son
père, en grand deuil et la tête couverte d'un long chaperon noir ; il était
accompagné des chevaliers de la Toison d'or, des conseils du gouvernement, du clergé, des ordres religieux, du magistrat et des députés des
provinces. Deux mille bourgeois, tenant chacun une torche du poids de
huit livres, bordaient les rues sur le passage du cortége. Cette pompe
funèbre, dont la description nous a été conservée, fut si splendide qu'on
la jugea digne d'être immortalisée par le burin ; on y remarquait entre
autres un vaisseau haut de cinquante pieds et orné d'écussons, de bannières et d'inscriptions allégoriques. Ce vaisseau, nommé *la Victoire*,
fut donné à la ville qui le fit figurer dans ses plus belles cavalcades [3].
Par le prix du cénotaphe qui coûta, dit-on, 75,000 ducats, on peut
juger du luxe déployé en cette circonstance [4]. L'oraison funèbre du grand

---

[1] *Die Nieuwe Chronycke van Brabandt.*

[2] La ville avait déjà fait célébrer des funérailles pour l'empereur, le 13. *Chronyck
van Brussel.* Mss. de la Bibl. de Bourgogne.

[3] *Théâtre funèbre*, par A. Van Meerbeek d'Anvers. Bruxelles, chez T. De Hoy-
maecker, aux trois Nymphes, 1622, in-18. — Foppens.

[4] Le Mayeur. *la Gloire belgique*, T. I, p. 205.

empereur fut prononcée par Richardot, alors suffragant d'Arras. Le 18 et le 19 janvier 1559, on fit à Marie de Hongrie, morte six jours après son frère, de magnifiques obsèques dans la chapelle de la cour.

Foppens rapporte à l'année 1558, une anecdote assez curieuse. Un garçon brasseur, condamné à mort pour meurtre, attendait sur l'échafaud le coup fatal, quand une jeune fille vint implorer sa grâce des magistrats. Ceux-ci, touchés de ses prières, lui accordèrent la vie du meurtrier, à condition qu'elle en ferait son époux, et le prêtre, qui venait de confesser le patient, les fiança sur l'échafaud même, aux applaudissements de la foule.

Sous le règne de Charles-Quint, les persécutions contre les novateurs religieux avaient généralement été dirigées avec mollesse, et l'on n'avait vu que de rares exemples de rigueur. Ainsi un prêtre d'Amsterdam, nommé Isebrand Schol, qui avait adopté la doctrine de Zwingle, fut brûlé à Bruxelles, le 27 juillet 1554 ; ce fut en vain que ce malheureux, qui était âgé de 70 ans, se rétracta pour obtenir sa grâce : comme relaps il en fut jugé indigne [1]. En 1540, le même sort fut subi par Gilleken Tielman, homme très-bienfaisant, qui, au dire de ses coreligionnaires, travaillait la nuit afin de pouvoir, pendant le jour, visiter ses amis malades ou indigents [2]. Pierre Curtius, François Sonnius et Thomas de la Chapelle, docteurs en théologie et inquisiteurs, lancèrent, en 1545, une sentence d'excommunication et de dégradation contre le carme Pierre Alexandre d'Arras, qu'ils accusaient d'hérésie, et ses ouvrages furent publiquement livrés aux flammes sur la place de la Chancellerie [3]. Deux édits du 51 mai et du 25 septembre 1550 avaient défendu de tenir des assemblées secrètes, de discuter sur l'Écriture sainte, de prêcher, etc., sous peine, pour les hommes, d'être décapités, et pour les femmes, d'être enterrées vives. Ils avaient interdit la lecture des écrits hérétiques, défendu d'imprimer des livres sans autorisation, de les vendre ailleurs que dans des villes closes ou privilégiées, de tenir école sans permission des autorités civiles et ecclésiastiques, et, après avoir arrêté les progrès des lumières, ils avaient éveillé les plus basses passions en promettant pour récompense aux délateurs la moitié des biens des coupables ; mais ces dispositions n'avaient pas été mises à exé-

[1] *Die Nieuwe Chronycke van Brabandt.*
[2] *De Historien der Martelaeren*, bl. 117.
[3] *Chronique de* FOPPENS.

cution, et l'excès même de leur cruauté prouve qu'on n'avait voulu en faire qu'un épouvantail. Sous Philippe II, il en fut autrement : ce prince fanatique se hâta de confirmer ces édits [1], et ordonna d'en surveiller sévèrement l'exécution. Un des plus ardents apôtres du protestantisme à Bruxelles, Gilles Verdickt d'Hilversele, fut trahi par un faux frère ; mis aussitôt en jugement, ce jeune homme, à peine âgé de 24 ans, confondit, dans une vive controverse, le pléban de Sainte-Gudule et les autres théologiens, ses juges, et, comme c'était précisément le raisonnement que l'on voulait étouffer, il fut condamné à être étranglé et brûlé ensuite. Son exécution devait avoir lieu le jour des obsèques de Charles-Quint, mais, pour ne pas ternir la solennité de ce jour, elle fut remise au 24 décembre 1558. Son frère Antoine, livré comme lui, reçut la mort sur le marché, le 12 janvier suivant. Pour prévenir les murmures qu'avait excités le supplice de Gilles Verdickt, l'heure de l'exécution fut avancée et la sonnerie qui devait l'annoncer fut supprimée. Quelques jours après, un nommé Bouzon ou Baudouin Leheu, tapissier de Tournai, fut décapité pour la même cause [2]. L'amman, Jean de Locquenghien, homme sévère et énergique, accusait son lieutenant Gilles Lips, « d'em-
» pêcher l'autorité de la justice, de sorte que le peuple va croissant en
» telle désobéissance, et que si on n'y pourvoit, grand mal en pourroit
» résulter ; » il demanda itérativement la destitution de cet officier ;
mais, comme il refusait d'articuler ses plaintes par écrit, elles restèrent sans résultat [3].

Le 7 avril 1559, la paix de Cateau-Cambrésis, conclue le 5 du même mois, fut proclamée à Bruxelles, sur un théâtre élevé dans les bailles de la cour, et à la bretèque de l'hôtel de ville [4]. Après avoir assisté à une assemblée des états généraux, qu'il avait convoqués dans cette ville (30 juin 1559), afin de leur demander une aide pour le licenciement des gens de guerre allemands, Philippe II partit, vers la fin de juillet, et, le 25 août suivant, il s'embarqua pour l'Espagne [5], qu'il ne quitta plus. Il établit à Madrid un conseil spécial chargé des affaires des Pays-Bas, et remplaça, dans le gouvernement général de ces provinces,

[1] *Placards de Brabant*, T. I, p. 35 et suivantes.
[2] *De Historien der Martelaeren*, bl. 429 et 448.
[3] *Archives de l'Audience* aux *Archives du Royaume*, carton n° 1373.
[4] *Chronyck van Brussel*. Mss. de la Bibl. de Bourgogne.
[5] M. GACHARD, l. c.

le duc de Savoie, à qui la paix avait rendu ses états, par Marguerite, fille naturelle de Charles-Quint, veuve d'Alexandre de Médicis, et mariée, en secondes noces, à Octave Farnèse, duc de Parme. Cette princesse fit son entrée à Bruxelles, le 30 octobre, et elle prit aussitôt les rênes du gouvernement [1].

Des fêtes somptueuses marquèrent les commencements de l'administration de Marguerite de Parme. En 1561, la chambre de rhétorique, *la Guirlande de Marie*, obtint des magistrats un subside de 2,000 florins [2], pour se rendre au concours ouvert par *la Violette* d'Anvers, et, lors de l'entrée triomphale que firent dans cette ville les sociétés concurrentes, elle les éclipsa toutes par son luxe et sa magnificence. La marche était ouverte par des trompettes que suivaient deux héraults d'armes, portant la livrée de Bruxelles, les rhétoriciens marchant deux à deux, et l'orateur de la chambre avec cinq autres membres, tous six à cheval. Venaient ensuite sept grands chars et soixante dix autres plus petits, recouverts de drap rouge, et portant des personnages allégoriques, dont les uns représentaient les dieux de l'antiquité, les provinces belgiques, etc., et les autres mettaient en action le sujet suivant : « Comment on doit se réunir » joyeusement et se séparer avec amitié, » les membres des cinq serments, tous à cheval, rangés deux à deux et précédés d'un corps de musique, tous les magistrats, d'autres notables et le prince de la chambre, Bernard Charles, suivi d'un grand nombre de fifres et de laquais. Les cavaliers de l'escorte, au nombre de 340, étaient vêtus de longs habits de drap cramoisi rouge, avec passements d'argent. Les Bruxellois remportèrent le prix de la plus belle entrée, celui de la plus belle entrée morale, celui du plus beau feu de joie, et le second prix des blasons ou devises [3]. On évaluait à 36,000 ou 40,000 florins la dépense que leur occasionna cette fête [4]. La chambre dite *la Fleur de Blé*, se rendit aussi à Anvers pour assister au *haegh-spel*, concours auquel cette ville avait

---

[1] Eytzinger, *De Leone belgico*, p. 15.

[2] Votes du 14 juin et du 7 juillet 1561. *Resolutie Boeck* aux *Archives de la Ville.*

[3] *Spelen van Sinne*, publié à Anvers en 1561. — Van Meteren. — Haræus.

[4] Chronique mss. (de la Bibliothèque de Bourgogne) écrite par Jean de Potter, né à Bruxelles le 14 mai 1525 et mort dans cette ville le 9 octobre 1601 ; elle va de l'année 1555 à 1601, mais elle est précédée d'une courte chronologie des événements antérieurs. En tête de son ouvrage l'auteur a écrit: *Dit es t'boeck dair ick innescryve int' corte datter in myne tyt ghebeurt es, by my Jan de Potter gemaeckt de XIIste december MDLIX.*

invité les sociétés qui n'avaient pas voulu prendre part au précédent. La question proposée était ainsi conçue : « Quel est le métier qui, tout en » étant le plus profitable et le plus honorable, est cependant peu estimé? » La *Fleur de Blé* remporta à la fois le prix de la plus belle entrée, du plus bel ébattement, du plus beau jeu et du plus beau « personnage. » Dans son cortége, figurait le prince des fous, maître Oom, traîné dans un chariot entouré d'une haie et portant cette inscription : *ick kom ook opt'haechspel* (je viens aussi au *haechspel* ou jeu de la haie) [1].

Les travaux du canal, qui avaient été poussés avec une grande activité, étant enfin achevés, le magistrat ordonna, le 5 octobre 1561, que l'ouverture de cette belle voie de communication aurait lieu le vendredi et le samedi suivants ; que, le dimanche, des prix seraient décernés aux bateaux arrivés les premiers, et que, le lundi 15, les chambres de rhétorique, qui avaient concouru à Anvers, feraient leur entrée triomphante [2]. Au jour fixé, Locquenghien et les autres commissaires chargés de la direction du canal, montèrent dans une barque (*heu*) pour attendre les bateaux étrangers, et le magistrat se plaça sur une estrade. Les Anversois arrivèrent avec treize bateaux et reçurent un petit navire en argent, trois agneaux et douze pots de vin. Vilvorde, qui avait envoyé deux bateaux, et Ziericzée, qui en avait envoyé un, reçurent aussi chacune un navire en argent, mais de moindre dimension, deux agneaux et huit pots de vin ; une assiette en argent fut donnée à Gorcum et un saint Michel, de même métal, à Alcmaer, qui avaient envoyé chacune un bateau. Une messe solennelle en actions de grâces fut chantée à Saint-Nicolas, et il y eut ensuite à l'hôtel de ville un somptueux banquet ; le soir, les abords du canal resplendirent de feux d'artifices et de feux de joie.

Le lundi, à une heure de l'après-midi, *la Guirlande de Marie* fit son entrée dans le même ordre qu'elle avait suivi à Anvers ; elle se rendit à la grand'place par la rue du Béguinage (ou de Laeken), celle des Chevaliers, le cimetière de Sainte-Gudule, le marché au bois, la rue dite

---

[1] En 1563, on frappa en l'honneur de ce singulier dignitaire, une médaille offrant son buste en costume de rhétoricien, avec cette inscription : « Jan Walravenz, niet sonder wielle, oom (Jean Walravens, rien sans roue, mon oncle).» La légende porte : « Maître Oomken, prince couronné des docteurs à quatre oreilles, ætatis 56, » 1563. » Van Loon, *Histoire métallique des dix-sept Provinces*, T. I, p. 62.

[2] *Geel Correctie Boeck.*

aujourd'hui de la Madeleine, et, le soir, elle joua un *ébattement*. Le lendemain, *la Fleur de Blé* et la chambre de rhétorique de Hal ; le mercredi
le Livre et la chambre de rhétorique de Vilvorde ; le jeudi, les membres
de la société du Livre surnommée *Mette tyteloose ongespaart* donnèrent
également des représentations ; ces derniers firent entrer dans leur prologue l'éloge du canal. Enfin, le dimanche , *la Guirlande de Marie* joua
le mystère qui avait été représenté au concours d'Anvers, et, le soir, les
métiers et les serments allumèrent des feux de joie [1]. L'arrivée de Jean
Vanderborch, orfèvre et changeur communal, qui, au retour d'un voyage
en Hollande, donna son bateau à la ville, fut une nouvelle occasion de
fêtes ; le magistrat, en retour de ce don, lui fit remettre 100 *daelders*
(7 novembre 1561) [2].

Ces fêtes mémorables, témoignage éclatant du haut degré de splendeur qu'avaient atteint nos cités, firent momentanément diversion à l'agitation causée par l'érection des nouveaux évêchés. Cette importante
mesure, qui avait été mainte fois tentée sans succès , et qui devait
apporter une grande amélioration dans l'état du clergé, souleva une
forte opposition parce qu'elle blessait beaucoup d'intérêts et que, d'un
autre côté, on voyait dans les nouveaux prélats des hommes personnellement dévoués au roi et des partisans déclarés de la persécution. Les
états de Brabant adressèrent des remontrances à la gouvernante qui
leur dit : « Que cela n'était pas contre les priviléges, et, qu'en cas de
» quelque scrupule, elle consulterait le roi, qui en ordonnerait selon
» qu'il appartiendrait avec raison. » A d'autres réclamations elle répondit :
« Qu'elle écrirait au roi et consulterait le conseil de Brabant. » Des commissaires ayant été nommés pour entendre leurs plaintes, les États protestèrent « non vouloir dire aucune chose sous forme de procès, ni aucu-
» nement entrer en litige, mais seulement faire leurs remontrances
» par-devant lesdits commissaires, comme s'ils étaient par-devant la per-
» sonne du prince [3]. » Mais les députés qu'ils envoyèrent en Espagne

---

[1] Voyez le poëme de GISELBERT MERCX, en vers flamands, dans *Die nieuwe Chronycke van Brabandt*. — NICOLAUS MAMERANUS, *Descriptio Aquæductus seu naviga-
tionis urbis Bruxellanæ absolutæ anno* 1561 (poëme). Brux., 1562. — *Lofdicht
van de Schipvaert van Brussel*, door JOANNES COLUMBANUS.

[2] *Resolutie Boeck*.

[3] Le 5 décembre 1561, les magistrats de Bruxelles résolurent de signer ces
réclamations ; l'échevin Jean de Brégilles vota seul contre cette résolution. *Ibid.*

ne purent changer la décision de Philippe [1]; les dignitaires furent nommés, sacrés et mis pour la plupart en possession de leurs siéges. Ce ne fut toutefois que sous l'administration du duc d'Albe, que la nouvelle organisation eut complétement son effet. Bruxelles, qui avait dépendu du diocèse de Cambrai, fut annexée à l'archevêché de Malines, siége primatial de nos provinces, et Granvelle, élevé à la première dignité ecclésiastique du pays, obtint du pape le droit de nomination à tous les bénéfices de cette ville, faveur qui donna lieu à beaucoup de contestations et de procès [2].

Les obstacles que rencontrait l'érection des nouveaux évêchés n'étaient cependant rien moins qu'insurmontables, et une administration sage en même temps que ferme, eût bientôt calmé l'irritation des esprits. Mais le gouvernement était entaché d'impopularité et la division régnait dans les conseils de Marguerite. Le conseil d'état était composé de l'archevêque et cardinal Granvelle, du prince d'Orange, des comtes d'Egmont et de Hornes, des seigneurs de Glajon et de Berlaimont, de Philibert de Bruxelles, Simon Renard et Viglius; mais des instructions secrètes prescrivaient à la gouvernante de donner à Granvelle toute sa confiance, et il formait avec Viglius et Berlaimont un conseil secret qui dirigeait et décidait toutes les affaires. Condamnés à un rôle secondaire, ses collègues s'indignèrent de cette position, et ils mirent tout en œuvre pour se débarrasser de lui. De là des récriminations continuelles, quelquefois même les scènes les plus violentes; l'un accusait les seigneurs belges d'entretenir la révolte par leurs menées ambitieuses; les autres lui reprochaient d'irriter les masses par son faste, son orgueil et ses projets despotiques. Granvelle ayant proposé, paraît-il, d'envoyer les bandes d'ordonnances combattre les huguenots en France, une vive altercation s'éleva entre lui et d'Egmont, et, sans l'entremise du prince d'Orange, sa vie aurait couru des dangers [3]. Cette proposition ayant échoué, Marguerite convoqua les gouverneurs des provinces et les chevaliers de l'ordre pour les consulter sur un projet de levée de troupes destinées à faire respecter les frontières. Dans cette réunion, où Granvelle ne parut pas, il fut proposé d'assembler les états généraux, et cette proposition fut adoptée malgré l'opposition du président Viglius qui voulait que les états de chaque province fussent assemblés séparément. Les états

[1] *Index rakende de resolutien der stadt Brussel.*
[2] *Annales de Capellà,* Mss. de la Bibl. de Bourgogne, f° 33.
[3] M. GROEN VAN PRINSTERER, *Correspondance de la maison d'Orange,* T. I, p. 111.

généraux convoqués à Bruxelles, au mois de juin 1562, ne répondirent cependant pas aux vues des mécontents ; ils consentirent à nommer des délégués avec pouvoir de lever sur leur crédit, en cas de nécessité, telle somme qui serait jugée nécessaire pour mettre le pays à même de repousser toutes tentatives hostiles. A la demande des grands, la gouvernante avait envoyé le baron de Montigny porter au roi leurs plaintes contre Granvelle, mais cette mission n'eut aucun résultat. Tandis que Philippe cherchait ostensiblement à les rassurer, sa correspondance secrète avec Marguerite annonçait des intentions de vengeance et promettait au pays des citadelles [1]. Vainement cette princesse essaya-t-elle de calmer et de désunir les trois chefs de la noblesse, d'Orange, d'Egmont, et de Hornes, ils persistèrent unanimement dans leurs vues et demandèrent formellement au roi l'éloignement du cardinal.

Cependant la plus grande fermentation régnait dans les esprits ; à Bruxelles même, sous les yeux de la cour, on affichait des pamphlets menaçants [2]. Les sectaires, exaltés par la persécution, montraient chaque jour plus de hardiesse, et tenaient des conventicules aux portes de la ville, dans le bois de Linthout, dans celui de la Heegde à Uccle, et dans beaucoup d'autres lieux écartés. En 1562, Tournai et Valenciennes furent le théâtre de scènes séditieuses et, dans la nuit du 22 février 1565, le couvent des dominicaines de Val-Duchesse, à Auderghem, près de Bruxelles, fut pillé et incendié. Dans ce dangereux état de choses, le magistrat prit diverses mesures pour punir les coupables et pour augmenter les moyens de réprimer les émeutes; il porta, entre autres, à 60 le nombre des *schutters* ou tireurs à gages des serments de Saint-George, de Saint-Sébastien et de Saint-Michel (20 avril 1565) [3].

Quelque temps après, la gouvernante, accompagnée de son mari, de Granvelle et de toute sa cour, vint à l'hôtel de ville voir passer l'ommegang, dans lequel parurent les chars qui avaient été construits à l'occasion du concours de rhétorique d'Anvers. Cette année, on montra pour la première fois à Bruxelles, un éléphant vivant [4].

Bien qu'il eût désapprouvé l'assemblée de 1562 et recommandé à

[1] M. GACHARD, *Des anciennes assemblées nationales de la Belgique.*

[2] Le 6 mai 1562, des récompenses furent promises à ceux qui en dénonceraient les auteurs. *Geel Correctie Boeck.*

[3] *Resolutie Boeck.*

[4] *Die Nieuwe Chronycke van Brabandt.*

Marguerite de ne plus convoquer les États avant son arrivée aux Pays-Bas, Philippe II, sur les instances réitérées de cette princesse, consentit à ce quelle réunît de nouveau les représentants du pays. La session s'ouvrit le 3 décembre. La haine générale qu'on portait au cardinal, se manifesta en cette occasion d'une manière éclatante ; un grand nombre de députés déclarèrent qu'ils n'assisteraient pas aux séances si Granvelle y paraissait. Celui-ci, qui était à Malines, ayant été averti de cette déclaration, différa son départ jusqu'à ce que l'assemblée se fût séparée [1]. Ce fut dans le courant du même mois qu'à la suite d'un banquet donné à la haute noblesse par Gaspard Schets, seigneur de Grobbendonck, les ennemis de Granvelle firent adopter à leurs gens une livrée sombre et simple, pour l'opposer au luxe affiché par le cardinal. Cette attaque indirecte ne suffit bientôt plus, et pour que chacun comprît la satire, on broda sur les manches de ces costumes des devises et des emblèmes, tels que des têtes rouges et des têtes encapuchonnées. La gouvernante ne fit d'abord que rire de ces allusions malignes ; on dit même qu'elle envoya un de ces ailerons au roi qui fut loin de goûter la plaisanterie. Celle-ci prit alors une forme plus sérieuse : les têtes rouges ou encapuchonnées disparurent et furent remplacées par un faisceau de flèches, emblème de l'union.

Effrayée de ces menées et mécontente elle-même du cardinal, la duchesse envoya à Madrid son secrétaire Thomas d'Armentières, qui fit au roi un tableau énergique de la situation déplorable des Pays-Bas, et parvint à le décider à éloigner son favori. Feignant d'ignorer une mesure dont il avait été le premier instruit, le cardinal quitta Bruxelles, le 10 mars 1564, sous le prétexte d'aller embrasser sa mère mourante, et se rendit en Franche-Comté. Cette conduite prudente lui évita les outrages qui n'auraient pas manqué de suivre son apparente disgrâce. Pendant qu'à Bruxelles, on écrivait au-dessus de son hôtel les mots : *A vendre*, il attendait tranquillement à Besançon, sa nomination à la vice-royauté de Naples [2].

Ces faits ne sont pas les seuls qui prouvent combien l'opinion publique était froissée. S'excusant sur la profonde misère du pays, les métiers de Bruxelles ne voulurent jamais voter les subsides demandés, subsides consistant en deux sommes, l'une de 500,000, l'autre de 225,000 livres,

---

[1] *La source et commencement des troubles suscités aux Pays-Bas.* Mss. du XVIe siècle à la Bibl. de Bourgogne.

[2] STRADA. — VANDERVYNCKT. — BURGUNDIUS, etc.

en une rente de 25,000 livres et en un impôt de 5 sous ou patards par aime de vin. Le premier membre avait émis une opinion favorable, et, à la demande du chancelier Scheyfve et des chefs de la noblesse, il avait donné son consentement sans restriction, « pour autant qu'il était en » lui et sans que cela pût tirer à conséquence (12 février 1564); » de son côté la régente avait déclaré suspendre la levée de la quote de la ville, en attendant que le vote fût complété. Le second membre, à l'instante prière du chancelier, approuva aussi la proposition, à condition toutefois, qu'à l'exception des prélats formant le premier ordre des états du duché, nul, laïc ni ecclésiastique, ne serait exempt des taxes que la ville lèverait. Cette clause fut approuvée par la gouvernante le dernier jour de février; mais quelques-unes de ces aides devant être levées au moyen de rentes sur les états de Brabant, mesure qui avait besoin de la sanction de la commune, les deux premiers membres représentèrent qu'ils ne pouvaient, sans le consentement des nations, payer aucune des réclamations qu'on leur ferait de ce chef. Marguerite promit de les indemniser sur les revenus du domaine (22 janvier 1564, 1565. N.-S.) [1]; mais lorsque plus tard la ville demanda une décharge de sa quote dans les 725,000 livres accordées par les États, quote montant à 51,000 livres, cette promesse fut éludée. Ayant vu échouer tous ses efforts, par un accord conclu avec les membres du conseil des finances, la commune renonça à ses réclamations, et reçut en retour, par un acte daté d'Anvers, le 17 novembre 1575, le droit de lever le dixième denier des biens meubles et le vingtième des immeubles des bourgeois venant en ville ou la quittant, et le soixantième des biens mis en vente; cet acte contenait en outre une promesse de réprimer les abus d'exemptions d'accises. Le 7 avril 1576, le magistrat se déclara satisfait de ces concessions [2].

La publication des décrets du concile de Trente ralluma le mécontentement mal éteint par le départ de Granvelle; on commençait à comprendre que le zèle pour la religion n'était chez Philippe qu'un moyen d'étendre son autorité. Dans une assemblée du conseil d'état, le prince d'Orange représenta l'impossibilité de maintenir intacte dans le pays la foi catholique, alors que les idées nouvelles avaient pénétré dans toutes les contrées voisines; il se plaignit en outre de la corruption des

---

[1] *Cleyn Swert Boeck.*
[2] Original aux *Archives du Royaume, Trésorerie de la Chambre des Comptes.*

juges, insista sur la nécessité de concentrer les affaires dans le conseil
d'état seul, et termina en démontrant la difficulté de faire recevoir les
décisions du concile. Ses paroles produisirent un grand effet sur les auditeurs; la gouvernante, fort émue, remit la séance au lendemain, et
Viglius en fut si troublé qu'il passa la nuit sans dormir; une attaque
d'apoplexie, réelle ou supposée, le tira de l'embarras de répondre aux
arguments de son collègue. Le conseil envoya en Espagne le comte
d'Egmont, qui trouva le roi inébranlable; il voulait, dit-il, conserver aux
Belges tous leurs priviléges, mais il n'entendait tolérer d'autre religion
que la catholique, et était décidé à faire exécuter les édits de Charles-
Quint. Le conseil d'état s'étant réuni pour délibérer sur cette réponse,
Viglius, selon quelques auteurs, exposa les dangers qu'entraînerait l'exécution des ordres du roi, tandis que d'Orange conseilla l'obéissance. Cette
assertion, si elle était prouvée, serait une grande tache pour la mémoire
de Guillaume le Taciturne, qui aurait de la sorte engagé le pays dans
la voie fatale où il trouva sa ruine; l'éditeur de la Correspondance du
prince prétend, au contraire, qu'il ne donna un vote approbatif qu'après
avoir insisté sur les suites funestes qu'aurait la décision du conseil [1].

L'attention publique fut un instant occupée par l'arrivée de Marie,
fille du prince Édouard de Portugal et d'Isabelle de Bragance, destinée
à Alexandre, fils d'Octave Farnèse et de la gouvernante. Le comte de
Mansfeld, qui était allé la chercher en Espagne, l'amena à Bruxelles le
11 novembre 1565. Le mariage fut célébré à la chapelle de la cour, le
30, et, à cette occasion, Viglius prononça en l'honneur de l'apôtre, un
discours qui fut l'objet des critiques moqueuses de la noblesse. La
journée se termina par un bal brillant, et, le 4 décembre, il y eut sur
la grand'place un tournoi dont le comte de Mansfeld et son fils étaient
appelants; après cette fête, qui fut contrariée par la pluie, le magistrat
offrit à la cour un magnifique banquet dans la « grande salle aux longs
» escaliers [2]. »

Ce fut au milieu de ces fêtes que les nobles mécontents concertèrent
leur opposition [3]. De leur côté les chefs-villes du Brabant, toujours
jalouses de maintenir leurs immunités, témoignèrent hautement le mécontentement que leur inspirait l'établissement de juges exceptionnels,

---

[1] M. Groen van Prinsterer, T. II, p. 294.

[2] Potter, f° 7.

[3] Burgundius. — Eytzinger, *De leone Belgico.*

odieux à la nation. Le chancelier de Brabant ayant fait publier les édits
du roi, sans leur communiquer ces actes, elles réclamèrent énergiquement et à plusieurs reprises contre cette infraction aux lois du pays. Le
14 janvier 1566, leurs délégués se rendirent au conseil de Brabant et,
dans une remontrance verbale, ils insistèrent sur la conservation des
immunités du pays. En outre, pour hâter une décision sur cette réclamation, le magistrat de Bruxelles se refusa à ouvrir la discussion sur la
demande de l'aide pour les garnisons. Le 22, les députés du tiers-état
firent une nouvelle démarche au conseil de Brabant, et un arrêt, daté
du 24, satisfit enfin à ces doléances qui, venant de cet ordre redoutable, étaient un embarras sérieux pour le gouvernement. La part
qu'avaient prise dans cette affaire les magistrats bruxellois leur valut de
Marguerite des reproches de mollesse (flocciteyt) et de mauvais vouloir;
mais loin de s'en émouvoir, ils lui envoyèrent, le 11 mars, le pensionnaire
maître Jean Boisschot, pour lui représenter que leur conduite était loin
de les mériter, attendu qu'ils faisaient ce qui leur était possible pour
maintenir l'ordre [1]. D'autres démonstrations plus significatives signa-
laient l'agitation des esprits, et des pamphlets étaient répandus à profusion;
le 19, on en remit même un à la gouvernante, au moment où elle se
rendait à l'église [2].

Les embarras dans lesquels l'adoption du système de rigueur avait jeté
le gouvernement, se compliquèrent bientôt davantage. Le *Compromis*,
cet acte fameux qu'avait rédigé Philippe de Marnix, seigneur de Sainte-
Aldegonde, jeune homme fort instruit, né à Bruxelles, n'avait d'abord
été signé que par neuf gentilshommes; mais à peine fut-il rendu public
que l'on vit quatre cents nobles se confédérer et toutes les classes de la
société y adhérer indistinctement. Les confédérés se réunirent à Breda
et à Hoogstraeten, vers la fin du mois de mars 1566, pour aviser aux
mesures à prendre dans l'intérêt de leur cause. Le prince d'Orange, les
comtes d'Egmont, de Hornes et de Meghem, assistèrent, sans prendre
part à la confédération, aux fêtes brillantes qui furent données dans ces
deux villes. D'Orange et de Hornes s'étant prononcés contre tous
moyens violents, les confédérés résolurent de se rendre à Bruxelles en
grand nombre pour y présenter une requête à la duchesse. Informée de
ce projet, Marguerite consulta le conseil d'état sur la marche à suivre en

---

[1] *Resolutie Boeck*. — [2] BURGUNDIUS.

cette circonstance. Quelques conseillers étaient d'avis de leur refuser l'entrée de Bruxelles; mais d'Egmont ayant représenté qu'une pareille mesure indiquerait trop de défiance, et d'Orange ayant assuré qu'il n'y avait aucun danger, la gouvernante se rangea à leur avis. On se borna à prendre quelques mesures de précaution et à renforcer les postes militaires. En même temps, Marguerite saisit le moment opportun pour rassurer les esprits, par une démarche solennelle, contre l'idée de l'introduction de l'inquisition. Le 25 mars, elle convoqua les états du duché au local occupé par le conseil de Brabant, et leur fit remontrer les suites fâcheuses qui pourraient résulter du projet des confédérés; elle pria les députés de s'opposer autant que possible à son exécution, et déclara que les plaintes des mécontents, qui se basaient surtout sur l'établissement de l'inquisition, étaient sans fondement, attendu que la veille elle avait mis en apostille sur la requête des États, que l'intention du roi n'était pas et n'avait jamais été d'introduire ce tribunal dans le Brabant. Après avoir reçu les remerciements de l'assemblée, elle fit appeler en particulier les députés d'Anvers, et ensuite ceux de Bruxelles, pour les engager à veiller à la sécurité et à la tranquillité de ces deux importantes cités [1]. Un trait bien caractéristique de cette époque, c'est la résolution que prirent les magistrats de Bruxelles, pour décharger leurs concitoyens des imputations dont ils étaient l'objet, de faire dresser un acte notarié, constatant qu'ils fréquentaient de plus en plus les églises, et que leur attachement à la religion était plus grand qu'il n'était cinq ou six ans auparavant, fait que devaient attester les maîtres d'églises et les maîtres des pauvres (4 avril 1566) [2].

Dans les trois premiers jours d'avril, on vit les confédérés arriver successivement à Bruxelles; leurs chefs, le comte de Bréderode et Louis de Nassau, allèrent descendre chez le prince d'Orange, et y furent visités par de Hornes et Charles de Mansfeld. Le 4, s'étant tous réunis dans les jardins de Floris de Palant, comte de Culembourg, Bréderode leur peignit les malheurs de la patrie, retraça le supplice récent d'un protestant nommé Moron, qui était généralement estimé, et les invita à signer de nouveau l'acte de confédération, et à se promettre aide et assistance. Il les congédia ensuite, en les prévenant que la gouvernante les recevrait le lendemain. Le 5, ils s'assemblèrent dans le même hôtel d'où ils se ren-

[1] BURGUNDIUS.—[2] *Resolutie Boeck*.

dirent au palais, marchant deux à deux, et observant un profond silence. Marguerite sortait du conseil, qui venait de finir, quand le cortége arriva au palais. Quelques confédérés seulement se rendirent auprès d'elle ; les autres restèrent dans la cour. Bréderode lui remit leur requête, qui, suivant l'opinion la plus accréditée, avait été rédigée par Philippe de Marnix, en la priant d'y avoir égard ; il déclina toute union avec l'étranger, et protesta de son zèle et de celui de ses amis pour la gloire du roi. Marguerite, fortement émue, ne put d'abord lui répondre ; enfin, les larmes aux yeux, elle l'assura que son conseil s'occuperait immédiatement de cette requête, et qu'elle-même l'examinerait avec la plus sérieuse attention. En effet, dès que les confédérés se furent retirés, le conseil entra en délibération : le prince d'Orange appuya fortement la requête, et ses amis parlèrent dans le même sens ; Berlaimont, de Meghem et d'Arenberg, au contraire, la combattirent avec beaucoup de vivacité, et l'on prétend même que le premier traita les confédérés de gueux ; mais l'authenticité des paroles qu'on prête à ce seigneur peut être révoquée en doute.

Le 6, les confédérés se rendirent de nouveau au palais et remirent à Marguerite une seconde requête, dans laquelle ils la suppliaient d'ordonner aux inquisiteurs de suspendre leurs poursuites jusqu'à décision ultérieure du roi, et promettaient d'attendre tranquillement l'arrivée de ses ordres. Ils demandaient en outre la permission de faire imprimer leur première requête, pour répondre aux calomnies de leurs adversaires, qui en avaient fait circuler des copies infidèles. La gouvernante accéda à cette dernière demande, et répondit à la première que les lettres destinées aux inquisiteurs étaient déjà minutées. La requête qu'elle rendit ensuite à Bréderode portait en marge, qu'il fallait avant tout que le roi, à qui elle écrirait pour le prier de modifier les placards d'après l'avis des états des provinces, eût manifesté sa volonté ; mais que provisoirement, elle ferait suspendre l'exécution des édits concernant l'inquisition, « et pour celle-ci, disait-elle, le roi n'a jamais eu l'intention de lui donner la forme et le but que des malintentionnés ont prétés à cette institution. » On fut généralement satisfait de sa réponse, bien que beaucoup la trouvassent équivoque ; de son côté, Marguerite dévoila bientôt ses sentiments secrets, en renvoyant trois des gentilshommes de sa maison qui avaient adhéré à la confédération. Des réclamations lui ayant été adressées à ce sujet, elle répondit qu'il lui était loisible de licencier ses serviteurs, quand bon lui semblait [1].

A la sortie du palais, les confédérés se séparèrent, et plusieurs parcoururent la ville, en attendant l'heure du souper auquel Culembourg les avait invités. C'est en voyant passer quelques-uns d'entre eux devant son hôtel que Berlaimont, prétend-on, dit à son ami d'Arenberg : « Voilà » nos beaux gueux ! Regardez, je vous prie, avec quelle bravade ils » passent devant nous. » Ce propos fut répété, et, le soir, Bréderode en fit part à ses amis, réunis chez Culembourg. Les confédérés adoptèrent aussitôt le nom de Gueux, qui pouvait expliquer le désintéressement ainsi que l'audace de leur entreprise, et qui devint un signe de ralliement. Portant une besace comme en avaient les ordres mendiants et les pèlerins, Bréderode fit remplir de vin une coupe grossière, et la vida à la santé des Gueux. La coupe fit le tour de la salle, et dans l'état d'exaltation où se trouvaient les convives, plusieurs d'entre eux, non contents de renoncer à leurs titres de noblesse, se firent nommer, l'un monsieur l'abbé, l'autre monsieur le prieur ou monsieur le prévôt, « ce qui était un indice certain de leurs mauvaises intentions, dit un contemporain qui ne veut pas les nommer, par respect pour leurs parents [2]. » L'arrivée du prince d'Orange et des comtes d'Egmont et de Hornes redoubla leurs bruyants transports, et l'orgie fut complète. De pareils faits, pour être possibles, ne sont guère vraisemblables : les événements de cette époque ont été trop défigurés par l'esprit de parti pour qu'on puisse les croire aveuglément. Dès le lendemain, ajoute-t-on, la plupart des nobles fédérés quittèrent leurs vêtements à couleurs éclatantes et à riches broderies, pour se vêtir d'une étoffe grossière, qu'ils imposèrent aussi à leurs familles et à leurs domestiques. Quelques-uns attachaient à leur chapeau une petite tasse, un petit plat, ou une petite bouteille; d'autres portaient à la ceinture des plats de bois recouverts d'une plaque d'argent, ou quelque autre attirail de la mendicité. Tous avaient au cou une médaille offrant d'un côté le buste de Philippe II avec cette inscription : « *En tout fidelles au roy,* » et de l'autre deux mains entrelacées soutenant une besace, avec ces mots : « *Jusques à porter la besace;* » en outre, ils laissaient croître une épaisse moustache sur la lèvre supérieure [3]. Un écrivain rapporte qu'un jour des confédérés, jouant à la

---

[1] M. GROEN VAN PRINSTERER, T. II, p. 105.

[2] *La Source et commencement des troubles suscités aux Pays-Bas,* mss.

[3] *Ibid.*

boule et voulant témoigner de la concorde qui régnait parmi eux, enfon-
cèrent des petits clous dans deux boules de bois, qui, de son temps,
ajoute-t-il, étaient encore conservées à l'hôtel d'Orange à Bruxelles [1].

Avant de se séparer, les confédérés déclarèrent qu'ils voulaient l'abolition des anciens édits sur la religion et qu'ils exécuteraient tout ce que
le roi, de concert avec les états généraux, arrêterait à ce sujet [2]. Dès ce
moment l'agitation ne fit que s'accroître ; les conventicules devinrent plus
fréquents et plus nombreux, et les protestants s'y rendirent en armes,
décidés à repousser la force par la force. Les meneurs comptaient que
le roi céderait à la nécessité, et, pour agir sur l'esprit public, ils semèrent
à profusion des libelles, principalement dans la résidence de la gouvernante. Un de ces libelles menaçait de mort tout magistrat qui adopterait
les édits ; mais ce fut un pamphlet en langue française qui produisit surtout une grande sensation. Il portait pour titre : « Avis par lequel les
bons et fidèles habitants des Pays-Bas préviennent les gouverneurs et
les états du pays de ce qu'ils désirent et veulent au fait de la religion. »
L'auteur disait qu'il était urgent d'étendre aux Pays-Bas le *recez* d'Augsbourg, qui avait réconcilié les protestants et les catholiques en Allemagne, et il ajoutait que lorsque cette paix y serait établie, ni le souverain ni les États ne pourraient désormais porter atteinte à leurs priviléges.
Cette opinion réunit beaucoup de partisans et l'on voulut même faire
imprimer en flamand le texte du *recez ;* mais le gouvernement s'y opposa [3].

Effrayée de ces mouvements, Marguerite s'adressa aux États et, de
concert avec eux, elle publia de nouveaux règlements concernant les
étrangers et les prêches. Prévoyant qu'ils les admettraient difficilement,
elle défendit de communiquer ces édits aux métiers [4]. A Bruxelles, le
magistrat seul en reçut connaissance, avec latitude toutefois de consulter
le large conseil. Le 5 juillet, il approuva ces règlements, mais, cinq jours
après, il demanda à pouvoir en donner communication aux nations.
Le 22 juin, il avait consenti à ouvrir la discussion sur la demande des
aides pour les garnisons [5].

Malgré toutes ces mesures, les réformés croissaient en nombre et en
audace, et ils venaient tenir leurs conventicules jusqu'aux portes des

---

[1] VAN LOON, *Histoire métallique des dix-sept provinces*, T. I, p. 81.
[2] M. GROEN VAN PRINSTERER, l. c.
[3] RICHARD DINOTHUS.
[4] BURGUNDIUS, L. III, p. 197. — BOR., T. I, p. 66. — [5] *Resolutie Boeck.*

villes. Ils continuaient à répandre à profusion des pamphlets, dans lesquels plusieurs magistrats étaient attaqués. « Vous périrez tous, était-il
dit à ces officiers, parce que vous avez consenti à la publication des édits
modérés sans le consentement des nobles confédérés et du peuple. » Ces
libelles, qu'on vint afficher à Bruxelles aux portes des églises, de la cour,
des hôtels d'Orange, d'Egmont, etc. [1], n'étaient que le prélude de scènes
déplorables. Dans une réunion tenue à Saint-Trond, les confédérés
résolurent d'assurer le peuple qu'ils ne lui laisseraient faire aucune violence, et les assemblées des réformés devinrent plus nombreuses et plus
menaçantes. Les choses en étaient là quand le marquis de Bergues,
envoyé en Espagne, revint avec un acte du roi qui remettait aux évêques
le soin de veiller à la conservation de la foi, permettait de modérer les
édits et accordait un pardon général. Ces concessions qui, trois mois
plus tôt, auraient calmé les esprits, venaient trop tard. Il s'agissait bien
maintenant des édits; on voulait la liberté de conscience [2]. Le pays,
parcouru par une foule de prédicants calvinistes, était en feu, et de
furieux sectaires s'étaient rués sur les temples du Hainaut et de la Flandre.

A la nouvelle de ces graves désordres, le magistrat prit toutes les
mesures nécessaires pour mettre Bruxelles à l'abri d'une surprise, et
plusieurs semaines se passèrent dans une pénible attente des événements
qui allaient s'accomplir. Secrètement prévenue que Philippe n'accorderait
rien aux novateurs, ayant reçu défense expresse et réitérée de convoquer
les états généraux, la gouvernante ne savait quel parti prendre, et les
nouvelles désastreuses qui lui arrivaient coup sur coup, l'avaient tellement
abattue que la fuite lui parut le seul moyen d'échapper aux dangers dont
elle se voyait menacée; des bruits vagues, comme il s'en répand toujours
dans les moments de troubles, lui faisaient craindre que Louis de Nassau
ne s'emparât de sa personne et ne la fît garder à Vilvorde. Lorsqu'elle apprit les détails du sac des églises d'Anvers, dans la journée du 19 août,
elle fit appeler Viglius, et, à son instigation, elle demanda à ses conseillers un nouveau serment de fidélité : Mansfeld, d'Arenberg, Berlaimont et Noircarmes le prêtèrent avec empressement; d'Egmont eut un
moment d'hésitation, Guillaume le Taciturne et de Hornes refusèrent
positivement, attendu qu'ils avaient déjà, disaient-ils, juré fidélité au roi.

[1] HOPPER, *Recueil et Mémorial des troubles des Pays-Bas*, dans HOYNCK VAN
PAPENDRECHT, T. IV, p. 61.
[2] M. GROEN VAN PRINSTERER, l. c., p. 178.

Mansfeld, chargé du commandement de Bruxelles, se rendit à l'hôtel de ville afin de s'assurer des dispositions du magistrat, et le décida à voter une levée de 1,500 hommes, dont un tiers à la solde du souverain, et les deux autres tiers à celle des habitants. Le même jour, dans l'après-midi, il fut enjoint aux maîtres d'église et aux supérieurs des couvents de se tenir sur leurs gardes et de placer dans les tours des personnes chargées de donner l'alarme en cas d'attaque. Il fut ordonné que dix confrères de chaque serment veillassent continuellement à l'hôtel de ville [1], et chacune des quarante sections eut à fournir six hommes. Il fallait que l'influence de la bourgeoisie fût bien grande pour que 290 de ses membres suffissent au maintien de l'ordre. En outre, les portes furent fermées, à l'exception de celles de Cologne, de Coudenberg, d'Obbrussel et de Flandre [2].

Sur ces entrefaites arriva le duc d'Aerschot qui, pour mieux afficher son mépris des hérétiques et pour opposer aux gueux un contre-parti, avait distribué de petites bannières de la vierge de Hal à ses domestiques avec ordre de les porter au chapeau. Le zèle inconsidéré de ce seigneur, le plus fougueux des ultra-catholiques, faillit amener les plus grands malheurs. Il conseilla à la gouvernante de sortir de Bruxelles, et ce conseil, appuyé, selon Burgundius, par d'Orange et de Hornes, eût été adopté sans l'opposition de Viglius et de quelques-uns de ses collègues. Soit que ses craintes fussent devenues plus vives, soit que la nuit lui eût offert des scènes de désolation et de carnage, à peine le jour avait-il paru (22 août) que cette princesse fit préparer tout ce qu'il fallait pour sa fuite, et elle déclara à ses conseillers sa ferme résolution de quitter une ville où elle ne se croyait plus en sûreté. Malgré leurs représentations, elle allait partir en effet, quand Viglius vint lui annoncer que le magistrat avait placé des gardes aux portes avec défense de la laisser passer, et elle apprit bientôt que ses bagages, qui avaient pris les devants, n'avaient pu sortir. Marguerite se récria vivement contre cet attentat à sa liberté, et interpella violemment les nobles qui l'entouraient ; tous protestèrent de la loyauté de leurs intentions, et offrirent de se rendre auprès des chefs de la commune pour les engager à lever ces ordres. Mais d'Orange, de Hornes, d'Egmont, de Hoogstraeten et Mansfeld, s'étant présentés à l'hôtel de

---

[1] Le 28 septembre, ce nombre fut réduit à 25 sermentés, à prendre dans la même gilde. *Resolutie Boeck.*

[2] Le 2 septembre, on autorisa la réouverture de la porte de Louvain, à condition de n'y laisser entrer que des paysans venant au marché. *Ibid.*

ville, le magistrat se borna à déclarer solennellement qu'il ne tolérerait ni prêches ni pillages. Cette déclaration paraissait pourtant avoir calmé les appréhensions de la princesse, lorsque, vers les sept heures, elle manda en toute hâte ces seigneurs au palais ; elle leur annonça que la nuit devait favoriser le pillage des églises, de la chapelle de la cour même, le massacre des ecclésiastiques, son emprisonnement et celui de d'Egmont ; elle ajouta qu'elle se repentait d'avoir cédé à leurs représentations et somma le comte de Hornes de lui ouvrir un chemin. Philippe de Montmorency protesta qu'il était prêt à attaquer, s'il le fallait, la garde bourgeoise de la porte de Coudenberg, mais il lui fit observer que ses craintes étaient peu fondées et qu'il y avait trop de nobles dans la ville pour appréhender une émeute de la bourgeoisie [1]. Voyant alors qu'elle ne pouvait compter sur personne, redoutant les suites d'une plus longue résistance, Marguerite prit le parti de céder, et, le jour suivant, elle permit les prêches, par provision, et jusqu'à ce que le roi eût fait connaître ses volontés, mais seulement dans les lieux où il y en avait déjà eu et à condition de ne pas insulter les ecclésiastiques. Des affidés ayant aussitôt porté cette nouvelle aux gueux réunis à Afflighem, à Vilvorde, à Tongerloo et dans d'autres lieux, leurs bandes s'éloignèrent et se dispersèrent.

Il est probable qu'en se résignant à cette concession, Marguerite avait la certitude que les magistrats bruxellois ne toléreraient pas des prêches dans leur ville, et Louis de Nassau, en effet, travailla vainement à vaincre cette opposition. Il vint d'abord trouver la gouvernante et lui remontra que la décision de la commune était contraire à son ordonnance, ajoutant qu'il ne fallait pas plus d'exception pour Bruxelles que pour les autres villes, et que, si elle ne tenait pas sa promesse, on n'aurait aucun égard pour elle. Marguerite, n'ayant pas tenu compte de ses menaces, il fit savoir aux réformés qu'il leur était permis de se réunir là où ils l'avaient fait auparavant, en ayant soin toutefois de ne pas tenir d'assemblée dans un rayon d'une lieue autour de Bruxelles. Comme ils s'étaient autrefois assemblés, dirent-ils, dans une prairie proche de Vilvorde et, même depuis quelques années, à une distance moindre, ils promirent de se tenir près de cette bourgade, si le conseil communal voulait leur désigner un lieu à l'écluse de Ransbeek (ou Trois-Fontaines), afin qu'ils

---

[1] Lettre de de Hornes à sa sœur, en date du 10 déc. 1566. BOR, T. I, preuves, p. 91.

pussent s'y rendre en temps de pluie dans des barques couvertes. Le comte approuva cet arrangement, mais le magistrat, qui n'avait pas été consulté et qui était décidé à ne pas permettre de conventicule, fit fermer les portes au moment où les réformés se disposaient à sortir de la ville (dimanche 25 août). Il en résulta un tumulte que les comtes de Hornes et de Mansfeld parvinrent à apaiser en les haranguant et en leur conseillant de patienter. Louis de Nassau, mandé à la maison communale, s'y entendit reprocher d'avoir insinué au peuple qu'il était permis de prêcher en ville, ou du moins dans son voisinage, et le magistrat lui dit qu'il en était résulté, que les protestants avaient déjà abattu une partie de mur pour préparer une place convenable; mais il repoussa vivement cette accusation, et, pour sortir de toute indécision, les magistrats, réunis le 2 septembre, résolurent de recourir aux nations. Les pillages des gueux avaient déplu à la grande majorité des habitants, et ils craignaient de voir la populace se livrer à de déplorables excès; aussi les nations déclarèrent-elles, le 4, qu'elles n'autoriseraient les prêches ni au dedans, ni au dehors de la ville, jusqu'à ce qu'une règle générale eût été adoptée. Marguerite, par un acte du 5 du même mois, approuva leur conduite, et décida que les magistrats de Bruxelles pouvaient interdire les prêches, attendu qu'ils ne les avaient jamais tolérés [1].

Les ecclésiastiques, dont la terreur avait été portée au comble, reprirent quelque sécurité en voyant les dispositions de la bourgeoisie. Le 1er septembre, l'église de Sainte-Gudule, qui avait été fermée à la nouvelle des pillages d'Anvers, fut rendue au culte; mais, par mesure de précaution, on y plaça, pendant le jour, cinquante soldats, et pendant la nuit, douze hommes armés de doubles haches, et le service divin n'y fut plus célébré qu'à certaines heures. Un *Te Deum* devant être chanté à l'occasion de la naissance de l'infante Isabelle, des dispositions extraordinaires furent prises, et de nombreux soldats occupèrent les portails et les nefs de la collégiale [2]. Il en fut de même lors de la fête de saint Michel, et, pendant plusieurs semaines (du 29 août au 18 septembre), les salles supérieures de l'hôtel de ville restèrent fermées, les magistrats ayant ajourné tous leurs travaux judiciaires [3].

Ces craintes étaient fondées, car le danger était loin d'être passé; mais, malgré tout ce que tentèrent Louis de Nassau et ses principaux

---

[1] *Cleyn Swert Boeck.* — [2] POTTER, f° 8 et 9. — [3] BURGUNDIUS.

adhérents, Jean de Mol, lieutenant de la cour féodale, et Philippe Vandermeeren, gentilhomme du prince d'Orange [1], les magistrats maintinrent fermement leur résolution, et plusieurs fois encore (le 7 et
le 14 septembre), les portes furent fermées pour empêcher la fréquen-
tation des prêches. Irrité des obstacles qu'il rencontrait, Louis de Nassau
n'épargna à la commune ni les plaintes, ni les menaces. Le 25 septembre,
il lui députa Maximilien de Blois, dit de Cock de Nérines, chevalier de
l'ordre de Malte et gentilhomme du comte d'Egmont, qui ayant été admis
en séance du collége, en présence du comte de Mansfeld, avança qu'une
décision avait été prise sans que les nations eussent pu consulter leur
arrière-conseil, et annonça que le comte désirait la tolérance des prêches,
ou « qu'autrement il lui faudrait pourvoir. » Après une entrevue avec la
gouvernante, la loi fit répondre par le pensionnaire, que les prêches ne
devant être tolérés qu'aux lieux où il y en avait eu avant l'accord, il
s'en référait à la déclaration qu'elle avait fait publier, déclaration dont un
exemplaire fut remis à cet envoyé. Quant au premier fait, le pensionnaire lui dit que les jurés des métiers avaient reçu ordre de convoquer
tous les membres de leur corporation, de quelque religion qu'ils fussent,
sous peine d'un carolus d'or d'amende pour chacun de ceux qu'ils oublie-
raient. De Cock ayant encore insisté en faveur des prêches, le pensionnaire répondit par un *non*, qui rompit la conférence [2].

La levée des 1,500 hommes qui devaient protéger la ville s'était
opérée avec rapidité. Ceux soldés par le gouvernement furent pris dans
le pays wallon et mis sous les ordres de Philippe de Lannoy, sire de
Beauvoir ; quant aux autres, dit de Potter, c'étaient tous pauvres diables
qui n'avaient pas grand'chose à faire et qu'on enrégimenta pour les
empêcher de piller. A la tête de cette milice, qui dut prêter serment à la
commune, celle-ci plaça le vicomte de Bruxelles, sire de Liedekerke,
colonel, et messire Florent T'Serclaes; ils commandaient chacun une
bande de 500 hommes [3]. Il y avait en outre en ville une centaine de

---

[1] HOYNCK VAN PAPENDRECHT, *Analecta*, T. IV, p. 98.

[2] M. GROEN VAN PRINSTERER, T. II, p. 319 et suivantes.—*Verclaringe op t'beleth
van den nieuwen predicatien binnen ende omtrent der stadt van Brussele.* Met admissie
der Conynclycke Majesteit. Brussele, Michel van Hamont, 1566.—*Justification du
comte Louis,* dans une lettre écrite par lui d'Anvers le 1er octobre; M. GROEN,
l. c., p. 370-379.

[3] 5 septembre 1566. *Resolutie Boeck.*

cavaliers, dont le chef était le sire d'Estambrugge, frère du comte de Ligne. La cour n'ayant pas d'argent et ayant à payer des soldes arriérées, leva quelques sommes au moyen de loteries; quant à la ville, elle imposa sur le vin une taxe d'un sou par *gelte*, taxe dont les chevaliers de la Toison d'or furent seuls exemptés; la gouvernante se réserva la faculté de payer la quote-part des membres des conseils d'état et des finances (3 septembre 1566), dont elle indiqua les noms, le 6 janvier 1567, et, le 5 avril, elle défendit au conseil de Brabant de s'opposer à ce que les vins qu'ils avaient en cave fussent jaugés et taxés [1]. Par un décret daté d'Anvers le 28 juin, elle engagea à la ville, moyennant 14,600 livres, la moitié du droit de la mingue-aux-poissons appartenante au domaine, et le tonlieu sur le vin et la laine [2]. Les trois membres eurent avec le sire de Liedekerke de sérieuses contestations au sujet du commandement des troupes de la commune, qu'il revendiquait comme un droit de sa châtellenie, tandis qu'ils prétendaient le lui avoir conféré de pur gré; le 15 septembre 1566, ils lui signifièrent qu'il serait remplacé s'il refusait de se considérer comme délégué de la commune. Quelque temps après, chargé par la gouvernante de se rendre à Maestricht avec le conseiller Boonen, il demanda pour successeur son fils, le sire d'Inchy, auquel il avait assuré la châtellenie; mais cette demande fut rejetée et, de l'avis de Mansfeld, il fut remplacé par Florent T' Serclaes (15 décembre).

Cependant la commune ne tarda pas à se lasser de l'entretien de ces troupes, et, le 7 octobre, elle pria la gouvernante de la débarrasser de cette charge; le 30, les magistrats décidèrent de conserver deux mois encore cette milice extraordinaire, et de demander à la princesse une somme de 7,500 florins du Rhin, dont elle pourrait s'indemniser sur les abbayes et couvents situés hors de la juridiction communale. Ce subside ayant été promptement absorbé, le 21 décembre, ils en demandèrent la continuation et résolurent de recourir à une collecte volontaire. Enfin, ils arrêtèrent, le 5 février 1567, le licenciement de 150 à 200 hommes, et, le 22 mai, celui de toute la troupe, à l'exception de 60 soldats.

Revenue de sa première terreur, encouragée d'ailleurs par le mouvement général d'indignation qui se manifestait contre les iconoclastes, Marguerite prit contre eux des mesures énergiques et se vit appuyée par

---

[1] *Cleyn Swert Boeck.*

[2] L'acte original d'acceptation de cette cession, daté du 31 octobre 1567, se trouve à la *Trésorerie de la Chambre des Comptes*, aux *Archives du Royaume*.

les états de Brabant. Une circonstance remarquable, c'est que les petites villes de Tirlemont et de Léau furent représentées dans l'assemblée qui demanda la répression des troubles, en sollicitant toutefois quelque modération dans l'exécution des placards et surtout dans les confiscations (21 décembre). En se séparant, les États insistèrent de nouveau sur ces points, dans une requête qui fut apostillée par Marguerite le 51 janvier 1567 [1]. Ouvertement opposé aux nouvelles doctrines, le magistrat de Bruxelles partagea vivement ses vues, et il demanda à la gouvernante d'engager le chapitre de Sainte-Gudule et tout le corps du clergé à faire choix de prédicateurs instruits afin de maintenir le peuple dans la foi de ses pères (Résolution du 18 décembre 1566) [2].

L'année 1567 avait commencé à Bruxelles sous de fort tristes auspices. Le 1er janvier, il y eut, dans la rue de la Colline, un incendie qui dévora 25 maisons [3]. Ce fut pour prévenir autant que possible le retour de semblables sinistres que, six jours après, parut une ordonnance du magistrat, défendant de bâtir des maisons en bois, de faire aux habitations aucun ouvrage extérieur autrement qu'en pierres (ou briques), et d'une épaisseur d'un pied, de construire ou de garder dans des chambres ou des greniers, des fours, qui devaient être placés dans des caves ou des souterrains; une amende de 60 florins fut comminée contre toute contravention à chacune de ces sages dispositions [4]. Depuis cette époque, on adopta plus généralement la pierre et la brique pour matériaux de construction. On voit encore des maisons avec le millésime de 1574, et nous croyons que ce sont les plus anciennes portant une date, qui existent à Bruxelles; on continua longtemps à entretenir celles qui avaient été faites en bois, mais le bombardement de 1695 en détruisit un grand nombre, et toutes les autres ont disparu pour faire place à des demeures plus solides et plus confortables.

Quelques princes protestants d'Allemagne engagèrent, vers cette époque, Marguerite à accorder aux Belges la liberté de conscience; mais loin d'avoir égard à cette demande, cette princesse, à qui Philippe II avait reproché les concessions qu'elle avait dû faire aux novateurs, agit contre eux avec un redoublement de sévérité et d'énergie. Déjà même l'autorité royale était partout rétablie, lorsque l'annonce de la prochaine

---

[1] Voyez le précieux recueil de Bor, T. I.
[2] Resolutie Boeck.
[3] Potter. — [4] Statuyt-Boeck aux Archives de la Ville.

arrivée du duc d'Albe, à la tête d'une armée redoutable, jeta la terreur
dans le pays. Le prince d'Orange comprit que sa haute position et les
ménagements qu'il avait gardés vis-à-vis du souverain, ne pourraient le
sauver, et il se retira en Allemagne; moins imprudents que d'Egmont
et de Hornes, beaucoup d'autres seigneurs suivirent son exemple, et, en
quelques mois, une foule d'émigrants (cent mille familles, selon quelques
auteurs [1]), quittèrent le pays et allèrent porter dans d'autres contrées
leur industrie et leurs trésors.

Le 22 août, le magistrat et les métiers, portant des torches, allèrent
recevoir, à la porte de Louvain, le duc d'Albe, qui arrivait accompagné
d'un nombreux cortége, et escorté par dix enseignes d'infanterie italienne et 400 chevaux. Après avoir été au palais saluer la duchesse, il se
logea dans l'hôtel de Jauche [2] (au coin de la rue de Namur, n° 1). Dans
la matinée du 25, il fit remettre à la gouvernante les lettres-patentes qui
le nommaient au commandement de toutes les forces réunies dans les
Pays-Bas. Il alla ensuite faire sa cour à cette princesse, devoir de convenance qu'il remplit ponctuellement pendant tout le temps qu'elle resta
encore à Bruxelles. Connaissant le mystère dont Philippe environnait
toutes ses actions, elle pressa le duc de questions pour savoir s'il n'avait
pas d'ordres secrets à lui communiquer; mais ce ne fut que le 1er septembre qu'il lui montra une lettre autographe du roi, portant qu'il avait
remis à son lieutenant des instructions, dont il lui serait donné connaissance en temps et lieu. Marguerite écrivit immédiatement au roi, pour
l'informer du mécontentement qu'avait fait naître l'arrivée des troupes
étrangères, et des nombreuses émigrations qui en étaient résultées, et
elle le pria d'accepter sa démission, pour le cas où il n'aurait plus l'intention de se rendre aux Pays-Bas.

Cachant sous des dehors trompeurs les sinistres projets qu'il méditait, d'Albe assembla, le 9 septembre, à son hôtel, le conseil d'état et
ses principaux officiers, sous le prétexte de délibérer sur les moyens
de construire des citadelles destinées à contenir les principales villes. Un
officier étant venu lui annoncer l'arrestation du bourgmestre d'Anvers,
Antoine Van Straelen, et de Jean Casembrot, seigneur de Beckerzeel,

---

[1] VAN METEREN. — M. DE REIFFENBERG, *Sur le commerce des Pays-Bas aux*
xve et xvie siècles.

[2] Ædes Jaceæ. HEUTERUS. *Rerum Austriac.* L. XVIII, c. 5, et non pas l'hôtel de
Culembourg, comme l'avancent Van Meteren et d'autres historiens.

secrétaire du comte d'Egmont, il leva aussitôt la séance, et les comtes d'Egmont et de Hornes, attirés à l'écart, se virent arrêtés, celui-là par le duc lui-même, celui-ci par Ferdinand de Tolède. Telle est la version la plus accréditée ; mais, selon une relation envoyée à l'empereur par un de ses agents secrets à Bruxelles [1], d'Egmont, qui s'était promené en voiture et avait dîné avec don Ferdinand, fils naturel de d'Albe, allait le quitter, après avoir reçu de l'Espagnol de nombreux témoignages d'amitié, lorsqu'il fut abordé par le quartier-maître du duc, qui lui demanda son épée. Pendant ce temps, de Hornes avec d'autres seigneurs se trouvait chez d'Albe, qui, prétextant une indisposition, se retira dans ses appartements ; à peine était-il sorti que des soldats espagnols entrèrent dans la salle et déclarèrent au comte qu'il était leur prisonnier. Vainement allégua-t-il sa qualité de chevalier de l'ordre de la Toison d'or, il fut conduit à l'hôtel habité par don Ferdinand et enfermé dans un appartement séparé de celui de d'Egmont. Une descente fut opérée à son hôtel pour saisir ses papiers, et son secrétaire Alonzo fut arrêté, ainsi qu'un secrétaire du comte d'Egmont et son maître d'hôtel. La nouvelle de ces événements produisit à Bruxelles une grande fermentation, et le peuple éclata en imprécations contre les Espagnols ; mais le duc avait pris toutes ses précautions ; il fit garder les deux prisonniers par une enseigne d'infanterie, et, peu de jours après, il les envoya au château de Gand, sous l'escorte de huit enseignes d'infanterie et de 300 cavaliers, tous Espagnols ; d'Egmont était dans une chaise à porteurs soutenue par deux mulets placés sur les côtés, et de Hornes dans une voiture (25 septembre) [2].

La gouvernante, qui avait vainement essayé d'inspirer quelque modération au farouche lieutenant de son frère, n'apprit que par des voies indirectes l'arrestation des deux comtes. Blessée de cette conduite et comprenant que son autorité n'était plus que fictive, elle envoya sa démission au roi qui s'empressa de l'accepter. Des députations de toutes les provinces vinrent la remercier de la sollicitude qu'elle avait témoignée au pays, et le Brabant lui offrit un don de 25,000 florins [3]. Elle quitta Bruxelles, le 30 décembre, emportant les regrets des populations,

---

[1] *Secrétairerie d'État allemande* aux *Archives du Royaume*.
[2] FOPPENS.
[3] Le consentement du magistrat à ce don fut donné le 3 décembre. *Resolutie Boeck.*

effrayées de l'avenir qui leur était réservé, et, le 13 janvier suivant, d'Albe s'installa au palais [1].

Le logement des troupes nombreuses que le duc avait amenées, constituait une lourde charge pour la ville, qui lui adressa à ce sujet des plaintes réitérées. Sans égard pour les réclamations du bourgmestre et du pensionnaire, qui s'étaient rendus à sa rencontre avec le seigneur de Grimberghe et le bourgmestre de Louvain, il avait cantonné 2,000 fantassins dans la banlieue de Bruxelles [2]; il fallut en outre accorder à chaque soldat une gratification d'une couronne par mois, pour les empêcher de se livrer à des excès, et si, par ce moyen, on put les contenir en ville, en revanche ils rançonnèrent impitoyablement les campagnards [3]. Cette contribution, que s'était volontairement imposée la commune, suscita un incident qui prouve la rudesse des procédés employés par le duc. Ayant réclamé un arriéré de 260 couronnes et n'ayant pas immédiatement reçu de réponse, il envoya, le 19 mars, son prévôt ou alcade général à l'hôtel de ville, pour signifier au magistrat qu'il allait faire arrêter les receveurs. Le pensionnaire fut chargé de lui représenter que la commune avait déjà levé 20,000 florins du Rhin pour satisfaire à ses engagements, et qu'il n'était pas convenable d'adresser de semblables menaces à des fonctionnaires nommés par le prince et par le peuple; il ajouta que s'ils devaient souffrir encore de pareilles avanies, ils donneraient tous leur démission (21 mars); mais le duc ne tint aucun compte de cette remontrance, et, le 27, le magistrat résolut de payer les 260 couronnes [4].

Aussitôt après le départ de Marguerite de Parme, les mesures les plus odieuses se succédèrent sans interruption. Après avoir fait dresser une liste de toutes les personnes « qui s'étaient mêlées dans la gueuscrie, » d'Albe, au mépris des priviléges des provinces et des villes, créa un tribunal exceptionnel chargé de connaître des excès commis pendant les troubles, tant en matière de religion qu'en matière d'état. Ce tribunal, qui prit le titre de « Conseil de justice et de vérité, » fut nommé par les Espagnols le Conseil des Troubles (*El consejo de las altercationes*), et

---

[1] HEUTERUS. — HARÆUS. — HOYNCK VAN PAPENDRECHT, l. c., T. II, p. 448.

[2] M. GROEN VAN PRINSTERER, T. III, p. 113.

[3] *Chronique de* POTTER, f° 11. Hector Scribani, délégué du duc, et les échevins de Dongelberghe et Jean de Beerthem avaient été chargés de juger les contestations qui s'élèveraient entre les bourgeois et les militaires (27 septembre 1567). *Resolutie Boeck.* — [4] *Resolutie Boeck.*

par les Belges, le Conseil de sang (*Bloedraed*). Le comte d'Arenberg, Berlaimont, Noircarmes, le chancelier de Gueldre, les présidents de Flandre et d'Artois, furent appelés, contre leur gré, à en faire partie ; le premier n'y parut jamais, Berlaimont et Noircarmes n'y siégèrent que le jour de son installation, et les trois autres s'en absentèrent constamment. A la demande de Viglius, les membres du conseil privé furent dispensés de prendre part à ses jugements, et ceux du grand conseil de Malines obtinrent la même faveur. Jacques Hessels et Jean de la Porte, membres du conseil de Flandre, le docteur en théologie Louis Delrio, Jean Vargas, le procureur général Jean Dubois, et le greffier Simon de la Torre, furent les seuls qui consentirent à servir d'instruments au zèle implacable du duc. Le prince d'Orange, les comtes Louis de Nassau, de Hoogstraeten, de Berghes, de Culembourg, le seigneur de Bréderode, tous les signataires du compromis, furent cités à ce tribunal (19 janvier 1568), qui faisait le procès aux présents et aux absents, aux vivants et aux morts. Des malheureux de toutes classes et de tout rang, les prédicateurs de la réforme, leurs adhérents, de riches bourgeois, dont on espérait tirer de fortes rançons, furent traînés à Bruxelles par troupes de 20, 30 et 50, et livrés à la torture. En même temps d'Albe défendit, sous peine de mort, de quitter le pays ou d'écrire à son sujet, et il fit réparer, avec le zèle le plus infatigable, les prisons de Bruxelles, la vieille porte de Coudenberg, la Treurenberg, la Steenporte, la maison du prévôt de la cour, la *Roquetta* de Sainte-Gudule et la Vroente [1]. Tant d'atrocités devaient produire de terribles représailles et engendrer bien des projets de vengeance. On vit le sire de Beausart, de concert avec d'autres proscrits, projeter de surprendre le duc lorsqu'il se rendrait au monastère de Groenendael, pour y passer la semaine sainte. La trahison d'un des conspirateurs fit manquer le coup et amena l'arrestation de Beausart ; ses complices, plus heureux, parvinrent tous à s'échapper. Des deux tentatives à main armée qui furent faites pour envahir le pays, l'une échoua complétement, l'autre n'eut qu'un succès momentané.

Les exécutions commencèrent à Bruxelles au mois d'avril ; les premières eurent lieu hors de la porte de Flandre : le 2, on pendit dix Flamands qui, étant accusés de pillages d'églises, étaient venus pour se

---

[1] Rapport précité aux *Archives de la secrétairerie d'État allemande.* — Compte de Martin Vandenberghe, du 1er novembre 1567 au 31 décembre 1568. *Archives de Lille.* Voir le rapport de M. Gachard sur ces archives.

justifier, et, le 6, sept autres subirent le même sort. Le 24, sept potences furent de nouveau dressées et les mêmes scènes se répétèrent les jours suivants [1]. Trois Bruxellois furent arrêtés, le 2 avril, par le prévôt Spel, de sanglante mémoire, mais ils furent relâchés sous fortes cautions; l'un d'eux, Louis de Munter, dut déposer 3000 florins [2]. Le 22 mai, un prédicant fut brûlé et, le 28 du même mois, l'hôtel de Culembourg, coupable d'avoir vu les réunions des nobles confédérés, fut abattu de fond en comble. On sabla l'emplacement qu'il occupait et l'on y éleva une colonne ou pilier de marbre, portant l'inscription suivante gravée en latin, en français, en espagnol et en flamand : « Sous le règne de Phi- » lippe II, roi catholique d'Espagne, Ferdinand Alvarez de Tolède, duc » d'Albe, marquis de Coria, gouvernant les provinces héréditaires des » Pays-Bas, la maison de Florent de Pallant, qui était en cette place, a » été rasée à cause des conspirations qui y avaient été si souvent faites » contre l'Église catholique romaine, contre Sa Majesté et ses provinces, » l'an MDLXVIII [3]. »

Le 1er juin, dix-huit gentilshommes furent décapités au Sablon, devant l'hôtel du seigneur de Noircarmes, qui assista à cette tragédie avec tout le conseil des troubles. Les victimes étaient : Gisbert et Théodore de Bronckhorst, seigneurs de Batenbourg, Pierre Dandelot, Maximilien le Cocq, Philippe Triest de Gand, Louis Carlier de Cambrai, Firmin Pel- cier, Jean Rumault, Arthus Batson, chambellan de Bréderode, Jacques d'Elpendam, son secrétaire, Pierre et Philippe Waterleys, Philippe Van Winglen, Siëurt Beyma et Herman Galama, Frisons, Jean de Blois de Trelon, l'Italien Barthélemi del Valle, et Constantin Bruselle, maire d'Hoboken. La place était gardée par neuf enseignes d'infanterie rangées en bataille, et un roulement de tambours couvrit les dernières paroles des suppliciés. Ceux d'entre eux qui avaient demandé à se confesser furent enterrés à Coudenberg, et les quatre premiers, par considération

---

[1] POTTER, f° 12. — *Chronycke van Antwerpen.* — *Gendtsche Geschiedenissen.* T. I, p. 118.— [2] POTTER.

[3] Dans le compte déjà cité de Martin Vandenberghe on lit : à Antoine Credo, 60 livres, à compte sur certaine colonne ou pilier qu'il avait entrepris de dresser à la maison du seigneur de Culembourg. Au même pour les trois pierres bleues érigées en pilier, 40 livres. A un charreton pour avoir amené d'Arquennes à Bruxelles certaine colonne.... 36 livres. A Blaise Du Pret et Jean Gaudre, tailleurs de pierre, 20 livres pour avoir gravé des lettres sur le pilier. A Jean t' Serraets, pour avoir peint lesdites lettres, 8 livres 8 sous.

pour leurs familles, furent inhumés dans un terrain non consacré derrière la chapelle des Lépreux à Schaerbeek. Quant aux autres, leurs cadavres furent attachés à des potences dressées sur la hauteur de ce village. Le lendemain, la même place vit trancher la tête à Jean de Montigny, sire de Villers, au sire de Dhuy, descendant des comtes de Namur, et à Quentin Benoit, bailli d'Enghien. Villers protesta hautement de sa fidélité au roi et de son adhésion à la réforme ; le bourreau, ayant porté au sire de Dhuy deux coups mal adressés, le peuple indigné voulut se ruer sur l'échafaud, mais il fut repoussé par les Espagnols. Ces deux seigneurs furent aussi enterrés à Coudenberg. Le même jour, le bourgmestre d'Anvers, Antoine van Straelen, le sire de Beckerzeel, le secrétaire de de Hornes, et plusieurs autres furent mis à mort à Vilvorde [1].

Ces exécutions n'étaient que le prologue d'un grand drame. Vainement les comtes d'Egmont et de Hornes avaient-ils réclamé leurs priviléges de chevaliers de l'ordre et de barons brabançons ; vainement avaient-ils nié comme calomnieux ou justifié la plus grande partie des faits accumulés par l'accusation, leur condamnation était prononcée d'avance, et leurs grands services, pas plus que les actives démarches de la comtesse d'Egmont, Sabine de Bavière, ne pouvaient les sauver. Le 4, les deux comtes arrivèrent de Gand, sous l'escorte de douze enseignes espagnoles, et furent conduits à la *Broodhuys*. Pendant la nuit, ils reçurent lecture de leur arrêt. D'Egmont ne put maîtriser son étonnement, et doutant encore qu'on voulût sa mort, il pressa l'évêque d'Ypres, Rythove, qui avait été chargé de lui porter les secours de la religion, de lui dire franchement ce qu'il en pensait ; le prélat lui ayant répondu qu'il ne devait plus espérer qu'en Dieu, il se résigna à son sort et, après avoir récité à haute voix l'oraison dominicale, il écrivit à sa femme et au roi ces lettres touchantes, qui sont restées des témoignages de son noble caractère. De Hornes manifesta moins d'étonnement que de colère, mais lorsqu'il sut combien son ami s'était montré calme, il s'apaisa insensiblement et consentit à se confesser ; il demanda à cet effet Ghislain de Vroede, curé de la Chapelle.

Pendant ce temps les préparatifs de l'exécution marchaient activement. Au mépris des priviléges de la commune, d'Albe avait fait occuper, la veille, le poste de l'hôtel de ville par un détachement du régiment de don

---

[1] HEUTERUS. — HARÆUS. — STRADA. — VAN METEREN. — BOR. — DE POTTER.

Julien Romero ; le 5, au point du jour, le régiment de Sicile et plusieurs compagnies espagnoles, formant un corps de vingt-deux enseignes [1], sous les ordres de Romero, vinrent, mèches allumées, se ranger en bataille sur la place; deux enseignes gardaient le palais et les autres troupes de la garnison parcouraient les rues pour dissiper au besoin les rassemblements. L'échafaud, tendu de drap noir [2], avait été dressé en face et près de la Maison du roi ; on y avait placé deux coussins noirs, une petite table avec un crucifix, et deux pieux à pointes de fer. Le grand prévôt de la cour, Jean Grouwels, la verge rouge à la main, se tenait à cheval au pied de l'échafaud.

À midi, d'Egmont sortit de la *Broodhuys* et monta sur l'échafaud, accompagné de l'évêque d'Ypres, de Romero et du capitaine Salinas. Il était vêtu d'une robe de damas cramoisi, par-dessus laquelle il avait jeté un manteau noir à l'espagnole, à passements d'or; il portait une toque de taffetas noir, surmontée d'une plume noire et blanche, et tenait un mouchoir à la main. Avant de s'agenouiller, il demanda à Romero s'il n'avait pas de grâce à espérer ; l'Espagnol haussa les épaules, baissa les yeux et se tut. D'Egmont alors se dépouilla de son manteau et de sa robe, et, après avoir prié avec l'évêque et baisé le crucifix que le prélat lui présenta, il se couvrit la tête et les yeux d'un bonnet de soie noire en disant : « Seigneur, je remets mon esprit entre vos mains. » Sa tête fut abattue d'un seul coup et son corps aussitôt enveloppé d'un drap noir. Bientôt après parut le comte de Hornes portant un pourpoint, un manteau et un bonnet noirs. Il jeta les yeux sur le drap qui couvrait le cadavre de d'Egmont, et demanda à Salinas si c'était le corps de son ami ; sur sa réponse affirmative, il jeta son manteau, et, se mettant à genoux, il attendit le coup mortel avec une héroïque fermeté.

Les têtes des deux comtes furent placées sur les pieux de l'échafaud et y restèrent exposées pendant plusieurs heures. Les soldats espagnols avaient poussé des acclamations, mais le peuple, qui se serait jeté sur eux s'il avait eu la moindre chance de succès [3], se retira consterné. Beaucoup trempèrent des couronnes de fleurs et des linges dans le sang qui

---

[1] DE POTTER dit vingt.

[2] A Guillaume Jacquet, marchand de draps, 84 livres, pour le drap noir employé à l'exécution des comtes d'Egmont et de Hornes, y compris un florin pour la façon de l'échafaud, suivant accord fait avec le capitaine Boléa. *Compte de Vandenberghe* déjà cité.

[3] Ut ne ante hunc casum ingentes vires comparasset, universis Bruxellensis populus in illum impetum fecisset. DINOTHUS.

dégouttait de l'échafaud ; d'autres jurèrent de se laisser croître les cheveux
jusqu'à ce qu'ils eussent vengé ces nobles victimes de la tyrannie , et
depuis ce moment, dit un écrivain, la commune de Bruxelles voua au duc
une haine à mort. D'Albe lui-même, qui, placé dans une maison située au
haut de la place, avait assisté à l'exécution, ne put, dit-on, retenir ses
larmes. Vers quatre heures, les cadavres furent portés au couvent
des Récollets, sous l'escorte du grand serment, dont d'Egmont
avait été proclamé roi en 1551 et en 1559. Le lendemain, le clergé
de Sainte-Gudule, accompagné d'un grand nombre de notables et d'une
multitude immense, alla les y chercher et les transporta à la collégiale,
où leurs obsèques furent célébrées avec pompe. De là, les restes de d'Egmont furent placés au couvent des Riches-Claires, et, après y avoir été
embaumés, ils furent enterrés à Sotteghem. Le corps de de Hornes fut
embaumé dans la chapelle de Ravestein à l'église des Dominicains, et in-
humé à Weert près de Ruremonde, où son tombeau a été découvert le
5 novembre 1859. Deux jours après l'exécution, la comtesse d'Egmont fit
placer sur la porte de son hôtel (aujourd'hui hôtel d'Arenberg) un blason
funèbre aux armes de son mari ; mais le duc d'Albe le fit aussitôt enlever [1].

Comme si les haines soulevées par cette odieuse exécution, que les
panégyristes de Philippe II mêmes ont appelée un crime, n'eussent pas
été assez violentes, chaque jour on leur fournit de nouveaux aliments.
Au mois de juillet, c'est le seigneur de Beausart qui expie sa tentative
contre d'Albe, dans de si horribles tortures que le peuple fuit épouvanté
de ce spectacle avant d'en avoir vu la fin [2]. Le 15 mars 1570, c'est un
gentilhomme, nommé Longueval, à qui l'on brûle la langue avant de le
livrer au bûcher qui doit le dévorer vivant, parce qu'il a parlé contre
le gouverneur général ; le 25 mai suivant, ce sont deux Hollandais qui
sont décapités, deux calvinistes tournaisiens qui sont brûlés, deux Espagnols qui sont pendus [3]. Le 5 juin 1571, on baptisa sur le jubé de
Sainte-Gudule six enfants, dont les parents, accusés d'hérésie, avaient été
brûlés sur le marché ; le plus âgé de ces malheureux orphelins n'avait
que onze ans [4].

Après avoir vengé l'autorité royale par le supplice des hommes qui
avaient le mieux mérité du pays, le lieutenant de Philippe II quitta
Bruxelles, dont il nomma le duc d'Aerschot gouverneur (juin 1568),

[1] DINOTHUS. — DE POTTER. — EYTZINGER. — BOR. — STRADA, etc.
[2] HEUTERUS. — [3] *Chronique de* DE BLAYE. — [4] DE POTTER.

et marcha contre le vainqueur d'Héligerlée. Il défit complétement Louis
de Nassau à Gemmingen (21 juillet), et, par d'habiles manœuvres, fit
échouer l'invasion que tenta le prince d'Orange. A la fin de la campagne,
le magistrat bruxellois le fit complimenter par le bourgmestre, Charles
Vandentympel, seigneur de Bigard, l'échevin Pierre Pipenpoy, seigneur
de Merchtem, et le secrétaire Melin, qui furent chargés en même temps
de lui demander de diminuer la garnison [1]. Le 20 décembre, le duc,
accompagné de son fils Frédéric, fit à Bruxelles une entrée triomphale,
et ces fêtes, ces hommages, commandés par la politique ou dictés par la
crainte, l'enivrèrent à tel point que les Belges ne surent bientôt ce qu'ils
devaient détester le plus de son orgueil ou de sa cruauté. Il fut complimenté par les états des provinces, et, le 6 mai 1569, Charles d'Eboli,
chambellan du pape Pie V, lui remit une épée et une toque garnies de
diamants, que le souverain pontife envoyait au champion du catholicisme. Cette cérémonie eut lieu dans l'église de Sainte-Gudule, après
une messe chantée par Pépin Rosa, évêque de Salisbury, suffragant de
Malines. A cette occasion il y eut sur la grand'place des joutes dans
lesquelles le marquis de Havré, frère du duc d'Aerschot, fut blessé à la
jambe.

Se croyant assez fort alors pour tout oser, le duc requit des États la
levée d'un dixième sur les ventes des biens meubles, d'un vingtième sur
les ventes d'immeubles, et d'un centième à prélever une seule fois sur
les biens de toute nature. Ces demandes exorbitantes excitèrent partout
de violents murmures, et rencontrèrent une forte opposition dans les
états généraux convoqués à Bruxelles, au mois de mars 1569. Le duc
n'épargna rien pour en triompher : intrigues, menaces, promesses de
remplacer ces impôts par des ressources moins onéreuses, tout fut employé, et enfin la majorité des États céda [2]. Les nations de Bruxelles, le
troisième et le quatrième membre de Louvain, bravant le courroux du
proconsul, refusèrent seuls leur adhésion à cet impôt ruineux ; mais de
pareils obstacles ne pouvaient l'arrêter et il déclara accepter le consentement comme complet. Cependant les états des provinces lui ayant représenté que cet impôt tuerait infailliblement le commerce et l'industrie, il
fut sursis à la levée du dixième et du vingtième denier, et il demanda

---

[1] Résolutions des 9 et 10 décembre. *Resolutie Boeck.*

[2] Le consentement du premier membre de Bruxelles fut donné le 19 août.
Ibid.

d'y substituer une contribution annuelle de deux millions pendant six ans et, après ce terme, un second centième. Malgré l'énormité de ces subsides, qui arrachèrent au Brabant, le centième, plus de 800,000 florins, et l'aide, une charge annuelle de 542,000 livres de 40 gros de Flandre, cette proposition fut accueillie avec moins de défaveur que la première [1]. Toutefois, la discussion se prolongea longtemps. Dans une nouvelle réunion, en septembre, les jurés de Bois-le-Duc, imitant l'exemple de ceux de Bruxelles et de Louvain, déclarèrent qu'ils ne donneraient leur consentement que lorsqu'il aurait été fait droit à leurs plaintes. D'Albe ne tint aucun compte de cette réclamation et, le 22 septembre, il fit publier l'édit enjoignant la levée de l'aide, comme si elle eût été consentie à l'unanimité [2].

Un sombre désespoir avait gagné toutes les classes du peuple et, cette année, à la demande des doyens des cinq serments, le tir à l'oiseau fut supprimé (15 avril 1570), et il fut décidé qu'ils assisteraient à l'Ommegang en robes et non en armes (2 mai). Comme si ce n'était assez de fléaux, la peste vint encore aggraver la misère des malheureux Belges. A Bruxelles, on dut disposer les hôpitaux de Saint-Julien et de Saint-Jacques pour les soldats malades (5 juillet) [3]; pendant plusieurs années la contagion y resta pour ainsi dire en permanence, et, en 1572, elle prit un redoublement de fureur.

Attentif à renforcer, par tous les moyens, l'action du gouvernement sur la pensée, le culte, les coutumes, d'Albe mit de nouvelles entraves à l'impression et au débit des livres, ordonna l'exécution des canons du concile de Trente et modifia la législation du pays en matière criminelle. Les imprimeurs et les libraires, déjà soumis à une sévère surveillance, furent placés sous la juridiction d'un prototypographe, chargé d'examiner les maîtres et les ouvriers, et de leur faire produire une déclaration de catholicité signée par l'évêque, l'official ou l'inquisiteur du lieu [4]. Les actes du concile furent admis partout, et quelques-uns des nouveaux

---

[1] Le premier membre de la ville accorda, le 5 août 1570, les subsides demandés. *Resolutie Boeck.*

[2] VIGLIUS. *Commentarius rerum actarum super impositione decimi denarii* (*Analecta* de HOYNCK VAN PAPENDRECHT, T. I, p. 287 et suiv.). — M. GACHARD, *Des anciennes assemblées nationales de la Belgique.* — VAN HEURNE, *Historie van S' Hertogenbosch.* —[3] *Resolutie Boeck.*

[4] Édit du 15 mai 1570. BOR, T. I, p. 225, édition de 1621.

évêques mis en possession de leurs siéges ; mais le placard donnant force de loi au droit romain, en matière criminelle, et celui publié sur le droit criminel, soulevèrent diverses réclamations. Le magistrat de Bruxelles, entre autres, présenta au duc un mémoire dans lequel il exposait que plusieurs articles étaient contraires aux priviléges des années 1229, 1290, 1414, et qu'il serait impossible aux échevins, dont le nombre ne s'élevait qu'à sept, et qui avaient encore à s'occuper des causes civiles, de l'administration, etc., de prendre les informations de la manière prescrite par l'édit ; il demanda que l'on créât dorénavant trois ou quatre échevins de plus, et qu'un salaire leur fût alloué, tant pour la nouvelle besogne qui leur était imposée [1] que pour satisfaire à l'obligation de tenir un registre de toutes les affaires traitées devant eux. Le duc se borna à répondre que les échevins eussent à observer leurs priviléges lorsqu'ils ne seraient pas contraires à l'ordonnance, et que, quant aux autres observations, il ne pouvait y avoir égard pour le moment [2].

D'Albe comprit cependant qu'il ne parviendrait à asseoir en Belgique les bases d'un gouvernement absolu, qu'en gardant certains ménagements et en faisant quelques concessions à l'opinion publique. Ce fut dans ce but, qu'il sacrifia un de ses plus serviles instruments, l'homme qui avait fait exécuter, disait-on, 5,575 personnes dans l'espace de deux années, Jean Grouwels ou Groels, dit Spel, Spelleken, et quelquefois aussi la Verge rouge, à cause du bâton de cette couleur qu'il portait en qualité de prévôt de l'hôtel ou de la cour. Arrêté avec son lieutenant et son clerc, sous l'inculpation de s'être laissé corrompre par des prisonniers dont il avait favorisé l'évasion à prix d'or, d'avoir fait exécuter des innocents, et de s'être rendu coupable de viol, de rapines, il fut incarcéré à la Steenporte, condamné à mort par le conseil de Brabant et pendu aux bailles de la cour, après avoir vu ses deux complices fouettés au pied de son gibet (11 février 1570). Ceux-ci furent envoyés aux galères, et (le 16) sa servante fut fouettée, puis bannie. Aux yeux des Espagnols le prévôt fut une victime et non un criminel, et ils assistèrent en grand nombre à son enterrement dans l'église des Dominicains [3].

---

[1] C'étaient auparavant l'amman et son greffier, appelé *le clerc du sang* (*de klerck van den bloede*) qui instruisaient les procédures.

[2] Remontrance de la loi de Bruxelles sur l'édit de la justice criminelle, original aux *Archives du Royaume*.

[3] ROMBOUT, *Bruxelles illustrée*, T. II. Il y a aux Archives du Royaume une requête

La défense d'importer des draps étrangers, publiée au mois de juin 1570, l'amnistie accordée par le roi, et la bulle d'absolution d'hérésie octroyée par le pape, étaient autant d'essais tentés pour ramener les esprits; mais les haines étaient devenues implacables, et la conduite des officiers et des soldats espagnols, qui, se considérant comme en pays conquis, traitaient les habitants avec la plus insolente arrogance, n'était pas de nature à les calmer. De Potter, dont le récit ne peut être soupçonné de partialité, se plaint amèrement d'un nommé don Lopez, qui logea chez lui pendant huit mois, exigeant toutes les semaines du linge, des serviettes, de la vaisselle, sept aunes d'étoffes, sans qu'on revît jamais rien de tout ce qui lui était fourni. Habitué à commencer son travail de grand matin et à se coucher de bonne heure, notre chroniqueur était obligé d'attendre son hôte jusques onze heures, minuit et quelquefois plus tard. Enfin, ne pouvant plus supporter ce genre de vie, il quitta sa demeure et se retira chez un chanoine de ses amis, qui, par sa position, était exempt de loger des soldats. Dans les campagnes, c'était pis encore, et une foule de cultivateurs, voyant leur vie à chaque instant menacée, leurs femmes et leurs filles outragées sous leurs yeux, leurs mobiliers brisés ou volés, s'étaient jetés dans les bois pour piller et tuer à leur tour [1].

Comprimée longtemps par la terreur, l'indignation générale ne tarda pas à éclater. Persistant dans une opinion réputée dangereuse et impolitique par la plupart des hommes investis de la confiance du roi, d'Albe déclara, en 1571, que les deux années de sursis qu'il avait accordées, étant expirées, il allait faire lever le dixième et le vingtième denier, en exemptant toutefois les matières premières, les produits de la terre et les bestiaux (31 juillet 1571). Les représentations des conseils du gouvernement furent repoussées avec colère, et celles des états provinciaux n'obtinrent pas plus de succès. Le magistrat de Bruxelles, qui avait approuvé, le 17 août, les observations que les députés du Brabant adressèrent au gouverneur, résolut, le 26 septembre, de lui demander un sursis d'un mois afin de pouvoir présenter au roi une requête tendante à faire substituer au dixième et au vingtième des impôts moins odieux. Cette démarche resta sans résultat et, le 20 octobre, le magistrat

du magistrat, datée du 3 avril 1568 et dans laquelle il se plaint des arrestations opérées par Grouwels au mépris de sa juridiction. *Archives de l'Audience,* carton 1579, n° 7 bis. — [1] DE POTTER, f° 14 v.

dut se résigner à promettre assistance à Jean de Fraye, collecteur général du dixième denier. Cependant on hésitait encore à commencer une opération dont chacun prévoyait le danger, quand le duc manda au palais quelques membres de la loi pour leur déclarer qu'il entendait que l'impôt fût immédiatement levé, et qu'il fallait, au besoin, forcer la main aux collecteurs. Le 10 novembre, le premier bourgmestre, Maximilien T'Serraets, communiqua ces ordres à de Fraye, qui se mit en mesure de les exécuter [1]. Un avis, publié au mois de décembre, enjoignit aux marchands et détaillants de tout genre de venir à l'hôtel de ville jurer de payer le dixième de tout ce qu'ils vendraient, et ce, sous peine de voir fermer leurs boutiques. La plupart ne tinrent nul compte de cet ordre, et une nouvelle injonction, faite en particulier aux bouchers et marchands de volaille, n'ayant pas eu plus de succès, la boucherie fut fermée pendant neuf jours; la commune dut se nourrir de poisson qui, du reste, fut amené en abondance. Il fallut cependant finir par lever cette interdiction ainsi que celle dont les brasseries étaient l'objet depuis huit jours, et qui avait produit un manque presque absolu de bière [2]. Toutefois, le 12 janvier 1572, les brasseurs furent de nouveau sommés de suspendre leurs travaux, jusqu'à ce qu'ils eussent obéi à l'édit. Le premier de ces industriels, chez qui les collecteurs de l'impôt se présentèrent, dit que s'il avait méfait contre le roi ou la ville, l'autorité pouvait vendre ses biens à l'encan et se payer elle-même. Les collecteurs se retirèrent et déclarèrent au duc qu'ils n'osaient poursuivre les récalcitrants, de crainte d'être massacrés par le peuple; ils prièrent son confesseur de lui persuader d'abandonner sa résolution, mais mal en prit au conseiller, qui fut accablé de reproches. Les évêques et les abbés, assemblés alors à Bruxelles, ne furent pas plus heureux; en vain lui remontrèrent-ils qu'une commotion arrêterait la pacification des provinces et que la religion et les ecclésiastiques en seraient les victimes, il répondit qu'il voulait exécuter la volonté du roi. D'après une lettre écrite, le 29 janvier, au prince d'Orange, d'Albe aurait ordonné aux magistrats, de forcer les habitants à l'obéissance, les jurés des métiers, assemblés le 19, auraient été retenus à l'hôtel de ville, et il s'en serait suivi un tumulte violent qui aurait fait lever la séance du conseil communal. Mais cette lettre peint l'irritation

[1] *Resolutie Boeck.*

[2] De Potter, f° 17. — Viglius, *Commentarius,* l. c., p. 312. Les jurés ou doyens de ce métier étaient alors Guillaume Criecke, Jean Beeckman, Henri Moriaens.

de la bourgeoisie sous des couleurs trop exagérées pour que nous ne la croyions pas avoir été destinée à animer davantage les populations [1].

L'ordre du 12 janvier n'ayant produit aucun effet, il fut enjoint aux brasseurs de payer l'impôt, sous peine de 100 florins d'amende pour premier refus, et sous peine de mort et de confiscation en cas de récidive. Vaines menaces! les brasseries chômèrent et personne ne céda. Placés entre un tyran impitoyable et un peuple irrité, les magistrats voulurent au moins pourvoir à la disette de bières; à cet effet ils louèrent les ustensiles de quelques brasseurs, engagèrent des valets et firent brasser de la petite bière dite *cuyte* [2]. Cette boisson, qui n'était que de l'eau, dit un contemporain (De Potter), ne pouvait convenir à la bourgeoisie, et l'on dut faire venir de la bière de Coeckelbergh, Vilvorde et autres localités; mais comme la fabrication n'y était nullement proportionnée aux besoins d'une grande ville, et que les frais de transport la rendaient très-chère, peu de gens purent profiter de cette ressource. Ne sachant plus que faire, le magistrat voulut tenter un coup d'autorité et cita les brasseurs et leurs familles à comparaître à l'hôtel de ville. Cet expédient échoua comme les autres : certains d'être soutenus par les nations, ils demandèrent à être entendus en *vierschare*, et l'on s'empressa d'écarter cette demande; un acquittement aussi bien qu'une condamnation aurait eu les suites les plus fâcheuses. Les brasseurs présentèrent alors un long mémoire dans lequel ils réclamaient les priviléges garantis par la Joyeuse Entrée, et rappelaient les grandes charges qu'ils avaient supportées pour la construction du canal, ainsi que l'empressement avec lequel les habitants avaient monté la garde pour défendre Bruxelles contre les ennemis du roi et les pillards d'églises. Dans l'impossibilité de frapper cette puissante corporation, il fallut céder de nouveau, et, le 15 février, les brasseries reprirent leur activité habituelle. La plupart des marchands de drap, les merciers, les fruitiers, avaient également fermé leurs boutiques depuis le 7 janvier, et, bien qu'il leur eût été ordonné de les ouvrir, sous peine de 25 florins d'amende, ils se passèrent de vendre, pendant trois mois, plutôt que de se soumettre à l'impôt. Bientôt les boulangers refusèrent de cuire du pain et les bouchers de vendre

[1] M. Groen van Prinsterer, T. III, p. 406.

[2] Résolution du 21 janvier. *Cleyn Swert Boeck.* La *cuyte* était primitivement la bière de première qualité, mais avec le temps elle déchut et tomba au dernier rang. Cela est dit positivement dans une réclamation datée de l'an 1534.

de la viande, et il n'y eut plus moyen de combattre cette opiniâtre résistance.

En désespoir de cause, le magistrat fit, le 28 février, une dernière tentative et ordonna de payer le dixième sous peine d'une amende de 60 réaux d'or; mais elle échoua comme les précédentes, et les commissaires chargés de la recette de l'impôt attendirent vainement à l'hôtel de ville; personne ne vint [1]. Dans la semaine de Pâques, des Gantois, qui avaient apporté des saumons à la mingue, furent obligés de les emporter, n'ayant pas trouvé d'acheteurs. Les meubles d'un bourgeois ayant été mis en vente, personne n'osa les mettre à prix. Ni la présence du duc, ni les menaces les plus terribles, ni les logements militaires, dont on accablait les membres les plus énergiques du parti populaire, ne purent triompher de cette héroïque fermeté que la Belgique entière admirait et encourageait. Déjà l'inaction des artisans et leur misère croissante étaient exploitées par les agitateurs, et le gouvernement ne pouvait guère faire fond sur les troupes, qui, mal payées, étaient prêtes à se révolter [2]. Dans ces circonstances, les états des provinces résolurent de recourir au roi lui-même; le Hainaut prit l'initiative, et les deux premiers ordres du Brabant, qui avaient consenti les impôts, pour autant que le tiers-état voterait dans le même sens, et qui se voyaient exposés à l'animadversion du peuple, nommèrent cinq députés, entre autres l'abbé de Parck et maître Corneille Wellemans, pour porter leurs doléances à Madrid. La députation partit vers la mi-carême [3].

Cette démarche éclatante, qu'il n'avait pu empêcher, porta au comble l'exaspération de d'Albe, et il se prépara à tirer une terrible vengeance des Bruxellois qu'il accusait d'avoir fait échouer ses projets. Il résolut de se saisir de dix-sept notables (ou, selon d'autres, de soixante-dix), et de les faire immédiatement pendre aux portes de leurs maisons, s'ils ne se soumettaient à payer le dixième. Le lieutenant-amman, entre autres, devait être pendu aux barreaux des fenêtres de l'hôtel de ville, pour avoir refusé d'exécuter les récalcitrants : « Par ceci, » lui avait dit, peu de temps auparavant, le duc en tirant sa barbe, « si vous ne vous hâtez, vous serez » pendu, » et sur ce qu'il s'excusait : « Il suffit, puisque je le commande, il » faut que ma volonté serve de raison [4]. » Déjà don Frédéric de Tolède avait

---

[1] DE POTTER, fº 19.

[2] VIGLII *Epistolæ ad Hopperum*. E. CXXIV, p. 310.

[3] DE POTTER, fº 20 v. — [4] *Chronique* de LE PETIT, p. 398. Édit. de 1604.

cherché Viglius pour lui faire signer la sentence, déjà les troupes étaient consignées, le bourreau préparait des échelles et des cordes, une journée terrible allait commencer, lorsque tout à coup arriva la nouvelle de la prise de la Brielle par Guillaume de la Marck, sire de Lummen.

Cet événement ne permettait plus à d'Albe de songer à des projets de vengeance qui pouvaient l'engager dans une lutte longue et dangereuse, alors qu'il ne devait pas perdre un instant pour courir à l'ennemi. Le succès de de la Marck fut le signal d'une prise d'armes générale. En quelques jours, toute la Hollande méridionale fut en pleine insurrection, et le duc n'avait pas encore réuni son armée qu'il apprit que Louis de Nassau avait surpris Mons. Ces événements le forcèrent à renoncer à la perception du dixième, et bientôt arriva le duc de Médina Celi, désigné par le roi pour le remplacer. Les démonstrations de joie qui éclatèrent à cette occasion montrèrent à d'Albe toute l'horreur qu'il avait inspirée, et blessèrent cruellement son orgueil. Le 16 juin, l'amman Jean de Locquenghien, les bourgmestres T'Serraerts et Jacobs, plusieurs des receveurs et le pensionnaire Maelcote furent désignés par le magistrat pour aller à Gand complimenter le duc de Médina Celi, qu'ils devaient prier en même temps de se contenter de sa garde ordinaire de hallebardiers et d'archers, à l'exemple des anciens souverains et de leurs lieutenants; le 19, au soir, les trois membres se rendirent à sa rencontre et lui offrirent le vin d'honneur [1]. Mais les espérances que son arrivée avait fait concevoir, ne tardèrent pas à s'évanouir. En voyant l'état déplorable du pays, Médina Celi ne se soucia guère de prendre les rênes de l'administration, que d'Albe, du reste, ne voulait lui remettre qu'après avoir étouffé l'incendie que ses rigueurs avaient allumé.

Les états généraux furent convoqués à Bruxelles pour fournir au gouvernement les moyens de faire face aux dépenses occasionnées par l'augmentation des troupes; le 21 août, le président Tisnacq, en présence des deux ducs, promit l'abolition du dixième et du vingtième, et demanda un subside annuel de deux millions, outre le centième denier. Le duc prit ensuite la parole pour exposer à l'assemblée la nécessité de voter les aides demandées; mais les États insistèrent pour obtenir préa-

---

[1] Ces résolutions du magistrat, ainsi que celles qui suivront, sont tirées du *Resolutie Boeck*; registre déjà cité des *Archives de la ville*.

lablement la suppression définitive du dixième et du vingtième dont le
roi n'avait fait que suspendre la levée, et il ne put voir la fin des discussions soulevées à ce sujet [1]

D'Albe et Médina Celi partirent, le 26 août, pour aller former le siége
de Mons, et bientôt la guerre étendit ses ravages jusqu'aux portes de
Bruxelles. Le prince d'Orange, qui accourait au secours de son frère,
occupa Tirlemont, Diest, Louvain, Malines, Termonde, Audenaerde,
Nivelles, mais il échoua devant Anvers et n'essaya même pas d'entrer
dans Bruxelles que gardaient cinq cornettes allemandes et trois espagnoles [2]. Pendant son campement à Sterrebeke et Saventhem, ses coureurs s'avancèrent jusqu'à Schaerbeek, Saint-Josse-ten-Noode, Ixelles, et
occasionnèrent en ville une vive alerte. N'ayant pu forcer d'Albe au
combat ni débloquer Mons, il revint, à la fin de septembre, camper à
Sterrebeke, et ses reitres dévastèrent les campagnes, enlevant les chevaux, le bétail, les meubles et les provisions, fouillant les bois pour y
découvrir les objets que les paysans y avaient cachés, pillant les églises
et les monastères [3]. Après avoir repris Mons, d'Albe tourna toutes ses
forces contre les provinces septentrionales ; mais ses succès mêmes, succès
que signalèrent d'horribles cruautés [4], rendirent le parti de la résistance
plus ardent et plus opiniâtre, et Philippe se décida enfin à le rappeler.
Pour réparer le mal produit par le zèle implacable du duc, il fallait le
remplacer par un homme qui sût allier la prudence à la valeur, la douceur à l'énergie. Le roi jeta les yeux sur don Louis Zuniga de Requesens, grand commandeur de Castille et gouverneur de Milan, et les brillantes qualités du commandeur justifièrent pleinement son choix.

Requesens arriva à Bruxelles le 17 novembre 1573 [5], avec deux
compagnies de cavalerie italienne. Un grand nombre de nobles, des
députés de Bruxelles, de Louvain, d'Anvers, de Bois-le-Duc et de Berg-
op-Zoom, avaient été l'attendre à deux lieues de la ville, et Frédéric de
Tolède le reçut à la porte de Louvain, acte de déférence auquel il ne

[1] M. GACHARD, l. c.

[2] Voyez M. GROEN VAN PRINSTERER, T. III, passim. — [3] DE POTTER.

[4] On connaît le sac épouvantable de Malines ; cet événement jeta le deuil dans
la Belgique entière, et partout on y fit des quêtes pour les habitants de cette malheureuse ville. A Bruxelles ce fut le second bourgmestre, Jacobs, qui fut chargé
de leur remettre les sommes recueillies. Résolution du 9 novembre 1572.

[5] Le premier bourgmestre, sire de Goyck, un receveur et un conseiller avaient
été chargés d'aller le complimenter à Wavre. Résolution du 14 novembre.

s'était soumis que sur l'injonction formelle de son père et qu'il fit de très-mauvaise grâce. Le 28, en plein conseil, d'Albe remit le gouvernement à son successeur, et, le 12 décembre, il quitta Bruxelles, chargé de trésors et des imprécations des Belges ; Jean Vargas le suivit le lendemain, et son fils, Frédéric de Tolède, avec son secrétaire Albernot, le 24. Le duc de Médina Celi était parti le 6 octobre [1].

Requesens chercha sur-le-champ à détruire les funestes effets de l'administration de son prédécesseur. Le 6 juin 1574, il se rendit à l'église de Sainte-Gudule, où se trouvaient réunis les chevaliers de l'ordre de la Toison d'or, les conseils, les cours supérieures, les députés des états généraux, convoqués à Bruxelles depuis le mois d'avril, et plusieurs autres personnages de distinction. Là, après une grand'messe célébrée par l'archevêque de Cambrai, il fit publier le pardon général accordé par le pape, et, dans l'après-dîner du même jour, l'amnistie accordée par le roi fut solennellement proclamée sur la grand'place [2]. Mais il était trop tard : la politique tortueuse du cabinet de Madrid avait excité trop de défiances pour que ces mesures pussent ramener la paix, et les choses en étaient venues au point que les insurgés, soutenus qu'ils étaient par les promesses secrètes de la France et de l'Angleterre, pouvaient espérer plus qu'un pardon. Les conditions qu'ils mirent au projet d'accommodement proposé par Requesens prouvèrent qu'ils tendaient à une indépendance absolue, et la guerre se poursuivit avec fureur. L'amnistie n'eut aucun résultat, et quelques actes arbitraires, nécessités par les circonstances, aliénèrent bientôt au nouveau gouverneur général une grande partie des provinces restées fidèles au roi. Les États tardant à voter l'aide qu'il leur avait demandée, il leva sur le plat pays brabançon des taxes, à décompter des sommes qui lui seraient accordées, et cette mesure, sans exemple encore, excita de vifs murmures. Toutefois le Brabant se décida à voter 550,000 florins, et les autres provinces ne tardèrent pas à l'imiter [3]. Dans le même temps les Bruxellois se récrièrent contre la demande d'une gratification d'une couronne par mois pour

---

[1] De Potter, f° 29. — *Coll. de fragments hist. concernant Bruxelles*, mss. de la bib. de Bourgogne.

[2] *Exemplarys oft copye van de oepene brieffven onses heeren des conings*. Brussel, 1574, in-4°. — *Lettres-patentes du pardon général accordé par Philippe II aux Pays-Bas*, Bruxelles, 1574, in-4°. — Strada. — P. Bor, etc.

[3] Van Loon, *Histoire métallique des dix-sept provinces*, T. I, p. 210.

chaque soldat, tandis que d'après les promesses qui leur avaient été faites, ils ne devaient plus fournir aux troupes que le logement. Le bourgmestre, l'échevin T'Serraerts et le secrétaire Melyn, chargés par le magistrat de porter ses réclamations au commandeur, se rendirent à Anvers, au mois de novembre, et parvinrent à les faire valoir, grâce à l'intervention de Julien Romero et de quelques autres officiers espagnols [1].

Dans les premiers jours de février 1576, deux compagnies d'infanterie de la garde de Requesens s'ameutèrent, réclamant leur paye arriérée. Elles parcoururent les rues de Bruxelles, tambours battants en tête, déchargeant leurs mousquets et poussant de grands cris. Ce mouvement n'ayant pas entraîné les deux autres compagnies, il fut promptement comprimé : les bourgeois prirent les armes et refoulèrent les séditieux dans leurs quartiers. Le commandeur fit aussitôt rechercher les auteurs de ce tumulte, et deux d'entre eux furent pendus à la porte du palais [2]. Mais les mêmes mouvements se manifestèrent partout, et les soldats mutinés se répandirent dans les campagnes, sans que les villageois, qui s'étaient armés par ordre de Requesens, pussent s'opposer à leurs excès. Ce fut au milieu de ces embarras que le commandeur mourut à Bruxelles, le 5 mars, emporté par un abcès à l'épaule ; après avoir été exposé pendant trois jours, son corps fut provisoirement déposé dans l'église de Coudenberg.

---

[1] *Resolutie Boeck.*
[2] HARÆUS, T. III, p. 227. — DINOTHUS.

CHAPITRE X.

Continuation du règne de Philippe II jusqu'à la mort de don Juan d'Autriche. — 1576-1578.

Philippe avait accordé à Requesens le droit de se choisir un successeur, mais la violence de sa maladie l'empêcha d'en profiter. La veille de sa mort, il avait fait rédiger un codicile par lequel il établissait les comtes de Berlaimont et de Mansfeld pour gérer provisoirement les affaires supérieures[1]; comme il n'avait pu le signer, cet acte fut considéré comme nul par le conseil d'état qui s'empara de l'autorité. Son pouvoir toutefois ne fut reconnu qu'avec réserve; le pensionnaire de Bruxelles, en rapportant au magistrat (2 mars 1576) les affaires traitées par les états de Brabant depuis la mort du commandeur, annonça que cette assemblée voulait demander la réunion des états généraux, pour qu'ils nommassent un gouverneur général en attendant que le roi pourvût au remplacement de Requesens. Les États s'étaient également occupés des aides et du prêt de 350,000 livres d'Artois demandés à la province, et les villes y avaient mis des conditions que le chancelier fut chargé de transmettre au roi, pour qu'il y satisfît avant la signature de l'acte de consentement; enfin, ils avaient résolu de déclarer au conseil d'état leur intention de lever des troupes pour chasser du Brabant la cavalerie légère mutinée, résolution à laquelle les trois membres s'empressèrent de donner leur assentiment[2].

Le pays était alors dans un calme trompeur[3] : chacun semblait vouloir le retour de la paix et le maintien de la religion romaine, mais au

---

[1] Une copie de cet acte, datée du 4 mars 1576, se trouve dans les *Archives de l'Audience*, cart. 1369, n° 12.

[2] *Resolutie Boeck.*

[3] V. une lettre de Viglius à Granvelle. HOYNCK, II, 408.

fond des cœurs s'agitaient bien des espérances, bien des projets ambitieux. Philippe II crut, par quelque condescendance, parvenir à calmer les esprits et à rétablir son autorité dans les provinces insurgées. A cet effet, et d'après l'avis d'Hopperus, alors garde des sceaux à Madrid, il confirma le conseil d'état dans le gouvernement provisoire, en attendant l'arrivée de son frère naturel, don Juan d'Autriche, qu'il avait résolu de nommer gouverneur général [1]. Dans le même temps, le marquis d'Havré revint d'Espagne porteur du décret abolissant l'impôt du dixième denier. Mais cette concession tardive fut reçue avec indifférence. Le conseil d'état avait essayé d'ouvrir un emprunt et il avait établi à Bruxelles le bureau principal de recette. Le manque de garanties ayant éloigné les spéculateurs, quelques membres proposèrent, pour faire face aux besoins les plus pressants, de lever un impôt sur le commerce et l'industrie. Cette proposition souleva d'irritantes discussions et fit éclater la scission qui existait dans le conseil. Les votants contre l'impôt furent nommés *patriotes*, tandis que les autres, qualifiés d'*Espagnols*, se virent insultés dans les rues.

Cependant les provinces du Nord étendaient leurs progrès, et les Belges, exposés aux violences des troupes espagnoles qui avaient secoué tout frein, couraient aux armes pour réprimer leurs brigandages. Afin de payer la solde de ces soldats indisciplinés, le peuple avait donné jusqu'à son argenterie, et avait même laissé enlever les riches châsses de ses saints et les cloches de ses églises [2]. Mais le désordre n'avait fait qu'augmenter, et les mutins se livrèrent aux plus affreux excès. Peu de jours après la mort de Requesens, le 20 mars, on avait vu paraître cinq cents cavaliers sous les murs de Bruxelles où ils espéraient s'introduire d'intelligence avec les quatre cornettes qui y tenaient garnison ; mais les bourgeois avaient pris les armes, garni les portes, les tours et les murailles, et interdit aux troupes de l'intérieur l'approche des fortifications. Pendant deux jours les Espagnols restèrent campés en vue de la ville et à Crainhem; puis, voyant qu'il n'y avait pas moyen de tromper leur vigilance, ils partirent pour Maestricht.

Confiante dans sa force, la bourgeoisie resta calme. Le 5 juin, il y eut même un très-bel ommegang qui éclipsa tous ceux qu'on avait vus

---

[1] Lettres-patentes du 3 avril 1576. *Archives de l'Audience,* cart. 1369, n° 13. Quelques auteurs leur donnent à tort la date du 24 mars.

[2] *Coll. de fragments hist. concernant Bruxelles,* l. c.

depuis vingt ans; quatorze cents hommes des sections accompagnèrent la procession [1].

Le 2 juillet, arriva la nouvelle de la prise de Zierikzée, dont le siége durait depuis près d'un an; mais l'attention publique ne s'arrêta pas longtemps sur cet événement, distraite qu'elle fut par l'approche des bandes espagnoles qui, après avoir pris cette place, s'étaient mutinées exigeant leur solde arriérée. Leur capitaine Montedosca vint à Bruxelles porter leurs réclamations au comte de Mansfeld et la promesse qu'en attendant sa réponse, elles se tiendraient tranquilles; cette promesse ne tendait qu'à endormir la sécurité de la bourgeoisie, et les mutins n'avaient nulle envie de la tenir. Le 21 juillet, ils se présentèrent, au nombre de seize cents, devant Malines, demandant à pouvoir y loger un jour. Les Malinois, soutenus par cent trente soldats wallons, ayant tenu leurs portes fermées, ils passèrent la Dyle et la Senne et se dirigèrent sur Bruxelles, jurant hautement qu'ils laveraient leurs mains dans le sang de ses bourgeois [2]. Arrivés à Grimberghe, ils furent rejoints par Montedosca qui leur rapportait la réponse de Mansfeld, et qui les prévint en même temps que toute la ville était armée contre eux. Les Bruxellois en effet avaient tous, sans exception, revêtu l'habit militaire; ils avaient pour chefs Corneille Vanderstraeten, avocat au conseil de Brabant, et l'hôte de l'Écu de Hongrie, rue de l'Empereur [3]. Cinq ou six sections, outre les serments, avaient été placées à chaque porte, et une réserve de mille hommes devait se porter partout où il y aurait apparence de danger. Le duc d'Aerschot, le comte de Mansfeld, s'étaient concertés avec le magistrat pour prendre toutes les mesures nécessaires à la défense de la ville; ils avaient, en toute diligence, garni les remparts de grosse artillerie, et fait donner des *demi-haches* et autres armes à ceux qui n'avaient pas de mousquets [4]. Pour empêcher les Espagnols de la garnison d'appuyer les tentatives de leurs compatriotes, les bourgeois se portèrent au palais, où trois compagnies faisaient le service, et, après une fusillade de courte durée, qui tua ou blessa de part et d'autre quelques hommes, ils les chassèrent de la ville [5]. On ne pouvait prendre

---

[1] De Potter, f° 35. [2] M. Gachard, *Des anciennes assemblées nation. de la Belgique.*

[3] Van Meteren, VI° boeck, f° 106 et 117. — Bor, T. I, p. 693.

[4] De Potter, f° 35 v°. — *Oppinie Boeck van 1575 tot 1584. Archives de la Ville.* V. la séance du 5 août.

[5] Van Meteren, VI° boek. — De Potter.

trop de précautions, car le parti espagnol comptait encore de nombreux adhérents qui recouraient à tous les moyens pour arrêter l'élan populaire. Leurs chefs, le vicaire général Morillon, administrateur de l'archevêché de Malines, l'amman Antoine Van Oss, seigneur d'Heembeke, le président du conseil privé, de La Torré [1], étaient secondés par quelques membres du magistrat, et, entre autres, par le bourgmestre Antoine Quarré, sire de Saemslach, qui auraient voulu faire entrer en ville des troupes wallonnes; mais les nations résistèrent vivement. Le duc d'Aerschot, qui se rendit à l'hôtel de ville pour obtenir leur consentement, éprouva de même un refus formel. « Si l'on ne se fie pas à nous, » dirent-elles, si l'on nous prend pour des rebelles, à notre tour nous » commençons à nous défier de l'autorité, et nous ne voulons pas plus » de troupes wallonnes que d'autres [2]. » Cette opposition n'arrêta pas le bourgmestre et il résolut d'introduire les troupes nuitamment. Il se rendit à cet effet à la porte d'Obbrussel, mais à peine l'eut-il ouverte que la garde bourgeoise le poussa brusquement dehors et la referma. Ce ne fut qu'après bien des prières et des instances qu'il lui fut permis de rentrer [3].

C'était une chose admirable que l'ordre sévère qui régnait dans Bruxelles depuis que la garnison en avait été expulsée. Toutes les nuits, un échevin, un receveur, un conseiller, un secrétaire et un valet de la ville, devaient se trouver à la maison communale pour se porter partout où leur présence serait requise. Un serment était de garde au marché et un autre aux remparts. Une section, et deux, lorsqu'il y avait apparence de danger, veillaient à chaque porte et aux tours voisines [4]. Les bourgeois, jeunes et vieux, faisaient le service avec un zèle digne d'éloges; on vit même le chancelier de Brabant, Jean Scheyfve, sire de Rhode-Sainte-Agathe [5], malgré son âge avancé, revêtir l'uniforme, et se ranger sous la bannière de son quartier. La garde aux portes se faisait avec une rigueur extrême, et l'on apportait même des obstacles au passage des membres du gouvernement. Mansfeld s'en étant plaint au magistrat, disant « que les moindres bourgeois avoient peu de respect pour leurs chefs, » quelques notables furent envoyés à chaque

[1] De Kempenaere. — [2] *Oppinie Boeck,* loc. cit.
[3] De Potter. — [4] *Ibid.*
[5] Il avait été bourgmestre d'Anvers, ambassadeur en Angleterre, et membre du conseil privé.

porte pour y prendre le commandement (30 juillet)[1]. En même temps, Bruxelles songeait à se faire des alliés, et Martini Stella (Vander Sterre) fut envoyé aux autres villes pour les faire entrer dans un projet de défense commune[2].

Le 23, les Espagnols parurent sur les hauteurs au-dessus de Laeken ; mais ils tournèrent à droite et se dirigèrent sur Assche, où ils logèrent trois jours ; ils y commirent mille excès et torturèrent les moines d'Afflighem pour leur faire avouer où étaient les richesses de l'abbaye. Le 25, ils forcèrent Alost, qui fut livrée au pillage, et, quelques jours après, ils s'emparèrent du château de Liedekerke, dont ils ravagèrent le territoire ; le village de Denderleeuw éprouva le même sort[3]. Le seigneur de Liedekerke et le bailli d'Enghien réunirent un grand nombre de paysans, et vinrent, le 1er août, à Liedekerke pour attaquer ces brigands qui, manquant de poudre, eussent été taillés en pièces, si le comte de Rœulx, gouverneur de la Flandre, n'eût défendu d'engager le combat ; aussi la conduite équivoque de ce seigneur lui fit-elle beaucoup d'ennemis dans le peuple[4].

Lorsque la nouvelle du sac d'Alost parvint à Bruxelles, elle y excita une indignation générale ; les états de Brabant se plaignirent énergiquement de l'apathie du gouvernement en face des fureurs d'une soldatesque effrénée. Leurs réclamations furent soutenues par la multitude et par les femmes même, dont les clameurs violentes effrayèrent le conseil d'état. Craignant les suites d'une émeute, il rendit un décret (26 juillet) « qui déclaroit les Espagnols mutins, traîtres, perfides et rebelles, ordon-
» noit à tous sujets des Pays-Bas de les poursuivre et de les exterminer
» partout où ils les trouveroient armés, défendoit de leur fournir secours
» ou vivres, et autorisoit toutes les communautés à se rassembler au son
» du tambour ou du tocsin[5]. » Le même jour, les nations furent convoquées pour aviser aux moyens de rassurer la population. Pour alléger le service pénible des gardes bourgeoises, le magistrat proposa de lever parmi le « commun peuple, » cinq ou six enseignes de piétons, fortes

[1] *Resolutie Boeck.*

[2] J.-B. DE TASSIS, l. c., T. IV, p. 210.

[3] DE POTTER, f° 36.—VAN METEREN, f° 117.—DE KEMPENAERE, f° 166.—*Oppinie Boeck*. V. la séance du 5 août.

[4] VAN METEREN. — DEWAEL, T. II, f° 267, etc.

[5] VANDERVYNKCT. — BOR. — VAN METEREN. — STRADA.

chacune de 500 hommes et commandées par des capitaines, des enseignes et des sergents, qui prêteraient, ainsi que leurs soldats, serment de fidélité au roi et à la ville, et d'obéissance à leurs chefs. Les deux premiers membres accueillirent favorablement cette proposition, en y mettant toutefois pour condition que les ecclésiastiques et les conseils du gouvernement participeraient aux frais de cette levée. Chez les nations, elle rencontra plus de difficultés : quatre seulement l'approuvèrent en y apportant encore des modifications [1]. Les cinq autres la rejetèrent, disant qu'elles étaient toujours prêtes à faire le service, et qu'il fallait augmenter le nombre des confrères des serments. Elles demandèrent aussi que Romero et les autres officiers et seigneurs espagnols fussent consignés chez eux, qu'on rendit force et vigueur aux placards contre les étrangers, et qu'on fit publier dans tout le Brabant le décret que le conseil d'état venait de faire afficher à Bruxelles. Elles insistèrent sur la nécessité de réparer activement les fortifications et de n'admettre en ville aucun soldat étranger. Une d'elles exprima aussi son étonnement de ce que des étrangers siégeassent au conseil du roi, observation qui s'adressait directement à Delrio et à de Roda [2]. Convoquées de nouveau le lendemain, elles se plaignirent de ce que le pensionnaire avait déclaré qu'il y avait consentement, bien que trois nations eussent consenti différemment et qu'il fallût le vote affirmatif de cinq d'entre elles. La nation de Saint-Géry revint sur sa première opinion, et déclara se joindre aux cinq opposantes qui persistèrent dans leur refus, réitérant leurs offres de service, engageant le magistrat à n'accorder aucune exemption de garde et demandant qu'on délivrât des armes aux « pauvres gens. » Toutes insistèrent de nouveau sur le danger d'introduire des soldats étrangers dans la ville [3].

Dans la vue de se former un noyau de troupes dévouées, les états de Brabant sollicitèrent et obtinrent du conseil d'état un octroi pour lever deux mille fantassins et six cents cavaliers. Guillaume, sire de Heze, fils de Martin de Hornes, comte de Houtckerke, jeune homme actif et entreprenant, fût désigné pour commander leur infanterie ; à la

---

[1] La nation de Saint-Nicolas ne voulait qu'une levée de 900 hommes et demandait que messire Vandermeeren fût nommé capitaine, et maître Corneille Vanderstraeten, wachmeester (maître de la garde). Saint-Géry disait que quatre compagnies suffisaient et qu'elle devait savoir préalablement les noms des capitaines. Saint Pierre demanda que l'on nommât douze capitaines nobles de la ville, etc.

[2] *Oppinie Boeck.* — [3] *Ibid.*

tête de la cavalerie, ils placèrent le sire de Bèvres. Le premier choisit
pour lieutenant le sire de Glymes, grand bailli du Wallon Brabant [1]. Les
États résolurent également de prendre à leur solde, pour un mois, trois
bandes d'ordonnance : celles de d'Aerschot, d'Havré et de Boussu ou de
Ville [2]. Ces mesures ayant reçu l'assentiment des trois membres de la
commune, les nations furent convoquées, le 5 août, à l'effet d'autoriser
l'entrée en ville de la bande d'ordonnance du duc d'Aerschot. La plupart y consentirent en recommandant instamment d'augmenter les fortifications, de construire un boulevard à chaque porte, d'établir un corps
de garde à la porte du Canal, et de cantonner des troupes à Vilvorde et
à Hal pour défendre les approches de la ville. Quelques-unes proposèrent de présenter une adresse au conseil d'état pour qu'il gardât l'autorité jusqu'à la fin des troubles; mais cette proposition ne fut pas
admise. Toutes réclamèrent énergiquement contre l'impunité qui enhar-
dissait les Espagnols à fouler le pays. Une des opposantes, la nation de
Saint-Laurent, après avoir rappelé les tentatives faites sur Bruxelles, le
sac d'Alost, le pillage des territoires voisins, dit que le décret du conseil
d'état contre ces rebelles n'était qu'une dérision, puisque loin de le
mettre à exécution, on empêchait les seigneurs belges qui avaient levé
des cavaliers pour la défense du pays, de poursuivre ces brigands, et
elle flétrit énergiquement l'intervention du sire de Rœulx à Liedekerke :
« On parle de confier la garde de la ville à des troupes wallonnes; mais
» n'a-t-on pas vu et entendu, ajouta-t-elle, comment les soldats wallons
» que l'autorité voulait introduire dans la ville ont embrassé et festoyé
» les Espagnols, et ceux-ci ne leur ont-ils pas promis de ne leur faire
» aucun tort? Il est donc certain que si les Wallons étaient entrés en ville,
» nous aurions été livrés. Voyant qu'ils *ont le pied de l'autorité* et qu'on ne
» peut leur courir sus, les Espagnols s'enhardissent chaque jour davantage.
» Tous les bourgeois de Bruxelles qui tombent entre leurs mains sont
» égorgés, nos biens sont pillés; notre ville semble une proie que leur
» a abandonnée le roi d'Espagne, la cour ou le conseil d'état; car les
» édits lancés contre eux restent inexécutés sous prétexte que ce sont les
» soldats du roi. Nous ne connaissons pas le roi d'Espagne en cette qua-
» lité, bien qu'il soit un monarque puissant, mais comme notre très-

---

[1] J.-B. DE TASSIS, loc. cit., T. IV, p. 207.
[2] *Oppinie Boeck.*

» miséricordieux seigneur et duc de Brabant, qui nous a promis, et cela
» sur les saints évangiles, qu'il nous sera bon, juste et fidèle seigneur,
» qu'il ne nous fera ou laissera faire aucune violence, et qu'il ne traitera,
» ni laissera traiter injustement laïque, ni ecclésiastique. Nous prions le
» magistrat de présenter cette remontrance au conseil d'état, suppliant
» Dieu que les prélats, barons, chevaliers, bourgmestres et échevins du
» Brabant exécutent la Joyeuse Entrée, de crainte que le peuple ne
» tombe dans la misère ou le désespoir. Nous laissons l'accès libre aux
» États; mais quant aux bandes d'ordonnance, nous croyons qu'elles sont
» mieux au dehors de la ville pour combattre l'ennemi [1]. »

Comme les soldats espagnols proclamaient hautement leur projet de marcher sur Bruxelles pour délivrer le conseil d'état, et que l'on apprit en même temps que d'autres bandes se concentraient dans le quartier d'Anvers, le magistrat protesta (5 août) contre l'intention qu'on lui prêtait d'attenter à la liberté de ce corps, et il ordonna aux gardes d'obéir ponctuellement aux commissaires placés aux portes en suite de la résolution du 50 juillet [2]. Peu de temps après, les états de Brabant proposèrent au conseil d'état et au magistrat de faire entrer en ville deux des compagnies qu'ils avaient levées. Cette proposition ayant été agréée, le magistrat déclara que ces soldats seraient logés chez les habitants riches et que les membres des serments seraient seuls exemptés de cette charge. Le large conseil mit pour condition à son vote que chaque maison n'aurait à fournir qu'un lit. Il demanda ensuite qu'il fût défendu aux ouvriers des fortifications de venir, comme ils le faisaient, après leurs travaux, se promener sur le marché, tambours en tête et drapeaux déployés. Afin de prévenir les inconvénients qui pouvaient résulter de la cherté des vivres, les nations engagèrent le magistrat à acheter des grains pour les revendre ensuite à bas prix. Quelques-unes ne consentirent à l'entrée des troupes qu'après avoir reçu l'assurance qu'elles ne monteraient pas la garde pendant la nuit, tant était grande la défiance de la bourgeoisie. La nation de Saint-Laurent pria les États « de ne plus appeler les Espa-
» gnols les soldats du roi, parce que c'était faire du roi le chef de voleurs,
» assassins, etc. [3] » Jacques de Glymes entra aussitôt dans Bruxelles, avec trois cents mousquetaires. Les huit autres compagnies furent

---

[1] *Oppinie Boeck.*
[2] *Resolutie Boeck.*
[3] 20 août 1576. *Oppinie Boeck.*

envoyées à Louvain, à Hal, à Vilvorde, et aux quartiers d'Anvers et de Bois-le-Duc [1].

Le 51 août, un grand tumulte éclata à la Cantersteen. Un secrétaire de Jérôme de Roda s'était rendu odieux à la multitude, en disant, prétendait-on, que les Espagnols, ses compatriotes, se baigneraient dans le sang des bourgeois ; comme il passait à la Cantersteen, il fut reconnu par quelques hommes du peuple qui se jetèrent sur lui et le maltraitèrent si rudement qu'ils le laissèrent pour mort. Le tumulte augmentant, plusieurs Espagnols furent assaillis par la populace. De Roda, Alphonse Vargas, Julien Romero n'échappèrent à sa fureur qu'en se réfugiant chez quelques bourgeois qui leur firent gagner le palais vers lequel la foule se porta aussitôt. Le mot de trahison retentit de toutes parts et plusieurs voix s'élevèrent pour demander la tête de Mansfeld. Mais les royalistes, qui étaient en grand nombre encore dans la bourgeoisie, parvinrent à repousser les émeutiers. Ceux-ci se répandant alors dans les rues, se jetèrent sur l'hôtel de Berlaimont, où l'on prétendait que des Espagnols étaient cachés, et sur celui de Roda, que l'on accusait de vouloir livrer la ville aux soldats mutinés ; heureusement les gardes bourgeoises arrivèrent à temps pour empêcher le pillage de ces hôtels [2].

C'étaient les déprédations continuelles des bandes espagnoles qui entretenaient ainsi l'irritation du peuple. D'Alost, devenu le centre de leurs opérations, elles faisaient journellement des incursions jusque sous les murs de Bruxelles, incursions qui forcèrent les chartreux de Scheut à se réfugier dans cette ville (septembre). On les vit paraître sur la chaussée de Flandre et pousser jusqu'*au Cheval* (tot aen den Ros) ; le 8 septembre, cent cavaliers vinrent à Willebroeck, dans le dessein de s'y fortifier, pour empêcher la navigation du canal. Alphonse Vargas, commandant de la cavalerie royale, les capitaines Montedosca, Mendosa, Romero, Mansfeld lui-même, essayèrent vainement de les ramener dans le devoir ; comme ils n'apportaient pas d'argent, ils ne furent pas écoutés ; loin de reconnaître l'autorité de Mansfeld, ils l'auraient arrêté, s'il ne s'était promptement retiré [3]. Les membres espagnols du conseil d'état soutenaient d'ailleurs leurs compatriotes, et plusieurs d'entre eux allèrent même les joindre. D'un autre côté, le sire de Heze n'avait pas tardé à suivre son

[1] *Resolutie Boeck.* — [2] STRADA. — DE THOU.
[3] DEWAEL, fº 267. — DE POTTER. — HARÆUS, T. II, p. 251. — VAN METEREN. — DE KEMPENAERE. — DINOTHUS.

lieutenant à Bruxelles, où il s'arrogea immédiatement toute l'autorité militaire, réduisant à une nullité complète le comte de Mansfeld. L'arrivée des troupes des États, placées sous les ordres de chefs connus par leur haine contre les Espagnols, avait trop bien servi les projets des patriotes pour qu'ils tardassent longtemps à les exécuter. Chaque jour, de Glymes faisait exercer ses troupes hors de la porte de Coudenberg. Le 4 septembre, avant midi, revenant de l'exercice, il avait déjà dépassé le palais, lorsqu'il fut rejoint par quelques bourgeois armés conduits par Henri de Bloyere, un des quatre capitaines commis aux places d'alarme [1]. Ordonnant aussitôt un demi-tour à droite, il entra au palais et marcha directement à la salle où le conseil d'état se trouvait réuni. Comme on refusait de lui en ouvrir la porte, il en fit sauter la serrure [2] et arrêta tous les membres présents. Les comtes de Mansfeld et de Berlaimont, d'Assonleville, Sasbout [3], ainsi que les secrétaires Berty et Scharenberger, furent conduits à pied à la *Broodhuys* et enfermés chacun dans une chambre particulière; on eut néanmoins pour eux tous les égards dus à leur position. Delrio fut conduit dans un cabaret à l'enseigne du *Moulin à Vent* sur la grand'place [4]; il eut à supporter en chemin les insultes de la populace, qui n'avait pas oublié qu'il avait fait partie du conseil de sang. Comme on ne le crut pas en sûreté dans cette maison, il fut transféré à la Treurenborch. Viglius étant malade n'était pas venu au conseil, non plus que le duc d'Aerschot, qui se disait également indisposé, ce qui le fit soupçonner par bien des gens d'avoir eu part au complot. Viglius fut retenu prisonnier dans sa chambre [5]. Le jour suivant, on arrêta encore quelques membres du conseil privé, entre autres, Fonck [6] et de Tassis, qui revenait d'Anvers, où il avait été assister aux noces de son neveu. Ils furent incarcérés au Petit Moulin, mais ils n'y restèrent pas longtemps : Fonck, d'Assonleville, Sasbout, Berty et Scharenberger furent relâchés le 15, et de Tassis fut rendu à la liberté quelque temps après, à la sollicitation de son frère Léonard, qui fit présent d'un beau cheval

[1] M. Groen van Prinsterer, T. V, p. 609.

[2] J.-B. de Tassis.

[3] Azevedo ne parle pas de Sasbout; selon lui et de Tassis, d'Assonleville fut enfermé au Moulin à Vent.

[4] Het Cleyn Moleken. Azevedo. — De Tassis.

[5] De Thou, *De vitâ suâ* ad seriem historiar., T. VII, p. 27.

[6] De Potter dit que Fonck et Jean Boisschot furent arrêtés en même temps que Delrio et enfermés avec lui.

au sire de Heze [1]. L'amman fut également incarcéré et n'était pas encore relâché le 27 novembre [2].

Le prince d'Orange fut généralement considéré comme l'instigateur de ce coup d'état, qu'avaient préparé, disait-on, Jean Vanderlinden, abbé de Sainte-Gertrude, que l'on savait correspondre activement avec lui, François de Vleeschouwere, abbé de Villers, et le pensionnaire de Louvain, de concert avec deux autres laïques [3]. De fréquentes conférences avaient eu lieu en effet à l'hôtel de ville, entre plusieurs députés des états de Brabant, le chancelier et les capitaines de la bourgeoisie [4]. C'était là qu'avait été concertée cette entreprise ; c'est là que fut décidée la réunion des états généraux. Toutefois, les états de Brabant désavouèrent cette arrestation, et les nations, ainsi que le magistrat, protestèrent qu'elles n'y avaient pris aucune part [5]. On sait à quoi s'en tenir sur les protestations de ce genre. Cet événement, qui eut d'immenses résultats, mit franchement en présence les Espagnols et les patriotes, et ceux-ci ne voulurent pas donner à leurs adversaires le temps de se relever. Dans un manifeste, ils accusèrent le conseil d'état de favoriser les bandes mutinées, avec lesquelles il avait de secrètes intelligences, tendantes à les introduire dans Bruxelles ; de s'être opposé à cet effet à la levée des troupes par les États, et de chercher à procurer des renforts aux Espagnols, pour replacer le pays sous la sanglante tyrannie à laquelle il venait à peine d'échapper, projet dont se vantaient déjà ces troupes étrangères. Les auteurs du manifeste protestaient, du reste, de leur respect pour la religion catholique et pour l'autorité royale, leur seul but étant, disaient-ils, de mettre le pays à l'abri des fureurs d'une soldatesque indisciplinée et rebelle [6]. Par un acte du 8 septembre, les états de Brabant avaient convoqué les états généraux [7], et bientôt les provinces envoyèrent leurs délégués à Bruxelles. Les trois membres confirmèrent

---

[1] DE TASSIS, loc. cit., T. IV, p. 242. Pendant une nuit du mois de novembre, de Tassis se rendit, avec un de ses domestiques, au rempart de Ste-Claire, et, au risque de se briser dans leur chute, ils se laissèrent glisser hors de la ville. Ils trouvèrent à Ixelles deux chevaux, et arrivèrent le lendemain à Malines, d'où ils gagnèrent le pays de Liége. De Tassis alla ensuite trouver don Juan d'Autriche.

[2] *Resolutie Boeck.*

[3] DE TASSIS. — [4] DE POTTER.

[5] M. GROEN VAN PRINSTERER. — *Oppinie Boeck.*

[6] VAN METEREN.

Archives de Lille. V. le rapport de M. Gachard sur ces archives, p. 228.

les députés de la ville dans leur office, en approuvant et ce qu'ils avaient fait et ce qu'ils allaient faire dans l'intérêt général [1].

Le service des gardes bourgeoises était rendu fort pénible par suite des nombreuses précautions qu'exigeait toujours la sûreté de la ville, dont le sire de Heze avait été nommé capitaine général [2]. Pour l'alléger en ce qui les concernait, les quatre capitaines des places d'alarme prièrent le magistrat de confirmer dans leurs fonctions les lieutenants qu'ils s'étaient choisis, et il fut convenu de leur payer huit sous par jour, « à » condition qu'ils rendraient à la commune tous les services possibles [3]. » Les charges qui incombaient alors à la ville, dans l'intérêt général, devaient rendre le magistrat parcimonieux. Pour faire face aux dépenses toujours croissantes, les trois membres durent recourir à de nouveaux impôts, et ils résolurent de lever le vingtième denier sur les maisons et terrains situés dans la ville, en y comprenant ceux appartenant aux prélats, aux ecclésiastiques et aux métiers, plus le vingtième et le quarantième des biens situés dans la cuve [4].

A peine les États furent-ils assemblés qu'ils prirent, au nom du roi, l'administration du pays [5]. Ils traitèrent d'usurpation l'autorité que s'était arrogée Jérôme de Roda, qui, retiré dans la citadelle d'Anvers, rendait des ordonnances, au nom du conseil d'état, dont il se disait le représentant [6]. Par un décret du 22 septembre, qui fut publié à Bruxelles le lendemain, ils déclarèrent les Espagnols mutins, ennemis de la patrie, « pour avoir menacé de se ruer sur la ville de Bruxelles et de » traiter hostilement ses habitants [7]. » Ils laissèrent toutefois subsister le conseil d'état, qui, ruiné et affaibli par les derniers événements, ne pouvait plus avoir qu'une ombre d'autorité. Ils firent ensuite proposer aux troupes allemandes d'entrer à leur service, ou de sortir du pays, et

---

[1] Résolution du 9 septembre. *Resolutie Boeck.*

[2] Nous n'avons pas trouvé sa nomination, mais, le 11 octobre 1576, les trois membres lui accordèrent à ce titre la franchise d'accises. *Resolutie Boeck.*

[3] Résolutions des 28 septembre et 13 octobre. *Ibid.* Il n'y avait auparavant que trois places d'alarme : le marché, le marché au bétail et le Sablon; il y en eut depuis deux autres, la Monnaie et le marché aux grains.

[4] Résolutions des 12 et 23 octobre. *Ibid.*

[5] Cette assemblée était composée de 83 membres. Les députés de Bruxelles étaient le bourgmestre Antoine Quarré, et le pensionnaire Jean Maelcote.

[6] M. GACHARD, *Analectes belgiques*, p. 208.

[7] *Placards de Brabant*, T. II, p. 226.

ouvrirent des négociations avec le prince d'Orange, qu'ils invitèrent à se rendre à Bruxelles, où le peuple réclamait instamment sa présence [1]. Guillaume les assura de son désir de travailler à la pacification du pays ; mais croyant qu'il y avait peu de sûreté pour lui à se rendre à Bruxelles, toujours menacée par les Espagnols d'Alost et d'Anvers, il préféra se rendre à Gand, où les États envoyèrent des commissaires [2] avec un traité d'union qu'ils avaient arrêté dans leur séance du 10 octobre. Avant de rien décider, le prince d'Orange demanda que cet acte fût ratifié par les magistrats, les corporations et les gardes bourgeoises de toutes les villes [3]. C'est ce traité qui, signé à Gand par le prince, les députés des états de Hollande et de Zélande d'une part, et par les commissaires des états généraux de l'autre, devint fameux sous le nom de Pacification de Gand (8 novembre 1576) [4]. Le magistrat, le large conseil et les nations approuvèrent, le 11 novembre, tout ce qui avait été fait aux états généraux par les deux bourgmestres, le receveur Vanderhert et le pensionnaire [5].

Les trois membres avaient envoyé des députés au prince, pour le prier de venir secourir le Brabant, mal défendu, disaient-ils, par les États, dont les troupes venaient d'être battues à Anvers [6]. Ils reçurent, le 10 novembre, la réponse suivante : « Messieurs, je vous remercie
» affectueusement de la bonne démonstration d'amitié que vous m'avez
» faicte, m'envoiant ces honestes personages de vostre part pour me
» visiter, vous asseurant qu'il n'i a seigneur au monde qui aist plus
» grand désir de vous faire plaisir et assistance, mesmes en temps si
» nécessaire, que moi. Toutesfois, pour plusieurs raisons que j'espère que
» vous mesmes jugerez raisonnables, je ne puis encores entièrement
» satisfaire à vos louables désirs. Il est vrai qu'en partie j'y ai satisfaict,
» envoiant mes compaignies à Gand, au lieu que messieurs des Estats ont
» ordonné et où ils ont pensé les affaires plus se présenter, et encores de

---

[1] M. GROEN VAN PRINSTERER, p. 456. Sunderlinge die van Brussel die nacht en dacht nae uwer excellencie verlangen.

[2] *Pièces curieuses touchant les troubles des Pays-Bas,* Ms. de la Bibl. de Bourg.

[3] M. GROEN VAN PRINSTERER.

[4] Le conseil d'état l'approuva au nom du roi, le 13 novembre. *Placards de Brabant,* T. I, p. 476.

[5] *Resolutie Boeck.*

[6] Résolution du 6 novembre. Ces députés étaient l'échevin Clockman, le conseiller Reymbouts, Aerssens et B. Vanderhaeghen. *Ibid.*

» jour en jour j'en envoie et en la plus grande diligence que je puis,
» mesmes depuis avoir entendu la misérable issue des affaires d'Anvers;
» combien toutes fois que je n'aie encores nouvelles aulcunes certaines
» de la paix, ni de l'asseurance qu'on m'a tant de fois promise; que, si
» je n'avoi plus d'esgard au bien commun du pais, auquel j'ai esté tant
» affectionné par le passé, qu'aux déportements d'aulcuns particulliers,
» j'eusse pu, avecq raison, penser à moi, abandonnant ceulx qui ne se
» fient en moi, comme il me semble, qu'ils debvroient. Mais, quant à ma
» personne, laquelle, bonne occasion se présentant, je l'estimeray
» tousjours bien emploiée pour vostre service, je ne veoi point que je
» puisse encore passer de là; car, en premier lieu, je ne suis encoires,
» comme dict est, asseuré de la paix, laquelle estant faicte, je me resou-
» drai par bon adviz (à) ce qui sera le plus expédient pour le publicq.
» Dadventage le seigneur Don Jean d'Austria estant venu en Lutzem-
» bourg, et ne sachant encore quelle résolution messieurs des Estats
» prendront sur sa venue, je ne pense pas aussi pouvoir résoudre de
» mon passage, parce qu'estant assez adverti de ses desseings, qui ne
» sont meilleurs que ceulx du duc d'Alve, je n'ai aulcunement délibéré
» de me mettre en lieu où il soit le plus fort [1]..... »

En effet, les opérations militaires des États n'étaient pas heureuses :
la défaite de De Glymes près de Tirlemont, les excursions des cavaliers
noirs [2], le sac de Maestricht et d'Anvers, ne pouvaient être contre-balancés
par la reddition du château de Gand, et, plus que jamais, le pays éprouvait l'urgente nécessité de se débarrasser de ces hordes farouches. La
défaite de De Glymes fit éclater une sédition à Bruxelles. Le magistrat
fut forcé de publier une ordonnance enjoignant à tous les Espagnols de
quitter la ville, avec leurs familles et leurs domestiques, endéans vingt-
quatre heures, et prescrivant la confection d'armes de guerre pour
l'usage de la bourgeoisie [3]. Les travaux de défense furent poussés avec
vigueur. A la demande du poëte Jean Houwaert, qui avait été nommé
surintendant des fortifications, les receveurs accordèrent un subside
de cent florins par semaine, afin d'augmenter le nombre des ouvriers
employés à ces travaux. Une ordonnance prescrivit de fermer les portes
de la ville à quatre heures de relevée, et d'en porter les clefs à la maison

[1] M. GROEN VAN PRINSTERER, T. V, p. 507.
[2] *De zwarte ruyters,* nom donné aux soldats de Julien Romero, qui s'était fortifié dans Lierre. *Beschryving van Lier,* bl. 68. — [3] DE POTTER.

communale avant cinq heures, sous peine d'une amende de vingt sous. Enfin, les trois membres demandèrent au duc d'Aerschot de faire entrer en ville cinq compagnies de mousquetaires, sous le commandement d'un colonel, mesure nécessitée par l'indiscipline des troupes de la garnison, et ils ordonnèrent aux deux serments qui gardaient la porte de Coudenberg d'occuper celle d'Obbrussel, la première étant bien fortifiée et défendue par « de bonnes sections [1]. »

Vers ce temps, Philippe d'Egmont, fils aîné du malheureux Lamoral, revint d'Allemagne, où il avait été élevé avec les plus grands soins à la cour de Maximilien II. Il fit à Bruxelles une entrée triomphale : les états de Brabant et le magistrat, accompagnés de trente enseignes de bourgeois, allèrent à sa rencontre et le conduisirent, au bruit du canon, au son des cloches, à l'église de Sainte-Gudule, où une messe solennelle fut chantée. Il fut escorté ensuite jusqu'à l'hôtel d'Egmont, où l'attendaient sa mère et ses sœurs. Prévenu par ses avantages extérieurs et par le souvenir de son père, le peuple le demanda instamment pour général, et cet enthousiasme favorisa beaucoup la levée des taxes votées par les États [2]. Le 21 novembre, la commune bruxelloise approuva toutes les mesures que les états généraux avaient projetées pour solder les grands frais de la guerre. Le même jour, parut un édit pour la levée du centième des biens, meubles et immeubles, et, le lendemain, un octroi délivré par le conseil d'état, au nom du roi, autorisa les trois membres à imposer le dixième et le vingtième sur toutes les maisons de la ville sans exception [3].

On vit aussi revenir un grand nombre d'émigrés, et, entre autres, Marnix de Sainte-Aldegonde, fameux par sa satire *Den Byenkorf,* qui porta un grand coup à l'Église catholique en Belgique. Agent du prince d'Orange, qui l'avait envoyé à Bruxelles, il se mit immédiatement en relation avec les membres les plus exaltés des États et de la commune. Guillaume, engagé à se rendre en personne à Bruxelles, où sa présence, disait le conseiller de Brabant Liesvelt, était des plus nécessaires, lui avait répondu qu'il ne pouvait prendre cette détermination, de crainte de voir les états généraux s'effaroucher et se séparer des états de Brabant et « de la bonne ville de Bruxelles, » séparation que ne manquerait

---

[1] Rés. des 10, 12 et 16 novembre. *Resolutie Boeck.*—[2] HARÆUS.

[3] *Resolutie Boeck.* — *Placards de Brabant,* T. III, p. 316. — *Archives de l'Audience,* boîte int. BRUXELLES, n° 8.

pas de provoquer certain parti, quand ce ne serait que « pour se venger » des bons bourgeois et habitants de cette ville (novembre) [1]. » Sa présence en effet eût réveillé trop d'antipathies, et, bien qu'éloigné, il n'était pas moins l'âme de tout ce qui s'y pratiquait. A l'instigation de Sainte-Alde-gonde et malgré la vive opposition du duc d'Aerschot, les trois membres décidèrent l'admission en ville d'un corps de ses troupes, et, pour pouvoir loger ces soldats, tumultueusement demandés par le peuple, ils firent sortir quatre compagnies des États [2]. Olivier Van den Tympel, officier dévoué à Guillaume, arriva, le 22 novembre, avec dix enseignes, et, en attendant que des quartiers leur fussent préparés, il alla se loger, avec trois compagnies, à l'hôtel Nassau ; quatre compagnies furent placées à la cour, trois à l'hôtel d'Egmont, et trois autres enseignes canton-nées dans les faubourgs et les villages voisins [3]. Le duc d'Aerschot et tous ceux de son parti en éprouvèrent un vif ressentiment. Le 26 no-vembre, quelques doyens et anciens des cinq serments vinrent en collège déclarer, par l'organe de Jean Claerbout, qu'ils ne pouvaient croire que le magistrat eût fait venir ces troupes, la chose leur paraissant invraisem-blable ; que toutefois, si le fait était réel, ils protestaient, au nom des serments, contre cette mesure et ne répondaient pas des inconvénients qui en résulteraient. Ils demandèrent acte de leur protestation. Mais, le lendemain, d'autres membres des serments, en plus grand nombre que les premiers, se présentèrent au magistrat et protestèrent à leur tour contre cette démarche, qu'ils dirent avoir été faite à leur insu. Comme Van den Tympel venait d'être chargé d'une expédition, ils demandèrent une déclaration portant que les serments étaient étrangers au départ des compagnies du prince, et que le colonel avait déclaré lui-même en collège qu'il avait lieu par ordre du comte de Lalaing, lieutenant-général, qui, le lendemain, devait le rejoindre sur la route de Louvain [4].

Les sommités du conseil d'état étaient toujours détenues. Le roi de France ayant écrit aux états-généraux en faveur de Mansfeld, et le fils du comte réclamant instamment la délivrance de son père, ils requirent le sire de Heze de le relâcher ; celui-ci les renvoya aux magistrats de

---

[1] M. GROEN VAN PRINSTERER, T. V, p. 528.

[2] Résolution du 23 novembre. *Resolutie Boeck.* — Lettre d'Olivier Van den Tympel au prince d'Orange, 23 novembre 1576. M. GROEN VAN PRINSTERER, T. V, p. 540.

[3] M. GROEN VAN PRINSTERER. — [4] *Resolutie Boeck.*

Bruxelles, qui chargèrent le greffier, Corneille Aerssens, de répondre que
« n'ayant pas ordonné la saisie du conseil d'état, ils n'y étaient pour rien,
» et que si les États avaient à cet égard quelque proposition à faire à la
» commune, les nations se réuniraient immédiatement pour la discuter [1]. »
Ainsi, personne ne voulait prendre la responsabilité de l'arrestation ni
de la mise en liberté. Le seul arbitre du sort des prisonniers, c'était le
prince d'Orange. De Heze lui ayant demandé ce qu'il avait à faire en
présence des réclamations du roi de France, il lui avait répondu qu'il
devait chercher à éluder toute décision [2]. Dans un avis qu'il donna aux
états généraux sur la conduite à tenir avec le sire de Hierges, fils de
Berlaimont, qui demandait la délivrance de son père, il dit qu'il « lui
» fault accorder de le faire et lui en donner toute asseurance, le priant
» toutesfois de ne point trouver mauvais si il n'est si tost relasché, à
» cause des opinions du peuple, auquel il fauldra le faire trouver bon
» avecq le tems, ce qui se fera aux conditions qui ensuivent ; à scavoir,
» qu'il mettera entre les mains des seigneurs des Estats les villes de
» Leingen, Arnhem et Thielt ; daventaige que ledit seigneur de Hierges
» fera serment aux Estats d'obéir à ceulx qui seront commis par les
» Estats ; pareillement les cappitaines, officiers et soldats de ses compai-
» gnies presteront le serment d'obéir aux seigneurs des Estats soubs
» l'obéissance dudit seigneur de Hierges, et pareillement qu'il aist juré
» la paix faicte naguères entre les Estats, ledit seigneur Prince, la Hol-
» lande et Zeelande. Et d'aultant qu'il vault beaucoup mieux conduire
» les personnages de telle qualité par la voie de raison que de contrainte,
» semble bon de lui faire cognoistre la nature du peuple de Bruxelles
» et aultres communaultés qui, estant animez contre monsieur son père,
» ne vouldroient jamais permettre, ains l'empescheroient, peut-estre
» avecq danger de sa personne, qu'il fust mist en liberté, sans que mon-
» sieur de Hierges, par telles conditions exécutées, ait faict claire dé-
» monstration de sa volonté [3]. »

De Heze, alors partisan de Guillaume, se conforma ponctuellement à
ses intentions : pressé de divers côtés de rendre la liberté aux deux
comtes, il répondit que si l'on continuait à intercéder il les ferait transférer à Vilvorde. Suspectant le duc d'Aerschot, qui ne cachait pas son

---

[1] Résolution du 13 novembre. *Resolutie Boeck.*
[2] Lettre du 11 novembre. M. GROEN VAN PRINSTERER, T. V, p. 513.
[3] *Ibid.*, p. 510.

antipathie pour le prince, ainsi que plusieurs membres des États, il ouvrait les lettres qui leur étaient adressées, et les retenait même quelquefois. Le duc ne pouvait envoyer personne hors de la ville sans lui avoir demandé un passeport; enfin, son arrogance fut poussée au point que les états généraux furent contraints de lui adresser des remontrances. Le comte de Berlaimont ne fut élargi que le 19 janvier suivant, et le comte de Mansfeld un mois après, avec défense toutefois de sortir de la ville [1].

Cependant don Juan d'Autriche était arrivé, le 4 novembre, à Luxembourg, après avoir traversé la France à la faveur d'un déguisement. Les États, qui paraissaient avoir oublié qu'il avait été nommé au gouvernement général des Pays-Bas [2], furent surpris de sa subite apparition. Ils reçurent communication de la lettre par laquelle le jeune prince informait le conseil d'état de son arrivée et annonçait que le roi lui avait accordé les pouvoirs les plus étendus pour gouverner le pays, où il désirait ardemment rétablir la paix. Cette communication embarrassa les États et les laissa longtemps indécis sur la conduite qu'ils tiendraient. Ils ne pouvaient guère espérer, en effet, que le frère de Philippe II approuvât les vues d'indépendance manifestées à Gand. Avant de prendre un parti décisif, ils résolurent de sonder les sentiments du prince. Sous prétexte de le faire complimenter, ils lui envoyèrent le vicomte de Gand et les barons de Rassenghien et de Willerval, qui furent accueillis par le nouveau gouverneur avec beaucoup de bienveillance; mais la défiance était trop profonde pour que ses promesses d'une meilleure administration pussent arrêter la marche des choses. On se rappela les perfidies du duc d'Albe, et l'on craignit de le reconnaître dans l'exterminateur des Maures de Grenade. Consulté par les États sur la réception qu'il convenait de faire au nouveau gouverneur général, d'Orange leur envoya (30 novembre) un long mémoire dans lequel il les engageait fortement à éviter le piége qui leur était tendu, ou du moins à exiger de solides garanties de la bonne foi de don Juan [3]. Ces conseils étaient sages, mais malheureusement celui qui les donnait n'était pas exempt de vues ambitieuses, et les États, en les adoptant comme règle de conduite, s'allièrent à des projets dont

---

[1] M. Groen van Prinsterer.

[2] Sa commission, datée du 1ᵉʳ septembre, et ses instructions datées du 30 octobre, se trouvent en copie dans les *Archives de l'Audience,* cart. 1369, n° 15.

[3] Voir ce Mémoire dans les *Analectes belgiques* de M. Gachard, p. 301.

ils facilitaient ainsi l'exécution. Ils envoyèrent à don Juan, Antoine de Witthem, seigneur d'Ische, chargé de lui soumettre leurs propositions ; ils ordonnèrent en même temps la réunion à Wavre d'une armée destinée à protéger Bruxelles, et leurs ambassadeurs allèrent en Allemagne, en Angleterre et même en France, réclamer aide et assistance contre le cabinet de Madrid.

Don Juan accueillit le seigneur d'Ische avec la plus grande affabilité et ne parut en rien offensé de la défiance des États. Il fit briller à ses yeux les plus belles espérances ; mais décidé à n'admettre aucun arrangement conditionnel, il traîna les négociations en longueur. N'ayant rien gagné par ce moyen, il conclut un armistice et invita les états généraux à se rendre avec le conseil d'état à Namur, où il se trouverait pour conclure un traité définitif. Les États, flottant entre la crainte et l'espérance, allaient adhérer à cette proposition, et les trois membres de la commune avaient déjà nommé leurs délégués [1], lorsque les Bruxellois y mirent opposition. Ils représentèrent vivement les conséquences d'une pareille démarche, ils rappelèrent les perfidies des Espagnols, qui ne s'étaient montrés fidèles à aucun engagement, et déclarèrent qu'ils ne voulaient plus livrer de victimes au bourreau. Cette conduite énergique fit revenir les États sur leur première décision. Ils résolurent de faire accompagner le conseil d'état à Namur par quelques députés qui s'engageraient, par serment, à ne rien conclure sans l'approbation de leurs collègues. Le conseil d'état et les députés partirent, mais don Juan refusa de se rendre à Namur ; il n'avait pas, disait-il, assez de garanties pour sa sûreté, et il demandait qu'on choisît une ville neutre pour négocier. Ces indignes subterfuges laissèrent les choses dans le même état, et les députés revinrent à Bruxelles sans avoir négocié.

L'astucieux Espagnol, qui n'avait pas, comme d'Albe, une armée d'élite, ni devant lui, un pays désarmé, voulait, à tout prix, gagner du temps. Une scission lui paraissait imminente, lorsque, pour abattre les ultra-catholiques et leurs autres adversaires, les partisans du prince d'Orange et les patriotes, parmi lesquels on remarquait l'abbé de Sainte-Gertrude, les comtes de Lalaing et de Boussu, le marquis d'Havré, le sénéchal de Hainaut, le vicomte de Gand, les seigneurs de Champagny, d'Ongnies,

---

[1] C'étaient Antoine Quarré, Vanderhert et le pensionnaire. Résolution du 19 décembre. *Resolutie Boeck.*

de Heze et de Beersele, et généralement tous les dignitaires monastiques, firent convoquer une nouvelle assemblée des États à Bruxelles, où ils comptaient parmi le peuple leurs plus ardents partisans. Ils voulaient, disaient-ils, déjouer les projets de don Juan, et lui prouver que toute la nation était unie dans la noble et ferme résolution d'obtenir le renvoi des étrangers et le maintien de ses priviléges, seul moyen de forcer ce prince à abandonner sa politique tortueuse.

Dans cette réunion, tenue dans la grande salle de l'hôtel de ville, les États ratifièrent, le 9 janvier 1577, le traité de Gand. Ils déclarèrent qu'ils avaient résolu de s'unir, de s'armer et de s'assister l'un l'autre contre les Espagnols et leurs adhérents, en gardant toutefois l'obéissance due au roi. Cet acte célèbre, connu sous le nom d'*Union de Bruxelles,* eut pour résultat l'*Édit perpétuel* signé à Marche-en-Famenne, le 12 février 1577 [1]. Le 19, les trois membres reçurent lecture de la pacification qui avait été publiée, le dimanche 17, en présence du conseil d'état, des États, du magistrat et des ambassadeurs d'Allemagne par l'intervention desquels le traité avait été conclu [2]. Ils approuvèrent tout ce qui avait été fait par leurs délégués, et résolurent d'envoyer une députation à don Juan, à l'effet de l'inviter à se rendre dans leur ville [3]. Le 25 et le 24 avril, tous les employés du gouvernement, les magistrats, gens de loi et officiers, les colléges, les chapitres, les prélats, les vicaires, les notables des villes et des villages, furent requis pour la signature de l'édit perpétuel [4].

François de Halewyn, seigneur de Sweveghem, envoyé par les états généraux en Angleterre, avait obtenu de la reine Élisabeth un prêt de 20,000 livres sterling, sans intérêt, sur lettres d'assurance des États et des villes de Bruxelles, Gand, Bruges, Nieuport, Dunkerque et Middelbourg. Le conseil d'état pria le magistrat de délivrer ces lettres pour lesquelles les États donneraient à la ville un acte d'indemnité, en l'assurant que, suivant le rapport de l'ambassadeur, la reine était disposée à avancer encore d'autres sommes (10 février 1577). Le premier et le

---

[1] *Placards de Brabant,* T. I, p. 484. — J. C. De Jonghe, *De Unie van Brussel des jaars 1577, naer het oorspronkelyke uitgeven;* — le même, *Byvoegselen en verbeteringen op de Unie van Brussel.* — *Registres des Chartres de la Chambre des comptes de Brabant,* nº XI, fº 37 vº.

[2] De Potter. — [3] *Resolutie Boeck.*

[4] *Registres des Chartres de la Chambre des comptes de Brabant,* nº XI, fº 36 vº.

second membre acquiescèrent à cette demande, mais les nations la rejetèrent. Elles représentèrent qu'il fallait ajourner cet engagement jusqu'à
ce que les ennemis fussent hors du pays, que les impôts étaient assez
élevés pour suffire à tous les besoins, et que, du reste, la reine pouvait
se contenter de l'obligation donnée par les États ; elles firent observer en
outre qu'une grande partie des habitants de Bruxelles étant marchands,
la délivrance de ces lettres pourrait leur porter préjudice. Convoquées
itérativement, les nations persistèrent dans leur première opinion, et
l'une d'elles (Saint-Jean) déclara qu'il n'était plus nécessaire de les consulter sur cet objet, ajoutant que l'on se plaignait beaucoup en ville
des charges publiques. « Il n'a dépendu que des seigneurs, dit-elle,
» d'empêcher la dévastation d'Anvers et de tant de villes et de villages.
» Si l'on avait attaqué les Espagnols à Liedekerke, alors que les paysans
» et les renforts venus du Hainaut ne demandaient qu'à combattre, nous
» n'aurions pas tant de désastres à déplorer. Mais les seigneurs ne sont
» pas aussi disposés que nous à faire leur devoir : tandis que nous avons
» consenti tous les impôts, que nous venons encore d'accorder les
» moyens généraux pour six mois, bien que nous payions aujourd'hui
» plus que du temps du duc d'Albe et du commandeur, nous n'avons pas
» appris que les nobles et les prélats aient, comme ils l'ont promis,
» employé tous leurs joyaux à la défense commune. Du reste, nous ne
» comprenons pas où va tout l'argent. Les impôts sont beaucoup plus
» élevés que du temps où l'empereur Charles et son fils Philippe avaient
» guerre contre de puissants monarques, et cela en présence de cinq ou
» six mille ennemis ! Oh ! que l'empereur les aurait eu vite mis à la rai-
» son ! Que les États montrent donc un peu d'énergie et nous en débar-
» rassent au plus tôt. » Elle appela ensuite l'attention des États sur les
nombreuses levées que des lettres disaient être faites en Allemagne, en
Italie et dans la Bourgogne, levées qui sans doute seraient dirigées contre
les Pays-Bas. Au mois d'avril, les États prièrent le magistrat de convoquer
de nouveau le troisième membre pour cette affaire, et de lui représenter
que leur acte d'indemnité couvrirait la ville et que sans cet argent il
devenait impossible de solder les troupes ; mais cette convocation fut
aussi inutile que les précédentes : les nations persistèrent dans leur
refus [1].

[1] *Oppinie Boeck.* Ces 20,000 l. st. valaient 140,000 fl.

Don Juan était arrivé, le 28 février, à Louvain où il s'arrêta longtemps, hésitant à se rendre à Bruxelles qu'il savait aussi dévouée au
parti démocratique que Louvain l'était à la monarchie. Il demanda à de
Heze s'il pouvait assurer que sa personne serait en sûreté à Bruxelles, et
que son autorité y serait reconnue. Il soumit aussi à son conseil la question de savoir s'il ne pouvait se faire reconnaître comme gouverneur
général à Louvain ; mais ses conseillers lui répondirent que les États, sans
aucun doute, ne le reconnaîtraient pas avant qu'il eût fait son entrée à
Bruxelles, et ce projet fut abandonné [1]. Le 17 mars, le légat du pape,
Philippe de Sega, vint à Bruxelles offrir sa médiation [2]. Pressés de le voir
dans leurs murs, où sa présence garantirait seule la paix, les trois
membres avaient chargé le bourgmestre Quarré, le sire de Goyck, Vander
Hert, Hellinck, le pensionnaire et Daelhem, d'aller saluer le prince à
Louvain et de recommander leur ville à sa bienveillance [3].

Don Juan envoya alors à Bruxelles le marquis d'Havré annoncer au
magistrat et aux serments qu'il allait venir dans leur ville, mais non pas
comme gouverneur, parce qu'il voulait que le traité de pacification fût
préalablement exécuté dans son entier, et il réclama ensuite l'assurance
que lui et ses serviteurs y seraient en sûreté, assurance qu'il avait reçue
à Namur et à Louvain. Le magistrat et les serments répondirent verba-
lement au marquis qu'en ce qui les concernait, ils étaient prêts à donner
toute garantie au prince. Cette demande ayant été mise en délibération
à l'hôtel de ville, le premier et le deuxième membre l'accueillirent favorablement ; les nations y mirent plusieurs restrictions. « Lorsque l'ar-
» chiduc voudra venir à Bruxelles, dirent-elles, il y pourra entrer avec
» sa cour ordinaire, mais sans troupes, et il ne lui arrivera rien à lui
» ni à sa suite. Nous le recevrons comme prince, et il peut compter sur
» notre service et notre assistance, à condition toutefois qu'il tienne aussi
» les siens en ordre et discipline, afin que les bourgeois n'aient pas à s'en
» plaindre, et pourvu qu'il n'amène pas avec lui des personnes suspectes,
» telles que Cigoigne, Baptiste de Tassis, le secrétaire Pratz, Chacon, Jean
» Mertens, Antoine Camargo, les deux fils mariés de Georges Lievens,
» et autres qui ont nui à la prospérité du pays. » Les deux premiers
membres se rallièrent à cette opinion [4], et le lieutenant-amman, avec un

[1] Lettre d'Escovedo du 6 avril 1577. BOR, T. I, pr., f° 165.
[2] M. GROEN VAN PRINSTERER. T. VI.
[3] Résolution du 3 mars. *Resolutie Boeck.* — [4] 2, 3, 4, 5, 9 avril. *Oppinie Boeck.*

des membres du magistrat, Sailly, porta une réponse rédigée dans ce sens à d'Havré, en le priant de la remettre à don Juan et de l'engager à venir le plus tôt possible à Bruxelles [1].

Pressé ainsi par ses conseillers les plus sages et par le magistrat, don Juan se rendit à leurs vœux. Il fit son entrée solennelle à Bruxelles le 1er mai, vers six heures du soir, escorté par quatre-vingt-dix hallebardiers que les États lui avaient accordés pour garde, et accompagné « de plus de » mille chevaulx des gouverneurs, nobles, gentilshommes, et aussi » d'aulcuns prélatz du pays, » que précédaient vingt-six enseignes de bourgeois. Il portait un simple manteau de drap vert. A ses côtés étaient le nonce du pape, Philippe de Sega, et l'évêque de Liége, Gérard de Groosbeck, et, « un peu devant, le duc d'Aerschot, vestu d'un collet » de velours rouge cramoisi brodé d'or. » A la porte de Louvain, le magistrat lui présenta un aigle séché au four. Une brillante cavalcade précédait le cortége; on y voyait, entre autres, un char doré traîné par deux chevaux richement caparaçonnés et portant une jeune fille, allégorie de la Paix, qui avait à ses pieds des tronçons d'armes et à ses côtés des armes brisées. Sur le char étaient peintes les armoiries des dix-sept provinces. Un vaisseau, dans lequel se trouvaient des Turcs enchaînés, rappelait la victoire de Lépante, et les colonnes d'Hercule, sur un autre char, désignaient le vaste empire de Charles-Quint. Après le *Te Deum* à Sainte-Gudule, le cortége se rendit au palais. En passant par le marché, don Juan s'arrêta devant l'hôtel de ville, dont un balcon était occupé par les députés des États, qu'il salua d'un air riant, et l'autre, par des dames appartenant aux plus grandes familles du pays, et parmi lesquelles on remarquait les comtesses d'Egmont, de Lalaing et la marquise d'Havré. Une foule immense remplissait les rues couvertes de rameaux et ornées d'arbres. En plusieurs endroits on avait élevé des théâtres, dits *Huyskens,* où les membres des sociétés de rhétorique déclamaient des dialogues, des pièces de vers, ou représentaient des allégories. Le soir, les serments et plusieurs métiers allumèrent des feux de joie. Cette brillante réception, le son des cloches, la détonation de l'artillerie, les acclamations de la foule et des bourgeois qui, au nombre de six mille, étaient rangés sur son passage, ne purent dissiper les préventions de don Juan, et le sourire qui effleurait ses lèvres cachait difficilement les orages de son cœur [2].

[1] *Resolutie Boeck.* — [2] De Potter. — Dinothus. — Haraeus. — Van Meteren. — Bor.

Le lendemain, vers dix heures du matin, les députés allèrent saluer le prince. A la harangue du pensionnaire de Bruxelles il répondit que ses concessions prouvaient l'intérêt qu'il portait au pays, pour lequel il avait hérité de l'affection de l'empereur, affection qu'il partageait avec le roi son frère. Il engagea les députés à le seconder de tous leurs efforts pour ramener dans les provinces la paix et le repos dont elles avaient le plus grand besoin; il les assura qu'à moins qu'ils ne fussent ingrats, ils reconnaîtraient bientôt ses bonnes intentions. Prononcé avec la grâce qui était naturelle à ce prince, ce discours fit impression sur les assistants et presque tous se retirèrent enchantés de ses manières et prévenus en sa faveur. Le 4 mai, entre dix et onze heures du matin, il exhiba ses lettres patentes de gouverneur et capitaine-général; il prêta le serment exigé par l'édit perpétuel et se rendit avec les députés à la chapelle de la cour où l'évêque de Bois-le-Duc, assisté des abbés de Heylissem et de Villers, célébra une messe solennelle et chanta le *Te Deum*. Le lendemain, cette solennité religieuse fut répétée dans l'église de Sainte-Gudule, et une brillante procession sortit ensuite. Don Juan, toute sa cour, les États, le magistrat, une foule de nobles l'accompagnèrent le flambeau à la main [1]. Trois jours après, mourut Viglius; la royauté perdait en lui un de ses fidèles serviteurs dans le moment où elle avait le plus grand besoin de conseillers prudents et éclairés. On lui fit, à Sainte-Gudule, de pompeuses funérailles auxquelles assista don Juan, et son corps fut ensuite transporté à Gand [2].

La condescendance de don Juan avait été trop violentée pour qu'il n'eût pas d'arrière-pensée. Outré de devoir partager le gouvernement avec le conseil d'état, de ne pouvoir parvenir au commandement général de l'armée, ni obtenir la distribution des charges et emplois, il avisa aux moyens d'étendre le pouvoir limité qui lui avait été laissé. D'un autre côté le voyant entouré d'étrangers ou de seigneurs belges connus pour leur attachement à l'Espagne, voyant sa maison exclusivement composée d'Espagnols et d'Italiens, les États lui adressèrent des remontrances auxquelles il n'eut aucun égard [3]. Dissimulant ses projets, il chercha à se concilier l'esprit de la multitude, partageant les divertissements du peuple, se mêlant à ses jeux et à ses fêtes, acceptant des banquets. Il

---

[1] DE POTTER. — EYTZINGER. — STROOBANTS, *Bruss. eertriumphen.* — M. GACHARD, *Documents inédits,* etc., T. I, p. 358 et suiv. — [2] DE KEMPENAERE, p. 181.

[3] Justification des États, BOR, T. I, p. 151. — DINOTHUS.

accorda plusieurs subsides à des corporations et reçut dans son intimité
les patriciens les plus influents. Ressuscitant une ancienne coutume,
tombée en désuétude, le grand serment, à sa demande, alla, le 27 mai,
à Tervueren, disputer le vin aux arbalétriers de Louvain ; les Bruxellois
gagnèrent le vin et les Louvanistes *le chat* [1]. Mais le prince d'Orange et
le parti démocratique exerçaient une trop grande influence à Bruxelles,
et ils avaient semé trop de défiances pour que les avances du vainqueur
de Lépante ne fussent pas reçues avec froideur, par quelques-uns même
avec dédain. De nombreux libelles travaillaient les esprits et les poussaient au mépris et à la haine de son gouvernement. Ces sentiments
s'étaient manifestés dès les premiers jours de son arrivée. Le 9 mai, le
magistrat lui avait demandé de vouloir bien, « pour le soulagement de
» la ville, » faire partir l'enseigne de Pierre Nicod, qui l'avait accompagné [2]. En nommant les députés chargés d'entendre la proposition que
le chancelier devait faire, le 22, relativement à la levée des deniers nécessaires pour le payement et le licenciement des troupes étrangères, les
trois membres leur défendirent expressément de rien voter sans leur
avoir fait un rapport préalable [3]. Le 19 mai, il y eut un très-bel ommegang, et, ce qui n'avait pas été fait depuis neuf ans, on tira l'oiseau. Les
comtes d'Egmont et d'Arenberg furent rois, le premier de l'arbalète et
le second de l'arquebuse [4]. Don Juan et les seigneurs de sa suite avaient
été invités à venir à l'hôtel de ville voir passer la célèbre procession du
Sablon, et à y agréer un banquet suivi d'un bal. Il avait accepté, et tout
s'était bien passé, lorsqu'une rixe s'éleva entre le peuple et ses gardes,
qui avaient brutalement repoussé un bourgeois de la place qu'il occupait.
L'intervention de quelques seigneurs avait apaisé le tumulte, lorsque
l'hôte de *l'Écu de Hongrie* arriva avec environ trois cents bourgeois,
désarma les soldats et les chassa du marché. Don Juan irrité retourna
seul au palais et exigea qu'on fît justice des coupables. Mais cette demande
n'eut d'autre suite que d'augmenter l'animosité des Bruxellois, et son
dépit se changea en fureur lorsqu'il apprit que ses domestiques ne pouvaient plus se montrer dans les rues sans y être insultés [5].

Chaque jour vit la mésintelligence grandir. Don Juan demanda que

---

[1] DE POTTER. — [2] *Resolutie Boeck.*

[3] Résolution du 18 mai. Ces députés étaient le bourgmestre, Becker, Vanderhert, le sire de Goyck et le pensionnaire. *Ibid.* — [4] DE POTTER.

[5] AZEVEDO, T. IV. — DE TASSIS, l. c. p. 264. — VAN METEREN, T. VII, p. 130.

les hallebardiers de sa garde fussent remplacés par des mousquetaires, et le refus qu'il éprouva augmenta ses mauvaises dispositions [1]. Pendant qu'il complotait avec les officiers allemands et plusieurs seigneurs, entre autres les deux fils de Berlaimont [2], ses ennemis ne restaient pas inactifs. Dans la nuit du 1er juin, le vicomte de Gand, Maximilien de Boussu, accourut, par un temps affreux, le prévenir que le prince de Chimai avait fait partir d'Anvers les troupes allemandes en leur payant une forte somme ; il ajouta qu'on voulait lui ôter toute autorité, qu'il avait même été question de le tuer, et il le conjura de quitter au plus tôt Bruxelles. Soit qu'il regardât ces craintes comme exagérées, soit qu'il ne crût pas le moment opportun pour exécuter ces projets, don Juan ne voulut pas suivre cet avis [3]. Quelques jours après (8 juin), il se plaignit au magistrat des contrariétés qu'il éprouvait à Bruxelles. « Sachant l'affection que
» l'empereur et d'autres princes et princesses ont eue pour cette ville,
» j'avais conçu, dit-il, la même affection pour elle, et j'y suis venu résider,
» espérant y être traité, obéi et assisté comme mes prédécesseurs. Mais
» il en a été tout autrement : bien que je ne sois venu qu'avec quelques
» domestiques qui me servent depuis longtemps, on en a renvoyé plu-
» sieurs, et ceux qui sont restés sont menacés dans leur personne, et si
» mal vus qu'ils n'osent plus aller dans les rues pour leurs affaires. Dans
» une ville où se tiennent la cour et les états généraux, chacun devrait
» pouvoir aller et venir sous la surveillance des autorités commises à la
» sûreté publique, et les autres ne devraient pas s'en mêler, comme cela
» se fait ici où le premier venu arrête les gens aux portes de la ville et
» leur en interdit l'issue. On m'a remis, il y a deux ou trois jours, une
» requête adressée au comte de Lalaing, au nom des bons bourgeois de
» cette ville, et dans laquelle on exige le renvoi des conseils du roi et de
» la maison de son gouverneur, de plusieurs personnes portées sur une
» liste qui y est annexée. Ensuite les auteurs de cette requête, qui
» prennent le titre de *goede patriotten van dese stadt,* demandent qu'on
» nomme un prévôt et indiquent comme apte à en remplir les fonctions
» Nicolas Cockaert, né Bruxellois, prévôt général sur mer au service
» des États, homme très-expérimenté, disent-ils, en fait de justice,
» connaissant la plupart des Espagnols ennemis ou suspects et leurs
» complices, dont un grand nombre sont sous sa dépendance, comme

---

[1] DINOTHUS. — [2] *Ibid.* — [3] AZEVEDO, T. IV. — EYTSINGER, p. 215.

» bateliers, nautonniers, soldats, capitaines, etc., qui ont coopéré au
» saccagement d'Anvers et sont restés dans le pays nonobstant les édits.
» Cockaert, ajoutent-ils, consent à accepter cette place à condition qu'on
» lui accorde six sergents à pied et six sergents à cheval, soldés par le
» pays. Cette demande est basée sur la Pacification, mais si chacun
» l'interprète à sa manière, elle deviendra une source de désordres,
» et je suis certain que les trois membres ne l'entendent pas ainsi. »
Le 15 juin, le magistrat avisa qu'il fallait remercier le prince de l'affection qu'il disait avoir pour la ville, que l'on devait veiller à ce que ses
serviteurs fussent entourés d'égards, et à ce que personne ne se mêlât
de la police des portes sans en être chargé. Quant à la requête, dont il
n'avait pas connaissance, il proposait de déclarer que la demande relative
au prévôt était contraire aux priviléges, que des requêtes ne peuvent
être présentées à des seigneurs n'ayant aucune autorité en ville, qu'elles
doivent l'être aux jurés des métiers ou à la loi, et qu'il est interdit de
s'assembler pour traiter d'affaires sinon par métier ou nation, sous
peine d'être considéré comme séditieux. Le large conseil donna un avis
semblable, et cet avis fut partagé par les nations de Saint-Christophe,
Saint-Nicolas, Saint-Pierre et Saint-Géry. Mais les cinq autres prirent
texte de cette affaire pour soulever de nombreuses réclamations. Saint-
Jean dit qu'il fallait avant tout que les nations fussent rétablies dans leur
ancienne puissance et leurs anciennes prérogatives; qu'elles devaient
former leur opinion à la pluralité des voix et obtenir un acte déclarant
qu'on ne les priverait plus de leurs priviléges. Saint-Gilles pensa que la
requête, dont se plaignait don Juan, méritait attention. Saint-Jacques
censura l'avis des deux premiers membres et demanda que le sire de
Heze fût récompensé de ses grands services et de son active surveillance.
Quant à Saint-Laurent et à Notre-Dame, elles déclarèrent qu'elles n'avaient
pas pouvoir de leur arrière-conseil pour formuler une opinion sur cette
affaire; la première réclama l'abolition des charges résultant pour le
peuple des nouvelles lois sur la procédure qui portaient de deux sous à
cinq le prix de chaque page de copie. Réunies de nouveau pour cet objet,
elles s'animèrent au point de joindre les menaces aux réclamations.
Notre-Dame proposa de déléguer deux membres de chaque nation, pour
former une opinion *sous la couronne* comme cela se faisait avant 1528.
Saint-Jean alla plus loin encore et dit que si depuis longtemps on leur
avait enlevé la couronne contre tout droit, il était temps qu'on la leur

rendît, et tout de suite encore (*jae terstont*). Elle ajouta que puisque ce qui était demandé dans la requête remise à don Juan, était bon, il fallait l'accorder. Enfin elle déclara qu'elle tenait pour nuls tous les consentements donnés, attendu que les anciens priviléges avaient été enfreints, et que, si les états des dix-sept provinces avaient été convoqués, comme cela avait été résolu en 1566 par lettre scellée et signée par le roi, le pays n'aurait pas été troublé et tant de nobles et « non nobles » n'auraient pas péri. Cependant l'avis des deux premiers membres ayant été adopté par le nombre de nations voulu pour former la majorité, il fut répondu au prince dans ce sens. On lui dit aussi que la nomination d'un prévôt n'était nullement nécessaire, puisque les états de Brabant avaient, avec son consentement, établi un lieutenant du drossard dans chacun des quatre quartiers du duché [1].

Les dispositions d'une grande partie de la population s'étaient clairement manifestées dans cette discussion et chaque jour les rendait plus hostiles. Bientôt poussé à un coup d'état par les ultra-catholiques, effrayé par de sinistres avis, irrité d'apprendre que ses partisans étaient abreuvés d'outrages, don Juan résolut de recourir à la trahison et à la violence pour sortir de cette situation. Il annonça aux États qu'il allait à Malines apaiser quelques démêlés survenus entre leur trésorier et les troupes allemandes, au sujet du payement de leur solde. Mais ses projets ayant été probablement éventés, le 11 juin, comme il allait quitter la ville, des rassemblements se formèrent à la porte vers laquelle il se dirigeait, dans l'intention de s'opposer à son départ; il changea aussitôt de direction, et, sortant par une autre porte [2], il gagna Vilvorde, puis Malines, d'où il comptait se rendre plus facilement à Anvers, dont la citadelle devait lui être livrée par Louis de Trelon, qui y commandait sous le duc d'Aerschot.

Dès qu'il fut arrivé à Malines, don Juan écrivit à Philippe pour lui demander des troupes, et il s'occupa activement de recruter des partisans, surtout parmi la noblesse. Mais voyant ses projets découverts, le colonel d'Euden battu par les troupes des États, Trelon arrêté, conduit à Bruxelles et enfermé à la *Broodhuys* [3], les colonels Fronsberg et Fouberg, qui devaient le seconder, forcés de se retirer, l'un à Breda et l'autre à Berg-op-Zoom, il chercha à amuser les États par des négocia-

---

[1] 17, 18 juin. *Oppinie Boeck.*

[2] DINOTHUS. — AZEVEDO. — DE TASSIS. — HARÆUS.

[3] DE POTTER. — AZEVEDO.

tions jusqu'au moment où il pourrait éclater. Ceux-ci, qui désiraient
ardemment son retour, parce que sa présence à Bruxelles donnait un
caractère de légalité à leurs actes, lui députèrent Schets de Grobbendonck, qui nous a laissé de précieux détails sur ses négociations [1]. Don
Juan exigea d'abord qu'une autre forme de gouvernement fût donnée à
Bruxelles, dont le peuple, disait-il, lui était hostile, et que les États fissent
annuler toutes les mesures prises contrairement à sa dignité. Le 20,
Schets vint leur soumettre les conditions suivantes : 1° la garde des villes
sera confiée aux habitants qui prêteront serment au roi et à son lieutenant ; 2° les corporations s'engageront à aider le magistrat à rendre la
justice et à maintenir l'ordre ; 3° les libellistes seront sévèrement châtiés ;
4° les États ne recevront dans leur sein que les personnes réunissant
toutes les qualités voulues. Ces propositions, dont la première tendait
à enlever aux États les troupes qu'ils avaient levées, concernant, pour la
plupart, le magistrat, ils les lui envoyèrent en l'engageant à y acquiescer.
Celui-ci seconda leurs vues et fit prier l'archiduc de revenir à Bruxelles.
De son côté, de Heze paya et licencia ses troupes ; les trois membres lui
votèrent des remerciments pour les services qu'il avait rendus à la ville,
et accordèrent à ses soldats une gratification de 2,000 florins du Rhin [2].

Le 5 juillet, don Juan envoya aux États le sire de Rassenghien,
pour leur montrer les copies de deux lettres anonymes qui le prévenaient
d'une conspiration ayant pour but de l'arrêter à Bruxelles ou à Malines,
et il demanda itérativement le départ de de Heze et la remise du gouvernement militaire de la ville, conditions principales de son retour à
Bruxelles [3]. Le magistrat l'ayant invité à assister, suivant l'habitude des
gouverneurs généraux, à la procession du Saint-Sacrement, il ne put
cacher sa mauvaise humeur contre les Bruxellois, et répondit « qu'il se
» rappelait trop bien les propos tenus à certain banquet et la manière
» dont on traitait les *juanistes*. » Toutefois, après le licenciement des
troupes du sire de Heze, il chargea le sire de Grobbendonck d'assurer les
États qu'il allait revenir à Bruxelles, disant qu'il n'avait rien plus à
cœur que de se trouver au milieu des plus fidèles vassaux du roi. Son
retour fut fixé au 10 août, et le magistrat décida, qu'à l'avenir et con-

[1] *Comment. de Pace inter Joannem Austriacum et ordines belgicos*, dans Burmanni *Analecta*, T. I, p. 22.
[2] Résolution du 5 juillet. *Resolutie Boeck*.
[3] Bor, T. II, p. 834, 839. — *Resolutie Boeck*.

formément au troisième article de l'accord présenté par le sire de Rassenghien, il donnerait seul le mot du guet [1]. Tous les obstacles paraissaient levés ; mais don Juan écrivait à Philippe précisément le contraire de ce qu'il disait aux États, et c'était pour mieux cacher ses projets qu'il n'avait pas poussé plus loin ses exigences. Sous prétexte de recevoir dignement la reine de Navarre, qui allait prendre les eaux à Spa, il fit transporter de Bruxelles et de Malines à Namur tout ce qu'il avait, et, au moment où Schets s'en retournait à Malines, il apprit que le prince venait de surprendre le château de Namur (20 juillet), et qu'il appelait à lui divers corps de troupes [2].

Cette conduite excita l'indignation générale et les partisans de don Juan furent menacés de voir retomber sur eux la fureur populaire. Toutefois le premier moment de stupeur passé, le besoin de la paix, universellement senti, calma les esprits. Le prince de Chimai ayant été insulté par quelques « malveillants, » le magistrat lui fit offrir comme dédommagement une aime de vin du Rhin ou de vin rouge [3]. Les États, de leur côté, proposèrent à don Juan de lui donner, s'il voulait revenir à Bruxelles, outre sa garde ordinaire, trois cents arquebusiers indigènes, « ce qui n'avait jamais été pratiqué aux Pays-Bas [4]. » On prit néanmoins des mesures contre toute surprise ; le 5 août, le bruit s'étant répandu qu'une attaque allait être dirigée contre la ville, le magistrat chargea le lieutenant-amman, Clocman et les receveurs, d'envoyer des messagers de tous côtés pour s'assurer si l'ennemi approchait [5]. Il fallait que les États fussent bien aveuglés par leur ardent désir de voir le pays pacifié, pour espérer encore d'amener don Juan à un accommodement. En effet, bien que leurs offres dussent le rassurer pour la sûreté de sa personne, il les refusa, « montrant ainsi son éloignement pour tout engagement [6]. » Le 7 août, il envoya son ultimatum : il exigeait que Sainte-Aldegonde, Jehan Theron, agent du prince d'Orange, tous ceux, en un mot, « qui travail-» laient le peuple au détriment du magistrat, » quittassent immédiate-

[1] Résolution du 23 juillet. *Resolutie Boeck.—Justification des États*, Bor, T. I, pr. p. 155.

[2] *Relation des événements de 1577 et 1578*, document analysé par M. Gachard, dans son *Rapport sur les Archives de Lille.* — Bor. — Strada. — Van Meteren, etc.

[3] Résolution du 31 juillet. *Resolutie Boeck.*

[4] *Relation des événements* de 1577 et 1578, l. c.

[5] *Resolutie Boeck.*—[6] Schets.

ment Bruxelles; que les états généraux s'assemblassent désormais à Louvain « où ils seraient plus tranquilles, » et que la commune, c'est-à-dire les métiers, « se tinssent désormais plus paisibles, ne s'occupant que de » leur commerce et de leur industrie, » et missent bas les armes, ainsi que tous ceux des autres villes qui n'étaient pas aux frontières [1]. Ces conditions étaient inacceptables et le gant fut définitivement jeté. Dans le même temps, des lettres de don Juan et d'Escovedo, que le roi de Navarre avait interceptées et envoyées au prince d'Orange, découvrirent les perfides intentions de l'archiduc. Ses partisans même rougirent de sa conduite, et il fut abandonné par une grande partie des seigneurs belges qui jusqu'alors avaient chaudement servi sa cause. Le duc d'Aerschot et le marquis d'Havré vinrent aussitôt offrir leurs services aux États. Le duc fut nommé gouverneur de la Flandre et le marquis envoyé en ambassade à la reine d'Angleterre; le roi lui-même fut mécontent de ce brusque dénoûment qui remettait tout en question. Don Juan s'aperçut alors qu'il avait manqué son but; il voulut renouer les négociations, mais à ses propositions devenues humbles les États répondirent avec aigreur, et tout espoir de conciliation s'évanouit [2].

Apprenant l'arrivée de troupes espagnoles à Mézières, les États craignirent d'être surpris en même temps qu'ils étaient menacés d'une émeute. On disait en effet à Bruxelles, qu'inspiré par cette haine que le gouvernement du roi avait vouée à la ville depuis son refus du dixième denier, don Juan rassemblait des forces pour la détruire et ne voulait pas y laisser pierre sur pierre [3]. Pressés par l'imminence du danger, les États se mirent en devoir d'agir. Leurs troupes s'emparèrent de Berg-op-Zoom et d'autres places; ils ordonnèrent la démolition des citadelles et la formation d'un camp à Gembloux. Ils résolurent en outre de demander des secours au prince palatin Casimir, et, le 6 septembre, « malgré le » mauvais vouloir de quelques-uns, » ils appelèrent le prince d'Orange, qui « avait déjà tant gagné le peuple, de quelle religion qu'il fût, que si » l'on ne se fût condescendu à tant d'instances qu'il avait faites pour le » faire venir, il l'eût appelé de mauvaise grâce [4]. » En le priant de les aider de sa sagesse et de son expérience, ils lui déclarèrent qu'ils voulaient réunir les provinces aux termes du traité de Gand.

---

[1] Bor. — [2] M. Groen van Prinsterer, T. VI, p. 125 et 142. — [3] De Potter.
[4] *Relation des événements de 1577 et 1578*, loc. cit.—Burmanni *Analecta*, p. 96.

Le magistrat de Bruxelles ne pouvait rester inactif en présence des passions populaires exaltées par la conduite de don Juan, et on le vit se joindre à la majorité des États qui demandaient le démantellement de la citadelle d'Anvers. Il activa les travaux des fortifications dont il avait confié la direction au sire de la Motte. Les receveurs furent chargés de faire maçonner le trou du canal près du ravelin, ainsi que la porte à côté, et placer au-dessus du canal un pont en bois. Ils durent aussi faire mettre des chaînes aux environs du marché pour la défense de la ville [1]. Mais la mesure la plus importante fut l'institution d'un comité chargé de surveiller les travaux de défense et les opérations militaires de la commune. Les nations et les bourgeois demandèrent qu'on établît un capitaine général, auquel tous les habitants prêteraient serment ainsi qu'ils l'avaient fait au sire de Heze, au nom du roi et des états généraux, et un conseil particulier de dix-huit personnes nommées par les trois membres et choisies sur une double liste de candidats présentée par les nations. Le magistrat répondit que ce conseil devait être institué de concert avec tous les membres de la commune, et il proposa de faire nommer quatre commissaires par chacun des deux premiers membres et deux par chacune des nations; quant à la nomination d'un capitaine général, il annonça que de Heze avait offert la continuation de ses services, ajoutant que, comme il avait bien rempli sa charge pendant plus d'un an, il ne convenait pas de les refuser. Le deuxième membre adopta cette proposition, en réduisant toutefois de moitié le nombre des commissaires extraordinaires; il demanda aussi que de Heze reprît au plus tôt le commandement de la ville. Les nations approuvèrent l'institution du comité telle qu'elle était proposée par le magistrat, et procédèrent immédiatement à la nomination de ses membres. Ce furent Jean Jacops, Adolphe Hujoel, Jérôme Vanderheyden, Hubert De Vaddere, Guillaume *Cerbo,* Guillaume Desmet, Jean Vandenbeempde, maître Jean Vandenbossche, Pierre Vanderborch, brasseur *à l'Ane,* Charles Van den Horicke, Jean Bont, maître Corneille Vanderstraeten, Hugues Gaillaert, François Beydaels, Denis Jacops, Jean Schot et Jean Hublo. La nation de Saint-Géry dit qu'il fallait consulter des ingénieurs sur l'état des fortifications, et elle proposa à cet effet l'ingénieur George, demeurant près de l'hôtel d'Egmont. Le premier membre nomma au comité : messire Libert

---

[1] Résolutions des 21, 28 août et 7 septembre. *Resolutie Boeck.*

Vanderdussen, échevin, messire Adolphe de Douvrin, receveur, Nicolas de Beckere et Philippe Boots, et le second : messire Antoine Pipenpoy, Jean De Fraye, Jean Vandenghersmoirtere et Melchior Guebels [1].

Cette mesure eut de grands résultats pour la commune. Le comité donna une impulsion nouvelle à ses moyens de défense et acquit une influence telle qu'il ne tarda pas à dominer non-seulement le magistrat, mais les états généraux eux-mêmes. Les commissaires choisis par les nations, plus nombreux, plus actifs, plus violents que leurs collègues, les annihilèrent bientôt au point qu'on ne les compta même plus : le peuple, le gouvernement même ne les désignèrent que sous le nom des *dix-huit*. Sur leur proposition, les trois membres décidèrent d'employer aux fortifications les revenus du canal destinés au remboursement des rentes, ainsi que le produit du vingtième et du quarantième, et ils invitèrent les métiers à consacrer au même but une partie de leurs revenus. Des ordres furent donnés pour approvisionner la commune, et les centeniers furent autorisés à taxer les habitants aisés de leur ressort au payement d'un à six sous par semaine pour rétribuer les pauvres qui seraient employés aux travaux des fortifications. Enfin, tous les établissements religieux, tant de l'ammanie que de la ville, furent imposés en argent, en hommes ou en charrettes pour contribuer à ces travaux [2]. En donnant

[1] 23, 24 août, *Oppinie Boeck*.

[2] 5, 6, 7 septembre. Nous donnons ici, textuellement traduite, la liste de taxation arrêtée :

Les récollets mettront tous les jours deux hommes.

Les dominicains	»	deux	»
Les carmes	»	deux	»

Le tiers ordre (Fossé-aux-Loups), deux hommes, deux fois par semaine.

Les bogards,		idem.	
Les alexiens payeront par semaine			20 sous.
L'abbaye de Coudenberg,	»		20 »
La prévoté de la Chapelle,	»		30 »
Le couvent de Nazareth,	»		20 »
La fabrique de Sainte-Gudule,	»	3 fl. du Rhin.	
Le couvent de Saint-Pierre,	»		30 sous.
» Sainte-Claire,	»		30 »
» Jérico,	»	2 fl. du Rhin.	
» Sainte-Élisabeth,	»		20 sous.

Le béguinage fournira tous les jours une charrette et un cheval.

Les sœurs noires payeront par semaine, 20 sous.

son consentement à cette proposition, la nation de Saint-Laurent fit remarquer que les prébendes ou canonicats de la seigneurie de Walcourt à Anderlecht, autrefois concédés par la ville à des personnes instruites, qui, dans certains cas, plaidaient pour elle gratuitement, étaient donnés maintenant, sans consentement des trois membres, à des personnes n'ayant aucune capacité, et qu'il fallait par conséquent les vendre au plus offrant. Elle revint encore sur cette proposition lorsque, le 14 septembre, les nations furent appelées à consentir une levée de 20,000 florins du Rhin votée par les deux premiers membres pour acheter d'urgence des grains [1].

Le prince d'Orange avait répondu aux États qu'il était charmé de les

Le couvent de Sainte-Gertrude payera par semaine		20 sous.
La chartreuse de Scheut,	»	2 fl. du Rhin.
L'abbaye de Bigard,	»	3　　»
»　de Dielighem,	»	20　»
»　d'Afflighem,	»	6 fl. du Rhin.
»　de Grimberghe,	»	3　　»
Le prieuré de Rouge-Cloître,	»	2 fl. du Rhin.
Le couvent d'Auderghem,	»	50　»
Le prieuré de Groenendael,	»	3 fl. du Rhin.
»　de Sept-Fontaines,	»	2　　»
L'abbaye de Forêt,	}	
»　de la Cambre,	»	2　　»
»　de Ninove		20　»
»　de Saint-Bernard,	»	3 fl. du Rhin.
»　de Saint-Michel,	»	30　»
»　du Parck,	»	30　»
»　de Villers,	»	3 fl. du Rhin.
»　de Tongerloo,	»	3　　»
Le Chapitre d'Anderlecht,	»	4　　»
Celui de Sainte-Gudule,	»	4　　»
Mgr. l'archevêque,	»	2　　»
L'évêque de Cambrai,	»	2　　»
Les Lombards,	»	20 sous.
Molenbeek fournira tous les jours		2 hommes.
Schaerenbeke　»		3　»
Saint-Josse-ten-Noode, »		1　»
Ixelles et *Ten* Bosch, »		2　»
Saint-Gilles, »		1　»
Anderlecht, »		3　»
Laeken, »		2　»

Forêt fournira un homme trois fois par semaine. (*Oppinie Boeck.*)

[1] *Oppinie Boeck.*

voir disposés à une union générale, mais que, quelque pénible que lui fût son éloignement de sa patrie et des amis de sa jeunesse, il ne pouvait rien faire sans l'assentiment des états de Hollande. Cette réponse déguisait mal sa joie : cet assentiment lui fut promptement donné et, le 18 septembre, il arriva à Anvers où il fut reçu aux acclamations de toute la bourgeoisie en armes. Les abbés de Villers et de Marolles, le baron de Fresin et le sire de Capres y avaient été envoyés pour le saluer au nom des États et, de son côté, le magistrat de Bruxelles avait délégué au même effet trois de ses membres : messire Libert Vanderdussen, Philippe Diertyts et le secrétaire Jean Melyn. Il avait ordonné en même temps de préparer des barques de parade somptueusement ornées pour aller à sa rencontre, et il décida de se rendre en corps à l'écluse de Ransbeke et de lui présenter « cinq ou six aimes du meilleur vin du » Rhin [1]. » Guillaume ne resta que peu de jours à Anvers. Le 25, il partit pour Bruxelles, accompagné des députés des États et escorté par vingt hommes de chaque serment d'Anvers et par sa garde hollandaise. A Vilvorde, il trouva le magistrat de Bruxelles. Complimenté par Jean-Baptiste Houwaert, qui avait été chargé de diriger la fête, il répondit qu'il venait pour délivrer le pays de toute oppression et charge. Ses paroles furent accueillies par de bruyantes acclamations; les assistants jetèrent en l'air leurs chapeaux et les bourgeois le saluèrent d'une décharge générale. Les barques destinées à le recevoir lui et son cortége, étaient ornées d'étoffes de soie, sur lesquelles brillaient ses armoiries, et garnies d'orangers, de festons et de guirlandes de fleurs. Les trois chambres de rhétorique avaient équipé chacune une barque sur laquelle elles avaient élevé des théâtres : *le Livre* représentait la délivrance du peuple d'Israël par Moïse; *la Fleur de Blé* ou *le Bluet* comparait le prince à Joseph appelé au gouvernement de l'Égypte, et *la Guirlande de Notre-Dame*, à David tuant le géant Goliath. Lorsqu'il s'embarqua, le rivage retentit des cris de la multitude accourue de tous côtés. Des rafraîchissements lui furent offerts, et, pendant tout le trajet, la musique ne cessa de se faire entendre. Les bourgeois en armes escortaient la flottille, marchant des deux côtés du rivage, et les hauteurs voisines étincelaient des feux de joie allumés par les habitants du plat pays. Après avoir été salué, à la porte du Rivage, par les députés de la noblesse, le prince entra

[1] Résolutions des 18, 19 et 23 septembre. *Resolutie Boeck.*

en ville et se rendit en toute hâte à son palais. Le lendemain, le magistrat l'invita à un banquet qui lui serait offert, ainsi qu'aux députés des états généraux, le jour de saint Michel, à l'hôtel de ville [1].

L'arrivée du prince d'Orange avait vivement ému don Juan; mais rassuré par Schets de Grobbendonck, il voulut renouer les négociations, et, le 22 septembre, les États avaient reçu ses nouvelles propositions. Les décisions se prenant ordinairement le matin, la discussion en avait été remise au lendemain, jour de l'entrée de Guillaume. Ces propositions donnèrent lieu à d'irritants débats : les députés du Hainaut et d'autres voulaient en différer l'examen jusqu'après l'arrivée du prince, représentant que plusieurs membres de l'assemblée étaient allés à sa rencontre; redoutant son influence, ses adversaires parvinrent à étouffer la discussion et votèrent l'adoption du traité offert par l'archiduc. Cette décision fut attaquée comme précipitée par la minorité, qui recommença, le 25, la discussion dans une conférence tenue à l'hôtel Nassau. Les partisans de la paix l'emportèrent encore, mais les opposants firent insérer dans le traité des modifications telles, que son rejet était certain. Une de ces modifications portait que toutes les nominations faites depuis le départ du prince seraient annulées. Le sire de Willerval et l'évêque de Bruges furent désignés pour porter ce projet à don Juan, qui le repoussa avec indignation (4 octobre), et il s'ensuivit une correspondance des plus aigres entre lui et les États [2].

Dès lors il fallait s'attendre à une guerre acharnée. Comme on appréhendait que don Juan ne marchât sur Bruxelles dès qu'il aurait les troupes que le prince de Parme lui amenait à marches forcées, le magistrat fit activement réparer et augmenter les fortifications. Les États lui accordèrent à cet effet dix bonniers de bois de haute futaie dans la forêt de Soignes [3]. Le 7 octobre, le prince d'Orange visita les fortifications avec des délégués du magistrat; il leur déclara qu'elles étaient insuffisantes pour protéger les habitants, et vint, le lendemain, à l'hôtel de ville, engager les trois membres à mettre la plus grande activité à accélérer les travaux de défense. Il les remercia en même temps de l'affection qu'ils lui avaient témoignée, en les assurant de son dévouement, et il leur

---

[1] HOUWAERT, *Triumphante inkomste van Willem, prins van Oranje.* — *Resolutie Boeck.* — DE POTTER. — HARÆUS. — VAN METEREN.

[2] SCHETS. — M. GROEN VAN PRINSTERER.

[3] *Registre des Chartres de la Chambre des comptes de Brabant*, n° XI, f° 77 v°.

recommanda l'union et la plus grande déférence envers les États, afin de ne leur donner aucun prétexte de quitter leur ville. Le 9, la nation de Saint-Jacques pressa le magistrat de faire payer la taxe des couvents, et celle de Saint-Laurent dit qu'il fallait accepter les secours que le fils du prince palatin, Casimir, et d'autres souverains, offraient aux états généraux. Le 15, des députés des serments se présentèrent au magistrat pour se plaindre du peu d'activité qui régnait dans les travaux de fortification. Le magistrat ayant répondu qu'il fallait l'attribuer au manque de fonds, la contribution hebdomadaire ne rapportant que 225 à 250 florins du Rhin, et diminuant même, chaque semaine, par suite de la mauvaise volonté de plusieurs contribuables, ils déclarèrent qu'ils étaient prêts à travailler à leur tour, ou à payer chacun six sous, et à y contribuer de toute autre manière que l'on voudrait. Les trois membres décidèrent ensuite d'employer aux fortifications 1,000 florins du Rhin que le conseil de Brabant devait encore à la ville pour l'entretien des soldats levés du temps de Marguerite de Parme, et d'établir de nouvelles impositions. La nation de Saint-Jean représenta la proposition de celle de Saint-Laurent relative aux prébendes d'Anderlecht, et demanda qu'elles fussent affermées; mais celle-ci insista sur sa première opinion, disant qu'il fallait les vendre [1].

Une commission composée des seigneurs de la Garde et de Trello, gentilshommes du prince d'Orange, Jacques de La Noue, J.-B. Houwaert, Paul De Prince, Jean Bont, Charles Vanden Horicke, Jean Vandenbossche, et quelques autres, fut chargée de présenter un plan de fortifications et les moyens de l'exécuter. Considérant que Bruxelles était devenue frontière et que les ennemis pouvaient y arriver en une nuit, et se retrancher dans les faubourgs, cette commission proposa de les incendier en prévenant toutefois d'abord les propriétaires de maisons ou bâtiments situés à mille pieds des portes, qu'ils eussent à les abattre et à employer les matériaux le mieux possible. Elle exposa la nécessité de construire des ravelins, semblables à ceux qui étaient déjà commencés, dans les endroits où les fossés n'avaient pas d'eau, depuis la porte de Schaerbeck jusqu'à celle d'Obbrussel, et de les commander par deux plates-formes qui empêcheraient l'ennemi de s'y établir s'il venait à les emporter. Chaque ravelin devait coûter cinq à six mille florins du Rhin, et les

[1] *Oppinie Boeck.*

plates-formes 16 à 1700. Elle déclara qu'il fallait avant tout fortifier la porte de Schaerbeek et la Tour Bleue. Dans un second rapport,
elle demanda, à cause de leur grande élévation, la destruction des églises
de Saint-Gilles et de Molenbeek, dont les matériaux seraient employés
aux fortifications, et la construction de nombreux remparts près de l'hôpital Saint-Pierre, côté que dominaient les hauteurs d'Obbrussel. Pour
obtenir les fonds nécessaires à ces travaux, elle proposa de porter à un
sou, sans aucune exception, l'impôt d'un demi-sou sur le vin. Ces propositions furent adoptées par les trois membres; le magistrat déclara toutefois qu'avec les matériaux des églises de Saint-Gilles et de Molenbeek on
en bâtirait de nouvelles, parce que c'étaient des paroisses. A cette occasion,
la nation de Saint-Laurent insista vivement encore pour que les états
généraux acceptassent les offres de la reine d'Angleterre, du prince
Casimir et du comte de Swartzenberg [1].

La plus grande anarchie régnait alors dans les opinions : les uns, et
c'était le parti le plus puissant en Belgique où il comptait dans ses rangs
presque toute la noblesse, le clergé, les patriciens de Bruxelles, voulaient la paix avec le roi, mais en conservant les priviléges, et secrètement ils inclinaient pour don Juan; les autres désiraient l'indépendance
sous la protection de la France, mais ils n'osaient encore exprimer ouvertement leurs vues. Les calvinistes formaient alors le parti populaire;
ses chefs étaient Marnix de Sainte-Aldegonde à Bruxelles, Hembyse et
Ryhove à Gand. Ce parti voulait s'appuyer sur l'Allemagne et sur l'Angleterre, et c'était lui qui pressait l'arrivée du prince Casimir, dont le
père avait ouvert ses états à tous les proscrits du fait de religion. Ce
fut vers ce temps que Pierre Planc (Plancius) vint prêcher la réforme
aux populations du Brabant; son désintéressement, non moins que ses
talents, fit beaucoup de prosélytes à Bruxelles et dans les campagnes en-
vironnantes [2]. L'influence de Guillaume, qui grandissait chaque jour,
surtout parmi le peuple, excita la jalousie des grands des deux premiers
partis, qui voyaient avec un vif mécontentement les villes donner l'impulsion au lieu de la recevoir. « Cognoissant la plupart de la noblesse,
» le peuple de soi estre muable, et que le crédit qu'en son endroit avoit
» le prince d'Orange, estoit si grand, mesme le voliont, contre le gré

---

[1] 28, 29 octobre, 2, 3, 7 novembre. *Oppinie Boeck.*
[2] M. GOETHAELS. *Lectures*, etc., T. III, p. 126.

» de tous, faire gouverneur des Pays-Bas.... fut advisé requérir » l'archiduc Mathias, frère de l'empereur Rodolphe, « de prendre le gouver-» nement desdits pays [1]. » Ce jeune prince, né en 1557, devait, par son inexpérience, servir les projets des meneurs et devenir un instrument entre leurs mains. Appelé pour être opposé au prince d'Orange, il pouvait l'être également à don Juan, comme catholique et membre de la famille impériale [2]. Cette mesure, concertée d'abord dans le secret, manqua d'échouer et de provoquer des troubles sanglants. Une lettre dans laquelle Fourneau, gouverneur de Beaumont, disait à sa femme que l'archiduc Mathias devait être appelé et préféré au prince, ayant été interceptée, il fut arrêté par les Bruxellois et jeté en prison [3]. Plus effrayés que jamais par ces dispositions populaires, les adversaires du prince envoyèrent, le 26 octobre, le seigneur de Maelstede proposer le gouvernement des Pays-Bas à l'archiduc [4].

Ces divisions, en entravant les opérations militaires, prouvèrent bientôt que, malgré tous leurs préparatifs, les états généraux n'arriveraient à aucun résultat décisif. La nombreuse armée qu'ils avaient réunie à Wavre, sous les ordres d'Emmanuel de Lalaing, aurait facilement pu s'emparer des passages de la Meuse, et sinon chasser don Juan, du moins le mettre dans l'impossibilité d'avancer et de recevoir des renforts. Après une longue inaction, elle se porta de Walhain sur Gembloux, où l'ennemi devait bientôt venir la surprendre. Le prince d'Orange avait aisément compris le véritable but qu'on voulait atteindre en appelant l'archiduc, et il savait fort bien d'où partait le coup; ne pouvant le parer, il chercha à l'amortir. Le Brabant étant sans gouverneur depuis la retraite de don Juan, il résolut, malgré l'opposition qu'il était certain de rencontrer, de se faire nommer à cette place, la plus importante du pays. Bien qu'il vît encore dans son parti un grand nombre de nobles et de prélats [5], il compta, pour réussir, sur l'enthousiasme qu'il avait excité à Bruxelles, où « les habitants montaient jour-» nellement la garde devant son château, et l'accompagnaient où il » voulait. Dans les rues, les femmes tombaient à genoux lorsqu'il pas-

---

[1] *Relation des événements de* 1577 *et* 1578, l. c.
[2] M. GROEN VAN PRINSTERER.
[3] EYTZINGER, p. 238.
[4] M. GROEN VAN PRINSTERER, T. VI, p. 191.
[5] *Ibid.,* l. c.

» sait, et joignaient les mains; en somme, ils l'honoraient quasi comme
» s'il était Dieu lui-même [1]. » Un jour qu'il était resté plus tard que
d'habitude au conseil, des bourgeois s'en inquiétèrent, et, soupçonnant
quelque trahison, ils prirent les armes. L'alarme fut aussitôt générale;
la bourgeoisie courut occuper les portes, tandis que des groupes nombreux se dirigeaient vers le palais. Le trouble ne cessa que lorsque le
prince se fut montré à une fenêtre d'où il remercia la foule de cette preuve
d'intérêt [2]. « Un des plus grands mutins de Bruxelles déclara au comte
» de Lalaing et au sire de Heze que si l'on savait qu'ils fussent ceux qui
» avaient fait venir l'archiduc, leurs têtes seraient en danger [3]. » Dans
l'assemblée du 17 octobre, la nation de Saint-Pierre dit que « d'abord,
» et avant tout, il fallait qu'on leur donnât pour gouverneur du duché
» de Brabant le prince d'Orange, et que les nations ne devaient pas
» quitter l'hôtel de ville avant d'avoir obtenu le consentement des trois
» membres; car, ajouta-t-elle, nous ne sommes pas de moindre qualité
» que nos voisins de Flandre, Hainaut, Artois, Gueldre, Frise et autres,
» considéré en outre les grandes charges du Brabant. » Elle demanda
que cette opinion fût lue ouvertement devant les autres nations, et celles
de Saint-Jacques, de Saint-Jean, de Saint-Nicolas, de Saint-Gilles et de
Saint-Laurent s'y rallièrent aussitôt [4]. « Les membres ecclésiastiques des
états, dit un contemporain, s'opposent à cette mesure, mais les Bruxellois disent que s'ils continuent à se montrer opposés au prince, ils les
prendront une fois à corps, les précipiteront du haut de la maison de
ville, et les assommeront [5]. » Les trois membres, de concert avec les
chefs-doyens, les métiers et les principaux bourgeois d'Anvers, représentèrent aux états de Brabant qu'il fallait absolument un chef à la province sur laquelle le poids de la guerre allait évidemment tomber [6]. Cette
requête souleva une vive rumeur dans l'assemblée; le clergé, la majorité de la noblesse s'y opposèrent énergiquement. Le comte d'Egmont,
le sire de Heze protestèrent, disant qu'ils n'obéiraient pas à celui qui

---

[1] Rapport de Jean de Raispelt, agent d'Albert le Magnanime, duc de Bavière,
communiqué au *Trésor national,* par M. le docteur COREMANS, T. II, p. 117.

[2] M. GROEN VAN PRINSTERER, T. VI, p. 178.

[3] *Relation des événements de* 1577 *et* 1578, loc. cit.

[4] *Oppinie Boeck.*

[5] Rapport de Jean de Raispelt, l. c.

[6] M. GROEN VAN PRINSTERER.

« serait de contraire religion que la catholique. » Il allait être passé
outre lorsque « entra soubdain en la chambre telle multitude de peuple
» que les estats furent contrains s'accommoder à son voloir [1]. » Dans
les états généraux cette nomination éprouva également de vives difficultés, et ne fut sanctionnée que par provision, tant qu'il n'y aurait pas
de gouverneur général (22 octobre) [2]. Le magistrat de Bruxelles
approuva cet « appointement [3], » et le prince, « après quelques excuses,
» accepta l'estat [4]. » La nouvelle de sa nomination répandit un vif contentement dans Bruxelles où de nombreux feux de joie furent allumés [5].

Satisfait d'avoir obtenu cette place dont personne n'avait jamais été
investi, mais toujours irrité contre les États, Guillaume se retira à Anvers, et de là, il les engagea à envoyer à l'archiduc Mathias, qui était
arrivé à Maestricht, une députation chargée de lui présenter les bases du
traité à conclure pour sa réception. Cependant sa nomination n'avait
fait qu'accroître la scission qui régnait entre les partis ; dans le but
d'élever autel contre autel, les adversaires de Guillaume voulurent se
créer en Flandre un point d'appui contre le Brabant. Le duc d'Aerschot
se rendit à cet effet à Gand ; mais les chefs du parti populaire, Hembyse
et Ryhove, soulevèrent cette puissante cité, et, renouvelant la scène du
4 septembre 1576, ils emprisonnèrent le duc, plusieurs évêques et
abbés, ainsi que d'autres chefs de l'aristocratie (28 octobre) [6]. Cet événement jeta la stupeur dans Bruxelles. Le lendemain, le prince d'Orange
y envoya le sire d'Ohain « pour protester qu'il n'étoit auteur de cet
» acte ; ce qui confirma à plusieurs l'opinion qu'il l'étoit [7]. » Les membres
des états généraux craignirent que les Bruxellois n'imitassent ce dangereux exemple et n'attentassent à leur liberté ; le bruit de ce projet
prit même assez de consistance pour que les démocrates crussent nécessaire de faire une démarche afin de le démentir. Le 30 octobre, le magistrat et les membres du comité des fortifications se rendirent en corps à
l'assemblée des états généraux. Ils les assurèrent « que les troubles de

[1] *Relation des événements de* 1577 *et* 1578, loc. cit.

[2] M. Groen van Prinsterer, T. VI, p. 208-210. — De Potter. — Eytzinger,
p. 237. — Van Meteren. — Haræus, T. II, p. 273.

[3] 29 octobre. *Resolutie Boeck.*

[4] *Relation des événements de* 1577 *et* 1578.

[5] Dinothus.

[6] M. Groen van Prinsterer, T. VI, p. 216.

[7] *Relation des événements de* 1577 *et* 1578.

» Gand leur déplaisoient fort et pour ce que quelques-uns craindroient
» que semblable pouvoit arriver en cette ville, ils déclaroient fermement
» que les estatz pouvoient être sans crainte, leur promettant toute assu-
» rance, voir même pour les dits estatz leurs corps et leurs vies [1]; » par
résolution du 2 novembre, le magistrat défendit de chanter sur les places
publiques d'autres chansons que celles approuvées [2]. Ces démonstrations mêmes prouvaient que les États n'étaient plus libres, ni maîtres dans
Bruxelles, puisqu'au lieu d'y disposer de la force armée, ils recevaient, en
quelque sorte, une sauvegarde d'un corps secondaire. La commune
bruxelloise était alors, envers les états généraux, dans une position pareille
à celle où se plaça, en 1792, la commune de Paris en face de l'assemblée
nationale législative, avec cette différence toutefois qu'elle ne recourut
jamais, pour les violenter, aux horribles massacres qui souillèrent la
capitale de la France. Elle aussi ne reconnaissait aucune autorité supérieure; elle ne voulait d'autre guide que la liberté publique dont elle se
constituait juge; elle commentait ou réprouvait les actes des États, leur
dictait quelquefois des résolutions, en même temps qu'elle montrait une
énergie admirable pour se garantir des désastres d'un siége ou d'un sac.
Ainsi, nous voyons le commandant de la bourgeoisie, Corneille Vanderstraeten, défendre avec menaces, au greffier Wellemans, de signer
aucun passe-port sans préalable avis des *dix-huit,* et cela en présence du
prélat de Sainte-Gertrude, des seigneurs de Saventhem et de Berchem,
des pensionnaires de Louvain et d'Anvers, et de l'avocat Liesvelt. Il est
vrai que, d'après des explications données par le pensionnaire, ces précautions ne concernaient que les bourgeois, mais les députés ne devaient
guère s'attendre à être exceptés de la mesure [3]. Ce Vanderstraeten, qui,
quelques mois après, obtint l'office de concierge de la cour [4], engageait
instamment le prince d'Orange à se rendre à Bruxelles. Il se plaignait à
lui des chefs de l'armée qui n'avaient pas occupé la position de Bouge,
en sorte que l'ennemi pouvait arriver sans obstacle à Bruxelles ou à
Nivelles; il lui désignait Champagny comme concussionnaire, l'accusant
d'avoir dérobé 35,000 florins sur la solde de ses soldats, et demandant

---

[1] M. GROEN VAN PRINSTERER, T. VI, p. 218.

[2] *Resolutie Boeck.*

[3] Résolution mss. des états généraux du 19 novembre. M. GROEN VAN PRINS-
TERER, T. VI, p. 261.

[4] Le 20 janvier 1578. *Ibid.,* p. 260.

qu'on lui fît son procès, « car, disait-il, il y a étoffe assez. » Enfin, il lui rappelait sans cesse que les États renfermaient dans leur sein de nombreux ennemis de la cause publique et de la sienne propre, lui citant, entre autres, l'abbé d'Hasnon, Jacques de Fraye, le duc d'Aerschot, Louvignies, Jean d'Offegnies, le sire de Marque, échevin de Mons, Provin, pensionnaire de Bruges, et Louis Allegambe, seigneur de Hamel, prévôt de Tournai [1]. Ardent patriote, Vanderstraeten pressait avec une incroyable activité les travaux des fortifications qui devaient protéger Bruxelles contre les armes espagnoles et qui la firent réputer imprenable. Autour de son enceinte de murs garnie de fortes tours et défendue par sa contrescarpe et de profonds fossés, fut élevé un cordon de ravelins. Sept ravelins défendaient les portes de Schaerbeek, de Louvain, de Namur, la Grosse Tour et les différents endroits où, de ce côté, les fossés manquaient d'eau [2]. Le 24 novembre, le magistrat, approuvant la proposition de Guillaume de Smeth, un des commissaires aux fortifications, avait fait commencer celui de la Tour Bleue [3]. Quelques jours plus tard, d'après les rapports de Jean Houwaert et Jean Théron, fondé de pouvoirs du prince d'Orange, les trois membres résolurent de faire construire encore cinq ravelins dans le bas de la ville, et de donner aux fossés trente-quatre pieds de largeur [4]. Chacun de ces ravelins avait, à ses trois angles, une petite tourelle, et, à son centre, un corps de garde.

Pour faire exécuter ces vastes travaux, qui furent commencés le 4 novembre, le magistrat obtint la faculté d'abattre encore les arbres de dix bonniers du bois de Soignes, et ensuite celle d'y prendre autant de fascines et d'arbres qu'il lui en faudrait, à condition de jurer qu'il n'en serait pas pris plus que de besoin [5]. La population entière fut mise en réquisition : chaque jour quatre sections devaient y travailler; les exemptions étaient payées trois, quatre, cinq ou six sous par jour. Le chroniqueur qui rapporte ces détails y travailla lui-même, « car, » dit-il, les meilleurs y allaient. » Pour diriger les travaux et veiller à l'approvisionnement de la commune, le comité de défense s'as-

---

[1] Lettre du 10 décembre. M. GROEN VAN PRINSTERER, l. c.
[2] V. le plan de GUICCIARDIN, édition de 1580. — [3] Resolutie Boeck.
[4] 26, 28, 30 novembre, 8 décembre. Oppinie Boeck.
[5] Octrois du 13 décembre 1577 et du 2 avril 1578. Archives de la Chambre des Comptes.

semblait deux fois par jour, à 9 heures du matin et à 5 heures de relevée, « dans la dernière chambre de l'hôtel de ville sur le marché [1]. »

Les dispositions agressives de don Juan, l'arrivée de Mathias préoccupaient tous les esprits. Pour la défense du pays et le maintien de ses libertés, les États résolurent de renouveler l'acte d'union en y apportant toutefois les modifications nécessitées par les circonstances et la marche des événements, en même temps qu'ils arrêteraient les bases de la réception de l'archiduc. Instruits de ce projet, les *dix-huit* demandèrent communication des articles du traité à proposer à Mathias, et de la nouvelle Union, « déclarant positivement qu'ayant été trompées par la trop légère réception de don Juan, les nations ne recevraient l'archiduc qu'après mûr examen des conditions qui lui seraient faites (9 décembre) [2]. » La nouvelle Union de Bruxelles, signée le 10 décembre dans la grande salle de l'hôtel de ville, prouve combien, depuis un an, les idées étaient devenues progressives. En 1576, on ne voulait que le catholicisme, on exigeait la proscription des prêches ; maintenant que le parti protestant avait au congrès de nombreux partisans, les deux religions se promettaient réciproquement bienveillance. Le même jour, fut publié un décret du 7 qui déclarait don Juan ennemi du pays, et l'archiduc Mathias fut proclamé gouverneur général des Pays-Bas, mais à des conditions qui le mettaient entièrement dans la dépendance des États. Ainsi, ils s'étaient réservé le droit de déclarer la guerre ou de conclure la paix, et les nominations au conseil d'état [3]. Comme il était important de réorganiser ce corps, réorganisation dont les états de Brabant avaient déjà démontré l'urgence (4 novembre), il fut immédiatement procédé à sa nouvelle composition [4].

Le 11 décembre, les trois membres approuvèrent la nomination de l'archiduc, et, le 2 janvier 1578, le magistrat publia l'ordonnance réglant les cérémonies de son entrée qui devait avoir lieu sur le même pied que celle de don Juan. Des prix, dont le plus élevé était de quatre

---

[1] DE POTTER. La chambre dont il parle est sans doute celle du rez-de-chaussée, au coin de la rue de la Tête-d'Or.

[2] M. GROEN VAN PRINSTERER, T. VI, p. 265. — [3] *Ibid.*, p. 270.

[4] Le nouveau conseil d'état fut ainsi composé : le marquis d'Havré, le seigneur de Champagny, le comte de Boussu, l'abbé de Sainte-Gertrude, Fromont, Fresin, Willerval, Leoninus, Meetkerke, Sasbout, Pierre de Beveren, conseiller de Flandre, l'abbé de Marolles, Liesvelt et Marnix de Sainte-Aldegonde.

agneaux et de huit *geltes* de vin, étaient offerts aux serments [1]. Mais toutes les difficultés étaient loin d'être aplanies : comme l'arrivée de l'archiduc ôtait au prince d'Orange le gouvernement du Brabant, le peuple de Bruxelles déclara hautement qu'il fallait non-seulement lui laisser sa place, mais le nommer lieutenant-général de Mathias. Des adresses ayant été présentées à cet effet, Guillaume, qui s'était rendu à Gand pour y apaiser les troubles, écrivit aux trois membres que, ne voulant pas causer de jalousie, ni enlever au comte de Lalaing la place de lieutenant-général, il préférait n'être ni lieutenant-général ni gouverneur du Brabant (5 janvier). Sa lettre fit quelque impression ; les nations renoncèrent au projet de le faire nommer lieutenant-général, mais elles persistèrent dans celui de l'avoir pour gouverneur, déclarant, que si on ne les satisfaisait pas à cet égard, elles n'admettraient pas l'archiduc dans leur ville [2]. Les nations étaient devenues toutes puissantes par l'absence d'un pouvoir capable de les réprimer, car les lignages n'étaient plus que des oligarchies sans force. Le 5 janvier, elles replacèrent dans leur salle de réunion la couronne que la reine de Hongrie en avait fait enlever après les troubles de 1552 ; elles demandèrent et obtinrent ensuite le droit de pouvoir se convoquer elles-mêmes [3]. Voyant la ville menacée de troubles, les États résolurent, le 8 janvier, vers huit heures du soir, de nommer le prince gouverneur du Brabant et de prier l'archiduc de le choisir pour son lieutenant-général. Une telle prière était un ordre, et, le 19, Mathias signa la nomination de Guillaume qui, dès lors, ne lui laissa qu'un simulacre d'autorité [4].

L'archiduc étant arrivé à Malines où le parti espagnol comptait beaucoup d'adhérents, quelques archers de Bruxelles furent envoyés (9 janvier) pour veiller à la garde de cette place importante [5]. Le prince d'Orange informa les *dix-huit* de la prochaine entrée de Mathias à Bruxelles en les chargeant de tout préparer pour sa réception [6]. Vers le même temps, arriva dans cette ville Jean de Noircarmes, seigneur de Selles, que le roi envoyait porter aux États de nouvelles propositions de paix. Il offrait une amnistie complète, promettait de ne plus avoir de soldats espagnols dans les Pays-Bas, d'y envoyer un nouveau gouverneur général, exigeant, pour toute condition, le maintien de la religion catho-

---

[1] *Resolutie Boeck.* — [2] M. GROEN VAN PRINSTERER, T. VI, p. 276. — [3] DE POTTER. [4] M. GROEN VAN PRINSTERER. — [5] AZEVEDO, T. IV. — [6] EYTZINGER, p. 238.

lique et l'observance des règlements existants sous Charles-Quint. Le moment n'était pas opportun pour faire de telles propositions ; aussi les États les rejetèrent-ils comme anéantissant la pacification de Gand [1]. On relâcha quelques détenus politiques, entre autres Fourneau, qui avait expié, par trois mois de prison, sa sympathie pour le nouveau gouverneur général [2].

Le 17 janvier, le prince d'Orange, qui avait traversé Malines sans s'y arrêter, vint coucher à Vilvorde où il fut rejoint, le lendemain, par l'archiduc. Tous deux alors se dirigèrent sur Bruxelles, accompagnés du serment des hallebardiers et de celui de la petite arbalète d'Anvers, de trente confrères du serment de l'arbalète et de vingt-cinq de celui de l'arquebuse de Malines, ainsi que d'un grand nombre de Bruxellois venus à leur rencontre. On remarquait parmi leur suite le comte de Swartsenberg, ambassadeur de l'empereur, Jean de Nassau, frère du prince d'Orange, le prince de Chimai, le comte Vandenberghe, le baron de Liedekerke, le seigneur de Bours, capitaine des archers de la garde, Coupigny, capitaine des hallebardiers, Gaspard de Danwits, seigneur de Jandorf, les sires de Halders, de Pontery, Griboval, Heyst, Brecht, Giberchy. La noblesse, avec ses officiers, ses laquais et ses pages, les membres des trois grands conseils et les lignages, allèrent à leur rencontre. Lorsque le cortége arriva sur les hauteurs de Schaerbeck, trois mille bourgeois, que le comte de Boussu avait rangés en bataille jusque près le *Petit Venise* [3], exécutèrent un simulacre de combat contre quatre enseignes d'infanterie. Cette fête militaire dura une demi-heure, et le cortége s'avança ensuite salué par l'artillerie des nouveaux ravelins et des remparts. Il fut reçu à la porte de la ville par les bonnes gens des nations, ayant tous un flambeau à la main. Les rues étaient ornées de guirlandes de verdure, de draperies, d'inscriptions, et jonchées de fleurs ; d'espace en espace on voyait des épisodes de l'histoire de Scipion, à qui le nouveau gouverneur général était comparé. Sur la grand'place étaient élevés, de quatre en quatre pieds de distance, des poteaux chargés d'armoiries ; en face de l'hôtel de ville, on avait dressé vingt-quatre théâtres sur lesquels trônaient de jeunes filles, allégories des vertus. Lorsque le cor-

---

[1] M. Groen van Prinsterer, T. VI, p. 283. — [2] Eytzinger.

[3] Tot op een black velt gelegen buyten Brussel tusschen die Mechelsche ende Lovensche poorte by eene plaisante delle bygenaemt Cleyn Venegien. Houwaert, *Incomste van Mathias*, Brux. 1579, bl. 11.

tége arriva près de l'hôtel de Nassau, des chœurs chantèrent des vers, dont l'auteur exaltait le prince d'Orange et tous les jeunes héros. A son entrée au palais, qui était tendu de tapisseries, l'archiduc fut salué par trois décharges de mousqueterie, les trompettes sonnèrent, les tambours battirent aux champs. Le soir, il y eut un grand banquet auquel furent invités les nobles et les députés des États. Pendant toute la nuit, la ville resplendit de mille feux de joie; toutes les maisons, ainsi que la tour de Saint-Michel, les tours de Sainte-Gudule, le beffroi, furent illuminées. Dans plusieurs rues on avait pendu de ces grandes lanternes de papier que nous revoyons encore aux jours de kermesse, représentant les astres, des chasses, des triomphes, des cavalcades, des événements tragiques ou grotesques. Les *Waeckhuysen* avaient été transformées en petites chapelles. Partout le peuple s'abandonnait à la joie, buvait, mangeait, chantait dans les rues, ou lançait des fusées (*pheseyen*) qui, « allaient sous les habits et les jupes, et mettaient les » curieux en déroute [1]. »

Le 20, l'archiduc et Guillaume prêtèrent serment à la bretèque de l'hôtel de ville [2], et, le lendemain, on chanta, à l'église de Sainte-Gudule, une messe solennelle à laquelle assistèrent la cour, les États et le magistrat. De là, ils se rendirent à l'hôtel de ville, où les États offrirent un dîner à Mathias, dîner auquel furent également invités le prince d'Orange, le duc d'Aerschot et un grand nombre de seigneurs et de prélats. Les rhétoriciens de la Guirlande de Marie y récitèrent des dialogues composés par J.-B. Houwaert; dans un de ces dialogues, un bourgeois, se plaignant de la misère publique, était consolé par un ecclésiastique qui lui faisait entrevoir l'arrivée du nouveau gouverneur comme le baume qui allait cicatriser toutes les plaies; dans un autre, Minos, appelé à décider entre Alexandre, Annibal et Scipion, prononçait en faveur de ce dernier parce qu'il avait été vertueux. On servit ensuite les confitures, des fleurs, des animaux en sucre, et différents objets de pâtisserie. Les cloches sonnèrent trois jours de suite, en signe de réjouissance [3].

Le 16 janvier, les receveurs avaient remis au magistrat un état des

---

[1] J.-B. HOUWAERT, *Incomste van Mathias.*

[2] Ende 20 january heeft hy synen eedt gedaen opt stadhuys ter puyen. *Compte de la fabrique de Sainte-Gudule.* L'archiduc prêta serment comme gouverneur général et le prince d'Orange comme gouverneur du Brabant.

[3] EYTZINGER. — AZEVEDO. — J.-B. HOUWAERT.

recettes et des dépenses, présentant un déficit de 55,587 florins du Rhin [1], et ils avaient déclaré l'impossibilité de continuer les travaux commencés ou d'entreprendre ceux indiqués par le prince d'Orange, les

[1]   COMPTES PRÉSENTÉS PAR LES RECEVEURS.

Recettes.	Deux vingtièmes et quarantièmes. . . .	24308 fl. du Rh.	
	Dons reçus par les centeniers, pour les fortifications.	107	
			24415
Dépenses	Solde des ouvriers.	2185	
	Matériaux.	1492	
	Assemblée des États, frais des capitaines, lumières pour la garde.	3493	
	Poudre, goudron, etc.	8913	
	Quartiers-maîtres, canonniers, ingénieurs, tambours, etc.	1715	
	Quote dans l'aide.	14350	
	Menus travaux.	2152	
	Grains achetés en 1577 et revendus (pour mémoire, 15307).	»	
	Grains achetés.	13940	
	Quote dans l'aide de 100,000 fl. du Rhin.	3587	
	Menues dépenses.	5975	57802
	Déficit. . .		33387

COMPTE DE GUILLAUME DE SMETH POUR LES FORTIFICATIONS, JUSQU'AU 16 JANVIER 1578.

Recettes.	7488	
		7488
Dépenses.	6902	
		6902

Dans les dépenses sont comprises des sommes payées pour les grands ravelins construits à la porte de Cologne, au moulin à poudre, à la porte de Louvain, pour le premier ravelin entre les portes de Louvain et de Namur, pour le deuxième, pour le ravelin au Wollendries, pour celui de Sainte-Claire, pour celui du trou du canal, ou porte du Rivage, etc.

RECETTES COURANTES.		SOMMES RESTANT A RECEVOIR.
	FL. du Rh.	
Les cloîtres.	700	562 (difficile à percevoir).
Vente d'arbres du bois de Soignes.	5000	1467
Somme accordée par les États. .	3000	1900
Rétributions payées par les bourgeois n'ayant pas travaillé en personne, pour trois mois. . .	1600	1000 (difficile à percevoir). 1500 (le chapitre ne veut pas payer sinon par jugement).
Chapitre de Ste-Gudule, pour impôt.	»	3454 (à recevoir seulement dans 4 mois.)
Impôt sur le vin affermé. . .	»	.

Le conseil de Brabant doit pour les troupes levées en 1566 1000 fl. (les seigneurs de Boussu, de la Motte et d'autres seigneurs et ingénieurs ; il fallait, entre autres, construire un ravelin entre les portes de Flandre et du Canal, et ces travaux exigeaient au moins deux mille florins par semaine. Le magistrat proposa d'y consacrer le dixième des revenus de tous les terrains de la ville et de sa franchise, ainsi que des rentes, et le vingtième des locataires, comme cela s'était fait en 1576, en exceptant seulement les loyers de moins de 12 florins ; il décida aussi la levée d'une *mite* sur le froment. Le large conseil adopta les deux premières mesures, mais rejeta la troisième, nonobstant les remontrances que les receveurs lui adressèrent (27 et 28 janvier). Les nations ayant été convoquées pour cet objet, elles se réunirent *sous la couronne* et déclarèrent qu'aux termes de la Joyeuse Entrée et de la pacification de Gand, en vertu des serments du gouverneur général et du conseil d'état, la ville était maintenue dans ses franchises et usages, et que toutes les ordonnances contraires, telles que les règlements de 1528 et de 1545, qui avaient aboli l'ancien droit de la commune dans le renouvellement du magistrat, étaient annulées et mises à néant. Elles réclamèrent en conséquence le changement du magistrat, attendu que son élection avait été faite en opposition aux anciennes lois, et l'abolition du serment qu'il avait prêté. Enfin, elles refusèrent leur consentement aux impôts proposés, disant qu'on n'avait qu'à faire rentrer les contributions arriérées (30 janvier). Le magistrat répondit qu'il était prêt à abandonner son office, mais qu'ayant été nommé par don Juan il fallait que les nations réclamassent sa démission près du nouveau gouverneur général ; que, quant à son serment, il avait été établi par le traité conclu avec le premier de ces princes. Dans la position qu'avaient prise les nations, ce différend ne pouvait manquer de soulever d'inextricables difficultés, mais un fatal événement vint leur arracher un vote affirmatif ; elles y mirent toutefois pour condition que la gestion du dixième et du vingtième serait confiée à trois de leurs délégués[1].

membres du conseil refusent, disant qu'ils n'étaient pas nommés à cette époque.

Reste à recevoir. . . 10885

Sur lesquels on ne peut percevoir que difficilement, ou dans quelque temps. 7516

Reste à recevoir de suite. . . . 3567

(*Oppinie Boeck.*)

[1] 2 février. *Oppinie Boeck.*

Bruxelles retentissait encore du bruit des fêtes et des divertissements, quand tout à coup éclatèrent des cris de détresse, et la malheureuse bataille de Gembloux (51 janvier) apprit aux Belges le retour de l'ennemi. La division qui régnait dans les États, l'apathie des généraux, avaient permis à don Juan de se fortifier dans le Namurois et le Luxembourg, tandis qu'il ne fallait qu'un peu de vigueur pour l'en chasser. Pendant que les Espagnols attaquaient le camp de Gembloux, le comte de Lalaing, le châtelain de Gand, presque tous les colonels, étaient à Bruxelles assistant aux noces de Jean de Witthem, seigneur de Beersel, et de Marie de Mérode, marquise de Berghes, comtesse de Walhain. Aussi n'y eut-il qu'un cri sur leur conduite; une réprobation universelle s'attacha à tous ces noms, qui s'étaient illustrés par des victoires et qui devenaient fameux par des défaites [1]. A Bruxelles, le peuple, transporté de fureur, prit les armes, menaçant de sa vengeance ceux qui, par leurs mesquines jalousies, par leur mauvaise administration, ou par leur coupable insouciance, avaient amené ce désastre. Le prince d'Orange eut toute la peine possible à calmer cette colère qui déjà même se tournait contre l'archiduc; on le vit, pendant toute la nuit du 1er février, parcourir la ville, cherchant à calmer la multitude et à rétablir l'ordre [2].

Profitant habilement de sa victoire, don Juan s'empara bientôt d'une partie du Brabant, entra dans Louvain, dont la garnison se replia sur Bruxelles, menaça Malines et Anvers, et soumit tout le Hainaut oriental. Craignant d'être assiégés dans Bruxelles, l'archiduc, le prince d'Orange, les états généraux, saisis d'une honteuse panique, ne songèrent plus qu'à se retirer à Anvers. Pour ne pas être retardés dans leur fuite, les États s'abouchèrent avec les *dix-huit* afin de les induire à ne pas l'empêcher [3]. Pour ces braves bourgeois, qui étaient bien résolus à se défendre jusqu'à la dernière extrémité, leur présence devait être un embarras de plus, aussi ne fut-il mis aucun obstacle à leur départ. Le 5 février, les autorités supérieures quittèrent la ville après avoir donné des ordres pour la fortifier [4]. La bourgeoisie n'avait pas attendu ces ordres pour se mettre en état de repousser les bandes victorieuses de don Juan, et d'énergiques

---

[1] Van Meteren, L. VIII, fo 144 vo.

[2] Languet, *épist. secret.* L. II, 347. — M. Groen van Prinsterer, T. VI, p. 297.

[3] Résolution manuscrite des États Généraux du 2 février 1578. M. Groen van Prinsterer, T. VI, p. 267.

[4] Haræus. — Eytzinger. — Azevedo.

mesures de défense étaient prises. Le 6 février, toutes les maisons situées hors des portes furent brûlées pour démasquer les batteries. C'est alors que furent détruites les anciennes et belles églises paroissiales de Molenbeek-Saint-Jean et d'Obbrussel; c'est alors aussi que fut abattu le couvent de Sainte-Claire, près de la porte d'Obbrussel, où il fut remplacé par une demi-lune. Deux mille maçons furent employés aux travaux des fortifications. Le comte de Boussu, nommé par l'archiduc au commandement de la ville, y entra avec quarante enseignes de piétons; les bourgeois formaient quatre-vingts enseignes; il y avait en outre une cohorte de deux cents volontaires, tous jeunes gens d'élite. Une ordonnance enjoignit aux vagabonds de quitter la ville dans les vingt-quatre heures, sous peine de punitions sévères. Les bagages des marchands et des voyageurs étaient minutieusement visités aux portes, pour qu'ils n'emportassent pas ni argent, ni armes, ni instruments de guerre. Défense fut faite aux hommes capables de porter les armes, de sortir de la ville pour plus de trois jours, sous peine de confiscation de biens; beaucoup de femmes s'enfuirent emportant avec elles leurs objets les plus précieux. On fit entrer en ville de nombreux troupeaux de bestiaux : « mais, dit de Potter, la sécheresse du printemps et de l'été ne les rendit pas de grande ressource pour l'avenir, car il fut très-difficile de les faire pâturer. » En présence d'une attaque imminente, toutes les affaires avaient cessé, et tous les comptoirs, à l'exception de ceux de la ville et des États, furent fermés. Pour alléger les charges qui pesaient sur la bourgeoisie, les ordres religieux furent astreints aux logements militaires, ou payèrent de fortes contributions. Par lettres du 16 février, l'archiduc ordonna « à toutes personnes ecclésiastiques du plat-pays » d'envoyer leurs meubles et leurs principaux joyaux dans des villes ou forteresses. Il proposa en outre à tous les ecclésiastiques des pays de par deçà de remettre aux États, contre espèces, leurs bagues, joyaux et ouvrages d'or non consacrés, mesure qui fut étendue aux serments, confréries et corporations. Ces bijoux furent déposés à l'hôtel de ville de Bruxelles, et nous voyons, entre autres, que les carmes y portèrent pour une valeur de 525 florins du Rhin, 12 sols et 1 liard [1].

Le 14 février, les Espagnols parurent devant Vilvorde, où il y avait six compagnies wallonnes et françaises; mais de Glymes, qui y comman-

---

[1] Van Meerbeek, *Histoire des Carmes*, f° 267.—De Potter.—Dinothus.—Dewall

dait, était un vaillant capitaine, et quelques sorties vigoureuses les forcèrent à se retirer. Prévenu par le comte de Boussu que l'ennemi concentrait ses forces, le magistrat invita les habitants à payer immédiatement le dixième et le vingtième, afin de pouvoir activer les travaux de défense, surtout dans le bas de la ville, travaux dont J.-B. Houwaert avait donné les plans. Il proposa aussi de lever d'autres contributions, mais les nations ajournèrent toutes nouvelles levées, jusqu'à ce qu'on leur eût rendu compte des deniers fournis par la commune; elles insistèrent beaucoup pour que le comte de Boussu mît au plus tôt à l'abri d'un coup de main, Nivelles et Hal, qui devaient couvrir leur ville [1]. L'événement justifia bientôt leurs prévisions : Nivelles fut emportée après plusieurs assauts sanglants (12 mars), et les avant-coureurs de l'armée ennemie purent, sans obstacle, s'avancer jusque sous les murs de Bruxelles. En prenant le commandement de la ville, le comte de Boussu avait déclaré qu'il était indispensable d'y avoir quelque cavalerie; il fit venir en conséquence deux cornettes fortes de cent soixante hommes et commandées par les capitaines Michel et Voisin; mais comme la commune était déjà obérée, et qu'elle ne pouvait leur donner plus de dix sous par jour, les soldats firent difficulté d'entrer en ville. Le comte de Boussu en écrivit au magistrat, qui consentit à porter la solde de chaque cavalier à treize sous, « espérant que le comte ferait rembourser ce supplément par la généralité. » Le large conseil opina dans le même sens; mais les nations refusèrent net, et force fut aux cavaliers d'accepter les premières conditions [2].

Les membres les plus exaltés et les plus révolutionnaires de la bourgeoisie tentèrent alors quelques démarches qui devaient assurer à leur parti des appuis au dehors et une plus grande influence à l'intérieur. Messire Henri de Bloyere, Sibert Van Berlicum et Joseph T'Serrocls, sans avoir reçu de mission, mais s'intitulant députés de la ville de Bruxelles, s'adressèrent à la commune gantoise, qui marchait alors à la tête du parti calviniste, et lui demandèrent de renouveler le traité d'alliance conclu en 1559 entre le Brabant et la Flandre. Cette proposition fut favorablement accueillie (17 janvier 1578) [3], et, de leur côté, ils

---

[1] 5, 8 et 9 mars. *Oppinie Boeck.*

[2] 13-26 mars. *Ibid.*

[3] Nous, échevins, conseil, doyens, ainsi que les nobles, notables et commune de la ville de Gand, faisons savoir que, à l'instante demande de messire Henri de

s'engagèrent à faire signer le traité par leurs concitoyens; mais le magistrat, qui n'avait pas été consulté, n'ayant pas expédié l'acte promis, cette conduite mécontenta les Gantois, et, le 8 mars, le prince d'Orange écrivit aux trois membres pour leur démontrer que la ville de Gand avait raisonnablement le droit d'attendre de leur part la ratification authentique de la bonne alliance et confédération qu'elle avait conclue avec eux [1]. Les trois membres s'étant assemblés pour délibérer sur l'objet de cette lettre, le premier déclara « que bien qu'il n'eût pas entendu parler de ce que de Bloyere, Van Berlicum et T'Serroels avaient traité avec les Gantois, et que l'union de 1339 n'eût pas été longtemps observée, puisqu'il y avait eu guerre avec la Flandre en 1356, il était disposé, à cause de la grande affection de la ville et de ses habitants pour la commune de Gand, à lui dépêcher l'acte demandé, toutefois avec l'assentiment de l'archiduc et des états de Brabant, et à condition qu'il ne serait contrevenu en rien

Bloyere, Sibert van Berlicum et Joseph T'Serroels, députés des trois membres de la ville de Bruxelles, avons promis et promettons par les présentes, pour notre prospérité et celle de la ville de Bruxelles et des alliés de tous deux, que nous resterons alliés, conformément au traité de l'an 1339, entre le Brabant et la Flandre et les habitants des deux pays, promettant de bonne foi de s'aider mutuellement de corps et de biens, et particulièrement de rester en amitié avec la ville de Bruxelles et ses alliés, et de les avertir de tout ce qui sera nécessaire pour le bien du pays et des villes citées. Les mêmes de Bloyere, Berlicum, T'Serroels, ont promis de nous faire avoir un acte semblable des villes de Bruxelles, Louvain, Anvers, Bois-le-Duc et leurs alliés. Bien entendu que de ce traité ne seront pas exclus les autres villes et bourgs qui voudront s'y joindre, mais elles pourront en tout temps être admises dans l'alliance, à leur demande. En témoignage de vérité, nous avons fait apposer à la présente le scel aux causes de notre ville et la signature d'un de nos secrétaires le 17 janvier 1578. Sur le pli, signé, HEMBIZE. Cet acte est en flamand. (*Oppinie Boeck.*)

[1] Messieurs, j'ay esté prié par les nobles, notables et commune de la ville de Ghand, de vous faire souvenir comme parcidevant, ilz vous ont donné acte auctenticque de la promesse de bonne alliance et confédération faicte avec vous, aussi que vous ayez à leur envoyer une promesse réciprocque de vostre part, daultant oultre qu'il est bien raisonnable quilz ayent une semblable promesse de vous, que vous avez deulx, aussi ilz en ont à faire pour sen servir vers les aultres membres de Flandres. Partant je vous prie de ny faillir à raison de la conséquence, et à tant, après m'estre affectueusement recommandé à vostre bonne grace, je prieray Dieu, Messieurs, vous donner bonne santé, longue et heureuse vie. En Anvers, ce viiie jour de mars 1578. Desoubz estoit escript : Vostre bien bon amy de vous faire service. Soubzsigné, Guillaume de Nassou. Sur le doz : A Messieurs, Messieurs les Bourgmestres, Eschevins, Conseil et Deputez des trois membres et nations de la ville de Bruxelles. (*Oppinie Boeck.*)

à la pacification. » Le second membre se rangea à cette opinion, mais le troisième déclara qu'il fallait que l'acte d'alliance fût expédié sans restriction, et cette opinion, énergiquement exprimée, reçut l'approbation du magistrat, qui venait d'être complétement renouvelé [1].

Détournées un instant de leurs attaques contre les règlements de Charles-Quint, les nations étaient loin d'avoir abandonné leurs projets. L'article 12 du traité adopté par Mathias portait que, «selon la pacifica- » tion de Gand, ledit gouverneur restabliroit et restitueroit tous et » quelconques anciens priviléges, usages et coutumes que l'on pourroit » monstrer avoir esté enfraints, violez, ou par force et violence, tolluz et » aboliz; » se basant sur ces dispositions, elles déclarèrent de nouveau que le magistrat, qui avait été nommé par don Juan, en conformité de règlements imposés, contre tout droit, à la commune, ne pouvait rester en fonctions. Elles firent agir si activement tous les partisans de la démocratie que, le 28 février, Mathias donna commission au comte d'Egmont et au seigneur de Boxtel-Bassigny, Gérard de Hornes, de se rendre à Bruxelles pour changer le magistrat, et, le 15 mars, il rendit un décret qui rétablit dans toutes ses dispositions le règlement de 1481. Aussitôt arrivés, les deux commissaires exhibèrent en collége leurs commissions et le décret dont ils exigèrent la publication. Ce décret souleva de vives récriminations dans le sein du premier membre qui demanda qu'on le modifiât, tandis que le large conseil voulait qu'on le publiât (25 mars). Le magistrat ayant réclamé un délai de quatre jours afin de pouvoir se consulter et mettre l'archiduc au courant des priviléges de la ville, les commissaires rejetèrent cette demande, disant que tout retard entraînerait les plus grands inconvénients, et ils l'engagèrent à prendre promptement une décision, de crainte qu'on ne l'accusât de mutinerie et de rébellion. Il demanda alors un acte de non préjudice, et les commissaires, après en avoir conféré avec les députés des nations, ayant également refusé de le lui délivrer, il déclara qu'il ne pouvait tolérer de semblables innovations sans protester. « Comme quelques-uns de cette ville, dit-il, sous le nom des habitants, » ont obtenu de Son Altesse un placard pour renouveler la loi, contraire- » ment à tous les priviléges usités depuis plus de trois cents ans, lequel » placard a dû, le 18 mars dernier, être publié très-précipitamment, avec » un privilége de l'an 1481 sur le renouvellement de la loi, avec me-

[1] 18 avril. *Oppinie Boeck.*

» naces contre les magistrats s'ils ne le publiaient pas, et s'ils n'assem-
» blaient pas les lignages, qu'on nommerait des magistrats dans le corps
» de la ville ; ce que les magistrats n'ont pu faire sans protestation ci-
» jointe, et comme ceux qui ont fait faire ce placard n'ont pas examiné si
» les points de cet acte de 1481 avaient été pratiqués ou étaient prati-
» cables, les magistrats l'ont fait examiner et ont trouvé qu'un grand
» nombre de points n'avaient plus été pratiqués et étaient contraires aux
» prérogatives des nations qui, si on l'exécutait, perdraient la nomination
» des quatre receveurs. » Dans sa protestation, il fit remarquer, entre
autres : 1° que la disposition qui voulait que les patriciens, pour être
investis d'une charge municipale, fussent mariés et eussent vingt-huit ans,
était tombée en désuétude ; 2° que le règlement de 1509 avait modifié
celles exigeant que chaque lignage eût son échevin, et que chaque échevin
restât quatre ans hors de fonctions ; 3° que ce n'étaient plus les échevins,
mais les nations qui nommaient les receveurs ; et, 4° que la nomination du
premier bourgmestre n'appartenait plus aux nations, mais à la cour, qui
nommait également les receveurs patriciens, autrefois choisis par les échevins. Les nations ne s'inquiétèrent guère de cette opposition : elles déclarèrent que le renouvellement de la loi, tel que le déterminait le nouveau règlement, était fort bon, et demandèrent qu'il fût exécuté au plus
tôt [1]. La démocratie régnait alors dans nos cités, et rien ne put faire
changer la résolution qui avait sans doute été imposée à l'archiduc. Le
7 avril, ses commissaires établirent un nouveau magistrat ; mais, en
démissionnant celui qui existait, ils remirent à ses membres une déclaration de Mathias, attestant que cette mesure n'avait pas été provoquée
par leur défaut de zèle pour le bien de la patrie ou la tranquillité de la
ville, ni par aucun autre motif de reproche ou de blâme, et qu'au contraire il les considérait comme hommes probes et dignes d'estime. Cette
victoire fit espérer aux nations d'en obtenir bientôt de nouvelles : en
effet, l'année suivante, elles se firent autoriser à présenter trois candidats patriciens pour la place de premier bourgmestre, et six autres
pour celles de receveurs. Elles jouirent jusqu'en 1585 de ce privilége,
qui leur rendait tous les droits conquis par leur aïeux en 1421 [2].
L'administration nouvelle, composée en grande partie d'hommes qui

---

[1] 26 mars. *Oppinie Boeck.*
[2] *Ibid.* — Mss. de la bibliothèque royale, intitulé : *Van de Magistraet.*

n'avaient pris jusqu'alors aucune part à la direction des affaires communales, et dévoués aux idées de réforme, se mit à la tête du mouvement
patriotique : engagée dans cette voie, elle fut bientôt en opposition complète avec le large conseil, formé des membres du magistrat qu'elle avait
remplacés, avec la haute bourgeoisie, qui était essentiellement catholique,
et avec les nations elles-mêmes ; nous dirons plus loin les armes dont elle
se servit et les auxiliaires sur lesquels elle s'appuya.

La plus grande activité continuait à être déployée dans les mesures de
défense. Le 22 avril, parut une ordonnance qui enjoignit à tous les habitants de prendre les armes, et, le 31, le magistrat publia un nouveau
règlement, en 84 articles, sur le service des gardes bourgeoises [1]. Le 30,
un impôt fut établi, pour un terme de trois mois, sur les marchandises et
sur les denrées : l'aime de bière forte fut taxée à 7 sous, la *cuyte*, à
2 sous, le vin à 9 florins, chaque bœuf à 30 sous, chaque veau et mouton à 5 sous, etc. [2]. Le 24, le premier membre avait adopté une décision conçue en ces termes : « Considérant que l'ennemi a voulu attaquer
» la ville, ayant rassemblé à cet effet trente-six à quarante grosses pièces
» de canon et toute son armée ; considérant combien il faut de choses à
» la ville contre ce tyran, qui a projeté de n'y laisser aucun vivant, ni
» aucune maison debout ; considérant qu'à défaut d'argent, elle a obtenu,
» à deux reprises de Son Altesse, dix bonniers de bois, dont les premiers
» ont été vendus environ six mille florins payables par sixièmes men-
» suels, ordonne aux receveurs du canal de fournir, toutes les semaines,
» mille florins pour les fortifications, somme qui sera remboursée avec
» la vente des derniers bonniers vendus, et propose d'employer au même
» objet les joyaux des églises, couvents, hôpitaux, déposés depuis peu à
» l'hôtel de ville. » Cette proposition, que nous traduisons littéralement,
prouverait seule qu'un tout autre esprit avait envahi ce corps. Le large
conseil n'admit la première proposition qu'avec quelques restrictions, et
rejeta la deuxième ; mais les nations les adoptèrent toutes deux [3]. Enor-
gueillies de leurs succès, celles-ci en étaient venues au point de ne plus
reconnaître d'autorité, et plus d'une fois elles firent sentir au magistrat
qu'il leur devait sa nomination. Chacune de leurs convocations donnait
lieu à de nouvelles plaintes ou réclamations. Tantôt elles demandaient
des mesures de répression « contre les vendeurs de monnaie, » tantôt

---

[1] Bor. — [2] De Potter. — [3] 27, 30 avril. *Oppinic Boeck.*

elles réclamaient des poursuites « contre les voleurs des matériaux ; » tantôt elles se plaignaient de la négligence de l'amman et de ses subordonnés ; toujours elles voulaient des actes de rigueur, et les ordres de l'archiduc ne leur imposaient pas plus que les opinions du premier membre [1]. Pour arrêter cette fougue menaçante, l'ancien magistrat avait le plus possible évité de les convoquer, mais les événements s'étaient succédé avec trop de rapidité pour qu'on pût longtemps se dispenser de les consulter, et, d'un autre côté, le large conseil, qui commençait aussi à donner des votes très-énergiques, avait exigé leur réunion [2].

Le 9 mai, le prince d'Orange arriva à Bruxelles, où il fut suivi, trois jours après, par quelques centaines de cavaliers [3] et quarante chariots de vivres. Il adressa de sévères remontrances aux soldats allemands, dont la brutalité avait provoqué les plaintes de la bourgeoisie, visita les fortifications, et repartit, le 14, après s'être assuré des bonnes dispositions de la commune. A leur retour, les troupes qui l'avaient escorté, emportèrent les châteaux de Rymenam, Campenhout et Wilder. Deux jours après, parurent en vue de la ville plusieurs corps de cavalerie espagnole, qui se retirèrent après avoir paru examiner l'état de la place. Cet incident n'eut d'autre résultat que de jeter la consternation parmi les royalistes, qui craignirent d'être victimes de la fureur dont il avait saisi le peuple [4]. L'archiduc ayant annoncé l'intention de retirer de Bruxelles la cavalerie, les Écossais et les Allemands qui y tenaient garnison, et de les remplacer par cinq enseignes venant de Philippeville, les trois membres se récrièrent contre cette mesure, et lui députèrent le colonel Vandentympel et J.-B. Houwaert pour le prier de changer de résolution. Sur le rapport de ces députés, qui déclarèrent l'impossibilité où se trouvait le prince de donner, pour le moment, une autre garnison à la ville, le premier et le second membre consentirent à recevoir ces compagnies, à condition toutefois qu'elles seraient placées sous les ordres de Vandentympel et qu'on attendrait le départ des autres troupes, qui devaient préalablement être payées. Appelées à donner leur assentiment à cette mesure, les nations la rejetèrent vivement, disant « que les troupes wal-
» lonnes avaient déjà occasionné trop de malheurs, et qu'il fallait à la

---

[1] V. différentes discussions dans l'*Oppinie Boeck*. — [2] *Ibid.*

[3] DE POTTER dit six cents, et EYTZINGER, p. 245, trois cents.

[4] EYTZINGER.

» ville une garnison à laquelle on pût se fier [1]. » L'avenir prouva
qu'elles étaient sages dans leur défiance.

Le 17 juin, la dame d'Evere vint en collége prier le magistrat de consentir à l'échange du colonel de Trelong et d'autres prisonniers royalistes détenus à Bruxelles, contre les seigneurs de Bailleul, d'Evere, de
Goegnies et quelques autres, qui avaient été pris par l'ennemi, échange
consenti déjà par le conseil d'état et les états généraux, et au sujet
duquel le prince d'Orange et le comte de Boussu lui avaient écrit, ainsi
qu'aux députés des nations. Le magistrat lui répondit qu'il ne pouvait
décider sur cette affaire que de concert avec les deux autres membres,
mais qu'il était disposé à lui être favorable en considération des bons services de ces seigneurs, et de ceux qu'elle-même avait rendus aux États
en leur conservant Landrecies, dont elle avait payé la garnison de ses
propres deniers. Les trois membres approuvèrent cet échange, en déclarant toutefois que Trelong ayant été arrêté pour fait de trahison, c'était
aux États, et surtout à la ville d'Anvers, qu'il avait voulu livrer à don
Juan, à décider sur son sort [2].

Dans le courant du mois de juin, le prince d'Orange proposa aux
états généraux la publication d'une paix de religion qui, tout en assurant
le maintien du catholicisme, autorisât l'exercice du culte réformé partout où cent familles le demanderaient. Cette proposition, qui était contraire à la pacification de Gand et peu agréable à l'archiduc, souleva
d'orageux débats. Pendant que la Gueldre, Utrecht, et surtout le Hainaut et l'Artois, la combattaient vivement, la Hollande, la Zélande, Gand
interdisaient la célébration de la messe et enlevaient aux catholiques
leurs églises [3]. D'un autre côté, la plupart des nobles, qui avaient dirigé
le mouvement anti-espagnol de 1576, voyant toute l'autorité passer
entre les mains du prince d'Orange et le protestantisme s'infiltrer dans
les masses, voulurent opérer à Bruxelles une réaction. A cet effet, des
réunions secrètes eurent lieu, au mois de juillet, à l'hôtel de Champagny,
où l'on vit venir les seigneurs de Heze, de Beersel, de Glymes, de Bassigny, plusieurs colonels de la bourgeoisie et des capitaines des sections,
des ecclésiastiques, des membres du conseil de Brabant et de la cour des
comptes, etc. Outre leurs partisans de l'intérieur, ils comptaient sur

---

[1] 16 juin. *Oppinie Boeck.*
[2] 8, 13, 16 juillet. *Ibid.*
[3] M. Groen van Prinsterer, T. VI, p. 378, 390.

l'appui de quatre compagnies du sire de Heze et cent chevaux du régiment de de Glymes, cantonnés dans les environs. Une première démarche fut faite par trois des quatre colonels de la bourgeoisie; ils allèrent trouver le magistrat et lui déclarèrent qu'ils venaient, à l'invitation de soixante à soixante-dix capitaines, leurs subordonnés, demander l'interdiction des prêches de la religion « qui se dit réformée. » Ils ajoutèrent que ces capitaines seraient comparus à l'hôtel de ville, mais qu'ils avaient voulu éviter tout ce qui pouvait occasionner du tumulte ; que toutefois, si l'on en manifestait le désir, ils étaient prêts à se présenter. Les magistrats se sentant les plus faibles alléguèrent aux colonels l'obéissance qu'ils devaient aux autorités supérieures et, promettant de consulter les états de Brabant sur cette demande, ils obtinrent des réformés qu'ils interrompissent leurs prêches pendant quelque temps. Ceux-ci, qui compensaient leur petit nombre par leur énergie, déclarèrent toutefois que « ny pour la vie, ny pour la mort, ny pour persécu-
» tions quelconques, le dict temps expiré, ils ne laisseroient leur exer-
» cice, et en cas que on vouldroit contre eulx procéder par armes ou
» voye de faict, qu'ils se pensoient bien deffendre. » Quelques jours après (11 août), Champagny, de Beersel, de Heze et Bassigny vinrent en séance du collége communal présenter une requête contre les prêches, requête qui avait, disaient-ils, été approuvée par la plupart des colonels, capitaines, membres des serments et bons bourgeois. On y faisait remarquer, entre autres, que Paris avait toujours été excepté dans les édits de tolérance accordés aux huguenots, et l'on en tirait cette conséquence que Bruxelles étant également ville royale, il fallait agir de même à son égard. De Heze insista en particulier sur le bon effet qu'avait produit à Maes-·
tricht l'interdiction des prêches, pour lesquels, ajoutait-il, les Bruxellois avaient de l'aversion. Le magistrat répondit qu'il ne pouvait prendre une décision sans avoir délibéré sur cette affaire. Champagny et ses amis lui accordèrent à contre-cœur un délai et, étant sortis de la maison communale, ils invitèrent les bourgeois réunis sur le marché, à venir, à deux heures de l'après-midi, à l'hôtel de Heze. Des colonels, des capitaines, et environ soixante notables se rendirent à cette invitation et, le lendemain, entre midi et une heure, de Heze, Champagny et les autres chefs catholiques se rendirent de nouveau à l'hôtel de ville. Le magistrat leur ayant annoncé le rejet de leur proposition, en s'appuyant des décisions des états généraux et en insistant sur le tort qu'une décision contraire

pourrait causer aux catholiques de quelques autres villes, à la cause commune et à Bruxelles en particulier, ils s'écrièrent que ce n'étaient que des subterfuges. Ils déclarèrent que le large conseil et les nations approuvaient leur demande, et qu'il fallait réunir ces corps; après avoir rappelé les clauses de la pacification de Gand, le bon esprit qu'avait montré les bourgeois en 1566, ils offrirent le secours des catholiques du Hainaut et parlèrent avec beaucoup de mépris de l'archiduc qu'ils traitèrent d'enfant (*jovenetto*). Le magistrat leur opposa l'obéissance due aux États, la nécessité de conserver leur appui et les difficultés qu'entraînerait l'exécution de leur projet. La discussion s'échauffant, un des seigneurs lui demanda s'il voulait « estre de la ligue ou non, et en cas que non, quilz » sçavoient ce quilz avoient à faire; » mais quand on les interrogea sur la ligue dont ils parlaient, ils se turent, s'apercevant qu'ils avaient été trop loin.

Il avait enfin été convenu que la résolution du collége leur serait remise vers deux heures, lorsque Champagny et ses compagnons, se rendant dans la petite salle, s'y virent tout à coup environnés de capitaines de sections et d'autres bourgeois protestants qui sortaient de leur consistoire. Ceux-ci les interpellèrent vivement, n'épargnant ni menaces, ni reproches, et leur imputant les projets les plus sanguinaires; un bourgeois entre autres accusa Champagny d'avoir déclaré qu'au besoin le fer ferait raison des quatre ou cinq cents réformés qu'il y avait en ville. Les magistrats dissipèrent ce rassemblement, qui, dirent-ils plus tard, s'était formé à leur insu, et les chefs du parti catholique se retirèrent. Quelques habitants les ayant suivis et ayant demandé à Champagny des explications sur les propos qu'on lui attribuait, il répondit avec colère : « Si vous » voulez procéder de ce mode là, je vous auray bien aultrement. » Ces paroles, répandues dans le peuple, eurent un terrible retentissement; la foule irritée courut chez ce seigneur, et ne l'ayant pas trouvé, elle livra son hôtel au pillage. Le magistrat, qui s'était assemblé au premier bruit du tumulte, ordonna la restitution immédiate des objets dérobés; mais, pour éviter que d'autres habitations ne subissent le même sort, il promit une récompense de 300 florins à quiconque livrerait Champagny. Il fut arrêté le lendemain, ainsi que de Glymes et Corneille Wellemans, le rédacteur de la requête des catholiques. Ces deux derniers furent bientôt relâchés; mais Champagny fut remis, le 18, à des députés de Gand, qui vinrent le réclamer pour le confronter avec d'autres personnes accusées d'avoir fomenté les troubles dont cette ville avait été le théâtre au mois d'octobre 1577 [1]. Quelques mois après (50 janvier 1579), le second membre demanda qu'il fût ramené à Bruxelles pour y être jugé, et, comme ses meubles avaient été vendus publiquement, sans le consentement des trois membres, il réclama de l'archiduc et du conseil d'état un acte d'indemnité. Cet acte fut délivré, mais l'autre demande n'eut pas de suite [2].

La paix de religion proposée par le prince d'Orange rencontra encore dans la bourgeoisie de sérieuses résistances, et, à mainte reprise, le large conseil et les nations exprimèrent leur intention de ne se départir en rien de la Pacification. Dans leur assemblée du 6 juillet, les nations avaient demandé qu'on veillât à son entière exécution, « parce que, sinon, » dirent-elles, la discorde en naîtra. » Elles revinrent plusieurs fois sur cet objet et sommèrent le magistrat de se prononcer à l'égard de ce contrat politique. Celui-ci déclara qu'il avait toujours eu l'intention de s'y conformer, mais que, comme on n'avait pu le mettre à exécution pacifiquement et sans exposer la ville à de grands dangers et d'inévitables discordes, il en avait plusieurs fois référé à l'archiduc et aux états généraux. Il ajouta qu'ayant appris qu'on avait soumis à l'examen des états des provinces un projet de « modération ou trêve de religion, » il venait de déléguer à Anvers maître Jérôme Vanden Eynde, échevin, afin d'être tenu au courant de cette affaire (28 août) [3]. Nous verrons plus loin l'opiniâtre résistance que les nations opposèrent à l'exécution des projets de Guillaume.

Sortis enfin de la stupeur que leur avaient causée les succès de don Juan, les États se décidèrent à prendre l'offensive, et Bruxelles fournit à l'armée deux trains de canons, l'un de pièces de campagne, l'autre de pièces de siége (*muerbreckers*) [4]. Depuis longtemps les calvinistes et les démocrates demandaient à grands cris qu'on acceptât les secours du prince palatin, et, d'un autre côté, les provinces wallonnes, où le zèle pour le catholicisme était très-ardent et la noblesse toute-puissante, vou-

---

[1] Ces faits sont développés dans une requête écrite par le magistrat à l'archiduc Mathias, le 23 août 1578, et dans laquelle il explique sa conduite par son dévouement à la généralité. *Recueil de pièces relatives aux États Généraux pour les années 1576 à 1580*, mss. appartenant à la chambre des représentants, T. II, f° 181. — M. Groen van Prinsterer, T. VI, p. 448.

[2] *Oppinie Boeck.* — [3] *Ibid.* — [4] 6 juillet. *Ibid.*

laient qu'on négociât avec le duc d'Anjou, frère du roi de France, qui, après la bataille de Gembloux, avait offert ses services aux États. Ce projet fut vivement combattu par le parti allemand et par l'Angleterre, et les États, en traînant les choses en longueur, permirent aux démocrates de tourner contre leurs adversaires l'arme dont on les menaçait. Ils envoyèrent de l'argent à Jean Casimir, qui leva en Allemagne un grand nombre de reitres, et, lorsque les Wallons appelèrent le duc d'Anjou, sous le titre de défenseur de la liberté des peuples, ce prince était déjà d'intelligence avec Guillaume [1].

Pour donner à son autorité un centre gouvernemental dans le Brabant, Philippe II transféra à Louvain le conseil de Brabant, ainsi que les conseils du gouvernement et les cours supérieures [2]. Beaucoup de conseillers étant restés à Bruxelles, il en nomma de nouveaux et investit de la place de chancelier Didier Van Sestich. Les États, de leur côté, nommèrent de nouveaux conseils et de nouvelles cours [3]. Le 12 août, le roi institua également à Louvain une cour féodale, et, comme le premier lieutenant, Charles de Tysnach, se trouvait en Espagne, et que le second lieutenant, Jacques Boonen, avait pris parti pour les États, il la fit présider par le chancelier Sestich.

Pendant que ces événements occupaient le pays, à Bruxelles on ne discontinuait pas les travaux de défense. Le haut de la ville était complétement garni de ravelins et de plates-formes, mais la partie basse était loin encore d'être achevée. Afin de pouvoir y faire travailler plus activement, les trois membres décidèrent que les receveurs du canal fourniraient 600 florins par semaine et recevraient en échange dix des bonniers du bois de Soignes accordés à la ville par l'archiduc [4]. En même temps on chercha à donner une forte organisation aux sections, et à faire régner dans leurs rangs l'ordre et la discipline. On adjoignit à chaque colonel un sergent-major ou lieutenant, choisi dans la bourgeoisie, et chargé de faire les fonctions de surintendant de la garde, et un prévôt ou *boetmeester* qui devait punir d'amende les infractions au règlement et les

---

[1] M. GROEN VAN PRINSTERER. — VAN METEREN.

[2] Ordonnance du 19 juillet. *Archives de l'Audience,* cart. 1573, n° 10. — *Placards de Brabant,* T. I, p. 208.

[3] M. GACHARD, *Introduction de l'inventaire des Archives de la Chambre des Comptes.*

[4] 6 juillet. *Oppinie Boeck.*

négligences dans le service. Les gardes ne purent plus se faire remplacer que par « des hommes estimés, armés, et acceptés par les colonels. » Chacun des quatre colonels eut sous ses ordres dix enseignes chargées de la garde de deux portes. Ils furent autorisés à juger, de concert avec les sergents-majors, les capitaines et des députés des trois membres, toutes les affaires relatives au service [1].

Le duc d'Anjou, arrivé à Mons le 13 juillet, avait annoncé sa venue aux États, ainsi qu'au magistrat de Bruxelles, qui l'avaient appelé, disait-il, contre l'oppression espagnole [2]. Les secours qu'il amenait, joints aux six mille hommes de Jean Casimir et aux levées extraordinaires faites dans le pays et à l'étranger, avaient rendu l'armée assez formidable pour écraser don Juan et assurer à jamais l'indépendance du pays; mais, au lieu de pousser vigoureusement en avant, elle borna ses opérations à la prise de quelques châteaux de peu d'importance [3]. Les soldats cependant étaient braves et pleins d'ardeur, et le combat de Rymenam (1er août) prouva que les Belges savaient encore combattre et que leur vieux sang n'avait pas dégénéré. Ce qui leur manquait, c'étaient des chefs actifs et habiles : le prince d'Orange, et il avait raison, ne s'occupait plus de l'armée; le comte de Boussu était malade et se tenait renfermé dans l'hôtel d'Hoogstraeten; le duc d'Anjou et Casimir, appelés par deux partis opposés, ne songeaient qu'à leurs intérêts et se nuisaient réciproquement [4], et ce grand déploiement de forces épuisa le pays sans lui faire obtenir le moindre avantage.

Au fléau de la guerre s'en joignirent bientôt d'autres non moins épouvantables. La peste et la dyssenterie préludèrent aux maux qui allaient fondre sur Bruxelles et y exercèrent de terribles ravages. La misère, qui y régnait, ne contribua pas peu à augmenter le nombre des victimes; les maisons de pestiférés situées près des remparts ayant été abattues, on n'avait plus d'emplacement particulier pour les malades, et la contagion trouvait ainsi plus d'éléments meurtriers. Il fut question d'abord de chercher hors de l'enceinte un bâtiment propre à remplacer ces asiles; mais le magistrat renonça à ce projet qui eût entraîné des dangers pour la sûreté de la ville, et il proposa de prendre à cet effet la maison-Dieu du tiers-ordre au Fossé-aux-Loups, « maison isolée, garantie des vents

---

[1] 10, 13, 16 et 17 juillet. *Oppinie Boeck.* — [2] EYTZINGER, p. 247. — [3] LE PETIT.
[4] DE POTTER. — VAN METEREN.

» et assainie par le cours de la rivière. » Les religieux devaient être conduits aux Bogards, à moins qu'ils ne préférassent rester dans leur couvent. Le deuxième membre rejeta cette proposition, alléguant pour motifs que depuis quelques années, on bâtissait beaucoup dans ce quartier, qu'on y bâtirait encore, et qu'il était voisin du canal et du marché. Il proposa de faire soigner les malades à l'hôpital Saint-Jean, moyennant indemnité, et, si l'on voulait un bâtiment particulier, de prendre la maison des héritiers Jean Danoot, près de la Senne, à l'écluse de Lacken. Il se plaignit aussi des exactions commises par les alexiens et les sœurs-noires, sur les malades confiés à leurs soins. Les nations ayant approuvé la proposition du premier membre, les sections de garde à la porte de Laeken, ainsi que celles des quartiers de Saint-Laurent et de l'Ossendael, réclamèrent contre cette décision et demandèrent que les pestiférés fussent placés dans le couvent de Nazareth. D'un autre côté, les mambours et les religieuses de l'hôpital Saint-Jean représentèrent qu'ils étaient surchargés de malades depuis plus d'un mois; ils en avaient deux cents, et, chaque jour, il en arrivait vingt-cinq ou trente, ce qui leur avait occasionné un déficit de 10,000 florins. Ils déclarèrent en conséquence l'impossibilité de se charger du soin des malades à moins que la ville ne leur allouât un subside. Le deuxième membre persistant toujours dans son opinion, des commissaires du magistrat se rendirent à l'hôpital pour s'assurer de l'exactitude de ces assertions. Ces commissaires trouvèrent tous les lits occupés, même par trois ou quatre malades, et, sur leur rapport, la proposition du magistrat fut adoptée. Des menaces avaient été proférées par des bourgeois qui dirent publiquement que si l'on tardait à occuper le couvent du tiers-ordre, ils porteraient les pestiférés chez les membres du large conseil [1].

Les trois membres nommèrent chacun un commissaire pour diriger toutes les mesures concernant l'épidémie. Pour mettre la maison du tiers-ordre en état de recevoir les pestiférés, il fallut prendre, pour un an, les revenus du canal et établir de nouveaux impôts sur la navigation [2]. Bientôt ce bâtiment ne suffit plus : de tous côtés, de Vilvorde surtout où la maladie sévissait avec fureur, on apportait des malades en ville. Le magistrat s'empara alors du refuge de Saint-Bavon, près du Béguinage, et de toutes les grandes maisons abandonnées par leurs pro-

---

[1] 27 août, 2, 3, 4, 5 septembre. *Oppinie Boeck.* — [2] *Ibid.*

priétaires [1]. Comme si ce n'était assez de maux, ces maladies laissèrent après elle une famine qui acheva de décimer les classes pauvres [2]. Suivant quelques auteurs, à la Saint-Jean on comptait déjà douze mille décès [3]; d'autres portent à vingt-sept mille le nombre d'habitants qui périrent [4]. Mais, chose que nous avons remarquée dans toutes les circonstances de ce genre, ces chiffres sont énormément exagérés. Un document officiel, dont nous parlerons plus tard, dit qu'il y eut deux mille morts. Sur une population qui ne pouvait guère alors dépasser cinquante à soixante mille âmes, la proportion est déjà assez effrayante pour qu'on ne cherche pas à l'exagérer. Les mesures nécessitées par ces fléaux, l'entretien des pauvres pestiférés, ainsi que les frais occasionnés par la guerre et les travaux des fortifications, obérèrent considérablement la commune et nécessitèrent l'établissement de nouveaux impôts [5].

Pendant ce temps, la ville n'avait cessé d'être inquiétée par la garnison de Louvain et d'autres bandes ennemies. La première faisait journellement des incursions jusqu'à ses portes et interceptait souvent son commerce avec Anvers [6]. Pour prévenir toute surprise, les magistrats apportaient les plus grands soins à l'entretien des fortifications et faisaient faire bonne garde. Ils ne devaient guère en effet compter sur l'assistance des généraux des États, qui, agissant mollement et sans ensemble, préparaient au pays les plus grands revers. Quelques membres du comité de défense avaient donné leur démission, d'autres l'avaient demandée, se plaignant de ce que, depuis plus de dix mois qu'ils exerçaient gratuitement leurs fonctions, ils négligeaient leurs propres affaires, et il avait été convenu de remplacer ceux qui voudraient se retirer et d'en restreindre le nombre. Cette commission extraordinaire fut alors ainsi composée : Hubert De Vaddere, Jean Van Blitterswyck, Nicolas Van Bygaerden, Pierre Rentiers, Henri de Zele, François Beydaels, Pierre Van Beeme, Daniel de Pape et Corneille Vits, nommés par les nations, Sibert Van Berli-

---

[1] DE L'OTTER, f° 47. — [2] GRAMAIE. — FOPPENS.

[3] DE POTTER. — EYTZINGER. — DINOTHUS. — [4] GRAMAIE. — MANN, chron. mss.

[5] Quatre sous sur le setier de froment moulu, un sou par chapon ou toute autre pièce de volaille, lièvre, couple de lapins, etc., deux sous sur le faisan, oiseau de montagne, coq d'Inde, dindon ou cygne, etc. 22, 27 septembre, 5, 6 octobre. *Oppinie Boeck.*

[6] DE POTTER. — DINOTHUS.

cum, échevin, et Jean Schotte, receveur, nommés par le magistrat, Jean de Fraye et Philippe Boots, nommés par le large conseil [1].

Les États de leur côté étaient livrés à la plus complète anarchie. Le parti calviniste ou allemand, aussi opposé au duc d'Anjou qu'à don Juan, dominant déjà dans les principales villes de la Flandre et du Brabant, était devenu tout puissant depuis l'arrivée de Jean Casimir. Dès l'entrée de ce prince à Bruxelles, on vit les ministres réformés prêcher publiquement dans des maisons dites *schavers huysen*, en face du couvent des Bogards [2]; bientôt ils ne se contentèrent plus de ces lieux de réunion et, se fondant sur la paix de religion, bien qu'elle n'eût pas été publiée dans cette ville, ils demandèrent des temples. Le 20 septembre, Mathias écrivit au prieur des carmes qu'il eût à leur céder la nef de son église et à la faire clore d'un mur, afin de pouvoir conserver son couvent [3]. Encouragés par Casimir, qui vint, dans cette église, assister à leurs sermons [4], les calvinistes ne gardèrent plus de retenue envers leurs adversaires. Contenus toutefois à Bruxelles par la froideur que leur témoignait la bourgeoisie, leurs ministres ne donnèrent pas, comme en Flandre, carrière à cette violence qui amena la défection des provinces wallonnes. Sur ces entrefaites, don Juan mourut à Namur (1er octobre 1578) et son successeur, Alexandre Farnèse, fils de Marguerite de Parme, comprit vite le parti que l'on pouvait tirer de l'imminente scission des provinces. Retranché dans son camp de Namur, il les laissa s'affaiblir pour pouvoir les rejeter ensuite plus facilement, affaiblies et énervées, sous le sceptre de Philippe.

[1] 10, 13, 17 juillet. *Oppinie Boeck.*

[2] FOPPENS dit qu'ils donnaient sept à dix sous aux pauvres et au bas peuple qui assistaient à leurs sermons. Il y a peut-être partialité dans cette manière de rapporter les choses.

[3] VAN MEERBEEK, f° 230. — DE POTTER. — [4] DEWAEL, f° 281.

CHAPITRE XI.

Scission des Malcontents. — Capitulation de Bruxelles. — 1578-1585.

Les excès auxquels les Gantois s'étaient portés envers les catholiques, avaient fortement ému le pays. Déjà Bruxelles avait envoyé des députés pour les engager à rendre à ceux-ci quelques églises ou chapelles; mais cette demande était restée sans succès; ils ne voulurent y accéder que pour autant que les Wallons adopteraient la paix de religion [1]. Lorsque l'arrivée de Casimir à Gand (10 octobre) donna une nouvelle impulsion aux réactions calvinistes, les trois membres leur envoyèrent encore des députés pour joindre leurs représentations à celles du prince d'Orange, du duc d'Anjou, du conseil d'état et des états généraux. Dans une lettre, datée du 13 novembre, ils leur disaient « que le prince avait » déclaré ne pouvoir préserver le pays des dangers dont il était menacé » si les Gantois restaient séparés de l'opinion générale; que jamais la » position n'avait été plus critique, que le salut de la patrie, son propre » honneur, dépendaient d'eux, puisqu'on l'accusait d'avoir secrètement » fomenté ces troubles. » Ils ajoutaient que si le prince tenait aux progrès de la réforme, il ne voulait pas que le zèle intempestif d'une ville mît tout le pays en combustion, et que la réforme fût, par suite de ces excès même, exclue de beaucoup de localités. Ils leur faisaient remarquer que les disputes théologiques avaient perdu l'empire romain; que les guerres intestines étaient funestes, surtout lorsque l'ennemi commun était aux portes, et que les Wallons embrasseraient certainement le parti de l'Espagne, plutôt que de voir porter atteinte à leurs croyances. Ils terminaient en déclarant que rien ne pourrait les séparer du prince, ni de la généralité [2]. Les députés étaient porteurs d'autres lettres,

---

[1] Dinothus. — Eytzinger. — [2] Van Meteren, L. IX, f° 161.

rappelant l'ancienne amitié des deux villes et présentant le danger imminent de la patrie. Les séditions des soldats, les dissentiments religieux,
y était-il dit, paralysent les forces nationales; en retenant les derniers
votes de la généralité, la Flandre rend impossible tout moyen de recruter
l'armée, et si elle ne se remet promptement en campagne, il ne faudra
que plus de troupes pour garder les places fortes. Bruxelles, par exemple,
a besoin de vingt-huit à trente enseignes, et cette ville est déjà épuisée
par l'entretien, pendant cinq mois, de quarante-sept compagnies de
piétons et de 500 chevaux, par la reconstruction de ses fortifications,
la désolation de ses campagnes, le refus du payement des rentes, le
départ de la cour, et la cessation de tout commerce. Le Hainaut et l'Artois montrent peu de zèle; la Hollande et les provinces voisines ont
besoin d'argent pour l'entretien de leurs digues et elles ne peuvent guère
mettre sur pied que vingt-cinq ou trente enseignes; la Gueldre, la Frise
sont de peu d'importance et ont du reste leurs troupes à solder et à
entretenir [1]. Mais ces remontrances furent inutiles et ne firent qu'irriter
les calvinistes, qui poussèrent bientôt leurs adversaires dans un parti
extrême. D'un autre côté, le duc d'Anjou congédia ses troupes, le prince
palatin partit pour l'Angleterre, et ses soldats découragés et mal payés
obtinrent des Espagnols un sauf-conduit pour se retirer. L'armée des
États fut alors livrée à elle-même, sans direction, presque sans chefs.
Les Wallons, dévoués au catholicisme, dominés par l'aristocratie et le
clergé, ne dissimulaient plus leur répugnance pour les idées démocrati-
ques, ni leur aversion pour le calvinisme, et ces sentiments étaient rendus
plus vifs encore chez leurs chefs, par la jalousie que leur inspirait le prince
d'Orange; bientôt le Hainaut, l'Artois et la Flandre française firent une ligue dont les adhérents, appelés les *malcontents,* furent stigmatisés par leurs
antagonistes du nom de *Valets de Patenôtres (Paternosters Knechtens)* [2].

Tout à la fois attachés à la liberté et à la religion de leurs ancêtres, les Bruxellois, « qui avaient toujours été fort affectionnés au
» bien commun de la patrie [3], » formaient un tiers parti qui voulait
moins d'innovations religieuses et plus d'opérations militaires. Le large
conseil et les nations gardaient encore rancune des procédés dont on
avait usé envers Champagny, et ils manifestèrent ouvertement leurs sentiments, l'un en se plaignant de l'envoi des députés à Gand (29 octobre

---

[1] BOR, T. II, p. 7. — [2] AZEVEDO, T. IV, p. 161. — [3] VAN METEREN, L. IX.

1578), et les autres en demandant un acte de non-préjudice pour ce qu'avaient fait les commissaires de l'archiduc et des États, sans l'aveu des corps composant la commune (6 et 9 novembre). Le large conseil ayant, sur un bruit vague, supposé que la cour et les États ne venaient pas à Bruxelles parce que la puissance du comité de défense leur inspirait des craintes, avait proposé, le 31 décembre, de les remercier et de remettre la surveillance des fortifications à trois ou quatre députés des trois membres qui agiraient de concert avec les colonels et leurs officiers. Dans la même réunion, ce corps se plaignit de la nomination de Pierre Van Dieven (l'historien Divæus) aux fonctions de pensionnaire, et déclara ne pas le reconnaître en cette qualité, défendant aux receveurs de lui payer des gages. Lorsque ces réclamations furent portées au magistrat, il répondit qu'il s'attendait à les recevoir, puisque le procureur du conseil de Brabant, Nicolas Schutteput, s'était vanté de faire prendre une pareille décision ; que, du reste, il avait fait poursuivre ce dernier, attendu qu'il prétendait avoir agi à l'instigation du prélat de Sainte-Gertrude, et avait dit qu'il n'était pas agréable aux États que la troupe de Vandentympel fût en ville. « Quant à Van Dieven, ajouta le magistrat, il a été nommé conjointement avec G. Vanderhaegen, sur la proposition de cinq nations, qui ont fait sentir la nécessité d'avoir deux pensionnaires, et il y a d'autant plus lieu de s'étonner de ces plaintes, que Van Dieven a déjà fait ses preuves, que l'archiduc, le prince d'Orange, le conseil d'état et les États l'ont déjà employé mainte fois dans des missions difficiles, telles que celle d'apaiser les Gantois et les Wallons; mais il est aisé de démêler le nœud de l'intrigue : on demande la retraite de Van Dieven parce qu'Adrien Schutteput, frère de Nicolas, a vainement sollicité cette place. » Il déclara en outre qu'il ne pouvait continuer ses fonctions sans le concours du comité de défense et de deux pensionnaires. Les nations néanmoins partagèrent l'avis du large conseil, et, le 26 janvier, elles votèrent la dissolution du comité et la suppression de l'emploi de Van Dieven, non sans les remercier beaucoup de leurs services [1].

Le magistrat écrivit au bourgmestre, au pensionnaire Vanderhaegen, ainsi qu'aux autres députés qui avaient été envoyés à Anvers, pour leur demander des renseignements sur les intentions attribuées à la cour et aux États relativement au comité extraordinaire. Il lui fut répondu que

---

[1] *Oppinie Boeck.*

la supposition du deuxième membre était fausse, mais les députés firent
entendre que le retour de l'archiduc et des états généraux dépendait de
la publication de la paix de religion. Cet objet ayant été mis en délibération, les deux premiers membres consentirent à cette publication ; les
nations, qui avaient différé leurs votes « pour certaines raisons, » déclarèrent enfin qu'elles ne voulaient pas de cette paix. Dans les instructions données aux nouveaux députés que la ville allait envoyer à Anvers,
elles firent insister sur le retour de l'archiduc et des États, et insérer
des plaintes sur l'abandon dans lequel on laissait Bruxelles, « où, disaient-
» elles, on était en paix pour la religion (26, 27, 28 janvier). »

Le 16 février, le conseiller Liesvelt comparut en collége et déclara
que « la ville pouvait être certaine de l'arrivée de Son Altesse, de Son
» Excellence, du conseil d'état et des états généraux pour le mois pro-
» chain, à condition toutefois que le troisième membre adoptât l'opinion
» des nobles, des prélats et des deux premiers membres sur la paix
» de religion, ajoutant que, s'il s'y refusait, il ne fallait pas espérer
» ce retour. » Le premier bourgmestre, récemment arrivé d'Anvers,
confirma le fait, et le magistrat déclara qu'il s'employerait à vaincre l'opiniâtreté des nations qui persistaient toujours dans leurs premiers votes.
Il mit en effet tout en œuvre pour les amener à une résolution qui,
disait-il, était de la plus haute importance pour la commune. Afin de
les entraîner par l'exemple d'autres villes, il leur représenta que la paix
de religion avait été acceptée par Anvers et Bois-le-Duc ; afin de lasser
leur constance, il les convoqua itérativement : tout fut inutile, elles ne
voulurent pas se départir de la pacification de Gand (février) [1].

Dans le même temps, Bruxelles fit une nouvelle tentative pour retenir
dans l'union les provinces wallonnes. Le trésorier Guillaume Vander-
hecke et le secrétaire Corneille Aerssens partirent, le 28 mars 1579,
pour Mons, porteurs de lettres pour le comte de Lalaing, gouverneur,
et le magistrat de cette ville. Ils y furent bien reçus : le magistrat leur
offrit douze *steekennen* de vin et le comte les invita à dîner. A ce repas,
Lalaing but à la prospérité de Bruxelles, disant, « à la louange de cette
» ville, que ses habitants avoient mis à fin quatre choses notables et
» comme incroyables, à sçavoir, d'avoir fait le canal de Brusselles, d'avoir
» résisté au dixième denier, d'avoir chassé les Espagnols, et d'avoir, en

_____

[1] *Oppinic Boeck.*

» si peu de temps, fortifié la ville de si beaux boulevards qui donneroient
» assez à faire à toute l'Espagne. » Mais ces compliments et ces promesses n'étaient guère sincères. Mal reçus dans les autres villes, menacés
même dans leur liberté et dans leur vie par quelques-uns de ceux vers
lesquels ils étaient envoyés, les députés revinrent bientôt à Bruxelles,
confirmant toutes les appréhensions qu'on y avait conçues sur une rupture, dont le résultat serait de rendre inutiles pour les provinces méridionales, les flots de sang qui avaient coulé et qui allaient couler encore [1].

Les concessions du roi d'Espagne au congrès de Cologne avaient achevé
de diviser les provinces. Les réformés les rejetaient, ne croyant pas aux
promesses qui leur étaient faites ; les catholiques, obtenant tout ce qu'ils
demandaient, voulaient la paix. Chaque jour les Wallons montraient
davantage leur antipathie pour la cause démocratique : les uns s'indignaient de la suprématie acquise par les provinces de Hollande et de
Zélande qu'ils taxaient d'arrogance ; les autres se récriaient contre les
persécutions dont leurs coreligionnaires étaient l'objet à Gand et à Anvers.
Cependant on hésitait encore, tant était grande la haine contre les Espagnols, tant était grande l'influence exercée par le génie de Nassau [2];
mais il y avait dans l'ombre des hommes qui négociaient depuis longtemps avec l'Espagne et qui, ne pouvant plus reculer, ne négligeaient
rien pour servir leurs intérêts, au risque de perdre la patrie. Bientôt,
en effet, les Wallons se détachèrent et conclurent, avec le prince de
Parme, le néfaste traité d'Arras [3].

Cette défection mit Bruxelles dans la situation la plus dangereuse,
menacée qu'elle était d'un côté par le prince de Parme qui, poussant en
avant, s'était emparé de tout le pays entre la Meuse et l'Escaut, et les
malcontents qui tenaient toute la contrée entre la Sambre et la mer.
Les Espagnols, qui occupaient Louvain et les autres places voisines
de Bruxelles, faisaient sans cesse des courses jusque sous ses murs,
emmenant prisonniers les habitants qu'ils trouvaient, les rançonnant
« et les tourmentant si fort que plusieurs en moururent. » Ils avaient

---

[1] Le rapport des députés fut imprimé par ordre du magistrat. Voyez VAN ME-
TEREN, BOR, T. II, p. 24.

[2] M. GROEN VAN PRINSTERER, T. VI, p. 672.

[3] Le châtelain de Gand et le sire de Capres qui avaient conduit cette affaire,
furent, en récompense de leur trahison, créés, le premier marquis de Roubaix, et
le second duc de Bournonville.

placé divers corps dans la forêt de Soignes, privant ainsi la commune de bois, et menaçaient de détruire les écluses du canal. A la demande du magistrat, Mathias avait détaché une compagnie d'infanterie pour défendre les écluses, et il avait annoncé que, pour arrêter les incursions des ennemis, il enverrait à Bruxelles deux ou trois compagnies de chevau-légers. Vandentympel ayant déclaré qu'avec ces renforts il protégerait les écluses, le magistrat avait proposé d'augmenter d'un sou le prix du passage sur les barques allant à Anvers, droit pour lequel un fermier offrait à la ville 10 florins du Rhin par jour, et de demander une taxe aux villages qui seraient ainsi également protégés. Consultées sur cet objet, les nations répondirent qu'il valait mieux charger les gens des campagnes de la défense des écluses, et, loin de vouloir recevoir de nouvelles troupes, elles insistèrent pour qu'on délivrât la ville de celles qui s'y trouvaient (31 décembre 1578). Dans leur courageux enthousiasme, elles croyaient pouvoir se défendre elles-mêmes; dans leur ombrageuse défiance, elles voyaient dans les soldats les ennemis nés de la liberté. Elles ne pouvaient pas comprendre non plus qu'on tînt les troupes disséminées dans les villes alors que l'ennemi tenait la campagne; elles demandaient à grands cris le siége de Louvain, et, le 26 janvier, elles déclarèrent qu'elles n'accorderaient plus de subsides si l'on ne se décidait à attaquer cette place. Des commissaires furent envoyés à Anvers pour presser l'archiduc et les États de donner aux mouvements militaires une impulsion plus active et plus décidée. Dans le même temps, on réorganisa le comité de défense, et, sur la proposition du large conseil, il fut décidé de ne nommer que des bourgeois aux grades de colonel et de capitaine des sections. Cette mesure prévenait l'introduction d'étrangers dans ces grades, et laissait la bourgeoisie indépendante des influences du dehors (30 janvier 1579). Le 1er février, les nations consentirent les *moyens* généraux « pour trois mois et pas plus longtemps, afin qu'on attaquât Louvain. » Le 9 mars, elles consentirent également, mais aussi pour trois mois seulement, une imposition de deux sous sur le froment, d'un sou sur la *gelte* de vin, et d'un sou sur les passagers allant à Anvers, ainsi que l'admission en ville de deux compagnies de cavalerie, dont elles demandèrent toutefois l'entretien par la généralité [1].

Pour mettre la ville à l'abri de toute surprise et pour remédier aux

[1] *Oppinie Boeck.*

faits de négligence, il fut ordonné aux sections de monter chacune à leur tour la garde à enseigne entière, et on les autorisa à se mettre mutuellement à l'amende en cas d'infraction aux règlements. Tout garde devait, à la fermeture des portes, se trouver à son poste, et il était enjoint aux chefs de placer des sentinelles. Dans les sections la garde se faisait avec une escouade (*rot*) entière; les portes étaient gardées, la nuit, par une enseigne, et, le jour, par une demi-enseigne; enfin, les capitaines, les centeniers et les autres officiers et sous-officiers ne pouvaient quitter leur poste, ni s'y faire remplacer. Les nations insistèrent pour que des mesures de précaution fussent également prises à l'égard de Vilvorde, et, bien qu'elles se plaignissent des violences commises dans les campagnes par les soldats, elles firent beaucoup de difficultés pour admettre en ville la compagnie du capitaine Bernard du régiment de Vandentympel [1]. Elles donnèrent en outre leur assentiment à une levée de 12,000 florins du Rhin, contre rentes à 5 p. $\frac{0}{0}$, sur les abbayes des environs de Bruxelles, et à une imposition de 5 ou 6 florins sur les funérailles et baptêmes pompeux, de 20 sous sur chaque musicien employé dans les fêtes et noces, ainsi qu'à une taxe sur les jugements en appel ou en réformation, et à un impôt, pour un an, de 10 sous par cent livres de fromage de Hollande, et de 6 sous sur le fromage de Flandre (29 avril et 1er mai). En donnant ces votes, elles avaient réclamé itérativement des mesures énergiques; aussi la nouvelle du siége de Maestricht les transporta-t-elle de colère, et elles demandèrent avec force qu'à tout prix on secourût immédiatement cette place (12 mai) [2]. A la demande du comité de défense, les États lui accordèrent trente bonniers de bois de haute futaie pour l'entretien des fortifications, et mirent à sa disposition des fonds pour fortifier Vilvorde [3]. Willebroeck fut également fortifié et reçut une garnison. Dans le même temps, un convoi de cinquante chariots, que les malcontents voulaient introduire dans Malines, fut enlevé par les troupes des États et amené à Bruxelles [4].

Lors du renouvellement du magistrat, les finances de la ville présentaient un déficit de 70,000 florins, qui s'était accru depuis jusqu'à 97,000 florins, outre 57,214 florins qu'elle devait pour sa part dans les aides de 1576, 1577 et 1578, et 7,000 florins de l'argent des

---

[1] 9, 16, 17, 18 mars. *Oppinie Boeck.* — [2] *Ibid.*
[3] 30 avril 1579. *Archives de la Chambre des Comptes*, n° 141, f° 81. —[4] DINOTHUS.

consignations. Ses charges extraordinaires, loin de diminuer, augmentaient chaque jour, et il devenait indispensable d'établir de nouveaux impôts. Mais les nations étaient trop indignées de l'inaction de l'armée pour consentir encore à des sacrifices ; elles déclarèrent qu'elles ne voteraient pas d'impôt avant qu'on n'eût secouru Maestricht ou assiégé Louvain. Elles exigèrent aussi qu'on fît sortir de Vilvorde les Allemands qui y étaient en garnison et qu'on les remplaçât par les paysans des alentours ; quant au château, il ne devait être confié qu'aux bourgeois. Ce ne fut qu'après qu'on leur eût démontré l'impossibilité d'administrer et de défendre la commune qu'elles consentirent à l'établissement d'un impôt sur le bois [1].

Les calvinistes continuaient insensiblement leurs usurpations. La riche chartreuse de Scheut fut pillée et détruite ; ses matériaux, ainsi que ses ornements, furent vendus, et les religieux se virent contraints de se réfugier chez les dominicains de Bruxelles [2]. Le 2 mai, les luthériens obtinrent l'église de Saint-Jean au Marais, dont ils firent enlever tous les ornements ; ils ne laissèrent aux sœurs que le couvent où il leur fut permis de faire dire la messe à huis clos [3]. Cette concession souleva l'indignation des nations ; elles se plaignirent de ce que plusieurs personnes se vantaient d'obtenir bientôt des églises « pour l'exercice d'une religion autre que la catholique, et qui répugnait aux trois membres, » déclarant que si telle chose avait lieu, elles annuleraient leur vote d'impôt. Elles s'élevèrent aussi contre les insultes dont des ecclésiastiques avaient été l'objet, et demandèrent énergiquement qu'on punît les coupables. Le magistrat répondit à la première de ces plaintes, que la cession des églises aux réformés avait été ordonnée par l'archiduc, et qu'il n'avait pas le droit de s'y opposer. Cette réponse excita leurs murmures et rendit leur opposition plus opiniâtre [4]. Le 51 mai, l'*Ommegang* sortit, mais sans pompe aucune ; la statue de Notre-Dame, que les serments n'escortaient pas, fit seulement le tour du cimetière du Sablon [5].

Ces dispositions des nations, le mécontentement de la bourgeoisie qui était accablée de logements militaires, et qu'indisposait l'indiscipline des soldats, provenant en grande partie de nouvelles levées faites en Allemagne, inspirèrent aux royalistes l'espoir de s'emparer de cette ville importante. Philippe d'Egmont, bien que resté dans le parti des États,

---

[1] 10, 18, 19, 20, 21 mai. *Oppinie Boeck.* — [2] DEWAEL, T. II, f° 282.
[3] FOPPENS. — [4] 12 mai. *Oppinie Boeck.* — [5] DE POTTER, f° 48.

n'attendait qu'une occasion favorable pour le quitter. Il commandait un régiment d'infanterie [1] et une cornette de cavalerie; ces troupes étaient cantonnées à peu de distance de Bruxelles, à l'exception de la cavalerie, qui faisait partie de la garnison de cette ville, où Philippe résidait avec ses sœurs. Dans la matinée du 4 juin, de concert, dit-on, avec le doyen des tanneurs, chef du poste de la porte d'Obbrussel, il fit sortir cette cornette, sous prétexte d'une reconnaissance, et lui-même il resta à la porte, avec quelques cavaliers, afin de faciliter à son régiment l'entrée dans la ville. Cette conduite inspira des soupçons aux gardes; ils voulurent fermer la porte, mais d'Egmont s'y opposa, et il s'ensuivit une rixe dans laquelle plusieurs bourgeois furent tués ou blessés. Sur ces entrefaites, l'infanterie arriva avec le reste de la cavalerie, et les bourgeois, trop faibles pour leur résister, battirent en retraite. D'Egmont, ayant laissé un détachement pour garder la porte d'Obbrussel et le bastion de Sainte-Claire, se dirigea vers le marché et s'empara de l'hôtel de ville et de la maison du roi. Renforcé par des bourgeois catholiques, il envoya quatre-vingts hommes attaquer le palais que gardaient trente soldats calvinistes; ceux-ci se défendirent avec courage et repoussèrent les assaillants avec perte jusqu'à la Cantersteen. La garnison n'avait pu se rallier assez tôt pour déjouer cette tentative, parce que beaucoup de bourgeois royalistes retenaient chez eux les soldats qu'ils logeaient, afin de les empêcher de se rendre à leur poste. Toutefois une troupe d'habitants, conduits par le colonel Bomberghen, François Bets et l'hôte de l'auberge de Saxe, attaqua les troupes qui avaient été laissées à la porte de la ville. Poussant devant eux trois charrettes de foin attachées ensemble, ils obstruèrent le passage, et, derrière cette barricade improvisée, ils dirigèrent une fusillade bien nourrie sur le bastion de Sainte-Claire. Epouvantés de cette furieuse attaque, les soldats de d'Egmont n'opposèrent guère de résistance; dans leur panique, beaucoup se jetèrent du haut du rempart, et le bastion fut repris, ainsi que la porte d'Obbrussel [2].

Cependant la plus grande indécision régnait dans la bourgeoisie, car d'Egmont déclarait avoir été nommé au commandement de la ville, et l'on ne savait trop encore que penser de cette affaire. Pour faire cesser toute incertitude à cet égard, un exprès avait été envoyé en poste à

[1] Huit compagnies ou environ quatorze cents hommes. DE POTTER.

[2] VAN METEREN. — BOR. — HARÆUS.

Anvers; il rapporta bientôt la réponse des États, qui ordonnaient à d'Egmont et à ses complices de sortir de la ville dans les vingt-quatre heures. La bourgeoisie courut alors aux armes; toutes les avenues du marché furent barricadées et d'Egmont se vit étroitement bloqué. Le lendemain, les bourgeois débouchèrent sur le marché par sept issues secrètes et refoulèrent les Wallons dans l'hôtel de ville. Manquant de vivres, sans espérance d'être secourus, apprenant que des renforts accouraient de tous côtés pour soutenir leurs ennemis, qui voulaient mettre le feu « ez maisons d'allentour du marché pour les brusler [1], » les royalistes demandèrent à capituler, menaçant, en cas de refus, de faire sauter l'hôtel de ville. Sur les vives instances du magistrat, les bourgeois consentirent à une convention, ensuite de laquelle d'Egmont fit sortir de la ville ses soldats et ses adhérents. Il les suivit deux heures après, par la porte d'Anderlecht, mais ce ne fut point sans s'entendre appeler traître et fils dénaturé. Le peuple lui montrait la place « où son père, onze ans
» auparavant, par un mesme jour de sa dicte entreprise, avoit eu la teste
» tranchée par les Espagnols, desquels il tenoit le party; avec mille
» autres reproches, voire jusques à luy dire que, si on despavoit un
» caillou ou deux, il y verroit encore le sang de son dit père. Dont il
» eut un tel despit et crève-cœur, qu'il en pleura à grosses larmes, avec
» le regret qu'il avoit que son entreprise luy estoit ainsi mal succédée [2]. »
Au nombre de ceux qui quittèrent la ville avec lui se trouvait l'amman Louis de Bregilles, qui fut remplacé, quelques semaines après, par Jean de Mol [3]. D'Egmont se rendit au château de Gaesbeck; perdu ainsi à jamais dans l'esprit des Bruxellois, il se montra dès lors leur ennemi acharné : Grammont, Ninove, le château de Boulaere tombèrent entre ses mains, et il ravagea tout le pays entre la Dendre et l'Escaut [4].

Le bruit de cette tentative s'était promptement répandu dans le pays; Gand, Anvers s'empressèrent d'envoyer des secours à Bruxelles, que l'on voyait menacée au dedans et au dehors. Au nombre de ces renforts se trouvaient cinq compagnies d'Écossais, que leur habillement singulier faisait appeler *Broucquilles* [5], et qui s'étaient déjà signalés par leur haine

[1] Le Petit — [2] *Ibid.* — Bor. — De Potter. — Van Meteren.
[3] De Potter — [4] De Kempenaere.
[5] *Broucquilles,* qui avaient un bas relevé jusqu'à la ceinture, attaché avec une aiguillette, et l'autre qui leur tombait presque sur le soulier.—Foppens dit qu'ils portaient une espèce de haut-de-chausses sur la tête.

contre les catholiques. Encore exaspéré par la trahison de d'Egmont,
dont il avait vu les soldats renforcés par plusieurs bourgeois et quelques
religieux, le peuple se laissa facilement entraîner par des hommes décidés
à contenir par la terreur un parti qui leur inspirait de justes défiances.
Le 6 juin, Vandentympel, qui remplissait les fonctions de gouverneur,
vacantes depuis que de Heze avait quitté la ville à la suite de l'affaire
de Champagny, partit de grand matin pour Anvers, sans doute pour y
rendre compte des événements de la veille. Le moment parut opportun
aux agitateurs, et l'on vit tout à coup les Broucquilles réunis à la lie de la
populace se ruer sur les églises. Ils se portèrent d'abord sur l'église de
Saint-Nicolas, dont ils avaient déjà commencé le pillage, lorsque le
bourgmestre, accompagné du frère de Vandentympel et de quelques capitaines, parvint à arrêter leurs excès [1]. On rapporte qu'endossant des
chasubles et des dalmatiques, ils parcoururent les rues, entonnant des
chansons obscènes qu'ils accompagnaient de vociférations sacriléges ; puis,
ivres du vin qu'ils avaient bu dans des calices, ils dansèrent des rondes
autour de la fontaine des Trois-Pucelles [2]. L'impulsion donnée, la foule
se partagea en plusieurs bandes : les uns se jetèrent sur le Béguinage,
saccagèrent l'église et pillèrent les maisons de plusieurs béguines; les
autres se dirigèrent sur Sainte-Gudule. Trouvant l'église fermée, et n'en
pouvant enfoncer les portes, ils dressèrent des échelles et y entrèrent
par escalade. Heureusement que, prévenu à temps, le clergé avait pu,
grâce aux secours et à la piété de quelques habitants, en emporter les
ornements les plus précieux. Quant à ce qui resta, rien ne put échapper
à la rage ou à l'avidité de ces misérables, qui ne respectèrent ni les objets
de la vénération publique, ni les chefs-d'œuvre de l'art, qu'ils profa-
nèrent, détruisirent ou volèrent. C'est alors que la châsse de Sainte-Gudule fut brisée, et les restes de la patronne dispersés. Les iconoclastes
recherchèrent avec fureur le sacrement de miracle qu'avait sauvé la
piété d'un ecclésiastique, et ils se seraient livrés encore à de plus grands
excès, si l'on n'était enfin parvenu à les arrêter [3]. L'église de Sainte-
Élisabeth, celles de Sainte-Catherine, des Bogards, subirent le même
sort. Craignant pour leur vie, les prêtres se tenaient cachés et tout office
divin cessa. Des églises, la populace se jeta sur les hôtels des nobles, partisans de Philippe II. Ceux du comte de Mansfeld, du duc d'Aerschot et

---

[1] DE POTTER. — [2] FOPPENS — [3] DE POTTER.

du cardinal de Granvelle furent les premiers assaillis, pillés et saccagés de fond en comble. La bourgeoisie était dans la stupeur ; les nations, toujours aussi anti-royalistes que zélées catholiques, s'élevèrent avec force et contre les traîtres et contre les iconoclastes. « Il faut, dirent-elles, pour-
» suivre et les complices de d'Egmont, et ceux qui ayant connaissance
» de ses projets ne les ont pas dévoilés. Il est indispensable à la sûreté
» de la ville que tous les suspects prêtent serment, et que tous les offi-
» ciers, grands ou petits, qui ont participé à la trahison, soient immé-
» diatement destitués. Mais la justice ne doit pas se borner à frapper ces
» traîtres, il est d'autres coupables qu'elle ne peut laisser impunis. Nous
» requérons instamment l'amman et tous les officiers, de poursuivre avec
» la dernière sévérité les pillards d'églises et les meneurs de cette affaire[1] ! »

Le 9 juin, un corps d'environ sept cents Espagnols sortit de Louvain et parut inopinément aux portes de Bruxelles. Les bourgeois coururent aussitôt aux remparts, et, après une courte fusillade, ils forcèrent l'ennemi à la retraite[2]. Cette escarmouche ralluma l'agitation mal éteinte. Trop de gens étaient malheureusement intéressés aux désordres pour qu'il y fût mis promptement fin : les chefs y voyaient l'impossibilité d'un arrangement avec l'Espagne ; la populace y trouvait le pillage d'abord, et ensuite une vengeance contre ceux dont elle enviait la fortune et la considération. Le 15 juin, le couvent des récollets fut attaqué. Le portier, Jacques Leyman, avait barricadé la porte, et ce religieux résista jusqu'à ce que tout espoir de secours étant évanoui, il céda aux instances de ses amis, et consentit à se retirer. A peine avait-il quitté le cloître que les iconoclastes, ayant brisé les portes, s'y précipitèrent avec des cris de mort. En un instant tout fut saccagé ou enlevé. Pénétrant ensuite dans l'église, ils y trouvèrent agenouillé devant l'autel un vieillard septuagénaire, le père Jean Gray, ancien chanoine d'Anderlecht. Le vieillard, que ses infirmités avaient empêché de fuir, ou qui n'avait pas voulu quitter le saint asile, essaya vainement d'arrêter ces furieux et tomba victime de leur rage. L'église éprouva le sort du couvent ; le tombeau du vainqueur de Woeringen ne fut pas plus épargné que les autres mausolées qui la décoraient[3]. L'amitié qui existait entre Vandentympel et le prieur Laurent Vanderperre (Cuperus) préserva du

---

[1] 8 juin. *Oppinie Boeck.* — [2] De Potter.
[3] Sanderus, *Chorographia Sacra Brabantiæ*, T. III, p. 55. — *Acta sanctorum*, Junii, T. I, p. 418. — Foppens.

même sort le couvent des carmes ; ils furent toutefois obligés de loger et entretenir un prédicateur calviniste et un détachement de vingt-cinq soldats avec leurs officiers [1].

Les commissaires de l'archiduc, Liesvelt, Hinckart et De Ronck proposèrent, au nom de ce prince et du conseil d'état, de mettre à néant et l'entreprise de d'Egmont et les troubles qui l'avaient suivie ; ils demandèrent, en même temps, que la paix de religion fût publiée à Bruxelles, et que l'exécution en fût jurée par tous, magistrats et officiers. Tout en faisant observer qu'il était d'un pernicieux exemple de laisser impunis la trahison et le pillage, le magistrat déclara que, pour se conformer à la capitulation conclue entre d'Egmont et Vandentympel, et contre-signée par le bourgmestre des nations De Smeth, il consentait à l'oubli du passé. Toutefois il fut ordonné de rapporter, endéans les trois jours, entre les mains de commissaires nommés à cet effet, les objets pillés, alors même qu'ils seraient brisés, sous peine, pour ceux qui n'obtempéreraient pas à cet ordre, d'être considérés et traités comme voleurs. En outre, tous les employés de la ville, qui avaient pris part à la tentative de d'Egmont, furent destitués, « la ville, dit le magistrat aux délégués de l'archiduc, ne pouvant » être forcée de conserver dans leur office des gens qui avaient trempé » dans une trahison. » Il ajouta qu'il fallait punir dorénavant avec sévérité, à quelque culte qu'ils appartinssent, ceux qui conspireraient, ou qui injurieraient des personnes d'une autre religion. Quant à la paix de religion et à l'union publiée à Anvers, le 12, il voulait qu'elles fussent immédiatement proclamées, avec réserve cependant des différences qui pourraient exister entre l'union d'Utrecht et la dernière Union de Bruxelles, laissant du reste à l'archiduc la faculté de disposer des églises et des autres établissements religieux, et demandant qu'à l'avenir les ordres mendiants fussent seuls exemptés du payement des impôts (20 juin). Le deuxième membre opina dans le même sens, insistant seulement pour que le libre exercice de leur culte fût laissé aux catholiques. Nommé par le parti calviniste, le magistrat était lié à sa cause, et l'on comprend son empressement à faire promulguer un acte qui allait briser les dernières entraves que rencontrait l'établissement de la réforme ; mais les nations, qui n'avaient renversé le magistrat choisi par don Juan que pour reconquérir leurs anciens privilèges, ne voulaient à aucun prix abandonner

---

[1] FOPPENS.

la religion de leurs pères. Pressées vivement de confirmer les votes des deux premiers membres, elles manifestèrent toutes leurs répugnances, et enfin, le 23 juin, elles déclarèrent qu'elles laissaient à leurs successeurs la décision à prendre sur cet objet [1]. Ce jour-là, en effet, le magistrat fut renouvelé; l'élection du premier bourgmestre fut différée de huit jours à cause de la désunion qui éclata dans les nations; ce fut Jacques Taye, sire de Goyck, bon catholique, mais homme sans énergie, qui fut appelé à ces fonctions [2].

Dans leur première assemblée, les nouveaux doyens consentirent à la publication de la paix de religion et de l'union d'Utrecht. D'une opinion plus avancée que leurs prédécesseurs, ils n'étaient cependant pas moins bons catholiques qu'eux; ils demandèrent qu'on punît sévèrement les auteurs du coup de main royaliste, que des peines corporelles et le bannissement fussent prononcés contre eux, ainsi que contre les pillards, et qu'on réprimât fermement les violences qui se commettaient. Ils proposèrent de faire fortifier, pour la sûreté du canal, les villages de Weerde et Eppeghem, et insistèrent vivement pour qu'on secourût Maestricht, plusieurs s'écriant qu'il y avait trahison (24 juin). Sur les instances verbales du premier membre, le large conseil consentit, le 25, à la publication de la paix de religion et de l'union d'Utrecht [3].

Les réformés désiraient beaucoup obtenir l'église de Saint-Nicolas, ainsi que ses cloches et les revenus des maisons contiguës, pour payer leurs ministres et faire des distributions aux pauvres qui assistaient aux prêches. Ils demandaient aussi l'église des récollets pour y loger leurs pasteurs et y établir une école. Le magistrat, à qui ils s'adressèrent à cet effet, refusa de leur céder la première, qui fut rouverte le 1er juillet, et, après quelques difficultés, ils acceptèrent la seconde, alors entièrement délabrée; ils obtinrent ensuite l'église de la Chapelle. Cette paroisse étant une des plus populeuses de la ville, et son importance s'étant considérablement accrue par suite de la destruction de l'église d'Obbrussel, ses droits paroissiaux furent transférés à Notre-Dame-du-Sablon, où se retirèrent le curé Élant et ses chapelains. L'église de la Chapelle fut aussitôt dépouillée de tous ses ornements, et c'est alors que disparut le corporal qui y avait été longtemps l'objet d'une grande vénération [4].

---

[1] *Oppinie Boeck.* — [2] Zeer arme van herten. DE POTTER.
[3] *Oppinie Boeck.* — [4] DE POTTER.

La nouvelle de la prise de Maestricht produisit à Bruxelles une profonde impression : le mot de trahison circulait dans toutes les bouches,
et, à chaque instant, on croyait voir arriver les Espagnols, qui, en effet,
parurent un instant vouloir entreprendre le siége de cette ville. Le
4 juillet, on y fit entrer une nouvelle compagnie d'infanterie, commandée
par le capitaine Devriendt [1]. Les derniers événements ayant prouvé la
nécessité de donner à Bruxelles un gouverneur effectif, mesure que les
trois membres réclamaient depuis longtemps, l'archiduc avait nommé à
ce poste Olivier Vandentympel [2]. Cet officier, d'un caractère hardi et
entreprenant, était tout dévoué au prince d'Orange : protestant, il favorisa de tout son pouvoir le nouveau culte, et plus d'une fois pourtant il
prit les catholiques sous sa sauvegarde ; soldat, il se montra d'une bravoure à toute épreuve ; capitaine, il déploya, pendant toute la durée de
son commandement, des talents qui, employés sur un plus vaste théâtre,
l'eussent placé au rang de nos grands guerriers ; si tous les généraux
des États avaient eu la même ardeur et les mêmes qualités, jamais les
Espagnols ne seraient rentrés en Belgique. Comme il importait de maintenir l'union et la confiance entre les troupes et les bourgeois, et de
veiller à l'entretien et à l'achèvement des fortifications, l'archiduc, sur la
proposition du nouveau gouverneur, institua, le 14 juillet, un conseil de
guerre dont Vandentympel fut nommé surintendant. Ce conseil fut
composé de trois capitaines au choix du gouverneur, des quatre
colonels de la bourgeoisie, et de trois députés que les trois membres
choisirent dans leur sein [3]. Il leur fut prescrit de tenir la main à l'exécution de la paix de religion, de maintenir la garnison en discipline, de
surveiller les travaux des fortifications, et de prendre toutes les mesures
nécessaires à la défense de Hal, de Vilvorde et du canal. Ils devaient s'as-

---

[1] *Oppinie Boeck.*

[2] 15 juin. DE POTTER. — Sire O. Vandentympel, seigneur de Corbeke-sur-
Dyle, était fils de Jean, patricien de Louvain. Il épousa Anne Hannaert, fille de
Jean de Redelghem, dit Hannaert, chevalier, châtelain de Bruxelles. Son frère
Denis épousa Élisabeth Hellincx. DIVÆUS, T. II, p. 53.

[3] L'arrêté de l'archiduc portait qu'il y aurait dans ce conseil quatre bourgeois :
deux choisis par le gouverneur, les colonels et les capitaines, et deux nommés par
le magistrat. Sur la proposition du large conseil, on y substitua trois députés pris
dans le corps communal. André Anderlecht, Florent T'Serclaes, chevalier, et Jean
Van Wesele, furent nommés par les trois membres. 21 et 26 juillet. *Oppinie
Boeck.* T'Serclaes refusa. DE POTTER.

sembler deux fois par jour : à dix heures du matin et à cinq heures du
soir. Ils prêtèrent serment de fidélité à la ville et au pays. Ce conseil
ne tarda pas à dominer le magistrat et usurpa bientôt toute l'autorité ;
lorsqu'on voulut le supprimer, il résista d'autant plus vivement que ses
membres faisaient de grands profits, en se payant eux-mêmes sur la
vente des biens confisqués [1]. A la demande des nations, Vandentympel
prêta serment entre leurs mains, et jura de maintenir leurs priviléges.
Ce fut aussi sur leur proposition qu'une proclamation ordonna à toutes
les personnes qui avaient quitté la ville, d'y rentrer endéans les dix jours,
sous peine de confiscation de biens (26 juillet) [2].

Le 28 juillet, le baron de Licques, gouverneur de Louvain, vint avec
un corps nombreux d'Italiens et d'Espagnols attaquer le fort de Willebroeck, et, comme les dix compagnies écossaises qui étaient chargées
de la garde du canal, avaient été appelées à Bruxelles, il s'en empara
presque sans coup férir [3]. Le bruit courut que d'Egmont et de Heze, alors
à Ninove, allaient se joindre aux Espagnols pour assiéger Bruxelles.
Informés de ces rumeurs, ces seigneurs écrivirent au magistrat pour
l'assurer du contraire, et ils saisirent cette occasion pour l'engager à en
revenir à la pacification de Gand, l'assurant qu'en ce cas leurs bras et
leur vie seraient employés au service de la ville. Le magistrat répondit
à d'Egmont qu'il comprenait bien « qu'ayant reçu des Espagnols tant de
» vilaines tyrannies qu'on ne les sçauroit assez déplorer, ny venger
» jamais, » il ne voudrait pas pour eux trahir Bruxelles sa patrie ; que,
n'ayant jamais mal agi à son égard, il devait croire que quelque malen-
tendu avait donné lieu à sa prise d'armes, et que, pour l'éclaircir, il
allait lui envoyer des députés, espérant que de réciproques explications
résulteraient une complète réconciliation et son retour à Bruxelles [4].

---

[1] DE POTTER. — [2] *Oppinie Boeck*. — [3] DE POTTER.

[4] « Messieurs, ayant entendu que les Espaignolz approchent vostre ville, pour
mon acquit, honneur et singulier debvoir et desyr quay eu tousjours à la conservation d'icelle, encoires vous faire ce mot pour la dernière foys, et vous exhorter
vouloir maintenir et soubzmettre au traicté de Gand sy sollennelement par plusieurs foys jurez par vous aultres, Messieurs, affin d'obvier au malheur qui vous
est fort eminent sy ne prenez tel resolution ; de me reprocher que sommes Espaignolz, vous puis jurer et attester en foy de gentilhomme ryens moyns, mais vous
aultres les detenez en pensant les chasser ; maintenez la pacification de Gand, vous
promectant comme dessus non seulement assister, ains laisser la vie à vostre service contre toûts et envers touts tant Espaignolz que Bourgoingnons et aultres. En

L'échevin François Hinckaert, seigneur de Lille, Henri de Bloyere et Jean Theron furent en effet envoyés à Ninove. Selon les instructions

conformité des Estatz reconsilieez, lesquelz promecttent en cas que les Espaignolz ne sortent, employer toutes leurs forces et mesmes leurs villes et moyens convenables pour la sortie des susdicts Espaignolz. De quoy vous poves asseurer comme chose veritable; la seule affection myene envers vous, ma occasionné vous faire ceste avec prieere de ce bon Dieu, Messieurs, quil luy plaise vous doner bon conseil et advys, et à moy le moyen de vous servir comme du passé, en repos, tranquillité, union et paix. De Ninove ce xxxᵉ de julet 1579. Desoubz estoit escript vostre bien bon amy a vous faire service. *Guillame de Hornes.*

Messieurs, nous sommes advertys que lon vous auroit raporté que serions intentionnez de nous joindre aux Espaignolz qui ont saisy la Rivière allant de Bruxelles en Anvers, de quoy nous sommes esté fort marrys, voyans que tels malveillans continuent ainsi a nous calumpnier en mille fachons, gens vrayement pervers et griefvement chastiables, parce que par leurs calumpnies ilz ont estudié et estudient de plus en plus de semer et nourrir les diffidences et discours à la ruyne de nostre pauvre patrie tant affligée, mays bien que me doubtons que tels rapports vous puissent esblouir les yeulx, jusques là que de croire chose tant prejudiciable à nostre fidelité, quy de longue experience vous doibt estre cognue, sy esce que nous n'avons vouleu obvier de vous faire ce mot pour vous assurer davantaige de bonne volunte, aussi n'eusmes jamais en pensée de nous allier ausdicts Espaignolz sy pernicieulx, et le seul effect vous sera preuve du vray zele et affection que portons au bien du pays en general et particulierement de la ville de Bruxelles, lequel nous procurerons par tous moyens possibles, aidant le Seigneur Dieu, auquel nous supplions vous avoir, Messieurs, en sa saincte grace, nous recommandans affectueusement et vostres. De nostre ville de Nynove, ce penultiesme de juillet 1579. Desoubz estoit escript vostre bien affectionné amy, à vous faire service. Soubzseigné *Ph. d'Egmont.*

Monseigneur, les illustres comportemens et debvoirs des tres nobles ancestres de vostre Excellence et singulierement de louable memoire, le feu seigneur vostre Seigneur et Pere, qui Dieu face paix, à la procuration du bien de ce Pays-Bas et en particulier de ceste ville de Bruxelles, fait que ne pouvions aucunement adjouster foy à la confession de quelques noz prisonniers Espaignolz, disans que leurs trouppes, qui sont passé nostre Rivière, sont d'intention se joindre à celles de vostre Excellence, affin de nous assieger de commune main, pour nous tenir asseurez que vostre Excellence, ayant des Espaignolz receu tant de vilaines tyrannies quon ne les sçauroit assez deplorer ny venger jamais, ne vouldra s'esclaver à iceulx et encoires moings à tel effect que de subvertir ceste ville sa patrie à leur devotion, mesmes que ne pensons et moings sçavons davoir aulcunement offencé vostre Excellence ou quelques siens, et moings merité ung tel traictement. Néantmoins craindant qu'il y pourroyt avoir quelque mal entendu, et que vostre Excellence par adventure seroit embouchée de quelques sinistres opinions à nostre charge (que ne penssons), sy navons voulu faillir par ceste prier vostre Excellence de croire que sur toutes choses desirons laccroissement de vostre Excellence et de sa

qu'on leur donna le 50 juillet, ils devaient raviver dans le cœur des deux comtes leur ancienne haine contre les Espagnols, leur démontrer qu'il n'avait rien été innové quant à la religion, et que la pacification de Gand était toujours en vigueur, et surtout insister sur la nécessité de s'unir contre l'ennemi commun. D'Egmont et de Heze répondirent qu'il leur semblait nécessaire que le magistrat déclarât solennellement vouloir se conformer à la pacification de Gand, et s'engageât à ne poursuivre personne du fait de religion, à laisser les consciences libres; à ces conditions, ils promettaient « de le maintenir contre tous avec leurs troupes, » amis et confédérés, contre Espagnols et confédérés, en conformité de » leur premier serment. » Ils terminaient en disant qu'ils avaient requis une dernière fois le roi d'exécuter la pacification de Gand, et qu'en cas de refus, ils employeraient corps et biens pour la défense du pays et de la bonne ville de Bruxelles en particulier (1ᵉʳ août). Les trois membres ne voulurent rien décider sans l'avis de l'archiduc, du prince d'Orange, du conseil d'état et des états généraux, et Hinckaert, qui avait suivi les négociations, fut envoyé à Anvers avec ordre de consulter aussi sur ce projet, les membres du conseil privé, du conseil de Brabant et de la chambre des comptes. Deux nouveaux députés, Pierre Vanderhaeghen et Nicolas Kemp, furent adjoints à Henri de Bloyere et J. Theron, et se rendirent à Ninove pour remercier d'Egmont et de Heze de leur bonne affection, et les engager à persister dans leurs intentions en les informant de l'envoi à Anvers de l'échevin Hinckaert. Cette prudence contrariait les vues de d'Egmont, et à peine les députés furent-ils arrivés à Ninove qu'il les fit arrêter. Cette perfidie excita une vive indignation, et le magistrat déclara que les sœurs du comte serviraient d'otages pour les prisonniers. Pour les mettre à l'abri de tout outrage, dont les suites auraient pu retomber sur les députés, il chargea de leur garde des bourgeois *qualifiés*. Il écrivit en même temps à de Heze et à d'autres seigneurs

très noble maison, à icelles estre très affectionnez serviteurs et amys, ensemble à vostre Excellence donner satisfaction et contentement sur tout en cas que pleust à vostre Excellence nous ouyr sur ce qu'il y pouldroit estre de mal entendu, estans d'intention à cette fin envoyer à vostre Excellence quelque personnaige en cas que vostre Excellence le treuve raisonnable et asseurer son retour, prians à ceste effect pour responce, et au Createur. Monseigneur, etc., xxxᵉ de juillet 1579. Desoubz estoit escript de vostre Excellence très humbles et obéissants serviteurs, Bourgmaistres, Eschevins et Conseil de la ville de Bruxelles. (*Oppinie Boeck.*)

pour les engager à travailler à la délivrance des prisonniers à qui il envoya deux cents florins (août).

Cependant on ne se pressait pas à Anvers de répondre aux avances de d'Egmont; les nations proposèrent de traiter directement avec lui, mais le premier membre leur représenta que ce serait se séparer de la généralité, et il fut résolu d'engager le comte à ouvrir des négociations avec les états généraux pour amener une réconciliation d'autant plus désirable pour tous, que des lettres interceptées témoignaient du peu d'intention de Farnèse de renvoyer les Espagnols et de livrer les forteresses. On le pressa en même temps de relâcher les députés à qui il fut accordé encore une indemnité de quatre cents florins (2 septembre). Sur ces entrefaites les sœurs de d'Egmont parvinrent à s'échapper, et les négociations furent rompues. Le magistrat alors envoya, avec l'assentiment de Vandentympel, des commissaires à Mons pour y traiter avec les États des provinces wallonnes du rachat des prisonniers. Craignant de perdre le fruit de sa perfidie, d'Egmont envoya aussitôt à Bruxelles de Bloyere, et son délégué Jacques de Lacambe, porter ses conditions. Il demandait qu'on lui laissât retirer de Bruxelles et d'Anvers ses meubles et ses papiers, et que la première de ces villes se rendît envers ses créanciers caution d'une somme de 4144 florins qu'il leur devait. Les prisonniers coûtant à la commune soixante florins par jour, et leur détention durant déjà depuis plus d'un mois, les trois membres souscrivirent à ces conditions et payèrent immédiatement 1500 florins aux créanciers du comte. Les députés furent remis en liberté dans les premiers jours d'octobre [1].

Les travaux des fortifications, le logement des gens de guerre, les frais qui étaient résultés de la peste, avaient considérablement obéré la caisse communale. Au mois de juillet, la ville devait 117,557 florins, et ses charges extraordinaires s'accroissaient chaque jour. Le premier membre avait proposé d'augmenter les impositions sur la bière, mais cette proposition, admise par le second membre, avait été rejetée par le troisième, qui, ému par la prise du fort de Willebroeck, insista beaucoup pour qu'on pressât les États de faire la paix (27, 29, 31 juillet). La commune, dans ce but, députa à Anvers messire Charles Fourneau, seigneur de Cruyckenbourg, messire Philippe Clockman et Gilles Sterck (1er août); mais les nations ne se montrèrent pas plus disposées

---

[1] *Oppinie Boeck.*

à voter de nouvelles impositions, et demandèrent à grands cris la paix. Elles voulaient qu'on employât les fonds et les revenus ecclésiastiques sans usage, tels, par exemple, que les prébendes d'Anderlecht, et enfin elles déclarèrent positivement qu'il ne fallait plus les convoquer pour cet objet (1ᵉʳ, 12, 17, 19 août). Le magistrat ne tint pas compte de cette invitation et leur déclara que la ville était tellement arriérée qu'il n'avait quelquefois pas assez d'argent pour payer un messager, et que le canal, dont les abords étaient alors occupés par l'ennemi, ne produisait plus rien. Ces observations ne purent les faire revenir d'un parti pris ; elles répondirent qu'il n'avait qu'à s'emparer, pour un an, des dîmes, des sept mille florins de rentes possédées par des ecclésiastiques sur la ville, des revenus du canal, des douze mille florins alloués à Morillon, vicaire de Granvelle, sur l'abbaye d'Afflighem, confisquer les acquisitions faites contrairement aux édits de Charles-Quint, affermer à vie la cave de la cour et vendre la seigneurie de Walcourt. En vain le magistrat leur représenta-t-il que ces mesures étaient illégales ou impraticables, que la ville en tirerait du reste peu de profit, le cens de la seigneurie de Walcourt, par exemple, ne s'élevant qu'à 28 sous, elles répétèrent qu'elles ne voulaient pas de nouveaux impôts, et que s'il n'y avait pas d'autre proposition, il était inutile de les convoquer (24, 25, 26, 29 août). Toutefois, à la demande du comité de défense, elles consentirent à prolonger jusqu'au 12 décembre l'impôt de 2 sous sur le froment (29 et 30 août).

Ce qui rendait surtout les nations intraitables c'était l'indiscipline des soldats, dont la plus grande partie avait été introduite dans la ville sans l'assentiment des trois membres. Accablée de logements militaires, ayant à souffrir de la brutalité de ces lansquenets toujours disposés à piller, la bourgeoisie exhalait hautement ses plaintes. Tandis que les magistrats soutenaient leurs concitoyens, les chefs militaires excusaient plutôt qu'ils n'étaient prêts à punir les excès de leurs subordonnés ; de là était né un complet désaccord entre ces deux autorités, désaccord qui menaçait d'avoir les suites les plus graves. A mainte reprise les nations se récrièrent contre les excès commis par les gens de guerre ; elles se plaignirent d'avoir été insultées dans le conseil de guerre, où on les avait traitées de mutins (*meyneedighe muytmaekers*), et demandèrent réparation de cette insulte, ainsi que des propos du colonel Bombergen, qui avait dit, en plein marché, qu'elles voulaient livrer la ville aux mécontents et chasser Vandentympel et les Écossais, propos de toute fausseté, auxquels on avait néanmoins répondu qu'il fallait expulser les nations de l'hôtel de ville (12 août). Elles accusèrent Vandentympel de se faire communiquer et d'ouvrir les lettres adressées à elles ou au magistrat, et exigèrent que des remontrances lui fussent faites à cet égard (18 août). Dans une réunion des membres du conseil de guerre, des notables et des députés de la commune, réunion qu'elles avaient provoquée, le second membre insista énergiquement pour qu'on le tînt au courant des négociations ouvertes à Cologne, et qu'on délivrât la ville des charges énormes que lui occasionnait l'entretien des troupes (25 août). Le prince d'Orange ayant demandé que la commune se chargeât du payement de la cornette du capitaine Colbaco, les trois membres lui déclarèrent la chose impossible, à moins que l'on ne retirât les six enseignes entrées dans la ville sans leur consentement, ajoutant que s'ils avaient besoin de cavalerie pour l'escorte des convois, ils n'avaient que faire de l'infanterie (7 septembre). Enfin, ils nommèrent des commissaires pour porter leurs doléances au gouverneur (20 et 21 septembre) [1]; mais que pouvait Vandentympel sur des soldats mal payés et habitués à tous les genres de licence? Il proposa de faire sortir de la ville les troupes du colonel Souhay à condition que les trois membres souscrivissent, pour les payer, une obligation de 5,700 florins à des marchands d'Anvers où il y avait une somme de 8,000 florins du Rhin disponible pour leur solde. Comme ces troupes coûtaient chaque jour à la commune cent vingt-cinq florins du Rhin, et qu'ils étaient pressés de s'en débarrasser, ils acceptèrent immédiatement cette proposition (29 septembre).

Le magistrat venait d'adopter un nouveau règlement pour les délibérations des nations. Ce règlement porte qu'après avoir entendu leur arrière-conseil, elles se réuniront sous la couronne, et exposeront, à tour de rôle, leurs opinions à un greffier qui en dressera procès-verbal dont il leur sera donné lecture; que si la rédaction de ce procès-verbal nécessite des rectifications, il sera relu après qu'elles auront été opérées,

---

[1] Le premier membre en nomma deux : messire Josse Vandervorst, Pierre Van Hullegaerden; le second membre, quatre : Jean Van Deerthem, Adolphe Hujoel, Amelric Vandenbossche, Guillaume de Vaddere; et le troisième, neuf : Antoine Van Gindertaelen, Lucas de Mol, François Schavaert, Gérard Mouton, Jacques Diertyts, Hugues Matens, Paul Van Cleymgathe, Gaspar Sneps et...... Un de ces derniers, Jacques Diertyts, de la nation de Saint-Jean, ne s'étant pas rendu avec ses collègues chez le gouverneur, fut condamné à payer à chacune des huit autres nations une aime de double bière. 29 septembre. (*Oppinie Boeck.*)

et qu'enfin, lorsque cette rédaction les aura satisfaites, elles délibéreront de nouveau sous la couronne pour ne former qu'une seule opinion (20 août). Ce règlement consacrait toutes leurs prétentions, et annihilait les prohibitions établies par les ordonnances de Charles-Quint. L'amman Jean de Mol ayant déclaré qu'il lui était impossible de maintenir l'ordre depuis qu'un grand nombre de gens sans aveu avaient envahi la ville, et poussaient l'audace jusqu'à lui résister à force ouverte, les trois membres lui accordèrent douze hallebardiers, à condition toutefois qu'ils seraient payés par la généralité, puisque, comme le fit observer le large conseil, l'amman était l'officier du roi (23, 25, 29 août)[1].

Après s'être emparés de Willebroeck, les Espagnols avaient détruit les écluses (9 août) et tous les ouvrages servant à alimenter ou à dégorger le canal, et ils avaient été aidés dans cette œuvre odieuse par les Malinois, toujours ardents à satisfaire à de vieilles haines. De Licques laissa douze cornettes de cavalerie et vingt-cinq enseignes d'infanterie entre Malines et Willebroeck[2], et Bruxelles n'eut plus d'issue libre que du côté de la Flandre. Pas un homme, pas une lettre ne pouvaient passer à Anvers; les habitants et la garnison de Malines parcouraient les campagnes, arrêtant les voyageurs, hommes et femmes, les rançonnant et attaquant même les couvents. Tous les hôtels des seigneurs émigrés étaient remplis de campagnards qui s'étaient réfugiés en ville avec leurs meubles, leurs chevaux et leurs bestiaux[3]. Dans cette crise des voix nombreuses s'élevèrent pour demander la paix, mais Olivier Vandentympel y répondit par un manifeste dans lequel il rappelait tous les griefs du pays contre l'administration espagnole, les intrigues et les perfidies des gouverneurs généraux de Philippe II, et notamment celles de don Juan. Il démontrait ensuite l'intérêt que Bruxelles avait à se tenir dans le parti des États et à maintenir l'union d'Utrecht, énumérant les avantages que son commerce retirerait d'une alliance avec les villes maritimes de la Hollande et de la Zélande, et comparant les bienfaits de la tolérance et de la liberté des cultes avec les maux qu'avaient entraînés sur le pays l'intolérance et la persécution. Après avoir blâmé vivement les provinces wallonnes qui avaient trahi la cause commune, il insinuait que, dans le cas où les villes du parti des États viendraient à suivre cet exemple, toutes les places, toutes les faveurs seraient accordées aux Wallons, à l'exclusion des Bra-

---

[1] *Oppinie Boeck.* Le 15 août, les nations nommèrent pour greffier maître Gilles Thienpont. — [2] AZEVEDO. — [3] DE POTTER.

bançons et des Flamands. Il finissait en exhortant ses compatriotes à tout oser et à tout entreprendre pour échapper au joug odieux de l'Espagne (3 septembre). Ce manifeste en quatre-vingt-huit articles, contre-signé par les trois membres de la commune, par tous les officiers de la garnison et par les principaux chefs du parti, fut affiché et répandu avec profusion dans la ville.

Presque tous les échevins se trouvant en mission et ne pouvant revenir parce que l'ennemi coupait les communications, il ne fut bientôt plus possible aux trois échevins restés en ville de suffire à leurs occupations, et il fallut décréter que les actes échevinaux seraient provisoirement passés en collége (17 août) [1]. Les incessantes excursions des ennemis portaient un préjudice immense au commerce de Bruxelles; les espèces y étaient devenues excessivement rares; les changeurs jurés et les orfèvres ne pouvaient plus se procurer de l'or non monnayé en échange duquel ils n'avaient plus de monnaies à donner, et le manque de numéraire achevait d'arrêter toutes les relations extérieures. Pour faire cesser cet état de choses, les États, à la demande du magistrat, l'autorisèrent à battre, à l'effigie de la ville, des *plaete* d'or, pesant 2 anglais 21 1/4 as, de 24 carats d'or fin avec 18 grains de fin argent et 18 de cuivre, de la valeur d'un réal d'or de 4 florins 10 sous, trois carolus ou 60 sous; des *plaete* d'argent carrés pesant 16 angelus, 9 3/4 as de 11 deniers, fin argent, valant un *daelder* des États ou environ 36 1/2 sous [2]. Il fut prescrit à la ville de nommer un surintendant pour surveiller cette opération et de faire placer ses armoiries sur ces monnaies qui indiqueraient, pour éviter toute fraude, la date et la valeur [3].

Le 17 septembre, Vandentympel, à la tête d'un corps de 4,000 fantassins et de 800 cavaliers, attaqua les Espagnols qui avaient pris position entre Willebroeck et Malines. Il les enfonça au premier choc, mais ses soldats ayant couru piller les bagages, furent chargés brusquement et

---

[1] *Resolutie Boeck.*

[2] On donnait alors pour le marc d'or de 24 carats 205 florins 4 sous, et pour le marc d'argent de 12 deniers, 18 fl. 12 s.

[3] 6 septembre. *Archives de la Chambre des comptes de Brabant*, n° 141, f° 88. Les monnaies frappées par ordre du magistrat étaient carrées; au milieu d'un cercle se trouvaient les armoiries de la ville : Saint Michel terrassant le diable; à l'entour on lisait cette légende : *Perfer et obdura Bruxella*, et au-dessus il y avait des armes, l'indication de la valeur de la monnaie, et sur les côtés le millésime. VAN LOON, T. I, p. 273.

mis en déroute par le capitaine Garcia Olivarez, qui était arrivé avec des troupes fraîches et avait rallié les fuyards. Craignant toutefois de se voir attaqués par des forces supérieures, tourmentés par la disette et voyant la mortalité répandue parmi leurs chevaux, les Espagnols prirent le parti de se retirer ; ils commencèrent leur mouvement de retraite le 29, et, le 1ᵉʳ octobre, le canal fut libre [1].

Le canal était dans un état déplorable, tous les ouvrages en maçonnerie étaient dégradés, le sas de Willebroeck n'avait plus qu'une seule porte et la maison de l'éclusier était entièrement brûlée, ainsi que le constatèrent le gouverneur, les receveurs et Paul de Prince, délégué à cet effet par la ville le 5 octobre. Les trois membres rétablirent les droits sur la navigation tels qu'ils étaient avant 1572, et accordèrent exemption de logements militaires à Houwaert, qui avait offert de diriger gratuitement les travaux de réparations [2]. Mathias et le prince d'Orange se rendirent aussitôt à Willebroeck et résolurent de faire de cette position importante une place inattaquable [3]. Le bruit s'étant répandu que l'ennemi se disposait à l'attaquer de nouveau, la ville d'Anvers envoya trois cents pionniers pour la fortifier, et le prince d'Orange invita les trois membres de Bruxelles à suivre cet exemple. Il les engagea aussi à ravitailler Vilvorde, en les prévenant que les 10,000 florins nécessaires à cet effet seraient payés par la généralité et pourraient être retenus sur la quote-part de la ville dans les aides. Ils approuvèrent ces mesures et les nations demandèrent instamment qu'on ne négligeât rien pour faire entrer Malines dans le parti des États. Il était en effet de la plus haute importance pour Bruxelles que cette ville ne fût plus occupée par les ennemis qui interrompaient par là ses communications avec Anvers. A leur demande, les deux enseignes de messire Denis Vandentympel et du capitaine Anthonie, furent chargées de garder les rives du canal (15, 16 octobre). Les députés de la commune, à Anvers, avaient obtenu de cette ville un prêt de 20,000 florins, contre obligation des trois membres, pour être employés à acheter des denrées et à soutenir le commerce, prêt devenu indispensable, car les convois étaient trop souvent enlevés pour qu'aucun marchand voulût se charger de la responsabilité des expéditions. Néanmoins les nations ne souscrivirent cette obligation qu'après que Mathias leur eût assuré que cette

---

[1] HARÆUS. — VAN METEREN. — [2] 5 et 7 octobre 1579. *Oppinie Boeck.* — [3] VAN METEREN.

somme pourrait être retenue sur la part de la ville dans les aides [1].

Le renvoi d'une partie de la garnison, cette concession arrachée à Vandentympel par l'esprit public, n'avait été qu'un leurre; le régiment de Souhay fut bientôt remplacé par d'autres troupes (2 octobre), et les nations indignées chargèrent aussitôt une députation d'aller presser les états de Brabant de conclure la paix (même jour) [2]. Cette détermination alarma le conseil de guerre, et « sur la représentation qui lui en avait » été faite, dit-il, par des amis de la prospérité de la ville et de la pa-» trie, » il éleva objections sur objections contre la paix. Les chefs militaires de la bourgeoisie qu'il consulta, déclarèrent unanimement ne pas vouloir se séparer de la généralité (6 octobre); mais la commune n'eut aucun égard à leur opposition; seulement, à la demande des colonels Stuwart, de Bloyere et Bombergen, il fut donné au conseil de guerre communication des pièces envoyées d'Anvers au magistrat et relatives aux négociations pour la paix, et de Bloyere fut autorisé à se joindre aux députés qui allaient partir (7, 8, 10 octobre). Ceux-ci, dès leur arrivée à Anvers, se plaignirent à l'archiduc et des logements et des soldats. Reconnaissant la justesse de leurs réclamations et craignant que le mécontentement n'amenât des troubles, Mathias institua, le 20 octobre, une commission de dix personnes pour arrêter les bases des logements militaires. Deux commissaires devaient être nommés par le gouverneur, deux par les colonels et deux par chacun des trois membres. Il fut décidé que nul habitant ne logerait plus de trois soldats, et que ceux qui seraient exemptés de cette charge payeraient une contribution hebdomadaire de trois à sept sous. Ces dispositions furent approuvées par la commune (28, 30 octobre et 2 novembre); mais elles ne pouvaient qu'alléger faiblement les charges qui pesaient sur la bourgeoisie, et ne la mettaient nullement à l'abri des brigandages des soldats; aussi les différends entre les chefs militaires et la commune ne furent-ils rien moins qu'aplanis. Le brave Lanoue, qui avait été chargé de la défense du canal, ayant été appelé en Flandre (1er novembre), Vandentympel rem-

---

[1] P. S. d'une dépêche du 15 oct. — Séances des 23, 24, 26 sept., 15 et 16 oct. —Ce prêt avait été négocié par les députés Martini, Hinckaert, Guillaume de Ronck, Berlicum, Adrien de Schutteput et Daniel Bombergen. (*Oppinie Boeck.*)

[2] Cette députation se composait de quelques membres du magistrat, d'Adolphe Hujoel, Amelric Vandenbossche, Lievin Moleman, Jean Vanderhaegen, ancien mercier, maître Jean Bourgeois, maître Jean Vanderlinden, Martin Vandewouwere et Jean Vanderstoct, pelletier. *Ibid.*

plaça les troupes qu'il avait amenées avec lui, par deux enseignes de la
garnison ; celles-ci se révoltèrent faute de paye, et, pour les apaiser,
les trois membres durent établir de nouveaux droits sur le canal, mesure
que les nations n'adoptèrent qu'après de vives discussions (5, 16 novembre) [1]. Le 29 novembre, le conseil de guerre intima à tous les récollets l'ordre de quitter immédiatement Bruxelles [2]. Les nations se
récrièrent vainement contre cette mesure, il n'en fut pas plus tenu
compte que de leurs plaintes sur les dégâts commis à l'hôtel de Mansfeld
et à d'autres maisons dans lesquelles s'étaient établis des soldats et plusieurs habitants [3]. Aussi refusèrent-elles de continuer l'imposition de
deux sous sur le froment, dont le comité de défense réclamait instamment la continuation (21, 25, 27, 50 novembre).

Indignées de l'indiscipline des soldats étrangers et des persécutions
dont les catholiques étaient l'objet, les nations réclamèrent à grands cris
l'abolition du conseil de guerre, en insistant sur son inutilité ; elles
demandèrent qu'on présentât à l'archiduc des doléances sur les excès des
troupes et qu'on ne leur fournît plus d'argent : elles parvinrent à
faire partager leur avis par le magistrat, qui avait d'abord voulu ébranler
leur résolution (11, 14, 50 novembre). En vain les lieutenants-colonels
et les autres commandants de la bourgeoisie leur présentèrent-ils une
requête pour les détourner de ce projet, les trois membres exposèrent
à l'archiduc le misérable état de la commune, qui était chargée, depuis
plus de cinq mois, de vingt enseignes, outre la cavalerie, et lui représentèrent que ces troupes, qui n'étaient pas payées et qui avaient été, pour
la plupart, introduites en ville sans leur consentement, occupaient plus
de deux mille lits et comptaient plus de douze cents têtes inutiles,
femmes, enfants, etc. En évaluant la nourriture de chaque individu à
six sous par jour, ces soldats, dont la solde s'élevait à environ 56,000 florins, en avaient coûté 150,000 aux habitants. Ils ajoutaient que beaucoup de notables ayant quitté la ville, où la maladie avait, en une
année, emporté plus de deux mille habitants, ceux qui étaient restés suc-
combaient sous les exactions de toute espèce ; ils se plaignaient ensuite
de la conduite des militaires dont « les excès étaient tels qu'il y avait peu

---

[1] *Oppinie Boeck.* — [2] DE POTTER. — [3] 50 novembre, 1er décembre. *Oppinie Boeck.*
Les maisons situées près de la porte de Coudenberg ayant été abattues pour
faire place aux nouveaux remparts, leurs habitants avaient été autorisés, le 4 janvier 1578, à s'établir dans le vaste hôtel de Mansfeld. *Resolutie Boeck.*

» de différence entre un soldat et un voleur de grand chemin, » et terminaient en s'élevant contre les persécutions dont les catholiques étaient
l'objet. « On les accuse, disaient-ils, de l'entreprise de d'Egmont, tandis
» que sans eux on n'aurait pu le chasser. D'un côté, le conseil de guerre
» les exclut de son sein et de toutes fonctions militaires; d'un autre
» côté, on les poursuit dans leurs prêtres, dans leurs temples. On a
» expulsé dix ou douze récollets qui vivaient paisiblement; leurs meubles
» ont été vendus, leur couvent a été abattu en partie, et cette indi-
» gnité a été renouvelée à Bootendael. A Saint-Pierre-aux-Lépreux les
» vases sacrés ont été brisés, et, après cet attentat, des misérables ont
» parcouru les rues en outrageant les hosties; les catholiques ont été
» chassés de l'église des Alexiens; au Sablon, la messe a été interrompue
» par des scènes scandaleuses; à Sainte-Gudule, un enfant que ses pa-
» rents allaient tenir sur les fonts, leur a presque été enlevé par des
» gens qui voulaient le faire baptiser ailleurs, et toutes ces infamies sont
» restées impunies, car les lois n'existent plus pour les catholiques
» (9, 12 décembre). » Les chefs de la garnison ayant eu connaissance de
cette adresse, firent aussitôt rédiger une protestation, demandant qu'on
spécifiât les accusations. Cette pièce, dictée par la colère, se termine
ainsi : « Les autheurs dudit en ont faucement menty avec tous ceulx qui
» le vouleront advoyer ou maintenir, comme meschans et malheureulx,
» et requeront qu'on leur nomme les dits autheurs pour en tirer la
» raison, et signamment qu'ilz seront frottez sur ung eschaffau, après
» que publicquement ils auront rappellé les dits abominables injures,
» et confessé qu'ils en ont faucement menty et que partant ilz auront à
» descirer et brusler ledit escript en publicq (14 décembre). » Les trois
membres répondirent que « ceulx des remonstrantz qui ne se sentoient
» coulpables, à grand tort se mesloient dung faict quy ne leur touchoit;
» qu'ils avoient les preuves tellement à la main qu'il ne seroit besoing de
» longue recherche, » et ils se plaignirent du peu de respect que la garnison leur témoignait (15, 16 décembre). Cette affaire prenait une tournure trop grave pour que l'archiduc et les États ne s'en occupassent pas
sérieusement; aussi chargèrent-ils les sires d'Oirschot et d'Ohain de se
concerter avec le magistrat pour adopter des mesures propres à maintenir la discipline parmi les soldats et à éviter de nouvelles plaintes [1].

---

[1] *Oppinie Boeck.*

Dans le but probable d'effrayer leurs adversaires, les chefs du parti calviniste se décidèrent alors à attaquer les provinces wallonnes, avec lesquelles jusqu'alors ils avaient observé une neutralité tacite; mais il fallait rompre tout à fait avec les catholiques du dehors, afin de mieux effrayer ceux du dedans, et Vandentympel tenta plusieurs expéditions qui presque toutes furent couronnées de succès. Le système d'intimidation commença avec l'année 1580. Le samedi 23 janvier, les membres du conseil d'état restés à Bruxelles : Van Uffelen, Maelcot, Wellemans, l'avocat Guillaume Brechem, Adolphe Hujoel et le procureur Schutteput furent arrêtés et conduits à Anvers, où on refusa de les recevoir, disant qu'il en serait fait aussi bonne justice à Bruxelles qu'à Anvers ; ils furent transférés à Berg-op-Zoom [1]. Le 25, Denys Vandentympel marcha sur Nivelles où commandait le sire de Glymes, et s'empara de cette place que les Espagnols prétendirent lui avoir été livrée. De Glymes, pris et mené à Bruxelles, ainsi que l'abbesse, Marie de Hoensbroeck, et les chanoinesses, fut incarcéré à la Vroente ; l'abbesse et les chanoinesses furent retenues prisonnières pendant huit mois [2]. A la demande d'Olivier Vandentympel, les trois membres envoyèrent à Nivelles du canon et de la poudre, certains qu'ils étaient que l'ennemi ferait les plus grands efforts pour reprendre une place qui allait servir de boulevard à leur ville. En donnant leur consentement, les nations engagèrent le gouverneur « à » traiter les habitants de Nivelles avec douceur afin d'attirer d'autres à » la généralité [3]. » Le 30 mars, Lanoue surprit Ninove et y fit prisonniers d'Egmont et toute sa famille. D'Egmont fut amené, le 5 avril, à Bruxelles et détenu dans la maison du colonel écossais Stuwart. Le 18, il fut transféré à Anvers, puis à Gand où il fut enfermé à la *Prinsen Hof* où se trouvait encore Champagny [4].

Le 5 février, le magistrat se conformant aux opinions émises par le large conseil et les nations, le 29 avril et le 4 juillet de l'année précédente, résolut d'emprunter 12,000 florins du Rhin sur les abbayes et les couvents. Les obligations de cet emprunt, conclu pour le terme de deux ans, furent signées le 5 avril suivant [5].

Des troubles furent le triste résultat des dissensions qui avaient éclaté entre l'autorité militaire et la commune, dissensions qui eussent amené

---

[1] DE POTTER. — [2] FOPPENS. — [3] 1er, 3 février 1580. *Oppinie Boeck.*
[4] DE POTTER. — BOR. — DINOTHUS. — DE KEMPENAERE, p. 253. — [5] *Oppinie Boeck.*

de sanglants conflits si la bourgeoisie elle-même n'avait été divisée par les intérêts de religion et par les opinions politiques. Les commissaires envoyés par l'archiduc pour rétablir la concorde entre la garnison et le magistrat, avaient proposé à ce dernier de payer aux troupes, pendant six semaines, après lesquelles les États seraient en mesure d'y pourvoir, 3,500 florins par semaine, soit 55 sous par soldat [1]; au moyen de ce payement elles s'entretiendraient à leurs frais et il ne resterait à leur fournir que le logement. La peine de mort punirait tout acte d'indiscipline ou de brigandage. La commune obtiendrait les fonds nécessaires par une contribution à imposer sur les habitants exempts de logements militaires et sur le plat pays, et par un nouvel impôt sur la bière; dans le cas où ces moyens ne suffiraient pas, on y emploierait la partie disponible des 13,000 florins votés par les États et sur lesquels 6,000 étaient destinés aux fortifications de Vilvorde. Le premier et le deuxième membre avaient adopté ces propositions, celui-là avec quelques restrictions et observations, celui-ci en demandant que la garnison fût réduite de moitié et le conseil de guerre aboli; mais les nations avaient refusé, voulant avant tout que ces deux dernières conditions fussent remplies. Les commissaires leur représentèrent en vain la nécessité d'un accommodement et les suites fâcheuses qu'entraîneraient ces discussions : elles avaient persisté dans leur refus. Elles votèrent néanmoins les moyens généraux, ainsi que quelques contributions communales, en y mettant toujours pour condition l'abolition du conseil de guerre. Les commissaires Liesvelt et Richard de Mérode acceptèrent le consentement, sans admettre la condition, disant que ce conseil était nécessaire encore pour quelque temps. Les récriminations des nations étant devenues plus vives, ils proposèrent d'adjoindre au conseil de guerre deux députés de chacun des trois membres, et quant à la garnison, dont une partie avait été envoyée à Nivelles, ils promirent de débarrasser encore la ville de quelques compagnies. Ces conditions ne les satisfirent pas et elles refusèrent longtemps de confirmer le consentement donné par les deux premiers membres; ce ne fut qu'après des convocations itératives et de vives instances des commissaires, qui leur exposèrent les dangers de la patrie, qu'elles retirèrent la condition mise à leur vote (13 janvier— 13 février).

---

[1] D'après cette évaluation il devait y avoir 2,000 hommes de garnison.

Les difficultés loin d'être aplanies se représentèrent bientôt. Outrées de nouveaux excès commis par les soldats, les nations s'opposèrent à l'établissement d'un nouvel impôt sur les bières, appelé *de hooghenisse* et consistant en neuf mites ou un *negenmanneken*[1] sur chaque pot. Pressées par le chancelier et par les commissaires de l'archiduc de consentir à cette mesure, elles répondirent qu'elles rejetteraient toute proposition de ce genre, parce que, malgré les promesses qui leur avaient été faites, les habitants continuaient à être foulés, ce qui aurait lieu aussi longtemps qu'on n'aurait pas adopté des moyens réguliers pour payer la garnison, établi une surveillance sévère à l'entretien des fortifications et à la garde des munitions, apaisé tous les différends existants entre la bourgeoisie et les gens de guerre (4, 5 mars). Les chefs de la garnison de leur côté ne se montrèrent pas moins acerbes; menacé dans son existence, le conseil de guerre menaça à son tour. Se fondant sur les inconvénients qui résultaient, dit-il, de l'opposition des trois membres, et voulant empêcher l'entière ruine de la ville, il réclama l'établissement d'un impôt général sur les bières et l'expulsion des conseils de la commune de tous les individus suspectés de complicité avec d'Egmont. Cette proposition soumise aux colonels des sections, aux calvinistes et aux protestants de la confession d'Augsbourg, fut adoptée à l'unanimité, et les commissaires furent invités à procéder immédiatement à l'épuration des trois membres trop souvent contraires aux mesures utiles. Fort de cette approbation, le conseil de guerre fit aussitôt rédiger une ordonnance portant qu'ayant appris que les malcontents et les Espagnols voulaient profiter du désordre qui régnait dans la ville, et de l'opposition que rencontraient les propositions relatives à l'entretien de la garnison, pour attaquer Bruxelles, ou tout au moins Vilvorde et le canal, il ordonnait, de sa propre autorité, la levée d'un impôt sur la bière, dont le produit serait destiné aux besoins des troupes, à l'achat de munitions et à la construction de quatre bastions dans la ville basse. Tous les officiers de la garnison, les calvinistes et les luthériens approuvèrent cette mesure, ainsi qu'une taxe d'un dixième denier sur les passeports et les licences (24 et 27 février).

Les nations exaspérées par ces mesures illégales réclamèrent l'exécution des promesses qui leur avaient été faites; elles pressèrent les deux

---

[1] Un *negenmanneken* ou *gigot* était la huitième partie d'un sou.

premiers membres de porter plainte à Mathias d'une pareille infraction
aux lois et priviléges de la ville, et s'opposèrent à ce que la solde des
troupes leur fût payée par d'autres que par des délégués de la commune.
Mathias répondit qu'il ne pouvait laisser Bruxelles sans garnison et que
cette garnison devait être entretenue ; que, du reste, puisque les impositions destinées à cet effet ne suffisaient pas, il fallait laisser brasser, pendant trois mois, de la bière à un sou. C'était toucher une corde sensible,
car les nations s'étaient toujours opposées à la fabrication de cette bière ;
aussi se montrèrent-elles vivement irritées de cette réponse ; mais le conseil de guerre ne se laissa pas arrêter par leurs clameurs. Le 25 mars,
les officiers lui adressèrent une requête dans laquelle ils représentèrent
que la ville se dépeuplait chaque jour, parce qu'on en laissait sortir sans
obstacle une foule de gens auxquels on permettait même d'emporter leurs
meubles ; qu'il y avait plus de deux mille six cents maisons vides, sans
compter celles habitées seulement par des concierges, et qu'il en résultait
que le service des sections était rendu fort pénible et les contributions
très-difficiles à lever. Ils demandaient qu'on imposât, d'après leur qualité,
les biens des absents, et que les rentes affectées par des partisans de l'ennemi sur la ville ou sur le canal, fussent saisies et employées par la commune. Le conseil de guerre trouva cette proposition « très-convenable ; »
mais jugeant qu'elle devait être discutée par tous, il l'envoya aux trois
membres. Ceux-ci la soumirent à l'archiduc, au conseil d'état et aux
états généraux ; les nations saisirent cette occasion pour prier instamment Mathias de revenir à Bruxelles afin d'y rétablir l'ordre (24, 28,
31 mars) [1].

Cédant aux instances du conseil de guerre qui voulait abattre dans
les serments le dernier reste de l'influence catholique, les commissaires
de l'archiduc et le magistrat publièrent, le 29 mars, une ordonnance qui
astreignait les membres de ces compagnies à monter la garde avec les
sections ; mais ceux-ci refusèrent positivement de s'y soumettre. Ils
représentèrent que, de toute ancienneté, les serments avaient été institués pour un service spécial ; qu'ils étaient obligés non-seulement de
monter la garde, mais de partir au besoin, comme ils l'avaient fait en
1566, et que, tous les jours, un serment était sous les armes. « On
» allègue, dirent-ils, que, par suite du départ et de l'absence d'un

---

[1] *Oppinie Boeck.*

» grand nombre de bourgeois, les sections sont affaiblies ; nous soutenons
» qu'en revanche une foule d'étrangers sont venus se réfugier en ville.
» Et pourquoi ne feraient-ils pas de service? Là pourtant n'est pas la
» cause de l'affaiblissement des sections : un grand nombre de bour-
» geois se font inscrire sur les contrôles de la garnison et éludent ainsi
» l'accomplissement de leurs obligations. D'autres s'en exemptent avec
» de l'argent; d'autres enfin se font remplacer. Si l'on nous force à
» monter la garde avec les sections, nous ne pouvons plus faire notre
» service particulier, et dès lors les serments, principale défense de la
» ville, seront dissous. » Ils terminèrent en invoquant l'acte de 1421
qui promettait le maintien de leurs priviléges. Mécontenter ces compagnies d'élite, c'était jeter un nouveau germe d'irritation dans la bourgeoisie; aussi une décision, prise le 2 avril, à six heures du soir,
annula-t-elle l'arrêté du 29 mars [1].

Le conseil de guerre fit vendre tous les matériaux, tels qu'ardoises,
tuiles, pierres et charpente de la belle chartreuse de Grâce (8 avril), mais
comme on ne tenait pas de comptes, cette vente ne produisit guère de
profits à la ville. Les religieux s'étaient établis dans la maison de Ravenstein (près les Dominicains) d'où ils furent chassés après un séjour de
deux ans [2]. Dans le même temps, les riches abbayes de Grimberghe, de
Dilighem et de Forêt furent saccagées, et leurs dépouilles vendues publiquement à Bruxelles [3]; l'abbesse de Forêt, Françoise de la Douve, en
mourut de douleur et fut enterrée aux Pauvres-Claires. Le 8 avril, Vandentympel sortit avec une partie de la garnison et se dirigea sur Malines
où il s'était ménagé des intelligences. Quelques bourgeois en effet lui
ouvrirent les portes de Bruxelles et de Termonde, pendant que le colonel
écossais Stuwart s'emparait de celle d'Anvers. Les Écossais pillèrent avec
fureur les couvents, ainsi que les propriétés des membres du grand conseil, et la ville fut durement rançonnée [4]. Cette conquête fut d'une
grande importance pour Bruxelles et allégea quelque peu ses charges, en
ce qu'elle permit de retirer les troupes chargées de la défense des écluses
du canal [5].

Le 19, pendant que Vandentympel s'était rendu à Malines, une partie

---

[1] *Oppositie van de vyf gilden van Brussel nopende de wacht.* Mss. de la Bibliothèque de Bourgogne. — *Archives de l'Audience,* boîte int. BRUXELLES.

[2] DE POTTER. — [3] FOPPENS. — DEWAEL.

[4] HARÆUS, T. II, p. 308. — VAN METEREN, L. X, f° 185. — [5] *Oppinie Boeck.*

des soldats, qu'il avait laissés à Bruxelles, s'ameutèrent, et, renforcés par la populace, ils coururent à Sainte-Gudule. C'en était fait de ce beau temple si le colonel Stuwart, les deux bourgmestres, soutenus par les serments et par un grand nombre de bourgeois, ne les avaient arrêtés. Ils allèrent alors décharger leur fureur sur la maison du pléban et sur celles de ses vicaires et de quelques chanoines ; le couvent de Sainte-Gertrude fut entièrement dépouillé. De là, ils voulaient se porter sur les Dominicains, mais arrêtés par une bourrasque qui s'éleva subitement, ils se dirigèrent sur le Béguinage. Le trouvant gardé par quelques compagnies écossaises, ils se jetèrent sur le couvent des sœurs grises, qu'ils pillèrent de fond en comble. Tous les établissements religieux étaient menacés des mêmes ravages, lorsque les bourgeois, aidés par les troupes restées fidèles à leur devoir, parvinrent à dissiper ces brigands [1]. Le magistrat chargea le pensionnaire G. Vanderhaeghen, qui se trouvait à Anvers, d'exposer aux états généraux la déplorable situation de la ville et d'implorer l'assistance du prince d'Orange et des autres provinces. Ce fonctionnaire se présenta aux États, le 22, et leur fit un effrayant tableau de l'indiscipline des soldats. Il peignit l'indignation de la bourgeoisie qui voyait leurs crimes impunis, le colonel Stuwart, commandant en l'absence de Vandentympel, ne voulant pas faire justice des coupables sans commission expresse du prince d'Orange et du conseil d'état [2]. L'absence de Vandentympel était probablement calculée pour faciliter cette émeute, épouvantail dont l'usage était devenu habituel. Mathias et les états généraux donnèrent des instructions sévères pour réprimer les pillages et les désordres, et autorisèrent l'amman, dans le cas où les chefs militaires ne s'y conformeraient pas, à poursuivre et à punir les perturbateurs du repos public. Il prévint le magistrat qu'il avait envoyé en Hollande et en Zélande des commissaires chargés de recueillir de l'argent pour la garnison [3]. Mais ces mesures seraient-elles exécutées ? Le large conseil déclara qu'il ne donnerait plus d'opinion avant qu'on eût fait justice des pillards d'église, cloîtres et maisons particulières ; les nations l'appuyèrent et ne votèrent les impôts qu'après l'exécution de quelques-uns des coupables [4]. Deux soldats et un homme du peuple furent pendus, et un autre individu fut banni après avoir été stigmatisé d'un Saint-Michel sur le dos [5].

[1] DE POTTER. — [2] M. GROEN VAN PRINSTERER, T. VII, p. 269.
[3] Ibid. — 22 avril, Oppinie Boeck. — [4] 24, 26 avril, Oppinie Boeck. — [5] DE POTTER.

Les États, restant toujours en retard de fournir les fonds promis pour solder la garnison, et la commune ne pouvant trouver l'argent nécessaire à cet effet [1], les désordres ne discontinuèrent pas. On vit les soldats de garde aux portes enlever le bois que des marchands amenaient en ville, et dépouiller les campagnards qui y apportaient des denrées. Ils envahirent tumultueusement la salle du collége et le conseil de guerre, réclamant, à grands cris, leur paye. Pour prévenir de nouveaux malheurs, le magistrat fournit aux Écossais, les plus turbulents de tous, 2275 florins du Rhin par semaine, en attendant les fonds annoncés par les états généraux. Il proposa ensuite de lever un impôt sur les métiers, impôt dont ils fixeraient eux-mêmes le taux; mais les nations, qui étaient les plus intéressées dans cette mesure, étaient trop irritées pour l'adopter. Elles dirent qu'il fallait faire usage des biens confisqués et employer les revenus des bénéfices vacants. Le magistrat leur représenta en vain que les biens confisqués n'appartenaient pas à la commune et qu'ils avaient été chargés par les états de Brabant, que les revenus des bénéfices vacants étaient nuls, que la seigneurie de Walcourt, qu'elles avaient citée, n'était qu'une seigneurie foncière rapportant à peu près un *daelder* par an, et que la collation des prébendes seule dépendait de la ville, rien ne put vaincre leur opposition. Elles se montrèrent même vivement indignées de ce qu'il avait envoyé le pensionnaire leur demander d'être déchargé de toute responsabilité des inconvénients qui pourraient résulter de leur refus [2].

Vers cette époque, quelques-uns des malcontents semblèrent vouloir

---

[1] Du 17 février au 14 avril la *hooghenisse* des bières et les moyens généraux n'avaient produit que 16,319 florins, et les dépenses s'étaient élevées à environ 29,750 florins :

Reçu des brasseries de la ville. 12,089
   » de la *Nieuwe Came,* à Coeckelberg. . . . 67
   » de la *Came* ou brasserie, à Etterbeek. . . . »
   » des bières étrangères. 1,083
   » des moyens généraux. 1,580
Don que le chancelier de Brabant a fait obtenir à la
ville. 1,500
                              16,319
Payé aux compagnies d'Olivier Vandentympel, à Bruxelles et à Nivelles, et à celles du colonel Stuwart, 4,250 florins du Rhin par semaine, pour sept semaines 29,750

                    Déficit. . . . 13,431

(*Oppinie Boeck.*) — [2] 16, 18, 20 mai. *Ibid.*

se rapprocher du parti démocratique; Guillaume de Heze et le sire
d'Auxy, entre autres, nouèrent des négociations avec le duc d'Anjou, que
le prince d'Orange, qui avait récemment épousé une Française, pressait
vivement de son côté de venir régner sur les Pays-Bas. Malheureusement
leurs projets furent découverts : le sire de Heze, arrêté par le châtelain
de Gand, fut mis en jugement, par ordre du prince de Parme, et eut la
tête tranchée au Quesnoy, le 8 novembre. D'Auxy, forcé de fuir, se
réfugia dans sa forteresse de Liedekerke, qu'il livra aux États; mais
ayant excité leurs soupçons, il fut emprisonné et ne dut sa liberté qu'aux
instances d'Olivier Vandentympel, qui avait épousé sa sœur [1] : il se retira
en France [2]. Après de longues hésitations, d'Anjou accepta les propositions
des confédérés et du prince d'Orange, propositions qui devaient servir à
mieux cacher les desseins de ce dernier, déjà reconnu comme souverain
de la Hollande et de la Zélande, par une résolution secrète des États de
ces provinces [3]. La ville d'Anvers et les nobles s'étaient longtemps opposés
à l'appel du prince français, et ceux-ci n'y avaient consenti qu'en déclarant ne pas avouer ni agréer l'union d'Utrecht [4].

Le 8 juin, Vandentympel réunit les garnisons de Bruxelles, Malines
et Herenthals, et attaqua Diest, dont il s'empara malgré la vigoureuse
résistance de trois enseignes allemandes qui la défendaient. Il prit ensuite
Sichem et Aerschot, et, après avoir laissé des garnisons dans ces places,
il revint à Bruxelles chargé de butin [5]. Ces succès faisaient désirer plus
vivement encore au parti royaliste la possession de cette ville; l'attaquer
de vive force était impossible et c'était, en s'y ménageant des intelligences, qu'ils tâchaient de parvenir à leur but. Informé de leurs intrigues,
le vigilant Vandentympel redoubla d'activité; prévenu que quelques
habitants avaient reçu des émissaires d'Emmanuel de Lalaing, baron de
Montigny, gouverneur du Hainaut, il se contenta de les surveiller afin
de leur porter un coup qui fît renoncer à toute entreprise ultérieure sur
la ville. Jacques Lacourt, capitaine dans la garde bourgeoise, Otto De-
backer, procureur, et Arnoul Debruyn, marchand, avaient promis de

[1] Jacques de Hennin, de la maison de Boussu, sire d'Auxy ou Haussy, créé par
le roi marquis de la Vere, avait, en 1579, épousé Marie Hannaert, châtelaine de
Bruxelles, dame de Liedekerke, et, le 11 avril, fait le relief de la châtellenie.

[2] VAN METEREN, L. X, p. 186.

[3] Mars, 1580. M. GROEN VAN PRINSTERER, T. VII, p. 306.

[4] *Ibidem*, p. 388. — [5] VAN METEREN. — AZEVEDO.

livrer, de concert avec d'autres bourgeois, une porte aux troupes royales, mais, effrayés du sort qui les attendait s'ils venaient à être découverts, ils révélèrent le complot au prince d'Orange, à Sainte-Aldegonde et au gouverneur. Comptant sur les promesses qu'ils avaient reçues, E. de Lalaing et Robert de Melun, marquis de Roubaix, parurent, le 23 juin, au matin, devant les portes de Laeken et du Rivage, avec trois régiments d'infanterie et neuf cornettes de cavalerie. La trahison devait leur ouvrir ces portes; ce fut Vandentympel qui en ordonna l'ouverture. Aucune précaution ne paraissait avoir été prise, mais les remparts étaient garnis de canons et les maisons voisines remplies de soldats; Sainte-Aldegonde, avec un corps d'élite, se tenait à la *Valpoorte* (ou porte du Rivage), prêt à fondre sur l'ennemi. Les royalistes reculèrent devant l'entreprise; après avoir essuyé quelques volées de mitraille, ils se retirèrent et se vengèrent de cet échec sur les environs de la ville qu'ils n'avaient pu surprendre [1].

Cet événement, arrivé vers la Saint-Jean, époque du renouvellement du magistrat, favorisa les vues des calvinistes : on n'eut aucun égard aux règlements, et, comme les lignages inclinaient toujours vers le catholicisme, les échevins, qui ne furent nommés que le 30 juin par un arrêté daté d'Anvers, ne furent plus exclusivement choisis parmi les patriciens, fait sans exemple depuis 1480. Le premier échevin, entre autres, messire Henri de Bloyere, était dans ce cas. Le 7 juillet, les métiers élurent pour premier bourgmestre Léonard Vandenhecke, catholique douteux qui ne dissimulait pas son inclination pour les réformés, et qui, en 1565 et en 1577, avait refusé l'échevinage, pour ne pas prêter le serment d'usage. Ils élurent aussi les deux receveurs patriciens, et, le 9, ils présentèrent trois candidats par nation aux places de conseillers, membres de la *gilde* et pacificateurs [2]. Un des premiers actes du nouveau magistrat fut l'abolition des serments, et la garde de l'hôtel de ville fut confiée aux sections [3]. Des députés des serments se rendirent à Anvers pour réclamer contre cette mesure; mais, sur la demande qu'en firent les nations (4 septembre), il leur fut ordonné de revenir immédiatement sous peine d'une amende de cent florins pour chacun d'eux [4].

Ayant appris que les malcontents avaient envoyé à Hal un détache-

---

[1] *Chronyck van Vlaenderen*, T. III, p. 409. — VAN METEREN. — FOPPENS.

[2] DE POTTER, f° 58.

[3] *Ibid.* — [4] *Oppinie Boeck.*

ment de cent fantassins et 75 cavaliers, Vandentympel résolut de les y surprendre et de s'emparer de cette importante position. Mais les bourgeois de cette petite ville, réunis aux habitants des villages voisins, et soutenus par la garnison, repoussèrent vigoureusement l'assaut et firent échouer cette entreprise. La légende aux miracles rapporte qu'un nommé Jean Swick, qui avait juré de couper le nez à la statue de la Vierge, eut cette partie de la figure emportée par une balle, et qu'un autre individu, Jean Rysselman, qui s'était vanté de l'emporter et de la brûler, eut la mâchoire fracassée [1]. Afin de protéger les abords du canal souvent insultés par des coureurs ennemis, et de prévenir les pillages, la commune leva soixante hommes de cavalerie : quarante lanciers et vingt arquebusiers, qui furent placés sous les ordres de l'amman [2]. Les malcontents ayant tenté de surprendre Nivelles, un fort convoi fut dirigé sur cette ville ; attaquée par deux cornettes albanaises, son escorte les mit en déroute et leur fit trente prisonniers qui furent conduits à Bruxelles. Néanmoins le prince de Parme, voulant resserrer cette ville de tous côtés, chargea le comte de Mansfeld d'assiéger Nivelles, qui fut investie le 5 octobre et prise le 8. Denis Vandentympel, fait prisonnier de guerre avec toute la garnison, fut échangé contre l'abbesse et le comte de Glymes ; neuf bourgeois accusés de trahison furent pendus [3]. Après ce succès, les royalistes menacèrent Diest et Ninove, et Alexandre Farnèse écrivit « aux bourgmestres, échevins, conseil, ghuldes et bourgeois » manants et inhabitants » de Bruxelles pour les engager à se réconcilier avec leur prince. « Voulant, dit-il, vous épargner le très-grand » dommage et destruction que l'approche de mes troupes vous occasionnera, ému de compassion pour vos misères et calamitez, pour le mauvais traitement et les actes tyranniques, que continue à vous faire » éprouver le prince d'Orange, chef et auteur de tous ces troubles, nous » croyons de notre devoir de vous engager à ne perdre aucune occasion pour vous délivrer de tant de maux, vous mettant à repos et tranquillité tant de conscience et d'esprit que de corps. De mon côté, je » vous seconderai de tous les moyens en mon pouvoir. Le roi veut vous » traiter selon vos priviléges en toute douceur, et vous rendre heureux

[1] Juste Lipse, *in Divâ Virgine Hallensi.* — De Potter.

[2] 51 août, 2 et 4 septembre. *Oppinie Boeck.* Ces cavaliers furent appelés *Rocrocken,* Robes rouges, de leur uniforme qui était aux couleurs de la ville. De Potter.

[3] Van Meteren. — Bor. — Azevedo. — De Potter.

» et florissants comme vous l'étiez du temps de feu ce bon et grand
» empereur Charles, son père. Vous n'hésiterez pas à avoir pitié et com-
» passion de votre patrie affligée, de vos personnes, femmes, enfants
» et familles, vous craindrez l'ire de Dieu qui punit grièvement les
» obstinés et endurcis résistants à la supériorité ordonnée par lui, et
» vous ne resterez pas plus longtemps en proie aux étrangers et barbares
» que ce tyran étranger, rebelle et ennemi de Dieu, de vostre roi et de
» tous bons, a fait venir pour vous dévorer et ronger, tandis que lui, ne
» désire que faire son profit de vos pertes, s'agrandir et rire de vostre
» misère et confusion (6 octobre) [1]. » Cette lettre répandue sans doute
à profusion, n'atteignit pas le but que le général espagnol s'était proposé ;
le parti du prince d'Orange était encore trop fort pour que ses adversaires osassent lever la tête, et ils ne purent qu'espérer de l'avenir.

Les hostilités prirent alors un redoublement d'activité et de fureur, et
les succès du prince de Parme, en aigrissant ses adversaires, excitèrent
leurs défiances et les portèrent à de nouvelles réactions. Le trésorier
général des finances, Gaspard Schets, l'ancien chancelier de Brabant
Scheyfve, plusieurs conseillers, le procureur général et diverses autres
personnes reçurent, au mois de septembre, l'ordre de quitter Bruxelles
sans qu'on leur indiquât le motif de cette mesure. On vendit publiquement ce qui restait du magnifique mobilier de Granvelle, et le produit de
cette vente fut affecté à l'entretien des fortifications ; la belle et riche
bibliothèque du cardinal fut transportée aux Récollets et mise à la disposition des pasteurs calvinistes qui y avaient formé un consistoire [2]. Le
15 novembre, il fut décidé : 1° que, pour dédommager les ministres de
la religion calviniste des pertes qu'ils avaient éprouvées, il leur serait
alloué une somme de mille florins ; 2° que le maître d'école, Henri Van
Oudenhove, recevrait 50 florins ; 3° qu'un traitement annuel de 500 florins serait accordé aux cinq ministres réformés, et que ce traitement
serait augmenté ou diminué d'après les services qu'ils rendraient ; 4° que
des conventions particulières seraient faites avec les maîtres d'école ;
5° que les fonds nécessaires à cet effet seraient prélevés sur les biens
confisqués de la chartreuse de Scheut et de l'abbaye d'Afflighem, ainsi
que sur les prébendes et les bénéfices de la Chapelle ; et 6° que l'on
employerait à l'entretien des pauvres l'import des mesures de bois que la

---

[1] BOR, T. II, p. 223. — [2] FOPPENS.

forêt de Soignes fournissait tous les ans aux Récollets [1], à la chartreuse de
Scheut [2] et aux frères hiéronimites du collége de Nazareth. Le même
décret disposa de ce collége pour l'entretien de cent enfants des classes
indigentes, qui y seraient élevés et instruits dans les principes du culte
évangélique [3]. Les nations demandèrent, le 27 octobre, que les biens des
fondations pieuses fussent appliqués indistinctement aux pauvres réformés comme aux pauvres catholiques, et, le 12 décembre suivant,
elles proposèrent de mettre la ville en possession des biens des ecclésiastiques, provenant la plupart, dirent-elles, de donations faites par
des habitants [4]. Le 5 novembre, il fut enjoint à tous les ecclésiastiques
d'indiquer leur domicile endéans les huit jours, et, le 14, ils reçurent
l'ordre de déclarer leurs biens meubles et immeubles endéans les deux
semaines [5]. Trois jours après, les chartreux furent expulsés de la ville;
placés sur un char, ils furent conduits à Hal par un trompette, et leurs
meubles furent vendus sur la grand'place. On n'excepta de ce bannissement que deux religieux qui devaient se rendre en Allemagne [6].

D'un autre côté, de profonds dissentiments agitaient la commune, et le
vote des impôts rencontrait toujours les mêmes difficultés. Le large conseil, dans lequel étaient entrés les catholiques sortis du premier membre,
cherchait à contre-carrer les projets des calvinistes des nations, et ceux-
ci, bien qu'ardents à poursuivre leurs adversaires religieux, n'étaient
pas plus disposés que leurs prédécesseurs à augmenter les charges de
leurs concitoyens. Les documents officiels de cette époque ne présentent
que discussions orageuses, que récriminations de parti. Ainsi, les nations, après avoir refusé les fonds demandés par les états généraux, se
plaignirent des propos séditieux tenus par quelques habitants. « On a
» entendu, dirent-elles, le 17 octobre, des gens, et entre autres Alart
» de Visien (?), s'écrier que tous les bourgeois étaient *malcontents* et que
» pourtant on ne pouvait rien sans eux. Après la prise de Nivelles, Jean
» de Gersmueterc et son fils ont déclaré que si les soldats étaient entrés

---

[1] Ils recevaient annuellement 300 mesures de bois à charge de célébrer une
messe particulière pour les âmes de Charles et de Marie de Bourgogne. *Avis de la
Chambre des Comptes de Brabant sur cette rente*, 17 avril 1601 et 30 mars 1656.

[2] Charles-le-Téméraire leur avait accordé 400 mesures de bois par an. *Dipl.
belg.*

[3] Van Meteren. — Foppens. — [4] *Oppinie Boeck*. — [5] De Potter. — [6] Dewael,
T. II, f° 290.

» dans l'église du Sablon, ils se seraient emparés d'une porte et auraient
» introduit les royalistes. » Comme ce dernier faisait partie du large
conseil, elles demandèrent qu'on *purgeât* ce membre de la commune,
en commençant par ce Gersmuetere; quant aux autres, il serait facile de
les trouver en consultant le livre d'information sur la trahison de
d'Egmont [1]. « Il faut faire justice de tous les traîtres qui se trouvent ici,
s'écrièrent-elles, le 18 octobre, tels que ce Cobbegem [2], qui a osé dire :
« M. l'amman, avant trois ou quatre jours j'aurai votre place et l'on
» portera derrière moi la verge de justice; et vous, magistrats, votre
» règne ne sera plus long. » On prétend, il est vrai, qu'il était ivre et
à moitié fou; mais il n'a pas fait preuve de sottise dans l'entreprise de
d'Egmont qu'il a fortement aidé, ainsi que Glymes, le traître (*Glymes
den verrader*); en outre, il est resté trois ou quatre mois avec l'ennemi. »
Une enquête fut ordonnée et il en résulta qu'un seul témoin, Henri
Vandendycke, avait entendu les paroles attribuées à Gersmuetere, et
celui-ci prétendit avoir dit seulement qu'il fallait repousser par la force
ceux qui voudraient saccager l'église du Sablon. Toutefois il lui fut défendu de paraître à l'hôtel de ville avant que cette affaire fût éclaircie. Le
magistrat invita les nations à lui désigner les membres du large conseil
suspectés de mauvaises intentions, et il ordonna l'arrestation du sire de
Cobbegem prévenu d'avoir entretenu des relations avec de Glymes qui
était encore alors détenu à la Vroente (20 octobre). Cette conduite du
magistrat apaisa pour un instant les nations, mais elles revinrent bientôt
à la charge, et, le 10 décembre, elles demandèrent que le large conseil fût
aboli et remplacé par un nouveau corps choisi par le magistrat et par
elles. Dans le même temps, la requête suivante fut présentée au conseil
de guerre : « Représentent révérencieusement les lieutenants-colonels,
» capitaines et autres chefs d'armes, et autres amis de la prospérité et
» du repos de la commune, qu'ils entendent dans le peuple beaucoup de
» plaintes contre le deuxième membre de la ville, lequel, contre la na-
» ture des deux autres, est composé de personnes restant toute leur vie
» en fonctions, en sorte qu'il doit s'y trouver de ceux qui, au temps du

---

[1] Dat men sal purgeeren den wyden raedt principael ierst begonst aen Gersmuetere ende die andere die noch purgeereus weert syn die sullen myn heeren wel
vinden op die informatie boeck van het verradich incomen van Egmont. *Oppinie
Boeck.*

[2] Everard d'Oyenbrugge, seigneur de Cobbegem.

» duc d'Albe, ont été favorables au dixième denier et y ont consenti ;
» d'autres qui, par vieillesse ou zèle pour la religion, ou parce qu'ils ont
» été démis de leur charge avant le temps, ou que les affaires ne vont pas
» selon leur vieil appétit, ne jugent pas, comme ils le devraient, ce qui
» convient à la ville. On a vu que ce membre a longtemps refusé la
» paix de religion, et, par un écrit séditieux d'Adolphe Hujoel, travaillé
» à l'union de la ville avec ceux d'Artois et de Haynaut ; qu'ensuite il a
» tenté d'amener une collision entre la garnison et la bourgeoisie ; qu'il
» n'a pas voulu entrer dans la résolution générale des deux autres
» membres et des provinces et villes unies au sujet d'Alençon, ni
» envoyer des députés à la nouvelle réunion des États, en sorte que les
» deux autres membres ont dû se faire forts pour lui. Le troisième
» membre ayant demandé qu'on le purge, les remontrants croient devoir
» insister à ce sujet, et, comme on ne peut connaître les opinions per-
» sonnelles des membres, ils demandent une enquête sur chacun d'eux.
» Ils demandent aussi que les nations nomment de nouveaux membres
» auxquels on ajoutera des nobles et des bourgeois. »

Le conseil de guerre accueillit favorablement cette requête, et, le
5 décembre, chargea les colonels Bombergen et Diertens d'en traiter
avec le magistrat. Celui-ci en ayant référé, le lendemain, aux deux autres
membres, le large conseil défendit ses intentions. « Il déclara qu'aucun
» de ses membres n'avait été favorisé par les Espagnols pour leur vote du
» dixième denier ; qu'au contraire le duc d'Albe aurait fait exécuter
» quelques-uns de la loi d'alors, à cause de leurs refus continuels à ce
» sujet, si la prise de la Brièle n'était venue tout changer. Il ajouta que
» quelques membres en effet avaient été démis de leur office avant le
» temps, mais qu'ils avaient donné leur démission volontaire, le 6 avril
» 1578, et reçu une attestation des commissaires chargés du renouvel-
» lement de la loi, portant qu'ils n'étaient pas privés de leur charge pour
» avoir manqué à leur devoir. Il exhorta le premier membre à s'opposer
» à la mesure demandée, en considérant que les trois membres de la
» ville n'étaient pas tellement liés que l'un dût adopter l'opinion de
» l'autre, et qu'il ne convenait pas de l'accuser de mauvais vouloir pour
» avoir eu une opinion contraire à celle de l'un des deux autres
» membres. Il finit en demandant que les magistrats le déclarassent
» déchargé des accusations portées contre lui, ou qu'il fût renvoyé
» devant son juge naturel, et que sa réponse fût communiquée au conseil

» de guerre (10 décembre). » Les nations, loin d'admettre cette justification, déclarèrent qu'elles ne consentiraient à aucun impôt aussi longtemps que le large conseil n'aurait pas été purgé, disant qu'elles approuvaient les plaintes des chefs de la garnison, ainsi que l'apostille du conseil
de guerre. Le magistrat, à qui cette mesure violente répugnait, essaya
d'obtenir le vote des impôts par quelques concessions ; il offrit de leur
envoyer les noms des membres du large conseil, afin qu'elles pussent
présenter pour les remplacer des personnes plus convenables pour le bien
du pays et plus dévouées à l'ordre des choses. Elles lui répondirent qu'il
fallait avant tout qu'on prit des mesures contre les brasseurs qui avaient,
contre leur volonté, brassé de la bière d'un sou ; que les magistrats
désignassent eux-mêmes les suspects du large conseil et de la bourgeoisie, et qu'on expulsât les ecclésiastiques établis à Bruxelles depuis
trois ans. Ce ne fut qu'après diverses convocations et après qu'on eût
satisfait en partie à leurs exigences, qu'elles votèrent la continuation des
impositions sur la bière et sur le froment (12-17 décembre).

Ce n'était là toutefois que le prélude des projets médités contre les
catholiques ; aussi de nombreuses défections renforçaient-elles chaque
jour le parti royaliste. Bruxelles, où régnaient la misère et la cherté des
vivres [1], avait vu fuir tous les membres des conseils du gouvernement
et des cours supérieures qui n'avaient pas été expulsés [2]. Ce fut en vain
qu'on leur enjoignit d'y revenir sous peine de confiscation de biens ; pas
un seul n'obéit à cet ordre. Voyant alors leurs adversaires privés de leurs
chefs les plus influents, les calvinistes les attaquèrent de front, bien
décidés à anéantir une religion qui, comme l'avaient compris les provinces du nord, ramènerait tôt ou tard le pays sous la domination espagnole. Depuis longtemps les nations s'étaient plaintes de ce que de *faux
frères* informaient l'ennemi de toutes leurs résolutions et, à diverses
reprises, elles avaient demandé qu'il fût enjoint à tous ceux qui ne résidaient en ville que depuis trois ans, d'indiquer, sous peine d'expulsion,
leur résidence antérieure en prouvant qu'ils n'avaient pas dû la quitter
pour faits de sédition [3]. Depuis longtemps aussi, elles insistaient pour

---

[1] A la fin de 1580, la *gelte* de vin du Rhin coûtait 24 sous ; celle de vin de
France, 16 sous ; un pot de bière, 1 blanc ; un bœuf, 4, 8, 9, 10 et 11 livres ; le
setier de grain, 45 sous ; l'orge, 25 et 26 sous ; la bouquette, 24 sous ; le froment,
2 et 3 florins ; l'avoine, 18 sous ; une livre de beurre, 4 sous, etc. DE POTTER.

[2] FOPPENS. — [3] 31 août, 11 septembre, 16 octobre. *Oppinie Boeck.*

que les ecclésiastiques étrangers à la ville, qui y étaient venus depuis
trois ans, en fussent expulsés comme cela avait eu lieu à Anvers, à Gand,
à Termonde, à Malines, à Vilvorde, et dans plusieurs autres endroits.
L'ancien magistrat avait éludé cette proposition en promettant de faire
surveiller tous les suspects ; puis, pour les calmer, il avait renvoyé à
Louvain le nouveau prieur des dominicains et un autre religieux, frère
Ivo. Dès que le corps communal eut été renouvelé, cette proposition fut
représentée et le nouveau magistrat chargea une commission de procéder, conformément aux informations qu'elle aurait prises, à l'expulsion
des suspects et des gens d'église qui, depuis trois ans, n'avaient pas eu
continûment leur domicile à Bruxelles ; ceux qui essayeraient de se soustraire à cette mesure seraient considérés comme ennemis de la patrie [1].

Le magistrat avait cédé, en 1580, l'église de Sainte-Madeleine aux
réformés français, qui avaient longtemps prêché dans la chapelle domestique de l'hôtel de Nassau ; mais les maîtres de la fabrique avaient formé
opposition contre cette cession et l'avaient attrait devant les tribunaux.
« Nous nous étonnons grandement, s'écrièrent les nations dans une
» réunion du 10 décembre, que le magistrat se soit laissé intenter un
» procès pour une pareille affaire ! » Ces paroles furent comprises et,
le 9 février, les prédicants français furent mis en possession de l'église [2].
Une ordonnance du magistrat avait défendu aux catholiques de fermer
leurs boutiques les jours non fériés par les réformés, sous peine d'une
amende de 25 florins pour la première fois, et de 50 florins pour la seconde, outre la perte de la bourgeoisie. Dans la crainte d'une émeute, ces
dispositions arbitraires n'avaient pas été exécutées avec rigueur ; mais, en
janvier, lors de la fête de saint Pierre, cette défense ayant été générale-
lement violée, les nations forcèrent le magistrat à faire poursuivre les
délinquants, et la commission instituée pour l'expulsion des ecclésiastiques étrangers, fut chargée de surveiller l'exécution de l'ordonnance
sur la fermeture des boutiques [3]. Le 25 février, le magistrat enjoignit
au doyen de Sainte-Gudule, Jean Hauchin, de publier, en sa qualité de
vicaire général de l'archevêque de Malines pour le district de Bruxelles,
un mandement portant abolition des fêtes des saints et permettant seu-

---

[1] 18, 24, 27 octobre, 12 décembre 1580 ; 24, 26 février 1581. *Oppinie Boeck.*
Cette commission était composée de cinq membres : Adrien de Coninxloo,
Eynatten, Charles de Fourneau, Huybrechts et Diertyts. *Ibid.*

[2] *Oppinie Boeck.* — FOPPENS. — [3] 26 février. *Oppinie Boeck.* — DE POTTER.

lement la célébration du dimanche. Ce digne prêtre se refusa à un acte aussi contraire à ses devoirs qu'à son caractère ; mais ce refus ne pouvait arrêter les calvinistes. Quelque temps après, il lui fut demandé un mandement pour la suppression du troisième jour de Pâques, et, sur son nouveau refus [1], ils se promirent d'arriver à leurs fins par une voie plus directe.

Les traitements barbares que les bandes royalistes faisaient éprouver aux partisans des États qui tombaient entre leurs mains, causaient une si profonde indignation, que le magistrat se vit forcé d'user de représailles. Il annonça que la commune rachèterait les prisonniers ennemis qui seraient convaincus d'avoir torturé ou mis à mort des paysans ou des bourgeois, et les ferait punir comme meurtriers ; il déclara toutefois que l'autorité militaire, devant toujours se conformer au droit de la guerre, restait et resterait étrangère à cette mesure (27 février). Les états généraux réunis à Delft, ayant arrêté la vente des biens ecclésiastiques jusqu'à concurrence de 200,000 florins du Rhin, les trois membres résolurent de procéder également, dans le quartier de Bruxelles, à des ventes semblables, jusqu'à concurrence de 24,000 florins, en constituant au profit des propriétaires des biens des rentes au denier 18 (18, 21 février, 2 mars) [2].

Il y avait à Bruxelles un homme qui irritait les calvinistes par la chaleur de ses sermons et l'exaltation qu'il inspirait à ses auditeurs : c'était le dominicain Antoine Ruyskensvelt. Ce religieux, surnommé par ses ennemis *den bassenden hond* (le chien aboyant), avait déjà été expulsé de Gand, dont le magistrat l'avait signalé comme un homme dangereux. Il était venu à Bruxelles sans l'agrément du magistrat ni du gouverneur, et occupait la cure de Saint-Jean aux frais des habitants du quartier. Bien que cette manière d'agir fût irrégulière, on avait d'abord fermé les yeux ; enhardi bientôt, il commença des prédications en plein air sur la place Saint-Jean, où il forma ainsi de nombreux attroupements. De pareilles réunions étaient trop dangereuses pour être longtemps tolérées, aussi le conseil de guerre défendit-il à Ruyskensvelt de continuer ses prédications dans la rue et de prêcher autrement qu'en habit de son ordre (1579). Il obéit, mais, sous l'habit séculier, il se lia avec les principaux catholiques qu'il excita vivement à résister aux réformés. Voyant

---

[1] FOPPENS. — DE POTTER. — [2] *Oppinie Boeck.*

la vogue dont il jouissait, le chapitre de Sainte-Gudule l'invita à venir
prêcher dans cette église, et la foule y accourut de tous les quartiers de
la ville pour entendre ses sermons. Irritées des propos de quelques
imprudents qui avaient dit que le prince de Parme se rendrait maître de
Bruxelles quand il le voudrait, et qu'il s'en serait déjà emparé sans
l'intercession de quelques bons bourgeois qui l'en avaient dissuadé pour
éviter l'effusion du sang, les nations exigèrent impérieusement qu'on prît
des mesures contre les traîtres et contre tous ceux qui, par leurs discours,
fomentaient le fanatisme et la haine. Pour éviter toute violence, le magistrat envoya des députés au doyen et au chapitre de Sainte-Gudule
pour les engager à faire partir Ruyskensvelt de plein gré, et leur représenter que toute désunion était dangereuse en présence de l'ennemi qui
occupait alors Tubise et Grammont. Espérant que le temps calmerait
l'animosité des nations, le doyen et le chapitre conseillèrent à Ruyskensvelt de cesser, pendant un mois, ses prédications et de simuler une
maladie. Il se tint alors renfermé chez lui, recevant toutefois les chefs
du parti qui formèrent des conventicules, où il fut décidé que, si on
l'expulsait de la ville, ils la quitteraient tous avec lui. A l'expiration du
terme fixé, il reprit ses prédications à Sainte-Gudule, et les continua
sans obstacle pendant tout le carême. Malheureusement la découverte
d'un nouveau complot déchaîna encore une fois toutes les passions. Le
conseil de guerre découvrit des intelligences nouées par d'Egmont avec
messire Josse Butkens, fils de Pierre, président de la chambre des comptes,
André Anderlecht, le sire d'Auxy, châtelain de Bruxelles, sa femme,
fille du baron de Liedekerke, et un Anglais, nommé Jean Coby. Butkens fut décapité, Coby écartelé, et les autres restèrent longtemps emprisonnés [1].

Le renvoi de Ruyskensvelt fut alors définitivement décidé, et le
magistrat lui fit proposer, par l'intermédiaire du chapitre de Sainte-
Gudule, cent ou deux cents florins et une pension annuelle s'il voulait
quitter la ville. Il accepta sous condition qu'on lui permettrait de prêcher une dernière fois dans l'église des Dominicains. Là, il engagea ses
auditeurs à s'opposer à son départ et à déclarer que si on le chassait de
la ville, ils le suivraient avec leurs familles. Cette conduite irrita le

---

[1] André Anderlecht fut relâché en janvier 1582, en vertu d'un jugement du
conseil de guerre. *Oppinie Boeck.*

magistrat, qui apprit en même temps, par des lettres du prince de Parme surprises sur un meunier (20 avril), que Ruyskensvelt était le confesseur du sire de d'Auxy et l'affidé de d'Egmont. Il résolut de ne plus garder de ménagement à son égard et lui enjoignit de comparaître devant son tribunal. Ruyskensvelt n'ayant pas obtempéré à cet ordre, l'amman se rendit à son domicile pour l'arrêter. Il n'y trouva que sa mère, qu'il menaça en vain, pour la forcer à déclarer la retraite de son fils; dans ses perquisitions, il s'aperçut que le couvent des dominicains avait, avec les maisons voisines, des communications qui, sans doute, avaient favorisé la fuite du prédicateur. Il en fit son rapport au magistrat, qui comprit que toute hésitation serait taxée de faiblesse : considérant que l'ennemi entretenait des intelligences dans la ville, que le traité conclu, en 1559, entre Bruxelles et Gand, défendait l'admission dans l'une des deux cités des individus bannis par l'autre, il ordonna l'expulsion immédiate de Ruyskensvelt, expulsion exigée, dit-il, par l'intérêt général et la paix publique. Il chargea de l'exécution de cette mesure l'amman ou son lieutenant, les échevins de Bloyere, Malihant et le conseiller Jean Specx, et invita le colonel Diertyts à leur prêter main-forte en cas de résistance; voulant néanmoins éviter tout tumulte, il les chargea de compter au dominicain une somme d'argent s'il voulait partir sans opposition.

Le samedi 22, entre dix et onze heures du matin, un grand nombre de catholiques s'assemblèrent devant la maison du gouverneur, poussant de grands cris et disant qu'ils se feraient plutôt tuer que de laisser partir leur prédicateur. Le magistrat donna aussitôt l'ordre de les dissiper, en recommandant la modération aux chefs des sections; lui-même se rendit sur les lieux, à deux heures, pour haranguer la foule, mais il ne put la percer : à chaque instant elle devenait et plus compacte et plus menaçante. Quelques notables ayant engagé les émeutiers à se retirer, dans l'intérêt même des catholiques, leur voix fut couverte par le tumulte; les pavés furent ôtés, des pierres furent jetées aux soldats, un officier fut blessé et l'amman, Martin Taye, faillit être tué d'un coup de hache. « Le moment est venu, s'écriaient les plus exaltés, de combattre » pour notre religion ! Nous sommes sept contre un; chassons ces héré- » tiques qui nous font la loi. » Se voyant sérieusement menacés, les calvinistes coururent aux armes et, réunis aux soldats, ils chargèrent vigoureusement leurs adversaires qui se débandèrent, non sans effusion de sang de part et d'autre. Le même jour, une ordonnance signée par le gouverneur, le conseil de guerre et le magistrat, enjoignit à Ruyskens-velt et à tous ceux qui s'étaient opposés à son départ, de se rendre, à sept heures du soir, à l'hôtel de ville pour y entendre prononcer leur sentence, déclarant que s'ils ne comparaissaient pas, ils seraient considérés comme séditieux et punis en conséquence, et défendit de leur donner asile. Il fut également défendu aux bourgeois et aux soldats de sortir sans armes, et les colonels reçurent ordre d'expulser les dominicains et les carmes qui avaient formé des conventicules, et d'assurer le repos des autres religieux et de tous les citoyens, de quelque religion qu'ils fussent. Le lendemain, parut une ordonnance du magistrat qui ordonnait l'expulsion de ceux qui avaient voulu défendre Ruyskensvelt, et entre autres des curés des paroisses, accusés d'avoir suscité le tumulte de la veille; l'exercice de la religion catholique devait être interdit et les biens des églises mis sous séquestre et employés aux besoins de la commune[1]. Tous les dominicains et les carmes furent aussitôt conduits hors de la ville. Pierre Fabry, curé de Sainte-Gudule, et son vicaire, François Elant, curé de la Chapelle, Pierre Vinck, curé de Sainte-Catherine, Roland Bauwens, curé de Saint-Géry, Jean de Brauwere, recteur de Saint-Nicolas, et quatorze notables furent arrêtés et enfermés provisoirement à la *Broodhuys* (26 avril et jours suivants). Le capitaine T'Serclaes fut incarcéré au *Moulin à vent* où il fut détenu trois semaines[2]. Les bourgeois bannis eurent la faculté de se retirer où bon leur semblait; mais Ruyskensvelt et les curés furent dirigés sur Vilvorde où ils restèrent long-temps emprisonnés. Le doyen Hauchin fut arrêté, le 25, et n'obtint sa mise en liberté que trois mois après.

Le 24, les nations, réunies sous la couronne, proposèrent l'abolition de la religion catholique jusqu'au temps où elle serait mise en rapport avec les saintes Écritures. Elles revinrent à plusieurs reprises sur ce sujet, et, le 26, sans avoir égard aux réclamations du large conseil qui voulait l'observation de la paix de religion, elles demandèrent qu'on punît sans retard le complices de d'Auxy, les auteurs de la dernière sédition, et qu'on n'admît plus les coupables au service de la ville. Le

---

[1] *Waerachtig verhael van den oproerighen beleyde d'welck broeder Anthonius Ruyskensvelt, predickheere, met zynen aenhanck, binnen Brussel, anno* 1580 *vel* 1581, etc. Cette pièce, dont se sont servis les historiens du temps, a été imprimée, par ordre du magistrat, chez l'imprimeur communal, J. Van Brecht, en 1581.

[2] DE POTTER.

magistrat leur ayant représenté que la punition de ce dernier fait ne le concernait pas, puisque le tumulte avait été dirigé contre Vandentympel, elles répondirent qu'elles lui laissaient, ainsi qu'au gouverneur, la direction de cette affaire ; elles dirent ensuite que, dans des réunions tenues les jours précédents, elles avaient pensé qu'il conviendrait de suspendre l'exercice de la religion romaine jusqu'à ce qu'il fût prouvé qu'elle était conforme aux écritures des prophètes et des apôtres, et aux principes de la religion chrétienne. Elles ajoutèrent que, pour dessiller les yeux des pauvres gens et leur montrer comment on les trompait, il fallait ordonner une minutieuse enquête sur le grand Baal (*grooten Baal*), l'indigne sacrement (*onweerdigh sacrement*) ; qu'on devait faire disparaître tous les autels, toutes les statues, toutes ces superstitions, conformément aux paroles de Moïse : « Vous détruirez leurs autels et briserez « leurs colonnes, » pour que Dieu ne dise pas : « Combien de fois » m'avez-vous abandonné et servi d'autres dieux ; c'est pourquoi je ne » veux plus vous aider. Allez, appelez maintenant ces dieux que vous » avez choisis (*Juges,* X) ; » et pour accomplir ces paroles d'Isaïe : « C'est là le vrai chemin ; allez par là et non par d'autres, ni à droite, » ni à gauche. Vous prendrez vos dieux d'argent et les ornements d'or » de vos statues et vous les jetterez au loin comme des saletés. » Elles insistèrent vivement pour qu'on publiât une proclamation comme justification de cette mesure, afin que les réformés ne fussent pas accusés d'être les auteurs de la suspension de la religion romaine, dont les sectateurs mêmes « avaient creusé le gouffre dans lequel ils se trouvaient (27 avril)[1]. »

Placés encore sous l'impression des derniers événements, craignant de voir éclater de nouveaux troubles, les membres les plus modérés du magistrat se laissèrent traîner à la remorque des exaltés, et les catholiques du large conseil, redoutant de nouvelles proscriptions, n'osèrent s'opposer à ces réactions. Le 27, une commission fut chargée de vendre les biens de Sainte-Gudule au profit de la ville[2]. Le 29, il fut décidé qu'on ferait disparaître de cette église les autels et les statues, en y procédant toutefois avec ordre ; ce furent des ouvriers de la ville, des ébénistes, des menuisiers, des maçons, qui furent chargés de cette opération.

---

[1] *Oppinie Boeck.* — *Waerachtig verhael,* l. c.

[2] Cette commission était composée du chevalier Charles de Trello, échevin, de Simon Sailly et Jacques T'Serraerts, receveurs ; Jean Specx, conseiller, et du lieutenant du colonel Malihant.

Les matériaux furent employés aux fortifications et les ornements précieux furent conservés [1]. Enfin, le 1er mai, parut une proclamation qui,
après avoir rappelé tous les griefs que les réformés reprochaient au
dogme et aux rites de la religion catholique, en défendait l'exercice public,
ordonnait de tenir fermées toutes les églises, sauf celles qui étaient à la
disposition des calvinistes, attendu que ces églises et les monastères
étaient des foyers permanents de conspirations, mesure que, du reste,
dit cet acte, les catholiques avaient prise, dans un cas analogue, à l'égard
des réformés en 1566. Toutes les images, tous les ornements qui s'y
trouvaient, tableaux ou statues, devaient être considérés comme objets
d'idolâtrie, et, comme tels, enlevés et vendus au profit de la ville. Ce
décret accuse les catholiques d'avoir donné, entre autres, pour de véri-
tables reliques, des ossements de chiens, de singes et d'autres animaux,
et des morceaux de vieux bois pour la véritable croix du Christ (art. 4);
d'avoir fait adorer, contre la doctrine de la religion romaine, des pièces
du sépulcre de Notre-Dame, une partie du crâne de saint Michel, et
« une infinité de telles choses impies et déraisonnables; » d'avoir fait
forer des trous dans des images afin d'y placer de l'huile ou d'autres
liqueurs pour que l'on crût que la sueur ou les larmes en suintaient; d'y
avoir placé des ressorts pour en faire mouvoir les membres; d'avoir forgé
des saints guérisseurs de maux et de maladies, tels qu'un saint Bran-
daire, patron du feu, un saint Arnault, patron des objets perdus, un
saint Fiacre, patron des hémorroïdes, et une centaine d'autres de cette
espèce, auxquels les malades offraient des cierges, leur montrant plus
de confiance qu'en Dieu (art. 5). Le sacrement de miracle y est violemment attaqué : « Il est nécessaire, dit cette pièce, de faire connaître les
» faussetés démontrées depuis peu par des preuves évidentes et palpables.
» Il résulte de lettres et de documents incontestables que les parcelles
» de ce qu'on avait appelé jusqu'ici saint sacrement de miracle, n'ont
» jamais versé de sang, n'ont jamais été percées ni même été atteintes
» par le fer, qu'elles n'ont jamais été destinées à être conservées ou
» adorées. Tout ce qu'on a montré jusqu'à ce jour aux bonnes gens, et
» ce qu'on leur a permis d'adorer, n'a jamais été substance ni espèce de
» pain. Mais, en 1529, lors de l'invasion de la *suette anglaise,* on a
» produit ce prétendu sacrement fait avec du linge et d'autres substances;

---

[1] DE POTTER. — FOPPENS.

» on l'a exposé en grande solennité pour être adoré afin de contenter
» la cupidité de quelques hommes, alors que cent ans auparavant il était
» ignoré, ainsi qu'il conste d'écrits authentiques. Les miracles qu'on lui
» attribue sont contradictoires et tous suspects. » Le magistrat déclarait en
finissant que, du reste, les habitants pouvaient être tranquilles, que trois ou
quatre moteurs de la dernière sédition seraient seuls punis, et il défendit à
chacun de faire de cet événement un sujet de querelle ou de discussion [1].

Les maîtres et les maîtresses d'école reçurent ordre de n'enseigner
aux enfants d'autre catéchisme que celui des calvinistes dit de *Heidelberg*,
et de ne mettre entre leurs mains que les livres qui seraient approuvés
par leurs ministres. Le 2 mai, on enleva tous les autels de Sainte-
Gudule, à l'exception de trois. Deux inventaires des meubles furent
dressés sous la direction de Henri Gaillard, et les ventes eurent lieu en
mai et juin [2]. L'abolition du culte catholique entraînant la suppression
des couvents, on vit alors disperser les religieux de Coudenberg, les
alexiens, les bogards, les augustins, les religieuses de Sainte-Gertrude,
de Sainte-Élisabeth, de Jérico, de Béthanie, les riches et les pauvres
claires, les sœurs des lépreux, les béguines, qui avaient échappé à la
proscription dont avaient été déjà frappés les récollets, les dominicains
et les carmes. Tout fut enlevé de leurs couvents dont les dépouilles furent
vendues publiquement. On rapporte qu'un christ, qui se trouvait dans le
portail de l'église des Carmes, fut traîné dans les rues, et que la tête en
fut coupée aux cris sacriléges de : « Qui veut une tête d'agneau pour
» déjeuner? » Les sœurs noires et les hospitalières de Saint-Jean furent
autorisées à rester dans leurs couvents pour soigner les malades. La
plupart des autres religieuses se retirèrent auprès de leurs parents et
prirent l'habit séculier [3].

Lors de l'émeute du 22 avril, une gratification d'un mois de solde avait
été promise à la garnison; pour trouver les 19,600 florins [4] nécessaires
à cet effet, on vendit le métal et les cloches des églises, mais comme

---

[1] *Waerachtig verhael*, l. c. — [2] *Archives de Sainte-Gudule.* — [3] FOPPENS.
[4] Régiment du gouverneur. . . . . . . 13,000 florins.
   Cornette du gouverneur. . . . . 1,800 »
     » de Voisin. . . . . 1,500 »
     » de Colbau. . . . . 1,800 »
     » de de Haze. . . . . 1,500 »
   _____
   19,600 » (*Oppinie Boeck.*)

cette vente ne produisit qu'environ 9,000 florins, il y fut suppléé par un cinquième pris sur les biens (15-16 mai)[1]. Les nations offrirent à Vandentympel une coupe en argent d'une valeur de 5 à 400 florins; les armes de la ville y étaient gravées et on y lisait une inscription indiquant les motifs qui lui avaient mérité ce don[2].

Les églises, privées de leurs curés et des religieux qui les desservaient, furent, grandes et petites, employées à divers usages; la plupart furent converties en granges. Le magistrat avait proposé de vendre les terrains des couvents des récollets et des dominicains pour payer les créanciers du colonel Stuwart « afin que le pays profitât encore de ses services, » et le large conseil y avait même consenti; mais les nations s'y refusèrent formellement[3]; on démolit une partie de ces couvents et ce qui resta debout fut diversement utilisé.

Tant de coups portés à leur culte ne purent abattre les catholiques : lors de la fête du Saint-Sacrement ils tinrent leurs maisons et leurs boutiques fermées, et l'on en vit un grand nombre, insensibles aux railleries de la populace, faire le tour ordinaire de la procession[4]. Le 15 mai, le large conseil avait demandé le rétablissement du culte proscrit et réclamé l'ouverture de quelques églises; mais les nations s'étaient aussitôt prononcées en sens contraire. Au reste les réformés étaient loin d'être unis entre eux. Les nations blâmèrent la cession de l'église du Béguinage faite aux protestants de la confession d'Augsbourg sans le consentement des trois membres. Pour terminer toutes contestations, elles proposèrent une discussion publique entre les prédicateurs les plus renommés des deux partis (18 août). Cette proposition n'ayant pas été admise, elles demandèrent, le jour suivant, que l'église du Béguinage fût fermée et que l'exercice du culte des luthériens fût interdit jusqu'à ce qu'ils eussent prouvé qu'il était d'accord avec les prophètes, les apôtres et les douze commandements. Quelque temps après, elles se plaignirent de ce qu'un ministre de la confession d'Augsbourg, le professeur Bernard, avait dit et écrit que « l'enseignement des réformés était une leçon du diable[5]. » Mais ces dissensions ne les empêchaient pas de poursuivre les catholiques dans lesquels ils voyaient des adversaires religieux en même

[1] *Oppinie Boeck.* — [2] VAN METEREN.

[3] 11-19 mai, 15 juin. *Oppinie Boeck.* — [4] DE POTTER.

[5] 19 novembre. Le bourgmestre, le seigneur de Schoonhoven, Charles Verhasselt et Pierre Renty furent chargés d'examiner cette affaire. *Oppinie Boeck.*

temps que des ennemis politiques. Le système de terreur qu'ils avaient établi avait causé une émigration générale, plus de deux mille maisons étaient à louer, et elle eût été plus considérable encore sans la difficulté de se procurer des passe-ports.

Le fougueux Henri de Bloyere, qui avait coopéré à l'arrestation du conseil d'état en 1576, qui avait, en 1578, renoué, malgré le magistrat, l'ancienne confédération avec Gand, et qui, appuyé par la garnison et les calvinistes, s'était élevé jusqu'à l'échevinage, fut, cette année, nommé premier bourgmestre et garda pendant quatre années ces importantes fonctions; la plupart des échevins, tous calvinistes, étaient des hommes nouveaux : l'un d'eux, Antoine Van Gindertaelen, ne fut jamais, que l'on sache, admis dans les lignages; un autre, George Sweerts, faisait déjà partie du magistrat de Malines; un troisième, Chrétien Van Bombergen, n'était pas Brabançon. Ces deux derniers, il est vrai, furent remplacés. Les catholiques éliminés des charges municipales reprochèrent à ceux qui en avaient été investis, et principalement à de Bloyere, de ne s'y être fait nommer que dans des vues d'intérêt personnel [1].

Pendant que la ville était ainsi agitée, la garnison avait fait de nombreuses sorties. Les nations ayant fortement insisté pour qu'elle ne dévastât pas les terres des villages placés sous la sauvegarde de Bruxelles [2], elle s'était rendue redoutable aux établissements religieux des environs. Elle pilla, entre autres, l'église collégiale d'Anderlecht et y fit un butin si considérable qu'il lui fallut dix chariots pour en emporter les cloches, les piliers et les lames de cuivre qui furent vendus à Bruxelles [3]. Les églises de Laeken (4 décembre) et d'Afflighem furent réduites en cendres pour empêcher l'ennemi de s'y établir [4].

Mathias, que ne soutenait aucun de ses parents, était devenu à charge aux états généraux, et ils résolurent, à l'instigation du parti calviniste, d'appeler Henri duc d'Anjou et d'Alençon, frère du roi de France Henri III. Dans une assemblée, tenue le 18 juillet, ils déclarèrent Phi-

---

[1] DE POTTER. — Les receveurs et les doyens des métiers furent choisis parmi les plus exaltés calvinistes; Corneille Aertsens, qui fut plus tard greffier des états généraux des Provinces-Unies, fut nommé secrétaire et commis à la garde des archives de la chancellerie de Brabant. FOPPENS.

[2] 8 décembre 1580. *Oppinie Boeck*. — [3] Juin. FOPPENS. — VAN METEREN.

[4] Le commandant du détachement qui avait incendié cette dernière église, revenant de la Flandre à Bruxelles, fut reconnu à Alost par un vieillard; il fut étranglé et brûlé. PHALESIUS, f° 213.

lippe II déchu de la souveraineté des Pays-Bas et la transférèrent au duc d'Anjou. Celui-ci arriva aussitôt, à la tête d'une armée française, et débuta par faire lever le siége de Cambrai (17 août); il emporta, quelques jours après, Cateau-Cambrésis; mais là se bornèrent ses succès. Ayant vainement attaqué les passages d'Arleux et de l'Écluse, il résolut de se retirer malgré les instances des États et du prince d'Orange, qui le pressaient de pénétrer jusque dans le Brabant pour y opérer sa jonction avec l'armée nationale et attaquer ensuite avec avantage le général espagnol. Il voulait sans doute que les Belges abattus sous le poids de leurs calamités se jetassent dans ses bras en lui sacrifiant toutes leurs libertés. Mathias partit, le 29 octobre, et l'autorité, de fait et de droit, resta alors aux états généraux. Le 54 août, on avait publié à la bretèque de l'hôtel de ville, l'acte de déchéance de Philippe II, ainsi que la nomination du duc d'Anjou; maître Adrien de Schutteput fut chargé par le conseil d'état de recevoir à Bruxelles les abjurations du serment prêté au premier de ces princes [1]. Aussitôt après, l'exercice du culte catholique fut déclaré libre, déclaration qui n'était qu'un vain mot. Une béguine, nommée Luiken Dobbl, ayant récité quelques sermons qu'elle avait copiés, les nations exigèrent aussitôt qu'elle fût chassée de la ville après avoir été punie corporellement [2].

A la fin de 1580, les États devaient à la ville quelques centaines de mille florins, et ses charges extraordinaires s'élevaient en 1581 de 16 à 18,000 florins [3], tandis que chaque jour ses revenus diminuaient;

---

[1] *Oppinie Boeck.* — [2] *Ibid.* — DE POTTER.

[3] CHARGES.

Les cavaliers du gouverneur coûtaient, par mois. . . .	900 florins.
L'infanterie.	6600
L'enseigne du capitaine Mons à Vilvorde.	840
La cavalerie de la ville protégeant le canal	2050
L'enseigne de piétons cantonnés dans les forts du canal .	1100
L'enseigne de Bombergen à Vilvorde et à Weerde . . .	1900
Le sergent de la Court à Vilvorde	60
Maître George l'ingénieur	60
Le canonnier à Vilvorde.	18
	13528

RECETTES.

Le double *veergelt, traillegelt*, à 60 fl. par jour, par mois.	1800
Impôts sur les vins, les bières, la viande, etc., affermés au nom des États	4653
A reporter.	6453

ainsi, par exemple, l'accise sur le vin était réduite de 50,000 florins
à 8,000 [1], et ses moyens généraux ne dépassaient pas 6,000 florins
par mois [2]. Néanmoins les nations opposaient toujours les mêmes difficultés à la levée des impôts, et, dans leur défiance ou leur exaltation,
elles émettaient les avis les plus violents. Ayant appris que le pensionnaire Vanderhaeghen, député aux états généraux, voyait assez fréquemment le seigneur de Beersel [3], elles lui firent demander des explications
sur sa conduite, et, sans attendre sa réponse, elles exigèrent sa destitution. Elles proposèrent, à mainte reprise, la destruction de tous les
cloîtres et de toutes les *fortes maisons* des environs de la ville, telles que
Forêt, la Cambre, Afflighem, et forcèrent le magistrat à retirer les

Reports. . .	6433 florins.	13528	
Neuf mites et quatre mites et demie sur le quartaut de bière.	3000		
Impôts sur Vilvorde et les villages protégés par l'armée. .	432		
		9865	
Déficit. . . .		3663	

Les arrérages dus aux troupes s'élevaient à 16,300 florins, outre 18,000 florins qui avaient été promis aux Écossais alors qu'ils avaient voulu abandonner Vilvorde, et qui n'avaient pu encore leur être payés par suite du refus des nations de voter l'impôt sur la bière. Rapport du magistrat, 16 décembre. *Oppinie Boeck.*

[1] *Ibid.*

[2] « Le magistrat expose que le Brabant doit fournir tous les mois 72,000 florins
» (par an, 864,000 fl.), la Flandre 135,000 (par an, 1,620,000); que cependant les
» moyens généraux de la première de ces provinces ne dépassent pas, par mois,
» 40,000 florins, et ceux de la seconde, 60,000; et que toutes les provinces réunies ont un déficit mensuel de 143,000 florins, en sorte que les nations doivent
» considérer que l'impôt demandé est nécessaire, d'autant plus qu'à Bruxelles on
» n'a pas levé le cinquième; qu'on n'a pas imposé le grain et d'autres denrées
» comme à Anvers et ailleurs; que pour la ville les moyens généraux ne dépassent
» pas, par mois, 6,000 florins, savoir :

L'impôt sur la bière,	en trois mois,	11,900 florins.		
—	sur le vin,	»	2,200	
—	sur le froment,	»	725	
—	sur la viande,	»	1,000	
—	sur le savon,	»	80	
—	sur le poisson,	»	125	
—	sur le sel,	»	400	
				16,430

» Les impôts demandés sur la bière produiront, l'un 11,900 florins et l'autre
» 6 ou 700. » Suit un relevé de ce que coûtent les troupes par semaine. *Ibid.*

[3] Leur défiance en cette circonstance était fondée, car, peu de temps après, le sire
de Beersel se jeta dans le parti royaliste.

cavaliers de la garnison de chez les bourgeois pour les loger dans les
refuges d'Afflighem (rue de l'Évêque) et de Saint-Bavon (rue de Laeken),
le Béguinage et le couvent de Jérico. Les habitants de Schaerbeek,
Helmet et Saint-Josse-ten-Noode, accusés de payer contribution à l'ennemi,
se virent menacés par elles de terribles châtiments. Le sire d'Auxy et sa
femme n'étant pas encore jugés, elles pressèrent le conseil de guerre de
prononcer sur leur sort, et, comme leur détention avait déjà coûté à la ville
1800 florins, elles firent décider qu'ils payeraient les frais de leur
entretien; suivant elles, il fallait appeler le prince d'Orange au gouvernement général du pays et au commandement suprême de l'armée. Mais
c'était surtout contre leurs adversaires religieux qu'elles faisaient preuve
d'une implacable animosité. Ne tenant aucun compte des déclarations faites
en faveur de la tolérance religieuse : « la religion catholique prend chaque
» jour plus d'extension, s'écrièrent-elles dans une de leurs assemblées ;
» on ne se cache pas de célébrer ses rites dans des maisons particulières ;
» on dit ostensiblement la messe à Sain-Jean et au Béguinage, et cela
» tandis que les ennemis chassent les réformés du Hainaut et de l'Artois.
» Pourquoi n'en ferait-on pas de même ici à l'égard des catholiques?
» Pourquoi du moins n'a-t-on déjà pas expulsé de la ville les plus tur-
» bulents d'entre eux [1]? » Les succès d'Alexandre Farnèse rendaient
leurs récriminations plus vives et elles s'indignaient de l'inaction des généraux des États. Souvent trompées dans leurs espérances, elles refusaient
de voter les impôts parce que leur argent n'était pas employé contre
l'ennemi; elles voulaient qu'on attaquât Hal, Alost, et toutes les positions
qui menaçaient la ville, et ce ne fut qu'après avoir reçu l'assurance que
d'Anjou allait donner une nouvelle impulsion à la guerre, qu'elles autorisèrent, jusqu'à la fin du mois de mai, une nouvelle imposition sur les
bières.

Les états de Brabant avaient résolu, le 12 décembre, de confisquer
le marquisat de Berg-op-Zoom pour punir le marquis qui venait de passer
aux Espagnols, et de le donner au prince d'Orange pour l'indemniser de
la perte de Breda. Les deux premiers membres approuvèrent cette mesure, mais les nations, malgré leur sympathie pour Guillaume, dont elles
commençaient peut-être à démêler les vues égoïstes, refusèrent d'y donner
leur assentiment (9 janvier 1582). Quelques mois après cependant,

---

[1] 7 octobre, 23, 26, 28 décembre. *Oppinie Boeck.*

lorsque le magistrat eut été renouvelé, les trois membres ratifièrent la cession des biens d'Afflighem, que les états de Brabant avaient faite au prince, « en considération de ses services (29 août). »

Ayant échoué dans ses prétentions à la main d'Élisabeth, le duc d'Anjou quitta l'Angleterre et aborda en Zélande en février 1582. Reçu avec enthousiasme à Anvers, il y fut inauguré comme duc de Brabant, le 19 du même mois. Mais on ne tarda pas à s'apercevoir de son anti-pathie pour les libertés civiles et religieuses des peuples qu'il venait gou-verner, et les calvinistes, qui l'avaient appelé, suivirent avec méfiance toutes ses démarches et toutes ses actions. Comme il avait demandé qu'on rendît aux catholiques la liberté du culte, des commissaires calvi-nistes, sous la direction de Coninxloo, visitèrent toutes les églises et fondations religieuses, entre autres le couvent de Jérico, le Béguinage, l'église de Sainte-Gudule, l'hospice de la Sainte-Trinité, pour s'assurer qu'il n'y restait pas de cloches ou d'images, parce que le duc, selon eux, devait jurer de laisser les choses dans l'état où il les trouverait. Huit prêtres furent bannis et les nations demandèrent encore l'expulsion d'autres ecclésiastiques ; mais ceux-ci ayant adressé une réclamation à Vandentympel, il leur fut permis de rester. Un ecclésiastique, sortant d'une maison du marché au Fromage, où il avait secrètement dit la messe, fut poursuivi et maltraité dans la rue par quelques hommes du voisinage. Non-seulement les coupables restèrent impunis, mais, comme la populace menaçait de saccager les maisons où l'on prétendait que les catholiques faisaient célébrer l'office divin, le magistrat interdit la liturgie secrète ou publique de l'église romaine (février) [1].

Après l'infâme attentat de Jaureguy, attentat qui fut un premier germe de dissentiment entre le peuple et les Français, le prince de Parme, dans la persuasion que Guillaume avait été tué, écrivit, le 25 mars, aux villes de Bruxelles, d'Anvers, de Gand, de Bruges, d'Ypres, de Dunkerque, d'Audenaerde, de Malines et de Berg-op-Zoom, pour les engager à rentrer dans l'obéissance au roi, promettant de les bien traiter et leur représen-tant les maux que leur résistance causait au pays [2]. En réponse à ses insinuations, les états de Brabant firent frapper des médailles portant les armoiries des quatre chefs-villes avec cette légende : *Concordiâ res parvæ crescunt et augent ; discordiâ maximæ dilabuntur* [3].

---

[1] DE POTTER. — [2] BOR. — DINOTHUS. — [3] VAN LOON, t. I, p. 310.

Comprenant que pour soutenir le moral des populations il fallait des victoires, les ennemis de l'Espagne résolurent de pousser la guerre avec plus de vigueur. Le 25 avril, Vandentympel ayant avec lui Robert de Mérode, le sire de Thiant, gouverneur de Ninove, le colonel français de La Garde, et d'autres officiers de distinction, parut inopinément devant Alost, pendant que l'attention des habitants et de la garnison était distraite par une fausse attaque de la garnison du château de Liedekerke. L'infanterie passa les fossés, portant le mousquet sur la tête, et la ville fut emportée malgré la vive résistance de ses défenseurs, qui perdirent 200 hommes tués et 430 prisonniers; les assaillants n'eurent que 25 tués. On rapporte que la cavalerie de Vandentympel pénétra dans Alost par un pont que des leviers abattirent sur les murailles, et qui laissait passer cinq cavaliers de front. Dix-sept prêtres, trois moines d'Afflighem, qui s'étaient réfugiés dans cette ville, y furent tués; plusieurs autres tombèrent entre les mains des vainqueurs. Les meubles et les ornements d'église, qui y avaient été transportés, furent pillés. L'abbé de Ninove et deux de ses moines ayant été pris, ils durent payer 4,000 florins pour leur rançon. La prise d'Alost, dont la garnison s'était rendue redoutable par ses courses et ses déprédations, causa une grande joie à Bruxelles; mais, peu de jours après, des cavaliers royalistes se faisant passer pour des troupes venant d'Alost, surprirent (26 avril) le château de Gaesbeek [1].

Par suite des dévastations auxquelles se livraient les deux partis, il n'y avait plus que le quart des terres des églises et des couvents qui fussent cultivées; comme leur produit ne suffisait plus à l'entretien des églises, des maîtres d'école et de leurs serviteurs, les trois membres de Bruxelles autorisèrent le rachat de tous les petits cens rachetables appartenant aux ecclésiastiques et religieux de la ville, à l'exception de ceux des couvents de femmes (11, 12 et 16 mai) [2]. Le 22 août, on imposa aux ecclésiastiques qui se trouvaient encore à Bruxelles, l'obligation de déclarer Philippe II ennemi du pays, et de reconnaître le duc d'Anjou comme souverain légitime. Un petit nombre se soumit à cet ordre; les autres quittèrent la ville ou se tinrent cachés. Dans le même temps, une requête fut adressée au duc par des nobles, d'anciens confrères des

[1] Phalesius. — Van Meteren. — Bor. — Dinothus. — Haræus. — De Potter.
[2] *Oppinie Boeck.*

serments et des notables, pour lui demander de rendre des églises aux catholiques; mais le conseil de guerre et le conseil d'état émirent, sur cette réclamation, un avis défavorable qui la fit rejeter [1].

Les progrès de l'ennemi qui, maître du plat pays, venait de s'emparer de Lierre par surprise et menaçait sérieusement Bruxelles, irritèrent les nations et réveillèrent toutes leurs défiances. Le magistrat ayant proposé de continuer les impositions sur la bière, elles refusèrent itérativement leur assentiment à cette mesure, se plaignant, entre autres, de ce que le bourgmestre de Bloyere fût au service du duc d'Anjou en qualité de maître d'hôtel. Le premier membre leur représenta vainement que l'acte de 1481 n'interdisait qu'aux échevins et non au bourgmestre d'entrer au service du prince, et que, du reste, la place de maître d'hôtel était tout honorifique; toujours jalouses de l'indépendance des magistrats, elles persistèrent dans leur refus, exigeant impérieusement la démission de de Bloyere. Elles réclamèrent en outre copie de quelques actes des cartulaires de la ville, et l'accès à la chambre des priviléges leur ayant été ouvert, elles nommèrent neuf commissaires pour aller en prendre connaissance. Espérant que cette concession les satisferait, le magistrat leur représenta de nouveau sa proposition; loin de l'adopter, elles répondirent qu'il ne devait plus leur en parler. « Avant de nous proposer
» l'adoption de nouvelles charges, s'écrièrent-elles, il faut commencer
» par purger les trois membres. » — « Indiquez-nous donc ceux que
» vous voulez éliminer, répliqua le magistrat. » — « Lisez les priviléges,
» répondirent-elles; ils rendent inhabiles à toute magistrature et à tout
» office ceux qui ont trahi la ville ou qui l'ont desservie. Or, il faut
» destituer immédiatement toutes les personnes comprises dans l'acte
» d'interprétation du pardon et oubli publié en juin 1580, toutes celles
» qui tiennent ou ont tenu au parti des malcontents du Hainaut et de
» l'Artois, toutes celles enfin qui, dans le temps, ont refusé de jurer
» l'observation de la paix de religion. » Ce débat prenait une tournure alarmante, et la suspension de l'impôt exposait la commune à de grands embarras; aussi, pour obtenir leur vote, le magistrat autorisa-t-il les nations à envoyer des députés au duc d'Anjou pour lui présenter leurs réclamations. Mais avant qu'il eût pu donner sa réponse, de nouveaux dangers réclamèrent ailleurs l'attention des doyens et leur énergie [2].

---

[1] De Potter. — [2] 8-28 août. *Oppinie Boeck.*

Au mois de septembre, 2,000 fantassins et 500 chevaux, Anglais et Français, commandés par les seigneurs de Saint-Luc et de Saysseval, vinrent renforcer la garnison. Vandentympel chargea Saint-Luc d'attaquer Gaesbeck, où les malcontents avaient placé une compagnie d'infanterie et une demi-cornette de cavalerie qui interceptaient les communications. Comme le siége marchait lentement, il se rendit sur les lieux pour en presser les opérations ; il vit que Saint-Luc avait fait élever la contrescarpe à une telle hauteur, qu'on apercevait à peine le bas des murailles. Vandentympel fit aussitôt changer la batterie, et elle n'avait pas envoyé cent boulets à la place que celle-ci demandait à capituler. L'apparition de cavaliers royalistes dans la plaine rompit les négociations ; mais Vandentympel lança sur eux sa cavalerie qui les sabra, et les assiégés, redoutant les suites d'un assaut, lui ouvrirent les portes du château. Peu de jours après, le seigneur de Saysseval s'empara du château de Toulouse [1]. Ayant formé des garnisons de Bruxelles, de Vilvorde et de Malines, un corps d'environ 8,000 fantassins et 29 cornettes de cavalerie, Vandentympel essaya ensuite de surprendre Louvain. Il se mit en marche, dans la nuit du 29 octobre, et des échelles étaient déjà dressées à trois places, lorsque le commandant d'armes, le capitaine Fabio Fusco Mataloni, qui faisait sa ronde, donna l'alarme, et les assaillants furent repoussés avec une perte de 200 hommes [2].

Cependant la désunion perçait déjà entre les Français et les habitants des provinces dont ils se disaient les soutiens. A l'arrivée du duc d'Anjou, on avait rétabli le conseil privé qui fixa sa résidence à Bruxelles et qui fut dirigé par Marnix de Sainte-Aldegonde, bien qu'il ne prît pas le titre de président [3]. D'Anjou trouva des appuis dans ce corps, qui cherchait sans doute à accroître son influence ; mais les tentatives imprudentes du prince ne lui permirent pas de conserver longtemps le pouvoir. Le duc de Montpensier lui ayant amené par Dunkerque (novembre), les troupes qu'il avait depuis longtemps promis de mettre au service des États, elles furent placées en quartier d'hiver. On vit celles qui étaient envoyées à Vilvorde se joindre aux bourgeois catholiques, et en chasser les calvinistes qui se retirèrent à Bruxelles [4]. Dans cette dernière ville même, d'Anjou

[1] Van Meteren.

[2] Heymbachius, *Diva Lovaniensis.* — Azevedo, T. V. — Haræus. Celui-ci donne à tort la date du 25.

[3] Haræus, T. II, p. 341. — [4] *Ibid.*

voulut rendre quelque liberté au culte catholique ; tout ce qu'il put faire en sa faveur, ce fut de permettre la célébration de la messe dans des maisons particulières [1]. Pendant que ses ennemis s'affaiblissaient sans cesse par leurs discordes, le prince de Parme s'emparait d'Audenaerde, et, à la tête d'une armée d'environ 16,000 hommes, il entrait dans le Brabant en longeant la Dendre. En peu de temps il réduisit la ville de Ninove et emporta les châteaux de Liedekerke, de Bouchout, de Londerzeel et de Gaesbeek [2]. Il parut alors vouloir attaquer Bruxelles ; il établit son camp dans le bourg d'Assche et détruisit quelques écluses du canal [3]. La ville était bien munie de vivres et de munitions, et, outre sa garnison ordinaire, composée de douze enseignes et de quatre cornettes, elle avait les deux mille hommes que d'Anjou y avait envoyés [4]. Aussi l'approche des Espagnols n'y causa-t-elle aucune crainte et l'on se prépara à les bien recevoir. Le magistrat fit abattre ou sauter tous les grands édifices (entre autres l'abbaye de Forêt) et les maisons de plaisance qui se trouvaient près de la ville, afin d'empêcher l'ennemi de s'y établir [5]. Bientôt, la rigueur de la saison et la difficulté de se procurer des vivres dans une contrée continuellement ravagée, forcèrent Farnèse à se retirer. Il quitta son camp, le 17 décembre, et se dirigea vers le pays de Waes que la guerre avait épargné ; mais il en trouva toutes les issues gardées, toutes les digues coupées ; les fièvres attaquèrent son armée, surtout les recrues récemment arrivées d'Italie et d'Espagne, et il s'éloigna après avoir perdu plus de 700 hommes [6].

Le 13 décembre, la bulle de Grégoire XIII sur la réforme du calendrier fut publiée à Bruxelles par ordre du duc d'Anjou [7]. Par suite des placards donnés à cet effet, on passa brusquement du 21 décembre au 1er janvier, et la semaine, qui vit cette transition, fut appelée la *semaine aux trois jeudis* [8].

Entouré de conseillers imprudents, ne souffrant qu'avec impatience le patronage du prince d'Orange, d'Anjou ne voulut plus retarder l'exécution des projets qu'il méditait depuis son arrivée dans les Pays-Bas, et il ordonna aux troupes que lui avait amenées Montpensier, de s'emparer à l'improviste des villes où elles tenaient garnison. Les Français surprirent ainsi Dunkerque, Dixmude, Termonde, Vilvorde, Berg-Saint-Winox ;

---

[1] De Potter. — [2] Haræus. — [3] Dinothus. — [4] Bor. — [5] De Potter.
[6] Van Meteren. — Dinothus. — [7] *Plac. de Flandre*, T. II, 3e partie, p. 229.
[8] Foppens.

mais la principale entreprise, dirigée contre Anvers par le prince lui-même, échoua grâce à la valeureuse résistance des bourgeois de cette ville (17 janvier 1583). Forcé de fuir d'Anvers, repoussé par la garnison de Malines et contraint de camper dans un pays complétement ruiné, d'Anjou écrivit à Vandentympel, au magistrat et aux nations, leur demandant de lui procurer des barques pour passer le Rupel, et de lui fournir, à juste prix, des vivres pour son armée [1]. A la réception de ces lettres, dans lesquelles il cherchait à colorer sa perfidie, le conseil de guerre et le magistrat se réunirent, et ils résolurent d'accéder à ces demandes. D'Anjou passa alors la Nèthe et la Dyle, et arriva, le 25 janvier, à Vilvorde, après avoir perdu beaucoup de monde par suite des inondations faites par les Malinois [2]. Le magistrat alla lui souhaiter la bienvenue et l'engagea à venir résider à Bruxelles ; mais le duc ayant demandé le départ des troupes de Vandentympel et des Anglais, cette condition fut déclarée inadmissible. D'Anjou offrit alors aux États de leur livrer Termonde et Vilvorde s'ils voulaient lui accorder Bruxelles pour résidence [3]. Cette proposition ayant été rejetée, il partit bientôt pour Termonde où de nouvelles négociations furent entamées. Les Bruxellois continuèrent à pourvoir à sa subsistance en lui envoyant du vin et des vivres, et cette conduite irrita beaucoup les Anversois qui, voulant l'affamer, ne laissèrent plus passer un seul bateau en destination pour Bruxelles, sans exiger du patron la promesse qu'il n'irait point à Termonde [4]. Dans le courant de février, d'Anjou écrivit aux nations pour les engager à le recevoir dans Bruxelles avec deux mille Suisses, mais elles lui répondirent qu'il fallait que cette proposition fût préalablement soumise aux états de Brabant et aux deux premiers membres [5]. Enfin, le 6 avril, après avoir livré Termonde et Vilvorde aux États, il partit pour Dunkerque où il resta jusqu'au mois de juillet ; il écrivit alors aux États, ainsi qu'à Vandentympel et au magistrat de Bruxelles, qu'il se rendait en France pour lever de nouvelles troupes et qu'il reviendrait dans un mois [6]. Le séjour des Français à Vilvorde, où ils se livrèrent à tous les genres de dévastation, coûta à Bruxelles plus de 28,000 florins, outre la tourbe qu'elle fournit pour leur chauffage. Une de leurs divisions resta longtemps cantonnée à Saint-Josse-ten-Noode, et ce

---

[1] Duffel, 20 janvier 1583. VAN METEREN. — BOR. — HARÆUS.
[2] BOR, T. II, p. 347. — [3] DE KEMPENAERE. — [4] DE POTTER.
[5] 2 mars. *Oppinie Boeck.* — [6] DE POTTER.

ne fut qu'au mois d'août que les nations exigèrent son départ [1].

Ayant appris, disaient-ils, les mauvaises entreprises de ceux qui s'étaient annoncés comme leurs protecteurs, les principaux chefs des malcontents, le marquis de Roubaix, les seigneurs de Montigny et de Rassenghien, écrivirent aux députés des états généraux et aux villes de Bruxelles, Anvers, Malines, pour leur persuader « de se soumettre à » leur prince naturel [2]. » D'un autre côté, le prince d'Orange représenta aux États l'urgence d'une réconciliation avec d'Anjou, seul moyen, disait-il, d'empêcher le pays de retomber sous la domination de l'Espagne ; il leur déclara que, réduits à leurs propres forces, ils verraient bientôt l'ennemi s'emparer de Bruxelles et de plusieurs autres places importantes, et il saisit cette occasion pour faire l'éloge des Bruxellois « qui, par leur zèle et leur constance, pouvaient revendiquer » la gloire d'avoir fondé la liberté [3]. » Mais la conduite de d'Anjou avait soulevé une trop grande réprobation pour que ces conseils fussent écoutés, et une nouvelle scission éclata. Guillaume se retira en Zélande, le conseil privé vint à Bruxelles, et les États restèrent seuls à Anvers ; tandis que les Gantois rappelaient Hembyse et Dathénus, le parti français, appuyé par le conseil privé, opposés tous deux aux démocrates et aux calvinistes, favorisa les catholiques. On commença alors à Bruxelles à célébrer les offices divins dans quelques cloîtres et maisons particulières, entre autres aux Madelonnettes, aux Sœurs-Noires, à l'hôtel Longin dans l'*etengat*, et chez Pierre Dewever ; c'était toutefois encore très-secrètement et les assistants se retiraient les uns après les autres pour ne pas éveiller l'attention de leurs ennemis [4]. Il leur fallait encore en effet beaucoup de prudence ; loin de devenir tolérantes, les nations exigeaient toujours l'abolition complète du culte catholique.

Les nations étaient parvenues au faîte de leur puissance, et leurs volontés ne rencontraient plus d'obstacles, appuyées qu'elles étaient par le parti dominant et par l'autorité militaire, alors exclusivement composée de calvinistes. Le magistrat ayant continué à lever l'impôt sur la bière, qu'elles n'avaient voté que jusqu'au mois de mai, elles s'assemblèrent, sous la couronne, et déclarèrent qu'elles ne quitteraient pas l'hôtel de ville avant qu'il eût fait publier à la bretèque et dans les rues

---

[1] *Oppinie Boeck.*
[2] Hal, 22 janvier 1583. Bor. — Van Meteren. — [3] Bor. — [4] De Potter.

que l'impôt n'était plus payable. Elles demandèrent en outre qu'à l'avenir les échevins fussent choisis « sans avoir égard aux lignages (8 juin); » c'était anéantir complétement tous les règlements sur la matière; néanmoins cette proposition fut favorablement accueillie, mais peu satisfaites encore de leur victoire, elles refusèrent la continuation des impôts. Cependant l'élection du magistrat, qui fut choisi parmi les calvinistes les plus emportés[1], rencontra une vive opposition dans le large conseil. Sans cesse attaqué par les nations, ce membre de la commune leur résistait avec énergie, et ne cédait jamais le terrain qu'après l'avoir vivement défendu. Il protesta contre l'élection des membres du magistrat, de la *gilde* et des fortifications qui n'étaient pas éligibles, et exigea satisfaction de cette violation des priviléges. Le premier membre ayant dit qu'il « s'étonnait de ces doléances, et l'engageait, dans l'intérêt de l'union, à » ne pas continuer ces récriminations, » il répondit que ses réclamations étaient dictées par son serment. Il se plaignit en outre de ce que les anciens jurés avaient forcé les nations à présenter des candidats qui partageassent leurs opinions; toutefois, pour témoigner de sa bonne volonté, il vota divers impôts. Quelques jours après, il réitéra sa protestation, et, comme les nations avaient dit « qu'elle était l'ouvrage de » quelques-uns, » il déclara qu'elle exprimait les sentiments unanimes de tous ses membres (15-29 juillet)[2]. Mais, comme il devait s'y attendre du reste, sa courageuse résistance aux empiétements d'un parti qui longtemps comprimé était devenu redoutable, n'amena d'autre résultat que d'exposer les catholiques, dont les patriciens s'étaient toujours montrés l'appui, à de nouvelles avanies, à de plus âpres persécutions. Le large conseil ayant refusé de voter les impôts aussi longtemps que l'exercice de leur culte ne serait pas toléré, elles demandèrent la réforme de ce membre « qui, dirent-elles, était plus dévoué à l'ennemi » qu'à la prospérité commune, » et elles nommèrent même neuf com-

---

[1] Parmi les échevins se trouvaient Daniel Van Bombergen, qui n'appartenait pas aux lignages, et un brasseur, Henri Heymans. Trois échevins refusèrent la magistrature : Léonard Vandenhecke, qui ne fut remplacé qu'en 1584, par le peintre Jacques T'Seraerts, François de Prouvyn, auquel succéda le plébéien Henri van Caerlewyck et Georges Sweerts, auquel on substitua le docteur maître Jean Nicolaï, qui ne faisait pas partie des lignages. Des deux receveurs patriciens, l'un, Henri de Liedekerke, refusa, l'autre, Pierre de Pril, était un marchand.

[2] *Oppinie Boeck.*

missaires pour poursuivre cette affaire [1]. L'année suivante, le magistrat et les doyens des nations furent continués dans leurs fonctions par les États, « à cause de leur bon esprit [2]. »

Le 9 mai, le magistrat avait publié un nouveau règlement pour les troupes de la garnison [3]. Jusqu'alors les quatre colonels de la bourgeoisie avaient rempli gratuitement leurs fonctions ; comme ils étaient entraînés dans beaucoup de frais, et que leurs affaires particulières étaient négligées pour le service de la ville, il leur fut accordé à chacun un traitement mensuel de 25 florins du Rhin [4].

Dans la nuit du 4 août, la garnison de Bruxelles, escaladant les murailles de Braine-le-Comte, surprit cette ville, la saccagea et emmena prisonniers les bourgeois et les paysans qui s'y étaient réfugiés. Le bétail fut également conduit à Bruxelles où l'on vendit sur la grand'place les ornements des églises [5]. Quelques autres places de la frontière du Hainaut furent également pillées par les troupes de Vandentympel ; mais ces légers succès ne pouvaient préserver Bruxelles du sort qui la menaçait. Le caractère résolu de ses habitants, la force de ses murailles et de sa garnison, ne permettant pas aux Espagnols de l'enlever de vive force, ils cherchaient à la cerner en s'emparant de toutes les positions des alentours. A la fin de 1585, le pays de Waes fut conquis, et il ne resta bientôt plus dans la Flandre que Bruges, Gand, Alost et Termonde qui tinssent le parti des États, et ces places, se trouvant isolées, devaient inévitablement succomber les unes après les autres. D'un autre côté, les garnisons de Louvain et de Lierre, par de fréquentes incursions, interceptaient toutes les communications ; la dernière défit, entre autres, le 19 septembre, quatre compagnies hollandaises qui venaient d'Herenthals. Vers le milieu de janvier 1584, Sainte-Aldegonde, placé à la tête de l'administration des provinces méridionales, forma une division avec des détachements des garnisons d'Anvers, de Malines et de Bruxelles, et tenta sur Lierre une attaque qui n'eut pas de succès [6].

[1] Ces commissaires étaient Gilles Boel, Jean Halsberch, Jacques Vanderstraten, Jean Duhem, Pierre De Criecke, Josse Sterck, Philippe Van Bevere le jeune, Jean Marie et Jean Guldemont. 25, 26 juin. *Oppinie Boeck.*

[2] DE POTTER. — [3] *Archives de l'Audience,* boîte int. BRUXELLES, n° 10.

[4] Juillet. *Oppinie Boeck.* Les quatre colonels étaient alors Henri de Bloyere, Daniel Van Bombergen, Henri Van Cauweghem et Jean Diertyts. *Ibid.*

[5] HARÆUS, T. II, p. 352. — VAN METEREN. — LE PETIT.

[6] HARÆUS, T. II, p. 353 et 558.

Par un octroi du 23 novembre 1583, les états de Brabant autorisèrent la commune bruxelloise à frapper, pendant trois mois, des monnaies rondes ou carrées. Les pièces d'or et d'argent, qui furent fabriquées à
cette occasion, portaient pour inscription : 84 (c'est-à-dire 1584), D(eo)
O(ptimo) M(aximo) *Bruxella Confirmata*, et au bas l'indication de leur
valeur; celles en or valaient deux ou quatre florins, et celles en argent,
un ou deux florins [1]. Cette mesure ne remédia guère à la misère générale.

Les rigueurs contre les catholiques s'accrurent avec le danger. Déjà,
l'année précédente, les nations, irritées de la désertion d'un capitaine
nommé Jonas et de la capture d'un bateau par la garnison de Lierre [2],
avaient refusé de voter les moyens généraux, se plaignant de ce que les
serviteurs des faux dieux (*de affgoders dienaers*) continuaient à dire des
messes, faisaient baptiser leurs enfants et se mariaient selon leurs rites.
Elles accusèrent entre autres un habitant de la rue de la Montagne,
Christophe van Opstalle, de prêter sa maison à ces pratiques du papisme,
et elles élevèrent aussi des plaintes contre les luthériens. Le magistrat
leur avait représenté en vain que, privés de leurs églises, les catholiques devaient célébrer leurs offices dans des maisons particulières,
et que d'ailleurs les *confessionnistes* avaient été autorisés à remplir
leur mission; elles ne voulurent se rendre à aucune raison [3], et il fallut
céder devant leur opiniâtreté. Le 1er octobre, tous les ecclésiastiques
avaient été appelés à l'hôtel de ville et y avaient reçu défense expresse
de prêcher et de célébrer aucun service divin. Plusieurs bourgeois prévenus d'avoir fait dire des messes chez eux, avaient été emprisonnés à la
tour des boulangers (*op 't beckers toren*). Les nations exigèrent aussi l'expulsion de dix-sept prêtres; mais ceux-ci réclamèrent, alléguant qu'ils
avaient souscrit à la déclaration de déchéance de Philippe II et prêté
serment au duc d'Anjou, et il leur fut permis de rester [4]. Les catholiques
ne tenant aucun compte de leurs clameurs ni de leurs menaces, les
nations revinrent bientôt à la charge, désignant le Béguinage, le couvent
de Saint-Jean et plusieurs maisons particulières comme des réceptacles
de l'idolâtrie [5], et, par leurs incessantes réclamations, elles obtinrent, le
22 février 1584, une ordonnance qui défendit, sous peine de bannissement, de prêcher ou de dire des messes [6]. Non contentes encore de cette

---

[1] Van Loon, T. I, p. 347. — *Arch. de la Chambre des Comptes*, n° 141, f° 121.
[2] Haræus, T. II, p. 353. — [3] 20 août, 2, 4, 22 septembre 1583. *Oppinie Boeck*.
[4] De Potter. — [5] 26 décembre 1583. *Oppinie Boeck*. — [6] De Potter.

mesure, elles en exigèrent bientôt de plus acerbes : il fut enjoint aux catholiques, sous peine d'une amende de trois florins, d'ouvrir leurs maisons le dimanche, afin qu'on ne pût y dire la messe en secret ; une amende de neuf carolus fut comminée contre quiconque observerait d'autres fêtes que celles admises par les réformés. Ces prohibitions, qui furent presque toujours enfreintes, firent entrer beaucoup de fonds dans la caisse communale [1]. Le conseil de guerre ayant appris qu'un bourgeois catholique cachait chez lui une statue de la Vierge, qui avait échappé au pillage de l'église de Saint-Nicolas, la fit enlever et apporter à l'hôtel de ville. Après avoir été promenée dans les rues et livrée aux outrages de la populace, elle fut brisée et brûlée par le bourreau [2]. On rapporte qu'Adrien de Coninxloo ne levait jamais les yeux sur la statue de saint Michel qui surmonte la tour de l'hôtel de ville, sans maugréer et menacer de la faire jeter bas [3]. En 1585, les nations avaient demandé qu'on abattît le Béguinage et qu'on en vendît les matériaux au profit des pauvres de l'hôpital [4]. Cette proposition avait été réitérée à mainte reprise, et avec une telle insistance que le magistrat résolut de le vendre par lots, ainsi que l'église, en imposant aux acquéreurs la condition de la démolir, condition qui contraria aussi bien les protestants de la confession d'Augsbourg, qui travaillaient à se la faire céder, que les catholiques qui avaient offert une forte somme pour la racheter [5]. En vain le large conseil chercha-t-il à s'opposer à cette vente, en vain, lorsqu'elle eut été effectuée, refusa-t-il de voter les impôts aussi longtemps qu'on n'aurait pas suspendu les travaux de démolition, « le Béguinage étant, » disait-il, un des ornements de la ville, et ne pouvant être aliéné sans » consentement des trois membres [6], » les pierres, le bois, les ardoises, les ferrailles, tout fut vendu par les acquéreurs qui s'empressèrent de quitter le pays avec les produits de leur spéculation [7].

Les catholiques ne voyaient qu'avec horreur ceux qui achetaient ces dépouilles, et leurs écrivains prétendent qu'elles n'apportèrent aux

---

[1] 31 avril. *Een Corte Historie van die kettersce Calvinisten.* Mss. de la Bibliothèque de Bourgogne.

[2] MANN, T. I. — [3] DE POTTER.

[4] 20, 21, 23 août 1583. *Oppinie Boeck.*

[5] *Een corte historie van die Kettersce Calvinisten.*

[6] 26 septembre, 25 octobre, 6 novembre 1583. *Oppinie Boeck.*

[7] *Een corte Historie,* etc.

acquéreurs que malheur et misère. Ils avaient donné le nom de PRÉTOIRE
DE PILATE à la maison d'un de ces spéculateurs, prêteur sur gages, qui
demeurait dans la rue du Lombard [1]. Leur zèle pieux se manifesta surtout dans les secours qu'ils accordèrent aux prêtres proscrits, dont un
grand nombre se tenait caché à Bruxelles. Bravant les châtiments dont
on les menaçait, ils continuaient à aller secrètement entendre la messe
dans des maisons particulières et recevoir les sacrements que l'archevêque
de Malines avait autorisé les ecclésiastiques à y délivrer [2]. Le pillage et
la destruction des églises, les mesures rigoureuses prises contre leurs
adversaires, ôtèrent aux calvinistes le droit de se plaindre à l'avenir de
la persécution ; persécuteurs anarchistes, ils firent regretter la persécution
légale, et leurs excès rendirent à l'Espagne les plus belles provinces des
Pays-Bas.

Le bruit s'étant répandu que les provinces du nord traitaient secrètement avec Alexandre Farnèse, Anvers, Bruxelles, Malines, envoyèrent des
députés aux états de Hollande assemblés à Delft, pour les prévenir que,
de leur côté, elles allaient également faire la paix ; mais ce bruit n'ayant
pas été reconnu fondé, le parti de la résistance l'emporta de nouveau [3].
Cependant le danger devenait de plus en plus imminent. Gand, déchiré
par les factions, trahi par ses chefs, ne devait guère résister aux bandes
victorieuses de Farnèse. Le 20 mai, huit compagnies de la garnison de
Bruxelles partirent pour cette ville, mais on refusa leurs services, et elles
revinrent trois jours après, emmenant avec elles le colonel anglais Yorck,
devenu, à bon droit, suspect aux Gantois [4]. Bruges, serrée de près par
les royalistes, fit demander des secours à Bruxelles et à Anvers qui lui
envoyèrent six compagnies de fantassins et deux cornettes de cavalerie [5];
ce renfort ne put retarder sa chute, et l'on apprit bientôt que la bannière espagnole flottait sur ses murs. Il ne restait plus aux États dans les
provinces méridionales que quelques villes dont la résistance ne pouvait
être de longue durée, et la mort du duc d'Anjou, l'assassinat du prince
d'Orange les laissaient sans chef et sans direction. Dans ces circonstances, le seigneur d'Ohain et le pensionnaire Meganck vinrent à Bruxelles
chercher le chancelier Liesvelt pour aller offrir les Pays-Bas au roi de
France, mais il refusa cette mission et leur déclara qu'une prompte sou-

---

[1] FOPPENS. — [2] SWEERTIUS, *Monument. sepulch.* — [3] DINOTHUS.
[4] DE POTTER dit 500 hommes. — FOPPENS. — [5] HARÆUS.

mission pouvait seule sauver le pays [1]. Néanmoins, le 25 août, les États mirent ce projet en délibération : les députés de la Flandre, du Brabant, de Malines et surtout ceux de Bruxelles, l'appuyèrent vivement, tandis que les provinces du nord, éloignées du péril, ne se montrèrent nullement disposées à sacrifier à un prince étranger l'indépendance qu'elles avaient conquise, et leur opposition le fit échouer [2].

Cet échec ne rebuta pas la minorité, et, le 1er septembre, Jean Théron, le colonel Malihant et Van Meetkerke, délégués par les trois membres de la commune pour solliciter des secours en Hollande et en Zélande, se présentèrent aux États et leur exposèrent la déplorable situation de Bruxelles. « Grâces au ciel et au prince d'Orange, à qui nous en aurons » une éternelle reconnaissance, dirent-ils, nous avons joui un instant » des bienfaits de la liberté ; mais aujourd'hui l'ennemi nous presse, et » si l'on ne se hâte de nous secourir, nous allons retomber sous le joug » de l'Espagne. Ce sont les Bruxellois pourtant qui ont relevé les affaires » de la Hollande, alors que l'Angleterre et l'Espagne étaient liguées contre » elle, et que les Espagnols étaient déjà maîtres de Haarlem et de presque » toute la Zélande ; ce sont eux encore qui l'ont sauvée par une hardie » diversion, lorsque, à l'instigation de certains députés que nous pour- » rions nommer, ils ont arrêté le conseil d'état. Après tant de preuves » de dévouement à la cause publique, les abandonnera-t-on à la colère » d'implacables ennemis ? » Exaltant ensuite la puissance de la France, la force du parti réformé dans ce royaume, ils conjurèrent les États de ne pas repousser cette dernière planche de salut. Les députés de la Flandre, du Brabant, de Malines, joignirent leurs instances à celles des commissaires bruxellois ; mais tous leurs efforts furent inutiles [3]. Leurs égoïstes collègues avaient vu dans le soulèvement des provinces méridionales un moyen d'occuper les Espagnols pendant qu'ils se fortifieraient, et maintenant qu'à l'abri de leurs marais et de leurs inondations, ils pouvaient braver l'ennemi, ils abandonnaient ceux qu'ils avaient longtemps appelé leurs frères.

La prise d'Alost ayant coupé les communications de Bruxelles avec la Flandre, le prince de Parme, dont les troupes occupaient Hal, Nivelles, Louvain et Lierre, entra dans le Brabant et acheva de la cerner complétement. Le 19 août, il attaqua brusquement et emporta le petit Wille-

[1] HARÆUS. — [2] BOR. — [3] *Ibid.*

broeck ; le grand Willebroeck capitula, et il prit successivement tous les
fortins élevés sur les bords du canal, le château de Grimberghe et le fort
de Ransbeke. Le 27, il investit Vilvorde, que son gouverneur De Witt
rendit le 6 septembre [1]. Ayant ainsi fermé la dernière issue qui restait
à Bruxelles, et ne voulant pas user son armée dans des siéges meurtriers,
Farnèse adopta un plan de campagne aussi habile que hardi. Il établit
un camp à Wetteren, d'où il menaçait à la fois Gand et Bruxelles, qui
devaient être bientôt réduites aux abois, et alla, s'adossant au foyer de
l'insurrection, entreprendre le célèbre blocus d'Anvers.

A Bruxelles bientôt, les denrées, devenues rares, s'élevèrent à des
prix exorbitants [2], et les convois de la Hollande, qui parvenaient à y
pénétrer, n'apportant que peu de grains, ne diminuaient pas la misère
publique [3]. Le 15 septembre, le bourgmestre de Bloyere, Henri de Liedekerke du large conseil, Jean Speex du conseil de guerre, et le receveur
maître Pierre de Pril, partirent pour Anvers et la Hollande afin de réclamer
de nouveaux secours. Ils ne reçurent que des réponses vagues ; toutefois
ils ramenèrent avec eux deux enseignes d'infanterie pour renforcer la
garnison composée alors de quatorze compagnies, et rapportèrent
1800 florins [4]. Qu'était-ce que de pareils secours ? Pour payer la solde
des troupes et opérer une levée de 400 soldats dans la bourgeoisie, les
trois membres votèrent de nouveaux impôts sur la viande et sur la
bière ; « comme presque personne ne buvait plus de bière, dit un con-
» temporain, et que peu d'habitants payaient les contributions, l'argent
» manqua bientôt [5]. » La disette se faisant vivement sentir, le magistrat

---

[1] HARÆUS. — *Een corte Historie,* etc.
[2] Au 7 septembre, la *double bière* monta d'un blanc à 3 sous ; la *cuite* d'un *oort* à
1/2 sou, et la *quaerte* à un sou. DE POTTER. Le 10, on payait le setier de seigle
42 sous ; le setier d'avoine, 22 sous ; la livre de beurre, 4 sous ; le fromage, 2 sous ;
le savon, 2 sous ; les chandelles, 4 sous ; la mesure d'huile, 16 sous. *Een corte
Historie.*
[3] DE POTTER. — [4] *Ibid.*— *Een corte Historie,* l. c. Ce document donne au
départ des députés la date du 24.
[5] DE POTTER. — Au mois d'août 1583, la ville avait plus de 200,000 florins de
dettes. L'accise sur la bière ne rapportait que 22,200 florins au lieu de 31 et 32,000.
Le produit de cet impôt était destiné à payer les rentes ; mais la diminution qu'il
avait éprouvée et la nécessité où le magistrat s'était vu d'employer les fonds qui
en provenaient à d'autres usages, avait occasionné un arrérage de 110,000 florins
dans le payement des rentes. L'accise sur le vin ne rapportait que 8040 florins au
lieu de 20 à 24,000. Les petites accises, le *weggelt,* le *casseyde gelt* produisaient

ordonna une enquête de tous les grains se trouvant dans les maisons;
des perquisitions sévères furent opérées dans les caves et les greniers,
et l'on prit note du nombre des habitants de chaque maison et de la
quantité de grains qu'ils possédaient [1], mesures déplorables qui aug-
mentent toujours le mal en exagérant les craintes et les méfiances. La
prise de Gand (17 septembre) prouva bientôt que les sinistres prévisions
des provinces méridionales n'étaient que trop fondées, et l'approche du
péril rallia les provinces du nord à une mesure qu'elles avaient jusqu'a-
lors opiniâtrément repoussée. Des ambassadeurs, parmi lesquels figuraient pour le Brabant, Richard de Mérode, seigneur d'Oirschot, Jean
Hinckaert, seigneur d'Ohain, Jean Van Straelen, amman d'Anvers, et
Corneille Aertsens, secrétaire de Bruxelles, furent chargés d'aller
offrir à Henri III la souveraineté des Pays-Bas. Leur traversée fut longue
et périlleuse, et lorsqu'ils arrivèrent en France (janvier 1585) les événements avaient marché avec une effrayante célérité [2].

Le 1er octobre, quelques capitaines des sections offrirent au gouverneur de signer une requête dans laquelle il serait proposé de défendre
la ville jusqu'à la dernière extrémité, et de choisir 20 hommes dans
chaque section pour faire des sorties. Tout en les approuvant, Vandentympel laissa percer sa répugnance pour les moyens violents, et cette
proposition n'eut pas de suite. Par contre, le 8, il fut présenté au gouverneur et au magistrat une requête signée par un grand nombre de
bourgeois [3], de nobles, de réformés même, et tendante à ce qu'on entrât
en négociations avec le prince de Parme. Les pétitionnaires demandaient
aussi « que les lignages et d'autres bons bourgeois fussent consultés,
» afin que la commune ne tombât pas dans une plus grande désolation. »
Cette démarche excita le courroux des calvinistes qui refusèrent d'entendre parler d'aucun accommodement. « Nous aimons mieux mourir
» de faim que de nous soumettre, s'écrièrent-ils, et nous mettrons plutôt
» le feu à la ville que de la rendre. » Farnèse de son côté adressa une
proclamation aux habitants pour les engager à rentrer dans l'obéissance

à peine le quart de leurs anciens revenus. Partout il y avait des réparations à
faire et il fallait fournir pour la garde de la ville 18,000 florins par mois. *Oppinie
Boeck.*

[1] *Een corte Historie*, l. c. — DE POTTER.

[2] BOR. — VAN METEREN.

[3] DE POTTER, fol. 75, dit 3,000; dans *Een corte Historie* on trouve 6 à 7,000.

du roi ; mais le conseil de guerre et les nations déclarèrent qu'ils ne traiteraient de la paix que de concert avec la Hollande et la Zélande. Cette proclamation, ainsi que les lettres que les chefs des malcontents adressèrent aux principaux habitants pour amener la pacification de la ville, resta sans résultat. Entièrement abandonnée à elle-même, Bruxelles devait se voir en proie à toutes les calamités. Le 22 octobre, les troupes de la garnison, infanterie et cavalerie, se mutinèrent, réclamant, les armes à la main, leur paye arriérée. Elles s'emparèrent du palais, de la *Broodhuys*, des hôtels de Beersel et d'Egmont, arrêtèrent chez eux le colonel Van Bombergen et l'échevin Nicolaï, et les conduisirent à l'hôtel de ville pour qu'ils satisfissent à leurs réclamations. Elles ne s'apaisèrent qu'après qu'on leur eut payé un mois de solde ; il fallut leur promettre en outre de leur payer encore un mois endéans les trois semaines, de leur fournir, dans dix jours, du drap pour les habiller, et de leur donner à chacun quatre sous par jour. Pour se procurer l'argent nécessaire, le magistrat recourut à une capitation arbitraire, basée sur la fortune des habitants, dont quelques-uns furent taxés à 40 et à 50 florins. Les récalcitrants, ainsi que les catholiques qui réclamaient trop vivement la paix, virent leurs maisons occupées militairement par des détachements de dix à quinze soldats [1].

Au lieu de tenter quelque utile diversion en leur faveur, les états généraux se bornèrent à écrire aux Anversois et aux Bruxellois pour les consoler et les encourager. Touchés pourtant de la misère de ces derniers, ils firent acheter des denrées dans toutes les villes de la Hollande, et leur envoyèrent de suite cent tonneaux de froment et douze tonnes de sel [2]. Le 10 novembre, un convoi, escorté de mille hommes, fantassins et cavaliers, d'Anvers et de Malines, amena un grand nombre de chariots et charrettes chargés de beurre et de fromage, et apporta 20 à 30,000 florins destinés à la solde des troupes. Il avait été attaqué près de Grimberghe par trois cents cavaliers sortis de Vilvorde ; mais l'escorte les avait victorieusement repoussés, et n'avait perdu que deux ou trois chariots. Le 23 et le 25, de nouvelles perquisitions furent ordonnées

---

[1] *Een corte Historie.* — DE POTTER.

[2] Ils firent acheter à Amsterdam 200 tonneaux de seigle ; à Delft, 100 ; à Dordrecht, 100 tonneaux de grain germé pour la bière ; à Rotterdam, 24 tonneaux de harengs et autres poissons salés ; à Leyden, 25 tonneaux et demi de beurre ; en Hollande, 75,000 et à Tergoes, 25000 livres de fromage. VAN

pour la recherche des grains, et chaque habitant dut déclarer, sous serment, qu'il n'en cachait pas. Ces perquisitions, plus rigoureuses que les
précédentes, furent opérées par les capitaines des sections accompagnés
de soldats. Ils fouillèrent partout, dans les caves, dans les greniers, dans
les meubles, dans les lits même, et, dans chaque maison, ils ne laissèrent
que trois ou quatre setiers de grain; le reste fut transporté à l'hôtel de
ville. Prévenu qu'un autre convoi était arrivé à Malines, le magistrat
avait mis en réquisition tous les chariots et charrettes des fermiers des
environs, menaçant, en cas de refus, de les faire prendre de force et de
les confisquer. Cet appel étant néanmoins resté sans résultat, il fut
décidé, le 25, que dix hommes, pris au choix, dans chaque section,
iraient à la rencontre du convoi. Cette décision excita un tumulte parmi
les catholiques, qui déclarèrent vouloir plutôt mourir de faim que de
s'exposer à être pris par les Espagnols. Enfin, des calvinistes de bonne
volonté allèrent à Laeken, où ils attendirent dans l'église le convoi
jusqu'au lendemain. Arrivé à l'endroit dit *ter Spaede* [1], ce convoi, composé de 116 chariots ou charrettes portant environ 80 muids de grain,
du beurre, du fromage, du poisson sec et quelques autres denrées, prit
un chemin de traverse et arriva heureusement à sa destination [2]; mais
un convoi de 96 chariots chargés de toiles, de bas, de tapisseries, qui
sortit le 28, n'eut pas le même bonheur. Il avait été escorté jusqu'à
Saventhem par toute la cavalerie de la garnison, et il continuait sa route,
sous la garde de quelques compagnies d'Anglais, lorsqu'il fut brusquement attaqué près de Vilvorde par les troupes royales. Les Anglais
lâchèrent pied, les conducteurs coupèrent les traits et s'enfuirent avec
leurs chevaux, et de tout ce convoi, dont la valeur était estimée à plus
de 100,000 florins et qui contenait la fortune de plusieurs marchands,
il ne s'échappa que sept chariots. Plusieurs habitants, des femmes, des
enfants, qui avaient profité de l'occasion pour quitter la ville, furent
pris et durent payer rançon [3].

Dès lors, menacés par la famine, redoutant les convulsions de tout
parti qui succombe, les plus ardents antagonistes du régime espagnol en
désirèrent instamment le retour. Personne pourtant n'osait plus parler

---

Loon, Résolution mss. des états de Hollande, 31 octobre 1584, fol. 661.

[1] Peut-être *Ter-Spout*, près Merchtem.

[2] De l'Otter. — *Een corte Historie*, l. c.

[3] *Ibid.* — Haræus, T. II, p. 370. — Eytzinger, p. 358. — Van Meteren, L. XII.

de capitulation, lorsque Jean de Mérode, seigneur de Duffel, affronta le danger attaché à une pareille proposition. Il représenta au conseil de guerre et au magistrat les malheurs qu'une plus longue résistance entraînerait sans servir en rien les intérêts de la patrie; plus on tarderait à se soumettre, plus les conditions seraient dures, et Bruxelles ne se relèverait peut-être jamais des désastres qui allaient fondre sur elle. Ces discours firent impression sur Vandentympel lui-même, mais il y avait trop de personnes compromises pour que les choses ne fussent pas poussées aux dernières extrémités [1]. Les historiens protestants disent que les catholiques excitant une sédition contre le magistrat qu'ils accusèrent de trahison, l'arrêtèrent pour pouvoir livrer la ville, mais que la garnison le délivra et déjoua leurs projets. Ce qu'il y a de certain, c'est que, le 1er décembre, la garnison arrêta, sous prétexte qu'ils avaient excité les mécontents à s'emparer des convois, le commis des finances De Ronck, le seigneur de Schoonhoven, Corpelles, commissaire des vivres, Vanderbeken, Wouterheer, le procureur général Danckaert et quelques autres, au nombre de dix ou onze selon les uns, de dix-huit ou de quarante selon les autres. Les prisonniers furent conduits à la *Broodhuys* et ensuite à l'hôtel de ville où il fut procédé à leur interrogatoire; ils furent de là transférés, les uns à la *Vroente*, les autres à la *Steenporte*. Ces derniers devant être appliqués à la question, l'amman, son lieutenant et son clerc, refusèrent d'y assister. Ces officiers furent aussitôt destitués et le nouvel amman, avec tous les capitaines, assista à la torture [2]. Le lendemain, une nouvelle sédition éclata parmi les soldats qui voulurent arrêter le gouverneur et ses principaux officiers. Ils choisirent un *élu* et de nouveaux capitaines, incarcérèrent plusieurs riches bourgeois, qu'ils retinrent comme otages, et les colonels de Bloyere, Van Bombergen, et l'échevin Nicolaï, parce qu'ils tardaient à exécuter la promesse qu'ils leur avaient faite le mois précédent. Ils prirent les clefs de la porte de Louvain, s'emparèrent du palais, de la grand'place, de la *Broodhuys* et de plusieurs hôtels, criant toutefois, à tous les coins des rues, qu'ils ne molesteraient pas les bourgeois, qu'ils ne leur feraient aucun mal, et que celui qui les lèserait serait puni de la corde. Le 5 décembre, les tambours battirent le rappel pour convoquer tous les capitaines et les soldats,

---

[1] DINOTHUS. — FOPPENS.

[2] DE POTTER, fol. 78. — *Een corte Historie.* — VAN METEREN

et les mutins déclarèrent qu'ils chasseraient de la ville tous ceux qui ne se présenteraient pas. De Bloyere, Van Bombergen et Nicolaï leur ayant représenté qu'aussi longtemps qu'ils seraient prisonniers, ils ne pourraient pourvoir au payement de leur solde, ils furent relâchés dans l'après-midi. Mais Vandentympel, après s'être tenu caché pendant trois jours, étant sorti de sa retraite, il fut arrêté, ainsi que plusieurs autres officiers, et consigné au palais. L'élu fut chargé de le remplacer, et le lieutenant du capitaine Coubau lui fut donné pour adjoint; ils prêtèrent tous deux serment de fidélité à la commune. Un de leurs premiers soins fut de chasser les trois membres de l'hôtel de ville, et d'y placer une forte garde. Dans l'après-midi du 5, l'élu ordonna l'arrestation du bourgmestre, de Van Bombergen et de Nicolaï, et les fit conduire à la *Vroente*, en les traitant de traîtres, et déclarant qu'ils ne seraient remis en liberté qu'après avoir fourni aux troupes 60,000 florins. Ce ne fut que le 10 que l'on parvint à faire entendre raison à cette turbulente soldatesque, et encore fallut-il promettre de lui payer deux mois de solde, le premier dans douze jours, le second peu de temps après. Elle continua néanmoins à occuper la maison communale et plusieurs hôtels. Vandentympel, ainsi que les autres officiers, ayant été mis en liberté, il fit aussitôt arrêter et incarcérer à la *Steenporte* l'élu et son lieutenant, accusés, à tort pourtant, d'avoir voulu livrer la ville aux Espagnols.

Le 11, arrivèrent de Malines cent chevaux portant chacun un setier de seigle; la crue des eaux ne permettait plus de fournir des convois de chariots. La veille, le magistrat avait fait imprimer et envoyer les rôles de la contribution votée pour solder les troupes; la plupart des bourgeois s'étant refusés à la payer, le 18, il chargea les soldats de porter de nouveaux rôles et de se faire payer eux-mêmes; les sommes étaient doublées, principalement pour les catholiques, et variaient de 50 à 200 florins; les sœurs noires étaient taxées à 49 florins et les béguines à 200. Beaucoup de catholiques ayant persisté dans leur refus, le magistrat déclara, le 21, que les récalcitrants seraient exécutés militairement. Cette menace n'ayant pas produit l'effet qu'il en attendait, il résolut de l'exécuter. Le lendemain, à cinq heures du matin, la garnison prit les armes sous prétexte de se rendre à la rencontre d'un convoi, et alla occuper le marché, la plaine de Sainte-Gudule, les places du Palais et de la Chapelle. Maîtresse ainsi des principales positions de la ville, l'autorité militaire envoya de nombreux détachements lever les contributions arriérées. Cet ordre fut exécuté avec rigueur : les portes qu'on ne leur ouvrit pas furent enfoncées, et les soldats s'établirent militairement dans les maisons jusqu'à ce que tout eût été payé. Ils levèrent ainsi plus de 100,000 florins [1].

La violence de ces mesures montre à quelle extrémité la ville était réduite ; les faibles convois qui lui arrivaient à de longs intervalles ne pouvaient suffire à sa nombreuse population, et ils devenaient toujours plus rares, enlevés qu'ils étaient fréquemment par un ennemi actif et entreprenant. Le baron de Hemert qui avait voulu la ravitailler, vers la fin de novembre, avait été battu près de Waelhem [2]. Un fort convoi, escorté par 800 fantassins et quelques cornettes de cavalerie commandés par le comte de Hollach, fut attaqué, le 26 décembre, par l'Italien Conradin ; le comte fut défait et laissa sur le champ de bataille ou entre les mains de l'ennemi, la moitié de ses troupes [3]. Le 1er janvier 1585, de nouveaux commissaires furent envoyés à Delft pour représenter aux États l'urgente nécessité de prompts secours. On vit alors une foule de malheureux, pourchassés par la faim, courir les campagnes avoisinantes afin de tâcher d'y recueillir des aliments ; d'autres, munis de hottes et de sacs, s'aventuraient à de grandes distances à la rencontre des convois. Bien que la plupart tombassent entre les mains des Espagnols qui les pendaient à des branches d'arbres, la misère était si horrible que ces cruelles exécutions ne pouvaient les détourner de ces périlleuses entreprises. Le 5 janvier, une ordonnance enjoignit à tous les campagnards n'appartenant pas à la cuve, de quitter la ville endéans les vingt-quatre heures, s'ils n'avaient pas de quoi vivre ; dans le cas contraire, ils devaient déclarer leur nombre, la quantité de grains et de bestiaux qu'ils possédaient. Il fut aussi ordonné aux mendiants de sortir de la ville endéans les douze heures. Le même jour, arrivèrent soixante chevaux chargés de grains et de beurre, et, le surlendemain, il en arriva trente autres. Mécontents de ce que les bourgeois ne partageaient pas leurs provisions avec eux, les habitants d'Anderlecht livrèrent, le 12, aux malcontents leur église qu'ils avaient fortifiée, et qui devint pour ceux-ci une nouvelle position contre la ville. Le 15, des délégués du magistrat et du conseil de guerre opérèrent des visites chez les brasseurs et n'y laissèrent

---

[1] DE POTTER. — *Een corte Historie*, l. c.
[2] STRADA. — DINOTHUS. — LE PETIT. — [3] EYTZINGER.

que le froment et la drèche ; les autres céréales furent transportées à
l'hôtel de ville et il fut défendu de brasser d'autre bière que de la *cuyte*.
Il fut ordonné aux valets de la ville d'expulser tous les pauvres qu'ils
trouveraient, et aux soldats d'enlever les grains des campagnards, leur
en laissant seulement pour huit ou quatorze jours. Les faibles ressources
que ces exactions produisirent ayant été promptement épuisées, le 15,
on fit du pain avec de l'avoine, pain qui n'était guère mangeable,
disent les contemporains ; ensuite on cuisit des *couques* de drèche, et
cette nourriture malsaine engendra la dyssenterie et d'autres maladies. Le
prix du setier de seigle s'éleva de 10 à 14 florins, et il était encore très-
difficile de s'en procurer ; le froment coûtait 6 florins ; l'orge, 5 fl. 2 sous ;
l'avoine, 2 fl. 6 sous. Le pain se vendait deux sous la livre, et bientôt
on en cuisit beaucoup avec de la drèche mêlée à d'autres substances. On
payait la livre de beurre 9 sous ; le fromage, 6 sous ; le savon, 6 sous ;
les chandelles, 7 sous ; la *gelte* d'huile de navette, 2 florins 4 sous ; la
gelte d'huile ordinaire, 2 florins ; « quant à la viande et au poisson,
on s'en passait. » La cherté des légumes était proportionnée à celle des
autres denrées ; les boutiquiers et les fruitiers n'osaient rien étaler.
On conçoit la position dans laquelle se trouvaient le commerce et l'industrie : toute communication avec l'extérieur était interceptée, les
étrangers s'étaient éloignés, et les riches étaient ruinés ou abattus. En
fait d'industrie, il ne restait que les branches toujours indispensables ;
quant aux manufactures et aux fabriques, elles étaient fermées, et
laissaient sans travail des milliers d'artisans et une foule d'enfants qui
étaient employés auparavant aux ouvrages de tricot et de dentelles.

Bientôt la famine fut à son comble ; les convois n'arrivaient plus, et
toutes les provisions étaient épuisées. Le sort des habitants devint affreux :
l'anarchie la plus déplorable régnait dans la ville ; les magistrats, sans
autorité, se voyaient menacés par des soldats forcenés ; le sabre seul
faisait loi. Forcés de défendre contre une soldatesque affamée, et contre
les bandes de paysans qui occupaient tout le quartier du *Waermoesbroeck*,
le pain de drèche, le seul que l'on cuisît encore, les bourgeois devaient
se barricader dans leurs maisons. Les soldats enlevaient de vive force le
pain de chez les boulangers ; les fours, gardés pourtant par des hommes
armés, étaient sans cesse attaqués par les troupes ou par les paysans. Ils
dérobaient, à main armée, les rares légumes qui se trouvaient dans les
jardins. Dès qu'ils apercevaient une porte ouverte, ils se précipitaient

dans les maisons, et enlevaient tout ce qui leur tombait sous la main.
On les vit, au *Bovendael*, entre autres, abattre des maisons et en brûler
la charpente pour se chauffer, et dépouiller les femmes qui portaient
du linge aux blanchisseries [1]. La famine enfanta le meurtre et le suicide,
et donna naissance à des scènes épouvantables : en plein jour, des malheureux tombaient d'inanition dans les rues, et Dinothus porte à trente
le nombre des habitants qui périssaient ainsi journellement. Strada
assure qu'une femme s'empoisonna avec ses enfants pour échapper aux
horreurs de la faim. Le 3 février, un bourgeois qui, la veille, avait tué
son voisin pour lui enlever sa nourriture, fut pendu sur le marché [2].
Dans ces extrémités, beaucoup d'habitants, hommes, femmes et enfants,
s'enfuirent de la ville, se laissant glisser des remparts; mais arrêtés la
plupart par les troupes royales, ils furent traités et considérés comme
espions : les hommes furent pendus et les femmes renvoyées dans la
ville, la robe coupée jusqu'au-dessus des genoux [3].

La faim avait rendu les soldats plus dociles, et Olivier Vandentympel
avait repris toute son autorité; le 10 janvier, il fit pendre les deux chefs
de l'insurrection du 2 décembre. Dès lors, les partisans de la paix s'en-
hardirent, et de secrètes conférences furent tenues pour amener la pacification de la ville. Un dimanche (20 janvier), entre autres, un grand
nombre de bourgeois, parmi lesquels on remarquait Pierre Renticrs,
Guillaume de Vadder, Philippe Boet et Adolphe Van Vlierden, se réunirent chez un certain Francissico, demeurant au Lombard (rue de l'Empereur), et il y fut résolu d'adresser au gouverneur une requête pour
lui dépeindre l'extrême misère de la population, et le prier d'y mettre
un terme; Nicolas S'Haeghen fut chargé de rédiger cette pétition qu'il alla
lui présenter le jour même. Cette démarche toutefois n'obtint encore aucun
succès et Vandentympel ne répondit même pas à cette réclamation;
mais les signataires ne se découragèrent pas, et, le 26 janvier, ils
lui adressèrent une nouvelle requête, dont un double fut remis au
bourgmestre de Bloyere. Le 28, plusieurs habitants se rendirent chez
le bourgmestre des nations pour le prier de permettre aux bourgeois de
faire prendre ou cuire leurs pains à la boulangerie de la ville; mais

---

[1] Tous ces détails sont donnés par le chroniqueur DE POTTER. Voyez aussi *Een
corte Historie van die Kettersce Calvinisten.*

[2] DE POTTER. — [3] STRADA. — DINOTHUS.

après avoir consulté le magistrat il leur répondit, deux jours après, que la chose était impossible. Il était forcé en effet, pour éviter les plus grands malheurs, de pourvoir avant tout à la nourriture de la garnison, et celle-ci était mise à la plus mince ration : pour n'en citer qu'un exemple, un sergent, avec sa femme et ses cinq enfants, recevait un pain de drèche de trois livres, deux livres de viande de vache et une mesure de sel. Le 5 février, une nouvelle requête fut présentée au gouverneur pour lui demander des grains et des boulangeries pour les bourgeois, et cette demande fut réitérée le 8. On le supplia en même temps de secourir les pauvres qui encombraient les rues qu'ils jonchaient de leurs cadavres.

Vandentympel, qui avait déjà fait pressentir le prince de Parme sur ses dispositions, assembla, le 9 février, le conseil de guerre et les trois membres de la commune, et, après une longue délibération, il fit publier, à onze heures, une proclamation dans laquelle il disait aux habitants de se rassurer, qu'ils allaient être incessamment secourus ; mais cette assurance ne pouvait plus calmer les esprits et le mot de paix se trouvait dans toutes les bouches. Depuis six mois, la ville avait enduré toutes les souffrances, et ses habitants avaient fait preuve de trop de dévouement à la cause commune pour qu'on pût taxer leur conduite de lâcheté. Aussi lorsque, le même jour, on vit arriver un trompette du prince de Parme, fut-il reçu avec une satisfaction et une joie générales [1]. Le 12 février, Vandentympel écrivit au capitaine T'Serclaes, alors retiré à Louvain, pour l'engager à devenir son intermédiaire auprès d'Alexandre Farnèse, et le prier de fixer un jour pour traiter de la réconciliation de Bruxelles [2]. Le lendemain, trois commissaires, l'échevin colonel Van Bombergen, au nom de la loi, Maelcote, du conseil de Brabant, et le secrétaire de Vandentympel, délégué du conseil de guerre, se rendirent auprès du prince porteurs de conditions de capitulation. Mais celui-ci ne daigna pas y jeter les yeux : « Nous les ferons nous-mêmes, » répondit-il [3], » et il les congédia en les menaçant, s'ils revenaient sans pouvoirs pour accepter ses propositions, de les traiter comme des espions [4].

Le 22 février, les partisans de la paix, qui avaient été arrêtés le

---

[1] DE POTTER. — [2] *Archives de l'audience.*
[3] DE POTTER. — [4] DINOTHUS.

1er décembre, furent mis en liberté [1]. La réponse de Farnèse, qui donnait lieu de craindre le *vœ victis* du brenn sénonnais, la misère, la famine, dont les ravages s'étendaient avec fureur, faisaient sentir avec plus de force la nécessité d'une prompte capitulation. Une nouvelle députation, composée de dix-sept membres représentant la chancellerie, la chambre des comptes, le magistrat et la garnison, et choisis pour la plupart parmi les catholiques [2], se rendit, le 25, au camp de Beveren, munie de pleins pouvoirs pour traiter de la paix au nom de la commune et des troupes [3]. Le prince désigna alors pour conférer avec ces députés, Jean Richardot, président du conseil d'Artois, et Flaminius Garnier, secrétaire du conseil privé. Comme les députés tardaient à revenir, le prix des denrées continua à s'élever [4], et le désespoir s'empara des esprits. Enfin, après avoir été autorisés, le 6 mars, à accepter le traité imposé par le général espagnol [5], ils revinrent le mardi 11, et, le lendemain, les capitulations qui avaient été signées à Beveren, le 10, furent publiées, au son de la cloche, l'une à la bretèque de l'hôtel de ville, en présence des deux commissaires du prince, l'autre au front des troupes. Il n'y eut aucune cérémonie ni manifestation publique, parce que les soldats et les réformés menaçaient encore de mettre le feu à la ville [6]. Le lendemain de la signature de la capitulation, le prince de Hohenlohe sortait de Berg-op-Zoom à la tête de neuf cornettes de cavalerie et d'une compagnie allemande, et, rejoint par les milices d'Anvers, il accourait pour ravitailler Bruxelles [7]. Mais il était trop tard ; on savait du reste que le roi de France avait décliné les propositions des États, et qu'il n'y avait plus d'espoir à conserver.

Les Bruxellois trouvèrent dans les conditions qui leur furent imposées,

[1] DE POTTER, fol. 85 v°.

[2] C'étaient : Nicolas Micault, seigneur d'Indevelde, ancien membre du conseil privé ; Henri de Bloyere, bourgmestre ; D. Van Bombergen, échevin ; Jacques Taye, seigneur de Goyck, ancien bourgmestre ; maître Othon Hartius, avocat ; Jean de Gaverelles, Jean Schotte, patriciens ; Jean Boghe, bourgeois ; maître François Van Asbroeck, secrétaire de la ville ; Guillaume Van Veen, conseiller au conseil de Brabant ; François Absaloens, ancien échevin ; Jean-Baptiste Houwaert, George Diertyts, Adam Van Zinnicq, Guillaume Mosmer, Josse Van Winghe et Nicolas S'Haeghen.

[3] *Archives de l'Audience.*

[4] Le grain se vendit 16 florins le setier. DE POTTER.—[5] *Archives de l'Audience.*

[6] DE POTTER. — [7] BOR. — VAN METEREN.

plus de modération qu'ils ne devaient l'espérer ; mais Farnèse était pressé d'en finir avec eux pour pouvoir tourner toutes ses forces contre Anvers ; depuis longtemps aussi la cour de Madrid était revenue du système de rigueur. Les conventions conclues entre les députés de la ville et les commissaires du prince, portent en substance : 1° Une amnistie générale est accordée à tous les bourgeois et habitants de Bruxelles. 2° Les privi- léges, immunités, droits, coutumes et franchises de la ville resteront intacts, à l'exception de ceux qui ont servi de prétexte à la guerre. Ceux- ci seront examinés et modifiés au besoin par le conseil d'état. 3° S. M. le roi Philippe II sera réintégrée dans tous ses droits, souverainetés, hau- teurs et prééminences. 4° Le prince s'entendra avec le magistrat pour faire rétablir, avec le moins de frais possibles, les églises et les autres lieux sacrés ruinés pendant les troubles. Tous les objets, ornements ou autres, qui en ont été enlevés et qui subsistent encore, y seront immé- diatement replacés. 5° Eu égard à la misère et à la détresse générale, le gouvernement du roi s'interdit toute réclamation relativement au pro- duit de la vente des meubles, ornements, édifices, etc., effectuée pen- dant les troubles pour subvenir aux charges imposées à la commune. Toutefois ceux de Bruxelles rendront l'équivalent des ornements d'église enlevés à la chapelle de la cour, et feront restaurer et meubler, à leurs frais, les hôtels du cardinal de Granvelle, du duc d'Aerschot, du comte Pierre-Ernest de Mansfeld, et tous ceux qui ont été saccagés ou détruits pendant ces troubles. 6° Ils payeront aussi l'arriéré des contributions dues au roi, aux États et à la ville. D'un autre côté, on cessera de prélever les taxes imposées pendant ces troubles, alors qu'elles seront reconnues injustes et déraisonnables. 7° Tous ceux qui ne voudront pas rentrer dans le giron de l'Église catholique romaine, auront un délai de deux ans pour mettre ordre à leurs affaires. A l'expiration de ce délai, ils devront quitter la ville, mais ils seront libres dans le choix de leur nouvelle résidence. 8° Sont annulées toutes les ventes ou aliénations de biens des bourgeois faites depuis l'édit perpétuel, ainsi que les exhéréda- tions, donations et dispositions entre vifs. 9° Afin d'éviter une confusion qui léserait trop d'intérêts, on tiendra pour bons et valables les jugements prononcés pendant ces troubles, ainsi que les accords, les transactions, les contrats, etc., passés pendant ces temps. Il sera loisible toutefois aux parties lésées de se pourvoir en cassation, par voie de révision, d'appel ou autre en usage. Les arrêts de bannissement et tous autres prononcés contre des sujets restés fidèles au roi, sont cassés et déclarés nuls et non avenus [1].

Après un exposé, dans lequel le prince leur reproche d'avoir plongé la ville dans les calamités qui l'ont cruellement frappée, la capitulation accordée aux troupes de la garnison, contient les dispositions suivantes : 1° Elles sortiront de la ville avec armes et bagages, « mais sans tambours battants, ni enseignes déployées, ni mèches allumées. » 2° Elles seront conduites directement à Berg-op-Zoom par une escorte de troupes royales, avec défense aux officiers comme aux soldats d'entrer dans Malines ou dans Anvers. 3° Toute l'artillerie, toutes les munitions de guerre ou de bouche seront remises à des commissaires du gouvernement. 4° Les trente-deux enseignes de soldats étrangers, faisant partie de la garnison, recevront les quatre mois de solde qui leur sont dus, à condition que, pendant l'espace de trois mois, ils ne porteront pas les armes contre le roi. 5° Le gouverneur Olivier Vandentympel, le colonel Souhay, les capitaines Heetvelde et Peyton s'engageront à ne pas servir contre le roi, le premier pendant l'espace de six mois, et les autres pendant quatre mois. 6° Les prisonniers faits de part et d'autre seront rendus sans rançon, et 7° le colonel Roland d'Yorck, qui a été enlevé de Gand et conduit à Bruxelles comme suspect, sera compris dans cet accord et remis en liberté, bien qu'il ne soit pas prisonnier de guerre [2]. Cette capitulation fut acceptée, au nom de la garnison, par le gouverneur, ainsi que par les colonels et capitaines Souhay, Degruutere, Grofs, Dachies, Heetvelde et Peyton, délégués à cet effet. On doit remarquer qu'il n'est pas fait mention, dans ces actes, des ministres calvinistes, et nous ne pouvons pas attribuer ce fait à une omission. Ces ministres, qui se trouvaient au nombre de douze, craignant sans doute les réactions, se cachèrent jusqu'au départ de la garnison avec laquelle ils quit-

---

[1] *Registres des Chartes de la Chambre des comptes de Brabant*, n° XII, fol. 23. —*Opera Diplom.*, t. II, p. 1307.—*Plac. de Brabant.* — *Articulen ende conditien aengegeven ende gesloten tusschen........, den X meerte* XVᶜLXXXV. Tot Bruessele, by Jan Van Brecht, gesworen drucker der voorseyde stadt, ende men vindt se te coope in 't Warmoesbroeck, in den Zee-Ridder, anᵒ XVᶜLXXXV.

[2] C'est ce même officier qui, chargé par le comte de Leicester de la défense d'un fort situé près de Zutphen, le livra au prince de Parme, le 27 janvier 1587. Il mourut quelque temps après à Zutphen. Les Hollandais ayant repris cette place en 1591, son cercueil fut déterré et pendu à un gibet élevé hors de la ville. *Gentsche Geschied.* T. II, bl. 400.

tèrent la ville. Un d'eux, Jean Blommaerts dit Florianus, vieillard sexagénaire, s'étant écarté de la colonne, fut arrêté aux environs de Lierre;
conduit au camp de Beveren, il fut lié dans un sac et jeté dans un puits[1].

La majorité des habitants qui voyaient dans la pacification la
fin de longues souffrances, l'accueillit avec transport, et le commerce
donna aussitôt signe de vie : le jour même où elle fut publiée, les boutiques se rouvrirent et le marché au Poisson fut approvisionné[2]. Toutes
les craintes pourtant n'étaient pas dissipées; les dispositions des troupes
étaient encore menaçantes et elles déclarèrent qu'elles ne quitteraient
pas la ville avant d'avoir reçu leur solde arriérée. Pour faire les fonds
nécessaires à cet effet, les plus riches bourgeois se cotisèrent; la ville de
Mons en avança une partie, et les commissaires du roi garantirent le
payement du reste[3]. Satisfaites enfin, toutes les troupes évacuèrent la
ville le 19; le même jour, Antoine de Goegnies, seigneur de Vendegies,
colonel d'un régiment d'infanterie wallonne, prit possession de Bruxelles,
dont le prince de Parme l'avait nommé gouverneur. Il y entra avec neuf
enseignes d'infanterie et trois cornettes de cavalerie, et fut reçu au son
des cloches et au bruit de l'artillerie des remparts. Il y eut fête à l'hôtel
de ville et dans les sections; les poissonniers firent un grand feu de joie[4].
Le président Richardot et Garnier furent chargés de procéder à la nouvelle élection du magistrat ainsi que de l'administration civile. Quant à
ce qui concernait la religion, Farnèse s'en remit à l'archevêque de
Malines[5]. Par lettres du 20 juin 1586, Philippe II ratifia l'acte de réconciliation[6]; Malines et Anvers se rendirent bientôt, et la Belgique entière
se trouva replacée sous la domination de l'étranger.

---

[1] FOPPENS. Au nombre de ces ministres se trouvait aussi Daniel de Dieu sur
lequel nous donnerons plus de détails dans sa notice biographique.

[2] DE POTTER. — [3] *Chronique abrégée de la ville de Bruxelles*, mss.

[4] DE POTTER.

[5] *Archives de l'Audience*, cart. 1377, pièces cot. n°s 12 à 23. — *Registre des
Chartes de la Chambre des comptes de Brabant*, n° xii, fol. 23, 25.

[6] *Archives de la Chambre des comptes de Brabant.*

FIN DU PREMIER VOLUME.

TABLE DES MATIÈRES

CONTENUES DANS LE PREMIER VOLUME.

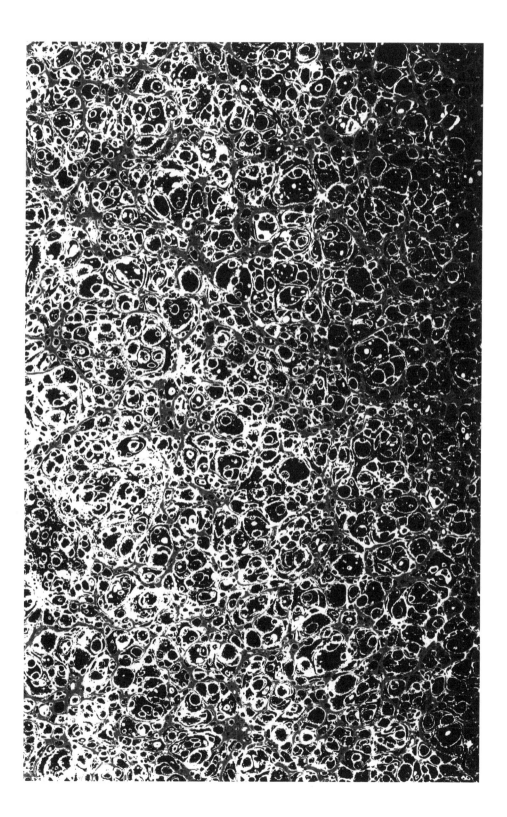

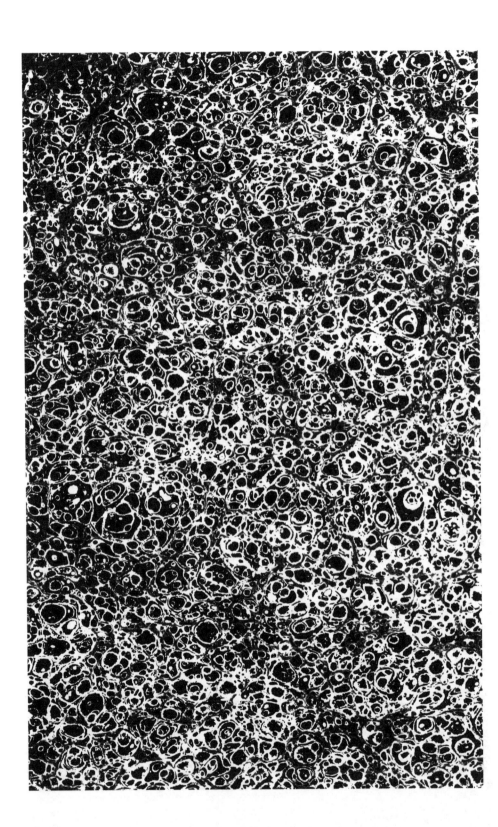

Lightning Source UK Ltd.
Milton Keynes UK
UKHW030604041119
352864UK00008B/941/P